Os Novos Atores
da Justiça Penal

Os Novos Atores
da Justiça Penal

Os Novos Atores da Justiça Penal

2016

Coordenação:
Maria João Antunes
Cláudia Cruz Santos
Cláudio do Prado Amaral
Instituto de Direito Penal Económico e Europeu

OS NOVOS ATORES DA JUSTIÇA PENAL
COORDENAÇÃO
Maria João Antunes
Cláudia Cruz Santos
Cláudio do Prado Amaral
EDITOR
EDIÇÕES ALMEDINA, S.A.
Rua Fernandes Tomás, nºs 76-80
3000-167 Coimbra
Tel.: 239 851 904 · Fax: 239 851 901
www.almedina.net · editora@almedina.net
DESIGN DE CAPA
FBA.
PRÉ-IMPRESSÃO
EDIÇÕES ALMEDINA, S.A.
IMPRESSÃO E ACABAMENTO

Janeiro, 2016
DEPÓSITO LEGAL

Apesar do cuidado e rigor colocados na elaboração da presente obra, devem os diplomas legais dela constantes ser sempre objeto de confirmação com as publicações oficiais.
Toda a reprodução desta obra, por fotocópia ou outro qualquer processo, sem prévia autorização escrita do Editor, é ilícita e passível de procedimento judicial contra o infrator.

 GRUPOALMEDINA

BIBLIOTECA NACIONAL DE PORTUGAL – CATALOGAÇÃO NA PUBLICAÇÃO

OS NOVOS ATORES DA JUSTIÇAPENAL

Os novos atores da justiça penal / coord.
Maria João Antunes, Cláudia Cruz Santos,
Cláudio do Prado Amaral
ISBN 978-972-40-6451-2

I – ANTUNES, Maria João, 1963-
II – SANTO, Cláudia Cruz
III – AMARAL, Cláudio Prado do

CDU   343

APRESENTAÇÃO

É sabido que a justiça penal vive tempos de novos desafios. A comunidade reclama respostas mais eficazes na investigação e repressão da criminalidade, acreditando que é esse o melhor caminho para a contenção do crime. Aos novos desafios relacionados com novas e velhas demandas vem o legislador processual penal respondendo com soluções novas. E algumas das soluções novas relacionam-se com o surgimento de *novos atores*. Compreender o seu surgimento e avaliar criticamente o sentido da sua intervenção constituem os propósitos principais dos estudos que agora se trazem a público.

As críticas a que a justiça penal vem sendo sujeita – de inaptidão para reintegrar o agente do crime, de desatenção às necessidades das vítimas e de ineficácia no que respeita à pacificação comunitária – têm sido tomadas em conta no plano político-criminal e fomentado alterações legislativas. A justiça penal está, portanto, em *mudança*. Uma das novidades prende-se com o surgimento de novos "atores" – associados ou à intenção de favorecer uma maior eficiência no desempenho das funções "tradicionais" (por exemplo ao nível da defesa do arguido ou no plano da execução penitenciária) ou ao objectivo da desjudiciarização/diversão (como sucede com a mediação que é alternativa à acusação). Estes novos intervenientes na justiça penal são hoje admitidos nas várias fases do processo e põem em causa a repartição de papéis que caracterizou a justiça penal de inspiração iluminista, podendo suscitar dificuldades à luz de princípios garantísticos que têm consagração constitucional, penal e processual penal.

A investigação centra-se, assim, na análise crítica da intervenção dos "novos atores" face à existência da defensoria pública, da mediação penal e da atribuição a privados de funções ao nível da execução prisional. O facto de estas figuras terem consagração diferenciada em Portugal e no Brasil – a defensoria pública, por exemplo, tem um âmbito de atuação cada vez mais amplo no Brasil, inexistindo ainda em Portugal apesar de algumas manifestações de intenção no plano político; a mediação penal tem acolhimento legal em Portugal, mas ainda não no Brasil – aconselhou a que no Grupo que encetou esta reflexão se incluíssem investigadores oriundos de ambos os países, com experiências profissionais diversificadas, mas com o denominador comum de serem mestres e/ou doutorandos na Faculdade de Direito da Universidade de Coimbra.

Posteriormente, fruto de uma parceria com o Grupo de Estudos Carcerários Aplicados da Universidade de São Paulo (Ribeirão Preto), a investigação beneficiou dos contributos de membros deste Grupo.

A obra que agora se dá à estampa reveste-se, portanto, das especificidades das obras coletivas. O muito que nelas se ganha com a pluralidade de pontos de vista não prescinde, porém, do reconhecimento de que esta diversidade pressupõe que aquilo que cada um pensa e escreve apenas a si próprio responsabiliza. Mas essa é, em última análise, a pedra de toque da investigação académica (assim como, porventura, de várias outras dimensões da vida): liberdade e responsabilidade.

Enquanto coordenadores desta investigação que teve casa no Instituto de Direito Penal Económico e Europeu da Faculdade de Direito de Coimbra, agradecemos a todos os investigadores o empenho e a dedicação que puseram neste projeto. E formulamos votos de que daqui resulte, para os nossos leitores, outro ponto de partida para mais interrogações sobre aquilo que a justiça penal deve, afinal, ser.

MARIA JOÃO ANTUNES
CLÁUDIA CRUZ SANTOS
CLÁUDIO DO PRADO AMARAL

Os Novos Atores da Justiça Penal
("O futuro é uma astronave que tentamos pilotar")

CLÁUDIA CRUZ SANTOS
Professora Auxiliar da Faculdade de Direito de Coimbra

1. Considerações introdutórias

A Faculdade de Direito da Universidade de Coimbra continua a ser um lugar de encontro para juristas – e penalistas – portugueses e brasileiros que querem aprofundar os seus conhecimentos sobre as ciências criminais e pensar o sistema penal numa perspectiva crítica.

Foi precisamente nesse contexto que se iniciou um projecto de investigação – cujos resultados agora se dão à estampa – sobre os novos actores da justiça penal. Olhar para esses novos actores da justiça penal, compreender quais são, porque surgiram e quais os principais problemas que suscitam, é o propósito singelo da reflexão. Com ela, é para o presente que estamos a olhar. Mas sempre com a ideia de que o presente que hoje vivemos era há 50 anos um futuro imprevisível. Como na música de Vinícius de Moraes, "um menino caminha e caminhando chega no muro/E ali logo em frente a esperar pela gente o futuro está/E o futuro é uma astronave que tentamos pilotar/Não tem tempo nem piedade nem tem hora de chegar"[1].

É recorrente a afirmação de que há uma crise do direito penal. Para autores como Castanheira Neves a crise é mais profunda, é uma crise da

---

[1] Vinícius de Moraes, "Aquarela".

OS NOVOS ATORES DA JUSTIÇA PENAL

juridicidade[2], uma crise da resposta dada pelo direito aos conflitos inter-
pessoais.

As críticas a que a justiça penal vem sendo sujeita têm sido tomadas
em conta no plano político-criminal e fomentado as alterações legislativas.
A justiça penal está, portanto, em *mudança*. Trata-se, assim, de uma
mudança potenciada por muitas críticas em um contexto de crise.

As críticas são, porém, muito variadas e, nessa medida, dão origem a
novas soluções que nem sempre parecem suportadas pelo mesmo programa político-criminal. Entre as principais críticas feitas à justiça penal
contam-se a inaptidão para reintegrar o agente do crime, a desatenção às
necessidades das vítimas e a ineficácia no que respeita à pacificação comunitária e à prevenção de mais crimes.

Uma das novidades da justiça penal prende-se com o surgimento de
"actores" que não tinham previsão normativa até há poucos anos. Estes
novos actores estão associados ou à intenção de favorecer uma maior eficácia no desempenho das funções "tradicionais" (por exemplo ao nível da
defesa do arguido ou no plano da execução penitenciária) ou ao objectivo
da desjudiciarização/diversão (como sucede com a mediação que é alternativa à acusação). Estes novos intervenientes na justiça penal são hoje
admitidos nas várias fases do processo e põem em causa a repartição de
papéis que caracterizou a justiça penal de inspiração iluminista, podendo
suscitar dificuldades à luz de princípios garantísticos que têm consagração constitucional, penal e processual penal.

Estes "novos actores" não são exactamente os mesmos no Brasil e em
Portugal – os defensores públicos, por exemplo, têm um âmbito de actuação cada vez mais amplo no Brasil e não existem ainda em Portugal apesar
de algumas manifestações de intenção no plano político; a mediação penal
tem acolhimento legal em Portugal, mas ainda não no Brasil; a intervenção de privados na execução penal tem um âmbito muito maior no Brasil
do que em Portugal; em Portugal admite-se que o agente encoberto/infil-
trado[3] seja um cidadão comum, que não é polícia, mas que desempenha

---

[2] Sobre a crise do sistema moderno-iluminista da juridicidade, cfr. António CASTANHEIRA
NEVES, "O direito interrogado pelo tempo presente na perspectiva do futuro", *Boletim da
Faculdade de Direito*, vol. LXXXIII, Universidade de Coimbra, 2007, p. 7 ss.

[3] Usar-se-ão indistintamente os conceitos de agente encoberto e de agente infiltrado. Apesar
de se conhecerem as distinções que a doutrina procura estabelecer entre os dois, o certo é
que a lei portuguesa prefere a denominação "agente encoberto" enquanto a lei brasileira se

tais funções sob a sua orientação. Os textos que se seguem centram-se na reflexão sobre cada um destes novos actores, em Portugal ou no Brasil, com excepção do agente infiltrado. Optou-se por relegar para momento posterior uma sua consideração mais detida, pelo que aqui apenas se lhe farão referências esparsas e incidentais.

Quando se procura um denominador comum a esses novos actores, a primeira ideia é que ele parece não existir. As razões que estão na base do surgimento do defensor público dificilmente são emparelháveis com as que justificam a intervenção do mediador penal ou do privado que actua na execução penal. A defensoria tem inscrita no seu código genético uma pretensão de *efectiva* igualdade no exercício *efectivo* do direito de defesa pelo arguido e o sentido da sua actuação é, por isso, estranho ao papel do mediador, do privado que participa na execução da pena ou do cidadão que actua como agente encoberto/infiltrado.

Existem em todas as comunidades, ainda que em distintos graus, pessoas com menor "aptidão para" ou "possibilidade de" conformação de uma solução para o crime que sirva os seus interesses. A "menor competência de acção" anda com frequência associada a factores de exclusão, tendencialmente aparentados com a pertença àqueles a que António BERISTAIN chama "grupos vulneráveis", referindo-se a "amplos sectores da população que pela sua condição de idade, sexo, estado civil, origem étnica e outros factores etiológicos se encontram em situação de risco, de necessidade, de marginalidade...o que os impede de se incorporarem no progresso e de acederem a melhores condições de justiça e de bem-estar"[4].

Os membros destes grupos são vulneráveis, se bem se vê a questão, em uma dupla perspectiva, sendo que é a segunda que aqui mais interessa: serão, com frequência, "vítimas preferenciais" de crimes; mas serão, também, "clientes" particularmente desfavorecidos no seu acesso a uma solução para o conflito jurídico-criminal em que estiveram envolvidos – e, neste enfoque, quer enquanto agentes do crime, quer enquanto vítimas

---

refere à "infiltração de agentes". Para aquilo que interessa a este estudo, o relevante é notar que em qualquer dos casos temos pessoas que colaboram com a investigação criminal, ocultando junto dos agentes do crime esse seu propósito de obtenção de provas que permitam a sua condenação. E em nenhum dos casos se admite a confusão do agente encoberto ou infiltrado com o agente provocador.

[4] Antonio BERISTAIN, "Los grupos vulnerables: su dignidad preeminente, victimal", *Estudos em Homenagem ao Prof. Doutor Jorge de Figueiredo Dias*, vol. III, p. 1226.

do crime. Nesta segunda perspectiva, o que se pretende enfatizar é que a reduzida competência de acção de que beneficiariam no seu relacionamento com as instâncias formais de controlo no âmbito processual penal pode ficar *ainda mais reduzida* em contextos sociais de maior desigualdade, em que a distância entre uns e outros se torna maior. É essa grande distância social, que carece de ser encurtada no processo penal para que haja ainda alguma pretensão de justiça, que justifica a existência da Defensoria Pública no Brasil.

Mas se excluirmos desta reflexão o defensor público e nos concentrarmos no mediador, no privado que participa na execução da pena de prisão e até no agente infiltrado/encoberto que é" um terceiro actuando sob o controlo da Polícia Judiciária para prevenção ou repressão dos crimes"[5], parece que o denominador comum às três figuras é um certo retrocesso do Estado, com a atribuição agora a privados de papéis que tradicionalmente cabiam às instâncias formais (estaduais) de controlo. Menos Estado no "mundo da justiça penal", portanto. Mais privados a desempenharem funções tradicionalmente penais, em suma.

2. Que privados e que funções?

Centremos a nossa atenção, portanto, apenas nesses novos actores "privados" (o que, repita-se, deixa de fora o defensor público, cuja problemática é outra) que são o (i) o cidadão que actua como agente infiltrado; (ii) os privados que desempenham papeis na execução da pena de prisão; (3) o mediador penal. Poder-se-á falar, a propósito de qualquer uma destas hipóteses, de uma indesejável privatização da justiça penal?

A um segundo e mais atento olhar, porém, suscita-se a interrogação sobre *quais são essas funções agora desempenhadas por estes privados e sobre se a sua natureza é inequivocamente pública ou não*. Estaremos a atribuir a privados funções que são e devem continuar a ser públicas? Estaremos a atribuir a privados funções que antes eram públicas mas que podem deixar de o ser? Estaremos a atribuir a privados funções que são novas e que, por isso, nunca foram tradicionalmente públicas nem têm de o ser?

Aquilo que se vai procurar mostrar é que a resposta à questão de saber se estamos ou não a atribuir funções que devem ser públicas a cada um

---

[5] Possibilidade admitida em Portugal logo no artigo 1º, nº 2 da Lei nº 101/2001, de 25 de Agosto (Acções Encobertas para Fins de Prevenção e Investigação Criminal), mas não prevista na lei brasileira.

dos novos actores privados merece respostas diferentes consoante o novo actor em apreço.

i) O agente infiltrado que não é um agente da polícia e a atribuição a privados de funções que devem ser públicas
O artigo 10º da Lei nº 12.850/13, de 2 de Agosto, não permite qualquer dúvida quanto à exclusão, no Brasil, da possibilidade de privados desempenharem a função de agente infiltrado[6]. Pelo contrário, em Portugal admite--se expressamente que o agente encoberto seja "um terceiro actuando sob o controlo da Polícia Judiciária para prevenção ou repressão dos crimes".

Em Portugal (e não no Brasil) temos, com previsão legal, um novo actor da justiça penal, este privado que desempenha funções na investigação da criminalidade mais organizada e mais grave. Merecerá tal opção um juízo positivo? Julga-se que a resposta terá de ser negativa.

A opção do legislador português pode ser, num primeiro momento, justificada pela procura de maior eficácia. Será porventura mais fácil a infiltração na organização criminosa de alguém que não precise de ocultar a sua identidade mas apenas a sua intenção, precisamente porque aquela identidade garante um acréscimo de credibilidade (através do reconhecimento no "contexto criminal", nomeadamente por força da prática anterior de crimes ou mesmo da condenação a uma pena). Por outro lado, limitam-se os riscos específicos que um agente da polícia corre quando desempenha o papel de agente encoberto ou de agente infiltrado.

Estas vantagens talvez sejam, porém, mais aparentes do que reais, desde logo porque a eficácia associada à produção de provas e à condenação dos agentes do crime fica prejudicada sempre que tais provas não possam ser valoradas na medida em que a sua obtenção ultrapassou os limites postos pelo legislador. O cidadão que actua como encoberto/infiltrado nem sempre compreenderá a ténue fronteira entre o encobrimento (admitido) e a provocação (proibida), o que acaba por causar engulhos à condenação, originando a absolvição ou determinando, em sede de recurso, o reenvio do processo para novo julgamento.

---

[6] Neste artigo 10º prevê-se que "A infiltração de agentes de polícia em tarefas de investigação, representada pelo delegado de polícia ou requerida pelo Ministério Público, após manifestação técnica do delegado de polícia quando solicitada no curso de inquérito policial, será precedida de circunstanciada, motivada e sigilosa autorização judicial, que estabelecerá os seus limites".

OS NOVOS ATORES DA JUSTIÇA PENAL

A rejeição da actuação de particulares como agentes infiltrados ou encobertos é sustentada na doutrina por autores como Flávio Cardoso Pereira. O Autor pondera a sua admissibilidade em países como Portugal, a Colômbia ou a Dinamarca, criticando-a com base em vários argumentos. Entende que os privados não possuem os conhecimentos específicos necessários ao exercício de tão perigosa actividade; considera que a corrupção destes particulares é mais provável, desde logo pela sua maior vulnerabilidade e pela ausência de vínculos e responsabilidades profissionais[7]. Também muito veemente quanto à não aceitação do desempenho destas funções por privados, A. C. Gonzalez-Castell sublinha o particular desvalor do desempenho de tal papel por outros delinquentes ou pessoas que tenham, elas próprias, problemas a resolver com a justiça penal[8].

A razão principal pela qual se não concorda com o desempenho por privados do papel de agentes encobertos/infiltrados é, porém, mais funda: no desempenho dessas funções praticam-se (i) alguns dos actos mais lesivos de direitos fundamentais do arguido durante a investigação e (ii) dos actos que mais influência poderão ter na sua condenação. E estes são precisamente os dois elementos que se crê que mais condicionam a natureza inequivocamente pública das funções de infiltrado ou encoberto.

ii) Os privados na execução prisional e a atribuição de (algumas) velhas funções tradicionalmente desempenhadas pelo Estado mas que podem ser privadas.
O movimento de privatização das prisões teve início nos EUA na década de oitenta do século passado e insere-se numa tendência generalizada para a atribuição a actores privados da prossecução de interesses públicos antes exclusivamente sob a égide do Estado. Para muitos, o insucesso da admi-

---

[7] Flávio Cardoso PEREIRA elenca cinco objecções à "utilização de civis como infiltrados: o perigo grave para a sua segurança e para a segurança de terceiros, assim como para a própria investigação; o perigo grave de que não haja controlo dos civis, concretizado na ausência de hierarquia de comando; o perigo grave de perder o controlo das actividades encobertas dos civis; a falta de preparação e competência dos particulares; a utilização problemática das provas recolhidas por particulares numa operação encoberta" (*Agente Encubierto y Proceso Penal Garantista: Limites y Desafios,* Dissertação de doutoramento, Salamanca: 2012, p. 249-251).
[8] Cfr. GONZALEZ-CASTELL, "El agente infiltrado en Espana y Portugal. Estudio comparado a la luz de las garantias y de los principios constitucionales", *Criminalidade Organizada e Criminalidade de Massas. Interferências e Ingerências Mútuas,* Coord. Guedes Valente, Coimbra: Almedina, 2009, p. 192.

nistração pública em determinadas áreas seria ultrapassável outorgando essas funções a entidades privadas.

A ideia do exercício privado de poderes públicos vem sendo, nessa senda, alvo de um reconhecimento cada vez mais amplo. Nesse sentido, o artigo 267º/6 da Constituição da República Portuguesa, referente à estrutura da Administração Pública, dispõe que *"as entidades privadas que exerçam poderes públicos* podem ser sujeitas, nos termos da lei, a fiscalização administrativa".

Ainda assim, esta atribuição a privados de funções da administração pública deve continuar a ser vista como uma excepção, que pressupõe necessariamente uma opção vertida em lei, regulamento ou acto administrativo com base na lei.

Deste modo, a grande questão radica em saber que funções públicas podem ser atribuídas a privados e que funções têm de continuar a ser asseguradas pela Administração.

Para Pedro Gonçalves[9], entre as tarefas públicas necessárias que são naturais do Estado cabem as funções típicas de soberania como a defesa nacional, a feitura de leis e a justiça; e as missões que implicam o emprego da força como a repressão criminal, a execução de decisões judiciais, a manutenção da ordem e segurança e a gestão global de prisões. Segundo o Autor, "se pode aceitar-se que a defesa das pessoas e dos seus bens não constitui uma tarefa pública exclusiva, parece já inquestionável que a responsabilidade de executar uma tal missão tem de ser assumida directamente pelo Estado sempre que envolva ou reclame o emprego da força física".

Existem dimensões da vida nas prisões em que a intervenção de privados não nos causa repulsa. Considerem-se os exemplos do fornecimento da alimentação por empresas privadas ou a intervenção de prestadores da área privada no âmbito da saúde. O mesmo se diga quanto à intervenção de privados na organização do trabalho prisional. Em todos estes casos, porém, a apertada supervisão do Estado revela-se imprescindível. A alimentação, a saúde ou o trabalho contendem seguramente com direitos fundamentais do recluso. O que se não admite é apenas uma transferência global para os privados da gestão dos estabelecimentos prisionais. E entende-se que existe ainda um núcleo irredutível de funções que devem ficar limitadas

---

[9] Cfr. Pedro GONÇALVES, *Entidades Privadas com Poderes Públicos: o exercício de poderes públicos de autoridade por entidades privadas com funções administrativas*, Almedina: 2008, p. 164 ss.

OS NOVOS ATORES DA JUSTIÇA PENAL

ao exercício pela administração pública, nomeadamente aquelas em que há a possibilidade de recurso à força para manutenção da ordem e todas as que contendem com o exercício do poder disciplinar. Nestes casos não basta o dever estadual de supervisão ou garantia, antes se exigindo um efectivo desempenho das funções pela administração pública.

iii) O mediador penal no desempenho de funções que são novas
Em Portugal, a mediação penal não foi objecto de um acolhimento caloroso pelos actores tradicionais da justiça penal, sendo diminutos os processos remetidos para mediação pelo Ministério Público. É possível que parte dessa rejeição se relacione com a ideia de que os mediadores, que podem nem ser juristas, aparecem como "usurpadores" de tarefas que o MP e os Juízes acham que lhes estão reservadas e que podem desempenhar melhor.
Não se vê, porém, que assista razão a tal entendimento. Ou seja: não se vê que, pelo menos num sistema como o português, se estejam a atribuir ao mediador funções que são públicas, sobretudo pelas razões que de seguida se elencarão:

a) O mediador não intervém na condenação do agente a uma pena, acusando-o (como faz o MP) ou aplicando-lhe uma pena ou medida de segurança (como faz o Tribunal). O mediador pretende favorecer a pacificação pessoal e interpessoal dos intervenientes no crime, pelo que o objecto que é o seu não tem a natureza pública do crime como ofensa insuportável a bens jurídicos;

b) Nos casos em que a mediação não é exterior à resposta penal, antes a condiciona – é o que sucede quando a mediação conduz à diversão processual, porque o acordo evita a acusação e a condenação – prevê-se sempre um papel de controlo atribuído a uma autoridade judiciária[10];

c) O mediador não surge na pele de um privado, na medida em que actue, como sucede no caso português, no âmbito de um sistema público de mediação, estando a sua formação, selecção e actuação sujeitas a regras definidas pelo Estado[11].

[10] Nos termos do artigo 5º, nº 5 da Lei nº 21/2007, de 12 de Junho, "o Ministério Público verifica se o acordo respeita o disposto no artigo 6º e, em caso afirmativo, homologa a desistência de queixa no prazo de 5 dias".
[11] O Regulamento do Sistema de Mediação Penal, Anexo à Portaria nº 68-C/2008, de 22 de Janeiro (e já sujeita, depois dessa data, a algumas alterações), define "as regras por que deve pautar-se a actividade dos mediadores penais".

Ou seja: nem as funções desempenhadas pelo mediador se revestem daquela natureza inequivocamente pública que tem a resposta penal ao crime; nem o mediador é um privado *tout court*.

Com efeito, apesar de o fundamento da justiça restaurativa radicar no reconhecimento de uma dimensão do crime que não é a pública, reconhece-se, ainda assim, um importante papel ao Estado. Esse relevante papel do Estado decorre da inconveniência de uma absoluta compartimentação do crime em várias fatias a que corresponderiam respostas totalmente diversas e autónomas. A atribuição de relevância a uma dimensão "mais privada" do crime não postula a desconsideração da existência daquela dimensão pública. Pode existir necessidade de resposta a apenas uma delas ou a ambas. Nesta última hipótese, admite-se a conveniência de uma certa concertação das intervenções.

Nessa medida, há que reconhecer ao Estado o desempenho de um papel importante no que respeita à justiça restaurativa. A sua intervenção desdobra-se em duas frentes principais: por um lado, cumpre-lhe velar pela concordância entre as práticas restaurativas (em si mesmas e nos resultados a que possam conduzir) e os princípios garantísticos inerentes ao Estado de Direito Social; por outro, cabe-lhe uma função organizacional relacionada com a criação das condições necessárias ao funcionamento dos programas restaurativos[12].

3. A falência dos contra-argumentos do regresso da vingança privada ou da privatização da justiça penal

A intervenção do mediador penal, assim como a atribuição a privados de funções na execução prisional, são por vezes confrontadas com a acusação de que favorecem a privatização da reacção ao crime e, no limite, a vingança privada.

Sobretudo no que respeita à mediação penal, é relativamente frequente a afirmação de que uma sobrevalorização da importância dos interesses da

---

[12] Sobre esta questão, Katherine DOOLIN ("But what does it mean? Seeking definitional clarity in restorative justice", *The Journal of Criminal Law*, 71, 5, 2007, p. 430) refere que o Estado é um interveniente na justiça restaurativa, ainda que "indirecto ou secundário". Sustenta que tem um "papel necessário na promoção das garantias substantivas e processuais das vítimas e dos agressores". Mas afirma que o Estado também tem um "papel vital" na disponibilização de recursos que permitam as práticas restaurativas e que contribuam para criar as condições necessárias que garantam o encontro entre o agente e a vítima, encontro esse que as envolve na decisão do conflito decorrente do crime.

OS NOVOS ATORES DA JUSTIÇA PENAL

vítima no modelo de reacção ao crime poderia significar um indesejável retrocesso na medida em que, ao dar-se vazão aos seus sentimentos mesquinhos e de vingança, permitir-se-ia uma instrumentalização do aparelho punitivo estadual para fins de *vingança privada*[13].

Estas preocupações são, até certo ponto, compreensíveis[14]. Todavia, só *até certo ponto* – ou, porventura com mais rigor, só *a partir daquele ponto* em que se desse uma espécie de contra-revolução coperniciana através da qual o crime passasse a ser visto como um ataque a interesses individuais e disponíveis, sendo a reacção ao delito gizada (quanto ao processo e quanto às consequências) em função da vontade (e do poder) do titular de tais interesses.

Por outro lado – e este é ponto que merece ser sublinhado –, não devem confundir-se os conteúdos essenciais da *vingança privada* e da *privatização da justiça penal*, que *neste ponto da reflexão se juntaram sobretudo por aparecerem indistintamente esgrimidos contra a intervenção do mediador de conflitos e contra os privados que desempenham funções na execução prisional.*

Por mais divergências que existam na delimitação de cada um dos conceitos, parece útil uma sua breve diferenciação. Qual será então a diferença entre a vingança privada e a privatização da justiça penal? Talvez possa par-

---

[13] Na ciência penal, o problema é considerado, por exemplo, por Gunther HEINE, que refere a possibilidade de uma ruptura associada a "qualquer espécie de redução que sofra a clássica relação Sujeito-Estado". No âmbito penal, ela pode manifestar-se a diversos níveis. O Autor começa por mencionar uma certa "privatização de parte das tarefas penais", como pode suceder com a execução da pena. Todavia, já entende que, "no campo das sanções, parece assegurado que a reparação e a indemnização em substituição da pena se conciliam com todos os fins da pena". Relativamente à aceitação de respostas alicerçadas no consenso, refere "a polémica negociação no processo penal" e parece ter dúvidas sobre se a diversão processual significa uma "desdramatização dos conflitos individuais" (menos dramáticos porque afastados da esfera pública), ou antes uma sua "nova dramatização" (na medida em que se atribui novo relevo a essa dimensão do conflito). Todavia, o Autor não parece rejeitar esta tendência na sua globalidade, antes tendendo a uma certa "aceitação do modelo transformado" ("La ciencia del derecho penal ante las tareas del futuro", in *La Ciencia del Derecho Penal Ante el Nuevo Milenio*, coord. da versão alemã ESER/HASSEMER/BURKHARDT; coord. da versão espanhola MUNOZ CONDE, Valência: Tirant lo Blanch, 2004, ps. 424-430).

[14] Como nota Jacinto COUTINHO ("Segurança Pública e o Direito das Vítimas", *Separata da Revista da Ordem dos Advogados*, ano 65, III, Dezembro de 2005, p. 866), é "difícil – muito difícil – resgatar o adequado papel das vítimas porque, de certo modo, isso só se faz renegando aquele do Estado, o que soa, no mais das vezes, como acto reaccionário, de todo indigesto e indesejado por quem pensa sempre na democracia".

tir-se do princípio de que enquanto a primeira (a vingança privada) pressupõe a defesa por privados de interesses que são privados; a segunda (a privatização da justiça penal) não prescinde de uma nota pública, ou porque há um sistema público ao serviço de interesses privados, ou porque há privados incumbidos de tarefas que seriam, tradicionalmente, públicas[15].

O que com isto se pretende significar é, portanto, que o conceito de vingança privada não prescinde de uma reacção ao crime definida primeiramente em função daqueles que são os interesses privados das vítimas ou dos seus próximos (e assumindo-se, o que se não julga inequívoco, que prepondera nesses interesses uma dimensão de retaliação). Pelo contrário, *a privatização da justiça penal (ou de "partes" ou "momentos" do "funcionamento" da justiça penal) pode existir mesmo quando na finalidade da intervenção se continue a ver essencialmente a defesa da comunidade ou de interesses sobretudo públicos, nomeadamente por transferência para entidades privadas de funções que caberiam a instâncias formais e estaduais de controlo.* Um dos exemplos que tem merecido amplo debate, a propósito dessa privatização da justiça penal (parcial, é certo), relaciona-se precisamente com a outorga a empresas privadas da gestão e direcção de estabelecimentos prisionais[16].

---

[15] Sobre as formas de reacção ao crime sem a intervenção do Estado e considerando que "esse risco não é imaginário", cfr. Mireille DELMAS-MARTY, *Le Flou du Droit, Du Code Penal aux Droits de l'Homme*, Paris: Quadrige/Puf, 2004, p. 234 ss.

[16] A questão mereceu a ponderação muito crítica de Loic WACQUANT (*Punir les Pauvres*, p. 79 ss e p. 188 ss), no contexto de uma análise da realidade norte-americana dos últimos vinte anos do século vinte, centrada na afirmação de uma "política estadual de criminalização das consequências da miséria", através da "transformação dos serviços sociais em instrumentos de vigilância e de controlo das categorias indóceis" e também por força de "uma contenção repressiva dos pobres através do recurso massivo e sistemático à encarceração". Essa expansão do número de presos "tornou-se uma verdadeira indústria e uma indústria rentável", através do "crescimento exponencial de um sector de prisões construídas ou geridas pelo sector privado". Merecedora de reflexão é também a afirmação do Autor de que "a passagem do Estado Social para Estado Penal" se traduziu num crescimento "exorbitante" dos custos, que "os eleitores americanos recusam assumir" e que desencadeou o recurso ao sector privado. Ainda nas palavras de WACQUANT, "ao ritmo a que se prende nos Estados Unidos, é preciso abrir uma prisão com 1000 lugares a cada 5 dias, o que nenhum governo tem os meios financeiros ou a capacidade administrativa para fazer". Todavia, se no final da década de oitenta as prisões privadas eram apresentadas como "uma nova fronteira económica" e se na primeira metade de noventa "a *Correction Corporation of America* estava no Top 5 das empresas mais rentáveis do país", as previsões optimistas foram infirmadas e na viragem do milénio "o encarceramento privado já não consta entre os investimentos-farol de *Wall Street*". Na opinião do Autor, os vários escândalos que abalaram o sector (e que se relacionam, nomeadamente, com a "importação-

OS NOVOS ATORES DA JUSTIÇA PENAL

Ora, uma maior participação dos privados na justiça penal não equivale necessariamente àquela revolução contra o carácter público da justiça penal através de uma repristinação da vingança privada ou de uma qualquer adesão à privatização global do sistema de reacção ao crime.

Em primeiro lugar, porque aquela participação de privados se manifesta em muitos casos, como se referiu, a níveis externos à verdadeira administração da justiça penal. Aceitar-se, por exemplo, a actuação do mediador *no contexto de um sistema distinto do penal e que o não substitui*, não pode equivaler, naturalmente, a uma privatização do *penal*. A entrega de funções a entidades privadas na execução da pena que não prejudique a reserva de administração também não significa verdadeiramente uma privatização daquilo que deve ser público porque corresponde à essência do que é penal.

Como sublinha Jorge de FIGUEIREDO DIAS, "o direito penal constitui, por excelência, um ramo ou uma parte integrante do *direito público*. Porventura em nenhuma outra disciplina jurídica como nesta surgirá uma tão nítida relação de supra-infra ordenação entre o Estado soberano, dotado do *ius puniendi*, e o particular submetido ao império daquele; como em nenhuma outra será tão visível a função estadual de preservação das condições essenciais da existência comunitária e o poder estadual de, em nome daquela preservação, infligir pesadas consequências para a liberdade e o património (...) dos cidadãos". E acrescenta, com particular relevo para a reflexão em curso: "verificados (...) os pressupostos da intervenção, o *ius puniendi* estadual surge como coisa pública, por inteiro subtraída à vontade dos particulares»[17].

A centralidade que, para a afirmação da natureza pública do direito penal, assume a independência da reacção face à vontade dos particulares, parece conflituar com formas mais intensas de participação desses particulares no sistema de reacção ao crime. O que ao longo desta reflexão se tem procurado justificar é que esse conflito nem sempre existirá. Ele não

---

-exportação de reclusos de uns Estados para os outros, deslocalizando-os com prejuízo para os seus direitos de visita e para a socialização; com a imposição de pagamento parcial, em alguns estabelecimentos prisionais, da dormida, comida ou assistência médica; com o surgimento de críticas a políticas prisionais intencionalmente orientadas para a causação de sofrimentos desnecessários ao recluso) terão sido parcialmente responsáveis pelo decaimento do interesse na prisão privada como negócio.

[17] Jorge de FIGUEIREDO DIAS, *Direito Penal – Parte Geral, Tomo I*, 2ª ed., Coimbra Editora: 2007, ps. 13-14.

existirá quanto a formas de participação dos particulares na justiça penal que não ponham em causa as finalidades principais do direito penal e do processo penal. E não existirá quanto a formas de participação dos particulares que sejam exteriores à intervenção especificamente penal e antes fundadas no reconhecimento da necessidade de uma outra resposta a uma diversa dimensão do crime e da reacção ao crime.

Aqui chegados, sei que não consegui ultrapassar a estranheza causada por estes novos actores privados. Somos todos definitivamente juristas e, mais do que isso, penalistas cujos quadros mentais se formaram a partir de uma pedra de toque do paradigma iluminista jurídico-penal. Essa pedra de toque é a da natureza definitivamente pública da justiça penal.

Existem representações profundas de que é difícil libertarmo-nos. Existem representações profundas de que nem devemos libertar-nos. Mas, por outro lado, sopra-nos ao ouvido a dúvida que é a semente da liberdade e da mudança e que nos recorda A Alma Imoral de Nilton Bonder[18] e o questionamento da tradição versus traição. Sem transgressão e traição não há evolução. Queremos que a justiça penal continue a ser, como vários autores críticos já afirmaram, o doente mais saudável que existe, cada vez maior e mais forte apesar de todas as doenças que lhe apontamos? Deverá o Estado continuar a ser essa "Vaca Sagrada"[19] que tanto criticamos mas cujo retrocesso não aceitamos porque continuamos a ver nele o bastião dos direitos fundamentais? Não poderão estes novos actores privados contribuir para uma resposta ao crime mais humanizada e mais próxima da vida na sociedade em que queremos reintegrar o agente do crime?

Tantas perguntas e tão escassas respostas. O que volta a recordar-nos Vinícius de Moraes: "Nessa estrada não nos cabe conhecer ou ver o que virá/O fim dela ninguém sabe bem ao certo onde vai dar/Vamos todos numa linda passsarela/De uma aquarela que um dia enfim/Descolorirá".

---

[18] Nilton BONDER, *A Alma Imoral*, Editora Rocco, 1998.

[19] A afirmação de que é tempo de reexaminar e questionar as vacas sagradas da sociedade, referindo-se ao actual sistema de justiça criminal, foi feita por Ezzat FATTAH, "From philosophical abstraction to restaurative action, from senseless retribution to meaningful restitution: just deserts and restorative justive revisited", *Restorative Justice – Theoretical Foundations*, Eds. Elmar WEITEKAMP/Hans-Jurgen KERNER, Portland: Willan Publishing: 2002, ps. 308-9.

Parte I
O Mediador Penal

Parte I
O Mediador Penal

Limites Legais da Mediação Penal "De Adultos" em Portugal

PEDRO SÁ MACHADO
Mestre em Ciências Jurídico-Criminais pela Faculdade
de Direito da Universidade de Coimbra

É sugestiva a forma como titulamos as breves considerações que se seguem. *Limites legais,* perspectivando o enunciado do texto legal, em meras referências lógico-normativas, como que restringidos a um particular contexto de significação que nos é dado pelo legislador. *Da mediação penal "de adultos"* que, pela própria intencionalidade, exclui a mediação no âmbito da delinquência juvenil[1]. E *em Portugal,* no ordenamento jurídico português, denegando perspectivas extraterritoriais e comparadas. Então, dentro deste quadro, ficamo-nos por uma mera caracterização legal que se divide em três partes distintas, vislumbrando a *mediação penal*[2] enquanto:

---

[1] Cfr. 42º, nº1, da Lei nº166/99, de 14 de Setembro (Lei Tutelar Educativa)

[2] Para um conceito de "mediação penal", em termos estritamente formais e integrado em diferentes contextos, pré e pós-sentencial, consideremos, p. ex.: Recomendação No. R (99) 19 do Comité de Ministros do Conselho da Europa de 15 de Setembro de 1999, "qualquer processo em que a vítima e o agressor podem, com o seu livre consentimento, participar activamente na resolução de questões decorrentes do crime mediante a ajuda de um terceiro independente (mediador)" (tradução livre do inglês); Resolução nº 2000/14, de 27 de Julho de 2000, do Conselho Económico e Social das Nações Unidas, "qualquer processo em que a vítima, o agressor e/ou qualquer outro indivíduo ou membro da comunidade afectado pelo crime participem activamente juntos na resolução de questões decorrentes do crime, geralmente

OS NOVOS ATORES DA JUSTIÇA PENAL

(1) mecanismo de diversão processual em fase de inquérito, introduzido pela Lei nº21/2007, de 12 de Junho; (2) "encontro restaurativo", durante a suspensão provisória do processo ou durante o cumprimento da pena, no âmbito da violência doméstica, nos termos da Lei nº112/2009, de 16 de Setembro; e enquanto (3) "programa de justiça restaurativa" pós-sentencial, integrado na Lei nº115/2009, de 12 de Outubro.

(1) Lei nº21/2007, de 12 de Junho

Na origem do regime legal de mediação penal em epígrafe, com vista a cumprir o artigo 10º da Decisão Quadro nº2001/220/JAI, do Conselho, de 15 de Março, relativa ao estatuto da vítima em processo penal, esteve o Anteprojecto de Proposta de Lei sobre Mediação Penal, de 21 de Fevereiro de 2006, e a Proposta de Lei nº107/X sobre Mediação Penal, de 2 de Novembro de 2006. Tratou-se de um compromisso do programa de Governo do XVII Governo Constitucional[3] que, na verdade, já havia sido considerado e entendido como um "novo rumo de política criminal" pela Comissão de Assuntos Constitucionais, Direitos, Liberdades e Garantias, como bem se vê na Resolução da Assembleia da República nº30/2003. Deste modo, poder-se-á dizer que o texto compreendido na Lei nº21/2007, de 12 de Junho, resulta não só de influências legislativas externas[4] como

com a ajuda de um terceiro justo e imparcial." (tradução livre do inglês); Decisão-Quadro do Conselho, de 15 de Março de 2001 (2001/220/JAI), "a tentativa de encontrar, antes ou durante o processo penal, uma solução negociada entre a vítima e o autor da infracção, mediada por uma pessoa competente"; Directiva 2012/29/UE do Parlamento Europeu e do Conselho de 25 de outubro de 2012, "um processo que permite que a vítima e o autor do crime participem ativamente, se o fizerem com o seu livre consentimento, na resolução de questões decorrentes do crime mediante a ajuda de terceiros imparciais"; e na própria Lei nº21/2007, de 12 de Junho, "processo informal e flexível conduzido por um terceiro imparcial, o mediador, que promove a aproximação entre o arguido e o ofendido e os apoia na tentativa de encontrar activamente um acordo que permita a reparação dos danos causados pelo facto ilícito e contribua para a restauração da paz social".

[3] Embora também resultante de um "Acordo político-parlamentar para a reforma da Justiça celebrado entre o PS e o PSD", de 8 de Setembro de 2006.

[4] Para além dos instrumentos legislativos internacionais que constam supra, na nota 2, cfr., ainda, Resolução nº 2002/12, de Julho de 2002, do Conselho Económico e Social das Nações Unidas, sobre os princípios fundamentais a que devem obedecer os programas de justiça restaurativa em matéria criminal. Diga-se que vinculativa era a Decisão Quadro nº2001/220/ JAI, do Conselho, de 15 de Março, visto que, de acordo com o artigo 17º, previa a execução das medidas legais até 22 de Março de 2006.

de uma ampla discussão pública a nível interno, com a audição de diversos cidadãos e entidades.

A primeira nota a destacar, olhando para o regime legal vigente, é de *âmbito territorial*. Um sistema de mediação público[5] que começou por se limitar às comarcas do Porto, Aveiro, Oliveira do Bairro e Seixal[6], mas que acabou por se estender e funcionar nas comarcas do Alentejo Litoral, Baixo Vouga, Barreiro, Braga, Cascais, Coimbra, Grande Lisboa Noroeste, Loures, Moita, Montijo, Porto, Santa Maria da Feira, Seixal, Setúbal e Vila Nova de Gaia[7].

Em segundo lugar, sublinhe-se que o *âmbito temporal* ou o momento processual em que a mediação é possível circunscreve-se à fase de inquérito em processo penal (cfr. 3º, nº1, 1ª parte). Com efeito, a mediação penal caracteriza-se como uma solução de diversão processual à luz do princípio da legalidade[8], como alternativa ao arquivamento ou à acusação. Tendo sido recolhidos *indícios* – não necessariamente suficientes (cfr. 283º, nºs 1 e 2, CPP) – de se ter verificado crime e de que o arguido foi o seu agente, a remessa do processo para mediação pode resultar ou do impulso do MP (cfr. 3º, nº1)[9], caso entenda que desse modo responde às exigências de prevenção do caso concreto (cfr. 40º, nº1, e 70º, CP), ou de iniciativa conjunta do ofendido e do arguido (cfr. 3º, nº2). Em qualquer uma das hipótese há sempre notificação de que o processo foi remetido para mediação (cfr. 3º, nº3)[10]. A remessa do processo para mediação determina a suspensão dos prazos relacionados com a acusação, com a duração máxima do inquérito e com a prescrição do procedimento criminal (cfr. 7º).

---

[5] Cfr. "Princípios gerais aplicáveis à mediação realizada em Portugal, bem como os regimes jurídicos... dos mediadores e da mediação pública", na Lei nº29, 2013, de 19 de Abril. Cfr., também "Regulamento do Sistema de Mediação Penal", em anexo à Portaria nº68-C/2008 de 22 de Janeiro.

[6] Artigo 2º da Portaria nº68-C/2008 de 22 de Janeiro.

[7] Artigo 2º da Portaria nº 732/2009, de 8 de Julho.

[8] Do mesmo modo, o arquivamento em caso de dispensa de pena (cfr. 280º CPP) e a suspensão provisória do processo (cfr. 281º CPP).

[9] Também nos objectivos de política criminal para os biénios de 2007 a 2009 e de 2009 a 2011, nas orientações sobre a pequena criminalidade, constava a incitação à Mediação penal (cfr. 12º, nº1, *g*) da Lei nº51/2007, de 31 de Agosto, e 16º, nº1, *g*) da Lei nº38/2009, de 20 de Julho) da qual resultam as directivas e instruções genéricas em matéria de execução dessas mesmas leis por parte do Procurador-Geral da República.

[10] Cfr. Portaria nº 68-A/2008, de 22 de Janeiro, relativa ao modelo de notificação.

OS NOVOS ATORES DA JUSTIÇA PENAL

Uma terceira e relevante nota acerca da mediação penal neste contexto de significação é de *âmbito material*. Por um lado, negativamente delimitado (cfr. 2º, nº3) por crimes com moldura penal superior a pena de prisão de 5 anos, crimes contra a liberdade ou autodeterminação sexual, crimes de peculato, corrupção ou tráfico de influência, e crimes cujo processo aplicável seja sumário (cfr. 381º, CPP) ou sumaríssimo (cfr. 392º, CPP). Por outro lado, positivamente delimitado (cfr. 2º, nºs 1 e 2) por *crimes semi-públicos e particulares* contra as pessoas ou contra o património. Neste sentido, afigura-se possível mediar os seguintes crimes previstos no Código Penal Português[11]: ofensa à integridade física simples (143º), ofensa à integridade física por negligência (148º), ameaça (153º), coacção (154º), intervenções e tratamentos médico-cirúrgicos arbitrários (156º), difamação (180º), injúria (181º), ofensa à memória de pessoa falecida (185º), ofensa a organismo, serviço ou pessoa colectiva (187º), violação de domicílio ou perturbação da vida privada (190º), introdução em lugar vedado ao público (191º), devassa da vida privada (192º), violação de correspondência ou de telecomunicações (194º), violação de segredo (195º, aproveitamento indevido de segredo (196º), gravações e fotografias ilícitas (199º), furto (203º), abuso de confiança (não agravado) (205º), furto de uso de veículo (208º), apropriação ilegítima em caso de acessão ou de coisa achada (209º), dano (212º), dano qualificado (não agravado) (213º), usurpação de coisa móvel (215º), alteração de marcos (216º), burla (não agravada) (217º), burla relativa a seguros (não agravada) (219º), burla para obtenção de alimentos, bebidas ou serviços (220º), burla informática e nas comunicações (não agravada) (221º), infidelidade (224º), abuso de cartão de garantia ou de crédito (não agravado) (225º), usura (226º), receptação (não agravada) (231º), auxílio material (232º), danificação ou subtracção de documento e notação técnica (259º) e embriaguez e intoxicação (cfr. 295º).

O que também se depreende do âmbito material de aplicação do regime de mediação penal é a limitação ao princípio da oficialidade dado que, como é sabido, o procedimento dos crimes semi-públicos e particulares depende do exercício do direito de queixa por parte do respectivo titular (cfr. 2º, nºs 4 e 5, Lei nº 21/2007, de 12 de Junho; 113º a 117º, CP; e 49º e 50º, CPP)[12].

---

[11] Levantamento dos crimes feito por Beleza, Teresa Pizarro / Melo, Helena Pereira de, *A Mediação Penal em Portugal*, Colecção Speed, Coimbra: Edições Almedina, 2012, p. 81.

[12] Veja-se que o Anteprojecto de Proposta de Lei sobre Mediação Penal, de 21 de Fevereiro de 2006, abrangia também *crimes públicos* puníveis com pena de prisão não superior a 5 anos. Contudo, como está bem de ver, esta proposta não foi considerada na versão final.

LIMITES LEGAIS DA MEDIAÇÃO PENAL "DE ADULTOS" EM PORTUGAL

Uma quarta nota tem a ver com o "novo actor na justiça penal", uma vez remetido o processo para a instância restaurativa: *o mediador penal*. No desempenho das suas funções deve observar deveres de imparcialidade, independência, confidencialidade e diligência, por razões legais, éticas e deontológicas (cfr. 10º). Isto porque, depois de designado pelo MP a partir das listas inscritas pelo Ministério da Justiça (cfr. 11º)[13], é o mediador que contacta o arguido e o ofendido, informa dos seus direitos e deveres, esclarece a natureza, finalidade e regras aplicáveis à mediação, e verifica se os próprios reúnem condições para participar em todo o processo (cfr. 3º, nº5). Mais ainda. O próprio está em sucessiva interacção com o MP ao longo de todo o procedimento, nomeadamente por motivos relacionados com informações (cfr. 3º, nºs 4 e 6; 5º, nº 1), solicitações (5º, nº 2) e conformidades legais (cfr. 5º, nºs 3 e 8).

Uma consideração que resulta do que ficou dito acerca dos deveres do mediador penal é precisamente o dever de guardar segredo não só em relação ao teor das sessões de mediação (cfr. 10º, nº 3) como também em relação à informação processual de que tenha conhecimento em virtude da participação no processo de mediação (10º, nº4). O que nos remete para a indispensável *confidencialidade* do teor das sessões de mediação, não podendo ser valorado como prova em processo judicial (cfr. 4º, nº 5)[14].

A quinta nota a destacar prende-se com a importante *consensualidade* dos sujeitos participantes, ofendido e arguido, em dois momentos distintos: na participação no processo de mediação e na celebração do acordo que equivale a desistência de queixa.

No que diz respeito ao primeiro momento, para se iniciar a mediação, o mediador terá que obter por escrito os consentimentos livres e esclarecidos do arguido e do ofendido (cfr. 3º, nºs 5 e 7). Caso assim não seja, não estando reunidas as devidas condições, prossegue-se com o processo penal (cfr. 3º, nº 6). Por outro lado, tendo resultado o consentimento, tenha-se em conta que este não é irrevogável (cfr. 4º, nº 2), ou seja, a *participação voluntária* dos sujeitos intervenientes ao longo de todo o processo é característico da mediação. E note-se bem que não há lugar a custas pelo processo

---

[13] Cfr., ainda, 12º da mesma Lei nº21/2007, de Junho, e Portaria nº68-B/2008, de 22 de Janeiro, relativa ao "Regulamento do procedimento de selecção dos mediadores penais".
[14] Reafirmado no artigo 14º, n,º3, do "Regulamento do Sistema de Mediação Penal", Portaria nº68-C/2008 de 22 de Janeiro.

OS NOVOS ATORES DA JUSTIÇA PENAL

de mediação (cfr. 9º). Para além da participação do arguido e do ofendido, considere-se também a intervenção possível de outros interessados, nomeadamente eventuais responsáveis civis e lesados (cfr. 4º, nºs 3 e 4).

Em tramitação subsequente, já em relação ao segundo momento, os sujeitos participantes poderão ou não chegar a um acordo. Não resultando o acordo ou prolongando-se o processo por mais de três meses sem a solicitação de prorrogação (cfr. 5º, nº 2), prossegue-se com o processo penal (cfr. 5º, nº 1). Procurando-se chegar a um acordo, torna-se imperativo legal o cumprimento de determinados limites de ordem pública, não se podendo incluir sanções privativas da liberdade, deveres que ofendam a dignidade do arguido ou deveres cujo cumprimento se deva prolongar por mais de seis meses (cfr. 6º, nº 2). Caso o MP verifique que o acordo não respeita estas prescrições, devolve o processo ao mediador para, juntamente com o ofendido e o arguido, sanarem a ilegalidade (cfr. 5º, nº 8). Caso o MP entenda que o acordo respeita todos os imperativos, *homologa* a desistência de queixa (cfr. 5º, nº 5)[15]. A assinatura do acordo significa e equivale a uma desistência de queixa por parte do ofendido e à não oposição por parte do arguido (cfr. 5º, nº 4).

Acresce ainda que, no caso de o acordo não ser cumprido no prazo fixado, o ofendido pode renovar a queixa no prazo de um mês, cabendo ao MP verificar o incumprimento (podendo recorrer aos serviços de reinserção social, a órgãos de polícia criminal e a outras entidades administrativas), sendo então reaberto o inquérito se necessário (cfr. 5º, nº5, 2ª parte; e 6º, nº3).

Uma outra nota de relevo baseia-se na faculdade do arguido e do ofendido poderem comparecer pessoalmente ou, alternativamente, poderem constituir advogado ou advogado estagiário (cfr. 8º). Não nos parece, porém, que devam ser preteridas as regras gerais acerca da obrigatoriedade de assistência em determinadas circunstâncias impostas pelo CPP (cfr. 64º, CPP).

Como última nota, fruto de omissão de solução legal inequívoca, diga-se que há aspectos no regime jurídico da Lei nº21/2007, de 12 de Junho, que ficam por resolver e que aqui não iremos tratar, nomeadamente os

---

[15] "Os processos em que tenha havido mediação e em que desta tenha resultado acordo são tramitados como urgentes..." (cfr. 5º, nº7). Sendo assim, ter em conta o disposto nos artigos 103º e 104º do CPP.

relacionados com a pluralidade de crimes, pluralidade de ofendidos e pluralidade de arguidos[16].

(2) Lei nº112/2009, de 16 de Setembro

A lei agora em epígrafe, que estabelece o regime jurídico aplicável à prevenção da *violência doméstica* e à protecção e assistência das suas vítimas, tratou-se de um compromisso do XVII Governo Constitucional, com base nas mais diversas influências legislativas externas[17] e internas[18] e com a audição de diversos cidadãos e entidades. Na origem do regime legal esteve a Proposta de Lei nº248/X, de 15 de Janeiro de 2009, constando na própria exposição de motivos: "Na mesma linha, introduzindo o recurso a práticas restaurativas em sede de suspensão provisória do processo e de execução de pena, prevê-se a possibilidade de um encontro restaurativo entre a vítima e o autor do crime. Fazendo apelo à total autonomia, à liberdade e à responsabilidade dos intervenientes na construção do seu futuro, logra-se promover uma participação real, dialogante e efectiva, que visa encontrar os meios mais adequados a restaurar a paz social". Deste modo, resultou dos trabalhos preparatórios o artigo 39º – "encontro restaurativo" – da Lei nº112/2009, de 16 de Setembro, prevendo: "Durante a suspensão provisória do processo ou durante o cumprimento da pena pode ser promovido, nos

---

[16] Para uma proposta de solução clara, cfr. Santos, Cláudia Cruz, *A Justiça Restaurativa: um modelo de reação ao crime diferente da justiça penal porquê, para quê e como?*, 1ª edição, Coimbra: Coimbra Editora, 2014, p. 683-691.

[17] Entre outras, considerar: Convenção sobre a Eliminação de Todas as Formas de Discriminação contra as Mulheres (CEDAW), de 18 de Dezembro de 1979 (em vigor na ordem jurídica portuguesa a 3 de Setembro de 1981); Protocolo opcional à Convenção CEDAW, de 6 de Outubro de 1999 (em vigor na ordem jurídica portuguesa a 26 de Julho de 2002); Decisão-Quadro nº2001/220/JAI do Conselho da União Europeia, de 15 de Março de 2001, relativa ao estatuto da vítima em processo penal; Recomendação Rec (2002) 5 do Comité de Ministros aos Estados membros, de 30 de Abril de 2002, sobre a protecção das mulheres contra a violência; Recomendação Rec (2006) 8 do Conselho da Europa de 14 de Junho de 2006, relativa à assistência a vítimas de crime.

[18] Considerar, sobretudo, os diversos Planos Nacionais Contra a Violência Doméstica que vigoraram desde 1999, de três em três anos: Resolução do Conselho de Ministros nº 55/99, 15 de Junho; Resolução do Conselho de Ministros nº 88/2003, de 07 de Julho; Resolução do Conselho de Ministros nº 83/2007, de 22 de Junho ; Resolução do Conselho de Ministros nº 100/2010, de 17 de Dezembro; e o mais recente, o "V Plano Nacional de Prevenção e Combate à Violência Doméstica e de Género 2014 -2017", Resolução do Conselho de Ministros nº102/2013, de 31 de Dezembro.

OS NOVOS ATORES DA JUSTIÇA PENAL

termos a regulamentar, um encontro entre o agente do crime e a vítima, obtido o consentimento expresso de ambos, com vista a restaurar a paz social, tendo em conta os legítimos interesses da vítima, garantidas que estejam as condições de segurança necessárias e a presença de um mediador penal credenciado para o efeito".

Antes de mais, diríamos com toda a evidência que neste contexto normativo a mediação penal "de adultos" está terminologicamente expressa como um "encontro restaurativo". O legislador entendeu assim identificar a mediação posterior à fase de inquérito, uma vez aplicadas injunções e regras de conduta ou consequência jurídica do crime. Mais importante do que a questão terminologia é o alcance material da disposição legal e as eventuais diferenças em relação à Lei nº 21/2007, de 12 de Junho.

A primeira questão que começa por merecer a nossa atenção é de *âmbito temporal*, relacionada com o momento processual no qual "o encontro restaurativo" é possível: "durante a suspensão provisória do processo ou durante o cumprimento da pena". Por um lado, significa que já houve, respectivamente, uma intervenção do juiz de instrução criminal ou do juiz de julgamento. Substancial diferença em relação à mediação como instrumento da Lei nº 21/2007, de 12 de Junho, enquanto procedimento *desjurisdicionalizado*. Por outro lado, significa que está a ser cumprida a consequência jurídica do crime e, por conseguinte, o "encontro restaurativo" não versará sobre um "acordo que equivale a desistência de queixa".

Uma outra questão que deriva desta última consideração é de *âmbito material*. De facto, o crime de "violência doméstica" (152º, CP) é um *crime público* [19] a partir do qual o principio da oficialidade tem pleno efeito, não fazendo então sentido falar em renúncia ou desistência de queixa por parte da vítima do crime. Pelo contrário, como demos conta, o conjunto de crimes susceptíveis de mediação nos termos da Lei nº 21/2007, de 12 de Junho, são crimes particulares *lato sensu*.

Em terceiro lugar, continuando a confrontar com o regime da mediação em fase de inquérito, é importante salientar que já não se fala em "ofen-

---

[19] Nem sempre foi assim. No CP de 1995 (DL nº 48/95, de 15 de Março) o procedimento criminal dependia de queixa; no CP em 1998 (Lei nº65/98, de 2 de Setembro) o procedimento criminal dependia de queixa, embora o MP pudesse dar início ao procedimento caso o interesse da vítima o impusesse e não houvesse oposição do ofendido antes de ser deduzida acusação; e somente a partir do CP em 2000 (Lei nº7/2000, de 27 de Maio) passou a considerar-se o crime previsto no artigo 152º como público.

dido" mas em "vítima". Questiona-se, então, o que se quer significar com "vítima". De acordo com a própria Lei nº112/2009, de 16 de Setembro, considera-se vítima (2º, a)) "a pessoa singular que sofreu um dano, nomeadamente um atentado à sua integridade física ou mental, um dano moral, ou uma perda material, directamente causada por acção ou omissão, no âmbito do crime de violência doméstica previsto no artigo 152º do Código Penal". Por sua vez, nos termos da respectiva disposição do CP Português, o sujeito passivo do crime de violência doméstica poderá ser: (a)) o cônjuge ou ex-cônjuge; (b)) a pessoa de outro ou do mesmo sexo com quem o agente mantenha ou tenha mantido uma relação de namoro ou uma relação análoga à dos cônjuges, ainda que sem coabitação; (c)) a progenitor de descendente comum em 1º grau; ou (d)) a pessoa particularmente indefesa, nomeadamente em razão da idade, deficiência, doença, gravidez ou dependência económica que com ele coabite.

Sendo assim, sob o ponto de vista legal, aproximamo-nos de um *conceito amplo*[20] de "vítima de violência doméstica". Desta forma, neste contexto normativo, julgamos possível um "encontro restaurativo" durante a suspensão provisória do processo ou durante o cumprimento da pena entre o agente do crime e qualquer "vítima" do ilícito-típico de violência doméstica previsto no artigo 152º do CP[21].

---

[20] Saber quem é a "vítima" tem toda a relevância não só por questões relacionadas com indemnizações (Cfr. 5º, nº1, da Lei nº104/2009, de 14 de Setembro, que aprova o regime de concessão de indemnização às vítimas de crimes violentos e de violência doméstica) mas também por questões relacionadas com o "estatuto de vítima" (artigos 14º a 24º, Lei nº112/2009, de 16 de Setembro). Para uma opção mais restrita, englobando apenas o (a)) cônjuge, ex-cônjuge ou (b)) pessoa com quem o agente mantenha ou tenha mantido uma relação análoga aos cônjuges, ainda que sem coabitação, cfr. Santos, Cláudia Cruz, *A Justiça Restaurativa: um modelo de reação ao crime diferente da justiça penal porquê, para quê e como?*, 1ª edição, Coimbra: Coimbra Editora, 2014, p. 729. No mesmo sentido, a partir da noção de "violência doméstica", o artigo 3º, alínea *b)*, da Convenção do Conselho da Europa para Prevenção e o Combate à Violência Contra as Mulheres e a Violência Doméstica, de 11 de Maio de 2011 (Istambul): "designa todos os actos de violência física, sexual, psicológica ou económica que ocorram no seio da família ou do lar entre os actuais ou ex-cônjuges ou parceiros, quer o infractor partilhe ou tenha partilhado, ou não, o mesmo domicílio que a vítima". Apesar de assinada, aprovada e ratificada, a respectiva Convenção não vigora na ordem jurídica portuguesa por não ter atingido o número mínimo de ratificações necessárias pelos Estados Partes.
[21] Com a 24ª alteração ao CP, por via da lei nº19/2013, de 21 de Fevereiro (com entrada em vigor em 24 de Março de 2013), alargou-se o âmbito do crime de violência doméstica à "relação de

OS NOVOS ATORES DA JUSTIÇA PENAL

Em relação à *suspensão provisória do processo* (mecanismo de diversão processual), a lei prevê um regime específico para a violência doméstica[22] no nº 7 do artigo 281º do CPP que exclui a possibilidade de suspensão do processo quando o crime se afigurar agravado pelo resultado (cfr. 152º, nº 3, CP). Ou seja, este regime adjectivo não se aplica quando o resultado agravante se traduzir em ofensas corporais graves ou na morte da própria vítima[23]. Outra nota relevante para o efeito prende-se com o facto de o nº 7 do artigo 281º do CPP atribuir expressamente à "vítima", e não ao MP, a iniciativa de suspensão provisória do processo. Note-se que se houver concordância do arguido e do juiz de instrução em relação a este mecanismo processual, em fase de "encontro restaurativo" existe já um precedente de consenso que se iniciou por vontade "livre e esclarecida" da vítima e terminou com o acatamento das respectivas injunções e regras de conduta por parte do arguido. Indicia sempre uma razoável probabilidade de sucesso quanto às pretensões do artigo 39º da Lei nº112/2009, de 16 de Setembro.

Já no que respeita ao encontro restaurativo "durante o cumprimento da pena" por crime de violência doméstica, numa palavra, diríamos que as coisas complicam-se. Começa por parecer interpretável, à luz deste artigo 39º da Lei nº112/2009, de 16 de Setembro, um *âmbito material* mais amplo do que no caso de suspensão provisória de processo. Bem vistas as coisas, nenhuma disposição legal impede a possibilidade de um encontro restaurativo por qualquer um dos ilícitos típicos de violência doméstica previstos no artigo 152º do CP, *inclusivamente o agravado pelo resultado*[24]. Repare-se que em todo o caso está em causa uma "vítima" (cfr. 2º, a), Lei nº 112/2009, 16 de Setembro, com remissão explícita para o artigo 152º do CP). De qualquer forma, chegados a esta fase do conflito interpessoal – eventualmente

---

namoro", no âmbito da alínea *b*), e acrescentou-se o "nomeadamente" na alínea *d*), evitando uma interpretação taxativa da mesma.

[22] Desde que o crime se tornou público, também por via da Lei nº 7/2000, de 27 de Maio.

[23] Ter em conta que fora das situações de preterintencionalidade há a possibilidade de imputação por crime de homicídio qualificado ou de ofensa à integridade física qualificada, de acordo, respectivamente, com os artigos 132º, nº 2, al. *b*) e 145º, nº 2 do CP, quando praticadas contra "cônjuge, ex-cônjuge, pessoa de outro ou do mesmo sexo com quem o agente mantenha ou tenha mantido uma relação análoga aos cônjuges, ainda que sem coabitação, ou contra o progenitor de descendente comum em 1º grau".

[24] E no caso de resultar a morte da "vítima" (cfr. 152º, nº 3, *b*), CP), estamos perante um "espaço em branco" de mediação?

considerando impugnações, recursos, pedidos de indemnização[25] e penas acessórias[26] –, com a impossibilidade de aplicação de pena de multa[27] e pressupondo o inconveniente do registo criminal da decisão[28], as probabilidades de um "encontro restaurativo" não deverão ser as mesmas que aquelas balanceadas em fase de suspensão provisória do processo. Porventura, razões pelas quais o legislador acautelou, no próprio artigo 39º da Lei nº 112/2009, de 16 de Setembro, um encontro consensual capaz de respeitar as "condições de segurança necessárias".

Dadas as suas especificidades, a *participação voluntária* dos sujeitos intervenientes ao longo de todo o processo é uma característica essencial desta mediação ("obtido o consentimento expresso de ambos"), não devendo ficar excluída, quando o caso concreto o exigir, uma *mediação indirecta* em contraposição com um encontro "cara-a-cara"[29].

Acrescentaríamos ainda o relevante papel do mediador penal – "o novo actor da justiça penal" – ao longo do "encontro restaurativo", seja durante a suspensão provisória do processo, seja durante o cumprimento da pena, assegurando os próprios requisitos do artigo 39º da Lei nº 112/2009, de 16 de Setembro, e em particular atentando aos "legítimos interesses da vítima". Quanto à locução "com vista a restaurar a paz social", prevista na disposição, parece-nos que é um juízo que também deverá orientar o mediador e que não se devevá confundir com a restauração da relação pessoal ou privada entre o autor do crime e a vítima. Estamos a falar de um "mediador penal credenciado para o efeito", remetendo-se, com as necessárias adaptações, para o ficou dito acerca do mesmo em contexto da Lei nº 21/2007, de 12 de Junho.

Justificam-se duas observações finais em relação à disposição do artigo 39º da Lei nº 112/2009, de 16 de Setembro: por um lado, observamos que a norma não nos dá uma solução inequívoca para o impulso inicial deste

---

[25] Cfr. 5º, nº 1, da Lei nº 104/2009, de 14 de Setembro, que aprova o regime de concessão de indemnização às vítimas de crimes violentos e de violência doméstica.

[26] Cfr., em especial, nºs 4, 5 e 6 do artigo 152º do CP (Violência doméstica).

[27] A pena de prisão é a única pena principal prevista ao longo do artigo 152º do CP (Violência doméstica). É evidente que ao limite de 5 anos, liga-se, p. ex., a aplicabilidade da suspensão de execução da pena de prisão (cfr. 50º CP). Dependerá de uma análise casuística.

[28] Cfr. 5º, nº 1, *a*), da Lei nº 57/98, de 18 de Agosto (Lei da identificação criminal)

[29] Já assim, Santos, Cláudia Cruz, *A Justiça Restaurativa: um modelo de reação ao crime diferente da justiça penal porquê, para quê e como?*, 1ª edição, Coimbra: Coimbra Editora, 2014, p. 734.

OS NOVOS ATORES DA JUSTIÇA PENAL

"encontro restaurativo", omitindo-se a legitimidade para iniciar procedimento; por outro lado, a norma prevê um procedimento "nos termos a regulamentar", não se vislumbrando, todavia, qualquer regulamentação.

(3) Lei nº115/2009, de 12 de Outubro

A mediação penal "de adultos" tem ainda expressão na Lei nº115/2009, de 12 de Outubro (Código da Execução das Penas e Medidas Privativas da Liberdade). Trata-se de uma legislação relativamente recente, originária da Proposta de Lei nº252/X, de 21 de Janeiro de 2009, compromisso do XVII Governo Constitucional, inspirada nas mais diversas influências, externas[30] e internas[31], com a audição de diversos cidadãos e entidades. Constava, pois, na exposição de motivos: "A presente proposta de lei confere também especial atenção à vítima, através das seguintes previsões: (...) mediante consentimento, o recluso participa em programas de justiça restaurativa e de reparação da sua ofensa". Como resultado, prevê especificamente o nº4 do artigo 47º – "princípios orientadores" – da Lei nº115/2009, de 12 de Outubro: "o recluso pode participar, com o seu consentimento, em programas de justiça restaurativa, nomeadamente através de sessões de mediação com o ofendido".

Como se percebe de imediato, neste contexto de significação falamos de uma *prática restaurativa pós-sentencial*, em fase de execução de pena privativa de liberdade. É esse o momento em que se insere a mediação, coincidindo com o âmbito temporal do "encontro restaurativo" por crime de violência doméstica "durante o cumprimento da pena". Ainda assim, sob um ponto de vista formal, podemos questionar este sincronismo. O nº 4 do artigo 47º da Lei nº115/2009, de 12 de Outubro, refere-se ao "recluso",

---

[30] Em especial, a Recomendação e Relatório do Comité de Ministros do Conselho da Europa, de 9 de Outubro de 2003, relativos à Gestão pelas Administrações Penitenciárias dos Condenados a Pena de Prisão Perpétua ou de Longa Duração, as Regras Penitenciárias Europeias de 2006 e a Recomendação nº (2006) 13 do Comité de Ministros do Conselho da Europa sobre a prisão preventiva.

[31] A Lei nº115/2009, de 12 de Outubro revogou e absorveu um conjunto de diplomas e de normas do CPP que versavam sobre a execução da pena de prisão em geral (cfr. 8º), nomeadamente relacionados com a "reforma do sistema prisional" (DL nº265/79, de 1 de Agosto), a Lei Orgânica dos Tribunais de Execução de Penal (DL nº 783/76, de 29 de Outubro), os "condenados em pena de prisão afectados por doença grave" (Lei nº36/96, de 29 de Agosto), e o cancelamento provisório do registo criminal (16º, nº3, da Lei nº57/98, de 18 de Agosto).

pressupondo um estatuto jurídico específico[32], aquele que cumpre pena de prisão efectiva em um estabelecimento prisional[33], ao passo que nos termos do artigo 39º da Lei nº112/2009, de 16 de Setembro, o "agente do crime" cumpre uma pena que não terá de ser ou que não é, necessariamente, de prisão efectiva. Esta forma de interpretar a lei também nos permite afirmar que o "encontro restaurativo", quando ocorre durante o "cumprimento da pena", não se sobrepõe à disposição que agora temos em vista, o nº4 do artigo 47º, da Lei nº115/2009, de 12 de Outubro. Por outras palavras: parece ser plausível uma mediação pós-sentencial por qualquer ilícito-típico de violência doméstica previsto no artigo 152º do CP, à luz do nº4 do artigo 47º, da Lei nº115/2009, de 12 de Outubro, *desde que aplicada pena de prisão efectiva*; no caso de não ser aplicada pena privativa de liberdade por crime de violência doméstica, poder-se-á pôr mão no regime previsto no artigo 39º da Lei nº112/2009, de 16 de Setembro.

Tais considerações remetem-nos para o *âmbito material* da disposição aqui em estudo. Com efeito, enquadramo-nos em legislação referente à execução de penas privativas de liberdade, pressupondo uma sentença condenatória *por qualquer crime que justifique a privação da liberdade nas circunstâncias do caso concreto*[34]. Sendo assim, por via do nº4 do artigo 47º, da Lei nº115/2009, de 12 de Outubro, julga-se que o "recluso" pode participar em sessões de mediação com o "ofendido" por qualquer tipo de crime que lhe tenha sido imputado e que tenha justificado a sua privação da liberdade.

Neste contexto normativo, como se deu conta, voltou-se a fazer referência ao "ofendido". Alertamos todavia para o facto de na alínea *d*) do nº 1 do artigo 91º do Regulamento Geral dos Estabelecimentos Prisionais (DL nº 51/2011, de 11 de Abril) haver uma referência à mediação do recluso com a "vítima": "os estabelecimentos prisionais desenvolvem programas

---

[32] Com direitos e deveres bem expressos nos artigos 6º, 7º e 8º da Lei nº115/2009, de 12 de Outubro, e no artigo 30º, nº5 da Constituição da República Portuguesa.

[33] Prescreve o nº1 do artigo 1º (âmbito de aplicação) da Lei nº115/2009, de 12 de Outubro: "O disposto no presente livro aplica-se à execução das penas e medidas privativas da liberdade nos estabelecimentos prisionais dependentes do Ministério da Justiça e nos estabelecimentos destinados ao internamento de inimputáveis.".

[34] Naturalmente, sob um ponto de vista da prevenção geral e especial positivas, "a execução da pena de prisão, servindo a defesa da sociedade e prevenindo a prática de crimes, deve orientar-se no sentido da reintegração social do recluso, preparando-o para conduzir a sua vida de modo socialmente responsável, sem cometer crimes" (cfr. 40º, nº1 CP, e 2º, nº1, Lei nº115/2009, de 12 de Outubro).

OS NOVOS ATORES DA JUSTIÇA PENAL

específicos, considerando o perfil e as características da população reclusa, os quais visam, designadamente: (...) *d*) a promoção da empatia para com a vítima e a consciencialização do dano provocado, nomeadamente através do envolvimento dos reclusos em programas de mediação e de justiça restaurativa". Como é evidente, face à intencionalidade normativa, não interpretamos aqui a "vítima de violência doméstica", mas uma vítima em sentido lato, ou se quisermos, em sentido *criminológico*[35]. A respeito deste conceito, não será despropositado considerar a noção de "vítima" para efeito da Decisão-Quadro do Conselho de 15 de Março de 2001, relativa ao estatuto de vítima em processo penal: "a pessoa singular que sofreu um dano, nomeadamente um atentado à sua integridade física ou mental, um dano moral, ou uma perda material, directamente causadas por acções ou omissões que infrinjam a legislação penal...".

Podemos ainda acrescentar que o recluso em nada fica prejudicado ao procurar um *programa de mediação* com o "ofendido-vítima", bem pelo contrário. Desde logo, o artigo 92º do Regulamento Geral dos Estabelecimentos Prisionais (DL nº 51/2011, de 11 de Abril) estabelece as "condições" pelas quais se irá reger o programa, com especial relevância para o facto de a frequência poder ser considerada tempo de trabalho, com a atribuição de um eventual subsídio, e de não implicar a perca de remuneração pela ausência no caso de o recluso trabalhar. Mas não só. De acordo com o nº 6 do artigo 47º, da Lei nº115/2009, de 12 de Outubro, "a participação do recluso em programas é tida em conta para efeitos de flexibilização da execução da pena.", ou seja, sob o ponto de vista das finalidades especiais-preventivas, a frequência em programas de mediação poderá ajudar, p. ex., à concessão de licenças de saída do estabelecimento prisional.

O que fica dito pressupõe, naturalmente, a *participação voluntária* dos sujeitos intervenientes nas sessões de mediação, embora o nº 4 do artigo 47º, da Lei nº115/2009, de 12 de Outubro, assuma a perspectiva unilateral do recluso ("com o seu consentimento").

Por fim, damos conta que não há qualquer referência quer à legitimidade para iniciar procedimento, quer à intervenção do mediador penal neste âmbito. Ficamos na dúvida se as sessões de mediação são conduzidas

---

[35] Essencial, Andrade, Manuel da Costa, *A vítima e o problema criminal*, Suplemento ao Boletim da Faculdade de Direito da Universidade de Coimbra, Separata do volume XXI, Coimbra, 1980, p.23 e ss.

pelos próprios serviços dos estabelecimentos prisionais[36] ou se é avocado – e por quem? – um mediador penal em termos análogos à Lei nº 21/2007, de 12 de Junho.

(4) Para uma síntese esquematizada

É tempo de deixar uma síntese esquematizada das perspectivas mais importantes e diferenciáveis da mediação penal de "adultos" em Portugal:

1. Lei nº 21/2007, de 12 de Junho
   i. Âmbito territorial: limitado a 15 comarcas
   ii. Âmbito temporal: limitado à fase do inquérito
   iii. Âmbito material: limitado a um número circunscrito de crimes semi-públicos e particulares
2. 39º da Lei nº112/2009, de 16 de Setembro
   i. Âmbito territorial: aplicável em todo o território português
   ii. Âmbito temporal:
      a. durante a suspensão provisória do processo
      b. durante o cumprimento da pena
   iii. Âmbito material:
      a. limitado ao crime de violência doméstica não agravado pelo resultado, no caso de suspensão provisória do processo.
      b. limitado ao crime de violência doméstica, no caso de cumprimento de pena.
3. 47º, nº 4, da Lei nº115/2009, de 12 de Outubro
   i. Âmbito territorial: aplicável em todo o território português
   ii. Âmbito temporal: durante a execução da pena privativa de liberdade
   iii. Âmbito material: todos os crimes que justifiquem uma pena privativa de liberdade.

"Adenda: Não se encontrava em vigor à data em que o texto foi escrito a Lei 129/2015, de 3 de setembro, que alterou o regime jurídico aplicável à prevenção da violência doméstica, à protecção e à assistência das suas vítimas, tendo sido revogado o artigo 39.º da Lei n.º112/2009, de 16 de setembro".

---

[36] Uma hipótese remota visto que na Portaria nº286/2013, de 9 de Setembro (Estrutura Orgânica, funcionamento e competências dos órgãos e serviços dos estabelecimentos prisionais) não há referência a serviços de mediação.

A Justiça Restaurativa e o Sistema Jurídico-Penal Brasileiro

Breve análise sobre os antecedentes normativos, as experiências práticas e os procedimentos adotados no brasil

CONRADO FERRAZ

Mestre em Ciências Jurídico-Criminais pela Faculdade de Direito da Universidade de Coimbra
Defensor Público do Estado do Rio de Janeiro

1. Introdução. 2. A Justiça Restaurativa e o sistema jurídico brasileiro. 3. Os principais projetos de Justiça Restaurativa em funcionamento no Brasil. 3.1. O *Justiça para o Século 21*. 3.2. Justiça Restaurativa e Comunitária em São Caetano do Sul. 3.3. As práticas restaurativas no Núcleo Bandeirante. 3.4. Justiça Restaurativa no Maranhão. 3.5. A experiência mineira de Justiça Restaurativa. 4. Considerações finais. 5. Referências bibliográficas.

1. Introdução

Ao refletirmos sobre a justiça penal na modernidade, constatamos que os recursos dispostos pelo sistema se mostram claramente inoperantes para atender aos seus declarados propósitos, e conferir uma resposta adequada ao problema da delinquência.

Estes fatores motivam o fortalecimento de propostas pautadas em um paradigma criativo de justiça, cujos objetivos compreendem as idéias de restauração das relações pessoais, de reparação dos prejuízos sofridos pela vítima e por todos os demais afetados, e de recomposição da harmonia social abalada pelo comportamento ofensivo.

Nas últimas décadas, inclusive, as concepções tradicionais de justiça penal viram-se confrontadas com o crescente interesse sobre esta nova realidade, cuja metodologia inspira-se em experiências internacionais de ordem prática, nas quais são colocados frente à frente os envolvidos em um evento lesivo, procurando-se, através do consenso, obter uma solução por eles entendida como justa e adequada.

Por certo, a importância da discussão a respeito de uma abordagem diversificada dos problemas criminais advém justamente da incapacidade do sistema oficial de resolver, em caráter de monopólio, muitos dos problemas que lhe são direcionados.

No Brasil, por exemplo, saltam aos olhos a pouca credibilidade da população em torno do papel pacificador do Poder Judiciário, o fracasso das políticas públicas de enfrentamento da violência, e as ações autoritárias perpetradas pelas agências de controle, especialmente nos grandes centros urbanos. Já a sociedade parece evoluir sob um fluxo constante de enfraquecimento dos laços comunitários e de segregação das classes mais vulneráveis, o que tende a alimentar o fortalecimento de um modelo retributivo de justiça, pautado na idéia de que o agravamento das punições constitui o principal caminho para a superação da criminalidade[1].

Nesse contexto, a Justiça Restaurativa surge como alternativa democrática à visível falência estrutural do modelo convencional de justiça penal, tendo como desafio retrabalhar os seus dogmas, a fim de restabelecer ao máximo o *status* anterior à ocorrência da conduta delituosa e (re)integrar o agente à sociedade[2].

No presente trabalho, apresentaremos, em linhas gerais, as origens e as formas de desenvolvimento das ações de Justiça Restaurativa no âmbito do sistema jurídico criminal brasileiro, assinalando a dinâmica dos principais projetos-piloto em funcionamento no país. Tais iniciativas, como veremos, apesar de promoverem um debate ainda incipiente sobre o tema, têm demonstrado, no geral, boas referências para a comunidade jurídica e resultados satisfatórios para todos os envolvidos.

---

[1] PALLAMOLLA, Raffaella da Porciuncula. *Justiça Restaurativa: da teoria à prática.* São Paulo: IBCCRIM, 2009, pp. 134-139.

[2] ACHUTTI, Daniel. *Modelos contemporâneos de justiça criminal.* Porto Alegre: Livraria do Advogado Editora, 2009, p. 71.

2. A Justiça Restaurativa e o sistema jurídico brasileiro

Os programas de Justiça Restaurativa, na atualidade, variam conforme as ordens jurídicas nacionais, sendo certo que, apesar das suas principais origens remontarem aos primórdios das civilizações humanas, somente a partir das décadas de 1960 e 1970 é que os estudiosos começaram a teorizá-los e a revê-los sob um ponto de vista científico, muito em virtude da decadência dos ideais de reabilitação e de ressocialização do modelo penal retributivo, e do seu fracasso em atender às necessidades e interesses das vítimas. Nos anos 80, as experiências restaurativas começaram, então, a ser objeto de medidas legislativas específicas, e a partir da década de 1990, o tema voltou a atrair o interesse dos pesquisadores, vivenciando uma fase de expansão no cenário internacional como um possível caminho para reverter a situação de ineficiência da justiça[3].

No Brasil, noticia-se que as práticas se iniciaram no ano de 2002, quando a 3ª Vara do Juizado Regional da Infância e da Juventude da Comarca de Porto Alegre aplicou os valores da Justiça Restaurativa para a resolução de um conflito envolvendo dois adolescentes[4].

Contudo, a matéria alcançou notoriedade em nível nacional somente após a Secretaria de Reforma do Judiciário, órgão público vinculado ao Ministério da Justiça[5], em dezembro de 2003, firmar acordo de cooperação técnica com o PNUD – Programa das Nações Unidas para o Desenvolvimento[6] visando à implementação e o apoio financeiro de iniciativas de Jus-

---

[3] PALLAMOLLA. Op. Cit., p. 34-36.

[4] ORSINI, Adriana Goulart de Sena/LARA, Caio Augusto Souza. *Dez anos de práticas restaurativas no Brasil: a afirmação da Justiça Restaurativa como política pública de resolução de conflitos e acesso à justiça.* Disponível em <http://www8.tjmg.jus.br/presidencia/ programanovosrumos/pai_pj/revista/edicao_02_02/08_ResponsabilidadesV2N2_Antena01.pdf>, acesso em 28/1/2015, pp. 305-306.

[5] A referida Secretaria foi instituída com o objetivo de promover, coordenar, sistematizar e difundir ações e projetos voltados ao aperfeiçoamento do Poder Judiciário. A sua principal função é a articulação entre os Poderes Executivo, Judiciário e Legislativo, o Ministério Público, os governos estaduais, as entidades da sociedade civil e os organismos internacionais em torno de propostas de modernização da gestão e do funcionamento da justiça brasileira, para que seja mais célere, eficiente e acessível aos cidadãos. BRASIL. MINISTÉRIO DA JUSTIÇA. *Reforma do Judiciário. Institucional.* Disponível em <http://portal.mj.gov.br/data/ Pages/MJ123F2D72ITEMID6DD8023789EE4DE69B639AEAAE6ABC03PTBRNN.htm>, acesso em 28/1/2015.

[6] Trata-se o PNUD de um organismo que reúne a experiência técnica e os subsídios necessários para coordenar as atividades de desenvolvimento global entre as agências que formam

tiça Restaurativa no Brasil. Este acordo denominou-se *Promovendo Práticas Restaurativas no Sistema de Justiça Brasileiro*, e veio a acolher projetos-piloto desenvolvidos nas cidades de Porto Alegre, Brasília e São Caetano do Sul.

Observe-se que, no decorrer dos anos que se sucederam, uma série de publicações e eventos jurídicos trouxe a Justiça Restaurativa como tema de debate, podendo-se destacar o I e o II Simpósios Brasileiros de Justiça Restaurativa, realizados nas cidades de Araçatuba e Recife, nos anos de 2005 e 2006. Os integrantes dos encontros foram os responsáveis pela elaboração das Cartas de Araçatuba e do Recife[7], documentos que estabeleceram princípios e traçaram estratégias fundamentais para a difusão das práticas no Brasil[8].

Atenta a esta realidade, a Comissão de Legislação Participativa da Câmara dos Deputados[9] encaminhou à Casa a proposição que deu origem ao Projeto de Lei n. 7006, de 10/5/2006. Este Projeto disciplina o uso de procedimentos de Justiça Restaurativa no sistema de justiça criminal brasileiro para adultos, acrescentando aos Códigos Penal e Processual Penal e à Lei dos Juizados Especiais Criminais dispositivos que regula-

---

o sistema ONU – Organização das Nações Unidas. O programa, que está presente em mais de 170 países e territórios, oferece uma perspectiva global aliada à visão local do desenvolvimento humano, realizando parcerias com pessoas em todas as instâncias da sociedade, com o fim de ajudar na construção de nações capazes de resistir a crises, e que cujo crescimento conduza a uma melhora na qualidade de vida para todos. Dentre os seus objetivos fundamentais está a coordenação dos esforços de cada país voltados à redução da pobreza, à governança democrática e ao desenvolvimento sustentável. O PNUD se encontra implementado no Brasil desde o início da década de 60, e procura responder a estes desafios considerando as demandas específicas do país. PROGRAMA DAS NAÇÕES UNIDAS PARA O DESENVOLVIMENTO. *Sobre o PNUD*. Disponível em <http://www. pnud.org.br/SobrePNUD.aspx>, acesso em 28/1/2015.

[7] Os conteúdos integrais das Cartas se encontram disponíveis, respectivamente, em <http:// jij.tjrs.jus.br/justicarestaurativa/ carta-aracatuba> e <http://www.justica21.org.br/arquivos/ bib_209.pdf>, acesso em 28/1/2015.

[8] ORSINI/LARA. Op. Cit., p. 309.

[9] A Comissão de Legislação Participativa da Câmara dos Deputados foi criada em 2001 com o objetivo de integrar sociedade no processo de elaboração legislativa no Brasil. Através da Comissão, entidades civis, organizações não governamentais, sindicatos, associações, órgãos de classe, podem dirigir à Câmara dos Deputados suas sugestões legislativas. Também é disponiblizado pela Comissão um "banco de idéias" composto por projetos apresentados por cidadãos individualmente. BRASIL. CÂMARA DOS DEPUTADOS. COMISSÃO DE LEGISLAÇÃO PARTICIPATIVA. *Conheça a Comissão. Histórico e atribuições.* Disponível em <http://www2.camara.leg.br/atividadelegislativa/comissoes/comissoes-permanentes/clp/ conheca-a-comissao/index.html>, acesso em 5/2/2015.

mentam os princípios e a metodologia a serem observados, o papel dos facilitadores, as garantias das partes e os efeitos do acordo restaurativo, dentre outras matérias[10].

O Governo Federal, ao expedir o Decreto n. 7.037, de 21/12/2009, também conferiu especial relevância aos programas de Justiça Restaurativa, estabelecendo, dentre os eixos orientadores do PNDH-3 – 3º Programa Nacional de Direitos Humanos, as seguintes ações: nos domínios da segurança pública, do acesso à justiça e do combate à violência, firmou-se como diretriz a promoção de um sistema de justiça mais acessível, ágil e efetivo, para o reconhecimento, a garantia e a defesa dos direitos, propondo-se a utilização de modelos alternativos de solução de conflitos e o incentivo aos projetos-piloto de Justiça Restaurativa, como forma de analisar o seu impacto e aplicabilidade no sistema jurídico brasileiro (Anexo, Eixo Orientador IV, Diretriz 17, Objetivo Estratégico III, alínea *d*); e no que concerne à educação e cultura em Direitos Humanos, firmou-se como diretriz o desenvolvimento de ações nacionais visando à elaboração de estratégias de mediação de conflitos e de Justiça Restaurativa nas escolas e outras instituições formadoras e de ensino superior, fomentando a capacitação de docentes para a identificação dos atos de violência cometidos contra crianças e adolescentes, para a realização do encaminhamento adequado e para a reconstrução das relações no âmbito escolar (Anexo, Eixo Orientador V, Diretriz 19, Objetivo Estratégico I, alínea *e*)[11].

---

[10] Através de consulta ao *website* da Câmara dos Deputados (<http://www.camara.gov.br/proposicoesWeb/fichadetramitacao?idProposicao=323785>, acesso em 5/2/2015), verificou-se que a última ação legislativa relacionada ao Projeto de Lei n. 7006 foi determinada em 31/1/2015 pela Mesa Diretora, e consistiu no arquivamento nos termos do artigo 105, do Regimento Interno da Câmara dos Deputados ("*Art. 105. Finda a legislatura, arquivar-se-ão todas as proposições que no seu decurso tenham sido submetidas à deliberação da Câmara e ainda se encontrem em tramitação, bem como as que abram crédito suplementar, com pareceres ou sem eles, (...). Parágrafo único. A proposição poderá ser desarquivada mediante requerimento do Autor, ou Autores, dentro dos primeiros cento e oitenta dias da primeira sessão legislativa ordinária da legislatura subsequente, retomando a tramitação desde o estágio em que se encontrava*"). BRASIL. CÂMARA DOS DEPUTADOS. CENTRO DE DOCUMENTAÇÃO E INFORMAÇÃO. *Resolução n. 17, de 1989.* Disponível em <http://www2.camara.leg.br/legin/fed/rescad/1989/resolucaodacamaradosdeputados-17--21-setembro-1989-320110-normaatualizada-pl.pdf>, acesso em 5/2/2015.

[11] BRASIL. PRESIDÊNCIA DA REPÚBLICA. CASA CIVIL. SUBCHEFIA PARA ASSUNTOS JURÍDICOS. *Decreto n. 7.037, de 21 de dezembro de 2009.* Disponível em <http://www.planalto.gov.br/ccivil_03/_Ato2007-2010/2009/Decreto/ D7037.htm>, acesso em 28/1/2015.

OS NOVOS ATORES DA JUSTIÇA PENAL

Por sua vez, o Conselho Nacional de Justiça editou a Resolução n. 125, de 29/11/2010, dispondo sobre políticas públicas de incentivo e aperfeiçoamento dos mecanismos consensuais de solução de litígios. Para o Conselho, a mediação é um instrumento efetivo de pacificação social e de prevenção de conflitos, e a boa execução dos programas já implementados no país tem reduzido a excessiva judicialização de demandas. Assim, determinou-se a criação pelos tribunais brasileiros de *Núcleos Permanentes de Métodos Consensuais de Solução de Conflitos*, objetivando a centralização dos projetos de mediação penal e de Justiça Restaurativa envolvendo crimes de menor potencial ofensivo e atos infracionais praticados por adolescentes[12].

Sob o prisma legal, a Lei Federal n. 12.594, de 18/1/2012, ao instituir o SINASE – Sistema Nacional de Atendimento Sócioeducativo, estabeleceu a preferência pela utilização de práticas restaurativas no curso da execução das medidas impostas aos adolescentes que cometeram atos infracionais. Em que pese seja silente em relação aos procedimentos e à metodologia aplicável, enunciando apenas um princípio geral a ser observado pelos operadores do Direito que atuam na seara sócioeducativa, não restam dúvidas que o referido diploma apresenta-se como pioneiro na introdução formal de alguns dos valores e fundamentos da Justiça Restaurativa na legislação brasileira, consagrando expressamente, nos incisos II e III, do seu artigo 35, a excepcionalidade da intervenção judicial, o favorecimento dos meios de autocomposição dos conflitos e a prioridade de práticas que, sempre que possível, atendam às necessidades das vítimas[13].

---

[12] Vejamos o texto do artigo 7º, da mencionada Resolução: *"Art. 7º Os Tribunais deverão criar, no prazo de 60 (sessenta) dias, Núcleos Permanentes de Métodos Consensuais de Solução de Conflitos, compostos por magistrados da ativa ou aposentados e servidores, preferencialmente atuantes na área, com as seguintes atribuições, entre outras: (...) § 3º Nos termos do art. 73 da Lei n. 9.099/95 e dos arts. 112 e 116 da Lei n. 8.069/90, os Núcleos poderão centralizar e estimular programas de mediação penal ou qualquer outro processo restaurativo, desde que respeitados os princípios básicos e processos restaurativos previstos na Resolução n. 2002/12 do Conselho Econômico e Social da Organização das Nações Unidas e a participação do titular da ação penal em todos os atos. (...)"*. BRASIL. CONSELHO NACIONAL DE JUSTIÇA. *Resolução n. 125, de 29 de novembro de 2010*. Disponível em <http://www.cnj.jus. br/atosadministrativos/atos-da-presidencia/resolucoespresidencia/12243-resolucao-no-125--de-29-de-novembro-de-2010>, acesso em 5/2/2015.

[13] Segue o conteúdo do referido dispositivo legal: *"Artigo 35. A execução das medidas socioeducativas reger-se-á pelos seguintes princípios: (...) II – excepcionalidade da intervenção judicial e da imposição de medidas, favorecendo-se meios de autocomposição de conflitos; III – prioridade a práticas ou medidas que sejam restaurativas e, sempre que possível, atendam às necessidades das vítimas"*. BRA-SIL. PRESIDÊNCIA DA REPÚBLICA. CASA CIVIL. SUBCHEFIA PARA ASSUNTOS

Portanto, diante do incentivo por parte da Secretaria de Reforma do Judiciário e do PNUD às experiências-piloto, e com inspiração nas orientações trazidas pelo Decreto n. 7.037 e pela Lei Federal n. 12.594, vislumbramos nos dias atuais práticas restaurativas sendo efetivadas nas mais diversas cidades brasileiras, e assumindo, cada vez mais, um importante papel para o fortalecimento do acesso dos cidadãos à justiça[14].

3. Os principais projetos de Justiça Restaurativa em funcionamento no Brasil

3.1. O Justiça para o Século 21

O projeto *Justiça para o Século 21* consiste na mais consolidada ação de Justiça Restaurativa no Brasil, tendo como antecedentes históricos iniciativas assistemáticas de experimentação da abordagem restaurativa na qualificação dos processos de execução das medidas socioeducativas, levadas a efeito, no ano de 2002, pela 3ª Vara do Juizado Regional da Infância e da Juventude da Comarca de Porto Alegre, sob a coordenação do juiz de direito Leoberto Brancher[15].

O programa objetiva divulgar e aplicar a metodologia restaurativa para a resolução de conflitos em escolas e na comunidade, assim como os oriundos da própria rede oficial de atendimento ao adolescente em conflito com a lei. Implementado oficialmente no ano de 2005, como estratégia

---

JURÍDICOS. *Lei n. 12.594, de 18 de janeiro de 2012*. Disponível em <http://www.planalto.gov. br/ ccivil_03/_ato2011-2014/2012/lei/l12594.htm>, acesso em 28/1/2015.

[14] Clara Zamith Boin Aguiar chama a atenção para o fato de, no Brasil, as formas de resolução de conflitos efetivadas fora do universo da prestação jurisdicional tradicional, dentre elas a Justiça Restaurativa, serem comumente apresentadas como *"métodos alternativos"*. Para a autora, esta expressão é atécnica, pois reflete a idéia de que estamos lidando com um processo que se posiciona em um plano secundário, ao largo de algo com maior importância. Na verdade, as práticas são nada mais do que novas e diferentes possibilidades de solução pacífica de conflitos desvinculadas da participação de um magistrado, devendo ser vistas como um sistema paralelo ao sistema de justiça tradicional. AGUIAR, Clara Zamith Boin. *Mediação e Justiça Restaurativa. A Humanização do Sistema Processual como forma de Realização dos Princípio Constitucionais*. Editora Quartir Latin do Brasil: São Paulo, 2009, pp. 77 e 78.

[15] AGUINSKY, Beatriz Gershenson/HECHLER, Ângela Diana/COMIRAN, Gisele/GIULIANO, Diego Nakata/DAVIS, Evandro Magalhães/SILVA, Sandra Espíndola da/BATTISTI, Talléya Samara. *A introdução das práticas de Justiça Restaurativa no Sistema de Justiça e nas políticas da infância e juventude em Porto Alegre: notas de um estudo longitudinal no monitoramento e avaliação do Projeto Justiça para o Século 21*. Disponível em <http://www.justica21. org.br/arquivos/bib_270. pdf>, acesso em 14/11/2014, p. 3.

para a efetivação dos direitos fundamentais consagrados na Lei Federal n. 8.069, de 13/7/1990 – Estatuto da Criança e do Adolescente, o projeto *Justiça para o Século 21* articulou-se mediante o apoio da AJURIS – Associação dos Juízes do Rio Grande do Sul, e conta com uma equipe multidisciplinar formada por magistrados, representantes do Ministério Público e da Defensoria Pública, assistentes sociais, psicólogos, pedagogos, entre outros profissionais, além de diversas parcerias que ampliam a sua abrangência, produzindo repercussões nas áreas da segurança pública, assistência social, educação e saúde. Além disso, outros espaços institucionais, tais como as unidades de internação de adolescentes da FASE – Fundação de Atendimento Sócioeducativo do Rio Grande do Sul, unidades voltadas ao cumprimento de medidas sócioeducativas em meio aberto, escolas, organizações não governamentais e entidades de acolhimento institucional, também vêm empregando a Justiça Restaurativa para a gestão de conflitos internos, evitando a judicialização[16].

O *Justiça para o Século 21* apresenta uma estrutura de atuação progressiva em quatro áreas – os processos judiciais, o atendimento socioeducativo, a educação e a comunidade –, visando, sobretudo, contribuir com as demais políticas públicas voltadas à pacificação da violência envolvendo crianças e adolescentes, assim como capacitar agentes sociais para difundir nas comunidades os principais valores e métodos restaurativos, através de cursos de formação, seminários, grupos de diálogos e *workshops*. Nesta dimensão comunitária, as estratégias se baseiam, fundamentalmente, na garantia de acesso à informação das várias possibilidades que o programa oferece, sendo isto levado a efeito de modo descentralizado e sintonizado com as particularidades de cada região[17].

Esclareça-se que o projeto funciona paralelamente ao sistema convencional de justiça, e em duas importantes etapas do atendimento aos adolescentes em conflito com a lei: a primeira, durante a audiência realizada previamente à definição das medidas socioeducativas, quando a abordagem restaurativa pode ser satisfativa, se contribuir para a solução imediata da situação, ou complementar à sanção aplicada, atribuindo adequação pedagógica ao conteúdo desta; e a segunda, ao longo do cumprimento da

---

[16] JUSTIÇA PARA O SÉCULO 21. *O que é a Justiça para o Século 21?* Disponível em <http://www.justica21.org.br/j21.php?id=101&pg=0#.VMpGNVqJRtF>, acesso em 28/1/2015.
[17] AGUINSKY et al. Op. Cit., pp. 6-32.

A JUSTIÇA RESTAURATIVA E O SISTEMA JURÍDICO-PENAL BRASILEIRO

medida socioeducativa[18/19], em meio aberto ou fechado, para o fim de elaboração de um plano de acompanhamento do adolescente, e como forma de promover a atuação conjunta dos suportes assistenciais e familiares no seu processo de reabilitação.

Nessa linha, seguindo-se à comunicação da prática do ato infracional às instâncias formais, realiza-se audiência judicial no âmbito do *Projeto Justiça Instantânea*[20]. Após a audiência, os casos são encaminhados para a *Central de Práticas Restaurativas*[21], que avalia a possibilidade de instaura-

---

[18] Segundo Karina Duarte Rocha da Silva, quando as práticas restaurativas são realizadas durante a fase de execução das medidas sócioeducativas – ou seja, após o decurso de um certo espaço temporal em relação ao momento em que o conflito foi vivenciado –, os seus operadores geralmente encontram dificuldades para localizar as vítimas, ou mesmo para nelas fazer despertar o interesse em participar dos encontros. Como solução encontrada para minimizar estas situações, o *Justiça para o Século 21* concentra boa parte dos seus esforços em casos envolvendo adolescentes que reiteraram no cometimento de atos infracionais, uma vez que estes se encontram cumprindo medidas sob o acompanhamento e à disposição do Juízo da Infância e da Juventude. Isto possibilita o início da intervenção restaurativa em um momento mais próximo ao da ocorrência dos fatos, facilitando a envolvimento das partes e da comunidade. SILVA, Karina Duarte Rocha da. *Justiça Restaurativa e sua aplicação no Brasil*. Monografia apresentada à Faculdade de Direito da Universidade de Brasília para a obtenção do título de Bacharel em Direito, sob a orientação de Fabiana Costa Oliveira Barreto, 2007. Disponível em <http://www.fesmpdft.org.br/arquivos/1_ con_Karina_Duarte.pdf>, acesso em 1/2/2015, p. 70.

[19] É importante esclarecer que os operadores do projeto *Justiça para o Século 21* reconhecem não ser a fase de execução da medida sócioeducativa o momento mais adequado para a efetivação das ações restaurativas, justamente porque, desta maneira, os potenciais benefícios do programa restam minimizados, e este passa a estar atrelado, e a funcionar como um mero instrumento a serviço do sistema de justiça convencional. A implementação nestes termos ocorreu, contudo, em virtude de uma inicial resistência dos membros da Magistratura e do Ministério Público em aderirem à metodologia do programa. PALLAMOLLA. Op. Cit., pp. 123, 124, 129 e 130.

[20] O *Projeto Justiça Instantânea* consiste na designação, pelo Tribunal de Justiça do Estado do Rio de Grande do Sul, de juiz plantonista da Infância e da Juventude para, juntamente com representantes do Ministério Público, da Defensoria Pública e de assistentes sociais, realizar o primeiro atendimento ao adolescente a quem se atribui a prática de um ato infracional. BRASIL. PODER JUDICIÁRIO. TRIBUNAL DE JUSTIÇA DO ESTADO DO RIO GRANDE DO SUL. *Projeto Justiça Instantânea*. Disponível em <http://www1.tjrs.jus.br/site/poder_judiciario/tribunal_de_justica/corregedoria_geral_da_justica/projetos/ projetos/ projeto_justica_instantanea.html>, acesso em 3/2/2015.

[21] A Central de Práticas Restaurativas do Juizado da Infância e da Juventude da Comarca de Porto Alegre foi oficializada pelo Conselho da Magistratura do Tribunal de Justiça do Estado do Rio Grande do Sul por meio da Resolução n. 822, de 2010, cujo conteúdo está disponí-

OS NOVOS ATORES DA JUSTIÇA PENAL

ção do procedimento, mediante a realização de *pré-círculos* com as partes. A eleição do método depende, com isso, da concordância do adolescente e dos seus responsáveis e, principalmente, da vítima direta em participar do programa[22], sendo certo que, caso esta última opte por não comparecer, abre-se a possibilidade de se realizar a prática na presença dos familiares do ofensor, de "vítimas indiretas" e dos representantes da comunidade e da rede pública de assistência[23].

Note-se que as naturezas dos conflitos direcionados à *Central de Práticas Restaurativas* são bastante diversas, abrangendo atos infracionais de menor e maior potencial ofensivo como, por exemplo, furto, lesão corporal, roubo, dano, ameaça e até mesmo homicídio. São prontamente excluídos, contudo, os atos que envolvam violência sexual e intrafamiliar[24].

O procedimento é seguido pela realização de *círculos restaurativos* em um espaço exclusivo designado nas dependências do Fórum. Os facilitadores conduzem os debates, e têm por função orientar as partes na formulação do acordo. Após a avaliação e homologação deste pelo Juízo, com a ciência dos representantes do Ministério Público e da Defensoria Pública, a equipe técnica da Central passa a acompanhar a sua execução pelos adolescentes, assim como as eventuais necessidades das vítimas, encaminhando-as aos serviços sociais adequados. Ao final, os *pós-círculos* constituem o momento em que se retoma o contato com as partes, no intuito de verificar se as condições estipuladas no acordo restaram cumpridas[25].

---

vel em <http://jij.tjrs.jus.br/paginas/docs/justica-restaurativa/MICROSOFT-WORD-822-
-2010-CRIACAO-DA-CENTRAL-DE-PRATICA-RESTAURATIVA.PDF>, acesso em 18/2/2015.

[22] Neste aspecto, vemos a importância de os envolvidos no conflito contarem com assistência jurídica integral, pública ou privada, no decorrer de todas as fases do procedimento restaurativo. Por certo, tanto a vítima como o ofensor têm o direito de serem plenamente informados acerca da dinâmica do processo, evitando-se, com isso, o risco de que os seus consentimentos em participar possam ser fruto de coação, induzimento, ou até mesmo de insegurança quanto ao provável desfecho do caso, na hipótese deste seguir o rito convencional. Entendemos que o que deve verdadeiramente motivar as partes é a intenção de resolver pacificamente o conflito, mediante a assunção de responsabilidades pelo ofensor e a satisfatória compensação das necessidades da vítima.

[23] AGUINSKY et al. Op. Cit., pp. 6-32.

[24] PALLAMOLLA. Op. Cit., p. 125.

[25] SILVA. Op. Cit., p. 71.

Observe-se, por oportuno, que o Estatuto brasileiro da Criança e do Adolescente – Lei Federal n. 8.069, de 13/7/1990[26] – é plenamente compatível com a efetivação de práticas restaurativas, sobretudo se considerarmos o amplo elastério das medidas sócioeducativas nele previstas, bem como o instituto da remissão, disposto nos seus artigos 126 a 128, e 188.

Segundo estes dispositivos, antes de iniciado o procedimento judicial para a apuração do ato infracional, o representante do Ministério Público poderá conceder a remissão, como forma de exclusão do processo, atendendo às circunstâncias e às conseqüências do fato, ao contexto social, bem como à personalidade do adolescente e sua maior ou menor participação no ato infracional. Após o início do procedimento, e em qualquer das suas fases, até ser proferida a sentença, a concessão da remissão passa a ser de competência da autoridade judiciária, e importa na suspensão ou extinção do processo. No mais, tem-se que a remissão não implica necessariamente em reconhecimento ou comprovação da responsabilidade, nem prevalece para o efeito de antecedentes, podendo incluir eventualmente a aplicação de qualquer das medidas previstas em lei, exceto a colocação em regime de semi-liberdade e a internação. Observe-se ainda que a lei permite que a medida aplicada por força da remissão possa ser revista judicialmente, a qualquer tempo, mediante pedido expresso do adolescente, do seu representante legal ou do Ministério Público[27].

Assim, temos que o instituto da remissão constitui no cenário brasileiro um forte instrumento de interação entre a Justiça Restaurativa e o sistema convencional, uma vez que confere aos agentes responsáveis pela persecução sócioeducativa a margem de discricionariedade necessária para a adaptação das formalidades do rito processual convencional às diferentes metodologias adotadas pelos programas. Por certo, as ações de Justiça Restaurativa poderão ser incorporadas a qualquer fase do procedimento sócioeducativo, de modo que, uma vez formulado o acordo, torna-se possível a concessão da remissão, cumulando-a ou não, se conveniente, com outras medidas de cunho protetivo legalmente permitidas[28].

---

[26] BRASIL. PRESIDÊNCIA DA REPÚBLICA. CASA CIVIL. SUBCHEFIA PARA ASSUNTOS JURÍDICOS. *Lei n. 8.069, de 13 de julho de 1990*. Disponível em <http://www.planalto.gov.br/ccivil_03/leis/l8069.htm>, acesso em 1/2/2015.

[27] Idem, acesso em 1/2/2015.

[28] SILVA. Op. Cit., pp. 60-62.

OS NOVOS ATORES DA JUSTIÇA PENAL

Ainda sobre o projeto *Justiça para o Século 21*, temos que as estatísticas apontam que os procedimentos são conduzidos de maneira relativamente célere, e que os acordos firmados – e, na sua grande maioria, cumpridos de modo satisfatório – costumam ser mais relacionados a bases simbólicas do que materiais, buscando dar concretude aos referenciais da Justiça Restaurativa: a autorresponsabilização do adolescente; o envolvimento dos familiares e da comunidade na reparação dos danos; o fortalecimento dos vínculos afetivos e sociais do adolescente; e a compreensão e atendimento das necessidades do adolescente, da vítima e dos seus familiares, mediante o encaminhamento aos serviços públicos assistenciais disponíveis (normalmente nas áreas da saúde, habitação, trabalho e desporto). Ademais, as pesquisas realizadas demonstram que o índice de reiteração criminosa entre os adolescentes que participam de todas as etapas do procedimento é baixo, sendo compatível com os parâmetros internacionais, e que todos os envolvidos manifestam alto grau de satisfação com o programa, ressaltando, sobretudo, que foram tratados como respeito e equidade, e que tiveram a oportunidade de narrar e explicar as circunstâncias relacionadas à ofensa e o significado desta para as suas vidas[29].

Por fim, é importante acrescentar que o Conselho da Magistratura do Tribunal de Justiça do Estado do Rio Grande do Sul, através do recente Edital n. 114, de 27/10/2014[30], ampliou o espaço dos programas restaurativos na estrutura do Poder Judiciário gaúcho. Com isso, o denominado *Projeto Especial de Justiça Restaurativa*, sediado na Comarca de Caxias do Sul, passará a operar junto ao primeiro grau de jurisdição, tendo por objetivo o planejamento de uma estratégia de implantação e de aperfeiçoamento do paradigma restaurativo em ramos especiais da prestação jurisdicional, a exemplo da infância e da juventude, da violência doméstica e familiar contra a mulher, da execução penal e do direito de família[31].

---

[29] AGUINSKY et al. Op. Cit., pp. 6-32.

[30] Disponível para consulta em <http://www.tjrs.jus.br/publicacoes/publ_adm_xml/documentol.php?cc=2&ct=5&ap= 2014&np=114&sp=1>, acesso em 29/1/2015.

[31] AJURIS – ASSOCIAÇÃO DOS JUÍZES DO RIO GRANDE DO SUL. *Justiça Restaurativa ganha projeto especial e é ampliada pelo TJ/RS.* Disponível em <http://www.ajuris.org.br/2014/10/22/justica-restaurativa-ganha-projeto-especial-e-e-ampliada-pelo-tjrs/>, acesso em 29/1/2015.

3.2. Justiça Restaurativa e Comunitária em São Caetano do Sul

As experiências-piloto de Justiça Restaurativa no Município de São Caetano do Sul se desenvolveram, a partir do ano de 2005, sob o comando do juiz de direito Eduardo Rezende Melo, e no âmbito da Vara da Infância e da Juventude da Comarca. O projeto baseou-se, de início, em parcerias do juízo com a Secretaria de Estado da Educação e com outros órgãos e entidades que compõem a rede de atendimento à criança e ao adolescente, como o Conselho Municipal de Direitos da Criança e do Adolescente e o Conselho Tutelar, contando ainda com o apoio institucional do Tribunal de Justiça do Estado de São Paulo[32].

As primeiras metas, então, se centraram na criação de espaços de resolução de conflitos nos âmbitos escolar, comunitário e forense, tendo como foco os adolescentes em conflito com a lei. Sob a denominação *Justiça e Educação: parceria para a cidadania*, o projeto buscou solucionar, pacífica e preventivamente, os conflitos surgidos nas três escolas da rede pública participantes, como alternativa às sanções disciplinares previstas nas suas normas internas. Os eventuais comportamentos que tipificassem atos infracionais com maior gravidade, nos quais houvesse vítima, ou que não estivessem ligados às relações contínuas de vivência da comunidade e das escolas que integravam o projeto, seriam por sua vez comunicados às instâncias formais e resolvidos judicialmente.

O procedimento utilizado é o dos *círculos restaurativos*, com a participação de alunos, professores, funcionários e gestores das escolas envolvidas, além do juiz, da equipe técnica da Vara da Infância e da Juventude, e do representante do Ministério Público[33], nas hipóteses de conduta infracional. O *Justiça e Educação* também procura fortalecer as redes comunitárias, de modo a incentivar os agentes governamentais e não-governamentais, de organizações voltadas a assegurar os direitos da Infância e da Juven-

---

[32] MELO, Eduardo Rezende/EDNIR, Madza/YAZBEK, Vania Curi. *Justiça Restaurativa e Comunitária em São Caetano do Sul. Aprendendo com os conflitos a respeitar direitos e promover cidadania.* Secretaria Especial dos Direitos Humanos e da Presidência da República: São Paulo, 2008, pp. 12 e 13.

[33] No ano de 2007, criou-se no âmbito do projeto a denominação *derivador* para todos os atores sociais que, ao assumirem um lugar na rede de atendimento aos direitos da criança e do adolescentes, fossem incumbidos de acolher e orientar os agentes e as vítimas de atos ofensivos à resolução pacífica do conflito, informando-os sobre o teor das práticas restaurativas, e encaminhando-os às correspondentes instâncias. MELO/EDNIR/YAZBEK. Op. Cit., p. 19.

tude, a atuarem de forma articulada no atendimento às necessidades das crianças, dos adolescentes e das suas famílias[34].

A capacitação dos educadores e lideranças educacionais, da comunidade, dos assistentes sociais e dos conselheiros tutelares se efetivou por meio de uma série de oficinas realizadas por um profissional vinculado à Rede de Comunicação Não-Violenta[35]. Nestas reuniões, a partir de experiências estrangeiras, objetivou-se aprimorar as habilidades de comunicação, cooperação profissional, acolhimento e não-julgamento, mobilizando-os a repensar as suas concepções acerca da violência nas escolas, e a aplicar e divulgar a metodologia restaurativa[36].

Contudo, algumas dificuldades iniciais foram sentidas. Muito embora as instituições de ensino assumissem de maneira consistente a metodologia restaurativa, encaminhando à Justiça menos casos relacionados aos seus alunos – e, com isso, evitando a estigmatização social destes –, apenas

---

[34] As escolas possuem um papel importante na detecção das necessidades dos alunos e dos seus familiares, bem como das condutas infracionais por eles eventualmente praticadas, o que pode ser demonstrado pelo fato de boa parte das comunicações de atos infracionais dirigidas às autoridades do Município de São Caetano do Sul provir de ocorrências no meio escolar. Eduardo Rezende Melo, Madza Ednir e Vânia Curi Yazbek buscam uma explicação para tal fenômeno, afirmando que *"(...) o Sistema Disciplinar ou Regimento da maioria das escolas adotou historicamente o modelo penal, de cunho retributivo, e não o civil. Em geral, a cada infração disciplinar corresponde um castigo (pena) – advertência, suspensão, encaminhamento ao Conselho da Escola. Como no sistema penal, as punições na escola existem porque houve a transgressão e porque se quer dissuadir novas transgressões. À medida em que as punições previstas no Sistema Disciplinar deixaram de ter qualquer efeito coercitivo sobre os alunos, que não encaram como castigo as advertências e suspensões, algumas escolas passaram a recorrer ao Sistema de Justiça para garantir a ordem – daí os Boletins de Ocorrência. Ou seja, o fato de que as punições disciplinares não mudavam o comportamento dos alunos foi interpretado não como um sinal de que punições não levam à aprendizagem e não mudam comportamento, mas como um indício de que as punições não estavam funcionando por serem leves demais. Portanto, era preciso recorrer a métodos mais drásticos, como encaminhar alunos adolescentes transgressores às Delegacias de Polícia"*. Assim, para os autores, é primordial a interação das escolas com os valores da Justiça Restaurativa, de modo a haver *"(...) uma superação da visão da disciplina como a obediência pelos estudantes a regras abstratas que, se transgredidas, resultam em punição, mas como aprendizagem da convivência, que implica conhecimento de si mesmo e do outro, com respeito mútuo e obrigações mútuas"*. Idem, pp. 12-14, 51, 52 e 71.

[35] Trata-se a Rede de Comunicação Violenta (CNVC – *Center for Nonviolent Communication*) de uma entidade internacional de natureza privada destinada ao estudo e à divulgação de métodos de resolução pacífica de conflitos pessoais, organizacionais e políticos. Para informações institucionais, consultar <http://www.cnvc.org/about/what-is-nvc.html>, acesso em 18/2/2015.

[36] MELO/EDNIR/YAZBEK. Op. Cit., pp. 13 e 14.

os conflitos atinentes às relações intra-escolares conseguiam ser atendidos, sendo deixados de lado outras situações envolvendo crianças e adolescentes das respectivas comunidades. Mostrou-se também clara a maior necessidade de atuação diretamente junto à rede primária de proteção, ou seja, à família e às comunidades em que pertenciam os jovens, na medida em que os conflitos que chegavam ao conhecimento das equipes do projeto possuíam forte vinculação com estas, originando-se de um cenário familiar e comunitário de vulnerabilidade e risco, normalmente associado à violência doméstica, ao alcoolismo e ao consumo de substâncias entorpecentes. No mais, verificou-se que a técnica de *círculos restaurativos* não seria suficiente para a abordagem de todos os tipos de conflitos nas escolas e nas instâncias formais de controle, mostrando-se necessária, em determinados contextos, a adoção de outros métodos que melhor se adequassem às características e à quantidade de pessoas envolvidas, assim como ao espaço social em que ocorresse o encontro[37].

Assim, a partir de 2006, iniciou-se a segunda etapa do projeto-piloto em São Caetano do Sul, mais especificamente no bairro de Nova Gerty, onde se concentravam boa parte dos episódios de violência no Município. O movimento, chamado *Restaurando justiça na família e na vizinhança*, valeu-se da capacitação de voluntários para a realização, em espaços cedidos por escolas, de círculos comunitários em torno de conflitos domésticos e de vizinhança[38]. Posteriormente, os círculos passaram a atender também conflitos ocorridos nas ruas e nas escolas participantes, entre jovens ou entre estes e os seus familiares[39].

---

[37] MELO/EDNIR/YAZBEK. Op. Cit., p. 16.

[38] Concordamos com a posição no sentido de que os ambientes comunitários são considerados aptos a desenvolverem projetos pautados em valores restaurativos à medida em que são reconhecidos e respeitados pelos atores envolvidos no conflito e pela comunidade. Esta legitimação, por certo, é essencial para que o projeto possa atingir resultados democráticos, emancipadores e que conduzam à pacificação social. SILVA. Op. Cit., p. 48.

[39] A capacitação dos facilitadores e demais integrantes da equipe do projeto ocorreu por meio de seminários presididos por especialistas sul-africanos, trazidos ao Brasil por iniciativa do PNUD. O modelo divulgado aos profissionais brasileiros, denominado *Zwelethemba*, focava-se na criação de um plano de ação para as situações de conflito e violência no qual as necessidades e responsabilidades individuais fossem menos enfatizadas, conferindo-se maior abertura às mudanças comunitárias. MELO/EDNIR/YAZBEK. Op. Cit., pp. 16 e 17. Mais sobre o Modelo *Zwelethemba* em FROESTAD, Jan/SHEARING, Clifford. *Prática da Justiça – O Modelo Zwelethemba de Resolução de Conflitos*. Disponível em *Justiça Restaurativa. Coletânea*

OS NOVOS ATORES DA JUSTIÇA PENAL

Diante destas melhorias, e da atuação complementar dos seus dois vetores, o projeto, com o apoio da Secretaria de Educação do Estado de São Paulo e do Ministério da Educação, abriu as portas para que outras escolas da rede pública e particular de São Caetano do Sul e de municípios contíguos (Guarulhos, São Paulo – no bairro de Heliópolis[40] – e, mais à frente, Presidente Prudente, São José dos Campos, Bragança Paulista e Atibaia) também aderissem às suas práticas, mediante a prévia orientação das respectivas comunidades e lideranças educacionais[41].

Vejamos então os trâmites dos procedimentos adotados pelo programa.

No contexto escolar, o encaminhamento, ou *derivação*, aos círculos é comumente realizado pela diretoria das instituições participantes, mas também, por vezes, pela comunidade e pelo próprio Poder Judiciário,

---

de artigos. SLAKMON, Catherine/DE VITTO, Renato Campos Pinto/PINTO, Renato Sócrates Gomes (orgs.). Brasília: Ministério da Justiça e PNUD – Programa das Nações Unidas para o Desenvolvimento, 2005, pp. 79-124.

[40] O projeto *Justiça e Educação: parceria para a cidadania* foi implantado, no ano de 2006, em dez escolas públicas situadas na região de Heliópolis – maior comunidade (*favela*) do Município de São Paulo, com cerca de cento e vinte e cinco mil habitantes, sendo 51% destes crianças ou adolescentes. Mediante a atuação conjunta da Secretaria de Educação e do Poder Judiciário Estadual, buscou-se capacitar integrantes da equipe técnica das Varas da Infância e da Juventude locais (assistentes sociais e psicólogas), lideranças comunitárias (conselheiros tutelares e representantes de organizações responsáveis pela efetivação de medidas sócioeducativas na comunidade) e educadores (professores, membros do corpo diretivo, funcionários e representantes legais dos alunos), com vistas a serem implementados, no interior das escolas, espaços democráticos voltados à uma *"cultura de não-violência"* e à *"educação para a sustentabilidade"*. A operacionalização das práticas se deu através da metodologia dos *círculos restaurativos*, por sinal, a mesma adotada pelo setor informal de Justiça Restaurativa que fora estruturado nas serventias judiciais simultaneamente à evolução da vertente escolar do projeto. Os *círculos*, dessa forma, abrangiam conflitos de qualquer natureza, como os relacionados à disciplina de alunos, e também eventuais situações de violência que caracterizassem atos infracionais equiparados a delitos de menos potencial ofensivo. Os conflitos porventura ocorridos na comunidade e no entorno das unidades de ensino também recebiam o tratamento restaurativo, o mesmo ocorrendo nas hipóteses de lavratura de boletim de ocorrência junto às autoridades policiais e de encaminhamento da criança ou adolescente diretamente às Varas da Infância e da Juventude. PENIDO, Egberto de Almeida. *"Justiça e Educação: parceria para a cidadania" em Heliópolis/SP: a imprescindibilidade entre Justiça Restaurativa e Educação.* Disponível em <http://www.tjsp.jus.br/Download/ CoordenadoriaInfanciaJuventude/pdf/JusticaRestaurativa/Artigos/ArtigoJR-IOB.pdf>, acesso em 12/2/2015, pp. 1-5.

[41] AGUIAR. Op. Cit., p. 134.

quando chegam ao seu conhecimento conflitos ocorridos nas dependências das escolas ou entre os seus alunos e a equipe[42].

Já no âmbito comunitário, para os conflitos de vizinhança e os casos de violência doméstica e familiar que afetem, sob qualquer aspecto, os direitos de crianças e adolescentes, a identificação é realizada por entidades que geralmente mantém maior contato com estes episódios, e que, por isso, contam com a confiança dos envolvidos, tais como as escolas, as associações de bairro, o Conselho Tutelar e os agentes locais da Polícia Militar e da Guarda Civil Municipal. Importante salientar que o reconhecimento e a disseminação da metodologia restaurativa nas comunidades contribuem em muito para que as vítimas e os que tomem conhecimento de situações de violência e de negação de direitos se sintam mais confortáveis em comunicá-las às referidas instâncias, uma vez que o farão tendo a garantia de que o caso será solucionado por um caminho não retributivo, mas sim responsabilizante e colaborativo, com o suporte da comunidade e do aparato público[43].

O fluxo procedimental para os casos direcionados ao projeto normalmente se estabelece da seguinte forma: se as partes, mediante prévio e cuidadoso esclarecimento (*pré-círculos*), consentem em solucionar a divergência pela via restaurativa, e há conveniência no encaminhamento[44], o juiz o faz, sob a concordância do representante do Ministério Público e da Defesa, suspendendo-se eventual processo judicial já instaurado; a homologação do acordo e o seu cumprimento integral importam na concessão de remissão ao agente, nos moldes do artigo 126, da Lei Federal n. 8.069, e na consequente extinção do feito; na hipótese de não observância do pacto, pontua-se a necessidade de verificação das razões que levaram a isto, não sendo descartada, se recomendável, a realização de um novo círculo restaurativo; se, contudo, o descumprimento do acordo pelo agente for consciente e deliberado, retoma-se o processo judicial, nos moldes da legislação aplicável[45].

---

[42] MELO/EDNIR/YAZBEK. Op. Cit., p. 84.

[43] Idem, pp. 84 e 85.

[44] Não há uma prévia exclusão de casos associada à natureza do ato infracional, podendo, em tese, integrar os programas todos os adolescentes que assumam a sua responsabilidade pelos fatos e consintam em participar. SILVA. Op. Cit., p. 73.

[45] MELO/EDNIR/YAZBEK. Op. Cit., pp. 86 e 87.

OS NOVOS ATORES DA JUSTIÇA PENAL

3.3. As práticas restaurativas no Núcleo Bandeirante

O movimento restaurativo em Brasília se diferencia dos abordadas nos tópicos anteriores na medida em que se volta exclusivamente para a solução de conflitos envolvendo o cometimento, por pessoas adultas, de infrações penais de menor potencial ofensivo, nos moldes da Lei Federal n. 9.099, de 26 de setembro de 1995[46].

O Tribunal de Justiça do Distrito Federal e dos Territórios, demonstrando o seu interesse por novos modelos de solução de conflitos de natureza penal, e reconhecendo o êxito das práticas desenvolvidas desde o ano de 2005 pelos projetos-piloto implementados nos Juizados Especiais do Fórum do Núcleo Bandeirante, instituiu formalmente o *Programa de Justiça Restaurativa* por intermédio da Portaria Conjunta n. 52, de 9/10/2006[47].

Em termos estruturais, o projeto se concentra no próprio edifício do Fórum do Núcleo Bandeirante, e conta, para além dos magistrados coordenadores e de representantes do Ministério Público e da Defensoria Pública, com servidores públicos com formação em direito, psicologia e assistência Social que receberam capacitação para também atuarem como facilitadores nos casos derivados à Justiça Restaurativa[48].

Como determina a mencionada Portaria e a Resolução n. 5, de 18/5/2011, a atuação se inicia com o encaminhamento dos processos instaurados junto aos Juizados Especiais Criminais ao *Centro Judiciário de Solução de Conflitos e de Cidadania do Programa de Justiça Restaurativa*, unidade esta que compõe

---

[46] O referido diploma legal dispõe sobre os Juizados Especiais Cíveis e Criminais no sistema jurídico brasileiro, e apresenta a seguinte definição de infração penal de menor potencial ofensivo em seu artigo 61, com a redação dada pela Lei Federal n. 11.313, de 28/6/2006: *"Consideram-se infrações penais de menor potencial ofensivo, para os efeitos desta Lei, as contravenções penais e os crimes a que a lei comine pena máxima não superior a 2 (dois) anos, cumulada ou não com multa"*. BRASIL. PRESIDÊNCIA DA REPÚBLICA. CASA CIVIL. SUBCHEFIA PARA ASSUNTOS JURÍDICOS. *Lei n. 9.099, de 26 de setembro de 1995.* Disponível em <http://www.planalto.gov.br/ccivil_03/leis/l9099.htm>, acesso em 29/1/2015.

[47] BRASIL. PODER JUDICIÁRIO DA UNIÃO. TRIBUNAL DE JUSTIÇA DO DISTRITO FEDERAL E DOS TERRITÓRIOS. *Portaria Conjunta 52, de 9 de outubro de 2006.* Disponível em <http://www.tjdft.jus.br/publicacoes/ publicacoes-oficiais/portarias-conjuntas-gpr-e-cg/2006/00052.html>, acesso em 29/1/2015.

[48] WAQUIM, Amanda Almeida. *Possibilidades da Justiça Restaurativa no sistema penal brasileiro.* Monografia apresentada à Faculdade de Direito da Universidade de Brasília para a obtenção do título de Bacharel em Direito, sob a orientação de Carolina Costa Ferreira, 2011. Disponível em <http://bdm.unb.br/bitstream/10483/1899/1/2011_AmandaAlmeidaWaquim .pdf>, acesso em 29/1/2015, pp. 72-76.

o *Sistema Permanente de Métodos Consensuais de Solução de Conflitos* do Tribunal de Justiça do Distrito Federal e dos Territórios[49].

A seleção dos casos é realizada pelo juiz de direito, com a anuência do representante do Ministério Público e da Defesa, durante a audiência preliminar prevista na Lei Federal n. 9.099, e cinge-se normalmente aos conflitos cujas partes possuem relações de proximidade e de convivência que se projetem para o futuro, e nos quais exista a necessidade de reparação patrimonial ou emocional, excluindo-se, todavia, os casos de violência doméstica e de uso de substâncias entorpecentes[50]. Ato contínuo, os envolvidos são informados acerca da viabilidade da solução restaurativa, e são consultados sobre o interesse de participação. Se consentem, recebem comunicação sobre a data e o local onde ocorrerão as sessões, e o processo, por sua vez, é suspenso por prazo normalmente de noventa a cento e vinte dias[51], até que se encerrem os trâmites, e se efetive o cumprimento do acordo celebrado[52].

Ao chegarem ao *Centro Judiciário de Solução de Conflitos e de Cidadania do Programa de Justiça Restaurativa*, as partes são recebidas pelos facilitadores e, se a natureza do conflito permitir, iniciam-se desde logo os atendimentos. Do contrário, dentro do prazo de geralmente quarenta e oito horas são marcados encontros, em horários diferentes, primeiro com o ofensor (a fim de verificar se está disposto a dialogar, e se assume a responsabilidade pela prática do fato delituoso), e depois com a vítima. Nestas reuniões privadas, chamadas *encontros preparatórios*, os facilitadores, assumindo posição absolutamente neutra e imparcial, buscam captar, separadamente, as impressões, interesses e sentimentos de cada um dos envolvidos, empo-

---

[49] BRASIL. PODER JUDICIÁRIO DA UNIÃO. TRIBUNAL DE JUSTIÇA DO DISTRITO FEDERAL E DOS TERRITÓRIOS. TRIBUNAL PLENO. *Resolução 5, de 18 de maio de 2011.* Disponível para consulta em <http://www.tjdft.jus. br/publicacoes/publicacoes-oficiais/portarias-conjuntas-gpr-e-cg/2006/00052.html>, acesso em 29/1/2015.

[50] Esclareça-se que são atendidos pelo programa episódios pontuais de violência domiciliar, normalmente envolvendo irmãos, sobrinhos, tios, e outros parentes. Os casos prontamente devolvidos são os que se referem à violência conjugal. PALLAMOLLA. Op. Cit., p. 34-36.

[51] A decisão judicial que determina a suspensão do processo se fundamenta nos princípios gerais norteadores do rito previsto na Lei n. 9.099 – quais sejam, oralidade, informalidade, economia processual, celeridade, e prioridade quanto à reparação dos danos sofridos pela vítima e à aplicação de pena não privativa de liberdade –, visto que não há norma legal expressa autorizando tal medida. WAQUIM. Op. Cit., pp. 77 e 78.

[52] Idem, pp. 76 e 77.

OS NOVOS ATORES DA JUSTIÇA PENAL

derando-os para que se sintam aptos a participarem das fases seguintes do procedimento[53].

O encontro restaurativo, por sua vez, ocorre sob a roupagem de *mediação vítima-ofensor*[54], e consiste no momento em que as partes se posicionam frente a frente, e passam a expor as suas emoções e percepções acerca dos fatos, com a confiança de que as suas considerações serão respeitadas pelos presentes. Ao final, debate-se sobre uma forma de resolução do conflito capaz de atender às necessidades de todos os envolvidos, sendo certo que o número de casos que se encerram mediante um simples pedido de desculpas a título de reparação, segundo as pesquisas realizadas, é expressivamente maior do que os que apresentam algum conteúdo patrimonial[55].

Umas vez concluída esta etapa, abrem-se duas possibilidades: na hipótese de realização do acordo restaurativo, este é encaminhado para a homologação pelo Juízo, mediante a prévia anuência do Ministério Público e da Defesa[56]; não havendo acordo, retoma-se o procedimento penal originário.

Em consulta ao relatório estatístico anual disponibilizado pelo *Centro Judiciário de Solução de Conflitos e de Cidadania do Programa de Justiça Restaurativa*, verificamos que, em 2013, foram realizados 2.267 atendimentos, dos quais 90 (3,97%) consistiram no encaminhamento de processos para uma solução restaurativa. Dentre estes processos, obteve-se o acordo restaurativo em 27; em 12 deles não se mostrou viável a composição (pelos mais variados motivos, como a ausência de consenso entre as partes; a não concordância em participar da prática restaurativa; a impossibilidade de contato nos endereços e telefones informados); 40 se encontravam ainda em

---

[53] Idem, pp. 78 e 79.

[54] Os facilitadores convidam também para participarem do encontro todas as pessoas que eles ou os envolvidos consideram importantes para a pacificação do conflito, e que tenham a capacidade de interferirem na relação, contribuindo para a celebração do acordo final.

[55] WAQUIM. Op. Cit., pp. 81 e 82.

[56] No âmbito da Lei Federal n. 9.099, para os crimes que se procedem mediante ação penal de iniciativa privada, ou de iniciativa pública condicionada à representação, a celebração do acordo restaurativo importará, ao nosso ver, em renúncia expressa ou tácita aos direitos de queixa ou de representação, aplicando-se extensivamente o artigo 74, parágrafo único, da Lei: "*Art. 74. (...) Parágrafo único. Tratando-se de ação penal de iniciativa privada ou de ação penal pública condicionada à representação, o acordo homologado acarreta a renúncia ao direito de queixa ou representação*". BRASIL. PRESIDÊNCIA DA REPÚBLICA. CASA CIVIL. SUBCHEFIA PARA ASSUNTOS JURÍDICOS. *Lei n. 9.099, de 26 de setembro de 1995*. Disponível em <http://www.planalto.gov.br/ccivil_03/leis/l9099.htm>, acesso em 29/1/2015.

A JUSTIÇA RESTAURATIVA E O SISTEMA JURÍDICO-PENAL BRASILEIRO

andamento quando do fechamento do relatório; e 11 foram devolvidos por não se adequarem à metodologia de mediação aplicada pelo programa. Em média, a equipe, formada por 5 servidores e 2 estagiários, utilizou cerca de 1 hora e 12 minutos por sessão de mediação, e estas, em sua maioria, tinham por objeto conflitos fundados em relações entre familiares (40) e de vizinhança (30). Durante todo o ano, também foram recebidos no *Centro* 32 estudantes universitários locais interessados em acompanhar os trabalhos da equipe, o que demonstra o expressivo interesse acadêmico sobre a temática da Justiça Restaurativa no Distrito Federal[57].

3.4. Justiça Restaurativa no Maranhão

As ações de Justiça Restaurativa no Maranhão se concentram, desde o ano de 2009, no pequeno Município de São José de Ribamar, tendo como foco a delinquência juvenil.

Diante do crescente interesse sobre o tema, a equipe da 2ª Vara da Comarca, em parceria com a fundação francesa *Terre Des Hommes*, e acompanhada de representantes do Governo local, do Ministério Público e da Defensoria Pública, receberam dos profissionais que atuam junto ao projeto *Justiça para o Século 21*, no Rio Grande do Sul, a capacitação técnica necessária para iniciarem as atividades[58].

Assim, estabeleceu-se, a título de procedimento, que, nas ações sócioeducativas em que o Ministério Público constatasse a viabilidade de solução restaurativa, as partes, umas vez consultadas, seriam encaminhadas para o programa. Os encontros são realizados sob o formato de *círculos restaurativos* e, já nos primeiros meses após a consolidação da prática, chegaram a abranger cerca de trinta por cento dos processos infracionais em curso na Comarca, incluindo casos envolvendo violência e grave ameaça[59].

---

[57] BRASIL. PODER JUDICIÁRIO DA UNIÃO. TRIBUNAL DE JUSTIÇA DO DISTRITO FEDERAL E DOS TERRITÓRIOS. SEGUNDA VICE-PRESIDÊNCIA. NUPECON – NÚCLEO PERMANENTE DE MÉTODOS CONSENSUAIS DE RESOLUÇÃO DE CONFLITOS. CEJUST – CENTRO JUDICIÁRIO DE SOLUÇÃO DE CONFLITOS E DE CIDADANIA DO PROGRAMA JUSTIÇA RESTAURATIVA. *Relatório anual 2013*. Brasília, 2014, disponível em <http://www.tjdft.jus.br/institucional/2a-vice-presidencia/nupecon/justica-restaurativa/Relatrio_Anual_2013 .doc>, acesso em 10/2/2015.

[58] ORSINI/LARA. Op. Cit., p. 317.

[59] Idem, p. 318.

As práticas restaurativas no Município também são aplicadas para além das fronteiras do sistema judiciário, em escolas e igrejas, por exemplo, sendo alocados espaços para a realização dos círculos e de *workshops* com a participação de integrantes da comunidade e de lideranças locais[60].

3.5. A experiência mineira de Justiça Restaurativa

O movimento restaurativo ganhou força em Minas Gerais com a publicação da Portaria Conjunta n. 221, de 18 de julho de 2011, pelo Tribunal de Justiça do Estado. Este ato implantou a metodologia restaurativa na Comarca de Belo Horizonte, estimulando a criação de projetos-piloto na Vara da Infância e da Juventude (por intermédio do CIA/BH – Centro Integrado de Atendimento ao Adolescente Autor de Ato Infracional[61]) e no Juizado Especial Criminal, para os feitos das respectivas competências[62].

O reconhecimento desta iniciativa pelo Poder Executivo e pelos demais atores do sistema de justiça penal restou demonstrado diante da celebração de um acordo de cooperação técnica, em 11/6/2012, entre o Governo do Estado, a Prefeitura de Belo Horizonte, o Tribunal de Justiça, a Procuradoria Geral de Justiça e a Defensoria Pública, atestando o compromisso destas entidades com o funcionamento dos programas restaurativos[63].

O procedimento empregado em muito se assemelha aos narrados nos tópicos anteriores, em relação aos demais programas implementados no Brasil, senão vejamos: após o encaminhamento do feito pelos juízes, com a concordância dos interessados, os servidores, previamente capacitados e

---

[60] Uma prova da eficiência dos programas restaurativos no Município de São José do Ribamar, notadamente na esfera extrajudicial, é o *Projeto RestaurAÇÃO*, cujo *Núcleo de Justiça Juvenil Restaurativa* atua, não só no âmbito da resolução de conflitos, como também disseminando a metodologia restaurativa por outras cidades maranhenses. Para outras informações sobre o projeto, consultar <http://projetorestauracaosjr.blogspot.pt>, e para notícias sobre algumas das suas iniciativas, <http:// www.saojosederibamar.ma.gov.br/noticia/projeto-dissemina-justica-restaurativa-na-grande-ilha-de-sao-luis> e <http://www. tjma.jus.br/cgj/visualiza/publicacao/ 25294>, acesso em 30/1/2015.

[61] Outras informações relacionadas à estrutura e aos procedimentos empregados pelo CIA/BH podem ser consultadas em <http://ftp.tjmg.jus.br/ciabh/>, acesso em 30/1/2015.

[62] TRIBUNAL DE JUSTIÇA DO ESTADO DE MINAIS GERAIS. *Resolução n. 221/2011*. Disponível em <http://www8. tjmg.jus.br/institucional/at/pdf/pc02212011.PDF>, acesso em 30/1/2015.

[63] CONSELHO NACIONAL DE JUSTIÇA. *Implantado projeto de Justiça restaurativa*. Disponível em <http://www.cnj. jus.br/noticias/judiciario/19782-implantado-projeto-de-justica-restaurativa>, acesso em 30/1/2015.

designados para atuarem como facilitadores, solicitam o comparecimento da vítima e do ofensor, tendo estes a oportunidade de convidarem outras pessoas do seu convívio para participarem; em seguida, todos os presentes são orientados sobre o funcionamento da prática (a qual ocorre sob a modalidade de *círculo restaurativo*, mediante a utilização de um "objeto de fala" como forma de coordenar o diálogo), e estabelece-se um tempo máximo para que se conclua o encontro; os participantes então são incentivados pelos facilitadores a expressarem os valores restaurativos que gostariam que fossem observados durante o encontro, assim como a narrarem histórias pessoais de superação, os seus sentimentos diante do conflito, as necessidades dele decorrentes, e o que precisa ser feito para que os danos sejam plenamente reparados[64].

Após o encerramento do encontro, os participantes são encaminhados ao órgão da Defensoria Pública, no intuito de receberem orientações jurídicas acerca da fase de cumprimento das cláusulas fixadas no acordo restaurativo, e também ao Ministério Público, para que o promotor de justiça tenha conhecimento do conteúdo deste. Ao final, o acordo é homologado pelo Juízo[65].

4. Considerações finais

Nos referimos, portanto, ao longo do trabalho, a apenas alguns dos projetos-piloto desenvolvidos no Brasil, como forma de ilustrar o gradual fortalecimento e aceitação das ações de Justiça Restaurativa no país. Estes programas demonstram com clareza que as práticas são juridicamente viáveis no sistema brasileiro, bastando, para tanto, que haja vontade política neste sentido, e que os dispositivos legais vigentes, mesmo que não versem diretamente sobre o assunto, sejam reinterpretados pelos tribunais sob um olhar restaurativo[66].

Entretanto, como forma de melhor consolidação da metodologia restaurativa no ordenamento jurídico brasileiro, reconhecemos que determinadas diretrizes acerca da derivação e dos efeitos jurídicos dos acordos possam vir a ser regulamentadas por lei, desde que não se padronize ou se limite sobremaneira a atuação dos operadores. O excesso de formalidades

---

[64] ORSINI/LARA. Op. Cit., pp. 316 e 317.
[65] Idem, p. 317.
[66] SILVA. Op. Cit., p. 56.

OS NOVOS ATORES DA JUSTIÇA PENAL

e de normas vinculativas, ao nosso ver, é capaz de conduzir os programas restaurativos ao idêntico caminho de insucesso percorrido pelo sistema de justiça convencional, razão pela qual eventual legislação a respeito não pode deixar de conferir às autoridades certa margem de flexibilidade no que tange aos critérios para o encaminhamento dos casos, levando em conta as necessidades e os sentimentos dos envolvidos, as motivações que levaram à prática do ato ofensivo, o envolvimento da comunidade em torno da resolução do conflito, e outras particularidades, independentemente de sua gravidade e das características pessoais do agente.

Além disso, nada mais justo nesta nova sistemática, como reflexo do empoderamento da vítima e do ofensor – porquanto protagonistas da situação delitiva, e detentores de significativo interesse no desfecho final do caso – que as suas vontades, desde que conscientemente manifestadas, também possam ser levadas em conta para o encaminhamento dos casos à Justiça Restaurativa.

Sob o ponto de vista procedimental, entendemos que os casos de natureza penal ou infracional indicados a uma possível solução restaurativa, após uma análise preliminar por parte do magistrado e do representante do Ministério Público – e, segundo a nossa posição, assegurando-se desde já ao ofensor e à vítima a consulta a um defensor, público ou particular – devem ser prontamente encaminhados aos mediadores ou facilitadores, suspendendo-se, se necessário, por lapso temporal razoável, o processo judicial já instaurado. Ato contínuo, havendo êxito na celebração do acordo, o seu termo escrito retornaria ao ambiente judiciário para ser analisado por acusação e defesa e, sucessivamente, para a homologação pelo juízo. Frise-se que, durante a fase de cumprimento do acordo, consideramos imprescindível o apoio aos envolvidos por parte de órgãos estatais ou entidades não governamentais de assistência, para os fins de orientação e encaminhamento aos programas indicados no plano[67].

Constatamos ainda ao longo do texto que a metodologia de resolução de conflitos através do diálogo tem nas escolas um importante campo de incidência e de transmissão de valores.

Na realidade, as escolas não só funcionam como grandes espaços de identificação das situações de violência e de negação aos direitos das crian-

---

[67] PINTO, Renato Sócrates Gomes. *Justiça Restaurativa. O Paradigma do Encontro*. Disponível em <http://www.justica21.org.br/ arquivos/bib_356.pdf>, acesso em 2/12/2014, p. 24.

ças e dos adolescentes, como também são nelas que mais se manifestam as conseqüências do processo de exclusão social que atinge considerável parcela da população brasileira. Sabemos igualmente ser para as escolas que se busca o retorno do adolescente em conflito com a lei, de maneira que encontre um local de reflexão sobre a sua vida e sobre os motivos e as conseqüências dos seus atos[68].

Nesse contexto, por se esperar justamente das instituições de ensino um grande aporte para a transformação da realidade, é que legitimamos a importância da implantação de projetos de Justiça Restaurativa no meio escolar, através de ações articuladas com outras organizações e entidades que integram a rede de atendimento aos direitos da infância e da juventude. A escola, com isso, se torna, ao mesmo tempo, o ponto de partida e de chegada deste processo de inclusão, sendo um dos seus mais básicos objetivos a criação de um ambiente harmônico, dialético e seguro entre os estudantes, o corpo docente e as lideranças educacionais, estimulando-os a refletirem sobre justiça, comunidade e cidadania[69].

Em síntese, a Justiça Restaurativa se apresenta como via essencial para a afirmação de valores que possibilitam solucionar uma enorme gama de situações de litígio envolvendo direitos individuais fundamentais, sejam estes de titularidade de crianças e adolescentes, ou mesmo de pessoas adultas. Realmente, *"Aprender a resolver conflitos de modo cooperativo e não violento, baseado numa ética de diálogo, tendo como objetivo a responsabilização coletiva e participativa de todos os envolvidos é imperioso. Importa buscar a justiça como valor, não apenas como cumprimento de leis e punições aos que não as cumprem"*[70].

Contudo, no curso da evolução desta nova metodologia no Brasil, não olvidamos da possibilidade de virem à tona certas dificuldades quanto à aceitação de um modelo de justiça diverso do convencional. Sem dúvidas, quanto mais acentuada for a gravidade, a violência e a relevância pública das ofensas[71], maior será a tendência da sociedade em exigir a intervenção

---

[68] MELO/EDNIR/YAZBEK. Op. Cit., p. 77.

[69] MELO/EDNIR/YAZBEK. Op. Cit., p. 77.

[70] MUMME, Monica Maria Ribeiro/PENIDO, Egberto de Almeida Penido. *Justiça e Educação: o poder público e a sociedade civil na busca de ações de resolução de conflitos.* Disponível em <http://www.tjsp.jus.br/Download/CoordenadoriaInfanciaJuventude/pdf/ JusticaRestaurativa/Artigos/Trabalho_Egberto_Penido_Monica_Mumme.pdf>, acesso em 12/2/2015, p. 5.

[71] Nas situações em que a permanência em liberdade do agente demonstrar sério e efetivo risco para o convívio social, com elevada probabilidade de cometimento de novas infrações

retributiva do Estado. Ademais, a fragilização das relações comunitárias torna os indivíduos, as suas famílias e a sociedade na qual se inserem cada vez menos propensos ao diálogo e à resolução cooperada dos seus problemas e dificuldades. A Justiça Restaurativa ainda admite um elevado grau de subjetividade em suas práticas, conferindo maior espaço às emoções, à dor, às necessidades que estão nas raízes dos sentimentos dos sujeitos em conflito, o que, de certo modo, aproxima o universo do Direito de uma linguagem distinta da que, nos dias atuais, é usualmente empregada por seus operadores[72].

Sobre este tema, Cláudia Cruz Santos bem recorda as principais limitações e riscos enfrentados pelos programas restaurativos, destacando,

no futuro, Cláudia Cruz Santos reconhece ser necessária a aplicação do sistema punitivo clássico, porém não descarta a incidência dos mecanismos restaurativos durante o trâmite dos processos, e, principalmente, na fase pós-sentencial, quando deveremos: observar o decurso de um período de tempo razoável desde a ocorrência do evento, para o abrandamento dos ânimos; garantir a intervenção de mediadores com maior experiência e preparados especialmente para tanto, a fim de impedir a intensificação do litígio; e, sendo recomendável para a segurança dos participantes, recorrer ao auxílio de representantes das instâncias formais de controle. No âmbito dos crimes graves, ou seja, dos comportamentos delituosos que afetam os valores mais significativos para a sociedade, tende a ser ainda mais essencial a reparação dos danos ocasionados e a pacificação do confronto existente entre os envolvidos. SANTOS, Cláudia Cruz. *A Justiça Restaurativa. Um modelo de reacção ao crime diferente da Justiça Penal. Porquê, para quê e como?* Coimbra Editora: Coimbra, 2014, pp. 589-593. Esta posição, contudo, não é unânime entre os especialistas no tema. Diversos argumentos são apresentados para justificar a exclusão de uma solução restaurativa nas hipóteses em que estejam envolvidos traumatismos graves e conseqüências irreparáveis, podendo-se citar as grandes chances de revitimização durante o encontro com o infrator e a banalização pelo Estado de um ato de violência. Há significativas vozes, contudo, defendendo a condução das vítimas de graves delitos a processos restaurativos, sobretudo por estes oferecerem aos infratores a oportunidade de se confrontarem com a experiência traumática real da vítima, diferentemente do que ocorre no modelo retributivo convencional. Sustenta-se do mesmo modo que o crime acaba por ser trivializado justamente nos processos em que as vítimas não tem papel algum (ou então atuam como meras testemunhas) e em que os infratores não passam de observadores passivos dos atos judiciais, objetivando minimizarem as suas responsabilidades ou obterem a sanção mais leniente possível. JACCOULD, Mylène. *Princípios, Tendências e Procedimentos que cercam a Justiça Restaurativa.* MORRIS, Alison. *Criticando os críticos. Uma breve resposta aos críticos da Justiça Restaurativa.* Ambos em BASTOS, Márcio Thomaz/LOPES, Carlos/RENAULT, Sérgio Rabello Tamnn (Orgs.). *Justiça Restaurativa: Coletânea de Artigos.* Brasília: MJ e PNUD, 2005.
[72] KONZEN, Afonso Armando. *Justiça Restaurativa e Alteridade – Limites e Frestas para os Porquês da Justiça Juvenil.* Em *Revista IOB de Direito Penal e Processual Penal.* Volume 9, número 49, Porto Alegre: abril/maio 2008, p. 198.

dentre eles, a desconsideração da dimensão pública de determinados crimes; a atuação diante de agentes e vítimas não predispostas a cooperar; e a assunção de deveres eventualmente muito onerosos pelo agente sem a proteção garantística de direitos fundamentais inerente à justiça penal. A autora também vislumbra a possibilidade de as instâncias formais de controle resistirem à adoção de práticas de solução de litígios distintas do que tradicionalmente a opinião pública compreende como sistema de administração da justiça, reforçando também a idéia de que os próprios cidadãos, apesar de demonstrarem cada vez mais descrença nos modelos convencionais de reação à criminalidade, normalmente contribuírem para uma demanda de endurecimento da reação punitiva como panacéia para a solução do problema, trazendo à tona com frequência, por exemplo, severas criticas à impunidade e à leniência do sistema, assim como debates acerca da redução da maioridade penal e do agravamento das sanções legalmente cominadas a certos delitos que ensejam maior clamor social[73/74].

[73] A propósito do tema, a autora sublinha que a Justiça Restaurativa, a um primeiro olhar, pode parecer falhar em *"duas das notas que se julga que devem associar-se à realização da justiça"*, quais sejam, a *verdade* e a *proporcionalidade*, ambas ligadas à noção tradicional de julgamento. A primeira delas, relativa à demonstração dos fatos através das provas, envolve a circunstância de os programas restaurativos admitirem uma versão da realidade acordada exclusivamente pelos intervenientes; enquanto a segunda *"parece exigir uma intervenção imparcial e desapaixonada de um terceiro dotado de autoridade e vinculado pela lei que estabelece limites máximos para a sanção e critérios para a sua determinação concreta"*. Santos, ainda neste contexto, apresenta extensa reflexão acerca da conformidade da Justiça Restaurativa – e das suas especificidades como modelo de reação ao crime – com um conjunto de valores considerados essenciais para a sociedade, e que restam consagrados através de princípios cogentes e estruturais para o sistema penal em vigor. Santos. Op. Cit., pp. 33-34, 204-205, 405-413.

[74] Afonso Armando Konzen ressalta, no trecho a seguir, os impactos negativos trazidos pela violência, e por sua constante divulgação midiática, na formação da opinião pública sobre as formas de combatê-la. Observe-se: *"(...) há tema que afeta mais que a violência? Ela vende livros, revistas e jornais, faz crescer a audiência e motiva indignados cochichos nos intervalos. Na regência do espetacular, uma das características mais eloquentes da contemporaneidade, fato relativamente singelo pode ser transformado, por um estalar de dedos, desde a inusitada falta de opção por outro assunto até o propósito mesmo de manter audiência, em estampa de primeira página ou em mote para desestimular a troca de canal. Tal regência introduz, na pauta dos malefícios, o risco do esquecimento do que verdadeiramente importa na convivência da sociedade. Exposto desde logo em todas as suas circunstâncias, a retórica da aproximação temática via do faz-de-conta ou das conclusões totalizadoras eleva qualquer fato em fato expoente para a determinação de novas ou requentadas promessas dos governos ou para a provocação da acomodada paz de espírito das coletividades. Nesse contexto, a violência nutre fontes inesgotáveis de polêmicas, fomenta a intranquilidade, e também estimula a apresentação de saídas mágicas ou de cobranças pela solução para antes de ontem, geralmente pela via mais fácil, a da agravação*

OS NOVOS ATORES DA JUSTIÇA PENAL

Todavia, não hesitamos em afirmar que, através de práticas restaurativas, vislumbra-se uma maior propensão para o agressor compreender, interiorizar e se responsabilizar perante as consequências danosas da sua conduta, buscando mitigá-las e evitando a sua reiteração. Acreditamos também que os programas possibilitam um aumento da percepção de confiança dos cidadãos nas instituições de justiça e de segurança pública, revertendo-se a idéia de inutilidade das denúncias realizadas perante estas entidades, e conferindo-se espaço à reabilitação e à compaixão frente à opressão representada pelo modelo retritbutivo. Compreendemos que os procedimentos restaurativos devem buscar restabelecer as perdas patrimoniais, o senso de segurança, a dignidade, a harmonia entre os envolvidos diretamente nos fatos, a democracia deliberativa e o suporte da sociedade, baseando-se na idéia principal de que a justiça efetivamente pode ser realizada[75].

Em um contexto de desigualdade social enraizada, como vislumbramos no Brasil, onde a riqueza não é o único bem concentrado e as disparidades acabam por impactar na esfera dos direitos fundamentais, concordamos ainda com o posicionamento no sentido de que a compensação deste hiato entre os indivíduos pode perfeitamente decorrer de uma transferência pela administração da justiça de recursos de poder – consistentes em informação e capacidade de agir – diretamente à sociedade em nível local, estimulando-a a participar de forma mais ativa na resolução dos conflitos. Caberia ao poder público, então, efetivar medidas tendentes a concretizar este empoderamento, sobretudo em benefício de tipos específicos de vítimas e ofensores que tendem a ser marginalizados pelo sistema convencional[76].

Este engajamento da sociedade é das uma das principais forças da proposta restaurativa, haja vista manter o equilibro entre os múltiplos interesses postos em debate quando nos referimos às reformas no sistema de justiça. Perceba-se que a participação constante dos cidadãos em áreas que

---

dos mecanismos de repressão e de controle, caminho óbvio e único, não só por ser o que aparenta, mas porque conforta ao imaginário coletivo que vê na falta da punição toda explicação para o fenômeno". KONZEN. Op. Cit., p. 178.

[75] BRAITHWAITE, John. *Restorative Justice & Responsive Regulation.* Oxford University Press, 2002, p. 12.

[76] OXHORN, Philip/SLAKMON, Catherine. *Micro-Justiça, Desigualdade e Cidadania Democrática. A construção da sociedade civil através da Justiça Restaurativa no Brasil.* Em BASTOS, Márcio Thomaz/LOPES, Carlos/RENAULT, Sérgio Rabello Tamnn (Orgs.). *Justiça Restaurativa: Coletânea de Artigos.* Brasília: MJ e PNUD, 2005.

foram, anteriormente, de domínio exclusivo do poder público traz confiança em âmbito coletivo e impulsiona o espírito de cooperação mútua[77]. Na atualidade, inclusive, o que vemos são cada vez mais atores sociais propagando discursos e exigindo transformações radicais no Brasil, porém, contraditoriamente, estes atores são incapazes de contracenarem com "o outro". Nas palavras de Alexandre Morais da Rosa, vivemos em um ambiente de intolerância, de convivência à distancia, *"um contato sem contato"*, no qual as pessoas cobram pela superação dos problemas mantendo-se, na realidade, cada uma na sua respectiva posição dentro da sociedade[78].

A Justiça Restaurativa, ao reconhecer os laços comuns que unem o ofensor e a vítima como membros de uma sociedade, exalta a idéia de interligação de todas as pessoas em uma rede de relacionamentos, instigando-as, não a delegarem, mas sim a compartilharem, como verdadeiras protagonistas, a responsabilidade pela existência de delitos e pela desarticulação dos prejuízos deles advindos.

Sendo assim, vemos os programas de Justiça Restaurativa como efetivamente capazes para gerarem impactos positivos no sistema brasileiro, funcionando para além das inúmeras soluções paliativas trazidas pelo poder público com o propósito de atender aos anseios da população. De toda sorte, como já afirmamos, a chave para erguermos este modelo de justiça mais democrático está intimamente ligada à sua regulamentação e governança, e isto requer o envolvimento das autoridades estatais e dos diversos setores da sociedade, em uma relação sinergética e desburocratizada[79].

Um amplo debate nacional, à vista dos níveis de eficiência apresentados pelos programas experimentais em operação no país, pode ser o primeiro passo para uma completa institucionalização no futuro. Legislar sobre o paradigma restaurativo certamente impulsionará a sua aplicação no Brasil, porém, como visto, devemos evitar a aprovação de leis que reduzam a flexibilidade dos seus programas, que limitem o seu enorme potencial transformador, e que os transformem em mera política de cunho utilitarista,

---

[77] PARKER, L. Lynette. *Justiça Restaurativa: um veículo para a reforma?* Em BASTOS, Márcio Thomaz/LOPES, Carlos/RENAULT, Sérgio Rabello Tamnn (Orgs.). *Justiça Restaurativa: Coletânea de Artigos*. Brasília: MJ e PNUD, 2005.

[78] ROSA, Alexandre Morais da. *Justiça Restaurativa e Ato Infracional: Práticas e Possibilidades*. Em *Revista IOB de Direito Penal e Processual Penal*. Volume 9, número 50, Porto Alegre: junho/julho 2008, p. 212.

[79] OXHORN/SLAKMON. Op. Cit..

OS NOVOS ATORES DA JUSTIÇA PENAL

com o propósito de reduzir a carga de processos nos tribunais. Definitivamente, se assim caminharmos, mais importante do que institucionalizar os procedimentos de Justiça Restaurativa é reconhecer, divulgar e estimular as suas ações que já se encontram em prática[80].

5. Referências bibliográficas

AGUIAR, Clara Zamith Boin. *Mediação e Justça Restaurativa. A Humanização do Sistema Processual como forma de Realização dos Princípio Constitucionais.* Editora Quartir Latin do Brasil: São Paulo, 2009.

AGUINSKY, Beatriz Gershenson/HECHLER, Ângela Diana/COMIRAN, Gisele/GIULIANO, Diego Nakata/DAVIS, Evandro Magalhães/SILVA, Sandra Espíndola da/BATTISTI, Talléya Samara. *A introdução das práticas de Justiça Restaurativa no Sistema de Justiça e nas políticas da infância e juventude em Porto Alegre: notas de um estudo longitudinal no monitoramento e avaliação do Projeto Justiça para o Século 21.* Disponível em <http://www.justica21. org.br/arquivos/bib_270.pdf>, acesso em 14/11/2014.

AJURIS – ASSOCIAÇÃO DOS JUÍZES DO RIO GRANDE DO SUL. *Justiça Restaurativa ganha projeto especial e é ampliada pelo TJ/RS.* Disponível em <http://www.ajuris. org.br/ 2014/10/22/justica-restaurativa-ganha-projeto-especial-e-e-ampliada-pelo- -tjrs/>, acesso em 29/1/2015.

BRAITHWAITE, John. *Restorative Justice & Responsive Regulation.* Oxford University Press, 2002.

BRASIL. CÂMARA DOS DEPUTADOS. CENTRO DE DOCUMENTAÇÃO E INFORMAÇÃO. *Resolução n. 17, de 1989.* Disponível em <http://www2.camara.leg.br/legin/ fed/ rescad/1989/resolucaodacamaradosdeputados-17-21-setembro-1989-320110-nor- maatualizada-pl.pdf >, acesso em 5/2/2015.

BRASIL. CÂMARA DOS DEPUTADOS. COMISSÃO DE LEGISLAÇÃO PARTICIPATIVA. *Conheça a Comissão. Histórico e atribuições.* Disponível em <http://www2.camara. leg.br/atividade-legislativa/comissoes/comissoespermanentes/clp/conheca-a-comis- sao/index.html>, acesso em 5/2/2015.

BRASIL. CONSELHO NACIONAL DE JUSTIÇA. *Implantado projeto de Justiça restaurativa.* Disponível em <http://www.cnj.jus.br/noticias/judiciario/19782-implantado-projeto- -de-justica-restaurativa>, acesso em 30/1/2015.

BRASIL. CONSELHO NACIONAL DE JUSTIÇA. *Resolução n. 125, de 29 de novembro de 2010.* Disponível em <http://www.cnj.jus.br/atos-administrativos/atos-da-presiden- cia/resolucoes presidencia/12243-resolucao-no-125-de-29-de-novembro-de-2010>, acesso em 5/2/2015.

BRASIL. MINISTÉRIO DA JUSTIÇA. *Reforma do Judiciário. Institucional.* Disponível em <http://portal.mj.gov.br/data/Pages/MJ123F2D72ITEMID6DD8023789EE4DE- 69B639AEAAE6ABC03PTBRNN.htm>, acesso em 28/1/2015.

---

[80] PALLAMOLLA. Op. Cit., p. 177, 181 e 189.

BRASIL. PODER JUDICIÁRIO. TRIBUNAL DE JUSTIÇA DO ESTADO DE MINAIS GERAIS. *Resolução n. 221/2011*. Disponível em <http://www8.tjmg.jus.br/institucional/at/pdf/pc 02212011.PDF>, acesso em 30/1/2015.

BRASIL. PODER JUDICIÁRIO. TRIBUNAL DE JUSTIÇA DO ESTADO DO RIO GRANDE DO SUL. *Projeto Justiça Instantânea*. Disponível em <http://www1.tjrs.jus.br/site/poder_ judiciario/tribunal_de_justica/corregedoria_geral_da_justica/projetos/projetos/projeto_justica_instantanea.html>, acesso em 3/2/2015.

BRASIL. PODER JUDICIÁRIO DA UNIÃO. TRIBUNAL DE JUSTIÇA DO DISTRITO FEDERAL E DOS TERRITÓRIOS. *Portaria Conjunta 52, de 9 de outubro de 2006*. Disponível em <http://www.tjdft.jus.br/publicacoes/publicacoes-oficiais/portarias-conjuntasgpr-e-cg/2006/00052. html>, acesso em 29/1/2015.

BRASIL. PODER JUDICIÁRIO DA UNIÃO. TRIBUNAL DE JUSTIÇA DO DISTRITO FEDERAL E DOS TERRITÓRIOS. SEGUNDA VICE-PRESIDÊNCIA. NUPECON – NÚCLEO PERMANENTE DE MÉTODOS CONSENSUAIS DE RESOLUÇÃO DE CONFLITOS. CEJUST – CENTRO JUDICIÁRIO DE SOLUÇÃO DE CONFLITOS E DE CIDADANIA DO PROGRAMA JUSTIÇA RESTAURATIVA. *Relatório anual 2013*. Brasília, 2014, disponível em <http://www.tjdft.jus.br/institucional/2avicepresidencia/nupecon/justicarestaurativa /Relatrio_Anual_2013.doc>, acesso em 10/2/2015.

BRASIL. PODER JUDICIÁRIO DA UNIÃO. TRIBUNAL DE JUSTIÇA DO DISTRITO FEDERAL E DOS TERRITÓRIOS. TRIBUNAL PLENO. *Resolução 5, de 18 de maio de 2011*. Disponível para consulta em <http://www.tjdft.jus.br/publicacoes/publicacoesoficiais/portarias-conjuntas-gpr-e-cg/2006/00052.html>, acesso em 29/1/2015.

BRASIL. PRESIDÊNCIA DA REPÚBLICA. CASA CIVIL. SUBCHEFIA PARA ASSUNTOS JURÍDICOS. *Decreto n. 7.037, de 21 de dezembro de 2009*. Disponível em <http://www.planalto.gov.br/ccivil_03/_Ato2007-2010/2009/Decreto/D7037.htm>, acesso em 28/1/2015.

BRASIL. PRESIDÊNCIA DA REPÚBLICA. CASA CIVIL. SUBCHEFIA PARA ASSUNTOS JURÍDICOS. *Lei n. 8.069, de 13 de julho de 1990*. Disponível em <http://www.planalto.gov.br/ ccivil_03/leis/l8069.htm>, acesso em 1/2/2015.

BRASIL. PRESIDÊNCIA DA REPÚBLICA. CASA CIVIL. SUBCHEFIA PARA ASSUNTOS JURÍDICOS. *Lei n. 9.099, de 26 de setembro de 1995*. Disponível em <http://www.planalto.gov.br/ ccivil_03/leis/l9099.htm>, acesso em 29/1/2015.

BRASIL. PRESIDÊNCIA DA REPÚBLICA. CASA CIVIL. SUBCHEFIA PARA ASSUNTOS JURÍDICOS. *Lei n. 12.594, de 18 de janeiro de 2012*. Disponível em <http://www.planalto.gov.br/ ccivil_03/_ato2011-2014/2012/lei/l12594.htm>, acesso em 28/1/2015.

FROESTAD, Jan/SHEARING, Clifford. *Prática da Justiça – O Modelo Zwelethemba de Resolução de Conflitos*. Disponível em *Justiça Restaurativa. Coletânea de artigos*. SLAKMON, Catherine/DE VITTO, Renato Campos Pinto/PINTO, Renato Sócrates Gomes (orgs.). Brasília: Ministério da Justiça e PNUD – Programa das Nações Unidas para o Desenvolvimento, 2005, pp. 79-124.

JACCOULD, Mylène. *Princípios, Tendências e Procedimentos que cercam a Justiça Restaurativa*. Em BASTOS, Márcio Thomaz/LOPES, Carlos/RENAULT, Sérgio Rabello Tamnn (Orgs.). *Justiça Restaurativa: Coletânea de Artigos*. Brasília: MJ e PNUD, 2005.

JUSTIÇA PARA O SÉCULO 21. *O que é a Justiça para o Século 21?* Disponível em <http://www. justica21.org.br/j21.php?id=101&pg=0#.VMpGNVqJRtF>, acesso em 28/1/2015.

OS NOVOS ATORES DA JUSTIÇA PENAL

Konzen, Afonso Armando. *Justiça Restaurativa e Alteridade – Limites e Frestas para os Porquês da Justiça Juvenil*. Em *Revista IOB de Direito Penal e Processual Penal*. Volume 9, número 49, Porto Alegre: abril/maio 2008.

Melo, Eduardo Rezende/Ednir, Madza/Yazbek, Vania Curi. *Justiça Restaurativa e Comunitária em São Caetano do Sul. Aprendendo com os conflitos a respeitar direitos e promover cidadania*. Secretaria Especial dos Direitos Humanos e da Presidência da República: São Paulo, 2008.

Morris, Alison. *Criticando os críticos. Uma breve resposta aos críticos da Justiça Restaurativa*. Em Bastos, Márcio Thomaz/Lopes, Carlos/Renault, Sérgio Rabello Tamnn (Orgs.). *Justiça Restaurativa: Coletânea de Artigos*. Brasília: MJ e PNUD, 2005.

Mumme, Monica Maria Ribeiro/Penido, Egberto de Almeida Penido. *Justiça e Educação: o poder público e a sociedade civil na busca de ações de resolução de conflitos*. Disponível em <http://www.tjsp.jus.br/ Download/CoordenadoriaInfanciaJuventude/pdf/JusticaRestaurativa/Artigos/Trabalho_Egberto_Penido_Monica_Mumme.pdf>, acesso em 12/2/2015.

Orsini, Adriana Goulart de Sena/Lara, Caio Augusto Souza. *Dez anos de práticas restaurativas no Brasil: a afirmação da Justiça Restaurativa como política pública de resolução de conflitos e acesso à justiça*. Disponível em <http://www8.tjmg.jus.br/presidencia/programanovosrumos/pai_pj/revista/edicao_ 02_02/08_ResponsabilidadesV2N2_Antena01.pdf>, acesso em 28/1/2015.

Oxhorn, Philip/Slakmon, Catherine. *Micro-Justiça, Desigualdade e Cidadania Democrática. A construção da sociedade civil através da Justiça Restaurativa no Brasil*. Em Bastos, Márcio Thomaz/Lopes, Carlos/Renault, Sérgio Rabello Tamnn (Orgs.). *Justiça Restaurativa: Coletânea de Artigos*. Brasília: MJ e PNUD, 2005.

Pallamolla, Raffaella da Porciuncula. *Justiça Restaurativa: da teoria à prática*. São Paulo: IBCCRIM, 2009.

Parker, L. Lynette. *Justiça Restaurativa: um veículo para a reforma?* Em Bastos, Márcio Thomaz/Lopes, Carlos/Renault, Sérgio Rabello Tamnn (Orgs.). *Justiça Restaurativa: Coletânea de Artigos*. Brasília: MJ e PNUD, 2005.

Penido, Egberto de Almeida. *"Justiça e Educação: parceria para a cidadania" em Heliópolis/ SP: a imprescindibilidade entre Justiça Restaurativa e Educação*. Disponível em <http://www.tjsp.jus.br/ Download/CoordenadoriaInfanciaJuventude/pdf/JusticaRestaurativa/Artigos/ArtigoJR-IOB.pdf>, acesso em 12/2/2015.

Pinto, Renato Sócrates Gomes. *Justiça Restaurativa. O Paradigma do Encontro*. Disponível em <http:// www.justica21.org.br/ arquivos/bib_356.pdf>, acesso em 2/12/2014, p. 24.

PROGRAMA DAS NAÇÕES UNIDAS PARA O DESENVOLVIMENTO. *Sobre o PNUD*. Disponível em <http://www.pnud.org.br/SobrePNUD.aspx>, acesso em 28/1/2015.

Rosa, Alexandre Morais da. *Justiça Restaurativa e Ato Infracional: Práticas e Possibilidades*. Em *Revista IOB de Direito Penal e Processual Penal*. Volume 9, número 50, Porto Alegre: junho/julho 2008, p. 212.

Santos, Cláudia Cruz. *A Justiça Restaurativa. Um modelo de reacção ao crime diferente da Justiça Penal. Porquê, para quê e como?* Coimbra Editora: Coimbra, 2014.

Silva, Karina Duarte Rocha da. *Justiça Restaurativa e sua aplicação no Brasil*. Monografia apresentada à Faculdade de Direito da Universidade de Brasília para a obtenção do título de Bacharel em Direito, sob a orientação de Fabiana Costa Oliveira Barreto, 2007. Disponível em <http:// www.fesmpdft.org.br/arquivos/1_con_ Karina_Duarte. pdf>, acesso em 1/2/2015.

WAQUIM, Amanda Almeida. *Possibilidades da Justiça Restaurativa no sistema penal brasileiro.* Monografia apresentada à Faculdade de Direito da Universidade de Brasília para a obtenção do título de Bacharel em Direito, sob a orientação de Carolina Costa Ferreira, 2011, pp. 72-76. Disponível em <http:// bdm.unb.br/bitstream/10483/1899/1/2011_ AmandaAlmeida Waquim.pdf>, acesso em 29/1/2015.

O Princípio da Reserva de Juiz no Âmbito da Mediação Penal em Portugal

Breve Esboço acerca das Implicações Jurídico-Constitucionais do Regime Introduzido pela Lei nº 21/2007

INÊS FILIPA RODRIGUES DE MAGALHÃES

Mestre em Ciências Jurídico-Criminais pela Faculdade de Direito da Universidade de Coimbra

1. Considerações Introdutórias. 2. O Princípio da Reserva de Juiz: implicações penais e constitucionais. 3. O Direito Processual Penal Português. 3.1. O Princípio da reserva de juiz e outras figuras processuais já conhecidas do nosso sistema penal. 3.1.1. Competência do tribunal singular e processo sumaríssimo. 3.1.2. Suspensão provisória do processo. 4. O Princípio da Reserva de Juiz no âmbito da Mediação Penal de adultos. 5. Considerações Finais. Bibliografia

1. Considerações Introdutórias

Já não é nova, sendo aliás quase generalizada, a ideia de que o processo penal não apresenta, hodiernamente, condições de responder aos conflitos criminais de forma adequada, uma vez que parte de uma premissa equivocada: baseado em teorias contratualistas, considera que o Estado é o principal ofendido com a prática de delitos e, portanto, deve ser o responsável pela iniciativa de punir o infrator. Por apresentar uma estrutura meticulosamente construída para processar judicialmente o acusado e lhe oferecer amplas possibilidades de se defender, o ideal é afastar os componentes irra-

OS NOVOS ATORES DA JUSTIÇA PENAL

cionais dos conflitos para fazê-los funcionar o mais racionalmente possível e, com isso, evitar que injustiças sejam cometidas. Defendem, no entanto, diversos autores que desde que o Estado se "apropriou" dos conflitos e substituiu a noção de dano pela noção de infração, as vítimas foram relegadas para segundo plano[1]. Quer se com isto dizer, que o processo penal é visto como uma ferramenta que serve para satisfazer unicamente os interesses punitivos do Estado, não existindo em si qualquer finalidade reparatória para a vítima. Questiona-se, pois, se esse sistema, como único modo judicial de gestão do crime, é efetivamente um meio legítimo para administrar conflitos na sociedade contemporânea.

Ora, partindo desta conhecida discussão, já há muito se tem vindo a falar da existência de um "terceiro degrau" do direito penal, um degrau que, ao lado do da pena e do da medida de segurança, assegure uma reparação efetiva dos interesses das vítimas. Nas palavras de Jorge Figueiredo Dias, seria necessário que no estabelecimento da concordância prática entre os interesses conflituantes, se integrasse o "interesse das vítimas reais e potenciais, presentes e futuras, da grande e nova criminalidade"[2]. Apelava deste modo o autor para a existência "de formas alternativas do processo penal, ou também, mais radicalmente, de formas alternativas ao processo penal; formas que sirvam a simplificação, a celeridade, a "desjudiciarização" e, na medida do possível, a "consensualização" do tratamento processual de certos tipos de criminalidade, sobretudo de pequena ou média gravidade"[3]. Ou seja, uma política criminal que tenha como foco a substituição progressiva, até ao limite do possível, de uma justiça penal sobretudo punitiva, por uma justiça penal também restaurativa.

Vislumbra-se assim uma tendência, cada vez mais alargada, no sentido da necessidade da existência de soluções jurídicas que completem o sistema penal estadual, colmatando as lacunas que lhe vêm sido apontadas. Foi em 2007, que o legislador deu um passo em frente neste caminho ao

---

[1] Relativamente à ideia de "roubo do conflito" das partes *vide* CLÁUDIA CRUZ SANTOS, *A justiça restaurativa...*, Coimbra Editora, 2014, pág.63; e ainda LOUK HULSMAN/ JACQUELINE CELIS, *Penas Perdidas: o sistema penal em questão*, 2ª ed. Niterói: Luam, 1997, pág.2 e ss; e NILS CHRISTIE, "Conflicts as Property", in *The British Journal of Criminology*, vol. 17, nº1, 1977.

[2] JORGE DE FIGUEIREDO DIAS, "O processo penal português", Que futuro para o Direito processual penal? *Simpósio em homenagem a Jorge de Figueiredo Dias, por ocasião dos 20 anos do código de processo penal português*, Coimbra Editora, 2009, pág.812.

[3] JORGE DE FIGUEIREDO DIAS, última obra citada, pág.814.

prever que o conflito penal pode ser resolvido por acordo entre a vítima e o agressor, sob mediação de um terceiro, sendo para tal a intervenção judiciária mínima e substituindo-se a aplicação de uma pena legalmente imposta. A entrada em vigor da Lei nº21/2007 de 12 de Junho- que criou o regime da mediação penal de adultos- proporcionou assim a afirmação e consolidação legal (ainda que de forma ténue) da proposta restaurativa no nosso país[4], tendo passado a admitir-se uma nova abordagem do conflito interpessoal penal através de mecanismos restaurativos- abordagem esta que pode, potencialmente, transportar consigo várias vantagens[5]. A propósito deste novo regime de mediação penal defendia Figueiredo Dias- ainda antes da sua aplicação- que os mecanismos restaurativos devem completar, mas ao mesmo tempo limitar, o próprio processo penal, colocando assim ao lado da suspensão provisória do processo e das suas formas abreviadas e simplificadas um verdadeiro processo de mediação em matéria penal[6].

A mediação penal de adultos, criada pela referida Lei[7], carateriza-se por ser um instituto que, embora emerja do processo penal, se desenvolve através de um processo próprio- informal, flexível, de caráter voluntário e

---

[4] Note-se que existiam já no ordenamento jurídico português alguns "institutos restaurativos", como é exemplo a constituição de assistente, os processos especiais, a suspensão provisória do processo e o arquivamento em caso de dispensa de pena, entre outros.

[5] Para maiores considerações acerca desta questão *vide* CLÁUDIA SANTOS, "A mediação penal, a justiça restaurativa e o sistema criminal...", in *Revista Portuguesa de Ciência Criminal*, Ano 16, nº1 (2006), pág.91 e ss.

[6] JORGE DE FIGUEIREDO DIAS, última obra e páginas citadas.

[7] A mediação penal surgiu como resposta a diversas injunções internacionais no âmbito de uma crescente atenção ao papel da vítima no processo penal. Para a génese da Lei nº 21/2007 foi crucial a Decisão-Quadro 2001/220/JAI do Conselho, de 15 de Março de 2001. Esta instituiu no seu artigo 10º a exigência de que os Estados-membros promovessem a mediação nos processos penais relativos a infrações que considerassem adequadas. A propósito deste ponto vide CARLOTA DE ALMEIDA, "A propósito da Decisão-Quadro do Conselho de 15 de Março de 2001", *Revista Portuguesa de Ciência Criminal*, ano 15, nº3, pág.391 e ss. Assim, e em cumprimento da Lei-Quadro da política criminal, a Assembleia da República aprovou a Lei nº 51/200, de 31 de Agosto, a qual definiu os objetivos, prioridades e orientações de política criminal para o biénio 2007-2009. Nos termos do seu artigo 12º pode ler-se que a mediação penal deve ser privilegiada pelos magistrados do MP no âmbito dos crimes a que alude o artigo 11º da mesma Lei. Como se diz na fundamentação das prioridades e orientações da política criminal "o programa destaca a necessidade (...) de promover a desjudiciarização e a resolução alternativa de litígios, designadamente através de novas formas de mediação. Neste contexto é indispensável reforçar a aplicação dos institutos de diversão e de consenso já consagrados, cuja ampliação foi promovida na revisão do Código de processo penal- arquivamento em

confidencial. É, portanto, uma forma de resolução extrajudicial de conflitos penais na qual, sob tutela judiciária e com intervenção de um mediador, se visa, através de um acordo livremente fixado entre arguido e ofendido, dar resposta às exigências de prevenção e permitir a reparação dos danos causados pelo facto ilícito- contribuindo deste modo para a restauração da paz social. Materializa-se assim a ideia de que há uma vantagem inequívoca na solução dos conflitos pelos seus intervenientes e portanto, nesse sentido, na desjudiciarização[8]. A mediação penal comporta no entanto certos limites. Não resultando da mediação acordo entre o arguido e o ofendido- ou não estando o processo concluído no prazo de três meses- prosseguir-se--á com o processo penal. Quer isto dizer que a solução dada pelo Tribunal ao conflito permanece sempre como uma possibilidade para todos aqueles casos em que os sujeitos não consigam resolver o conflito por si próprios através dos mecanismos postos à sua disposição. Importante de realçar é ainda o facto do acordo, no caso de ser alcançado, nunca poder incluir sanções privativas da liberdade, nem deveres que ofendam a dignidade do arguido ou cujo cumprimento se deva prolongar por mais de seis meses.

Resulta, no entanto, claro que a introdução das práticas restaurativas (da qual é exemplo por excelência a mediação penal) no sistema tradicional da justiça penal não pode ser feita sem que este seja afetado. Assim, inerente a esta alteração de política criminal não pode deixar de estar uma reflexão profunda acerca da compatibilidade de tais mecanismos com os princípios estruturantes do sistema processual penal português- muitos deles jurídico-constitucionalmente impostos[9]. Até porque, como ensina

---

caso de dispensa de pena, suspensão provisória do processo, processo sumário, abreviado e sumaríssimo e convocação do tribunal singular".

[8] Note-se que a mediação penal comporta várias especificidades face às outras formas de mediação já instituídas em Portugal (como a familiar ou a laboral), desde logo por estar em causa o cometimento de um crime, assumindo assim especial importância o facto de se tratar de um conflito com particular gravidade e de se relacionar com um plano que não é puramente individual, antes se repercutindo na comunidade. Sobre este ponto *vide* CLÁUDIA SANTOS, *A justiça restaurativa...*, pág. 639, nota 1039.

[9] Veja-se o caso do Princípio da legalidade, da culpa, da reserva de juiz (e do monopólio estadual da função judicial em matéria penal), da oficialidade, da presunção de inocência,... A este propósito alerta Cláudia Santos para o facto de parecer metodologicamente redutora a confrontação da proposta restaurativa com apenas alguns dos princípios estruturantes da justiça penal, uma vez que ao tentar solucionar-se o conflito fora do sistema penal, é todo esse sistema que se abandona e não apenas alguns dos seus princípios. Mas acrescenta, em

Figueiredo Dias, as relações entre o Direito constitucional e o Direito processual penal são "estreitíssimas na sua dupla dimensão de os fundamentos do direito processual penal serem, simultaneamente, os alicerces constitucionais do Estado, e de a concreta regulamentação de singulares problemas processuais dever ser conformada jurídico-constitucionalmente"[10]. Torna-se necessário, portanto, analisar até que ponto as propostas restaurativas podem traduzir uma desconformidade significativa face a alguns desses princípios estruturantes do nosso modelo de reação ao crime. E, em caso de resposta afirmativa, questionar se será essa desconformidade juridicamente suportável.

Ora, uma vez que o núcleo do presente trabalho está diretamente ligado à temática do princípio da reserva de juiz, delimitaremos o nosso estudo à reflexão sobre as implicações jurídicas desse princípio no âmbito da mediação penal de adultos em Portugal.

2. O Princípio da Reserva de Juiz: implicações penais e constitucionais

É com normalidade que se fala hoje na doutrina portuguesa num princípio da reserva de juiz. Contudo, já em 1985 Vital Moreira e Gomes Canotilho haviam alertado para o facto da demarcação do seu conteúdo não ser tarefa fácil[11]. O princípio da reserva de juiz, consagrado no artigo 202º da Constituição, é um dos princípios estruturantes do poder judiciário que se carateriza por estar estreitamente associado ao problema das relações dos cidadãos com os tribunais.

Associada a este princípio está a expressa rejeição constitucional de figuras como a "autodefesa", a "justiça privada" ou a "justiça pelas próprias mãos", materializando-se, assim, a ideia chave de que a concreta realização do direito, com o fim de solucionar litígios, tem de ser atribuída a órgãos imparciais particularmente qualificados- órgãos esses que detenham o monopólio da jurisdição. Como é sabido, no nosso Estado de Direito existe

---

jeito de justificação, que no contexto português as práticas restaurativas são integradas na própria resposta penal, logo não é todo o sistema que se preclude mas apenas "partes" dele. Cfr. CLÁUDIA CRUZ SANTOS, *A justiça restaurativa...*, Coimbra Editora, 2014, pág.407 e 408, nota de rodapé 660.

[10] Cfr. JORGE DE FIGUEIREDO DIAS, *Direito processual penal. Clássico Jurídicos*, Coimbra Editora, 2004, pág.74.

[11] Vide VITAL MOREIRA/ GOMES CANOTILHO, *Constituição da República Portuguesa anotada*, vol.II, 2ª edição, comentário ao artigo 205º (atual artigo 202º).

OS NOVOS ATORES DA JUSTIÇA PENAL

uma exigência de separação e exclusividade da função de julgar[12]. Contudo, essa exigência não se basta com a existência de um poder judicial separado dos outros poderes (legislativo e executivo). Como refere Gomes Canotilho, a independência judicial postula o reconhecimento de uma reserva de jurisdição entendida como "reserva de um conteúdo material funcional típico da função jurisdicional"[13]. Só aos tribunais compete administrar a justiça, e dentro dos tribunais, só os juízes poderão ser chamados a praticar atos materialmente jurisdicionais[14]. Esta reserva atua, pois, como limite de atos legislativos e decisões administrativas tornando-os inconstitucionais sempre que os mesmos tenham um conteúdo materialmente jurisdicional.

Ora, na esteira de Gomes Canotilho, podemos dizer que esta reserva de jurisdição implica a reserva de juiz relativamente a determinados assuntos. Nas palavras do referido autor, "em sentido rigoroso, reserva de juiz significa que em determinadas matérias cabe ao juiz não apenas a última mas também a primeira palavra. É o que se passa desde logo no domínio tradicional das penas restritivas da liberdade e das penas de natureza criminal na sua globalidade. Os tribunais são os "guardiões da liberdade" e daí a consagração do princípio de *nulla poena sine judicio* (CRP, artigo 32º/2)"[15]. Considera ainda o autor que, da reserva de juiz em sentido estrito, se deve distinguir também a reserva de tribunal ou reserva da via judiciária. Esta permitiria que, em algumas situações, se tornasse legitima a intervenção de outros poderes que não o judiciário. Assim, na reserva de tribunal, ao juiz não caberia necessariamente a primeira palavra mas somente a última, sendo a intervenção judicial, as mais das vezes, feita apenas sob a forma de recurso[16].

---

[12] Função essa adstrita aos juízes.

[13] J.J GOMES CANOTILHO, *Direito Constitucional e teoria da constituição*, 7ª edição, Coimbra, 2003, pág.664.

[14] A aplicação de penas criminais consubstancia uma função que se vem considerando, desde sempre, como tendo uma natureza necessariamente jurisdicional. Neste sentido *vide* GOMES CANOTILHO, *Direito Constitucional e teoria da constituição*, 7ª edição, Coimbra, 2003, pág.664; e ainda VITAL MOREIRA/ GOMES CANOTILHO, *Constituição da República Portuguesa anotada*, vol.II, 4ª edição, 2010, pág.509.

[15] J.J GOMES CANOTILHO, *Direito Constitucional e teoria da constituição*, última página citada.

[16] Outra nota que facilita a distinção entre a reserva de juiz e a reserva de tribunal é o facto de naquela primeira se verificar uma reserva total da função jurisdicional, ao passo que naquela outra a reserva é tão-só parcial dado que não existe, geralmente, uma intervenção inicial do juiz. Neste sentido PAULO RANGEL, *Reserva de jurisdição*, 1997, pág.35. E também J.J GOMES

Outra distinção importante para a qual o autor chama à atenção é a que se deve estabelecer entre reserva constitucional de juiz e reserva legal de juiz. Argumenta assim Gomes Canotilho que a reserva constitucional de juiz, expressamente estabelecida pela constituição nos artigos 27º e 28º, se deve diferenciar da reserva de juiz expressamente consagrada na lei com base no artigo 202º. Isto porque "se defendessemos apenas a reserva de juiz constitucional a bem pouco se reconduziria, afinal, o "monopólio da primeira palavra". Precisamente por isso, é que alguns autores avançam para uma ideia de reserva de juiz que se baseia mais na conceção material de *jurisdictio* subjacente aos preceitos constitucionais (designadamente no artigo 202º) do que na eventual individualização desta reserva feita por normas constitucionais formais"[17].

Relacionada com a problemática em análise surge ainda a questão de saber se a jurisdição, a função jurisdicional e a reserva de juiz constituem um sistema fechado que não admite novas formas de composição de conflitos. Isto é o mesmo que questionar se haverá obstáculos incontornáveis à institucionalização de formas alternativas ou complementares de composição dos conflitos que se baseiem no acordo das partes e/ou com auxilio de um mediador. Quanto a este assunto defende Gomes Canotilho que, apesar da formatação constitucional assentar, em grande medida, no modelo clássico de juízes, tribunais e jurisprudência, nada impede que outras formas de resolução dos conflitos possam ser institucionalizadas, dando como exemplo o caso dos Julgados de Paz criados pela Lei nº78/2001[18]. Conclui ainda dizendo que " além disso, é possível distinguir no processo dimensões processuais materialmente jurisdicionais e dimensões processuais que não exigem intervenção do juiz, podendo estar a ser dinamizadas por outros agentes ou operadores jurídicos"[19].

CANOTILHO, última obra citada, pág.665 e 669- "a reserva absoluta de jurisdição (...) está constitucionalmente prevista nos artigos 27º/2 e 28º/1 referente à privação da liberdade e nos artigos 33º/4 e 34º/2, 36º/6, 46º/2, 113/7º. (...) em questão do foro criminal é sempre inadmissível qualquer procedimento administrativo prévio (...)".

[17] GOMES CANOTILHO, última obra citada, pág.671.

[18] Note-se, todavia, que o regime da mediação no âmbito dos Julgados de Paz tem especificações bastante distintas do regime de mediação penal, desde logo porque chegando as partes a acordo esse terá de ser sempre homologado por um juiz de paz tendo, após isso, valor de sentença. O processo está sujeito portanto a uma intervenção judicial. Cfr. Artigo 56º da Lei nº78/2001.

[19] GOMES CANOTILHO, *Direito Constitucional e teoria da constituição*, pág.673.

3. O Direito Processual Penal Português

A história do processo penal é em grande medida a história da redistribuição dos poderes do juiz, cuja tramitação inicialmente monopolizava. Note-se, todavia, que a crise por que tem vindo a passar o juiz contemporâneo, "numa sociedade mais preocupada com os resultados da acção do que com a invocação da lei, altamente complexa e fragmentária de normas crescentemente indeterminadas"[20], paradoxalmente, não lhe retira o papel de protagonista na justiça nem despromove a sua posição central na decisão do processo.

Podemos, no entanto, afirmar, na esteira de Anabela Rodrigues, que, enquanto o papel de protagonista do juiz na realização da justiça é reforçado, a preocupação com a redistribuição dos seus poderes ao longo de todo o processo, tem "como pano de fundo a definição do equilíbrio entre funções antagónicas que o mesmo é permanentemente chamado a desempenhar: investigar e decidir; salvaguardar direitos e assegurar a eficácia do processo; julgar sobre a culpa e pronunciar uma pena"[21]. A revalorização da função jurisdicional do juiz ao longo de todo o processo consolidou-se, sobretudo, graças ao reforço da sua independência, que veio garantir a sua imparcialidade e que se logrou como condição indispensável da proteção dos direitos fundamentais da pessoa no processo. "O juiz, dotado de independência e imparcialidade que a Constituição e o seu estatuto lhe conferem, é o único sujeito que pode por isso assumir plenamente o papel de garante dos direitos liberdades e garantias dos cidadãos"[22]. Como refere ainda Anabela Rodrigues, este "núcleo transnacional" na função do juiz de garante das liberdades, embora estando presente em todas as fases do processo, assume especial importância nas fases que antecedem o julgamento- uma vez que é aí que os ataques mais graves às liberdades das pessoas são suscetíveis de se verificar[23].

---

[20] ANABELA MIRANDA RODRIGUES, "As relações entre o Ministério Público e o Juiz de Instrução Criminal", *Simpósio em homenagem a Jorge de Figueiredo Dias*, pág.717.

[21] ANABELA MIRANDA RODRIGUES, "A jurisprudência constitucional portuguesa e a reserva de juiz nas fases anteriores ao julgamento...", in *Colóquio comemorativo do XXV aniversário do Tribunal Constitucional*, Lisboa, 2008, pág.49.

[22] ANABELA RODRIGUES, última obra e página citadas.

[23] Ao longo dos últimos anos a jurisprudência do Tribunal Constitucional tem vindo a caucionar a figura do juiz de instrução como juiz de liberdades, nomeadamente a propósito das questões relativas à direção do inquérito pelo ministério público e à autorização judicial para a realização de certas diligências de prova. Veja-se a título de exemplo: Acórdão nº 155/2007

Num sistema em que o Direito processual penal é estruturado a partir de uma ideia de máxima acusatoriedade[24], o estatuto do juiz- jurídico-constitucionalmente reconhecido nos artigos 202º/2 e 203º da CRP- impõe o entendimento do princípio de que "quem investiga não julga", consagrando assim uma repartição de competências e uma delimitação estrita de funções entre o Ministério Público e o juiz[25]. Como refere Anabela Rodrigues, hoje, na Europa, apenas os juízes de instrução francês, belga e espanhol dirigem a investigação. Nos outros ordenamentos, como é o caso do nosso, a direção da investigação cabe ao Ministério Público. Nestes casos é, pois, a posição do juiz relativamente à investigação que muda de natureza: a sua função não é a de investigar ou dirigir a investigação, mas sim a de garantir- cada vez com maior intensidade- o controlo da legalidade das investigações efetuadas por outros atores do processo, sempre que elas afetem a liberdade das pessoas. O juiz assume-se assim, em toda a sua veste, como o garante dos direitos fundamentais das pessoas confrontadas com o exercício do *ius puniendi*.

Ao analisar o regime jurídico relativo à mediação penal introduzido em Portugal pela Lei nº21/2007, de 12 de Junho, salta à vista o facto de serem atribuídas ao Ministério Público, em exclusivo, todas as funções referentes quer à remessa do processo para mediação, quer à homologação do acordo que lhe põe fim. Assim estabelece o artigo 3º da Lei nº21/2007 que "(...) o Ministério Público, em qualquer momento do inquérito, se tiverem sido recolhidos indícios de se ter verificado crime e de que o arguido foi o seu agente, e se entender que desse modo se pode responder adequadamente às exigências de prevenção que no caso se façam sentir, designa um mediador (...) e remete-lhe a informação que considere essencial (...)", acrescenta ainda o artigo 5º no seu número 3 que "resultando da mediação acordo, o seu teor é reduzido a escrito, em documento assinado pelo arguido e pelo ofendido, e transmitido pelo mediador ao Ministério Público".

Ora, da leitura dos referidos preceitos legais parece pois resultar clara a exclusão do juiz enquanto sujeito modelador e conformador do processo

---

de 2 de Março, Acórdão nº228/2007 de 28 de Março e o Acórdão nº278/2007 de 2 de Maio, todos disponíveis em http://www.tribunalconstitucional.pt/tc/acordaos.

[24] Cfr. Artigo 32º/5 da Constituição da República Portuguesa.

[25] E não entre o juiz de instrução e o juiz de julgamento, como refere ANABELA MIRANDA RODRIGUES, última obra citada, pág.50.

OS NOVOS ATORES DA JUSTIÇA PENAL

de mediação[26]. Deverá disto retirar-se a conclusão de que estes preceitos relativos à mediação penal de adultos violam o princípio da Reserva de juiz, princípio este jurídico-constitucionalmente consagrado?[27] Haverá uma total incoerência da mediação penal (enquanto principal prática restaurativa em Portugal) com alguns dos princípios estruturantes do nosso sistema processual?[28] E mais ainda, poderá dizer-se que com as práticas restaurativas se está a pôr nas mãos de outros- que não um juiz- um ato que é materialmente jurisdicional?

---

[26] Note-se que o que se pretende não é questionar se a homologação deve sequer existir. A homologação do acordo entre as partes resultante do processo de mediação tem-se como necessária, não restando quanto a isso dúvidas. O que se questiona é se esse ato deve ser adstrito a um juiz, ou se o Ministério Público tem competências e poderes bastantes para que a homologação seja da sua exclusiva responsabilidade. Nas palavras de Carlota Almeida, a homologação do acordo é "imprescindível" sobretudo por duas razões: primeiro porque, embora se fale de devolver o conflito aos particulares, não se pode ainda assim esquecer de que se trata do cometimento de um crime e por isso continua a ser a confiança e harmonia de toda a sociedade que necessita de ser restaurada; em segundo lugar (e este sim parece--nos o principal argumento) porque há que garantir a legalidade e correção do acordo a que a mediação conduziu. Uma vez que este acordo porá termo à contenda penal, torna-se pois indispensável que uma autoridade judiciária, em representação da sociedade, homologue o acordo final. A este respeito vide CARLOTA ALMEIDA, "A mediação perante os objectivos do Direito Penal", A introdução da mediação vitima-agressor..., pág.48 e ss.

[27] Note-se que o problema da incongruência relativamente ao princípio de reserva de juiz surge apenas no âmbito das práticas de mediação penal de adultos enquanto mecanismo de "diversão" processual penal. Isto porque, embora existam outras soluções restaurativas, nomeadamente no âmbito da delinquência juvenil (mediação prevista na Lei Tutelar Educativa) e das práticas restaurativas pós-sentenciais, estas não apresentam as mesmas dificuldades. Para maiores considerações acerca deste assunto vide CLÁUDIA CRUZ SANTOS, A justiça restaurativa..., Coimbra Editora, 2014, pág.665 e ss e ainda da mesma autora "A Mediação Penal: uma solução divertida?", Justiça penal portuguesa e brasileira: tendências de reforma, São Paulo: IBCCRIM, 2008.

[28] Em sentido afirmativo veja-se Eduardo Correia ao defender que: "aconselhando uma não intervenção dos órgãos judiciais, entregando à sociedade, a ela própria, aos seus grupos e comunidades, a função de resolver todos os seus conflitos, mesmo que possam ter ressonância penal, mediante conciliações e mediações não controladas pelos tribunais (...) como se a toga, a veste da justiça, não fosse, afinal, o pressuposto da segurança, da legalidade, do respeito das garantias e direitos fundamentais dos homens. Sem tribunais ou fora deles, a decisão dos conflitos sociais, nomeadamente penais, perde toda a força da soberania que lhe empresta a própria Constituição". EDUARDO CORREIA, "As grandes linhas da reforma penal", in Jornadas de direito criminal, 1983, pág.21.

3.1. O Princípio da reserva de juiz e outras figuras processuais já conhecidas do nosso sistema penal

A atenuação das exigências do princípio da reserva de juiz em contextos que não envolvem uma decisão estadual ditada de forma heterónoma, e que não culminam por isso numa sanção coativa (caso da mediação penal), pode mostrar-se, desde logo, de certo modo justificada pelo facto do próprio direito processual português admitir já, em determinados casos, uma considerável limitação do papel do juiz e do seu espaço de intervenção à custa de uma relativa expansão do campo de atuação do Ministério Público. É, por exemplo, o caso das soluções previstas no artigo 16º/3 e 4, nos artigos 392º e 394º, e ainda no artigo 281º do Código de Processo Penal.

3.1.1. Competência do tribunal singular e processo sumaríssimo

Consagra a lei no artigo 16º/3 e 4 do CPP um "método de determinação concreta da competência" que se traduz na permissão de que o Ministério Público condicione a competência do tribunal singular para o julgamento, permitindo-lhe ainda limitar, no seu máximo, a moldura penal dentro da qual esse tribunal deverá determinar a medida concreta da pena. Todavia a introdução desta norma no nosso ordenamento jurídico-penal não foi pacífica, tendo a sua constitucionalidade sido posta em causa, entre outras razões, por violação da reserva constitucional da função jurisdicional.

O Tribunal Constitucional pronunciou-se sobre essa questão em diversos Acórdãos, do qual é exemplo o nº 393/89, de 18 de Maio- sendo que, em todos eles, a jurisprudência foi no sentido da não inconstitucionalidade[29]. Entendeu o Tribunal no referido Acórdão que o facto de ser o Ministério Público a fixar o máximo da moldura penal em abstrato não contende nem com o princípio da reserva de juiz nem com o princípio da independência dos tribunais uma vez que continua a ser o juiz quem julga, e para além do mais é este- e não o Ministério Público- quem fixa a medida concreta da pena. A única condicionante é, na verdade, o facto do juiz, na sua decisão, não se poder mover na moldura abstrata constante do tipo do crime dada pela lei. "Deste modo o princípio da reserva da função jurisdicional permanece intocado: é o juiz singular que julga, como é ele que determina

---

[29] Outros exemplos de acórdãos do TC neste âmbito são: acórdão TC nº 265/95, de 30 de Maio; acórdão nº295/92 de 29 de Setembro; e também acórdão nº 362/200 de 5 de Julho, todos eles disponíveis em http://www.tribunalconstitucional.pt/tc/acordaos.

OS NOVOS ATORES DA JUSTIÇA PENAL

concretamente a sanção dentro dos limites abstratos em que a lei lhe permite que mova a sua discricionariedade vinculada. (...) O que sucede é que a "lei" não é apenas o preceito do Código Penal onde se prevêem os limites abstractos das sanções aplicáveis; "lei" é também, e a igual título, o preceito do Código que limite a convicção do juiz pelo máximo das sanções que ele pode aplicar, quando o Ministério Público- como representante do Estado e porta-voz, portanto, do seu poder punitivo- entenda que, no caso, aquele máximo não deve ser ultrapassado"[30].

Quanto ao regime do processo sumaríssimo, consagrado no artigo 392º e 394º do Código de processo penal, não é também difícil identificar as marcas de um programa político-criminal orientado para a maximização do consenso. É o Ministério Público que decide se o processo deve seguir a forma sumaríssima sendo também ele o responsável pela proposta da sanção concreta a aplicar. Assim pode ler-se no artigo 394º/2 que "o requerimento termina com a indicação precisa pelo Ministério Público: *a)* das sanções concretamente propostas; *b)* da quantia exacta a atribuir a título de reparação (...)". Todavia, enquanto no artigo 16º/3 o Ministério Público apenas condiciona a tarefa judicial de determinação da pena concreta (limitando-a no seu limite máximo); aqui é o próprio Ministério Público que assume a tarefa na totalidade, determinando para a solução do conflito uma verdadeira sanção criminal. O Ministério Público assume assim a veste de principal sujeito modelador do conflito, ainda que a Lei não dispense que a proposta inerente ao requerimento daquele passe pelo crivo de um juiz, sendo aliás este quem torna a solução proposta vinculativa através da sua concordância (e desde que o arguido não manifeste a sua oposição).

3.1.2. Suspensão provisória do processo

O Código de Processo Penal de 1987 logrou um grande avanço na implementação de fórmulas de consenso, impregnando o sistema penal português do espírito da justiça restaurativa. A suspensão provisória do processo, prevista no artigo 281º do CPP,[31] é um dos institutos que traduz a expressão

---

[30] FIGUEIREDO DIAS, "Sobre os sujeitos processuais no novo Código de Processo Penal, in *Jornadas de direito processual penal*, Almedina, 1992, pág.20. *Apud* Acórdão do TC nº393/89 de 18 de Maio disponível em http://www.tribunalconstitucional.pt/tc/acordaos.

[31] São, entre outros, traços marcantes do regime legal da suspensão provisória do processo, com particular interesse no que toca às questões relativas à violação da reserva jurisdicional, o facto do processo se suspender na fase de inquérito por decisão do MP sempre com o

paradigmática da busca do consenso como ambiente de pacificação e de reafirmação intersubjetiva das normas. Nesse sentido, estipula o número 1 do artigo 281º do CPP que "se o crime for punível com pena de prisão não superior a 5 anos ou com sanção diferente da prisão, o Ministério Público, oficiosamente ou a requerimento do arguido ou do assistente, determina, com a concordância do juiz de instrução, a suspensão do processo, mediante a imposição ao arguido de injunções e regras de conduta (...)"[32]. Quer isto significar que, verificados os requisitos impostos, tem o Ministério Público "liberdade" para condicionar a não ocorrência de uma audiência de julgamento que teria, à partida, lugar.

De acordo com Pablo Palermo de entre as vantagens da suspensão provisória do processo está o facto de não se produzir a estigmatização do autor que consente na realização de determinadas regras e injunções. Mas alerta logo a seguir o autor que "o único problema que ainda precisa de ser resolvido no caso português é aquele referente à natureza jurídica das regras e injunções que podem ser aplicadas ao imputado que as consente em troca da suspensão provisória do processo penal".[33] Também Mário Torres considera que "a inconstitucionalidade não radica exclusiva nem necessariamente na falta de intervenção de um juiz, mas sim na extrema gravidade das injunções e regras de conduta que podem ser impostas ao arguido.

consenso do arguido e do assistente e com a concordância do juiz de instrução; o facto do arguido ser sujeito a injunções e regras de conduta; o processo ser arquivado (não chegando a haver acusação) se o arguido cumprir as injunções ou as regras a que a suspensão tenha ficado condicionada; e ainda o facto de chegado o processo à fase de instrução, ainda ser possível optar-se pela suspensão provisória (desde que obtida a concordância do MP e cabendo, neste caso, a decisão primária ao juiz de instrução).

[32] A suspensão está ainda dependente da verificação dos pressupostos estabelecidos no número 2 do artigo, sendo o primeiro a existência de concordância tanto do arguido como do assistente.

[33] PABLO GALAIN PALERMO, "Mediação penal como forma alternativa de resolução de conflitos: a construção de um sistema penal sem juízes, in *Estudos em homenagem ao Prof. Doutor Jorge de Figueiredo Dias*, vol.III, Coimbra Editora, 2010, pág.845. O autor considera ainda que a suspensão provisória do processo se carateriza por ser uma solução com grande proximidade da mediação ou da conciliação. Opinião contrária é a de Cláudia Santos que realça o facto de existirem "diferenças importantes" entre as duas figuras, nomeadamente porque, ao contrário da solução para o conflito resultante do acordo obtido através da mediação, a solução encontrada através da suspensão é ainda orientada para a obtenção das exigências de prevenção procurando por isso a satisfação dos interesses das vítimas potenciais. Cfr. CLÁUDIA SANTOS, *Justiça Restaurativa...*, pág.481, nota 765.

OS NOVOS ATORES DA JUSTIÇA PENAL

É esta a crítica fundamental que a solução do projecto (e do Código) me merece (...) [nomeadamente porque] algumas das injunções previstas (...) restringem ou anulam direitos fundamentais dos cidadãos, como o de emprego e de liberdade, em termos que tornam inadmissível a sua imposição por parte de quem não exercer a função jurisdicional"[34].

Ora, também aqui já foi o Tribunal Constitucional, em sede de fiscalização concreta da constitucionalidade, mais do que uma vez, chamado a pronunciar-se sobre a compatibilidade deste instituto com princípios constitucionalmente consagrados, nomeadamente por alegada violação do princípio inscrito no artigo 202º (reserva da função jurisdicional ou reserva de juiz)[35].

Como é referido no Acórdão nº67/2006- que teceu várias considerações acerca do conteúdo das funções jurisdicionais, que iluminam o conteúdo da reserva de juiz nas fases anteriores ao julgamento- "além do consenso dos demais sujeitos processuais (Ministério Público, arguido e assistente) a lei exige a concordância do juiz de instrução". Mas esta intervenção de um juiz não estava inicialmente prevista, ela resultou sim de o Tribunal Constitucional, no Acórdão nº 7/87, de 9 de Fevereiro de 1987, em sede de apreciação preventiva, se ter pronunciado pela inconstitucionalidade dos números 1 e 2 do artigo 281º (na versão constante do decreto nº 754/86 que havia sido enviado para promulgação). Pode ler-se no Acórdão nº 7/87 o seguinte: "Naturalmente que, praticados os actos necessários, compete também ao MP encerrar o inquérito, arquivando-o ou deduzindo acusação (...). O artigo 281º consagra, porém, uma inovação nesta matéria (...) [atribui ao MP] o poder de suspender o processo, quando se verifiquem conjuntamente certas condições (...) mediante a imposição- pelo próprio MP- de injunções e regras de conduta (...). A questão posta, ou seja, a da suspensão provisória do processo do MP, findo o inquérito, pode, porém, cindir-se em duas: uma, a da admissibilidade da suspensão, em si mesma considerada; outra, a da competência para ordenar a suspensão e a imposição das injunções e regras de conduta. A admissibilidade da suspensão não levanta, em geral, qualquer obstáculo constitucional. Já não se aceita,

---

[34] Vide MÁRIO TORRES, "O princípio da oportunidade no exercício da ação penal", in Revista do Ministério Público. Jornadas de processo Penal, nº44, Lisboa, pág.241.

[35] Veja-se a este respeito o caso exemplar dos Acórdãos nº67/2006 e nº116/2006, disponíveis em http://www.tribunalconstitucional.pt/tc/acordaos/.

porém, a atribuição ao MP da competência para a suspensão do processo e a imposição das injunções e regras de conduta previstas na lei sem a intervenção de um juiz, naturalmente o juiz de instrução, e daí a inconstitucionalidade nessa medida (...)"[36].

Posto isto como dado assente, a argumentação do Tribunal vertida no Acórdão nº 67/2006 vai no sentido de que o que cumpre ao Tribunal averiguar- no recurso em causa- é se, dos termos em que a intervenção do juiz de instrução criminal é consagrada, pode resultar alguma violação de normas ou princípios constitucionais, designadamente da reserva da função jurisdicional. Ora, segundo o entendimento do Tribunal "o facto do juiz de instrução estar condicionado pela decisão do Ministério Público, nomeadamente quanto à selecção das injunções e regras de conduta e à determinação do período de suspensão do processo, mais precisamente, de o seu leque de opções decisórias estar limitado à concordância ou discordância com a anterior aplicação do direito ao caso feita pelo Ministério Público e pela aceitação dos demais sujeitos processuais, não contende com o principio constitucional da independência dos tribunais (...) [nem] belisca a independência funcional do juiz de instrução (...)". Acrescentando ainda o TC que "os termos em que o juiz decidirá se deve ou não dar a sua concordância não dependem senão do que, em sua consciência, decorra da situação de facto revelada pelo processo e dos comandos legais (...) a decisão do juiz não depende de quaisquer ordens ou instruções mas, directamente e só, das fontes normativas a que constitucionalmente deve obediência"[37].

Outro ponto analisado no referido acórdão, e que reveste especial importância para o estudo levado a cabo neste trabalho, prende-se com o facto de saber se a decisão de suspensão do processo e a imposição de injunções e regras de conduta consubstanciam atos materialmente jurisdicionais. Quanto a esta questão considerou o Tribunal que: "o acto processual em causa- a decisão primária de suspensão e escolha das injunções e regras de conduta- não cabe em qualquer das hipóteses singulares de reserva de acto jurisdicional ou "casos constitucionais de reserva judicial" (Gomes Canotilho e Vital Moreira, Constituição da República Portuguesa

---

[36] Acórdão nº 7/87, publicado no D.R., I série, de 9 de Fevereiro de 1987, disponível em https://dre.pt/.

[37] São também estes os argumentos de que se socorre o Tribunal no Acórdão nº116/2006, disponível em http://www.tribunalconstitucional.pt/tc/acordaos.

OS NOVOS ATORES DA JUSTIÇA PENAL

Anotada, 3ª ed., pág. 792) no domínio do processo penal, designadamente no nº2 do artigo 27º da Constituição, porque as injunções e regras de conduta não revestem a natureza jurídica de penas, embora se consubstanciem em medidas que são seus equivalentes funcionais (...)"[38]. "Cabe-lhe [ao Ministério Público] dirigir o inquérito, o que implica necessariamente aplicar o direito e formular juízos. Ao decidir-se, nesta fase, pela suspensão provisória do processo, o Ministério Público opta por não exercer imediatamente a acção penal. Esse acto, em si mesmo, não colide nem mais nem menos com o monopólio da função jurisdicional pelos juízes do que o seu reverso: a dedução imediata da acusação. É certo que tal opção pode tornar-se definitiva se as injunções ou regras de conduta forem cumpridas. Mas não é por isso (...) que pode dizer-se que o Ministério Público pratica um acto materialmente jurisdicional. Haverá, apenas, se esse vier a ser o desenvolvimento do processo, um conflito que acabará por ser dissipado ou suprimido; não a sua resolução e, muito menos a aplicação de uma qualquer pena por entidade diversa do juiz"[39].

Outro aspeto importante, e intrinsecamente ligado à problemática em questão, suscitado por Anabela Rodrigues – e não analisado em nenhum dos acórdãos supra referidos – relaciona-se com a questão de saber se a intervenção do juiz é (continua a ser) constitucionalmente exigida para a suspensão provisória do processo. Sabemos já que no Acórdão nº 7/87 o Tribunal se pronunciou no sentido da inconstitucionalidade das normas constantes no número 1 e 2 do artigo 281º por se prever ser da competência exclusiva do Ministério Público a suspensão provisória do processo, mas a verdade é que o Tribunal Constitucional não apresentou quaisquer argumentos que justificassem esta concreta exigência. A este respeito pronunciou-se apenas Messias Bento, na sua declaração de voto vencido, fazendo ressaltar que "do que se trata é de uma decisão de não exercício da acção penal, e ela é tomada pelo respectivo titular (...). Ora, não existe qualquer norma ou princípio constitucional que proíba a introdução pelo legislador desta forma moderada do princípio da oportunidade para este tipo de criminalidade. Também não se

---

[38] Note-se que o Tribunal adota esta posição baseando-se em "três razões fundamentais": por se tratar, por um lado, de uma sanção a que não está ligada a censura ético-jurídica da pena, nem a correspondente comprovação da culpa; por ao arguido caber decidir se se submete ou não a tais injunções ou regras; e ainda porque a todo o momento pode deixar de cumprir as mesmas.

[39] Cfr. Acórdão nº67/2006, disponível em http://www.tribunalconstitucional.pt/tc/acordaos.

vê que os artigos 32º nº 4 e 206º da CRP proíbam que seja o MP a tomar a decisão de suspender o processo. De facto, e desde logo, o que é verdadeiramente específico da função jurisdicional é cumprir-lhe dirimir conflitos, e, no caso, trata-se de uma forma consensual de decisão, destinada justamente a evitar a declaração do conflito jurídico-penal"[40]. Tendo em conta estes argumentos conclui Anabela Rodrigues que uma vez que o conflito penal é "arredado", então deixa de se justificar a intervenção do juiz, não estando mais em causa assegurar a reserva do juiz[41].

Também João Correia se pronunciou acerca deste assunto questionando se, dado o facto do Tribunal Constitucional ter considerado que a não intervenção do juiz tornava inconstitucional a norma e considerando as semelhanças entre ambas as figuras (suspensão provisória e mediação), seria o atual regime da mediação penal contrário à Constituição. O autor entende que a resposta a esta pergunta deve ter-se como negativa. De entre os seus argumentos está a circunstância da referida decisão do Tribunal se ter inserido num contexto histórico muito desfavorável à solução adotada. Contudo, tendo passado já mais de vinte anos, e perante o desenvolvimento teórico e prático que o mecanismo granjeou, considera o autor que a resposta do Tribunal seria, atualmente, certamente outra. "Por isso mesmo, não falta quem entenda que, hoje em dia, pelo menos na fase de inquérito, a decisão sobre a suspensão provisória do processo deveria competir exclusivamente ao Ministério Público, como aliás acontece, praticamente, em todos os Estados"[42].

Assim, seguindo a linha de raciocínio vertida nos Acórdãos nº 67/2006 e nº 116/2006, e invocando como premissas os argumentos de que a decisão de escolha e imposição das injunções e regras de conduta não consubstancia um ato materialmente jurisdicional e de que essas mesmas injunções e regras não podem ter-se como verdadeiras sanções penais (uma vez que não revestem a natureza jurídica de penas)- não havendo portanto qualquer obstáculo a que essa função esteja adstrita ao Ministério Público- não se entende como a conclusão do Tribunal possa (continuar a) ser a de que é indispensável, sob pena de inconstitucionalidade, a intervenção de um juiz no referido processo.

---

[40] Declaração de Voto de Messias Bento, cfr. Acórdão do TC nº7/87 disponível em http://www.tribunalconstitucional.pt/tc/acordaos.

[41] Anabela Miranda Rodrigues, última obra citada, pág.56.

[42] João Conde Correia, "O papel do Ministério Público na Mediação Penal", pág. 71 e 72.

OS NOVOS ATORES DA JUSTIÇA PENAL

Ora, é notório na nossa jurisprudência, sobretudo na Constitucional, a admissibilidade, face ao princípio da reserva de juiz, de soluções para o conflito jurídico-criminal que não sejam conformadas exclusivamente por um juiz, tendo assumido o papel atribuído ao Ministério Público, e à própria vontade e consenso dos intervenientes concretos no conflito, crescente importância[43]. Outro facto que resulta claro é a circunstância do direito processual penal português admitir já uma certa limitação do papel do juiz na conformação de soluções para determinados conflitos criminais, desde que desse contexto não resulte um agravamento da posição do arguido mas sim o seu favorecimento.

Face a este panorama, sublinha Cláudia Santos que a ideia "central" que parece poder retirar-se de tudo o que ficou exposto, é a da "atinência do princípio da reserva de juiz sobretudo à resolução de conflitos através da punição ou da absolvição, mas não à sua supressão ou dissipação por meios que não coenvolvam um exercício da autoridade"[44]. Defende a autora que o núcleo fundamental do princípio da reserva de juiz parece advir da afirmação de que "sempre que a solução para um conflito tiver de ser ditada de forma autoritária e sempre que essa decisão envolva, ainda que potencialmente, a ofensa a direitos fundamentais do arguido, essa decisão terá de caber a um juiz"[45]. Mas poderá essa circunstância levar à conclusão de que existe uma potencial margem de abertura para que as exigências decorrentes do princípio da reserva da função jurisdicional possam ver-se atenuadas em contextos como o da mediação penal (onde a intervenção do juiz é nula)? Noutras palavras, justificar-se-á a obediência absoluta ao princípio da reserva de juiz num contexto que não tem como nota caraterizadora a punição estadual e autoritária no sentido da aplicação de sanções coativas?

---

[43] Tem-se vindo a assistir, aliás, a uma gradação crescente na assunção de competências pelo Ministério Público que cabiam, numa visão mais tradicional, única e exclusivamente ao juiz. O papel de relevo que tem vindo a assumir quer o MP quer os próprios arguidos e vítimas, tem contribuído para que se possa falar, cada vez de forma mais assertiva, no aparecimento de novos "atores" na justiça penal. Estes novos intervenientes põem em causa a repartição de papéis que caracterizou a justiça penal de inspiração iluminista, o que acarreta consigo diversas dificuldades no que respeita à compatibilidade com princípios estruturantes do nosso ordenamento jurídico que têm consagração constitucional, penal e processual penal.

[44] CLÁUDIA SANTOS, *Justiça Restaurativa...*, pág.479.

[45] CLÁUDIA SANTOS, última obra e página citadas.

4. O Princípio da Reserva de Juiz no âmbito da Mediação Penal de adultos

A questão da não intervenção de um magistrado judicial em momento algum do processo de mediação- ao contrário do que acontece, por exemplo, na suspensão provisória do processo- coloca sérias dúvidas de constitucionalidade e tem sido alvo de fortes críticas[46].

Segundo André Leite, no processo de mediação penal, o arguido está, através do acordo celebrado, sujeito à imposição de obrigações que se podem traduzir em formas sancionatórias que limitam os seus direitos fundamentais. Por essa razão, essencial se torna para o autor- sob pena de violação da reserva de juiz a que alude o artigo 32º/4 da Constituição- que um magistrado judicial intervenha no controlo da legalidade de todo o processo de mediação. Como tal, à exigência do cumprimento da função que cabe ao juiz como guardião das liberdades, acresceria ainda o facto do conteúdo do acordo implicar sempre a imposição de medidas que, em maior ou menor grau, comprimem direitos fundamentais do arguido, tornando portanto imprescindível a reclamada intervenção de um juiz.

Também Mário Ferreira Monte, relativamente à questão da decisão final resultante do acordo não passar nunca pelo crivo do juiz, afirma que esta opção "mais do que incompreensível, ela é sobretudo questionável"[47]. De acordo com o autor, podendo o arguido e a vítima fixar livremente o acordo, e significando isso a inexistência de acusação, a decisão do Ministério Público não é isenta de reservas (quer ela vá no sentido da homologação ou não). "Só o juiz garante a independência necessária para, enquanto garante dos direitos fundamentais, homologar o acordo (...) [pelo que] a sua intervenção deve ter-se por absolutamente indispensável"[48].

---

[46] Entre nós vide, por exemplo, ANDRÉ LAMAS LEITE, *A mediação penal de adultos: um novo paradigma de justiça?*, Coimbra Editora, 2008, pág.115 e ss.; MÁRIO FERREIRA MONTE, "Um balanço provisório sobre a lei de mediação penal de adultos", in *Jornadas de Ciência Criminal em homenagem de Viseu a Jorge de Figueiredo Dias*, Coimbra Editora, 2011, pág.121 e ss; e ainda PABLO GALAIN PALERMO, "Mediação penal como forma alternativa de resolução de conflitos: a construção de um sistema penal sem juízes, in *Estudos em homenagem ao Prof. Doutor Jorge de Figueiredo Dias*, vol.III, Coimbra Editora, 2010, pág.849 e ss.

[47] MÁRIO FERREIRA MONTE, última obra citada, pág.121.

[48] MÁRIO FERREIRA MONTE, última obra e página citadas. O autor acrescenta ainda que a intervenção do juiz pode suscitar um outro problema: estando o Ministério Público de acordo com o acordo celebrado entre o arguido e a vítima, mas não o estando o juiz, fará sentido "obrigar" o Ministério Público a sustentar uma acusação em tais condições? Concluindo que,

OS NOVOS ATORES DA JUSTIÇA PENAL

Mais longe vai ainda Pablo Palermo ao afirmar que "a nova política criminal em Portugal indica que os fins do direito penal são agora uma questão a ser determinada pelo Ministério Público, dentro de um *sistema penal sem juízes* que se orienta pela resolução mais rápida e efetiva de determinados conflitos penais. (...) Não se entende como a lei outorga ao Ministério Público o poder de extinguir um conflito penal (...) quando o juiz é o único funcionário da administração da justiça que tem o poder de proferir uma sentença (...) e quando é o juiz quem tem a obrigação de ponderar que qualquer consequência jurídico-penal deve cumprir com o princípio da proporcionalidade e os fins da pena"[49].

Ora, facto é que no modelo de mediação penal de adultos adotado em Portugal o juiz não se vê a braços com nenhuma função. Somente o Ministério Público, a vítima e o arguido têm "poderes" para intervir e conformar o processo. Sendo o Ministério Público quem dá impulso ao procedimento e quem determina a sua extinção, estando por isso "no princípio e no fim da mediação penal", parece claro que a proposta restaurativa se traduz numa solução a um conflito jurídico-penal conformada em exclusivo por aqueles que são os intervenientes concretos no mesmo, sem qualquer intervenção do juiz. E parece residir neste ponto o busílis da questão. Mas consubstanciará essa circunstância uma lesão de tal maneira grave do princípio da reserva de juiz? Existirá efetivamente uma incompatibilidade entre a tramitação da mediação penal de adultos e aquele princípio? Ou estaremos apenas perante uma atenuação do mesmo?

Do que ficou exposto resulta ainda visível a intrínseca associação entre a problemática opção sobre a autoridade judiciária competente para a deci-

---

ainda assim, vale a pena obrigar à intervenção do juiz dada a forma como a lei de mediação penal estabelece as condições para a formulação do acordo.

[49] PABLO GALAIN PALERMO, "Mediação penal como forma alternativa de resolução de conflitos: a construção de um sistema penal sem juízes...", pág.850 e 852. De acordo com o autor a mediação enquanto instância informalizada ou de desvio não é regida pelos princípios e garantias do processo penal, podendo lesar alguns princípios básicos que orientam o sistema jurídico de Portugal. Para ele todos os objetivos da justiça restaurativa podem também ser procurados numa justiça tradicional "sem necessidade de desformalizar as instâncias processuais e nem prescindir da sentença de homologação judicial (agora homologação do Ministério Público). Deste modo, a mediação (ou a reparação) pode ocupar um lugar como uma consequência jurídico-penal, sem a necessidade de abandonar os fins, princípios e garantias que o Direito penal assegura, dentre eles, a participação necessária do juiz para resolver o conflito da forma mais "justa"". Último autor e obra citados, pág.849 e 856.

O PRINCÍPIO DA RESERVA DE JUIZ NO ÂMBITO DA MEDIAÇÃO PENAL EM PORTUGAL

são de homologação do acordo e o facto da referida Lei permitir uma excessiva liberdade de modelação dos próprios termos do acordo de mediação[50]. No artigo 6º da Lei nº 21/2007 o legislador estabeleceu que "o conteúdo do acordo é livremente fixado pelos sujeitos processuais participantes", acrescentando no nº 2 que "no acordo não podem incluir-se sanções privativas da liberdade ou deveres que ofendam a dignidade do arguido ou cujo cumprimento se deva prolongar por mais de seis meses". Contudo, e como salienta André Leite, "nem mesmo os limitados mecanismos de controlo do acordo de mediação (artigo 6º/2), *maxime*, a inoponibilidade de "deveres que ofendam a dignidade do arguido" conhece qualquer instância de controlo, tanto mais grave dado que estamos perante um conceito de *ius aequum* carecido de concretização (e controlo) jurisdicional"[51].

Numa perspetiva diferente do assunto, defende Cláudia Santos que a ideia de que se deve partir é a de que tais deveres não podem ser comparados a sanções penais. De acordo com a autora relevam sobretudo duas razões para um tal entendimento: a primeira é que tais deveres não podem considerar-se verdadeiras sanções uma vez que lhes falta a nota da coercividade. Mas, mais do que isso, porque o conteúdo do acordo resulta de uma conformação entre a vontade do arguido e a da vítima. Assim, para além da solução encontrada não ser imposta ao arguido de forma autoritária e coativa, é o próprio arguido que, através de uma troca comunicacional alicerçada numa posição de igual para igual[52] entre os sujeitos, busca a melhor solução possível para pôr fim ao conflito em causa[52].

---

[50] Neste sentido vai a afirmação de Mário Monte de que em seu entender vale a pena obrigar à intervenção do juiz atendendo ao modo como a lei de mediação penal estabelece as condições para a formulação do acordo. "Como diz André Leite (2009, 115) é a lei, nesta parte, inconstitucional. Fosse de outro modo a lei e cremos que não seria necessário persistir com a necessidade de intervenção do juiz na fase de inquérito". MÁRIO MONTE, "Um balanço provisório sobre a lei de mediação penal de adultos"..., pág.121. André Leite atribui uma inconstitucionalidade material ao artigo 6º em razão da violação do princípio da determinabilidade ou taxatividade das sanções (artigo 29º/3 da Constituição). ANDRÉ LAMAS LEITE, *A mediação penal de adultos: um novo paradigma de justiça?*, Coimbra Editora, 2008, pág.82 e ss..

[51] ANDRÉ LAMAS LEITE, última obra citada, pág.115. A este respeito acrescenta ainda o autor que "o tipo de obrigações que se imagina poderem vir a estar contidas no acordo do artigo 6º não deverá andar longe- mesmo com a pródiga imaginação humana- das medidas exemplificativas contidas no art.281, nº2 do CPP e, nessa matéria, ninguém discute ao menos hoje, a indispensabilidade de intervenção do JIC [Juiz de instrução criminal]". Último autor e obra citados, pág. 118.

[52] Questiona-se se essa igualdade de partes no processo de mediação não será meramente aparente, dado estar o arguido numa posição em que sabe que se não aceitar o acordo a úni-

OS NOVOS ATORES DA JUSTIÇA PENAL

Por outro lado, e pegando na argumentação apresentada pelo Tribunal Constitucional quer no Acórdão nº67/2006 quer no nº116/2006, se na decisão primária adstrita ao Ministério Público de suspensão provisória do processo e escolha das injunções e regras de conduta, se considera que "o acto processual em causa não cabe em qualquer das hipóteses singulares de reserva de acto jurisdicional ou casos constitucionais de reserva judicial" no domínio do processo penal "uma vez que as injunções e regras de conduta não revestem a natureza jurídica de penas" (ainda que se consubstanciem em medidas que são seus equivalentes funcionais), e que o Ministério Público não pratica um ato materialmente jurisdicional; então menos sentido fará, porventura, considerar que no caso dos deveres assumidos pelo arguido no âmbito da mediação penal estejamos perante verdadeiras sanções coativas. Até porque, note-se, na suspensão provisória do processo as injunções e regras de conduta são, de certo modo, "impostas" ao arguido sendo a sua determinação atribuída a autoridade judiciária (Ministério Público) e estando na base da sua modelação não apenas interesses individuais do arguido e do assistente, mas também finalidades de prevenção quer geral quer especial.

Ora, não é isso que acontece em sede de mediação. "O acordo obtido através da mediação penal pressupõe um poder pleno de conformação do seu conteúdo pelo arguido e pelo ofendido, sendo alheias à modelação desse acordo as finalidades preventivas"[54]. Os sujeitos processuais participantes têm total liberdade na fixação do conteúdo do acordo, limitando-se

ca alternativa que lhe resta é ser presente a julgamento (artigo 5º/1 da Lei nº21/2007). Esta questão é também suscitada por Mário Monte quando alerta para o facto da liberdade de fixação do acordo se poder tornar meramente ilusória. Sustenta o autor que "(...) essa liberdade é aparente, na medida em que sobre o arguido impende aquela espada (...) que consiste em saber que estará em causa o acordo ou a acusação. Um binómio alternativo como este não é aceitável quando, em seguida, se permite uma livre fixação do acordo". MÁRIO FERREIRA MONTE, última obra citada, pág.121 e 122.

[53] Cfr. CLÁUDIA CRUZ SANTOS, *A justiça restaurativa...*, Coimbra Editora, 2014, pág.696 e ss. Neste sentido, e vista a questão por este prisma, defende a autora que o próprio sentido da exigência de determinabilidade das sanções penais (plasmado no artigo 29º/3 da Constituição), se mostra incoerente com o sentido da mediação penal, na medida em que se consubstancia como sendo um princípio conformador de um sistema punitivo. "O que sobretudo se julga que justifica o princípio é a garantia que cada cidadão deve ter quanto às consequências que lhe podem ser *impostas* caso adote um determinado comportamento suficientemente descrito como desvalioso".

[54] CLÁUDIA CRUZ SANTOS, última obra citada, pág.724.

a função do Ministério Público à verificação da compatibilidade entre o acordo e o preceituado no artigo 6º da Lei nº21/2007 e, em caso afirmativo, à sua homologação. Assim, por maioria de razão, torna-se ainda mais difícil considerar que o ato processual em causa possa caber no âmbito da reserva de função jurisdicional e que os deveres inerentes ao acordo possam ser considerados com verdadeiras sanções impostas de forma impositiva[55].

Outro aspeto que pode contribuir para a validação desta argumentação é o facto de à homologação do acordo de mediação se poder equiparar a figura da desistência de queixa[56]. No que toca ao âmbito material de aplicação da Lei nº21/2007, estabelece o seu artigo 2º que a mediação em processo penal pode ter lugar em processos por crime cujo procedimento dependa de queixa ou de acusação particular (com exclusão dos elencados nas alíneas do número 2 do artigo). Trata-se, como tal, de crimes particulares em sentido estrito e de crimes semi-públicos. Para esses tipos de crime estabelece o artigo 51º do CPP que "a intervenção do Ministério Público no processo cessa com a homologação da desistência de queixa ou da acusação particular", sendo que se o conhecimento da desistência tiver lugar durante o inquérito, a sua homologação cabe à referida autoridade judiciária (número 2 do artigo 51º). Quer isto dizer que na mesma fase processual em que ocorre a mediação, poderia sempre haver uma desistência de queixa por parte do ofendido- circunstância em que o processo se daria por extinto, sendo para isso necessária a homologação da desistência apenas por parte do Ministério Público[57]. Aliás, é a própria Lei nº21/2007 que faz a equiparação entre as figuras ao consagrar que "a assinatura do acordo

---

[55] Em sentido totalmente contrário vide ANDRÉ LAMAS LEITE, *A mediação penal de adultos.*, pág.88 e ss.

[56] Cfr. Artigo 116º e 117º do Código Penal e artigo 51º do Código de Processo Penal.

[57] A este propósito nota Cláudia Santos que "a exigência de uma intervenção homologatória de um juiz para a desistência de queixa que é consequência da assinatura do acordo obtido através da mediação penal poderia ter consequências práticas incoerentes e, até certo ponto, descredibilizadoras da função jurisdicional". Para fundamentar esta afirmação dá a autora o seguinte exemplo: imagine-se que, na sequência de um crime de furto simples, o juiz não homologava a desistência de queixa resultante da assinatura do acordo obtido em sede de mediação. Posto isto o ofendido manifestava perante o MP a intenção de desistir da queixa (com a concordância do arguido). O MP parece não ter motivo para recusar tal pedido. Ora, ao homologar a desistência de queixa- ao abrigo do direito que assiste ao ofendido nos termos do artigo 116º do CP – o MP entrará em contradição com a decisão anterior de um juiz. *Vide* CLÁUDIA SANTOS, *A justiça restaurativa...*, pág.724 e 725.

OS NOVOS ATORES DA JUSTIÇA PENAL

[obtido através da mediação penal] equivale a desistência da queixa por parte do ofendido" (artigo 5º/4).

Esta posição não é, no entanto, unânime. Assim, em sentido contrário, vai a opinião de Mário Monte. Como argumenta o autor: "claro que, quando há desistência de queixa nos crimes particulares ou semi-públicos, a homologação da desistência cabe ao MP, quando ocorre no inquérito (...). Mas não se trata da mesma realidade. No caso da mediação, o que está em causa é um acordo que põe fim ao conflito e que onera o arguido"[58]. Também André Leite considera que a formulação do artigo 5º/4 da Lei de mediação penal foi infeliz e tecnicamente pouco correta, uma vez que "o seu concreto regime não se compagina com a fisionomia do instituto tal qual ele está previsto no CP"[59]. O autor vai ainda mais longe ao afirmar que "estamos perante uma desistência de queixa sob condição suspensiva do cumprimento do conteúdo do acordo (...). Logo a "homologação da desistência de queixa" apenas opera quando se der o cumprimento integral do acordo, dado ser esse facto jurídico o único capaz de conduzir a um arquivamento dos autos de inquérito e a uma resolução definitiva do litígio"[60].

5. Considerações Finais

Ora, exposto o problema e toda a temática a ele atinente (ainda que em forma de breve esboço), e elencadas as várias posições doutrinárias e jurisprudenciais existentes, cumpre-nos agora densificar algumas proposições conclusivas. Neste sentido, devemos começar por dizer que a escolha do juiz (nomeadamente o juiz de instrução) como sujeito indispensável para a homologação do acordo resultante da mediação penal nos parece algo instintivo, uma vez que tal solução se mostra em concordância com o modelo que perpassa todo o nosso direito processual penal, mesmo nas soluções atípicas – como a suspensão provisória do processo, processo sumaríssimo, arquivamento em caso de dispensa de pena, etc.

Contudo, e se dermos à questão a atenção que ela merece, facilmente nos apercebemos que sendo a mediação penal um modo de resolução de conflitos criminais extrajudicial, cumpre questionar se não existem desde

---

[58] MÁRIO FERREIRA MONTE, "Um balanço provisório sobre a Lei de mediação penal...", pág.121.
[59] ANDRÉ LAMAS LEITE, A mediação penal de adultos..., pág.96.
[60] ANDRÉ LAMAS LEITE, última obra citada, pág.97.

logo especificidades, intrínsecas à natureza deste processo, que justifiquem a introdução de diferentes soluções. Cremos, por isso, que a razão pela qual devemos aceitar uma solução discordante daquela que perpassa todo o nosso sistema penal reside assim, primeiramente, na circunstância da justiça restaurativa apresentar especificidades face à justiça penal- pretendendo aliás ser um modelo de reação ao crime diferente do imposto estadualmente- logo as soluções por aquela propostas têm também de comportar uma certa margem de desconformidade[61]. O que se deve, por isso, verdadeiramente questionar é se essa margem de desconformidade é ainda juridicamente suportável à luz dos valores orientadores do nosso sistema jurídico- que devem considerar-se inabaláveis num modelo de resposta ao crime.

Assim, parece legitimo considerar que a intervenção de um juiz como garante dos direitos fundamentais, nomeadamente do arguido, é, no âmbito da mediação penal de adultos, menos necessária do que noutras soluções atípicas do nosso processo penal como a suspensão provisória do processo ou o processo sumaríssimo. Isto porque, ao contrário do que acontece nesses institutos, o arguido não se limita a concordar ou a discordar de uma solução conformada por outrem a partir das finalidades penais. A solução que põe fim à disputa é, sim, obtida e modelada através de um diálogo construtivo que radica na vontade do arguido e do ofendido- traduzindo-se, por isso, numa solução de consenso. Paralelamente, não se pode olvidar o facto de, em sede de mediação, já não se estar no campo de aplicação de sanções penais (ao contrário do que acontece com o processo sumaríssimo que pressupõe a condenação a uma pena). A verdade é que não se podem qualificar os deveres assumidos pelo arguido como verdadeiras sanções penais, uma vez que é extrínseca à natureza destes deveres a nota de coercividade[62].

---

[61] Não deve esquecer-se ainda a circunstância de que tendo a mediação lugar antes da acusação (e portanto na fase de inquérito), o Ministério Público é ainda o *dominus*, cabendo-lhe decidir sobre a forma de encerrar o processo.

[62] Esta argumentação resulta, como já se referiu, para nós, validada desde logo pela posição tomada pelo Tribunal Constitucional no Acórdão nº67/2006, onde aquele afirma que no ato processual em causa- ou seja a decisão primária de suspensão provisória do processo e a escolha de injunções e regras de conduta- estas injunções e regras de conduta "não revestem a natureza jurídica de penas, embora se consubstanciem em medidas que são seus equivalentes funcionais." Se, num contexto como o da suspensão provisória, as injunções e regras de conduta não se têm como verdadeiras penas (sanções), então num contexto como

OS NOVOS ATORES DA JUSTIÇA PENAL

Como tal, a ideia central que parece resultar clara é a de que princípios considerados essenciais no nosso modelo de reação ao crime- como é o caso do princípio da reserva de juiz- ainda que devam manter-se irrenunciáveis no plano da resposta penal estadual, não têm todavia de "vincular tão estreitamente uma forma de reação que comporta notas de diversidade"[63]. Como salienta Cláudia Santos, ao juiz cabe um papel de garante dos direitos fundamentais das pessoas sempre que estas se veem confrontadas com o exercício do *ius puniendi* estadual, isto é sempre que sobre elas penda uma decisão imposta de forma coerciva e passível de afetar os seus direitos liberdades e garantias. Ora, se o núcleo do princípio da reserva de juiz se associa à defesa do cidadão face a este exercício do poder punitivo estadual, então a questão não poderá assumir os mesmos contornos quando em causa está um modelo diferente de reação ao crime.

Como já se referiu anteriormente, as práticas restaurativas, encabeçadas nomeadamente pela mediação penal de adultos, caraterizam-se por ser modelos de resposta diferentes ao tradicional modelo de justiça, traduzindo-se num processo não coercivo, coerente com a vontade dos envolvidos, e que culmina numa solução não ditada de forma heterónoma. Assim, parece fazer todo o sentido a consideração de que " a admissão de margens de autonomia na procura de soluções para determinados conflitos (...) parece coerente com a atenuação das exigências decorrentes do princípio da reserva de juiz, o qual, sublinhe-se ganha especial sentido enquanto garante dos direitos fundamentais em sistemas que admitam uma sua limitação coactiva"[64].

Sendo a mediação penal uma forma de dirimir conflitos que radica numa solução obtida através da vontade do arguido e do ofendido (principais intervenientes e interessados no processo) parece-nos, de certa forma, aceitável a atribuição de funções de relevo a pessoas distintas do juiz, sem que haja com isso, dado o contexto, uma insuportável limitação daquele princípio. Assim, somos também da opinião que "se a reserva do juiz se deve manter intocada quando o sistema punitivo estadual se apropria do conflito, "roubando-o" para o resolver de forma coativa; a mesma exigên-

---

o da mediação menos sentido (ou nenhum) fará qualificar os deveres resultantes do acordo como sanções penais.

[63] CLÁUDIA CRUZ SANTOS, *A Justiça Restaurativa...*, pág. 484.
[64] CLÁUDIA CRUZ SANTOS, *A Justiça Restaurativa...*, pág. 473.

cia não fará idêntico sentido (ou não se porá nos mesmos moldes) quando a solução do conflito for, por vontade daqueles que nele são intervenientes, "arredada" das instâncias formais de controlo"[65].

Bibliografia

ANDRADE, Manuel da Costa, "Consenso e Oportunidade (reflexões a propósito da suspensão provisória do processo e do processo sumaríssimo), *Jornadas de Direito Processual Penal, O Novo Código de Processo Penal*, Coimbra: Almedina, 1992.

ALMEIDA, Carlota Pizarro de, "A mediação perante os objetivos do Direito Penal", *A introdução da mediação vitima-agressor no ordenamento jurídico português*, Almedina, 2006.

— "A propósito da Decisão-Quadro do Conselho de 15 de Março de 2001", in *Revista Portuguesa de Ciência Criminal*, ano 15, nº3, 2005.

ASCENSÃO, José de Oliveira, "Reserva Constitucional de Jurisdição", in *O Direito*, 1991.

CANOTILHO, Gomes / MOREIRA, Vital, *Constituição da República Portuguesa anotada*, vol. II, 2ª edição

CORREIA, Eduardo, "As grandes linhas da reforma penal", in *Jornadas de direito criminal. O novo Código Penal português e legislação complementar*, Lisboa, CEJ, 1983.

CORREIA, João Conde "O papel do Ministério Público no Regime legal da Mediação Penal", in *Revista do Ministério Público*, 112, Outubro-Dezembro 2007.

COSTA, José de Faria, "Diversão (desjudiciarização) e Mediação: que rumos?", in *Boletim da Faculdade de Direito de Coimbra*, vol. LXI.

DIAS, Jorge de Figueiredo, *Direito processual penal. Clássico Jurídicos*, Coimbra Editora, 2004;

— "O processo penal português", Que futuro para o Direito processual penal? *Simpósio em homenagem a Jorge de Figueiredo Dias, por ocasião dos 20 anos do código de processo penal português*, Coimbra Editora, 2009;

— "Sobre os sujeitos processuais no novo Código de Processo Penal, in *Jornadas de direito processual penal*, Almedina, 1992

LEITE, André Lamas, *A mediação penal de adultos: um novo paradigma de justiça?*, Coimbra Editora, 2008

MONTE, Mário Ferreira, "Um balanço provisório sobre a lei de mediação penal de adultos, in *Jornadas de Ciência Criminal em homenagem de Viseu a Jorge de Figueiredo Dias*, Coimbra Editora, 2011

PALERMO, Pablo Galain, "Mediação penal como forma alternativa de resolução de conflitos: a construção de um sistema penal sem juízes, in *Estudos em homenagem ao Prof. Doutor Jorge de Figueiredo Dias*, vol.III, Coimbra Editora, 2010

PINTO, João Ferreira, "O papel da Ministério Público na ligação entre o sistema tradicional de justiça e a mediação vítima-agressor", in *Revista Portuguesa de Ciência Criminal*, ano 15, nº1, Janeiro-Março, 2005.

RANGEL, Paulo, *Reserva de jurisdição: Sentido dogmático e sentido jurisdicional*, Porto, 1997.

---

[65] CLÁUDIA CRUZ SANTOS, *A Justiça Restaurativa...*, pág. 483.

OS NOVOS ATORES DA JUSTIÇA PENAL

RODRIGUES, Anabela Miranda, "A jurisprudência constitucional portuguesa e a reserva de juiz nas fases anteriores ao julgamento ou a matriz basicamente acusatória do processo penal", in Colóquio comemorativo do XXV aniversário do Tribunal Constitucional, Lisboa, 2008.

— "As relações entre o Ministério Público e o Juiz de Instrução Criminal ou a matriz de um processo criminal Europeu", *Simpósio em homenagem a Jorge de Figueiredo Dias, por ocasião dos 20 anos do código de processo penal português*, Coimbra Editora, 2009.

— "Globalização, Democracia e Crime", Direito Penal especial, Processo Penal e Direitos Fundamentais- Visão Luso Brasileira, São Paulo, 2006.

SANTOS, Cláudia Cruz, *A Justiça Restaurativa. Um modelo de reação ao crime diferente da Justiça Penal: porquê, para quê e como?*, Coimbra Editora, 2014;

— "A mediação penal, a justiça restaurativa e o sistema criminal", in *Revista Portuguesa de Ciência Criminal*, Ano 16, nº1 (2006);

— "A Mediação Penal: uma solução divertida?", *Justiça penal portuguesa e brasileira: tendências de reforma*, São Paulo : IBCCRIM, 2008.

TORRES, Mário, "O princípio da oportunidade no exercício da ação penal", in *Revista do Ministério Público. Jornadas de processo Penal*, nº44, Lisboa.

A Mediação Penal no Brasil e o Princípio da Reserva de Jurisdição

Hélio Pinheiro Pinto

Mestre em Ciências Jurídico-Políticas pela Faculdade de Direito da Universidade de Coimbra
Juiz de Direito do Tribunal de Justiça do Estado de Alagoas

INTRODUÇÃO. I. O PRINCÍPIO DA RESERVA DE JURISDIÇÃO. 1. Enquadramento do problema. 2. O sentido das reservas constitucionais de competências. 2.1. Do Estado Absoluto ao Estado de Direito: a contribuição da desconfiança e do medo para o surgimento das reservas constitucionais. 2.2. A reserva de constituição e a substancialização da reserva de jurisdição: o juiz como garante dos direitos fundamentais. 3. A reserva de jurisdição como mecanismo de tutela da separação dos poderes e dos direitos fundamentais: as teorias do núcleo essencial e da justeza funcional. 4. Critérios para identificação de um ato materialmente jurisdicional e a reserva (quase) total de jurisdição. 4.1. O critério teleológico de Afonso Queiró. 4.2. O critério que leva em conta a natureza dos direitos conflitantes: os direitos fundamentais. 5. Níveis ou graus da reserva de jurisdição: reserva absoluta e reserva relativa – o *critério das duas palavras*. 6. A reserva de jurisdição na jurisprudência do Supremo Tribunal Federal do Brasil. II. RESERVA DE JURISDIÇÃO E MEDIAÇÃO PENAL NO BRASIL. 1. Considerações preliminares. 2. A mediação penal como forma de acesso à justiça e de remodelação da cidadania: sua compatibilidade com a ordem constitucional e com o princípio da reserva de jurisdição. 3. A autolimitação dos direitos fundamentais por meio do acordo de mediação penal: o *princípio geral de liberdade individual e* os "limites dos (auto) limites" aos direitos fundamentais. 4. O nível da reserva de jurisdição no processo de mediação penal e os "limites dos limites" aos direitos fundamentais – entre o exame de mérito e de legalidade do acordo restaurativo: a reserva relativa *semi-integral*. III. "PORTAS" DE ENTRADA NO ORDENAMENTO JURÍDICO BRASILEIRO PARA A JUSTIÇA RESTAURATIVA: ANTECEDENTES E AFLORAMENTOS DA

JUSTIÇA RESTAURATIVA NO BRASIL. 1. O Programa Nacional de Direitos Humanos (Decreto nº 7.037, de 21/12/2009). 2. Resolução nº 125 do Conselho Nacional de Justiça (CNJ). 3. Lei dos Juizados Especiais Criminais (Lei nº 9.099/95). 4. Estatuto da Criança e do Adolescente – ECA (Lei nº 8.069/90) e Sistema Nacional de Atendimento Socioeducativo – SINASE (Lei 12.594/12). 5. Suspensão condicional do processo (art. 89 da Lei nº 9.099/95). 6. Perdão judicial. 7. Crimes de ação penal privada ou de ação penal pública condicionada à representação da vítima. 8. Crimes de ação penal pública incondicionada e a dosimetria da pena (art. 59 do CP). CONCLUSÃO. REFERÊNCIAS BIBLIOGRÁFICAS.

INTRODUÇÃO

O princípio do acesso à justiça impõe a inafastabilidade do controle jurisdicional, de modo que nenhuma lesão ou ameaça a direito poderá ser excluída da apreciação do Poder Judiciário (art. 5º, XXXV, da Constituição da República Federativa do Brasil – CF e art. 20 da Constituição da República Portuguesa – CRP).

Modernamente, contudo, o conceito do postulado do acesso à justiça reclama uma atualização que lhe empreste uma *dimensão axiológica*, no sentido de se assegurar a todos o direito à solução dos conflitos pelos *meios mais adequados à natureza e peculiaridade* deles. Essa dimensão axiológica, portanto, não se satisfaz apenas com o direito formal de ação e de defesa. Enquanto direito fundamental do ser humano, o acesso à justiça implica muito mais do que ser ouvido por um juiz independente e imparcial, exigindo, antes, o acesso a uma *ordem jurídica justa*, na medida em que esse direito, para além de sua tradicional associação com a legislação processual, deve viabilizar o exercício da cidadania plena, que, por sua vez, confere concretude aos princípios democrático e republicano.

No âmbito do processo penal, a Justiça Restaurativa pode ser uma nova "porta" para o acesso a essa *ordem jurídica justa*, tendo em vista que suas práticas envolvem um processo democraticamente participativo, comunicacional e não-adversarial, através do qual se outorga às pessoas afetadas pelo crime o poder para encontrarem, elas próprias, a solução para a relação conflitual, nos termos da tendência contemporânea de *desjudiciarização* e *autorregulação* dos litígios. Essas peculiaridades distanciam a Justiça Restaurativa da tradicional solução *adjudicada* dos conflitos criminais, típica do sistema clássico de justiça penal que, de forma autoritária, simplesmente impõe uma sanção ao transgressor da lei penal sem levar na devida conta os interesses e necessidades do réu e da vítima e a importância, para ambos, da (auto) pacificação do conflito (inter) pessoal subjacente a qualquer crime.

Portanto, já é tempo de o Brasil adotar, efetivamente, essa nova forma (restauradora) de lidar com os conflitos criminais. Surge, porém, um problema ligado à constatação de que, no nosso país – embora notabilizado por uma galopante inflação legislativa –, ainda não existe uma lei que discipline e autorize, uniforme e genericamente, a mediação penal, não obstante se encontre uma ou outra norma encorajadora de sua realização. Para além desse obstáculo de natureza legal, ainda se opõem outros que colocam em causa a concretização dessa forma alternativa de lidar com as infrações penais, a exemplo do princípio da reserva de jurisdição – uma espécie de *cláusula de barreira* impeditiva do exercício, por órgãos estranhos ao Poder Judiciário, de atividades inseridas no núcleo essencial da função materialmente jurisdicional.

Diante desse contexto, o problema central da pesquisa gira em torno da análise, em face do princípio da reserva de jurisdição, da possibilidade (ou não) da utilização da mediação penal no Brasil.

Para tentar encontrar respostas para esse cenário problemático, o estudo dividir-se-á em três partes. A primeira será centrada no princípio da reserva de jurisdição, em torno do qual o aparato teórico-doutrinário ainda é muito incipiente. Nessa fase, procurar-se-á identificar o conteúdo da reserva de jurisdição e estabelecer os níveis ou graus dessa reserva. Para além disso, pretender-se-á estabelecer um critério para definir em quais situações a resolução de um conflito de interesses, mesmo nos casos não expressamente especificados no ordenamento jurídico, é confiada aos juízes e tribunais. Para isso, afigura-se necessário isolar o conteúdo da função *materialmente* jurisdicional – aquela que só pode ser legitimamente exercida por um membro do Poder Judiciário.

Após delimitado o sentido, alcance e graduação do princípio da reserva de jurisdição, bem como a dimensão material da função jurisdicional, inaugura-se a segunda etapa do estudo. Aqui buscar-se-á saber, especificamente, se a mediação penal é compatível com ao princípio da reserva de jurisdição ou se, ao invés, esses institutos se excluem mutuamente. Isso implica perquirir se a deflagração de um processo restaurativo, bem como a modelação do acordo que dele possa emergir, inserem-se dentro de uma área na qual o juiz precisa intervir ou se, ao contrário disso, tal intervenção se revela total ou parcialmente prescindível.

Nessa segunda fase do estudo, caso se conclua que a relação entre a reserva de jurisdição e a mediação penal seja de compatibilidade e coexistência, deve-se investigar ainda qual a extensão ou profundidade da intervenção judicial no processo restaurativo, averiguando se ao juiz incumbe, desde logo, dizer a primeira palavra sobre o conflito criminal ou se apenas lhe cabe dizer a última, admitindo-se, portanto, uma prévia intervenção decisória de um órgão não jurisdicional em relação às práticas restaurativas. Havendo reserva de jurisdição no âmbito das práticas restaurativas, passará a se discutir sobre o sentido da intervenção judicial, com a finalidade de elucidar se o órgão judicante faz um simples controle externo da legalidade da prática restaurativa (de natureza meramente formal) ou se está autorizado a imiscuir-se no conteúdo do acordo das partes, impondo, se for o caso, o seu refazimento ou determinando a sua desconstituição.

Em síntese, essa segunda parte do estudo se guiará pelas seguintes questões norteadoras: a mediação penal, em razão de sua natureza extrajudicial e autocompositiva do conflito criminal, viola o princípio da reserva de jurisdição? A assunção, pelo agente do suposto crime, de deveres limitadores de seus direitos fundamentais, sem o controle judicial, fere tal princípio? Em fim, é possível, no Brasil, a *desjudiciarização* de determinados conflitos criminais?

Caso se assente que o princípio da reserva de jurisdição não obstaculiza a consagração fática da Justiça Restaurativa – seja porque não incide sobre essa forma de resolução de conflitos criminais, seja porque, embora incida em algum grau, pode conviver harmoniosamente com ela –, o terceiro e último passo será averiguar a adaptabilidade da mediação penal ao contexto normativo brasileiro. Nessa oportunidade, investigaremos se é ou não permitida, sem alteração legislativa, a realização da mediação penal no Brasil, com o que intencionaremos descobrir se há, no ordenamento jurídico brasileiro, "janelas" abertas para a entrada desse instrumento da Justiça Restaurativa.

Em resumo, o objetivo do estudo é investigar se a mediação penal é ou não compatível com o princípio da reserva de jurisdição, com a Constituição Federal brasileira e com as demais normas do sistema jurídico do Brasil.

I. O PRINCÍPIO DA RESERVA DE JURISDIÇÃO

1. Enquadramento do problema

Esta primeira parte do trabalho será centrada no princípio da reserva de jurisdição[1], compreendido como a atribuição, pelo ordenamento jurídico, de competência para o exercício da função materialmente jurisdicional aos juízes e tribunais, vedando-se a prática, por terceiros estranhos ao Poder Judiciário, de atos pertencentes ao núcleo essencial daquela função, que é confiada, com exclusividade, aos órgãos judiciais, conforme se denota, por exemplo, do art. 202 da CRP e do art. 5º, XXXV, da CF.

Jurisdição (*jurisdictio, jus dicere* – dizer o direito) é a função do Estado moderno que persegue o interesse público de realização do direito e da justiça. Consiste, pois, em uma atividade destinada à revelação do direito aplicável a um caso concreto[2]. Em outros termos, a função jurisdicional tem por finalidade específica a resolução de *questões de direito* ou de *questões jurídicas*, entendidas como sendo "conflitos de pretensões entre duas ou mais pessoas, ou controvérsias sobre a verificação ou não verificação em concreto de uma ofensa ou violação da ordem jurídica"[3/4].

Como se nota, a função jurisdicional visa especificamente *dirimir conflitos jurídicos de interesses* (ou resolver *questões de direito*), de acordo com a ordem jurídica estabelecida. Contudo, nem sempre cabe aos órgãos judiciais a *primeira palavra* sobre uma questão de direito, não havendo uma exigência cons-

---

[1] No presente trabalho, utilizaremos a expressão "reserva de jurisdição" como sinônimo das outras que lhes são aparentadas, como "reserva de juiz", "reserva de tribunal", "reserva de função jurisdicional" e "reserva de poder judiciário".

[2] ASCENSÃO, José de Oliveira. A reserva constitucional de jurisdição. *Revista "O Direito"*, Lisboa, v. 2-3, n. 123, II-III, p. 465-468, 1991; CANOTILHO, José Joaquim Gomes. *Direito Constitucional e Teoria da Constituição*. 7. ed., Coimbra: Almedina, 2003, p. 661.

[3] QUEIRÓ, Afonso Rodrigues. A função administrativa. *Revista de Direito e de Estudos Sociais*, v. 24, nºs 1-2-3, Janeiro-Setembro, 1977, p. 26.

[4] Há uma relação entre a cognição judicial com a expressão "questão de direito", que é um dos objetos daquela cognição. Como se sabe, a cognição é um ato de inteligência do juiz que consiste em examinar as alegações e provas produzidas pelas partes, visando emitir um juízo de valor sobre *questões* deduzidas no processo, decidindo-as. No âmbito da teoria geral do processo, um *ponto* é uma afirmação ou alegação deduzida em juízo. Se a respeito do *ponto* de uma parte, a outra discordar, nasce uma *questão*, sobre a qual deverá decidir o juiz. Portanto, *questão* é um *ponto controvertido*. Assim, *questão de direito*, no cenário da função jurisdicional, é qualquer conflito *jurídico* de interesses qualificado por uma pretensão resistida. Sobre a cognição judicial e suas modalidades, confira-se: WATANABE, Kazuo. *Cognição no processo civil*. 4 ed. São Paulo: Saraiva, 2012.

OS NOVOS ATORES DA JUSTIÇA PENAL

titucional de que todo e qualquer conflito jurídico seja dirimido, de forma inaugural, pelo Judiciário, que poderá ser chamado a intervir apenas após a edição de uma primeira decisão emanada de uma entidade não jurisdicional.

Diante disso, percebe-se que a reserva de jurisdição não tem natureza monolítica, já se podendo antecipar que, de acordo com o *critério das duas palavras*, há dois níveis básicos de reserva da função jurisdicional, dependendo do momento em que restar configurada a existência de um *ato substancialmente jurisdicional*. O primeiro se satisfaz com a atuação judicial posterior a uma primeira definição jurídica do conflito por uma autoridade não jurisdicional, bastando que se mantenham abertas as portas do Judiciário para que a controvérsia seja resolvida, em última instância e de forma definitiva, pelos órgãos judiciais, os quais, nesse nível de reserva, têm apenas o *monopólio da última palavra* – que, aliás, é sempre inexcluível, por força do princípio do acesso à justiça, que postula a inafastabilidade do controle judicial sucessivo (art. 5º, XXXV, da CF e art. 20 da CRP). Esse nível é qualificado como uma *reserva relativa de jurisdição*, que pode se verificar, por exemplo, nos casos de irresignação contra punições disciplinares, impostas por órgãos administrativos.

Pelo segundo nível de reserva, mais exigente, a garantia constitucional de jurisdição não fica reduzida à possibilidade de reexame final do Judiciário. Ao contrário, afasta-se qualquer possibilidade de haver uma prévia intervenção decisória não-jurisdicional sobre o conflito, que só deve ser solucionado, desde o início, pelos juízes, os quais têm, assim, um verdadeiro *monopólio da primeira palavra* – ou de *todas as palavras*, porque sempre terão, em qualquer hipótese, o da última. É o princípio da *reserva absoluta de jurisdição*, que se manifesta, por exemplo, na decisão de interceptação de comunicação telefônica para fins de investigação criminal ou instrução processual penal.

Conforme se desenvolverá oportunamente, a reserva absoluta de jurisdição pode ser fracionada em dois níveis: *a)* a reserva absoluta especificada (prevista expressamente no ordenamento jurídico); e, *b)* a reserva absoluta não especificada (implícita). Por outro lado, a reserva relativa de jurisdição também se subdivide em duas áreas: *a)* a reserva relativa integral (ou de plena jurisdição); e, *b)* a reserva relativa parcial (ou de mera anulação, de mera legalidade) [5]. Voltaremos a essas classificações mais tarde.

---

[5] Essa classificação dos níveis de reserva de jurisdição, conforme veremos mais adiante, foi proposta por Paulo Rangel (Cf. RANGEL, Paulo Castro. *Reserva de Jurisdição*: sentido dogmático

A graduação da reserva de jurisdição em níveis não chega a ser propriamente um problema digno de uma atenção mais dedicada. A questão que merece relevo é outra e consiste em estabelecer um critério para definir em quais situações a resolução de um conflito de interesses está sujeita a um ou outro nível.

Assim, nessa fase inicial do estudo, busca-se identificar o conteúdo do princípio da reserva da função jurisdicional aos juízes e tribunais, bem como desenvolver os níveis dessa reserva, já superficialmente apresentados. Isso se afigura particularmente importante para a segunda parte do trabalho, na qual se pretende investigar se a instauração e gestão de um processo restaurativo, bem como a modelação do acordo que dele possa emergir, incluem-se ou não no núcleo das competências judiciais. Além disso, em caso de necessidade da interferência judicial, buscar-se-á saber qual a extensão e profundidade dela, visando, com isso, elucidar se ao juiz incumbe dizer apenas a *última palavra* sobre as práticas restaurativas ou se, desde logo, precisa ele dizer também a *primeira*.

Para tanto, convém começar por apontar a força matriz das reservas constitucionais de competências.

2. O sentido das *reservas* constitucionais de competências
2.1. Do Estado Absoluto ao Estado de Direito: a contribuição da desconfiança e do medo para o surgimento das *reservas* constitucionais

A palavra *reserva*, numa acepção jurídico-constitucional, está ligada à atribuição de funções públicas aos órgãos estaduais e tem uma natureza instrumental, pois objetiva viabilizar a prossecução dos interesses públicos para os quais aqueles órgãos foram instituídos. Equivale, nesse aspecto, à delimitação das *competências* constitucionais dos poderes constituídos e, nessa medida, podemos falar em *reserva de lei, reserva de administração e reserva de jurisdição*[6].

---

e sentido jurisprudencial. Porto: Universidade Católica Portuguesa, 1997, p. 62 e seguintes; RANGEL, Paulo Castro. *Repensar o poder judicial*: fundamentos e fragmentos. Porto: Universidade Católica Portuguesa, 2001, p. 305 e seguintes).

[6] Analisando as atuais Constituições portuguesa e brasileira, verifica-se que o legislador constituinte não se utilizou da expressão "reserva de jurisdição" ou de outra que lhe seja equivalente ("reserva de juiz", "reserva de tribunal", "reserva de função jurisdicional", "reserva de poder judiciário"). Porém, não se pode dizer que a palavra "reserva" lhes seja estranha, na medida em que a utilizaram para isolar ou conceituar os atos legislativos, como é o caso dos

Como se percebe, *as reservas constitucionais* são, no fundo, uma maneira de materializar o princípio da separação dos poderes e, dessa conexão, já se extrai que elas são frutos de um *processo de desconfiança e medo*, o qual, como se verá a seguir, inicialmente impulsionou a passagem do Estado Absoluto para o Estado de Direito; depois gerou uma poderosa reserva de lei ao lado de uma reserva de jurisdição raquítica; e, finalmente, fez desabrochar uma reserva de função jurisdicional substancialmente agigantada.

Realmente, o Estado de Direito surge em contraposição ao Estado Absolutista e, por isso, compreende-se porque a sua eclosão está associada à subordinação do poder estatal às normas jurídicas, subordinação essa que é o embrião da *reserva de lei*. Com efeito, o Estado de Direito emergiu no momento em que se verifica que o Estado, autonomizado da sociedade que o criou, torna-se, ele mesmo, perigoso para a vida e a liberdade dos cidadãos, afigurando-se imprescindível controlá-lo e domesticá-lo por meio de leis, como forma de prevenir a arbitrariedade e o despotismo[7]. Nesse sentido, o direito nasce como instrumento de emancipação social, ou seja, com a finalidade de libertar as pessoas da opressão do Estado totalitário.

Na França pós revolucionária, por exemplo, superado o Estado Absoluto e estabelecida a separação dos poderes, temia-se que o império da lei pudesse ser menosprezado pelo administrador/governante ainda saudoso do *Antigo Regime*. Esse receio reclamou uma solução óbvia: retirar da administração a possibilidade de intervir em certos domínios, mormente quando sua atuação pudesse contender com os direitos fundamentais, especialmente com o direito à liberdade. Surge, assim, a ideia de *reserva de lei* associada ao medo de retorno ao totalitarismo e como expressão do princípio da separação dos poderes, no sentido, principalmente, de "pro-

---

arts. 164 e 165 da Constituição da República Portuguesa, os quais distinguem claramente dois níveis de *reserva* de lei parlamentar – a reserva absoluta e a reserva relativa. A Constituição Federal brasileira também utiliza a palavra reserva em associação aos atos legislativos. No art. 32, § 1º, preceitua que, ao Distrito Federal, são atribuídas as competências *legislativas reservadas* aos Estados e Municípios. No art. 62. § 1º, veta a edição de medidas provisórias sobre matéria *reservada a lei* complementar e o art. 68 proíbe a elaboração de leis delegadas sobre matéria *reservada à lei* complementar.

[7] Coelho, Inocêncio Mártires. O perfil constitucional do Estado contemporâneo: o estado democrático de direito. *Revista de informação legislativa*, v. 30, n. 118, abr./jun. 1993, p. 6. Disponível em: <http://www2.senado.leg.br/bdsf/bitstream/handle/id/176121/000476716.pdf?sequence=3>. Acesso em 11 de setembro de 2014.

teger o domínio do legislativo no confronto com as pretensões regulatórias do poder executivo"[8].

Com a instituição da reserva de lei, nasce a primeira expressão (raquítica) de *reserva de jurisdição*, que, no contexto europeu, não visava propriamente autonomizar o Poder Judiciário, mas apenas resguardar a competência legislativa do Parlamento contra o risco de invasão por parte do poder executivo e também se embasava na desconfiança do legislador em relação aos juízes, que eram vistos pelos franceses como fiéis ao anterior regime monárquico-absolutista. Em razão dessa crise de confiança, o juiz deveria ser apenas a *viva vox legis*, a *boca da lei*. Sua função era meramente executiva, limitando-se a conservar e tutelar o ordenamento jurídico estabelecido pelo legislador, aplicando a norma ao fato, de forma mecânica e acrítica. Essa visão reducionista da separação dos poderes limitava a função jurisdicional a um mero esquema dedutivo lógico-subsuntivo, onde a atividade mental do juiz carecia de qualquer elemento volitivo. Por esse motivo, podemos dizer que o estabelecimento de uma *reserva de jurisdição* esteve, inicialmente, a *serviço da reserva de lei*[9/10].

---

[8] RANGEL, *op. cit.*, 2001, p. 232.

[9] Em sentido próximo, confira-se a doutrina de Paulo Rangel, o qual ainda lembra que essa relação de instrumentalidade histórica talvez tenha consagrado, nos ordenamentos jurídicos modernos, a fórmula tradicional segundo a qual o Poder Judiciário e seus membros são independentes e *"apenas estão sujeitos à lei"* (art. 203 da CRP), embora não se ignorando, contudo, que, atualmente, o sentido dessa fórmula ganhou novas cores, querendo indicar que, na função de jugar, está o juiz livre de qualquer interferência extrajurídica, estando sujeito apenas ao *direito*, o qual comporta outros modos de produção, dentre eles a Constituição, a evidenciar que o direito não se comprime mais no espaço da lei. (RANGEL, *op. cit.*, 1997, p. 14-21; RANGEL, *op. cit.*, 2001, p. 232-237).

[10] A natureza meramente executiva da função judicial, no âmbito da França pós-revolucionária, era consequência da concepção legalista (hegemonia da lei) e legiscentrista (hegemonia do legislativo), que pode bem ser exemplificado com a aprovação em agosto de 1790, na França, da lei que impedia os juízes de interpretar a lei, instaurando-se o *référée lègislatif*. Assim, em caso de dúvida sobre a lei, o juiz deveria pedir ao legislador que traduzisse o sentido e o alcance dela. Além disso, na hipótese de o juiz, em um caso concreto, não encontrasse uma nítida resposta legal, tinha a obrigação de pronunciar o *non liquet,* ou seja, deixava de julgar e recorria ao parlamento para que regulasse a situação com a edição de um ato legislativo (Nesse sentido, confira-se ANJOS, Leonardo Fernandes. Expansão dos instrumentos de jurisdição constitucional no Supremo Tribunal Federal e o ativismo judicial processual. *In*: OLIVEIRA, Umberto Machado de; ANJOS, Leonardo Fernandes dos (Coord.). *Ativismo judicial.* Curitiba: Juruá editora, 2010, p. 139-140). Na mesma direção, RANGEL, ao tratar do princípio da separação dos poderes segundo Montesquieu, assevera que "a atividade dos tribunais populares

OS NOVOS ATORES DA JUSTIÇA PENAL

A reserva de jurisdição, contudo, viria a ser, posteriormente, *substancializada* através da consagração da supremacia da Constituição, da constitucionalização dos direitos fundamentais e das consequentes instituições de uma *reserva de constituição* e da fiscalização judicial da constitucionalidade dos atos normativos do poder público. É o que se pretende mostrar na sequência.

2.2. A reserva de constituição e a substancialização da reserva de jurisdição: o juiz como *garante* dos direitos fundamentais

A visão instrumentalizada da reserva de jurisdição era fruto da fé quase absoluta que os franceses depositavam no Poder Legislativo. Esse *legiscentrismo* implicava na aceitação da *identificação do direito com a lei*, relegando-se à quase insignificância as normas constitucionais enquanto fonte do direito. O dogma rousseauniano da infalibilidade da lei, enquanto expressão da vontade geral, dificultava a compreensão da constituição como lei suprema. Por isso, na Europa continental e na França, em especial, houve uma lenta consagração da ideia de supremacia da Constituição e, consequentemente, de justiça constitucional e de controle de constitucionalidade, o que comprimia a atuação dos juízes. Era a lei ordinária que, ao fim e ao cabo, definia o sentido e o alcance dos direitos, os quais só eram garantidos *através dela*, mas *não contra ela*[11].

consiste numa actividade rasteiramente executiva, distingue-se justamente por uma vinculação estrita à lei. É por demais conhecida a passagem [de Montesquieu]: 'os juízes da nação são, como dissemos, senão a boca que pronuncia as palavras da lei, seres inanimados que não podem moderar-lhe a força nem o rigor'. Passagem esta que deve inspirar-se directamente num passo do Livro III do *De Legibus* de Cícero: 'e pode dizer-se, com verdade, que o magistrado é a lei que fala e a lei é o magistrado mudo". (RANGEL, Paulo Castro. *Repensar o poder judicial*: fundamentos e fragmentos. Porto: Universidade Católica, 2001, p. 120). Esta passagem de Montesquieu, citada por Rangel pode ser consultada em: MONTESQUIEU, Charles-Louis de Secondat, barão de La Brède e de. *Do espírito das leis*. Introdução, tradução e notas de Miguel Morgado. Lisboa: Edições 70, 2011, p. 313, com esta pequena variação de tradução: "os juízes da nação são, como dissemos, senão a boca que pronuncia as palavras da lei; são seres inanimados que não podem moderar nem a sua força, nem o seu rigor."

[11] QUEIROZ, Cristina. *Direito Fundamentais*: teoria geral. 2. ed. Coimbra: Coimbra Editora, 2010, p. 25. É verdade que era amplamente aceito que, no conceito de Constituição, impunha-se a existência de uma declaração de direitos como conteúdo necessário, nos termos do art. 16 da Declaração dos Direitos do Homem e do Cidadão de 1789, segundo o qual "Qualquer sociedade em que não esteja assegurada a garantia dos direitos, nem estabelecida a separação dos poderes não tem Constituição". Porém, isso se materializou apenas como uma *proclamação*

Ao contrário do que se passou nos Estados Unidos – onde desde muito cedo foi reconhecida a supremacia da Constituição –, na Europa só a partir de meados do século XX houve o reconhecimento do pleno *valor jurídico* das constituições e de sua superioridade frente as demais normas do ordenamento jurídico[12]. Dentre outros fatores que contribuíram para esse novo paradigma, pode-se citar a queda do mito da infalibilidade do legislador, ocorrida na sequência das experiências terríveis do fascismo e do nazismo, quando foi possível perceber que grandes atrocidades poderiam ser praticadas com base na lei[13]. Ou seja, ficou claro que o legislador, mesmo formalmente legitimado pela maioria que o elegeu, poderia criar normas jurídicas tirânicas e estabelecer uma espécie de *legalização do mal*[14]. Com os julgamentos em Nuremberg de alguns criminosos de guerra da Segunda

---

político-sociológico-filosófica de direitos naturais nas constituições, sem efetiva força jurídico-normativa. Não havia supremacia constitucional que pudesse confrontar a primazia da lei.

[12] É curioso que, ao contrário da Europa, a ideia de supremacia constitucional para os norte-americanos floresceu muito cedo. Isso decorreu do fato de a crise de confiança dos americanos ter tido o sentido inverso da dos franceses. Com efeito, os americanos, independentizados da Inglaterra (1776), nutriam uma larga desconfiança em relação ao Parlamento e depositavam grande fé nos juízes e tribunais, isso em decorrência do resquício do passado colonial, que os fizeram herdar um certo temor pelo poder legislativo, na medida em que tinham a consciência dos abusos e excessos cometidos pelo Parlamento inglês. Em razão desse contexto, eles, como forma de submeter o poder legislativo a limites rígidos, muito precocemente simpatizaram com a ideia de supremacia da Constituição e de seu caráter jurídico-normativo, estabelecendo, já na Constituição Federal de 1787, uma certa ideia de controle judicial de constitucionalidade dos atos do poder público através da consagração de uma espécie de *supremacy clause*, consignada no artigo VI, seção 2, colocando o poder judiciário em uma posição de evidente destaque. (Cf. MORAIS, Carlos Blanco de. *Justiça Constitucional*: garantia da Constituição e controlo da constitucionalidade. 2. ed. Coimbra: Coimbra Editora, 2006, v. l, p. 277; URBANO, Maria Benedita. *Curso de Justiça Constitucional*: evolução histórica e modelos do controlo da constitucionalidade. Coimbra: Almedina, 2013, p. 27-28). Embora o controle difuso da constitucionalidade dos atos normativos do poder público não esteja expressamente previsto na Constituição dos EUA (Cf. ZAGREBELSKY, Gustavo. *La ley y su justicia*: tres capítulos de justicia constitucional. Tradução espanhola de Adela Mora Cañada e Manuel Martínez Neira. Madrid: Trotta, 2014, p. 279), ele veio a ser consolidado no início do século XIX com o famoso caso *Marbury v. Madison*, de 1803, no qual o *chief Justice* John Marshall estabeleceu os pressupostos da *judicial review of legislation*. Sobre o contexto histórico e político que culminou com a decisão do caso *Marbury v. Madison*, cf. URBANO, *op. cit.*, p. 31-36.

[13] URBANO, *op. cit.*, p. 38.

[14] MARMELSTEIN, George. O ativismo dos juízes na perspectiva da filosofia moral. *In*: OLIVEIRA, Umberto Machado de; ANJOS, Leonardo Fernandes dos (Coords.). *Ativismo judicial*. Curitiba: Juruá editora, 2010, p. 14.

OS NOVOS ATORES DA JUSTIÇA PENAL

Guerra Mundial, por exemplo, ficaram patentes a decadência do *Estado* (mera e estritamente) *legal* e a necessidade de uma nova concepção de Estado de Direito: o *Estado Constitucional de Direito*.

Em virtude disso, passou a aceitar-se a ideia de que era preciso proteger os cidadãos não apenas contra o administrador, mas também contra o próprio parlamentar. Isso foi feito principalmente com a atribuição de força normativa à Constituição e com a consagração dos direitos fundamentais dentro de um espaço reservado a essa Lei Maior. Assim, diante da necessidade de proteger as pessoas contra o legislador, surge a ideia de *reserva de constituição* como mecanismo de limitação do campo de incidência da lei, a qual "tem nos *direitos constitucionais* uma dimensão material que lhe é subtraída"[15], nomeadamente no que se refere à disciplina dos direitos, liberdade e garantias fundamentais. Com isso, supera-se aquela concepção de mera proclamação político-filosófica de direitos naturais e empresta-se *valor jurídico pleno* à declaração de direitos da Constituição[16], de modo que, na célebre formulação de Herbert Krüger, *se antigamente os direitos fundamentais só valiam no âmbito da lei, hoje as leis só valem no âmbito dos direitos fundamentais*[17].

Essa nova realidade repercute no papel do juiz e, consequentemente, no conteúdo da reserva de jurisdição, que se substancializa. Com efeito, se a lei deixa de ser a fonte exclusiva do direito – o qual passa a comportar outros modos de produção, dentre eles a Constituição –, é óbvio que esse direito não se comprime mais na lei, com o que o juiz deixa de ser a mera *boca do legislador*, podendo mesmo ser provocado a apreciar a validade e compatibilidade da lei com a Constituição, mormente no que se refere aos direitos fundamentais nela consignados.

Em suma, diante das *múltiplas fontes do direito* e da possibilidade de *controle judicial da constitucionalidade* dos atos normativos, é fácil concluir que a reserva de jurisdição se agigantaria, não cabendo mais no apertado espaço da reserva de lei, o que acabaria por fulminar aquela relação de instrumentalidade original. Isso transforma o juiz em importante *garante dos direitos*

---

[15] Vaz, Manuel Afonso. *Lei e reserva da lei*: a causa da lei na Constituição Portuguesa de 1976. 2. ed. Coimbra: Coimbra Editora, 2013, p. 502.

[16] Veja-se, a propósito, o teor do art. 5º, § 1º, da Constituição da República Federativa do Brasil de 1988 e do art. 18, nº 1, da Constituição da República Portuguesa.

[17] Citado por Vaz, *op. cit.*, p. 292, nota 22.

fundamentais, podendo-se dizer que "já não é o juiz que está submetido à lei, mas é a lei que está submetida ao juiz"[18/19].

Portanto, a desconfiança em relação ao legislador fez *autonomizar* a reserva de jurisdição em face da reserva de lei, cessando aquela relação de instrumentalidade inicial que atrofiava a reserva de jurisdição, a qual deixa de ser vista apenas sob o ângulo da separação dos poderes e dos possíveis conflitos interorgânicos de competência (*eficácia interorgânica* da reserva de jurisdição), passando a ser utilizada como mecanismo de preservação e proteção dos direitos fundamentais (*eficácia extraorgância* ou *desorganicizada* da reserva de jurisdição).

Como se percebe, as reservas constitucionais, aí incluída a reserva de jurisdição, são criações do princípio de Estado de Direito e constituem um mecanismo de concretização do princípio da separação dos poderes e de proteção dos direitos fundamentais das pessoas.

3. A reserva de jurisdição como mecanismo de tutela da separação dos poderes e dos direitos fundamentais: as teorias do núcleo essencial e da justeza funcional

Do que foi exposto anteriormente, pode-se, a título de síntese parcial, dizer que a reserva de jurisdição está a serviço do princípio do *Estado de Direito*, o qual – para ser qualificado como tal e se manter fiel a seu ideal original de oposição à concentração de plenos poderes nas mãos do soberano absoluto –, tem, dentre seus pressupostos mínimos, a *divisão de poderes* e a

---

[18] RANGEL, *op. cit.*, 2001, p. 232-237 e 241; RANGEL, *op. cit.*, 1997, p. 14-16 e 19-21.

[19] A prova de que o juiz, principalmente no âmbito do processo penal, é o principal *garante* dos direitos fundamentais consta do art. 32, nº 4, da CRP, segundo o qual "toda a instrução é da competência de um juiz, o qual pode, nos termos da lei, delegar noutras entidades a prática dos actos instrutórios que se *não prendam directamente com os direitos fundamentais*". A propósito, ANABELA RODRIGUES, discorrendo sobre o princípio da reserva do juiz nas fases anteriores ao julgamento criminal, explica a razão desse papel fundamental do juiz: "O juiz, dotado de independência e imparcialidade que a Constituição e seu estatuto lhe conferem, é o único sujeito processual que pode, por isso, assumir plenamente o papel de garante dos direitos, liberdades e garantias dos cidadãos." (RODRIGUES, Anabela Miranda. *A jurisprudência constitucional portuguesa e a reserva do juiz nas fases anteriores ao julgamento ou a matriz basicamente acusatória do processo penal. In*: Colóquio comemorativo do XXV aniversário do Tribunal Constitucional, Lisboa, 2008. XXV anos de jurisprudência constitucional portuguesa. Coimbra: Coimbra Editora, 2009, p. 49).

OS NOVOS ATORES DA JUSTIÇA PENAL

garantia dos direitos fundamentais[20], como, aliás, dispõe o art. 16 da Declaração dos Direitos do Homem e do Cidadão de 1789[21].

A instituição de Poderes autônomos e independentes, essencial para um Estado de Direito que se funda na dignidade da pessoa humana, implica na repartição, entre eles, das funções estaduais. Essa divisão de tarefas tem dois objetivos principais: 1) especializar certos órgãos para que o desempenho das funções se dê de forma idealmente ótimo, ou seja, da maneira mais adequado e eficaz possível[22]; e, 2) manter o equilíbrio e a harmonia entre os poderes, evitando a concentração de funções em um único órgão, de modo a inibir o arbítrio.

Em razão do primeiro objetivo, busca-se uma prestação de serviço público eficiente e justa. Para tanto, cada função só pode ser realizada pelo órgão que possua melhor estrutura para desempenhá-la adequadamente. É a teoria da *justeza funcional*, como a qual se busca realizar o princípio da separação dos poderes através da associação da *dimensão orgânica* à *dimensão material* das funções estaduais, garantindo-se que o órgão constitucionalmente pensado para desempenhar uma certa função, o faça efetivamente[23]. Nas palavras de Canotilho, a separação e independência dos poderes exigem "uma estrutura orgânica funcionalmente adequada (...). A estrutura dos órgãos adequada à função e a função adequada às estruturas dos órgãos"[24].

---

[20] CANOTILHO, *op. cit.*, 2003, p. 243-252; COELHO, *op. cit.*, p. 7-8.

[21] O espírito universalizante da Declaração francesa de 1789 é bem caracterizado por Comparato, para quem os revolucionários de 1789 "julgavam-se apóstolos de um mundo novo, a ser anunciado a todos os povos e em todos os tempos vindouros". Assim, embora a Declaração represente um específico "atestado de óbito do *Ancien Régime*", e, neste sentido, "volta-se claramente para o passado", o fato é que o caráter geral e abstrato das fórmulas empregadas a tornou, daquele ano em diante, "uma espécie de carta geográfica fundamental para a navegação política nos mares do futuro, uma referência indispensável a todo projeto de constitucionalização dos povos". (COMPARATO, Fábio Konder. *A afirmação histórica dos direitos humanos*. 7. ed. São Paulo: Saraiva, 2013, p. 146 e 163).

[22] Sobre o princípio da separação dos poderes e sua conexão com a preocupação de organização ótima das funções estaduais, confira-se PIÇARRA, Nuno. *A separação dos poderes como doutrina e princípio constitucional*: um contributo para o estudo de suas origens e evolução. Coimbra: Coimbra Editora, 1989, p. 262-264.

[23] RANGEL, *op. cit.*, 2001, p. 254-255.

[24] CANOTILHO, *op. cit.*, p. 552. No mesmo sentido, cf. HESSE, Konrad. *Elementos de Direito Constitucional da República Federal da Alemanha*. Tradução de Luís Afonso Heck. Porto Alegre: Sérgio Antonio Fabris, 1998, p. 372-373.

A MEDIAÇÃO PENAL NO BRASIL E O PRINCÍPIO DA RESERVA DE JURISDIÇÃO

Para a persecução do segundo objetivo – equilíbrio entre os poderes, que é um reflexo daquele medo de retorno ao absolutismo –, não se pode admitir, nas sociedades modernas, a ideia de rigorosa separação de poderes, de modo que os sistemas jurídico-constitucionais não costumam consagrar uma perfeita correspondência entre órgão e função ou uma exata coincidência entre os sentidos orgânico e material das funções do Estaduais.

Fala-se, então, em uma *interdependência e colaboração entre poderes*, com o que se admite uma certa interpenetração entre as competências dos órgãos estaduais que, ao lado das funções típicas, podem realizar outras atipicamente lhes atribuídas expressamente pela Constituição. Essa salutar "promiscuidade dos poderes"[25] visa, portanto, criar mecanismos de controle e fiscalização recíprocos, dentro de um sistema de freios e contrapesos (*checks and balances*). Nas palavras de Nuno Piçarra, "porque uma separação orgânico-funcional rígida não é viável na prática, a independência entre os vários órgãos não pode ser absoluta, antes devendo existir entre eles mecanismos de coordenação e interdependência – o que, em última análise, reforçará a fiscalização e o controle recíprocos"[26].

Porém, esse intercâmbio de funções encontra limite na teoria que Canotilho denomina de *núcleo essencial* das funções dos órgãos, no sentido de que cada um deles tem uma atividade típica inserida em um *núcleo material mínimo* de competências absolutamente protegido pela Constituição e, por isso mesmo, impermeável à entrada de terceiros.

No desenvolvimento dessa teoria, aquele jurista lusitano explica que, do fato de a Constituição consagrar uma estrutura orgânica funcionalmente adequada, "é legítimo deduzir que os órgãos especialmente qualificados para o exercício de certas funções não podem praticar actos que materialmente se aproximam ou são mesmo característicos de outras funções e da competência de outros órgãos", de modo que a nenhum deles "podem ser

---

[25] RANGEL, *op. cit.*, 2001, p. 255.
[26] PIÇARRA, *op. cit.*, p. 13. Por exemplo, no Brasil, o Poder Judiciário pode anular, por inconstitucionalidade, leis e atos normativos vigentes (artigo 36, III; artigo 102, I, 'a', III, e § 1º; artigo 103, § 2º, todos da CF/88); o presidente da República pode vetar projetos de leis aprovados pelo Congresso Nacional (art. 66, § 1º) e nomear os ministros dos Tribunais Superiores (art. 84, XIV e XVI), mediante aprovação do Senado Federal (art. 52, III, "a"); o Poder Legislativo pode sustar os atos normativos do Poder Executivo que exorbitem do poder regulamentar ou dos limites de delegação legislativa (art. 49, V); ao Senado Federal compete processar e julgar o presidente da República e os ministros do Supremo Tribunal Federal em crimes de responsabilidade (art. 52, I e II).

OS NOVOS ATORES DA JUSTIÇA PENAL

atribuídas funções das quais resulte o esvaziamento das funções materiais especialmente atribuídas a outro. Quer dizer: o princípio da separação exige, a título principal, a correspondência entre órgão e função e só admite excepções quando não for sacrificado o seu núcleo essencial. O alcance do princípio é visível quando com ele se quer traduzir a proibição do 'monismo de poder'"[27].

Nessa perspectiva, a reserva de jurisdição visa proteger e assegurar o *núcleo essencial* da função jurisdicional, de modo a se poder afirmar que quando um ato for *materialmente* jurisdicional só pode ser legitimamente praticado por um membro do Poder Judiciário, de forma exclusiva e excludente.

Esses esclarecimentos, contudo, não resolvem o problema de saber quando um ato pode ser considerado *substancialmente* jurisdicional. Isso tem relevância porque as Constituições dos Estados de Direito – embora, em geral, não abram mão de indicar claramente os órgãos incumbidos do exercício do poder estatal e de prescrever, ainda que implicitamente, a função preponderante que a cada um deles cabe exercer –, normalmente não se ocupam de caracterizar e delimitar o conteúdo *material* dessa atividade[28]. Urge, portanto, estabelecer critérios para identificar, sob o aspecto substancial, o núcleo essencial da função judicante.

4. Critérios para identificação de um ato materialmente jurisdicional e a reserva (quase) total de jurisdição

Para apuração do princípio de reserva de jurisdição, faz-se necessário, essencialmente, descobrir o sentido *material* do ato jurisdicional que, inserido no núcleo essencial da função destinada ao Poder Judiciário, torna-se imune à ação de terceiros estranhos a esse Poder.

Inicialmente cumpre estabelecer, a título de pré-compreensão, que, nos ordenamentos constitucionais brasileiro e português, há uma *reserva (quase) total de jurisdição*, isto é, uma entrega praticamente global da função jurisdicional aos juízes, talvez só comprimida, por um lado, pela insindi-

---

[27] CANOTILHO, *op. cit.*, p. 559. No mesmo sentido: CANOTILHO, José Joaquim Gomes; MOREIRA, Vital. *Constituição da República Portuguesa Anotada*. 4. ed. Coimbra: Coimbra Editora, 2010. v. 2, p. 46.

[28] Em sentido próximo, confira-se RAMOS, Elival da Silva. *Ativismo judicial*: parâmetros dogmáticos. São Paulo: Saraiva, 2010, p. 115.

A MEDIAÇÃO PENAL NO BRASIL E O PRINCÍPIO DA RESERVA DE JURISDIÇÃO

cabilidade judicial dos atos políticos e, por outro, pela incensurabilidade judicial do mérito dos atos administrativos discricionários[29].

Essa reserva (quase) total de jurisdição decorre do princípio de *Estado de Direito*, que – fundado na dignidade da pessoa humana (art. 1º da CF e da CRP), organicamente estruturado à luz da separação dos poderes (art. 2º da CF e da CRP), consagrador do postulado do acesso à justiça (art. 5º, XXXV, da CF e art. 20 da CRP) e, em regra, infenso à realização da justiça privada –, coloca o órgão judicial na posição de *garante* último dos direitos fundamentais dos cidadãos, considerando ser ele o único órgão público com atributos (independência, imparcialidade e isenção) capazes de imunizá-lo contra influências e pressões externas, de modo a viabilizar uma resolução *justa* dos conflitos de interesses mais relevantes.

A reserva (quase) total de jurisdição implica na aceitação não apenas de *reservas especiais de jurisdição* (situações expressamente tipificadas de exigência de intervenção judicial)[30], mas também de uma *reserva geral (implícita) de jurisdição*, da qual as reservas especiais constituem um mero afloramento[31].

O problema reside em preencher o conteúdo dessa reserva geral de jurisdição, através da qual é confiada, com exclusividade, ao Poder Judiciário a prática de certos atos, mesmo sem específica previsão legal ou constitucional.

---

[29] Em sentido próximo, mas não coincidente, confiram-se: RANGEL, *op. cit.*, 1997, p. 58-59 e RANGEL, *op. cit.*, 2001, p. 300-301.

[30] Há algumas normas específicas que exigem o tratamento de certas matérias por decisão judicial, consubstanciando verdadeiras *reservas especiais de jurisdição*, como é o caso, por exemplo, na Constituição brasileira, do(a): *a)* violação do domicílio, salvo em caso de flagrante delito ou desastre, ou para prestar socorro (art. 5º, XI); interceptação telefônica para fins de investigação criminal ou instrução processual penal (art. 5º, XII); prisão de pessoas, salvo em flagrante delito (art. 5º, LXI); dissolução compulsória ou suspensão das atividades das associações (art. 5º, XIX); perda do cargo de Juiz e de Promotor de Justiça vitalícios (arts. 95, I; 128, § 5º, I, *a*); cancelamento da concessão ou permissão do serviço de radiodifusão sonora e de sons e imagens, antes de vencido o prazo (art. 223, § 4º). Na Constituição da República Portuguesa, os casos de reserva especial de jurisdição encontram-se nos seguintes dispositivos: arts. 27, nº 2 (privação de liberdade das pessoas); 28, nº 1 (prisão preventiva); 33, nº 7 (extradição); 34, nº 2 (violação de domicílio); interceptação telefônica (art. 34, nº 4 c/c art. 32, nº 4 da CRP); 36, nº 6 (separação dos filhos de seus pais); 46, nº 2 (dissolução ou suspensão das atividades das associações) e 113, nº 7 (julgamento da regularidade e da validade dos atos de processo eleitoral).

[31] No sentido de que as reservas específicas de jurisdição são afloramentos – e, portanto, comprovam a existência – de uma reserva geral de jurisdição, confira-se ASCENSÃO, *op. cit.*, p. 473.

OS NOVOS ATORES DA JUSTIÇA PENAL

Não há dificuldades de afirmar o *monopólio da última palavra* do Poder Judiciário (reserva relativa) em todo e qualquer tipo de conflito jurídico de interesses, pois isso tem a ver com o princípio do acesso à justiça (art. 5º, XXXV, da CF e art. 20 da CRP), que veda qualquer possibilidade de exclusão do controle judicial sucessivo a uma primeira definição jurídica de um litígio feita por um órgão não jurisdicional (nos casos em que isso for possível).

Não há problema também em identificar o *monopólio da primeira palavra* do Poder Judiciário naquelas hipóteses em que a própria Constituição ou uma lei infraconstitucional exige, de forma expressa, que a solução de certos conflitos, desde o primeiro pronunciamento, só pode ser levado a cabo por uma decisão judicial (reserva absoluta especificada de jurisdição).

O problema, portanto, é descobrir um critério que identifique os casos de reserva de jurisdição não positivados, isto é, os casos em que há *monopólio implícito da primeira palavra* (reserva absoluta não especificada de jurisdição).

É necessário, pois, encontrar um critério universal para evidenciar quando um ato está ou não sujeito à reserva de jurisdição, mesmo nas situações não expressamente escritas nas normas. A descoberta de um tal critério passa pelo isolamento do ato *materialmente* jurisdicional em confronto com os atos dos demais poderes constituídos (dentro daquela ideia de *núcleo essencial* da função judicial), bem como pela identificação da natureza dos direitos envolvidos no conflito. Na primeira hipótese, merece relevo a doutrina de Afonso Queiró, incontroversamente adotada pelo Tribunal Constitucional Português, conforme veremos; na segunda, destaca--se a importância dos direitos fundamentais.

4.1. O critério teleológico de Afonso Queiró

Afonso Queiró estabeleceu um conceito *material* de ato jurisdicional que até hoje é aceito pelo Tribunal Constitucional português. O referido autor elegeu um critério *teleológico-objetivo* para uma distinção material entre as funções do Estado, nomeadamente entre a função administrativa e a função jurisdicional. Propôs que a função jurisdicional se isola das demais funções estaduais por ter como objeto e como fim *específicos* a resolução de *questões jurídicas* ou *questões de direito*, entendidas como sendo "conflitos de pretensões entre duas ou mais pessoas, ou controvérsias sobre a verificação ou não verificação em concreto de uma ofensa ou violação da ordem jurídica"[32].

---

[32] QUEIRÓ, *op. cit.*, p. 26.

Ou seja, a função jurisdicional se caracteriza por visar dirimir juridicamente conflitos de interesses. O problema é que o sistema jurídico-constitucional brasileiro não consagra uma perfeita correspondência entre os sentidos orgânico e material das funções do estaduais. Assim, também cabe à Administração resolver uma *questão de direito*, realizando uma composição jurídica de conflitos, normalmente com o objetivo de alcançar os objetivos que, constitucional e legalmente, lhes são estipulados. Isso é assim em razão de seu poder de autotutela, nomeadamente nos casos em que ela é parte da relação conflitual. Basta pensar, para se comprovar isso, nos casos de decisões administrativas que impõem sanções disciplinares a funcionários públicos.

Assim, o critério que realmente diferencia o ato jurisdicional do ato administrativo (e também do legislativo), para aquele autor, é de ordem *teleológica-objetiva*, consubstanciado na circunstância de que aquele ato, ao contrário deste, é praticado com a *finalidade exclusiva* de resolução de uma questão de direito, ou seja, com o objetivo *principal* de dizer o direito no caso concreto. Esse específico interesse é estranho ao ato administrativo, cuja prática, no caso da sanção administrativamente imposta, visa assegurar a disciplina e o prestígio de um serviço público, sendo a aplicação do direito apenas um *meio* para atingir esse resultado, isto é, a missão preponderante da função administrativa é a satisfação de um interesse público *externo* ao litígio propriamente dito. Por trás do ato administrativo há, portanto, um interesse público *autônomo* e *distinto* do interesse de compor juridicamente o conflito de interesses.

Assim, nos termos do ensinamento daquele autor, se, por um lado, o ato administrativo pode vir a pressupor a resolução de uma questão de direito; por outro, o ato jurisdicional não apenas o pressupõe, mas é *necessária e especificamente* praticado para resolvê-la – não há outro objetivo além desse. Se um ato é praticado para solucionar uma questão jurídica, de acordo com o direito posto, mas visando conseguir um resultado prático *diferente* da realização do direito e da justiça (composição do conflito), então não será um ato jurisdicional, mas sim ato administrativo[33].

Em suma, de acordo com esse critério teleológico, um ato é materialmente jurisdicional – e, nessa medida, só legitimamente realizável por um juiz/tribunal, porque incluído no núcleo essencial de suas funções (reserva

---

[33] Queiró, *op. cit.*, p. 31.

OS NOVOS ATORES DA JUSTIÇA PENAL

de jurisdição) –, quando visa resolver, *exclusiva e especificamente*, uma *questão jurídica* entendida como um *conflito de interesses*[34].

Portanto, é a *presença ou ausência de um interesse público alheio à composição do conflito* que vai definir, sob o aspecto material, a natureza do ato a ser praticado (se jurisdicional, administrativo ou até mesmo legislativo) e isso é particularmente relevante para as hipóteses de reservas não especificadas ou implícitas de jurisdição. Esse critério, contudo, em que pese sua força e importância, merece ser complementado.

4.2. O critério que leva em conta a natureza dos direitos conflitantes: os direitos fundamentais

O critério de Afonso Queiró resolve o problema de conflito de competência entre os poderes (*eficácia orgânica* da reserva de jurisdição), ao estipular que apenas o Judiciário tem a função *específica* de resolver conflitos jurídicos de interesses, aplicando o direito no caso concreto. É o objetivo exclusivo de realização do direito e da justiça que caracteriza um ato como sendo substancialmente jurisdicional, afastando, em absoluto, a intervenção decisória de órgãos estranhos ao Poder Judiciário, facilitando a identificação dos casos submetidos a uma reserva de jurisdição implícita. Porém, a reserva de jurisdição também é associada a conflitos que envolvam particulares (*eficácia extraorgânica*), em relação aos quais se afigura necessário complementar aquele critério teleológico, embora mesmo aqui ele ainda possa oferecer boas respostas.

Como vimos, a Constituição Federal brasileira, a exemplo da portuguesa, estabelece uma lista de casos em que a solução do conflito, desde o primeiro pronunciamento, não prescinde de uma decisão judicial. Por

---

[34] Esse critério teleológico é incontroversamente agasalhado nas decisões do Tribunal Constitucional de Portugal (TC), que já teve a oportunidade de apontar como sendo *atos materialmente jurisdicionais*, invalidando ou desaplicando normas que confiavam a prática deles a órgãos estranhos ao Poder Judiciário: 1) as decisões de condenação e absolvição em custas judiciais (Acórdãos 182/90, 247/90 e 358/91) e de aplicação de multas processuais (Acórdão 496/96); 2) as decisões de liquidação de estabelecimentos bancários falidos e de partilha da massa, bem como a decisão das reclamações contra tais atos (Acórdãos 443/91, 171/92 e 450/97); 3) as declarações de (in) existência jurídica de demissão de trabalhadores, que não podem emanar do Ministro do Trabalho (Acórdão nº 98/88); 4) a resolução de conflitos decorrentes de avarias marítimas e indenizações devidas por danos causados ou sofridos por embarcações ou outros corpos flutuantes (Acórdãos 71/84, 72/84 e 104/85). Sobre esses e outros acórdãos do TC, confira-se a análise de Paulo Castro Rangel (RANGEL, *op. cit.*, 1997, p. 40-42).

qual razão faz isso? Será que o faz apenas tendo em conta o critério teleológico acima apresentado, ou seja, tendo em vista a ausência de um interesse público autônomo em relação ao conflito? A resposta a essas indagações pode estabelecer um critério universal identificador da reserva absoluta implícita de jurisdição.

Na realidade, as reservas especificamente enumeradas na Carta Magna representam uma mera manifestação do princípio da reserva *geral* de jurisdição, incidente mesmo nos casos não explicitados no ordenamento jurídico. Assim, a resposta àquela primeira indagação não pode passar apenas pelo critério teleológico de Afonso Queiró, pois seria coerente com tal doutrina a defesa da legitimidade constitucional de uma lei que, por exemplo, atribuísse a um órgão administrativo uma *específica e exclusiva* missão de compor juridicamente determinados conflitos, sem, contudo, transformá-lo em um verdadeiro tribunal (independente e imparcial). Em outras palavras, por esse critério seria possível pensar na hipótese, para nós inconstitucional, de uma lei confiar a órgãos administrativos *especializados* todas as funções jurisdicionais, mantendo apenas a possibilidade de recurso para os tribunais (manutenção essa insuplantável em razão do princípio do acesso à justiça – art. 5º, XXXV, da CF e art. 20 da CRP).

A adoção do critério teleológico, nesse exemplo extremo, afrontaria o princípio do Estado de Direito, do qual emanam a separação dos poderes e a proteção dos direitos fundamentais. Assim, a descoberta da razão pela qual a Carta Magna prevê reservas especiais de jurisdição também passa pela natureza dos direitos conflitantes, exigindo – já antecipando nosso entendimento – uma intervenção decisória do juiz sempre que houver *ameaça ou violação de um direito fundamental*, mormente no âmbito do processo penal. Tanto é assim que as reservas específicas de jurisdição, as que são associadas à investigação criminal, estão todas ligadas à possibilidade de restrição de direitos fundamentais. É o caso da violação do domicílio (art. 5º, XI, da CF e art. 34, nº 2, da CRP), da interceptação telefônica (art. 5º, XII, da CF e art. 34, nº 4 c/c art. 32, nº 4 da CRP) e da prisão de pessoas (art. 5º, LXI, da CF e arts. 27, nº 2 e 28, nº 1, da CRP).

Essa posição de *garante dos direitos fundamentais* decorre, como já se disse, do fato de os juízes serem os únicos membros dos poderes constituídos que, ao comporem juridicamente conflitos de interesses, são dotados de mecanismos capazes de impulsionar uma decisão justa e definitiva, quais sejam: a *imparcialidade*, a *independência* e a *isenção*. Ora, só um juiz imune a

OS NOVOS ATORES DA JUSTIÇA PENAL

influências e pressões externas pode, à luz do princípio da proporcionalidade, por um lado, conter condutas arbitrárias contra as pessoas e, por outro, restringir um direito fundamental (sem afetar o seu núcleo essencial) em benefício de um interesse também constitucionalmente relevante e concretamente preponderante.

A ideia de que a reserva de jurisdição resta configurada, genericamente, nos conflitos que envolvem direitos fundamentais é reforçada pela leitura do art. 5º, LIV, da CF, o qual diz que "ninguém será privado da liberdade ou de seus bens sem o devido processo legal". Sendo a liberdade, em sentido amplo, qualquer direito individual conferido aos cidadãos e sendo o processo o meio pelo qual o juiz exerce sua atividade, é óbvio que, ao exigir o devido processo legal para restrição de direitos fundamentais, a Constituição está também impondo uma decisão judicial, mormente no âmbito criminal. A reserva de jurisdição, portanto, constitui-se em uma *cláusula de segurança* do sistema jurídico a serviço de um processo justo[35].

Canotilho, admitindo a existência de uma reserva absoluta implícita de jurisdição – que, segundo cremos, só pode estar associada aos diretos fundamentais –, ensina que "o reconhecimento do monopólio da primeira palavra tende a afirmar-se quando não existe qualquer razão ou fundamento material para a opção por um procedimento não judicial de decisões de litígios. É este o caso quando estão em causa direitos de particular importância jurídico-constitucional a cuja lesão deve corresponder uma efectiva protecção jurídica"[36]. Exatamente nesse sentido já se manifestou, recentemente, o Tribunal Constitucional de Portugal[37]. Essa também é a compreensão de Cláudia Santos, para quem "sempre que a solução para um conflito tiver de ser ditada de forma autoritária e sempre que essa deci-

[35] VILARES, Fernanda Regina. *A reserva de jurisdição no processo penal*: dos reflexos no inquérito parlamentar. Dissertação (Mestrado em Direito) – Departamento de Direito Processual Penal, Universidade de São Paulo. São Paulo, 2010, p. 103-105.

[36] CANOTILHO, *op. cit.*, 2003, p. 669.

[37] No Acórdão nº 230/2013, o Tribunal Constitucional de Portugal teve a oportunidade de ressaltar: "Fora dos casos individualizados na Constituição em que há lugar a uma reserva absoluta de jurisdição, o que sucederá não apenas em matéria penal *mas sempre que estejam em causa direitos de particular importância jurídico-constitucional a cuja lesão deve corresponder uma efetiva proteção jurídica*, poderá admitir-se que o direito de acesso aos tribunais seja assegurado apenas em via de recurso, permitindo-se que num momento inicial o litígio possa ser resolvido por intervenção de outros poderes, caso em que se poderá falar numa reserva relativa de jurisdição ou reserva de tribunal."

são envolva, ainda que potencialmente, a ofensa a direitos fundamentais do indivíduo, essa decisão terá de caber a um juiz"[38].

Nesse contexto, há de se ter uma *noção ampla, conglobante* de reserva de jurisdição, que sirva não apenas de instrumento de resolução de conflitos interorgânicos de competência, ligados diretamente ao princípio da separação dos poderes (*eficácia interorgânica* da reserva de jurisdição), mas que compreenda, quiçá de forma principal, a proteção dos direitos fundamentais dos cidadãos (*eficácia extraorgânica* da reserva de jurisdição), tarefa mais importante de um Estado de Direito que se funda no postulado da dignidade da pessoa humana (art. 1º, III, da CF e art. 1º da CRP). Portanto, numa visão *desorganicizada* da reserva da função jurisdicional, o principal critério para a identificação dos casos submetidos a uma reserva absoluta implícita de jurisdição é a presença de risco de lesão a um direito fundamental.

Diante do que foi exposto, pode-se elaborar um *critério bifurcado* para identificar os casos de reservas não especificadas de jurisdição, afirmando-se que, fora das hipóteses individualizadas na Constituição e na lei, sempre haverá uma reserva absoluta implícita de jurisdição – portanto, pertencente ao *núcleo essencial* da função judiciante –, quando a solução do litígio depender da prática de um *ato materialmente jurisdicional*, que assim será caracterizado quando: *a)* o único objetivo da realização do ato seja a composição jurídica do conflito (nos termos do critério teleológico da presença ou ausência de um interesse público estranho ao conflito); e/ou, *b)* quando a solução do conflito de interesses puder acarretar *risco de restrição a direitos fundamentais*, mesmo que esteja presente qualquer interesse público (ou privado) alheio ao conflito.

Estabelecidos os critérios para identificação do núcleo essencial e material da função jurisdicional, impenetrável por terceiros estranhos ao Poder Judiciário, cumpre retomar a questão da graduação do princípio da reserva de jurisdição.

5. Níveis ou graus da reserva de jurisdição: reserva absoluta e reserva relativa – o *critério das duas palavras*

A reserva de jurisdição, como já dissemos, não é uma categoria monolítica e, por isso, não tem de ter a mesma extensão e profundidade em todas as

---

[38] SANTOS, Cláudia Cruz. *A Justiça Restaurativa: um modelo de reação ao crime diferente da justiça penal*: porquê, para quê e como? Coimbra: Coimbra Editora, 2014, p. 479.

OS NOVOS ATORES DA JUSTIÇA PENAL

situações conflituais, sendo constitucionalmente adequado falar-se em *graus* ou *níveis* de reserva de jurisdição.

Basta pensar, para se comprovar essa adequação, que, normalmente, a própria Constituição de um país costuma especificar alguns atos que só podem ser praticados em decorrência de uma decisão judicial, o que evidencia existir um regime de reserva jurisdicional mais exigente. Por outro lado, no âmbito dos direitos e garantias jurisdicionais dos administrados em face da Administração Pública portuguesa, a Constituição prevê, ao lado do direito de *ação* – de cognição judicial naturalmente ampla, através da qual o Tribunal Administrativo vai ofertar uma primeira definição do direito aplicável ao caso concreto –, o direito ao *recurso contencioso*, que, interposto perante o Tribunal Administrativo competente, visa impugnar um ato administrativo já praticado, apenas com o fim de obter a sua anulação ou declaração de nulidade ou de inexistência, sem análise do mérito da causa (portanto a cognição é restrita)[39].

Assim, a ideia de *graduação* da reserva de jurisdição não é estranha aos ordenamentos jurídicos brasileiro e português. Aquela reserva *(quase) total* de jurisdição, conforme já sinalizamos alhures, comporta, de acordo com o *critério das duas palavras*, duas áreas básicas de reserva de jurisdição, a absoluta e a relativa, as quais admitem subdivisões.

Conforme ensina Paulo Rangel, a reserva absoluta de jurisdição pode ser fracionada em dois níveis: *a)* reserva absoluta especificada (de origem constitucional ou legal); e, *b)* reserva absoluta não especificada (como, de resto, já vimos). Por outro lado, a reserva relativa de jurisdição também se subdivide em duas áreas: *a)* reserva relativa integral (ou de plena jurisdição); e, *b)* reserva relativa parcial (ou de mera anulação, de mera legalidade)[40].

---

[39] Para além disso, no âmbito da reserva de lei, há sinais claros de graduação constitucional da reserva. Assim, por exemplo: *a)* é feita a distinção entre reserva absoluta e reserva relativa de lei parlamentar (arts. 164 e 165 da CRP); *b)* em confronto com a reserva de lei parlamentar, há uma reserva de decreto-lei, de competência dos membros do Governo (art. 198 da CRP); *c)* no âmbito da reserva de lei, há matérias em que tal reserva se limita à disciplina das bases gerais dos regimes jurídicos (por exemplo, art. 164, *d*, e art 165, nº 1, *f, g, n, t, u, z*, da CRP), ficando o desenvolvimento dessas bases dentro da competência legislativa do Governo (art. 198, 1, *c*, da CRP); *d)* no âmbito da República Federativa do Brasil, há uma reserva de lei local em face da reserva de lei nacional e federal. Em sentido próximo, cf. RANGEL, *op. cit.*, 1997, p. 60-61; e RANGEL, *op. cit.*, 2001, p. 302-303.

[40] RANGEL, *op. cit.*, 1997, p. 62 e seguintes; RANGEL, *op. cit.*, 2001, p. 305 e seguintes.

Vejamos o sentido desses níveis de reserva à luz dos critérios aqui encontrados para identificação da dimensão material da função jurisdicional.

A reserva absoluta ocorre quando o ato a ser praticado é, desde o início, *materialmente* jurisdicional – seja por visar exclusivamente compor juridicamente um litígio, seja porque essa composição implica em riscos de limitação de direitos fundamentais – e, por isso, cabe ao Poder Judiciário, com exclusividade, dizer *todas as palavras*: a primeira e a última. Ou seja, é atribuída ao juiz/tribunal a competência não apenas para fazer um controle posterior do ato praticado anteriormente por um terceiro, mas sim para – de forma primária e original –, inaugurar a definição do direito aplicável ao caso concreto.

Portanto, esse nível de reserva, para usar as palavras de Paulo Rangel, impede "a prática do ato por outras autoridades (...) mesmo que das decisões destas últimas possa haver recurso para um juiz"[41], o que corresponde ao que Canotilho chama de *monopólio da primeira palavra*, que se verifica "quando, em certos litígios, compete ao juiz não só a última e a decisiva palavra, mas também a primeira palavra referente à definição do direito aplicável a certas relações jurídicas"[42].

Nos termos prelecionados por Paulo Rangel, a reserva absoluta pode decorrer de expressa previsão do ordenamento jurídico (*reserva absoluta especificada de jurisdição*), podendo ter origem legal ou constitucional[43]; mas também pode ser deduzida de uma vontade implícita da Constituição (reserva *absoluta não especificada de jurisdição*), assente na ideia de ato mate-

---

[41] RANGEL, *op. cit.*, 1997, p. 63; RANGEL, *op. cit.*, 2001, p. 305-306.

[42] CANOTILHO, *op. cit.*, 2003, p. 669. Esse *critério das duas palavras* é amplamente utilizado pela Jurisprudência do Tribunal Constitucional Português. Confiram-se, por exemplo, os Acórdãos 98/88, 365/91, 443/91 e 179/92.

[43] Por exemplo, na Constituição brasileira: *a)* violação do domicílio (art. 5º, XI); interceptação telefônica para fins de investigação criminal ou instrução processual penal (art. 5º, XII); prisão de pessoas, salvo em flagrante delito (art. 5º, LXI); Dissolução compulsória ou suspensão das atividades das associações (art. 5º, XIX); perda do cargo de Juiz e de Promotor de Justiça vitalícios (arts. 95, I; 128, § 5º, I, *a*); cancelamento da concessão ou permissão do serviço de radiodifusão sonora e de sons e imagens, antes de vencido o prazo (art. 223, § 4º). Na Constituição da República Portuguesa: arts. 27, nº 2 (privação de liberdade das pessoas); 28, nº 1 (prisão preventiva); 33, nº 7 (extradição); 34, nº 2 (violação de domicílio); interceptação telefônica (art. 34, nº 4 c/c art. 32, nº 4 da CRP); 36, nº 6 (separação dos filhos de seus pais); 46, nº 2 (dissolução ou suspensão das atividades das associações) e 113, nº 7 (julgamento da regularidade e da validade dos atos de processo eleitoral).

OS NOVOS ATORES DA JUSTIÇA PENAL

rialmente jurisdicional e de núcleo essencial/irredutível da função jurisdicional.

Por outro lado, há *reserva relativa de jurisdição* quando ao juiz, constitucionalmente, só compete a *última palavra*, permitindo-se que haja uma primeira intervenção decisória de uma autoridade não jurisdicional, mas sem prejuízo de um reexame judicial sucessivo, decorrente do princípio acesso à justiça ou da inafastabilidade do controle jurisdicional (art. 5º, XXXV, da CF), o que equivale ao que Canotilho chama de *monopólio da última palavra*[44].

Essa reserva relativa de jurisdição comporta (intra) graduações, de modo que o nível de cognição do juiz nem sempre terá a mesma extensão e o mesmo sentido. Assim, segundo PAULO RANGEL, ela pode se apresentar como *reserva relativa integral* (ou de plena jurisdição) ou como uma *reserva relativa parcial* (ou de mera anulação, de mera legalidade)[45].

Na reserva relativa integral, a cognição judicial não é limitada na sua extensão e a margem de sindicabilidade é ampla, abrangendo um controle jurisdicional de *mérito* e de *legalidade*. Na reserva relativa parcial, a cognição do julgador é limitada, ficando o juiz restrito a fazer um controle externo de mera *legalidade* da decisão tomada pelo órgão não jurisdicional, não podendo refazê-la e nem mesmo condenar este órgão a resolver a questão em determinados termos. É o caso, por exemplo, das demandas judiciais em face de atos administrativos, onde o órgão judicial (Tribunal Administrativo, no caso de Portugal) exerce uma mera fiscalização circunscrita à legalidade do ato, não podendo entrar no mérito da relação jurídica material controvertida, como regra.

Cumpre destacar que aquela ideia de reserva absoluta de jurisdição *implícita* decorre daquela outra ideia de reserva *(quase) total* da função jurisdicional aos juízes/tribunais. Assim, diante de um conflito jurídico de interesses, onde não houver reserva absoluta (seja explícita, seja implícita) deve existir necessariamente a reserva de jurisdição relativa, no sentido de que a decisão final tem de caber, em *última instância*, a um órgão do Poder Judiciário, pois a ninguém pode ser negada a possibilidade de uma *questão de direito* ser resolvida por um juiz regularmente constituído – e isso é assim em razão do princípio geral do acesso à justiça, que impõe a inafastabilidade do controle jurisdicional (art. 5º, XXXV, da CF e art. 20 da CRP).

[44] CANOTILHO, *op. cit.*, 2003, p. 668; RANGEL, *op. cit.*, 1997, p. 64-65.
[45] RANGEL, *op. cit.*, 1997, p. 62 e seguintes; RANGEL, *op. cit.*, 2001, p. 305 e seguintes.

A MEDIAÇÃO PENAL NO BRASIL E O PRINCÍPIO DA RESERVA DE JURISDIÇÃO

Delimitado, em termos teóricos, o sentido, alcance e graduação do princípio da reserva de jurisdição, impõe-se agora investigar acerca da visão do Supremo Tribunal Federal brasileiro sobre tal princípio para, depois, analisar se ele, aquele princípio, é compatível com a mediação penal no Brasil.

6. A reserva de jurisdição na jurisprudência do Supremo Tribunal Federal do Brasil

Na jurisprudência do Supremo Tribunal Federal brasileiro (STF), o sentido e alcance do princípio da reserva de jurisdição ainda não foram definidos. O que se verifica é que aquele Tribunal tem, essencialmente, uma visão restrita e reducionista do mencionado princípio, aceitando apenas os casos óbvios de *reservas específicas de jurisdição*, havendo uma certa resistência por parte do STF em reconhecer a existência de uma *reserva geral de jurisdição* que atribua aos órgãos do Poder Judiciário a competência exclusiva para resolver conflitos de interesses emergentes de situações não expressamente positivadas.

Isso pode ser verificado no Mandado de Segurança nº 23.452/RJ, impetrado contra decisão de uma Comissão Parlamentar de Inquérito (CPI) que decretou, por autoridade própria, a quebra dos sigilos bancário, fiscal e telefônico do impetrante, decisão essa tomada com base na previsão constitucional que outorga às CPIs "poderes de investigação próprios das autoridades judiciais" (art. 58, § 3º). No julgamento, embora o STF tenha reconhecido o poder da CPI para decretar a quebra dos sigilos, concedeu a segurança pleiteada em razão da falta de fundamentação do ato impugnado. Apesar de o princípio da reserva de jurisdição não ter sido o fundamento do deferimento do pedido, ficou consignado na ementa do acórdão a redução desse princípio apenas às hipóteses expressamente especificadas na Constituição. Vejamos:

> O postulado da reserva constitucional de jurisdição importa em submeter, à esfera única de decisão dos magistrados, a prática de determinados atos cuja realização, *por efeito de explícita determinação constante do próprio texto da Carta Política*, somente pode emanar do juiz, e não de terceiros, inclusive daqueles a quem se haja eventualmente atribuído o exercício de 'poderes de investigação próprios das autoridades judiciais'. A cláusula constitucional da reserva de jurisdição – que incide sobre determinadas matérias, como a busca domiciliar (CF, art. 5º, XI), a interceptação telefônica (CF, art. 5º, XII) e a decretação da prisão de qualquer pessoa, ressalvada a hipótese de flagrância (CF, art. 5º, LXI) – traduz a noção de que, *nesses temas específicos*, assiste ao Poder

OS NOVOS ATORES DA JUSTIÇA PENAL

Judiciário, não apenas o direito de proferir a última palavra, mas, sobretudo, a prerrogativa de dizer, desde logo, a primeira palavra, excluindo-se, desse modo, por força e autoridade do que dispõe a própria Constituição, a possibilidade do exercício de iguais atribuições, por parte de quaisquer outros órgãos ou autoridades do Estado. (Destaque nosso)[46].

Essa concepção restritiva do princípio da reserva de jurisdição foi reiterada no Mandado de Segurança nº 23.639/DF, oportunidade em que o STF consignou que "o princípio constitucional da reserva de jurisdição – que incide sobre as hipóteses de busca domiciliar (CF, art. 5º, XI), de interceptação telefônica (CF, art. 5º, XII) e de decretação da prisão, ressalvada a situação de flagrância penal (CF, art. 5º, LXI) – não se estende ao tema da quebra de sigilo [fiscal, bancário e telefônico], pois, em tal matéria, e por efeito de expressa autorização dada pela própria Constituição da República (CF, art. 58, § 3º), assiste competência à Comissão Parlamentar de Inquérito, para decretar, sempre em ato necessariamente motivado, a excepcional ruptura dessa esfera de privacidade das pessoas". Esse mesmo entendimento foi mantido no Mandado de Segurança 23.652/DF[47].

Portanto, não há dúvida de que o Supremo Tribunal Federal tem uma visão legalista do princípio da reserva de jurisdição, só o reconhecendo nos casos taxativamente consignados no texto constitucional. Contudo, há indícios de que aquele Tribunal caminha na direção da proclamação da existência de uma *reserva geral-absoluta-implícita de jurisdição*, na medida em que já teve a oportunidade de assentar que uma CPI não pode decretar a indisponibilidade de bens das pessoas sujeitas à investigação parlamentar, pois tal decisão assecuratória decorre de um *poder geral de cautela conferido, com exclusividade, aos juízes*[48].

---

[46] Mandado de Segurança nº 23.452/RJ, Rel. Min. CELSO DE MELLO, julgamento: 16/09/1999, DJ 12-05-2000. Disponível em: <http://redir.stf.jus.br/paginadorpub/paginador.jsp?docTP=AC&docID=85966>. Acesso em 08 de outubro de 2014.

[47] Mandado de Segurança nº 23.639/DF (julgado em 16/11/2000, DJ 16-02-2001) e Mandado de Segurança nº 23.652/DF (julgado em 22/11/2000, DJ 16-02-2001), ambos da relatoria do Ministro Celso de Mello, estão disponíveis, respectivamente, em: <http://redir.stf.jus.br/paginadorpub/paginador.jsp?docTP=AC&docID=85997> e <http://redir.stf.jus.br/paginadorpub/paginador.jsp?docTP=AC&docID=86000>. Acesso em 08 de outubro de 2014.

[48] Confira-se, a título exemplificativo, o MS nº 23.446/DF, onde o STF consignou que "a indisponibilidade de bens é provimento cautelar que não se vincula à produção de provas. É medida voltada a assegurar a eficácia de uma eventual sentença condenatória *que, assim como o poder geral*

Ora, considerando que a indisponibilidade de bens de pessoas não consta, de forma expressa, no rol dos atos reservados constitucionalmente aos juízes, julgamos que o STF passou a entender que não são confiados aos membros do Poder Judiciário apenas aqueles atos explicitamente previstos na Constituição Federal, mas todos os outros qualificados como *materialmente jurisdicionais* e que são inerentes à própria função de julgar.

Porém, há muito o que se avançar, na medida em que o STF, conforme se verifica das decisões dos mandados de segurança acima mencionados, entende que as CPIs têm poder para quebrar os sigilos bancário, fiscal e telefônico dos investigados, medida restritiva essa que, por contender com o direito fundamental à intimidade (art. 5º, X, da CF), só pode, segundo cremos, ser legitimamente determinada por um órgão do poder judiciário, único que – dotado de imparcialidade, independência e isenção –, é capaz de sopesar os interesses em jogo e proferir uma decisão justa.

Em suma, a decretação da quebra do sigilo das pessoas parlamentarmente investigadas é um *ato materialmente jurisdicional*, pois a solução do conflito jurídico de interesses claramente pode acarretar em uma *restrição a direitos fundamentais*. É esse critério que, em substância, adotamos para o fim de delimitação do núcleo essencial da função jurisdicional, impermeável à ação de terceiros.

Definido o sentido, alcance e graus do princípio da reserva de jurisdição, bem como sua repercussão na jurisprudência do STF, cabe agora indagar: ele é compatível com a mediação penal, considerando que a sessão de mediação é presidida pelo mediador e a solução para o conflito criminal é *desjudiciarizada*, na medida em que é encontrada diretamente pelas próprias partes?

Se houver compatibilidade, subsiste o problema de se saber qual o sentido da reserva de jurisdição no processo de mediação penal. Ou seja, caberá ao juiz dizer apenas a *última palavra* sobre o acordo restaurativo (reserva relativa de jurisdição) ou deverá ele intervir desde logo na modelação do pacto (reserva absoluta)? Por outro lado, havendo a reserva, e

---

de cautela, é reservado ao Juiz." (Julgado em 18/08/1999, DJ 09-11-2007). Disponível em: <http:// redir.stf.jus.br/paginadorpub/paginador.jsp?docTP=AC&docID=493844>. Acesso em 08 de outubro de 2014. Nesse mesmo sentido é a decisão do STF no MS 23.452/RJ (DJ 12/05/2000), já citado, no qual aquela Corte asseverou que não integram os poderes das CPIs quaisquer prerrogativas que se incluam, ordinariamente, "na esfera de competência dos magistrados e Tribunais, *inclusive aquelas que decorrem do poder geral de cautela conferido aos juízes*, como o poder de decretar a indisponibilidade dos bens pertencentes a pessoas sujeitas à investigação parlamentar."

OS NOVOS ATORES DA JUSTIÇA PENAL

sendo ela relativa, qual seria a extensão da intervenção judicial? Fará o juiz um simples controle da legalidade da prática restaurativa (reserva relativa parcial) ou poderá fiscalizar o mérito do acordo das partes, refazendo-o ou impondo o seu refazimento (reserva relativa integral)?

A seguir, pretende-se encontrar respostas para essas indagações.

II. RESERVA DE JURISDIÇÃO E MEDIAÇÃO PENAL NO BRASIL
1. Considerações preliminares

A mediação penal é um dos principais instrumentos da Justiça Restaurativa[49] e consiste em "um processo de comunicação em que a vítima e o agente de um crime, com a ajuda de um terceiro neutro e eventualmente com a participação de outros interessados, procuram um acordo considerado adequado à assunção por parte do infrator da responsabilidade pelos danos causados à vítima e pela sua reparação"[50].

Trata-se de uma forma não-adversarial de resolução de conflitos criminais, na qual a solução para a superação do litígio fica a cargo das pessoas diretamente envolvidas nele, com o que se pode falar em uma certa *desjudiciariazção* desse conflito, do qual as partes se reapropriam através da mediação penal, reconhecendo-se como procedente a crítica de Nils Christie e Louk Hulsman no sentido de que o Estado "rouba" o conflito das pessoas quando impõe autoritariamente a solução para o caso. Nessa medida, a Justiça Restaurativa, através da mediação penal, tem a importante missão de oferecer às partes uma oportunidade de *emancipação* em relação à solução do conflito criminal[51/52]. Isto é importante quando se vê

---

[49] A Justiça Restaurativa pode ser definida, segundo Cláudia Santos, como sendo "um modo de responder ao crime (...) que se funda no reconhecimento de uma dimensão (inter) subjectiva do conflito e que assume como finalidade a pacificação do mesmo através de uma reparação dos danos causados à(s) vítima(s) relacionada com uma auto-responsabilização do(s) agente(s), finalidade esta que só logra ser atingida através de um procedimento de encontro, radicado na autonomia da vontade dos intervenientes no conflito, quer quanto à participação, quer quanto à modelação da solução". (SANTOS, *op. cit.*, p. 756).

[50] SANTOS, Cláudia Cruz. A mediação penal: uma solução divertida? *In*: Colóquio em Homenagem ao Instituto Brasileiro de Ciências Criminais. *Justiça penal Portuguesa e Brasileira: tendências de reforma*. São Paulo: IBCCRIM, 2008, p. 34.

[51] Nesse sentido, confiram-se: SANTOS, *op. cit.*, 2014, p. 657-658; e SICA, Leonardo. Justiça Restaurativa: Críticas e Contra críticas. *Revista IOB de Direito Penal e Processo Penal*, Porto Alegre, v. 8, n. 47, dez. 2007/jan. 2008, p. 158-189.

[52] É interessante notar que a história da justiça penal é associada a crises de desempenho e de credibilidade, que condicionam a transição do *roubo do conflito*, pelo Estado, para a *rea-*

no crime precisamente uma perda de domínio por parte da vítima, sendo a reparação necessariamente integrada por uma certa reapropriação da autonomia para modelar a solução.

Isso, contudo, não pode significar uma *privatização da justiça penal*, pois sempre deve caber ao Estado a competência exclusiva de cuidar da *dimensão pública* dos crimes. Significa, apenas, o reconhecimento da necessidade de encontrar um novo paradigma para lidar com os conflitos criminais, algo *diferente* da justiça penal clássica, a qual, como é induvidoso, tem fracassado no que diz respeito aos seus objetivos de contenção da violência e, por causa disso, tende a expandir o direito penal repressivo como uma forma (claramente inadequada e ineficaz) de reverter esse quadro, só procurando estabelecer algum espaço de consenso no processo penal por motivos exclusivamente utilitaristas, sem qualquer preocupação humanitária. Veja-se, a propósito desse utilitarismo, o caso da Lei brasileira dos Juizados Especiais Criminais (Lei nº 9.099/95) cujos institutos despenalizadores são orientados essencialmente para abreviação do processo e,

---

propriação dele, pelas partes. Nos primórdios do direito penal, encontramos um sistema de justiça privada. Havia a tendência de se considerar que, em relação à maioria dos crimes, a punição pertencia à vítima, que era a única ofendida. Gradualmente, houve uma *publicização* do direito penal, com um número crescente de crimes cujo processo e julgamento passa a ficar a cargo de autoridades públicas, relegando-se as partes a um papel secundário. Nessa fase, conforme anota CARLOTA PIZARRO, o direito penal é utilizado como mecanismo de retribuição e de vingança do poder contra quem contrariou as normas por ele estabelecidas, orientado pela ideia de que "o crime viola, mais do que os direitos subjetivos protegidos, as normas criadas para os proteger." Diante desse agigantamento do *Estado Penal*, surge a crise de não responder adequadamente a todos os conflitos criminais confiscados dos particulares. O Estado – não por razões humanitárias, diga-se de passagem, mas sim por motivos utilitaristas –, estrategicamente recua, reduz sua esfera de ação e vai devolvendo aos cidadãos uma certa gestão ou autorregulação de seus conflitos, estabelecendo espaços de consenso no processo penal (embora o consenso seja, no mais das vezes, verticalizado, na medida em que a solução para o caso não prescinde da intervenção das autoridades judiciárias). Veja-se, por exemplo, a crescente transformação de crimes de natureza pública em delitos de iniciativa privada; o aumento dos crimes cuja ação penal pública é condicionada à representação da vítima; a suspensão condicional do processo e demais institutos despenalizadores da lei brasileira dos Juizados Especiais Criminais (Lei 9.099/95). Há, no fundo, uma tendência, ou talvez uma necessidade, do Direito Penal mudar sua direção, intervindo cada vez menos nos conflitos entre particulares e concentrando cada vez mais suas energias nas condutas mais gravemente lesivas à sociedade e, a médio prazo, à própria humanidade. (ALMEIDA, Carlota Pizarro. *Despublicização do Direito Criminal*. Lisboa: Associação Académica da Faculdade de Direito de Lisboa, 2000, p. 13-15 e 65-66).

OS NOVOS ATORES DA JUSTIÇA PENAL

por isso, não viabilizam o protagonismo das pessoas envolvidas no litígio criminal, que dele não se apoderam, na medida em que, no processo de solução "consensual" do conflito, figuram como meros expectadores inertes da produção de um "acordo" (quase totalmente) modelado pela lei e pelas autoridades do Judiciário e do Ministério Público.

Essa nova forma (restaurativa) de reagir às infrações penais – a despeito da grande relevância emprestada à autocomposição das pessoas nelas diretamente envolvidas –, não é incompatível com a inserção da mediação penal dentro de uma esfera pública (mediação penal pública), onde os órgãos formais de controle poderão, ao menos, averiguar se a prática restaurativa observou os limites impostos pela lei que a disciplinou. Assim, entre a justiça penal e a Justiça Restaurativa, enquanto mecanismos de resposta ao crime, o acento tônico deve ser colocado na relação de mútua colaboração – e não de recíproca exclusão –, pois, com a Justiça Restaurativa, *"não é menos Estado que na reacção ao crime se pretende, mas sim outro Estado:* um estado que limite, na medida do possível, a sua actuação autoritária e punitiva, e que facilite ou favoreça uma solução reparadora"[53].

Portanto, a Justiça Restaurativa e a mediação penal não têm a pretensão de substituir a justiça penal, apenas visam (e isso não é pouca coisa!) a pacificação individual e da relação interpessoal das pessoas abrangidas pelo conflito emergente de uma conduta criminosa, buscando – através do estímulo a um diálogo aberto, franco, desarmado e, por isso, com grande potencial restaurador –, a autorresponsabilização do agente do crime e a reparação dos danos causados por sua conduta, o que, em alguns casos, pode ser uma resposta suficiente, a ponto de dispensar a imposição de uma sanção de natureza penal.

Contudo, no Brasil – ao contrário do que se passa em Portugal[54] –, ainda não existe uma lei que discipline e autorize, uniforme e genericamente,

---

[53] SANTOS, *op. cit.*, 2014, p. 664.

[54] Em Portugal, a mediação penal de adultos foi instituída pela Lei nº 21/2007, de 12 de junho, enquanto mecanismo de *diversão* processual, incidente durante o inquérito e aplicável a alguns crimes semipúblicos e particulares em sentido estrito, de pequena e média gravidade. Embora pressuponha um conflito já judicializado, a mediação desenhada pela referida lei tem lugar em um momento anterior à emissão de uma decisão judicial (mediação pré-sentencial). Para além disso, em Portugal existem práticas restaurativas posteriores à sentença (pós-sentenciais), como é o caso, no âmbito dos crimes ligados à violência doméstica, do *encontro restaurativo* entre o agente do delito e a pessoa ofendida (art. 39 da Lei nº 112/2009, de 16 de setembro). Ademais, há a possibilidade, independentemente da natureza e gravidade do crime, de sessões de mediação entre o recluso e o ofendido na fase de execução da sanção penal, nos termos

a mediação penal. Dessa forma, sua implementação imediata pode gerar dúvidas de duas ordens. Uma tem a ver com o princípio da reserva de lei, ou seja, gira em torno da questão da (im) possibilidade dessa prática restaurativa ser concretizada sem alteração legislativa, que será objeto de análise posterior.

A outra dúvida liga-se ao problema de saber se a mediação penal, em razão de sua natureza extrajudicial e autocompositiva, é compatível com o princípio da reserva de jurisdição. Se a resposta for no sentido da compatibilidade, isto é, se se puder haver uma convivência harmônica entre este princípio e aquela prática restaurativa, tem-se ainda de se descobrir qual a extensão da reserva, visando, com isso, elucidar se ao juiz incumbe dizer apenas a *última palavra* sobre o acordo emergente da mediação penal (reserva relativa de jurisdição) ou se, desde logo, ele precisa dizer também a primeira (reserva absoluta).

Havendo reserva e sendo ela relativa, deve-se ainda discorrer sobre a profundidade da intervenção judicial, perquirindo se o órgão judicante, no exercício da *última palavra*, faz um simples controle (externo) da legalidade da prática restaurativa (reserva relativa parcial) ou se está autorizado a imiscuir-se no conteúdo do acordo restaurativo, refazendo-o ou impondo o seu refazimento (reserva relativa integral).

São esses os questionamentos que se pretende, na sequência, responder.

2. A mediação penal como forma de acesso à justiça e de remodelação da cidadania: sua compatibilidade com a ordem constitucional e com o princípio da reserva de jurisdição

O interesse pela Justiça Restaurativa, da qual a mediação penal é o principal instrumento, é um fenômeno em expansão no mundo e reflete um cenário amplo de crise de regulação social e, especificamente, do modelo tradicional de justiça penal, pouco propenso à participação popular na sua administração, o que acaba por opor o modelo clássico de *direito imposto*, cada vez mais ineficiente, ao do *direito negociado*, cada vez mais presente no direito do século XXI[55].

do art. 47, nº 4, do Código da Execução das Penas e Medidas Privativas da Liberdade (Lei nº 115/2009, de 12 de outubro) e dos arts. 91, alínea *d*, e 92, ambos do Regulamento Geral dos Estabelecimentos Prisionais, aprovado pelo Decreto-Lei nº 51/2011, de 11 de abril.

[55] Nesse sentido, cf. SICA, Leonardo. Bases para o modelo brasileiro de justiça restaurativa. *In: Novas direções na governança da Justiça e da Segurança*. Slakmon, Catherine; Machado, Maíra Rocha; Bottini, Pierpaolo Cruz (orgs.). Brasília-DF: Ministério da Justiça, 2006.

OS NOVOS ATORES DA JUSTIÇA PENAL

Com a justiça penal brasileira não é diferente. Ela também vem passando por uma crise de desempenho e de credibilidade, na medida em que não tem logrado êxito no que diz respeito a seus objetivos de contenção da violência e, por causa disso, tende a impor cada vez mais o direito penal repressivo na tentativa de solucionar o problema, ignorando a tendência atual de autorregulação dos litígios, inclusive os criminais.

Essa crescente ampliação da intervenção penal impositiva acaba por alargar o âmbito de atuação da justiça criminal, gerando uma sobrecarregada de trabalho que obriga os consumidores dos serviços judiciários a suportar a morosidade das respostas jurisdicionais, culminando com o descrédito do Poder Judiciário. Mas a intempestividade da resposta judicial não é a única causa da crise. Ela também está ligada à vocação autoritária da justiça penal, à sua ínfima abertura à participação da sociedade na construção das soluções dos conflitos, situação que colide com a ideia de *justiça participativa*, que decorre da *democracia participativa*, ambas "filhas" do princípio de *Estado Democrático de Direito*.

Essa impermeabilidade social do Judiciário brasileiro, por sua vez, é estimulada pela ausência de uma política pública de tratamento *adequado* dos conflitos criminais. Com efeito, o nosso Judiciário, tradicionalmente aderente do modelo do *direito imposto*, ainda utiliza predominantemente, na composição desses conflitos, o mecanismo da *solução adjudicada*, materializada por meio da emissão de uma decisão verticalmente imposta. Essa solução adjudicada gera a *cultura da sentença*[56] que, no âmbito do processo penal convencional, tem sido hostil tanto para o ofendido quanto para o réu, não apenas em razão da *vitimização secundária* ou da *estigmatização* do acusado (decorrentes da tendência autoritária e ultraformalista do nosso processo penal), mas também porque não costuma levar em conta as necessidades e as peculiaridades das pessoas envolvidas no litígio criminal, as quais não obtêm a pacificação da relação (inter) pessoal subjacente ao conflito, com o que o acesso à justiça, para elas, representa apenas uma *aparência de acesso*, não passando de um mero engodo, só realmente verificado no plano formal.

Ora, o princípio do acesso à justiça (art. 5º, XXXV, da CF), sob o ponto de vista axiológico, é um dos elementos fundantes do Estado Democrático

---

[56] WATANABE, Kazuo. *Política Pública do Poder Judiciário Nacional para tratamento adequado dos conflitos de interesses*. Disponível em: <http://www.tjsp.jus.br/Download/Conciliacao/Nucleo/ParecerDesKazuoWatanabe.pdf>. Acesso em 05 de setembro de 2014.

de Direito. Assim, ele não pode significar apenas o direito formal de ação, de defesa e de alcance dos órgãos judiciais. Enquanto direito fundamental do ser humano[57], implica a garantia de acesso a uma *ordem jurídica justa*, efetiva, tempestiva e adequada[58], na medida em que esse direito, para além de sua tradicional associação com a legislação processual, deve viabilizar o exercício da cidadania plena, que, por sua vez, confere concretude aos princípios democrático e republicano, os quais, por seu turno, reclamam a *atualização do conceito de acesso à justiça*, para incluir a vertente que assegure a todos a resolução de litígios criminais pelos meios mais *ajustados à natureza e especificidade da relação conflitual*[59].

É nessa perspectiva que entra em cena a Justiça Restaurativa. Com efeito, no âmbito do processo criminal, a mediação penal pode ser uma nova "porta" para o acesso a essa *ordem jurídica justa*, tendo em vista que suas práticas envolvem um processo colaborativo, comunicacional, democraticamente participativo e não-adversarial, no qual a solução do conflito criminal fica a cargo das pessoas diretamente afetadas por ele. Esse paradigma é bastante diferente do sistema clássico de justiça penal que, calcado na *cultura da sentença* e da *solução adjudicada* dos conflitos, simplesmente impõe uma sanção ao transgressor da lei penal, emprestando pouca ou nenhuma relevância para o réu, para a vítima e para a necessidade de (auto) pacificação do conflito (inter) pessoal subjacente a qualquer crime, ainda que de natureza pública.

---

[57] Veja-se que o princípio do acesso à justiça está inserido no Título II da CF, que trata "Dos Direitos e Garantias Fundamentais". Na Constituição portuguesa (art. 20), está acomodado na Parte I da Carta Magna, que trata dos "Direitos e deveres fundamentais".

[58] WATANABE, *op. cit.*

[59] É em razão dessa nova compreensão do princípio do acesso à justiça – axiologicamente visto como direito a uma *ordem jurídica justa*, que conduz à ideia de *adequação* dos métodos de resolução de conflitos às peculiaridades de cada caso –, que, modernamente, há uma tendência em expansão de atenuação do princípio da reserva *estadual* de jurisdição, aceitando-se com naturalidade o exercício *privado* da função jurisdicional através da institucionalização de formas de composição não judicial de conflitos, como são os casos dos *tribunais arbitrais* (arts. 202, nº 4 e art. 209, nº 2, da CRP e Lei brasileira de arbitragem nº 9.307/1996, com alterações posteriores). Embora esses órgãos arbitrais sejam verdadeiros tribunais e, portanto, exercem legitimamente a função jurisdicional, o fato é que eles não são órgãos estaduais. Isso demonstra, como bem disse Jorge Miranda, que a consagração constitucional da reserva de jurisdição não implica que a Constituição alberga um princípio de "monopólio estadual da função jurisdicional" ou da "exclusividade da justiça pública". (MIRANDA, Jorge. *Manual de Direito Constitucional*: Direitos Fundamentais. 3. ed., Coimbra: Coimbra Editora, 2000, v. 4, p. 263).

OS NOVOS ATORES DA JUSTIÇA PENAL

Essa forma alternativa de resolução de conflitos criminais, para além de encontrar amparo constitucional no princípio do acesso à justiça (art. 5º, XXXV, da CF), também é reforçada pelo preâmbulo da nossa Carta Magna, o qual diz que a sociedade brasileira é fundada na *harmonia* social e comprometida com a *solução pacífica das controvérsias*. Igualmente é robustecida pelo art. 3º da CF que elege, como um dos objetivos fundamentais da República, a construção de uma sociedade *livre* e *justa*, dentro de um quadro consolidado de *Estado Democrático de Direito*, fundado na *cidadania* e na *soberania popular* (art. 1º, parágrafo único), tudo a indicar a premente necessidade de uma *justiça penal democraticamente participativa*.

Assim, como disse o Ministro Cézar Peluso em seu discurso de posse na presidência do STF – reiterado recentemente pelo novo presidente, Ministro Ricardo Lewandowski –, é tempo pois de, ao lado da velha solução adjudicada, "incorporar ao sistema os chamados meios alternativos de resolução de conflitos, que, como instrumental próprio, sob rigorosa disciplina, direção e controle do Poder Judiciário, sejam oferecidos aos cidadãos como mecanismos facultativos de exercício da função constitucional de resolver conflitos"[60].

Portanto, a justiça penal brasileira precisa se transformar numa verdadeira *justiça participativa* que reconheça a legitimidade, para a construção da solução dos conflitos criminais, do senso jurídico comum das pessoas neles envolvidas; que utilize e valorize, como método de composição de litígios, o compromisso conversacional, alargando o processo de discussão e deliberação sobre as questões penais.

---

[60] Discurso proferido em 23/04/2010 e disponível em: <http://www.stf.jus.br/arquivo/cms/publicacaoPublicacaoInstitucionalPossePresidencial/anexo/Plaqueta_de_Posse_na_Presidencia__Min._Cezar_Peluso.pdf>. Acesso em 05 de setembro de 2014. Em 10 de setembro de 2014, também em discurso de posse, o novo presidente do STF, Ministro Ricardo Lewandowski destacou que pretende estimular a consolidação da Justiça Restaurativa no Brasil. São dele estas palavras: "Procuraremos, igualmente, estimular formas alternativas de solução de conflitos, compartilhando, na medida do possível, com a própria sociedade, a responsabilidade pela recomposição da ordem jurídica rompida, que, afinal, é de todos os seus integrantes (...). Pensamos também na denominada 'justiça restaurativa', que já vem sendo praticada, com êxito, no âmbito criminal, onde a atenção do Estado e da sociedade não se dirige, mais, exclusivamente, à punição do infrator, mas lança um olhar especial à mitigação das lesões físicas, morais, psicológicas e materiais sofridas pelas vítimas." (Disponível em: <http://www.stf.jus.br/arquivo/cms/noticiaNoticiaStf/anexo/discursoMinistroRL.pdf>. Acesso em 12 de setembro de 2014).

Nessa perspectiva, o conceito do postulado do acesso à justiça ganha um conteúdo axiológico, uma dimensão valorativa, significando um peculiar *modo* de alcançar a justiça em que se sobressai a *soberania individual*, implicando no direito dos cidadãos de, eles próprios, encontrarem a melhor solução para suas divergências, isso através de um *processo dialógico* (o diálogo republicano) que, pautado pelos postulados da *liberdade* e *igualdade*, tenha por fim a *resolução consensual* do conflito criminal. Com isso, revigora-se e remodela-se o conceito de cidadania que, de eclipsada, emerge como uma *cidadania efetiva*, a qual – porque associada à *democracia participativa* – não se reduz ao voto, antes intenta reconstruir o papel do homem na sociedade, o que significa a possibilidade de intervenção direta dos cidadãos no controle do poder público (de um modo geral), nos assuntos da justiça penal (de modo especial) e na composição dos conflitos criminais (de modo especialíssimo).

Para isso, a justiça penal precisa se aproximar de um sistema *multiportas*[61], *plural, conglobante*, onde, ao lado dos mecanismos ortodoxos de solução adjudicada dos conflitos, admitia e conviva com instrumentos alternativos de autocomposição das divergências, como é o caso da mediação penal, que, antes de ser incompatível com o princípio constitucional da reserva de jurisdição, é, no fundo, uma clara exigência da Constituição Federal que está associada ao postulado do acesso à justiça (art. 5º, XXXV, da CF) e, nessa medida, uma evidente manifestação do princípio do Estado (democrático e republicano) de Direito.

Portanto, não há dúvidas de que o princípio da reserva de jurisdição pode – mais do que isso, deve – coexistir com a mediação penal. Entretanto, é preciso agora saber, por um lado, se é possível o agente de um crime, na formulação de uma acordo de mediação penal, restringir seus direitos fundamentais e, por outro, qual o papel ou nível de intervenção

---

[61] Galanter, ao discorrer sobre a evolução dos mecanismos de resolução alternativa de conflitos nos países anglo-saxônicos, referiu-se a *tribunais multiportas*. Esclareceu que, em meados dos anos 70, as vias alternativas de resolução de litígios eram, geralmente, vistas como destinadas a resolver "questões menores ou marginais, não merecedoras de tratamento judicial completo". Tais vias, posteriormente, passaram a ocupar um lugar menos periférico nos tribunais, estando em curso "experiências com vista à criação do chamado tribunal 'multi-portas' ('multi-door court house'), que se prevê que venha a integrar num único estabelecimento vários modos de processamento de conflitos, incluindo a via judicial". (GALANTER, Marc. Direito em Abundância: a actividade legislativa no Atlântico Norte. *Revista Crítica de Ciências Sociais*. nº 36, fevereiro de 1993. Coimbra: Centro de Estudos Sociais, p. 112-113).

do juiz, enquanto garante desses direitos, na valoração do conteúdo do ajuste restaurativo.

3. A autolimitação dos direitos fundamentais por meio do acordo de mediação penal: o princípio geral de liberdade individual e os "limites dos (auto) limites" aos direitos fundamentais

Nessa altura, o problema que se põe é saber se, no âmbito da mediação penal, é possível ou não a assunção, pelo agente de um suposto crime, de deveres limitadores de seus direitos fundamentais.

A resposta só pode ser positiva. É quase uma trivialidade a ideia de que os direitos fundamentais podem ser restringidos e de que não possuem, como regra, valor absoluto. Eles comportam limitações/restrições que, normalmente, visam salvaguardar outros direitos ou interesses constitucionalmente protegidos (art. 18, n°s 2 e 3, da CRP e Mandado de Segurança/ STF nº 23.452-1/RJ)[62].

Para além das restrições legalmente operadas e que são, explícita ou implicitamente, permitidas pela Constituição, é possível haver a autolimitação de direitos fundamentais (portanto, feita pelo próprio titular do direito), o que pode vir acontecer no caso do acordo de mediação penal com a assunção das obrigações por parte do autor do fato (supostamente) criminoso.

Essa possibilidade de autolimitação decorre do *princípio geral de liberdade individual*, que consiste na faculdade da pessoa fazer ou deixar de fazer o que quiser sem intervenção do Estado, pressupondo, é claro, o respeito aos direitos e interesses dos outros, individualmente, ou da comunidade, coletivamente. Portanto, essa autodeterminação implica no poder de cada pessoa determinar, autonomamente, seu próprio destino e fazer suas próprias escolhas, sem qualquer interferência. Com efeito, a Constituição não

---

[62] As palavras *restrição* e *limitação*, na seara dos direitos fundamentais, podem não ter o mesmo significado, dependendo da teoria adotada. Para a *teoria externa*, *direito* e *restrição* são duas coisas distintas; há o *direito em si* (não restringido) e o que sobra do direito após uma restrição (o *direito restringido*). Para a *teoria interna*, não há duas coisas – direito e restrição –, mas apenas uma: o direito com determinado conteúdo; aqui, a palavra *restrição* é substituída por *limite*. Assim, não há que se falar em restrição da extensão de um direito, mas na definição do *limite* da extensão desse direito ou na descrição do âmbito de proteção do direito. (ALEXY, Robert. *Teoria dos direitos fundamentais. Tradução de Virgílio Afonso da Silva.* 2. ed., São Paulo: Malheiros, 2011, p. 276-277).

apenas assegura determinadas liberdades (liberdade de expressão, artística, profissional, de manifestação do pensamento, etc.), mas também uma *liberdade geral de ação*, que decorre do direito ao livre desenvolvimento da personalidade e, por isso, da própria dignidade da pessoa humana (cf. arts. 1º, III, e 5º, *caput*, da CF e arts. 1º e 26 da CRP)[63].

Porém, é importante perceber que não há de se analisar essa autonomia sob o ponto de vista meramente liberal, na medida em que os direitos fundamentais têm uma dupla dimensão: subjetiva e objetiva. Isso quer dizer que a liberdade individual "está associada à solidariedade cívica e a uma ética de responsabilidade comunitária"[64], à consideração de que certos bens (vida e integridade física e moral, por exemplo), mesmo sendo pessoais, são simultaneamente valores comunitários e, por isso, não podem, em regra, ser marcados pelo signo da disponibilidade egoística.

Desse modo, a limitação de direitos fundamentais por parte de seu titular imediato, quando possível, depende de algumas *condições* e *limites*. Como condição *sine qua non*, verifica-se ser absolutamente imprescindível que a vontade autolimitativa seja manifestada de forma *livre, esclarecida* e *autodeterminada*, bem como sob *reserva de revogação* a qualquer tempo (enquanto isso for factível). Por outro lado, há dois limites materiais à autorrestrição ("limites dos limites" aos direitos fundamentais), que são o *princípio da proporcionalidade* e a garantia do *núcleo essencial* do direito (ligado à dignidade da pessoa humana)[65/66].

---

[63] Sobre o direito geral de liberdade, confira-se ALEXY, *op. cit.*, p. 341 e seguintes.

[64] ANDRADE, José Carlos Vieira de. *Os direitos fundamentais na Constituição Portuguesa de 1976.* 2 ed., Coimbra: Almedina, 2012, p. 307.

[65] CANOTILHO, ob. cit, 2003, p. 464-465; ANDRADE, *op. cit.*, p. 307; MIRANDA, Jorge. *Manual de Direito Constitucional:* direitos fundamentais. 5 ed., Coimbra: Coimbra Editora. 2012, v. 4, p. 428.

[66] Esses "limites dos limites" aos direitos fundamentais (proporcionalidade e núcleo essencial), ao contrário do que se passa com a Constituição da República Portuguesa (art. 18, nºs 2 e 3), não estão expressamente previstos na Constituição Federal brasileira. Porém, é possível extraí-los de alguns de seus dispositivos. Com efeito, o princípio da proporcionalidade, na medida em que proíbe o excesso de autolimitação de um direito fundamental, pode ser encontrado tanto no princípio do Estado de Direito (art. 1º da CF) – que veda o arbítrio e o abuso de poder –, como no princípio do devido processo legal substantivo (art. 5º, LIV, da CF). Por outro lado, o núcleo essencial dos direitos fundamentais pode ser localizado no art. 60, § 4º, IV, da CF que, ao proibir a deliberação de proposta de emenda constitucional *tendente a abolir* os direitos e garantias fundamentais, está, no fundo, tutelando o *núcleo mínimo* deles. (Cf. SARLET, Ingo Wolfgang. *A eficácia dos direitos fundamentais:* uma teoria geral dos direi-

OS NOVOS ATORES DA JUSTIÇA PENAL

O princípio da proporcionalidade (ou da proibição do excesso) desdobra-se em três subprincípios: *a)* o princípio da adequação (ou da idoneidade), segundo o qual as medidas restritivas devem revelar-se como meio adequado para a prossecução dos fins visados (salvaguarda de outros direitos ou bens constitucionalmente protegidos); *b)* o princípio da necessidade, para o qual a restrição adotada dever ser imprescindível para o atingimento do objetivo almejado, devendo-se, portanto, optar-se pelo meio menos gravoso possível para o direito objeto da restrição; e, *c)* o princípio da proporcionalidade em sentido estrito, que postula o equilíbrio entre os meios utilizados e os fins colimados (a *justa medida*)[67].

O núcleo essencial é aquela parcela do direito sem a qual ele se desconfigura enquanto direito fundamental ou, por outras palavras, sem a qual ele é aniquilado e perde completamente sua eficácia. Segundo Canotilho, o núcleo essencial é o *resto substancial* do direito, liberdade e garantia que assegura a *utilidade constitucional* do direito fundamental. Esse núcleo duro ou *última área intocável*, por óbvio, não pode ser objeto de intervenções restritivas, quer do poder público quer dos particulares, na medida em que estão fora do alcance até mesmo do legislador constituinte (art. 18, nº 3, da CRP e art. 60, § 4º, IV, da CF). Esse núcleo essencial se constitui em uma espécie de proteção contra o próprio princípio da proporcionalidade, cuja aplicação no caso concreto poderia, mesmo sem qualquer excesso, vir a reduzir a *um nada* o direito fundamental. Assim, a garantia do conteúdo essencial é um *mais* em relação ao princípio da proporcionalidade, de modo que, independentemente de haver ou não "excesso de restrição", há de salvaguardar sempre a extensão desse núcleo mínimo[68].

O conteúdo do núcleo essencial dos direitos fundamentais, umbilicalmente ligado à *dignidade da pessoa humana*, não é fixo nem pode ser abstratamente delimitável por antecipação. Essa *área intocável* dos direitos só pode ser definida no caso concreto, como resultado de um processo de ponderação de bens ou direitos constitucionais contrapostos[69]. Contudo, uma

tos fundamentais na perspectiva constitucional. 11 ed., Porto Alegre: Livraria do Advogado Editora, 2012, p. 411-412).

[67] CANOTILHO, José Joaquim Gomes; MOREIRA, Vital. *Constituição da República Portuguesa Anotada.* 4. ed., Coimbra: Coimbra Editora, 2007, v. 1, p. 392-393.

[68] CANOTILHO, José Joaquim Gomes; MOREIRA, Vital. *Constituição da República Portuguesa Anotada.* 4. ed., Coimbra: Coimbra Editora, 2007, v. 1, p. 395.

[69] Há duas teorias sobre o valor (absoluto ou relativo) do núcleo essencial dos direitos fundamentais. A *teoria absoluta* ver no núcleo essencial um conteúdo normativo irrestringível no

vez densificado, o núcleo essencial desses direitos "transcende a esfera da liberdade individual do respectivo titular"[70].

Portanto, conclui-se que o agente de um crime pode, no âmbito de um processo de mediação penal e tendo em vista o seu direito à autodeterminação pessoal, assumir deveres que restrinjam seus direitos fundamentais, respeitadas, contudo, as condições (consentimento livre e esclarecido e possibilidade de revogação) e os "limites das limitações" acima descritos, pelo menos no que se refere ao núcleo essencial do direito autolimitado, conforme veremos na sequência.

4. O nível da reserva de jurisdição no processo de mediação penal e os "limites dos limites" aos direitos fundamentais – entre o exame de mérito e de legalidade do acordo restaurativo: a reserva relativa *semi-integral*

O desenvolvimento do processo de mediação penal envolve questões inerentes à legalidade de seus atos e ao mérito de seus resultados. Isso levanta a questão de se saber sobre a (im) possibilidade do controle jurisdicional desses aspectos (legalidade do processo de mediação e mérito do acordo restaurativo).

A possibilidade de autocomposição do conflito criminal pela mediação penal não pode significar que se atribua uma autonomia plena às partes, em termos de não ser possível qualquer fiscalização judicial sobre as práticas restaurativas. Essa exclusão não se compaginaria com aquela ideia de *reserva (quase) total* da função jurisdicional aos órgãos do Poder Judiciário, decorrente do Estado de Direito.

Ora, sendo a mediação penal uma forma *qualificada* de acesso à justiça, não pode ter ela a pretensão de afastar o princípio da reserva de jurisdição, que materializa exatamente aquele acesso (art. 5º, XXXV, da CF), prin-

---

plano fático; o direito fundamental seria uma posição subjetiva indisponível e não poderia, em nenhuma hipótese, ser relativizada por qualquer direito contraposto. Ou seja, para essa teoria, o núcleo essencial de um direito é sempre fixo e abstratamente delimitável. Pela *teoria relativa*, o núcleo essencial é o resultado de um processo de ponderação de bens e constitui a parte do direito fundamental que acaba por ser julgada prevalente em face de outros direitos ou bens constitucionalmente protegidos, à luz do princípio da proporcionalidade. Para essa teoria, o conteúdo essencial só pode ser definido no caso concreto e é precisamente aquilo que resta após o sopesamento dos direitos colidentes. (CANOTILHO, *op. cit.*, 2003, p. 459-461).

[70] QUEIROZ, *op. cit.*, p. 276.

OS NOVOS ATORES DA JUSTIÇA PENAL

cipalmente levando-se em conta que o conteúdo do acordo de mediação penal, porque decorrente do cometimento de um crime, pode contender com o *núcleo duro* dos direitos fundamentais que, por ser ligado à dignidade da pessoa humana, reclama a fiscalização do juiz, enquanto *garante* desses direitos[71].

É por isso que o acordo restaurativo não pode substituir a decisão judicial por completo, embora deva, tanto quanto possível, condicioná-la. Nesse sentido, aliás, o item 15 da Resolução nº 2002/12 do Conselho Econômico e Social da ONU (que trata dos princípios básicos para utilização de programas de Justiça Restaurativa em matéria criminal) estabelece que "os resultados dos acordos oriundos de programas de Justiça Restaurativa deverão, quando apropriado, ser judicialmente supervisionados ou incorporados às decisões ou julgamentos, de modo a que tenham o mesmo *status* de qualquer decisão ou julgamento judicial, precluindo ulterior ação penal em relação aos mesmos fatos".

Portanto, no âmbito do processo penal restaurativo, deve haver espaço para a intervenção judicial. Surge, então, o problema de se saber acerca do grau da reserva de jurisdição, ou seja, qual a extensão e a profundidade da intervenção judicial na valoração do acordo restaurativo. Deve o juiz fazer um exame de mera legalidade do pacto ou precisa também fiscalizar o mérito de seu conteúdo?

Na verdade, e já a título de antecipação do nosso entendimento, a sindicabilidade judicial será possível nos dois planos, ou seja, tanto na perspectiva formal (controle de legalidade) quanto sob o ponto de vista substancial (controle de mérito). Contudo, neste último caso, o exame será necessa-

---

[71] Nesse sentido, o acórdão 144/06 da 3ª Secção do Tribunal Constitucional português atestou a constitucionalidade da aceitação das "injunções e regras de conduta" pelo réu, como condição para suspensão provisória do processo, desde que, sobre essa autolimitação haja *fiscalização judicial* em torno da afetação ou não da *zona de indisponibilidade de direitos fundamentais*: "Mas é sobretudo por isso, porque as medidas comportam o risco de contender com direitos, liberdades e garantias e para assegurar que, pelo conteúdo e pelo modo dos comportamentos a que o arguido se compromete, não é afectada a zona de indisponibilidade de direitos fundamentais, que se faz intervir o juiz das garantias". Anteriormente, no Acórdão 7/87 do mesmo Tribunal, prolatado nos autos de um processo de fiscalização preventiva da constitucionalidade de diploma que aprovou o Código de Processo Penal, foi pronunciada a inconstitucionalidade da imposição pelo Ministério Público, mesmo com a aceitação do réu, de injunções e regras de conduta para o fim de suspensão provisória do processo criminal, *sem qualquer intervenção de um juiz* das garantias.

riamente limitado, marcado por uma certa *debilidade valorativa*, conforme se verá.

Quanto ao *controle de legalidade*, em um Estado de Direito, não há dúvida quanto a sua possibilidade. A mediação penal é vinculada à lei e, portanto, sua validade está atrelada à observância dos preceitos legais. É a lei que, direta ou indiretamente, vai disciplinar *se, quando* e *como* a mediação se dará (poderá restringir a mediação penal a determinados crimes, poderá limitá-la a determinada fase da persecução penal, poderá fixar o tempo máximo em que as obrigações deverão ser cumpridas, etc.). Nesse campo, não há que se falar em liberdade das partes e, por isso, não há qualquer dificuldade em afirmar a pertinência do controle jurisdicional.

Com efeito, a verificação da conformidade da mediação penal com a lei é um encargo do qual o juiz não pode se desincumbir, mormente no âmbito do processo penal (mesmo que de natureza restaurativa). Isso é particularmente evidente quando se confia aos magistrados a tarefa de guardar o ordenamento jurídico, devendo, especificadamente, "reprimir a violação da legalidade democrática" (art. 202, nº, 2, da CRP), estando "sujeitos à lei" (art. 203 da CRP). Em suma, quanto à compatibilidade da prática restaurativa com as normas jurídicas, é de se aceitar com tranquilidade a incidência do princípio da reserva de jurisdição.

A amplitude do *controle judicial do mérito* do acordo restaurativo é mais problemática e não prescinde de alguns sobressaltos. Tal controle, contudo, existe e sua existência está ligada a aqueles "limites dos (auto) limites" aos direitos fundamentais, consubstanciados no *princípio da proporcionalidade* e na proteção do *núcleo essencial* do direito.

Ora, esses "limites dos limites" não incidem apenas no âmbito das relações jurídicas estabelecidas entre uma pessoa/entidade e o Estado (*eficácia vertical* dos direitos fundamentais), aplicam-se também no cenário das relações jurídicas entre particulares (*eficácia horizontal* dos direitos fundamentais), como, aliás, diz expressamente a Constituição da República Portuguesa em seu art. 18, nº 1 e, no Brasil, se extrai do princípio constitucional da eficácia imediata dos direitos fundamentais (art. 5º, § 1º, da CF).

Porém, a eficácia dos direitos fundamentais não pode ter a mesma extensão em ambos os casos, ou seja, as eficácias vertical e horizontal não podem ter os mesmos peso e medida. Com efeito, os direitos fundamentais representam, essencialmente, um mecanismo de defesa da pessoa em face das manifestações de *poder* – seja para proteger o indivíduo das ingerên-

OS NOVOS ATORES DA JUSTIÇA PENAL

cias do *poder público*, seja para socorrer pessoas/grupos socialmente fragilizados em face do *poder privado* (social ou econômico)[72].

Assim, a *força dirigente* dos direitos fundamentais tem de ser *proporcional ao grau de desequilíbrio* real ou potencial da relação jurídica estabelecida entre as partes. Nessa medida, não pode estar sujeita aos mesmos limites (*i*) a autolimitação de direitos perante uma autoridade/pessoa dotada de poder público ou de poder de fato (privado) e a (*ii*) manifestada em uma relação entre iguais, perfeitamente horizontalizada.

No primeiro caso, diante da verticalização da relação e do desequilíbrio de forças, é legítimo ao juiz, com base na ordem constitucional dos direitos fundamentais, realizar a fiscalização sobre os dois "limites dos limites", ou seja, sobre a *proporcionalidade* da (auto) limitação e sobre a sua compatibilidade com o *núcleo essencial* do direito fundamental.

Já não é assim no âmbito das relações entre iguais. Aqui, o controle judicial deve ser naturalmente menos extenso, diante da merecedora deferência ao princípio geral da liberdade e da autonomia pessoal, que desaconselha uma posição meramente paternalista do Judiciário. Dessa forma, estando ausente uma relação de *poder*, impõe-se uma ingerência judicial apenas incidente sobre a intocabilidade do *núcleo essencial* do direito fundamental autolimitado, na medida em que esse núcleo, porque associado à dignidade da pessoa humana, é sempre indisponível à luz dos interesses comunitários, que impõem uma função social aos direitos fundamentais, atento à sua dimensão objetiva. Esse é, a propósito, o entendimento de Vieira de Andrade, para quem, nesses tipos de relações jurídicas, os limites da autorrestrição "não podem ser os princípios da proporcionalidade ou da racionalidade, mas apenas os que sejam indiscutivelmente impostos pelo respeito do *núcleo essencial* dos direitos (a dignidade da pessoa humana) ou de valores comunitários básicos[73].

Portanto, quanto ao mérito do conteúdo do acordo de mediação penal – que é definido pelas partes do conflito criminal, em uma relação de igualdade e horizontalidade –, a sindicabilidade judicial se restringe à verificação da afetação (ou não) do núcleo essencial do direito fundamental por meio da assunção dos deveres por parte do réu-mediado. Não pode o juiz valorar a proporcionalidade (ou não) do pacto restaurativo com as cir-

---

[72] Em sentido próximo, cf. SARLET, *op. cit.*, p. 386.
[73] ANDRADE, *op. cit.*, p. 308-312.

cunstâncias e o nível de gravidade do fato praticado pelo agente do crime. Nas palavras de Cláudia Santos, "não se deve exigir que o conteúdo do acordo seja estritamente proporcional ao desvalor do ilícito e ao desvalor da sanção penal que seria admitida"[74].

A necessidade de subtração da competência judicial para examinar a proporcionalidade dos deveres assumidos no acordo de mediação penal é ainda reforçada por três fatores: primeiro pelo pendor emancipatório da mediação penal; depois pela essência da função jurisdicional; e, por fim, pela natureza das obrigações assumidas no acordo restaurativo.

Quanto ao primeiro fator, é de se ressaltar que, em razão da ideia de reapropriação do conflito pelas partes nele envolvidas, há, na mediação penal, uma *zona de larga discricionariedade*, onde os intervenientes poderão agir com base em um *juízo de conveniência e oportunidade*, especialmente no que se refere ao conteúdo do pacto restaurativo que, longe de dever ser legalmente parametrizado ou dirigido, exige uma modelação pautada por critérios subjetivos dos mediados.

Esses critérios, por óbvio, não poderão, em regra, ser sindicados pelo juiz, a quem não é legítimo substituir o juízo de conveniência das partes pelo seu e, nessa medida, o controle judicial só pode ser limitado ou limitadíssimo, vez que que é da própria natureza da mediação penal conferir aos "donos" do conflito amplas margens de liberdade quanto à avaliação e valoração das medidas suficientes para o alcance da pacificação (dimensão emancipatória da Justiça Restaurativa). Assim, em termos de grau de intensidade, a intervenção judicial deve ser caracterizada por representar um *controle de evidência*, só recaindo quando *segura* e *manifestamente* esteja em jogo bens extraordinariamente importantes (direitos fundamentais associados à dignidade da pessoa humana) e apenas no limite necessário para a proteção do *núcleo essencial* desses bens.

O segundo fator limitador do controle judicial de mérito do pacto restaurativo é ligado à própria essência da função jurisdicional. Ora, se as partes, elas próprias, estão dispostas a encontrarem a solução para a divergência, isso significa que *sequer há mais um real conflito a ser composto*. Haverá, no máximo, um conflito já *dissipado, afastado, suplantado ou prostrado* pelas vontades convergentes dos envolvidos. Não existe, portanto, resistência de uma parte contra a pretensão da outra, sendo certo que a função juris-

---

[74] Santos, *op. cit.*, 2014, p. 705.

dicional é orientada para a *heterocomposição jurídica de conflitos de interesses* – conflitos esses normalmente qualificados por uma *pretensão resistida* –, e não para, de forma principal e primária, à autocomposição deles.

Nessa linha, são esclarecedoras as palavras de Cláudia Santos, para quem o princípio da reserva de jurisdição está associado sobretudo "à *resolução de conflitos* através da punição ou da absolvição, mas não à sua supressão ou dissipação por meios que não coenvolvam um exercício de autoridade. Assim, parece adotar-se aqui um conceito de 'resolução de conflitos' que não é coincidente com o subjacente ao conceito de 'resolução (alternativa) de conflitos', na medida em que se liga 'resolução' a uma decisão autoritária do conflito por um terceiro que é alheio a esse conflito"[75]. Tal entendimento parece contar também com o aval do Tribunal Constitucional de Portugal, consignado no Acórdão nº 67/2006[76].

Por fim, é ainda de se afastar a intervenção judicial direta e imediata na formulação do acordo restaurativo com base no fato de os deveres assumidos pelo agente do suposto crime não terem natureza jurídica de pena e, por isso, não se justifica o sacrifício da autodeterminação pessoal em nome de um paternalismo judicial. Esses deveres não são sanções penais, desde logo porque as penas não podem ser autoaplicadas, na medida em que são dotadas de coercitividade, só podendo ser legitimamente impostas pelo Estado, que detém o monopólio do direito de punir.

Para além disso, aqueles deveres também não são penas pelos mesmos motivos que não as são as condições (ou "injunções e regras de conduta", em Portugal) para suspensão condicional/provisória do processo, conforme já decidiu o Tribunal Constitucional daquele país, ou seja, por não estarem ligados "a censura ético-jurídica da pena, nem a correspondente comprovação da culpa. Ao arguido cabe decidir, na sua estratégia de defesa, se aceita submeter-se a tais injunções e regras de conduta ou se prefere que o processo prossiga para julgamento. E a todo o momento

---

[75] SANTOS, *op. cit.*, 2014, p. 479.

[76] No Acórdão nº 67/2006 do Tribunal Constitucional de Portugal – questionada a constitucionalidade, em face do princípio da reserva de jurisdição, do art. 281 do CPP, que atribui ao Ministério Público português a decisão sobre a suspensão do processo, "com a concordância do juiz de instrução" –, foi asseverado que, nesse caso, o Ministério Público não pratica um ato materialmente jurisdicional, justamente por *não haver conflito a ser dirimido*, havendo apenas "um conflito que acabará por ser *dissipado ou suprimido*; *não a sua resolução* e, muito menos a aplicação de qualquer pena, por entidade diversa do juiz".

pode a elas subtrair-se – obviamente se não forem de execução instantânea –, bastando-lhe deixar de cumpri-las". (Acórdão 67/2006).

Em suma, a intromissão judicial no mérito do acordo de mediação penal não pode ser primária, mas secundária; não pode ser concomitante, mas sucessiva ao pacto restaurativo; não pode ser exauriente, mas *rarefeita* ou *superficial*; não pode ser absoluta, mas sim pautada por uma *reserva relativa de jurisdição*, que não deverá ser *integral* (controle amplo de legalidade e de mérito) nem tampouco apenas *parcial* (controle restrito à legalidade), postulando, conforme o tipo de vício maculador do acordo de mediação penal, uma terceira categoria: a reserva relativa *semi-integral*.

Com efeito, se o acordo acarretar em uma *manifesta* (auto) violação do *núcleo essencial* de algum direito fundamental, o juiz poderá valorar e glosar o mérito do acordo, impondo o seu refazimento ou ajustamento. Nesse exame de mérito, contudo, não poderá avaliar a *proporcionalidade* do conteúdo do ajuste com o fato praticado pelo agente do (suposto) crime. Trata-se, portanto, de uma *reserva de jurisdição relativa semi-integral*.

Fora dessa hipótese, a intervenção judicial se restringirá a um mero controle (externo) da legalidade da prática restaurativa e, não havendo vício de legalidade, ficará limitado a homologar acriticamente o acordo das partes que, uma vez cumprido, acarretará na extinção da punibilidade do agente e no arquivamento do inquérito ou processo.

Qualquer outra censura judicial sobre a modelação do acordo das partes deve ser tida por inconstitucional, por afetação do princípio da liberdade geral de ação que, em um Estado Democrático de Direito, decorre da faculdade de livre desenvolvimento da personalidade e, por isso, da própria dignidade da pessoa humana (arts. 1º, III, e 5º, *caput*, da CF e arts. 1º e 26 da CRP), como já se disse antes.

Definido o papel do juiz na valoração do conteúdo do acordo restaurativo, é preciso saber agora se, no Brasil, é possível a implementação imediata da mediação penal, sem alteração legislativa.

III. "PORTAS" DE ENTRADA NO ORDENAMENTO JURÍDICO BRASILEIRO PARA A JUSTIÇA RESTAURATIVA: ANTECEDENTES E AFLORAMENTOS DA JUSTIÇA RESTAURATIVA NO BRASIL

Do que foi exposto até agora, viu-se que o princípio constitucional da reserva de jurisdição não é incompatível com a mediação penal, podendo – e até devendo – conviver harmoniosamente com ela.

OS NOVOS ATORES DA JUSTIÇA PENAL

O problema que se coloca agora é outro. Como se sabe, não existe ainda no Brasil uma lei que discipline e autorize, uniforme e genericamente, aquela prática restaurativa, o que pode gerar dúvida sobre a possibilidade de sua implementação imediata, ou seja, sem alteração legislativa. No fundo, esta última etapa do estudo se propõe a descobrir se há, apesar da ausência de lei específica, "portas" de entrada, no ordenamento jurídico brasileiro, para a mediação penal.

A política criminal brasileira é pendular, marcada por uma certa indefinição que tem um aspecto positivo: pode viabilizar a "intromissão" fática da Justiça Restaurativa. Realmente, por um lado, essa política criminal atua com rigor excessivo, talvez invejado até pelos sistemas penais de regimes políticos autoritários: são os casos da lei de crimes hediondos (Lei n. 8.072/1990) e da lei de endurecimento da execução penal, principalmente no que diz respeito à criação do regime disciplinar diferenciado (Lei n. 10.792/2003), dentre outras. Por outro lado, legisla-se na direção de um direito penal mais humano, introduzindo espaços de consenso no processo penal – embora por razões mais utilitaristas do que humanitaristas e apesar de esse consenso ser verticalizado, porque não prescinde da intervenção "modeladora" do juiz e do Ministério Público –, como são os casos, por exemplo, da Lei dos Juizados Especiais Criminais (Lei nº 9.099/1995) e da lei das penas alternativas (Lei n. 9.714/1998).

Aproveitando-se dessa *bondade utilitária* do legislador podemos, numa espécie de *clivagem ideológica* das normas penais consensuais, introduzir uma *bondade restauradora* na justiça penal brasileira, que apenas dependerá de alguma *boa vontade* dos operadores do direito. Ora, as práticas restaurativas não exigem, em caráter de imprescindibilidade, uma disciplina legal específica para serem factíveis. Elas se satisfazem com dispositivos legais que autorizem o desfecho da persecução penal através de soluções consensuais que, por um lado, possibilitem a reparação do dano causado pelo crime e, por outro, resulte na exclusão ou atenuação da pena ou até mesmo no impedimento de uma decisão meritória sobre a culpabilidade do agente e sobre a existência do próprio delito.

Pode-se comprovar essa adaptabilidade e flexibilidade da mediação penal com a constatação de que, no Brasil, ela já é uma realidade há mais de dez anos, através da implementação dos projetos pilotos nas cidades de Porto Alegre/RS, São Caetano do Sul/SP e no Distrito Federal, os quais, depois, se espalharam por várias outras cidades brasileiras.

Portanto, o que é essencial descobrir são os dispositivos legais que permitam o ingresso da mediação penal no âmbito do nosso processo penal, tarefa que não se apresenta das mais difíceis, pois há normas que ou demarcam espaços de consenso – principalmente no âmbito dos crimes de pequena e média potencialidade lesiva –, ou deixam uma considerável margem de liberdade para a intervenção decisória do juiz – mesmo nos crimes de grande potencial ofensivo.

Essas normas – aliadas a uma visão mais republicana e democrática do processo penal –, podem servir de esteio para a concretização de uma justiça penal mais humana, menos estigmatizante para o réu, com uma menor vitimização secundária para o ofendido e mais restauradora para ambos.

Como demonstraremos a seguir, o sistema penal brasileiro não precisa de mais uma lei para agasalhar os postulados da Justiça Restaurativa. Talvez não seja mesmo conveniente a edição de uma "lei de mediação penal" que, se vier a ser criada, certamente terá caráter extremamente minimalista, restringindo as práticas restaurativas que hoje podem, como veremos, ser amplamente utilizadas no Brasil[77].

A seguir, elencaremos os atos normativos que, segundo cremos, permitem a realização imediata da mediação penal no Brasil.

1. O Programa Nacional de Direitos Humanos (Decreto nº 7.037, de 21/12/2009)[78]

Inicialmente, cumpre mencionar que o Estado brasileiro vem andando a passos largos para o reconhecimento da importância da implementação da Justiça Restaurativa enquanto forma alternativa de resolução de conflitos criminais. Prova disso é que o Governo Federal reconheceu a relevância da Justiça Restaurativa ao aprovar o 3º Programa Nacional de Direitos Humanos, por meio do Decreto nº 7.037, de 21/12/2009 - PNDH-3.

Esse programa visa, dentre outras coisas, tratar as penas privativas de liberdade como última alternativa, propondo a redução da demanda por

---

[77] Veja-se o caso da lei de Portugal sobre a mediação penal de adultos (Lei nº 21/2007). Ela é claramente marcada por uma concepção minimalista da mediação penal, pois criou um regime da mediação em processo penal cuja incidência se limita à fase do inquérito (minimalismo temporal) e, para além disso, excluiu, de seu âmbito de abrangência, todos crimes públicos (minimalismo material).

[78] Confira-se o teor do Decreto em: <http://www.planalto.gov.br/ccivil_03/_Ato2007-2010/2009/Decreto/D7037.htm>. Acesso em 07 de outubro de 2014.

encarceramento e estimulando novas formas de tratamento dos conflitos, *"como as sugeridas pelo mecanismo da Justiça Restaurativa"*. Dentre seus objetivos, consta o incentivo a "projetos pilotos de *Justiça Restaurativa*, como forma de analisar seu impacto e sua aplicabilidade no sistema jurídico brasileiro". Dentre as ações programáticas, busca-se "desenvolver ações nacionais de elaboração de estratégias de *mediação de conflitos e de Justiça Restaurativa* nas escolas, e outras instituições formadoras e instituições de ensino superior, inclusive promovendo a capacitação de docentes para a identificação de violência e abusos contra crianças e adolescentes, seu encaminhamento adequado e a reconstrução das relações no âmbito escolar".

Portanto, embora esse decreto não tenha – nem deva ter – força de lei, trata-se de um ato normativo indicativo de que o Brasil caminha na direção de uma tendência atual que se apresenta talvez irrefreável: por um lado, a *autorregulação* dos litígios (em sentido amplo) e, por outro, a *desjudiciarização* dos conflitos criminais (de forma especial).

2. Resolução nº 125 do Conselho Nacional de Justiça (CNJ)[79]

A resolução nº 125 do CNJ, de 29 de novembro de 2010, instituiu a Política Judiciária Nacional de tratamento *adequado* dos conflitos de interesses no âmbito do Poder Judiciário, emprestando grande atenção aos métodos autocompositivos dos litígios, determinando a todos os Tribunais brasileiros a criação de *Núcleos Permanentes de Métodos Consensuais de Solução de Conflitos* (art. 7º, *caput*), que, no âmbito do processo penal, podemos apelidar de Núcleo de Justiça Restaurativa (NJR).

Na esfera criminal – e com base nos espaços de consenso da Lei dos Juizados Especiais Criminais (art. 73 da Lei nº 9.099/95) e do Estatuto da Criança e do Adolescente (arts. 112 e 116 da Lei nº 8.069/90) –, esses núcleos poderão, segundo aquela Resolução, "centralizar e estimular programas de mediação penal ou qualquer outro processo restaurativo, desde que respeitados os princípios básicos e processos restaurativos previstos na Resolução nº 2002/12 do Conselho Econômico e Social da Organização das Nações Unidas". (art. 7º, § 3º).

Como se percebe, esse ato normativo, apesar de sua natureza administrativa, é um importante instrumento de implementação da mediação

---

[79] Confira-se em: <http://www.cnj.jus.br/atos-administrativos/atos-da-presidencia/323-
-resolucoes/12243-resolucao-no-125-de-29-de-novembro-de-2010>. Acesso em 07 de outubro de 2014.

penal no Brasil, pois busca disseminar a cultura de paz, declarando o direito de todos à solução de seus conflitos pelos meios mais ajustados à natureza e peculiaridade deles, com o que se consagra uma visão *substancializada* da garantia de acesso à justiça, que, por ter ser uma exigência constitucional (art. 5º, XXXV, da CF), poderia mesmo ser aclarado por um ato emanado de um órgão estranho ao Poder Legislativo.

3. Lei dos Juizados Especiais Criminais (Lei nº 9.099/95)[80]

A Lei nº 9.099/1995 criou os Juizados Especiais Criminais com competência para a conciliação, o julgamento e a execução das infrações penais de menor potencial ofensivo (contravenções penais e os crimes a que a lei comine pena máxima não superior a dois anos, nos termos do art. 61, com a redação dada pela Lei nº 11.313/2006).

Em que pese seu caráter mais utilitarista do que restaurador – na medida em que visa essencialmente a economia de recursos e a celeridade processual –, o fato é que ela pode servir de "porta" de entrada da Justiça Restaurativa, pois o processo perante o Juizado Especial é orientado, dentre outros, pelos critérios da oralidade, simplicidade e informalidade, objetivando, sempre que possível, a reparação dos danos sofridos pela vítima e a transação penal (arts. 2º e 62).

Essa lei abre uma importante brecha para a mediação penal, seja porque já há uma pré-disposição cultural para a resolução consensualizada dos conflitos criminais de competência do Juizado Especial, seja porque ela instituiu mecanismos conciliatórios e despenalizadores que, se aceitos pelas partes, ensejam na extinção da punibilidade do autor do fato e no arquivamento do procedimento de persecução penal, como são os casos da composição civil dos danos e da transação penal[81].

---

[80] Confira a lei em: <http://www.planalto.gov.br/ccivil_03/leis/l9099.htm>. Acesso em 07 de outubro de 2014.

[81] Havendo composição civil dos danos – o que será possível quando se tratar de crime de ação penal de iniciativa privada ou de ação penal pública condicionada à representação –, o acordo das partes, homologado judicialmente, acarretará a renúncia ao direito de queixa ou representação (art. 74, parágrafo único), implicando na extinção da punibilidade do agente, nos termos do art. 107, V, do Código Penal. Não obtida a composição dos danos civis – e havendo representação do ofendido ou tratando-se de crime de ação penal pública incondicionada –, o Ministério Público poderá propor a aplicação imediata de pena restritiva de direitos ou multa (transação penal), que, se for aceita, será submetida à apreciação do juiz para fins de homologação (arts. 75 e 76).

OS NOVOS ATORES DA JUSTIÇA PENAL

Esses institutos despenalizadores, a despeito da sua vocação utilitarista, podem ser manejados com objetivos restaurativos. Para tanto, basta se encaminhar o procedimento criminal para o NJR – cuja criação foi ordenada pelo CNJ e, por isso, pode ser implementado por qualquer Juiz no âmbito de sua unidade judiciária –, onde as partes, com o auxílio do mediador, irão encontrar uma solução para o conflito que atenda às suas necessidades, solução essa que, se não afetar o núcleo essencial dos direitos fundamentais nem contrariar a lei, deverá ser acatada pelo Ministério Público e homologada pelo Juiz.

4. Estatuto da Criança e do Adolescente – ECA (Lei nº 8.069/90) e Sistema Nacional de Atendimento Socioeducativo – SINASE (Lei 12.594/12)[82]

A lei nº 8.069/90 dispõe sobre o Estatuto da Criança (pessoa de até doze anos de idade incompletos) e do Adolescente (pessoa entre doze e dezoito anos de idade), disciplinando o processo e julgamento dos atos infracionais (condutas descritas como crime ou contravenção penal) praticados por estes últimos.

Nos termos do art. 112, verificada a prática de um ato infracional, a autoridade judiciária, com observância do devido processo legal, poderá aplicar ao adolescente, além de medidas de proteção, as seguintes medidas socioeducativas: advertência; obrigação de reparar o dano; prestação de serviços à comunidade; liberdade assistida; inserção em regime de semiliberdade e internação em estabelecimento educacional.

Porém, o conflito emergente do ato infracional não precisa ter uma *solução adjudicada*, com a imposição de uma ou mais dessas medidas, pois o ECA prevê a possibilidade de, antes da sentença, conceder-se a *remissão* ao adolescente, atendendo às circunstâncias e consequências do fato, ao contexto social, bem como à personalidade do adolescente e sua maior ou menor participação no ato infracional, remissão essa que, com exceção da semiliberdade e da internação, poderá ser cumulada com qualquer outra medida socioeducativa, inclusive com a obrigação de reparar o dano e com a prestação de serviços à comunidade (arts. 126 e 127).

---

[82] Essas leis poderão ser consultadas, respectivamente, em: <http://www.planalto.gov.br/ccivil_03/leis/l8069.htm> e <http://www.planalto.gov.br/ccivil_03/_ato2011-2014/2012/lei/l12594.htm>. Acesso em 07 de outubro de 2014.

Diante desse quadro, é perfeitamente possível transmutar a remissão em uma boa prática restaurativa, bastando que o procedimento seja encaminhado para o NJR, onde as partes poderão fazer uma autocomposição do conflito, com o auxílio de um mediador, cujo acordo deverá, após parecer do Ministério Público, ser homologado pelo Juiz, pressuposta, é claro, a ausência de vício formal ou material no conteúdo do ajuste, nos termos já analisados antes.

Para além dessa possibilidade de mediação penal *pré-sentencial*, há previsão legal expressa de uma mediação penal *pós-sentencial* no âmbito da Justiça infantojuvenil, que se opera na fase de cumprimento das medidas socioeducativas aplicadas por sentenças transitadas em julgado. Com efeito, a Lei 12.594/12 instituiu o Sistema Nacional de Atendimento Socioeducativo – SINASE e determinou que a execução das sanções aplicadas aos adolescentes deve ser realizada, *prioritariamente*, com base em práticas restaurativas, nos termos do art. 35, III ("Art. 35. A execução das medidas socioeducativas reger-se-á pelos seguintes princípios: (...) III – prioridade a práticas ou medidas que sejam restaurativas e, sempre que possível, atendam às necessidades das vítimas").

5. Suspensão condicional do processo (art. 89 da Lei nº 9.099/95)

A suspensão condicional do processo está prevista no art. 89 da Lei nº 9.099/95. Esse instituto pode ampliar consideravelmente o âmbito de incidência da mediação penal, estendendo-a a crimes de médio potencial ofensivo, vez que permite a solução consensual nos delitos em que a pena mínima cominada for igual ou inferior a um ano (abrangidas ou não por aquela lei), o que abarca, por exemplo, nos termos do Código Penal brasileiro, o homicídio culposo (art. 121, § 3º), a lesão corporal grave (art. 129, § 1º), a apropriação indébita (art. 168, *caput*), o estelionato (art. 171, *caput*), o furto simples (art. 155, *caput*), a receptação simples (art. 180, *caput*), a destruição/subtração/ocultação de cadáver (art. 211), dentre tantos outros.

Nesses crimes, segundo aquela lei, o Ministério Público, ao oferecer a denúncia, poderá propor a suspensão do processo, por um período de dois a quatro anos, desde que, dentre outras condições, o acusado não esteja sendo processado ou não tenha sido condenado por outro crime. Aceita a proposta pelo acusado e seu defensor, o Juiz, caso receba a denúncia, poderá suspender o processo, submetendo o acusado a período de prova, mediante cumprimento de certas condições obrigatórias, dentre elas a obrigação de reparação do dano. Para além das condições legalmente impostas, o Juiz poderá especificar outras a que fica subordinada a suspensão, desde que adequadas ao fato e à situação pessoal do acusado. Expirado o prazo da suspensão sem revogação desse benefício, o juiz declarará extinta a punibilidade do agente.

Não se desconhece que a solução de consenso aí prevista é de cariz utilitarista, mais orientada para a abreviação do processo e, por isso, não conta com o protagonismo das pessoas envolvidas no litígio criminal, que dele não se apoderam, na medida em que a solução para o caso não prescinde da intervenção das autoridades judiciárias (*consenso vertical*). Porém, o Juiz, com a colaboração do Ministério Público, poderá realizar uma verdadeira *clivagem ideológica* desse instituto.

Com efeito, uma das condições para se suspender o processo é justamente a reparação dos danos causados com a infração (art. 89, § 1º, I), existindo ainda uma cláusula aberta que permite ao juiz "especificar outras condições a que fica subordinada a suspensão" (§ 2º). Assim, basta se socorrer do NJR e deixar as partes encontrarem uma solução pacífica para o conflito, modelando livremente o conteúdo do acordo, o qual poderá contar com a homologação judicial, que provocará a suspensão do processo e seu posterior arquivamento, caso o pacto seja cumprido.

Por fim, cumpre salientar que a mediação penal por meio da suspensão condicional do processo ainda tem uma vantagem acrescida. É que a suspensão só é possível após o oferecimento da denúncia pelo Ministério púbico e o seu recebimento pelo juiz, cujos atos pressupõem, em ambos os casos, a verificação da existência de fortes indícios de materialidade e de autoria de um crime, o que minimiza a possibilidade de se incluir na mediação meras incivilidades ou condutas penalmente insignificantes, as quais sequer devem ser consideradas crimes.

6. Perdão judicial

O perdão judicial é uma medida de política criminal através da qual ao juiz é facultado deixar de aplicar a pena, mesmo quando estejam comprovadas a autoria e a materialidade do crime e não esteja presente qualquer causa de exclusão da ilicitude do fato.

De acordo com o art. 120 do Código Penal brasileiro, o juiz poderá, na sentença, "conceder perdão judicial" nos casos expressamente previstos em lei, acarretando a extinção da punibilidade do agente, nos termos do art. 107, IX, do CP[83].

Esse perdão pode ser concedido, por exemplo, nos seguintes casos e nas circunstâncias especiais legalmente previstas: 1) crime de homicídio culposo (art. 121, § 5º, do CP); 2) crime de lesão corporal dolosa (art. 129, § 8º, do CP); 2) crime de injúria (art. 140, § 1º, do CP); 2) crime de apropriação indébita (art. 168-A, 3º, do CP); 3) crime de fraude (art. 176, parágrafo único, do CP); 4) crime de receptação culposa (art. 180, § 5º, do CP); 5) crime de "parto suposto, supressão ou alteração de direito inerente ao estado civil de recém-nascido" (art. 242, parágrafo único, do CP); 6) crime de subtração de incapazes (art. 249, § 2º, do CP); 7) crime de sonegação de contribuição previdenciária (art. 337-A, § 2º, do CP); e, 8) para os réus que colaborem efetiva e voluntariamente com a investigação e com o processo criminal (delação premiada)[84].

Nessas hipóteses, dependendo das circunstâncias do caso concreto, é possível que o *perdão judicial* possa representar uma *ponte* de transporte da Justiça Restaurativa para dentro do processo penal clássico, bastando que o magistrado, antes de decidir sobre a concessão do benefício, encaminhe o processo para o NJR, deflagrando o incidente de mediação penal, acatando o acordo modelado pelas partes e concedendo o perdão judicial com base nesse ajuste, desde que não seja manifestamente inconstitucional ou ilegal, nos termos aqui propostos de incidência do controle judicial.

7. Crimes de ação penal privada ou de ação penal pública condicionada à representação da vítima

Nos crimes de ação penal privada ou pública condicionada à representação da vítima, a vontade das partes é suficiente para afastar a intervenção penal.

Assim, basta o juiz encaminhar o caso para o procedimento de mediação penal, sendo que eventual acordo restaurativo implicará na renúncia ao

---

[83] O Código Penal brasileiro pode ser consultado em: <http://www.planalto.gov.br/ccivil_03/decreto-lei/del2848.htm>. Acesso em 07 de outubro de 2014.

[84] Como é o caso da lei que define crime organizado (art. 4º da Lei 12.850/2013); da lei de "proteção de vítimas e testemunhas ameaçadas" (art. 13 da Lei nº 9.807/99); e da lei que dispõe sobre crimes de "lavagem" ou ocultação de bens, direitos e valores (art. 1º, § 5º, da Lei nº 9.613/98).

OS NOVOS ATORES DA JUSTIÇA PENAL

direito de queixa ou de representação[85] do ofendido, devendo ser extinta a punibilidade do agente, por força do art. 107, V, do CP.

8. Crimes de ação penal pública incondicionada e a dosimetria da pena (art. 59 do CP)

Também é possível vislumbrar a possibilidade da mediação penal mesmo nos processos de crimes de ação penal pública incondicionada, fora daqueles casos em que é possível o perdão judicial.

Nessas hipóteses, basta que o juiz, antes de prolatar a sentença, remetam os autos para o núcleo de mediação penal e, realizado o pacto restaurativo, poderá levar seu conteúdo em consideração na fase de dosimetria da pena, na qual, segundo o art. 59 do CP, deverá o magistrado analisar, dentre outras coisas, a *personalidade do agente, os motivos, às circunstâncias e consequências do crime*, oportunidade em que estabelecerá, conforme seja *necessário e suficiente* para reprovação e prevenção do crime: *a)* as penas aplicáveis dentre as cominadas; *b)* a quantidade de pena aplicável, dentro dos limites previstos; *c)* o regime inicial de cumprimento da pena privativa de liberdade; *d)* a substituição da pena privativa da liberdade por pena alternativa, se cabível (nos termos do art. 44 do CP, com redação dada pela Lei nº 9.714/98).

Ora, considerando a larga liberdade decisória do juiz nessa fase crucial da sentença penal condenatória, não é difícil concluir que um magistrado com uma visão mais humanizada do direito penal poderá admitir que o conteúdo do acordo restaurativo reflita na quantidade da pena e no regime de cumprimento dela (aberto, semiaberto ou fechado) ou utilize o pacto para embasar a aplicação de uma pena alternativa no lugar de uma privativa de liberdade, quando isso for possível.

Por fim, seguindo essa mesma lógica, é possível implementar a mediação penal, independentemente da natureza e gravidade do crime, na fase de execução da penal (*mediação penal pós-sentencial*). Isso quer em razão dos espaços de discricionariedade que a lei de execuções penais (Lei nº 7.210/84) oferece ao juiz no momento de decidir sobre algum benefício para o condenado; quer mesmo por razões meramente relacionais ou emo-

---

[85] A renúncia do direito de representação, embora não esteja prevista no Código Penal, está contida no art. 74, parágrafo único, da Lei nº 9.099/95 e pode ser aplicada analogicamente a qualquer crime de ação penal pública condicionada, nos termos do art. 3º do CPP.

cionais, sem qualquer reflexo no cumprimento da pena, pois a Justiça Restaurativa não visa apenas evitar ou diminuir a sanção penal, mas também – talvez principalmente – *pacificar a dimensão pessoal ou interpessoal* do conflito criminal. O simples *encontro restaurativo* da vítima, ou de seus parentes, com o condenado poderá satisfazer tal desiderato.

CONCLUSÃO

O princípio da reserva de função jurisdicional obstaculiza o exercício, por terceiros estranhos ao Poder Judiciário, da função típica e materialmente jurisdicional, que é confiada, com exclusividade, aos órgãos do Poder Judiciário.

A reserva de jurisdição decorre do princípio de Estado de Direito e constitui um mecanismo de concretização do princípio da separação dos poderes (*eficácia interorgânica* da reserva de jurisdição) e de proteção dos direitos fundamentais das pessoas (*eficácia extraorgância* ou *desorganicizada*).

Em quaisquer dessas perspectivas, a reserva de jurisdição visa resguardar, contra a ação de terceiros, os atos inseridos no *núcleo essencial* da função *materialmente* jurisdicional, só legitimamente praticáveis por um membro do Poder Judiciário. Esse núcleo irredutível de competência jurisdicional estará sempre presente nos casos de conflito de interesses cuja solução puder acarretar algum *risco de restrição a direitos fundamentais*, sendo esse um critério seguro para identificar os casos de reserva de jurisdição não positivados, isto é, os casos em que há *monopólio implícito da primeira palavra*.

Em uma análise mais apressada, poder-se-ia concluir que a mediação penal – em razão de sua natureza extrajudicial, autocompositiva e, por isso, desjudiciarizada –, seria incompatível com o princípio da reserva de jurisdição e, por consequência, com a própria Constituição. Ao contrário disso, contudo, o princípio constitucional do acesso à justiça (art. 5º, XXXV, da CF e art. 20 da CRP) postula a implementação dessa forma alternativa de resolução de conflitos penais. Com efeito, sob o ponto de vista axiológico, o postulado do acesso à justiça é um dos elementos fundantes do Estado Democrático de Direito e, nessa medida, não pode significar apenas o direito formal de alcance dos órgãos judiciais. Antes reclama a garantia de acesso a uma *ordem jurídica justa* que assegure a todos o direito à resolução de litígios criminais pelos meios mais *ajustados à natureza e especificidade da relação conflitual*, o que só se verificará, em determinados casos, com a atuação da Justiça Restaurativa.

No Brasil, embora não exista ainda uma lei que discipline e autorize, uniforme e genericamente, a mediação penal, é possível a utilização dessa prática restaurativa, pois ela não pressupõe, necessariamente, uma disciplina legal específica para ser implementada. Realmente, as práticas restaurativas são flexíveis e se satisfazem com dispositivos legais que, por um lado, autorizem o desfecho da persecução penal através de soluções consensuais ou, por outro, concedam ao juiz uma margem de liberdade que o permita agir de acordo com os ideais restaurativos.

Assim – aproveitando-se dos espaços de consenso no processo penal e na linha da Política Judiciária Nacional de tratamento adequado dos conflitos de interesses no âmbito do Poder Judiciário, instituída pelo CNJ (Resolução nº 125) –, poderão servir de "portas" de entrada para a Justiça Restaurativa tanto a Lei dos Juizados Especiais Criminais (Lei nº 9.099/95) quanto o Estatuto da Criança e do Adolescente – ECA (Lei nº 8.069/90), além da lei do Sistema Nacional de Atendimento Socioeducativo – SINASE (Lei 12.594/12).

Para além disso, a larga liberdade decisória do juiz no processo penal poderá ser um fator facilitador da utilização das práticas restaurativas, seja por meio do instituto do perdão judicial ou da delação premiada, seja na fase da dosimetria da pena, seja ainda no estágio da execução penal. Ademais, os crimes de ação penal privada ou pública condicionada à representação da vítima abrem mais uma "janela" para a Justiça Restaurativa, tendo em vista que, nesses casos, a vontade das partes é suficiente para afastar a intervenção penal.

Em suma, pensa-se ser possível introduzir uma efetiva cultura da solução pacífica dos conflitos por meio da mediação penal, que pode ser operada com o simples aperfeiçoamento e adaptação das normas consagradoras de espaços de consenso no processo penal ou de zonas de discricionariedade judicial, como o que se reduzirá a excessiva judicialização da vida, em harmonia com a tendência atual de *autorregulação* dos litígios, de *despublicização* do direito penal e de *desjudiciarização* dos conflitos criminais.

REFERÊNCIAS BIBLIOGRÁFICAS

ALEXY, Robert. *Teoria dos direitos fundamentais*. Tradução de Virgílio Afonso da Silva. 2. ed., São Paulo: Malheiros, 2011.

ALMEIDA, Carlota Pizarro. *Despublicização do Direito Criminal*. Lisboa: Associação Acadêmica da Faculdade de Direito de Lisboa, 2000.

ANDRADE, José Carlos Vieira de. *Os direitos fundamentais na Constituição Portuguesa de 1976*. 2 ed., Coimbra: Almedina, 2012.

ANJOS, Leonardo Fernandes. Expansão dos instrumentos de jurisdição constitucional no Supremo Tribunal Federal e o ativismo judicial processual. *In*: OLIVEIRA, Umberto Machado de; ANJOS, Leonardo Fernandes dos (Coords.). *Ativismo judicial*. Curitiba: Juruá editora, 2010, p. 137-174.

ASCENSÃO, José de Oliveira. *A reserva constitucional de jurisdição*. Revista "O Direito", Lisboa, ano 123, II-III, 1991, p. 464-485.

CANOTILHO, José Joaquim Gomes. *Direito Constitucional e Teoria da Constituição*. 7. ed., Coimbra: Almedina, 2003.

_____; MOREIRA, Vital. *Constituição da República Portuguesa Anotada*. 4. ed., Coimbra: Coimbra Editora, 2007, v. 1.

_____; _____. *Constituição da República Portuguesa Anotada*. 4. ed. Coimbra: Coimbra Editora, 2010. v. 2.

COELHO, Inocêncio Mártires. O perfil constitucional do Estado contemporâneo: o estado democrático de direito. *In*: *Revista de informação legislativa*, v. 30, n. 118, abr./jun. 1993, p. 5-18. Disponível em: <http://www2.senado.leg.br/bdsf/bitstream/handle/id/176121/000476716.pdf?sequence=3>. Acesso em 11 de setembro de 2014.

COMPARATO, Fábio Konder. *A afirmação histórica dos direitos humanos*. 7. ed. São Paulo: Saraiva, 2013.

GALANTER, Marc. Direito em Abundância: a actividade legislativa no Atlântico Norte. *Revista Crítica de Ciências Sociais*. nº 36, fevereiro de 1993. Coimbra: Centro de Estudos Sociais, p. 103-145.

HESSE, Konrad. *Elementos de Direito Constitucional da República Federal da Alemanha*. Tradução de Luís Afonso Heck. Porto Alegre: Sérgio Antonio Fabris, 1998.

LEWANDOWSKI, Ricardo. Discurso de posse do presidente do STF, proferido em 10 de setembro de 2014. Disponível em: <http://www.stf.jus.br/arquivo/cms/noticiaNoticiaStf/anexo/discursoMinistroRL.pdf>. Acesso em 12 de setembro de 2014.

MARMELSTEIN, George. O ativismo dos juízes na perspectiva da filosofia moral. *In*: OLIVEIRA, Umberto Machado de; ANJOS, Leonardo Fernandes dos (Coords.). *Ativismo judicial*. Curitiba: Juruá editora, 2010, p. 13-88.

MIRANDA, Jorge. *Manual de Direito Constitucional*: direitos fundamentais. 5 ed., Coimbra: Coimbra Editora. 2000, v. 4.

_____. *Manual de Direito Constitucional*: Direitos Fundamentais. 3. ed., Coimbra: Coimbra Editora, 2012. v. 4.

MONTESQUIEU, Charles Louis de Secondat, barão de La Brède e de. *Do espírito das leis*. Introdução, tradução e notas de Miguel Morgado. Lisboa: Edições 70, 2011.

MORAIS, Carlos Blanco de. *Justiça Constitucional*: garantia da Constituição e controlo da constitucionalidade. 2. ed. Coimbra: Coimbra Editora, 2006, v. 1.

OS NOVOS ATORES DA JUSTIÇA PENAL

PELUZO, Cezar. *Discurso de posse do presidente do STF*, proferido em 23 de abril de 2010. Disponível em: <http://www.stf.jus.br/arquivo/cms/publicacaoPublicacaoInstitucional-PossePresidencial/anexo/Plaqueta_de_Posse_na_Presidencia__Min._Cezar_Peluso.pdf>. Acesso em 05 de setembro de 2014.

PIÇARRA, Nuno. *A separação dos poderes como doutrina e princípio constitucional*: um contributo para o estudo de suas origens e evolução. Coimbra: Coimbra Editora, 1989.

QUEIRÓ, Afonso Rodrigues. A função administrativa. *Revista de Direito e de Estudos Sociais*, ano 24, nᵒˢ 1-2-3, p. 1-48, Janeiro-Setembro, 1977.

QUEIROZ, Cristina. *Direito Fundamentais*: teoria geral. 2. ed. Coimbra: Coimbra Editora, 2010.

RAMOS, Elival da Silva. *Ativismo judicial*: parâmetros dogmáticos. São Paulo: Saraiva, 2010, p. 115.

RANGEL, Paulo Castro. *Repensar o poder judicial: fundamentos e fragmentos*. Porto: Universidade Católica, 2001.

_____. *Reserva de Jurisdição*: sentido dogmático e sentido jurisprudencial. Porto: Universidade Católica Portuguesa, 1997.

RODRIGUES, Anabela Miranda. A jurisprudência constitucional portuguesa e a reserva do juiz nas fases anteriores ao julgamento ou a matriz basicamente acusatória do processo penal. *In: Colóquio comemorativo do XXV aniversário do Tribunal Constitucional*, Lisboa, 2008. XXV anos de jurisprudência constitucional portuguesa. Coimbra: Coimbra Editora, 2009, p. 47-65.

SANTOS, Cláudia Cruz. *A Justiça Restaurativa: um modelo de reação ao crime diferente da justiça penal*: porquê, para quê e como? Coimbra: Coimbra Editora, 2014.

_____. A mediação penal: uma solução divertida? *In*: Colóquio em Homenagem ao Instituto Brasileiro de Ciências Criminais. *Justiça penal Portuguesa e Brasileira*: tendências de reforma. São Paulo: IBCCRIM, 2008, p. 31-42.

SARLET, Ingo Wolfgang. *A eficácia dos direitos fundamentais*: uma teoria geral dos direitos fundamentais na perspectiva constitucional. 11 ed., Porto Alegre: Livraria do Advogado Editora, 2012.

SICA, Leonardo. Bases para o modelo brasileiro de justiça restaurativa. *In: Novas direções na governança da Justiça e da Segurança*. Slakmon, Catherine; Machado, Maíra Rocha; Bottini, Pierpaolo Cruz (orgs.). Brasília-DF: Ministério da Justiça, 2006.

_____. Justiça Restaurativa: Críticas e Contra críticas. *Revista IOB de Direito Penal e Processo Penal*, Porto Alegre, v.. 8, n. 4, 7, p. 158-189dez. 2007/jan. 2008.

URBANO, Maria Benedita. *Curso de Justiça Constitucional*: evolução histórica e modelos do controlo da constitucionalidade. Coimbra: Almedina, 2013.

VAZ, Manuel Afonso. *Lei e reserva da lei*: a causa da lei na Constituição Portuguesa de 1976. 2. ed. Coimbra: Coimbra Editora, 2013.

VILARES, Fernanda Regina. *A reserva de jurisdição no processo penal*: dos reflexos no inquérito parlamentar. Dissertação (Mestrado em Direito) – Departamento de Direito Processual Penal, Universidade de São Paulo. São Paulo, 2010.

WATANABE, Kazuo. *Cognição no processo civil*. 4 ed., São Paulo: Saraiva, 2012.

_____. *Política Pública do Poder Judiciário Nacional para tratamento adequado dos conflitos de interesses*. Disponível em: <http://www.tjsp.jus.br/Download/Conciliacao/Nucleo/ParecerDesKazuoWatanabe.pdf>. Acesso em 05 de setembro de 2014.

A MEDIAÇÃO PENAL NO BRASIL E O PRINCÍPIO DA RESERVA DE JURISDIÇÃO

ZAGREBELSKY, Gustavo. *La ley y su justicia*: tres capítulos de justicia constitucional. Tradução espanhola de Adela Mora Cañada e Manuel Martínez Neira. Madrid: Trotta, 2014.

Referências Legislativas e Jurisprudências

Brasil – Legislação:
BRASIL. *Constituição da República Federativa do Brasil*, de 5 de outubro de 1988. Disponível em: <http://www.planalto.gov.br/ccivil_03/constituicao/Constituicao.htm>.
_____. *Decreto nº 7.037*, de 21 de dezembro de 2009. Aprova o Programa Nacional de Direitos Humanos - PNDH-3 e dá outras providências. Disponível em: <http://www.planalto.gov.br/ccivil_03/_Ato2007-2010/2009/Decreto/D7037.htm>. Acesso em 07 de outubro de 2014.
_____. *Lei n. 9.099*, de 27 de setembro de 995. Lei dos Juizados Especiais. Disponível em: <http://www.planalto.gov.br/ccivil_03/leis/l9099.htm>. Acesso em 07 de outubro de 2014.
_____. *Lei n. 8.069*, de 13 de julho de 1990. Estatuto da Criança e do Adolescente – ECA. Disponível em: <http://www.planalto.gov.br/ccivil_03/leis/l8069.htm>.
_____. *Lei n. 12.594*, de 18 de janeiro de 2012. Sistema Nacional de Atendimento Socioeducativo – SINASE. Disponível em: <http://www.planalto.gov.br/ccivil_03/_ato2011-2014/2012/lei/l12594.htm>. Acesso em 07 de outubro de 2014.
_____. *Decreto-Lei n. 2.848*, de 7 de dezembro de 1940. Código Penal brasileiro. Disponível em: <http://www.planalto.gov.br/ccivil_03/decreto-lei/del2848.htm>. Acesso em 07 de outubro de 2014.
CONSELHO NACIONAL DE JUSTIÇA – CNJ. *Resolução n. 125*, de 29 de novembro de 2010. Disponível em: <http://www.cnj.jus.br/atos-administrativos/atos-da--presidencia/323-resolucoes/12243-resolucao-no-125-de-29-de-novembro-de-2010>. Acesso em 07 de outubro de 2014.

Brasil-Jurisprudência:
BRASIL. Supremo Tribunal Federal. *Mandado de Segurança nº 23.452/RJ*. Estado do Rio de Janeiro. Relator: Ministro Celso de Mello, julgamento: 16/09/1999, DJ 12-05-2000. Disponível em: <http://redir.stf.jus.br/paginadorpub/paginador.jsp?docTP=AC&docID=85966>. Acesso em 08 de outubro de 2014.
_____. *Mandado de Segurança nº 23.639/DF*, Distrito Federal. Relator: Ministro Celso de Mello, Julgamento: 16/11/2000, DJ 16-02-2001. Disponível em: <http://redir.stf.jus.br/paginadorpub/paginador.jsp?docTP=AC&docID=85997>. Acesso em 08 de outubro de 2014.
_____. *Mandado de Segurança nº 23.652/DF*. Distrito Federal. Relator: Ministro Celso de Mello, julgado em 22/11/2000, DJ 16-02-2001. Disponível em: <http://redir.stf.jus.br/paginadorpub/paginador.jsp?docTP=AC&docID=86000>. Acesso em 08 de outubro de 2014.
_____. *Mandado de Segurança nº 23.446/DF*. Distrito Federal. Relator original: Ministro Ilmar Galvão. Relator para o acórdão: Ministro Nelson Jobim, Julgado em 18/08/1999,

OS NOVOS ATORES DA JUSTIÇA PENAL

DJ 09-11-2007. Disponível em: <http://redir.stf.jus.br/paginadorpub/paginador. jsp?docTP=AC&docID=493844>. Acesso em 08 de outubro de 2014.

Portugal-Legislação/jurisprudência:
PORTUGAL. *Acórdãos do Tribunal Constitucional de Portugal*. Disponíveis em: <http://www. tribunalconstitucional.pt/tc/acordaos/>.

_____. *Constituição da República Portuguesa*, de 2 de Abril de 1976. Disponível em: <http:// www.tribunalconstitucional.pt/tc/crp.html#art20>.

_____. Lei n. 21, de 12 de junho de 2007. Cria o regime da mediação penal de adultos em Portugal. Disponível em: <http://www.presidenciaue.parlamento.pt/CJustica/ leis/212007.pdf>. Acesso em 09 de outubro de 2014.

_____. Lei n. 112, de 16 de setembro de 2009. Estabelece o regime jurídico aplicável à prevenção da violência doméstica, à proteção e à assistência das suas vítimas. Disponível em: <http://dre.pt/pdf1s/2009/09/18000/0655006561.pdf>. Acesso em 09 de outubro de 2014.

_____. Lei n. 115, 12 de outubro de 2009. Aprova o Código da Execução das Penas e Medidas Privativas da Liberdade. Disponível em: < http://www.pgdlisboa.pt/leis/lei_ mostra_articulado.php?nid=1147&tabela=leis>. Acesso em 09 de outubro de 2014.

_____. Decreto-Lei nº 51, de 11 de Abril de 2011. Regulamento Geral dos Estabelecimentos Penais. Disponível em: <http://www.pgdlisboa.pt/leis/lei_mostra_estrutura. php?tabela=leis&artigo_id=1317A0023&nid=1317&nversao=&tabela=leis&so_miolo= >. Acesso em 09 de outubro de 2014.

A Mediação Penal-Restaurativa e o Processo Penal-Consensual: uma discussão acerca da verdade a partir da Lei nº 21/2007, de 12 de Junho

PEDRO SÁ MACHADO

Mestre em Ciências Jurídico-Criminais pela Faculdade
de Direito da Universidade de Coimbra

I. Duas breves advertências justificam-se antes de iniciarmos as nossas reflexões: a primeira de ordem sistemático-conceitual, relacionada com a noção de verdade, e a segunda de ordem metodológica, no âmbito do processo de mediação penal.

O risco de nos alargarmos para além de um esforço de conotação jurídica é evidente quando falamos em verdade. Aliás, "a verdade", por si só, depurada de contexto, poderá ter, no nosso pensamento, um qualquer substracto científico, filosófico ou metafísico. Arriscamos concluir que do pensamento da verdade só se pode extrair uma ideia subjectiva da verdade, dentro dos limites nos quais se apresenta; ou talvez nos resignemos a dizer que a verdade não existe, sempre que não julgarmos que a verdade é só uma, de averiguação teorético-científica ou espiritual. Contudo, não procuramos aqui a ideia da fenomenologia da verdade nem tão-pouco a retórica para o seu existencialismo. Abandonemos definitivamente a verdade em tudo autónoma de um juízo de decisão jurisdicional. E, assim, falamos de justiça penal: procuramos uma verdade processualmente válida, intra-

OS NOVOS ATORES DA JUSTIÇA PENAL

-sistemática[1]. Não significa que se trata de algo mais esclarecedor. Escrevia Francesco Carnelutti, em tom quase-indignado: "Sem dúvida, isto de duas verdades, a verdade da defesa e a verdade da acusação, é um escândalo; mas é um escândalo do qual o juiz tem necessidade a fim de que não seja um escândalo o seu juízo." [2].

E é aqui que se insere a nossa segunda advertência: falamos também de *justiça restaurativa*. Quando nos enquadramos no procedimento de mediação penal à luz da Lei nº21/2007, de 12 de Junho, devemo-nos afastar do sistema e dos princípios típicos de justiça penal[3]. Então, poder-se-á dizer que não é aquele "escândalo" que está em causa e não é aquela verdade que se discute. Pelo menos não complemente. Temos, pois, de procurar a proposta restaurativa fora da justiça penal, confrontando as diferenças.

II. Reconhece-se, porém, que não é fácil conceptualizar um instrumento adjectivo enxertado no próprio processo penal que não serve a justiça penal. Sobretudo porque falamos de modelos de reacção ao crime. A própria evidência de ser admissível uma mediação emergente de factos penalmente relevantes demonstra que o fundamento legal deste mecanismo de diversão é o carácter criminoso desses mesmos factos. É, pois, manifesto que esta mediação tem uma específica referência jurídico-penal. Contudo, se assim é em relação à questão substantiva, logo nos damos conta de particulares características do processo (cfr. Lei nº 21/2007, de 12 de Junho) que não têm correspondência com o processo penal comum previsto no Código de Processo Penal (CPP), considerando, sobretudo, a

---

[1] Alerta-nos para questões importantes como as relacionadas com os métodos proibidos de prova (cfr. 126º, CPP). Mais perto do que pretendemos, ainda que não se aplique à mediação penal: "....a verdade que se alcança no momento da aplicação da norma de homicídio é tão-só uma verdade intra-sistemática processualmente válida. Não é a verdade ontológica. Não é a verdade do juízo existencial. Não é a verdade sequer do juízo histórico. É a verdade que as regras processuais permitem e que a decisão jurisdicional legitima". *In* Costa, José de Faria, *Linhas de Direito Penal e de Filosofia. Alguns cruzamentos reflexivos*, Coimbra: Coimbra editora, 2005, pp. 98-99 ; cfr., também, Dias, Jorge de Figueiredo, *Direito Processual Penal*, primeiro volume, Coimbra: Coimbra Editora, 1981, pp. 193-194.

[2] Cfr. Carnelutti, Francesco, *As misérias do processo penal*, Campinas, Conan, 1995, p. 20

[3] O método seguido permite-nos ficar menos apegados aos princípios e regras típicas e tradicionais do processo penal, reconstruindo-as no âmbito da mediação penal. Seguimos a lógica e o ensinamento de Santos, Cláudia Cruz, *A Justiça Restaurativa: um modelo de reação ao crime diferente da justiça penal porquê, para quê e como?* , 1ª edição, Coimbra: Coimbra Editora, 2014, p. 407, nota 660.

desjurisdicionalização, a vontade de participação, a obrigatória contribuição de conteúdo do arguido na celebração de um acordo e a equivalência desse mesmo acordo a uma desistência de queixa por parte do ofendido. E justamente por isso pensamos que no processo de mediação não está tanto em causa a *imposição* ou a *proposição*[4] de uma justiça penal mas a realização consensual de uma justiça restaurativa. Porventura seja essa uma razão para não se lhe chamar mediação penal mas *mediação restaurativa*. São mesmo os próprios intervenientes, arguido e assistente – com a ajuda de um novo actor, o mediador penal – que procuram restaurar um facto de outro modo entregue ao juízo de autoridade judiciária. Todavia, não negamos que se tivermos como referência o facto ilícito-típico e não o processo, esta mediação só tem lugar face a indícios da prática de crime, tratando-se, naturalmente, de uma mediação penal. Ou seja, procurando fazer sentido, podemos dizer que a mediação não só é penal-substantiva como é também restaurativa-adjectiva, e, por isso, simultaneamente *penal-restaurativa*.

Deste modo, se, por um lado, há uma correspondência funcional entre o direito processual penal e a mediação penal, traduzida na *aplicação-realização* concreta do direito penal, por outro lado, não deixa de haver uma divergência em relação ao modo de *aplicação-actuação* que possibilita o acesso à verdade e a realização da justiça[5]. Na perspectiva do direito que se visa realizar, em ambos os casos poderá estar em causa a integridade física e psíquica, a liberdade de decisão e acção, a honra, a propriedade, a privacidade, a memória de pessoa falecida, e por aí adiante[6]. Mas diferentemente se passam as coisas quanto aos valores de actuação. O processo

---

[4] Referimo-nos a uma proposta de justiça penal sempre que o arguido poderá dar o seu consentimento a essa mesma justiça: sucede assim no âmbito da suspensão provisória do processo e do processo sumaríssimo. Teremos oportunidade de desenvolver esta ideia.

[5] Cfr., na lição de Neves, António Castanheira, *Sumários de Processo Criminal* (1967-1968), Coimbra, 1968, pp. 3-4, a "essência-ideia do direito processual criminal".

[6] Fizemos referência a bens jurídicos de crimes passíveis de serem mediados, visto que, como é evidente, a mediação penal tem um âmbito mais restrito de aplicação que o próprio processo penal. Em relação aos bens jurídicos, cfr. anotações aos artigos 141º (ofensa à integridade física), 153º (ameaça), 154º (coacção), 180º (difamação), 181º (injúria), 185º (ofensa à memória colectiva), 203º (furto) e 212º (dano), todos do Código Penal (CP), em Albuquerque, Paulo Pinto de, *Comentário do Código Penal à Luz da Constituição da República e da Convenção Europeia dos Direitos do Homem*, Lisboa: Universidade Católica Editora, 2008. Para um quadro completo dos crimes passíveis de mediação penal, cfr. Beleza, Teresa Pizarro / Melo, Helena Pereira de, *A Mediação Penal em Portugal*, Colecção Speed, Coimbra: Edições Almedina, 2012, p. 81.

OS NOVOS ATORES DA JUSTIÇA PENAL

penal procura uma *verdade material*[7] ao passo que a mediação penal basta-se com uma *verdade consensual privada*[8]. Com efeito, para dar respostas simplificadas à pequena criminalidade, o processo penal prescinde da *verdade material* e devolve a verdade do conflito aos próprios intervenientes, isto é, reconhece-lhes capacidade para gerir o seu próprio conflito através de uma instância restaurativa. Quer isto dizer que a necessidade de harmonizar o interesse na persecução da verdade com o interesse em salvaguardar direitos individuais não é a mesma. Isto também significa que a forma de provar as hipóteses puníveis pelo direito penal poderá ser incontestavelmente diferente.

No CPP está reconhecida a importância da *verdade*, em juízo de ponderação, p. ex., para proceder oficiosamente a diligências (50º, nº 2), colaborar com o tribunal (53, nº 1), dar conhecimento a determinadas pessoas do conteúdo de acto ou de documento em segredo de justiça (86º, nº 9, al. *a*)), dar esclarecimento público (86º, nº 13), informar (141º, nº 4, al. *e*)), formular perguntas (141º, nº 6; 146º nº 4), determinar meios de prova e meios de obtenção de prova (158º, nº 1; 179º, nº 1, *c*); 181º, nº 1; 187º, nº 1) ou para fundamentar despacho que aplica determinada medida de coação ou de garantia patrimonial (194º, nº 6, al. *b*)). E desta conjuntura se retira a influência que a verdade tem no âmbito da investigação em processo penal[9], orien-

---

[7] Relembramos as lições de Figueiredo Dias: "Por isso se diz que em processo penal está em causa, não a "verdade formal", mas a "verdade material", que há-de ser tomada em duplo sentido: no sentido de uma verdade subtraída à influência que, através do seu comportamento processual, a acusação e a defesa queiram exercer sobre ela; mas também no sentido de uma verdade que, não sendo "absoluta" ou "ontológica", há-de ser antes de tudo uma verdade judicial, prática e, sobretudo, não uma verdade obtida a todo o preço mas processualmente válida". Em Dias, Jorge de Figueiredo, *Direito Processual Penal, op. cit.,* 1981, pp. 193-194

[8] Que está indiciada em: Ibáñez, Perfecto Andrés, "Justiça de oportunidade: uma alternativa não jurisdictional ao processo penal", *Legalidade versus Oportunidade,* Sindicato dos Magistrados do Ministério Público, Lisboa: Editorial Minerva, 2002, p. 68: "Assim acontece quando na defesa do princípio da oportunidade se invoca um novo paradigma de verdade processual, alcançável de forma cooperante mediante a colaboração das partes"... e mais adiante, "Com o corolário óbvio de que uma verdade de natureza consensual goza de compatibilidade essencial com o reconhecimento às partes do princípio dispositivo.".

[9] As próprias testemunhas prestam um juramento, "Juro, por minha honra, dizer toda a verdade e só a verdade" (cfr. 91º nº1 e 132º nº 1, al. *d*), CPP), podendo incorrer em crime de falsidade de testemunho quanto valham depoimentos falsos. O assistente e as partes civis de igual forma ficam sujeitos ao dever de verdade e respondem penalmente pela sua violação (cfr. 145º nº2 CPP).

tada particularmente para a recolha da prova, isto é, orientada para factos juridicamente relevantes que determinam a existência ou inexistência do crime (cfr. 124º, nº 1, CPP)[10].

Já no caso da mediação penal domina, pelo contrário, a *relação interpessoal* entre o arguido e ofendido[11], transferindo-se para a esfera privada os meios para atingir a verdade. Deste jeito, admite-se que a reconstrução dos factos seja feita em privado na sessão de mediação, *no diálogo* entre o ofendido e o autor da ofensa. Sendo assim, trata-se de uma *verdade privada* que só terá em conta factos alegados e provas trazidas pelos sujeitos do conflito, sacrificando-se o princípio da investigação próprio do processo penal: o que o MP assegura são indícios da prática de crime (cfr. 3º nº 1, Lei nº 21/2007, de 12 de Junho) – uma *verdade indiciada pública*, remetendo o processo para mediação e dispensando a realização de quaisquer outras diligências de investigação. E note-se bem, na medida em que se prescinde de um juízo de verosimilhança *suficiente* em relação à veracidade dos factos trazidos à instância restaurativa, poderá não haver uma *verdade suficiente* para preencher os pressupostos de uma eventual acusação (cfr. 281º nº 1 e nº 2 CPP). Dir-se-ia que, com o seu papel passivo, o MP "denega" a *justiça penal*, uma vez que não promove, conduz, decide ou pratica actos de investigação oficiosa para a descoberta da verdade; mas, como adentro de outro modelo de *aplicação-actuação*, a tal propósito, não "denega" a *justiça restaurativa*. Em causa o pressuposto metodológico acima advertido.

A mediação penal não nos oferece, sendo assim, um juiz a dar a mais clara qualificação jurídica ao facto nem uma preocupação com a existência ou não desse mesmo facto, uma vez que a verdade que fundamenta a pretensão *do acordo* é remetida à decisão dos sujeitos participantes e nunca ultrapassa o que foi consensualizado. Não se pode, neste caso, obviar à inactividade dos intervenientes na discussão acerca da verdade, pouco importando a convicção pública para além dos meros indícios: o que só poderá ser compatível com a *aplicação-realização* da justiça restaurativa. O contexto restaurativo não é o da aplicação de uma sanção estadual e

---

[10] Como sabemos, o Ministério Público (MP) é o *dominus* do inquérito (cfr. 267º CPP) e quando estão em causa direitos fundamentais requer-se o deferimento ou a competência exclusiva do juiz de instrução criminal para a prática de determinados actos (cfr. 268º e 269º CPP). Cfr., ainda, cfr. 32º, nº 4, Constituição da República Portuguesa (CRP), na parte em que não permite delegar noutras entidades a prática de actos que não se prendam directamente com direitos fundamentais.

[11] Cfr. Santos, Cláudia Cruz, *A Justiça Restaurativa... op. cit.*, 2014, p. 648

OS NOVOS ATORES DA JUSTIÇA PENAL

coactiva mas, para um número restrito de crimes particulares *lato sensu*, o da consensualidade dos sujeitos do conflito. A mediação assim entendida, no confronto com a imposição de uma responsabilidade através da pena, constitui uma *aliud* ao sistema penal[12]. E tendo a possibilidade de a qualquer momento abandonar a instância restaurativa (cfr. 4º nº 2, Lei nº 21/2007, de 12 de Junho), é pensável que o arguido vá aceitar um acordo que entenda ser injusto? O objectivo é exactamente que se assumam responsabilidades em uma *justiça comunicacional*, mais participada, baseada no diálogo entre ofendido e ofensor[13]. Está em causa uma responsabilidade *pessoal* que não se confunde com a responsabilidade penal e, por essa razão, não há dúvidas que a mediação penal é necessariamente uma *região normativa* da justiça restaurativa e não da justiça penal. Por este princípio, o MP deixa mesmo de ter o poder-dever de esclarecimento acerca do que foi acordado.

Controverso, é evidente, no âmbito *processual penal*, se considerarmos que, nas palavras de Castanheira Neves, "...o triunfo da verdade material implica igualmente a decisiva consequência de não poder findar-se o juízo probatório senão na prova efectiva dos factos.[14]". Aqui, diversamente, por via de regra, o MP pode e deve substituir-se à actividade dos sujeitos processuais na procura da verdade, descobrindo e recolhendo provas suficientes (cfr. 50º, nº 2 e 262º, nº 1 CPP). Não obstante, nem sempre terá que ser assim no espaço das diversas finalidades dos institutos processuais penais. Basta relembrar que em processo abreviado (cfr. 391º-A e ss, CPP), havendo provas "simples e evidentes" de que resultem *indícios suficientes* de se ter verificado crime, o MP pode decidir pela *dispensabilidade da investigação*[15].

---

[12] De acordo com Santana, Luis Gordillo, *La justicia restaurativa y la mediación penal*, Madrid: Iustel, 2007, p. 200: "La mediación, así entendida, como la contribución autónoma al restablecimiento de la paz jurídica a través de la asunción voluntaria de la responsabilidad, constituye um *aliud* frente a la exigencia coactive de responsabilidad a través de la pena, pero también un *aliud* frente a la simple condena al resarcimiento del daño".

[13] Cfr. Castro, Josefina, "O processo de mediação em matéria penal", *Revista do Ministério Público*, ano 27, nº 105, Jan-Mar 2006, p. 153

[14] Cfr. António Castanheira, *Sumários de Processo Criminal* (1967-1968), Coimbra, 1968, p. 43

[15] No Acórdão do Tribunal da Relação de Lisboa de 07/03/2007 (Relator: Carlos Almeida), consta no sumário que "A existência de provas simples e evidentes de se ter verificado o crime e de quem foi o seu agente justifica, no processo abreviado, a simplificação ou mesmo a dispensa do inquérito, não importando qualquer diminuição das garantias de defesa na fase de julgamento". O Acórdão da Relação do Porto de 26/10/2011 (Relator: Maria Leonor

A MEDIAÇÃO PENAL-RESTAURATIVA E O PROCESSO PENAL-CONSENSUAL

Nesta perspectiva, devemos, como ponto de reflexão, atentar às eventuais convergências funcionais entre o *modo-de-actuação* das diferentes formas de se chegar à verdade, particularmente no enquadramento da pequena complexidade-criminalidade.

Observa-se ainda que o interesse público na investigação da verdade não é o mesmo quando falamos de crimes particulares *lato sensu* (cfr. 2º, Lei nº 21/2007, de 12 de Junho). Em uma concepção privatística, arguido e ofendido discutem a existência ou inexistência do material de facto que há-de servir de base a uma consequência jurídica do crime[16]. É o que sucede nas sessões de mediação. Sem descurar que o MP, neste caso, pode obviar ao conteúdo do acordo restaurativo, que não é totalmente disponível, ou que é *relativamente disponível*, face a determinados limites de ordem pública impostos (cfr. 6º nº 2, Lei nº 21/2007, de 12 de Junho). Por esta razão, com mais rigor, podemo-nos referir aqui a uma concepção *semi-privatística* da verdade e não a uma (sobremaneira) privatística. Com este sentido, em mediação penal, a verdade consensual é uma verdade *privada* que a homologação pública permite e legitima (cfr. 5º, nº 5, Lei nº 20/2007, de 12 de Junho). Assim, no início do processo de mediação terá que existir uma *verdade indiciada pública* e no fim uma homologação pública da *verdade consensual privada*, caindo por terra qualquer pretensão de justiça privada.

Por outro lado, sem a intervenção do juiz de instrução, há uma certa subversão ao "sistema clássico" já que a justiça penal não se eximiria de um exame *judicial* antes que um acordo reconhecido pelo *órgão acusador* se convertesse em fundamento de consequência jurídica do crime[17]. Basta

---

Esteves) vai mais longe, afirmando que "o Ministério Público pode deduzir acusação em processo abreviado, sem necessidade de realizar quaisquer diligências de investigação, quando, cumpridos os requisitos legais, o processo contiver um auto de notícia.". Também se entende possível abdicar de interrogar o arguido. No Acórdão do Tribunal da Relação de Guimarães de 19/01/2009 (Relator: Cruz Bucho), afirma-se peremptoriamente que, embora possa haver lugar a suspensão provisória do processo, "em processo abreviado não é obrigatória a realização de inquérito nem a realização de interrogatório de arguido", não se aplicando o artigo 272º do CPP. Também o Acórdão do Tribunal da Relação do Porto de 30/01/2013 (Relator: Maria Manuela Paupério) segue o mesmo entendimento, considerando que "em processo abreviado não há a obrigatoriedade legal de interrogar o arguido".

[16] Cfr. Dias, Jorge de Figueiredo, *Direito Processual Penal... op. cit.*, 1981, pp. 188-189

[17] Na suspensão provisória do processo (cfr. 281º, nº1, CPP), ainda que não esteja em causa a desistência da queixa, exige-se a concordância do juiz de instrução. Contudo, em contraditório, atentar ao pensamento de Santos, Cláudia Cruz, *A Justiça Restaurativa... op. cit.*, 2014, p. 483,

OS NOVOS ATORES DA JUSTIÇA PENAL

pensar no *princípio da acusação*, na lição de Figueiredo Dias: "a imparcialidade e objectividade que, conjuntamente com a independência, são condições indispensáveis de uma autêntica decisão judicial só estão asseguradas
quando a entidade julgadora não tenha também funções de investigação
preliminar e acusação das infracções, mas antes possa apenas investigar e
julgar dentro dos limites que lhe são postos por uma acusação fundamentada e deduzida por um órgão diferenciado..."[18].

Tudo isto nos permite compreender uma diferença assinalada entre o
processo penal e a mediação penal no campo da procura da verdade do
facto. O processo de mediação, para ser um instrumento de justiça deve,
quanto aos resultados, ser a expressão de uma verdade que se consensualizou entre os sujeitos participantes, *arguido e ofendido*. Bem diferente poderá
ser a actuação do processo penal: como vimos, tem diversas prescrições
legais a partir das quais um juízo de ponderação acerca da verdade, por
parte de *autoridade judiciária*, assume uma ampla repercussão nos resultados, sobretudo porque relacionado com diligências probatórias. Considere-
-se que, neste caso, a omissão de diligências necessárias para a descoberta
da verdade poderá ser cominada com a nulidade (relativa) do inquérito
(cfr. 120º, nº 2, al. *d*), 2ª parte, CPP). E aqui poderá estar a pedra de toque
de toda a nossa discussão: justificar-se-ão diligências probatórias quando
estão em causa *provas simples e evidentes*? Será que é só através do processo
penal comum que se pode vir a atingir o fundo das coisas? Fará algum
sentido procurar o "fundo das coisas" quando em causa estão crimes tão
pouco exigentes quanto à prova? Se compete ao MP ponderar *meros indícios*
da prática de crime, e se estes lhe bastam, que mais haverá a investigar?

III. Em processo penal, a imputação por crime de ofensas à integridade física poderá ser suficiente com prova testemunhal e com um exame
médico-legal entregue pelo próprio ofendido. Um crime de dano poderá
estar provado com um exame directo ao local ou com prova documental. As injúrias são testemunhadas ou estão registadas, p. ex., por escrito.

---

referindo-se à Lei nº21/2007, de 12 de Junho "... a intervenção do juiz como garante dos direitos
fundamentais é aqui menos necessária do que na suspensão provisória do processo ou no
processo sumaríssimo porque, ao contrário do que sucede nestas hipóteses, o arguido não se
limita a concordar ou não com uma solução conformada por outrem a partir das finalidades
penais, antes se vincula a um acordo que ele próprio modelou.".

[18] Dias, Jorge de Figueiredo, *Direito Processual Penal, op. cit.*, 1981, pp. 136-137

A difamação *mutatis mutandis*. A própria gravação ou fotografia ilícitas fazem prova do crime. Uma câmara de videovigilância assegura que uma pessoa se introduziu em lugar vedado ao público. Para efeitos do já referido processo abreviado, considera-se que há "provas simples e evidentes" quando a "prova assentar em testemunhas presenciais com versão uniforme dos factos" ou quando "for essencialmente documental" (cfr. 391º-A, nº 3, CPP). E também se permite o julgamento em processo sumário devido ao facto de o agente ter sido detido em flagrante delito (cfr. 381º CPP). Ou seja, por nossa parte não deixamos de reconhecer que quando falamos de pequena ou média criminalidade, face às intenções político-criminais, o processo penal tem mecanismos próprios que *desformalizam* as fases preliminares, particularmente a fase da investigação: em princípio há já prova suficiente para seguir para audiência de julgamento.

Por outro lado, temos mecanismos legais que permitem atingir uma verdade processualmente válida através de um *consenso*, o tal *processo penal--consensual* [19] que titulamos. E, assim, pensemos no processo sumaríssimo (cfr. 392º ss, CPP) no qual o MP com um requerimento que contém a prova existente e a sanção concretamente proposta (não privativa da liberdade) terá que contar com o consentimento do arguido para que, através de despacho do juiz, tenha valor de sentença condenatória (cfr. 397º CPP)[20]. Ou

---

[19] Que tem a sua origem no DL nº 78/87, de 17 de Fevereiro, considerando o seu preâmbulo: "Por um lado, abundam no processo penal as situações em que a busca do consenso, da pacificação e da reafirmação estabilizadora das normas, assente na reconciliação, vale como um imperativo ético-jurídico. Expressões do eco encontrado no presente Código por tais ideias são, entre outras: o relevo atribuído à confissão livre e integral, a qual pode dispensar toda a ulterior produção da prova; o acordo de vários sujeitos processuais como pressuposto de institutos como o da suspensão provisória do processo, o do processo sumaríssimo, a competência do juiz singular para o julgamento de casos em abstracto pertinentes à competência do tribunal colectivo, bem como as numerosas disposições cuja eficácia é posta na dependência do assentimento de um ou de vários intervenientes processuais".

[20] Além do mais, prevê o nº1 do artigo 398º do CPP: "Se o arguido deduzir oposição, o juiz ordena o reenvio do processo para outra forma que lhe caiba, equivalendo à acusação, em todos os casos, o requerimento do Ministério Público formulado nos termos do artigo 394º". Também, na jurisprudência: "...Havendo oposição do arguido, o juiz deve devolver o processo ao Ministério Público, que deve decidir sobre a forma de processo a seguir, notificar o arguido da acusação para, se a opção for pela forma comum, requerer, querendo, a abertura de instrução" in Acórdão do Tribunal da Relação do Porto de 15/07/2009 (Relator: Isabel Pais Martins).

OS NOVOS ATORES DA JUSTIÇA PENAL

pensemos na suspensão provisória do processo (cfr. 281º CPP), na qual a legitimidade da decisão do MP, com a aprovação do juiz instrução, é dada pela concordância do arguido[21].

Perguntamos, olhando para o processo penal-consensual, a razão pela qual o arguido dá o seu consentimento. Não pretende, em fases posteriores, que o juiz de instrução investigue autonomamente o caso (facultativamente) submetido a instrução (cfr. 288º, nº 4, CPP) ou, porventura, que o tribunal ordene a produção de todos os meios de prova cujo conhecimento se afigure necessário à descoberta da verdade (cfr. 340º nº 1)[22]? Mas, por outro lado, adiantar-lhe-iam futuras diligências quando confrontado com provas evidentes da prática do facto?

Perante esta discussão, não se ignora que o próprio consentimento poderá significar uma renúncia às diligências de prova[23], porque julgadas indiferentes para a defesa, resultado de uma autonomia pessoal[24]. Autonomia, mais precisamente, expressa na aceitação de uma *proposta* de pena ou medida de segurança não privativas de liberdade (cfr. 392º, nº 1, CPP) ou na aceitação de uma *proposta* de injunções ou regras de conduta (cfr. 281º nº 1, CPP). Só assim lograríamos afirmar que, com o seu consentimento, prescinde do direito ao silêncio e, tacitamente, confessa a prática do facto

---

[21] Nos termos da alínea *a)* do nº1 do artigo 281º, se houver assistente constituído, exige-se também a sua concordância (ressalvados os casos previstos no nº 9).

[22] Por isso se poderá entender que a verdade material tem o seu campo essencial de aplicação na audiência de julgamento, com o poder-dever de o juiz ordenar ou autorizar a produção de prova para esclarecimento dos factos. Cfr. tal conclusão no sumário do Acórdão do Supremo Tribunal de Justiça de 29/10/2008 (Relator: Fernando Fróis).

[23] Aliás, de forma análoga, cfr. al. *a)* do nº2 do artigo 344º do CPP (confissão): "a confissão integral e sem reservas implica: *a)* Renúncia à produção da prova relativa aos factos imputados e consequente consideração destes como provados."

[24] No âmbito da discussão acerca da inconstitucionalidade da alínea *i)* do nº2 do artigo 281º do CPP (suspensão provisória do processo), no Acórdão nº 144/2006 (Relator: Conselheiro Vitor Gomes) do Tribunal Constitucional, coloca-se a questão nestes termos: "Depois, e decisivamente, a argumentação no sentido da inconstitucionalidade da norma agora em apreço esquece as características fundamentais do seu contexto de aplicação que consistem em as injunções e regras de conduta só poderem ser impostas mediante *acordo* do arguido, não poderem contender com a dignidade deste e estarem sujeitas à fiscalização do juiz de instrução. Ora, neste contexto não se encontra justificação, no plano constitucional, para limitar a *autonomia pessoal* que se exprime na aceitação daquelas injunções e regras de conduta que podem ser impostas ao abrigo da referida alínea...".

ilícito-típico. No direito processual penal, com efeito, *dispomos da verdade conforme o potencial da prova*[25].

Importa, contudo, fazer aqui uma observação para afastar os equívocos que é susceptível de provocar a associação que acaba de se fazer entre "direito ao silêncio" e "confissão tácita" no contexto dos diferentes institutos adjectivos.

É certo que o uso do silêncio[26], como estratégia processual, nunca poderá desfavorecer o arguido. Contudo, também dele não se colhem benefícios. Ao aceitar a sanção não privativa de liberdade ou a injunção o arguido está claramente a gozar de circunstâncias atenuantes relativas a uma conduta processual[27]: o consentimento com uma *proposta* da autoridade judiciária. Como defende Paulo Pinto de Albuquerque, "De um modo genérico, toda a colaboração prática com as autoridades na descoberta da verdade deve ser creditada a favor do agente no balanço das necessidades preventivas do caso"[28]. E porque nos referimos a uma proposta de consenso, pensada pela autoridade judiciária, no âmbito do processo sumaríssimo e da suspensão provisória do processo, o arguido é compelido a consentir – no fundo, a confessar – factos que necessariamente lhe são desfavoráveis. Não se espera, de entre os elementos (evidentes) do processo que indiciam a prática do crime, liberdade para seleccionar factos, em um género de confissão parcial. Como destinatário, o arguido limita-se a concordar ou não com a proposta, num autêntico modelo de "proposta-aceitação", não havendo qualquer possibilidade de uma "declaração conjunta", com dinâmica negocial[29], em relação à factualidade e às consequências jurídicas do crime. No fundo, ao consentir, deixa implícita a confissão da sua culpabilidade. Podemos falar mesmo em uma *proposta de confissão* da autoridade

---

[25] A propósito, Silva, Ivan de Oliveira, *Curso de Lógica Geral e Jurídica*, 1ª edição, São Paulo: Atlas, 2009, 119

[26] Direito mais-do-que-previsto no CPP: cfr. 61º nº 1, al. *d)*, 141º nº 4, al. *a)*; 143º nº 2; e 343º nº 1. Remete-nos, também, para o conhecido principio *"nemo tenetur se ipsum accusare"*.

[27] De acordo com o raciocínio de Albuquerque, Paulo Pinto de, *Comentário do Código Penal... op. cit.,* 2008, p.232, anotação ao artigo 71º: "A conduta processual do agente pode também funcionar como uma importantíssima circunstância atenuante. A confissão integral e sem reservas dos factos é um sinal poderoso no sentido da inexistência de necessidades preventivas."

[28] *Idem.*

[29] Estamos a fazer uma analogia com os modelos de formação dos negócio jurídicos que conhecemos do direito civil. Cfr. artigos 217º a 235º do Código Civil.

OS NOVOS ATORES DA JUSTIÇA PENAL

judiciária e em um *consentimento-confissão* do arguido. E esta *confissão* tem um profundo significado de consenso processual[30].

É manifesto, porém, que é muito diferente daquela confissão, integral ou parcial, *que parte do ímpeto do próprio arguido* e que pode ser aproveitada, desde a fase do inquérito[31], no processo penal (cfr. 141º nº4, al. *b*); 344º, CPP). Embora esteja em causa, também, um desígnio *implícito* de consenso processual por parte do arguido.

Agora, nem um nem outro caso se confunde com o que sucede no espaço da mediação penal. Aqui sim, há uma declaração conjunta com dinâmica negocial. A vontade de participação (cfr. 3º, nº 5, Lei nº 21/2007, de 12 de Junho) e a vontade de celebração do acordo (cfr. 4º nºs 1 e 2, Lei nº 21/2007, de 12 de Junho) traduzem-se em uma notória renúncia ao direito ao silêncio por parte do arguido, direito que por outro lado o processo penal lhe confere. Junto do ofendido, adquire um ónus de contradizer, impugnar e de contra-provar, próprios para atingir o desiderato da "negociação", no contexto da *verdade formal*[32] ou *consensual privada*. Por essa razão, o seu consentimento final, a assinatura do acordo (cfr. 5º nº3, Lei nº 21/2007, de 12 de Junho), é a prova privilegiada que legitima a existência de facto criminoso e da respectiva responsabilidade penal. E caso tome esse passo, que termina afinal em uma assunção de deveres, caso voluntariamente se responsabilize, *corresponde-se* com o ofendido em uma verdade consensual, construída por ambos.

Todavia, há pormenores que distinguem claramente do que se passa em processo penal. Em primeiro lugar, o arguido tem uma palavra a dizer em relação *ao conteúdo* do acordo (relativamente disponível) que é fixado no processo de mediação. Não lhe é *proposto* por autoridade judiciária e muito menos lhe é *imposto* seja por quem for, ofendido ou mediador. Em segundo lugar, o arguido sentir-se-á muito mais desinibido na conversa acerca dos

---

[30] Ainda que referindo-se a outro tipo de confissão, cfr. palavras de Dias, Jorge de Figueiredo, *Acordos sobre a sentença em processo penal*: o "fim" do Estado de Direito ou um novo "princípio"?. Porto: Conselho Distrital do Porto da Ordem dos Advogados, 2011, p. 18: "Mas também – e talvez com mais profundo significado – através da regulação legal (em alguma medida ao estilo da guilty plea) do instituto da *confissão*, que mergulha as suas mais profundas raízes na ideia implícita do consenso processual e dos seus efeitos sobre o decurso do processo".

[31] Face a recentes alterações introduzidas na lei: cfr. Lei nº 20/2013, de 21 de Fevereiro (20ª alteração ao Código de Processo Penal, aprovado pelo Decreto-Lei nº 78/87, de 17 de Fevereiro)

[32] Cfr. Dias, Jorge de Figueiredo, *Direito Processual Penal... op. cit.*, 1981, pp. 189-190; e António Castanheira, *Sumários de Processo Criminal* (1967-1968), Coimbra, 1968, pp. 43-44.

A MEDIAÇÃO PENAL-RESTAURATIVA E O PROCESSO PENAL-CONSENSUAL

factos que lhe são imputados uma vez que, mesmo não chegando a acordo, o "teor das sessões de mediação é confidencial, não podendo ser valorado como prova em processo penal" (cfr. 4º, nº5, Lei nº21/2007, de 12 de Junho). Acresce, então, esta visível vantagem de a "confissão" em mediação penal se afigurar *reservada*, corroborada pelo dever de o mediador penal guardar segredo profissional em relação ao teor das sessões de mediação (cfr. 10º nº1 e nº3, Lei nº21/2007, de 12 de Junho). Por último, damos conta da já referida verdade que não provém de averiguações autónomas-públicas mas de *narrativas privadas*. Para que se chegue a um consenso, o arguido tem que contribuir para o material de facto que reconhece o facto ilícito--típico, em uma *autocensura*[33], ou seja, no mínimo, tacitamente confessa a factualidade combinada em acordo.

Em ambos os modelos de reacção ao crime, quer no processo penal-consensual quer na mediação penal-restaurativa, o *consentimento,* que deriva da oportunidade dada ao arguido para reconhecer o valor do bem jurídico violado e reparar os danos causados[34], traduz-se em uma importante circunstância atenuante posterior ao crime que diminui a necessidade da pena[35].

Não negamos, contudo, que o consentimento esteja relacionado com o *potencial da prova* no âmbito da pequena complexidade-criminalidade.

Aqui chegados, somos induzidos a pensar que a verdade em processo penal, sobretudo no espaço dos institutos de consenso, também se pode traduzir em uma qualquer *verdade consensual.* Mas não é bem assim. No processo sumaríssimo (cfr. 395º CPP) e na suspensão provisória do pro-

---

[33] Cfr. Cláudia Cruz, *A Justiça Restaurativa... op. cit.*, 2014, p. 438: "...indispensabilidade para a própria existência da mediação penal – de que *o agente voluntariamente reconheça a sua responsabilidade pelo essencial dos factos que lhe são atribuídos".*

[34] Ainda que a reparação restaurativa tenha outra dimensão, desdobrando-se em várias outras reparações, segundo Cláudia Cruz, *A Justiça Restaurativa... op. cit.*, 2014, pp. 379-380: "a reparação obtida através de uma participação conformadora por parte do agente do crime e da sua vítima, dos danos causados à vítima tais como elas os vê, a reparação do sentido de responsabilidade e inclusão do agente, a reparação das vertentes relacionais em que essa vítima, esse agente e as suas comunidades de próximos estão envolvidos.".

[35] Albuquerque, Paulo Pinto de, *Comentário do Código Penal... op. cit.*, 2008, p.232, anotação ao artigo 71º: "A mais importante circunstância atenuante relativa à conduta posterior do agente é a reparação do danos causados. Por este meio, o agente repõe a vítima no seu direito e , destarte, reconhece o valor do bem jurídico violado. A reparação revela, seja material ou moral, desde que a vítima se considere efectivamente reparada."

OS NOVOS ATORES DA JUSTIÇA PENAL

cesso (cfr. 281º, nº1, proémio, CPP) o MP determina, decide ou requer o mecanismo processual *com a concordância do juiz de instrução criminal*[36]. Só o facto de haver esta anuência, por si só, permite depreender que a verdade processualmente adquirida está subtraída à total influência que o MP possa querer exercer sobre a mesma[37]. De igual forma, mais importante ainda, está subtraída à influência do arguido. Sendo assim, poderá haver um consenso em relação à solução dada ao conflito – o denominado *processo penal-consensual* –, mas a verdade é-lhe *proposta*, à defesa, através de uma *averiguação oficiosa suficiente*, continuando a ser, ainda aqui, uma verdade material. Por isso, por outro lado, se diz que em mediação penal o consenso declara uma *verdade privada* (formal): porque os factos, apresentados por um ou por outro, ofendido e arguido, sejam ou não contraditados, são os únicos tidos como verdadeiros para efeitos do acordo, não existindo averiguações públicas – para além dos indícios – em relação aos mesmos.

IV. A concepção publicista da verdade no âmbito do processo penal-consensual remete-nos, por associação, a uma discussão muito recente acerca dos *acordos de sentença em processo penal*. Como se sabe, foi na sequência de um trabalho do Professor Jorge de Figueiredo Dias sobre a matéria[38] que se passou a questionar a admissibilidade de acordos de sentença celebrados entre o MP e arguido. Acordos fundados na *confissão* em julgamento de factos imputados na acusação ou em pronúncia, cabendo ao tribunal comprovar a validade dessa confissão e determinar a pena concreta *dentro dos limites previstos no acordo conseguido*. A discussão, de todo o modo, na prática judiciária, "transitou em julgado" com a Directiva nº 2/14, de 21/02/2014, da Procuradora-Geral da República (Joana Marques

---

[36] Considerar que a proposta de "desjudiciarização" da suspensão provisória do processo, que constava no Projecto do CPP de 1987, foi reprovada pelo Acórdão nº 7/87 (Relator: Conselheiro Mário de Brito) do Tribunal Constituiconal: "Já se não aceita, porém, a atribuição ao Ministério Público da competência para a suspensão do processo e imposição das injunções e regras de conduta previstas na lei, sem a intervenção de um juiz, naturalmente o juiz de instrução, e daí a inconstitucionalidade, nessa medida, dos nºs 1 e 2 do artigo 281º, por violação dos artigos 206º. e 32º., nº4, da Constituição."

[37] Cfr. verdade material em Dias, Jorge de Figueiredo, *Direito Processual Penal... op. cit.*, 1981, pp. 193-194.

[38] Cfr. Dias, Jorge de Figueiredo, *Acordos sobre a sentença em processo penal*: o "fim" do Estado de Direito ou um novo "princípio"?. Porto: Conselho Distrital do Porto da Ordem dos Advogados, 2011

Vidal): "....determino que os Senhores Magistrados e Agentes do Ministério Público se abstenham de promover ou aceitar a celebração de acordos sobre sentenças penais". Ainda assim, desde o início que a questão não se afigurou pacífica.

A Procuradoria Geral Distrital de Lisboa (Francisca Van Dunem), a 13 de Janeiro de 2012, com a Recomendação nº1/2012, começou por emitir uma orientação aos respectivos magistrados do MP *em sentido favorável* à realização de acordos sobre a sentença em processo penal, inclusivamente dando conta que "a vantagem da utilização deste mecanismo será visível nos casos em que o arguido não teria intenção de confessar os factos mas decide fazê-lo perante a possibilidade de obter uma «atenuação negociada» da pena"; e, mais adiante, "na realidade, face à confissão do arguido, pode prescindir-se da restante prova, nos termos legais, acelerando claramente a obtenção de uma decisão final no processo". Em sentido convergente, a Procuradoria Geral Distrital de Coimbra (Euclides Dâmaso Simões), no "Memorando" de 19 de Janeiro de 2012, associa-se à ideia de que "temos tanta ou mais necessidade que outros países europeus de lançar mão de soluções negociadas de justiça penal. Temos já base legal bastante para o fazer. Há, pois, que vencer os atavismos judiciais, as culturas judiciarias passivas em que temos estado submersos e seguir em frente.". Esta ideia parte de uma interpretação do artigo 344º do CPP, respeitante ao instituto da confissão, conjugado com os artigos que regulam a atenuação da pena, 72º e 73º do CP. A partir daqui tivemos decisões jurisprudenciais contraditórias, entre as quais a do Acórdão da Relação de Coimbra de 27/02/2013 (Relator: Fernanda Ventura) que sumariou "Muito embora não exista regulamentação legal específica, é certo que a obtenção de acordos sobre a sentença em processo penal não é proibida por lei, podendo mesmo encontrar sustentáculo no regime do artigo 344º do Código de Processo Penal"; e a do Supremo Tribunal de Justiça de 10/04/2013 (Relator: Santos Cabral) que sumariou "o direito processual penal português não admite os acordos negociados de sentença. Constitui uma prova proibida a obtenção da confissão do arguido mediante a promessa de um acordo negociado de sentença entre o Ministério Público e o mesmo arguido no qual se fixam os limites máximos da pena a aplicar". A referida Directiva nº 2/14, de 21/02/2014, acabou por pender para esta última posição, sublinhando a ausência de solução legal inequívoca que permitisse acordos de sentença em processo penal.

OS NOVOS ATORES DA JUSTIÇA PENAL

Foi nesta precisa base que se pretendeu, com insucesso, alargar as margens de consenso no processo penal português *para além da fase do inquérito*, sem, todavia, dispensar a livre convicção do tribunal acerca da factualidade ocorrida. Ou seja, a comprovação judicial – a verdade material – nunca seria desconsiderada à luz desta discussão. É, com efeito, suficiente atender ao disposto no nº 4 do artigo 344 do CPP, que acautela, entre outros, os casos em que poderá haver dúvidas acerca da veracidade dos factos confessados: "verificando-se a confissão integral e sem reservas nos casos do número anterior ou a confissão parcial ou com reservas, *o tribunal decide, em sua livre convicção, se deve ter lugar e em que medida, quanto aos factos confessados, a produção de prova*" (sublinhado nosso). Tendo presente o facto de, neste contexto, contrariamente ao que sucede quando o processo é remetido a mediação penal, haver acusação (fixação do objeto do processo), facultativamente instrução, e possível crime *público* submetido a julgamento. Fica a reflexão, neste âmbito, levada a cabo pelo Professor Figueiredo Dias: "Propósito central do nosso processo penal, tal como é constitucional e legalmente definido ou pressuposto, é a investigação judicial do substrato fáctico da acusação ou pronúncia, e por aí, a conclusão sobre a verdade da culpabilidade do arguido. A qualquer acordo há-de por conseguinte estar vedada a sua verificação à custa da realização dos princípios da investigação oficial (judicial) e da verdade processualmente válida (dita «verdade material») [39].

V. A propósito da culpabilidade assumida pelo arguido, volvendo à mediação penal, o consentimento-confissão constitui o mais importante pressuposto da celebração do acordo[40]. O entendimento de que estão em causa crimes particulares *lato sensu* e, como tal, menos dramático para o interesse público não se procurar a verdade, poderá não ser suficiente para legitimar a validade ou credibilidade do consentimento-confissão do arguido que, desde logo, assenta que existiram ofensas à integridade física, danos, injúrias, difamações, etc.. Reiteramos: todo o acordo restaurativo conclui a culpabilidade do arguido a partir meramente da sua vontade, sem haver qualquer produção de prova relativamente à factualidade

---

[39] Cfr. Dias, Jorge de Figueiredo, *Acordos sobre a sentença em processo penal...op. cit.*, 2011, pp. 43-44

[40] Não se confunde com o consentimento livre e esclarecido quanto à participação na mediação, verificado pelo mediador, nos termos do nº 5 e nº 7 do artigo 3º da Lei nº 21/2007, de 12 de Junho.

A MEDIAÇÃO PENAL-RESTAURATIVA E O PROCESSO PENAL-CONSENSUAL

combinada[41]. Se é o agente que assume a culpabilidade, e não já outros que lhe a atribuem, que vontade é esta que prefere uma auto-censura privada à eventual hetero-censura pública[42]? É uma "vontade restaurativa"?

Mais radicais diríamos que se negociava a declaração de auto-responsabilização do arguido em troca da não persecução criminal, em uma espécie de contratação sobre a culpa[43/44]. A mediação penal como um mecanismo de renúncia ao *ius puniendi* do Estado, à disposição do ofendido – munido de uma arma de negociação, a verdade material –, baseado nas vontades do arguido, de declaração de culpa e de reparação dos inconvenientes causados pelo facto ilícito. E também daqui retiramos a *desigualdade comunicacional* entre os sujeitos na construção da verdade.

Não queremos com isto dar uma conotação negativa à solução restaurativa, até porque falamos de um processo *consensual*. Mas não podemos ignorar que se reconhece um dispositivo sobre a verdade, como uma coisa ou negócio, abandonando-se – ainda que de forma relativa – o processo jurisdicional (público). O desígnio último deverá ser o acordo sobre a verdade, uma *verdade consensual* que poderá ou não ter correspondência com a verdade histórico-prática[45]. Neste contexto, não se ignora a influência

[41] A questão da credibilidade da confissão ou da veracidade dos factos confessados é-nos familiar. Relembremos a questão ao atentar às palavras de Carnelutti, Francesco, *As misérias do processo... op. cit.,*, pp. 20-21: "Lamentável se o juiz se contentasse em raciocinar assim: o acusado confessou ter matado, logo matou, Temos, entretanto, casos nos quais um homem confessa o delito que não cometeu. Temos visto pais se acusarem para salvar o filho e filhos submeterem se ao mesmo sacrifício para salvar o genitor. Isto tanto é verdade, e não somente pela razão ora apontada, que até o Código Penal pune aqueles que denunciam contra a verdade de serem culpados de um delito. Isto quer dizer que, também quando aqui temos provas límpidas da culpa ou da inocência, antes de condenar ou absolver, é necessário continuar as investigações até que sejam exauridos todos os meios.".

[42] Essencial para o raciocínio, Cláudia Cruz, *A Justiça Restaurativa... op. cit.*, 2014, pp. 425-429

[43] Nota: não se confunde a questão processual da "culpabilidade" como sendo a comprovação da factualidade de que é indiciado o arguido, com a "culpa" como elemento essencial do conceito de crime.

[44] Convergente com Ibáñez, Perfecto Andrés, "Justiça de oportunidade: uma alternativa não jurisdictional ao processo penal", *Legalidade versus Oportunidade*, Sindicato dos Magistrados do Ministério Público, Lisboa: Editorial Minerva, 2002, p. 67; Também Leite, André Lamas, "Justiça prêt-à-porter? Alternatividade ou complementariedade da mediação penal à luz das finalidades do sancionamento", *Revista do Ministério Público*, ano 30, nº 117, Jan-Mar 2009, fala em um negócio ou acordo mediato, referindo-se à desistência de queixa a troco de uma restrição de direitos fundamentais.

[45] Que nos fala Neves, António Castanheira, *Sumários... op. cit.*, 1968, p. 51.

OS NOVOS ATORES DA JUSTIÇA PENAL

dos advogados na (viciação da) *voluntariedade* de participação no processo de mediação: com base na valoração da prova, procurar-se-á a situação mais favorável para os patrocinados, quer do ponto de vista da reparação, quer do ponto de vista penológico[46]. Então, com uma defesa difícil recomenda-se uma adesão ao processo de mediação e a consequente exposição à "arma de negociação"; e, pelo contrário, com uma defesa sólida arrisca--se um confronto com as comuns "armas de processo criminal". Com isto regressamos às provas sólidas e evidentes.

O raciocínio acerca do material probatório é essencial para se recorrer à mediação penal. Um juízo de prognose, pragmático, em relação ao que se poderá passar em processo penal, poderá ser suficiente para se concluir que é mais favorável resolver o conflito com um acordo que equivale a desistência de queixa por parte do ofendido (cfr. 5º nº 4., Lei nº21/2007, de 12 de Junho). Parece-nos, precisamente, que o defensor constituído está devidamente qualificado para fazer este juízo. Com base na valoração dos indícios da prática de crime, o advogado terá que ter uma importante influência na (viciação da) *voluntariedade* do arguido não só na participação no processo de mediação como também na celebração do acordo. Mas não é só uma questão de estratégia processual. O papel do advogado, nas sessões de mediação, está necessariamente associado à defesa de direitos. A sua participação poderia ser mesmo afigurada como *obrigatória* face a uma tendencial falta de serenidade desinteressada no diálogo (fundamento psicológico) e falta de conhecimentos ou experiência necessários à valoração do direito aplicável (fundamento técnico) [47], por parte do arguido, para chegar ao consentimento-confissão e celebrar um acordo com consequências jurídicas do crime.

De facto, nas sessões de mediação penal não está vedada a possibilidade de o arguido representar-se a si mesmo (cfr. 8º, Lei nº 21/2007, de 12 de Junho), o que poderá comprometer quer o seu próprio interesse privado quer o interesse *público* na boa administração da *justiça restaurativa*. Vejamos, primeiramente, o que se passa no regime processual penal, espe-

---

[46] Veja-se: Antón, Carlos Romera, "Principios y modelo de mediación en el ámbito penal: conseideraciones desde la prática", in *Sobre la mediación penal*, Editorial Aranzadi, 2012, pp. 150-151.

[47] Ainda que no âmbito processual civil, perfeitamente aplicável aqui, fundamento psicológico e técnico em Andrade, Manuel A. Domingues de, *Noções elementares de processo civil*, Coimbra: Coimbra editora, 1979, p.87; e Varela, Antunes/Bezerra, J. Miguel/Sampaio e Nora, *Manual de Processo Civil*, Coimbra: Coimbra editora, 1984, pp. 180-181

cialmente no âmbito dos processos especiais e da suspensão provisória do processo, para uma apropriada analogia.

O arguido não pode recusar a assistência de defensor para os actos previstos no nº1 do artigo 64º do CPP – "obrigatoriedade de assistência"[48] – entendendo-se que são circunstâncias em que o interesse geral na realização da *justiça penal,* por meios processuais adequados, prevalece aos interesses particulares do arguido[49/50]. Entre as quais a obrigatória nomeação de defensor quando contra o arguido for deduzida acusação (cfr. 64º, nº 3, CPP). Significa que no caso de processo abreviado, no qual o MP deduz acusação para julgamento (cfr. 391º-A, nº1, CPP), não se abdica de uma defesa técnica, *mesmo havendo provas simples e evidentes.* Por sua vez, a assistência obrigatória também é imposta em circunstância de processo sumário, face a interrogatório de arguido detido (cfr. 64º, nº 1, al. *a*) e 381º, CPP). E, de igual forma, em processo sumaríssimo, ainda que não se fale em acusação mas em requerimento para aplicação de sanção (cfr. 394º, CPP), o juiz está obrigado a nomear defensor ao arguido que não tenha advogado constituído ou defensor nomeado (cfr. 396º, nº 1, al. *a*), CPP). No fundo, o consentimento do arguido é aqui dado em circunstâncias que revelam a conveniência de ser assistido.

Para além destes casos que decaem para a obrigatoriedade de assistência, há situações em que o arguido não tem de constituir advogado. É o caso da suspensão provisória do processo. Sabemo-lo, igualmente, por via de

---

[48] Obrigatoriedade com legitimidade constitucional, nos termos do nº3 do artigo 32º da CRP: "...especificando a lei os casos e as fases em que a assistência por advogado é obrigatória".

[49] Assim, p. ex., Acórdão do Supremo Tribunal de Justiça de 18/10/2006 (Relator: Santos Cabral): "O defensor é um elemento essencial à administração da justiça e um verdadeiro órgão da administração desta, o que significa que exerce também uma função pública, no interesse geral, que ultrapassa o interesse particular do arguido". Mesmo que o arguido seja advogado ou magistrado, com conhecimento, portanto, do direito aplicável? Reconhece-se, no Acórdão do Supremo Tribunal de Justiça de 01/07/2009 (Relator: Armindo Monteiro) (com vasta jurisprudência e doutrina citada), que o interesse colectivo e público da administração da justiça prevalece sobre o interesse individual e, por isso, prevalece a necessária constituição de advogado nos casos em que a lei o exige: " Com a entrada em vigor da Lei 49/2004, de 24-08, firmou-se o entendimento que o advogado arguido carece de constituir outro advogado que o defenda, atendendo que o exercício da advocacia é incompatível com qualquer cargo, função ou actividade que afectem a isenção, independência e dignidade da função, idêntica disciplina se impondo quando seja arguido um magistrado.".

[50] De tal modo que constitui nulidade insanável a ausência de defensor nestes casos em que lei exige a respectiva comparência. Cfr. 119º CPP.

OS NOVOS ATORES DA JUSTIÇA PENAL

pronúncia do Tribunal Constitucional no Acórdão nº116/2006 (Relatora: Conselheira Maria João Antunes): "Tanto basta para que se conclua que a norma do artigo 281º em conjunto com o artigo 64º do mesmo Código, interpretada no sentido de ser dispensada a assistência de defensor ao arguido no acto em que é chamado a dar a sua concordância à suspensão provisória do processo, não viola o nº 3 do artigo 32º da Constituição". Decisão que parte do princípio que a aceitação das injunções ou regras de conduta são, na generalidade dos casos, facilmente inteligíveis e, por essa razão, sem necessidade de assistência técnico-jurídica para um "consentimento informado". De todo o modo, considerando a necessária análise casuística, também dá-se conta da cláusula de salvaguarda prevista no nº 2 do artigo 64º do CPP: "fora dos casos previstos no número anterior pode ser nomeado defensor ao arguido, a pedido do tribunal ou do arguido, sempre que as circunstâncias do caso revelarem a necessidade ou conveniência de o arguido ser assistido". Fundamentação inteiramente adequada para o instituto jurídico em causa mas que em contexto de mediação penal poderá não colher. Expliquemos porquê.

De facto, poderíamos deixar-nos motivar pela ideia de que na mediação penal o arguido também tem que fazer uma ponderação simples das vantagens ou desvantagens do acto de consentimento-confissão. Mas as circunstâncias são manifestamente diferentes daquelas. Desde logo, na suspensão provisória do processo não se impõe a intervenção do defensor uma vez que poderá bastar a actuação do MP e do juiz para assegurar a protecção do arguido. Porque também o fazem[51]. Cumpre sublinhar e relembrar que ambos servem *a verdade material*, não actuando exclusivamente a favor do arguido, é certo, mas promovendo o esclarecimento da verdade. O primeiro, face a indícios suficientes, em alternativa à acusação, fará uma proposta objectiva de injunções e regras de conduta, e o segundo aderirá ou não à mesma. Por outro lado, nas sessões de mediação, já o sabemos, sem a supervisão do MP ou do juiz de instrução, o arguido

---

[51] Considerar Dias, Jorge de Figueiredo, *Direito Processual Penal... op. cit.*, 1981, p. 475: "Nesta restrição das hipóteses de obrigatoriedade de assistência ter-se-á a lei deixado motivar pela ideia de que nem sempre o material processual, de facto e de direito, é tão complexo, nem a personalidade do delinquente tão difícil de avaliar, que *imponham incondicionalmente* a intervenção de defensor; nestes casos poderá bastar a actuação do juiz e do MP, com os seus deveres de objectividade e de imparcialidade, para através dela ficar assegurada a *sempre indispensável* protecção do arguido.

discute em privado material processual de facto e de direito que parte de meros indícios (públicos), procurando "moldar" a consequência jurídica do crime juntamente com o próprio ofendido[52]. É de presumir perturbações no regular desenvolvimento do procedimento que contribuem para o seu próprio insucesso. Se arguido e ofendido, p. ex., com terrenos contíguos, agricultores, discutem nas sessões de mediação e com o mediador qualquer crime de dano, injurias, ameaças ou até ofensas à integridade física, parece judicioso que os sujeitos participantes não são os mais indicados para compartilharem consenso: "o conflito directo de interesses aguça, sem dúvida, o engenho das pessoas e estimula a sua combatividade; mas as paixões geradas pela luta em juízo privam as partes da serenidade de espírito indispensável à defesa mais eficaz da sua posição na lide"[53].

Refutar-se-á, todavia, que o mediador penal tem deveres de imparcialidade e independência (cfr. 10º, nº 1, Lei nº21/2007, de 12 de Junho) e, por essa razão, obrigação de defender os interesses do arguido quando postos em causa. Ainda assim, ao mediar, não lhe compete investigar ou discutir a verdade com os sujeitos participantes. Com efeito, em mediação penal, há muito mais do que um mero acto de concordância ou de um "consentimento informado" diante *proposta* de autoridade judiciária. Poderemos estar perante provas simples e evidentes, como em processo abreviado e sumário, mas falta ainda a "audição contraditória", falta toda a contribuição do arguido para o conteúdo do acordo; ou estar perante aplicação de sanção não privativa de liberdade, tal qual processo sumaríssimo, mas falta ainda todo um espinhoso caminho a percorrer com as "negociações".

Mas não queremos com isto dizer que não haja o reconhecimento de um direito de o arguido se defender pessoalmente nas sessões de mediação. Peguemos, pois, em argumentos que Cláudia Cruz Santos nos apresenta e que nos conduzem à conclusão que a assistência de advogado não deve ser obrigatória[54]. Em síntese: estão em causa crimes particulares *lato sensu*, considerando-se a disponibilidade do direito de queixa; temos de ter em conta que o papel do mediador penal no equilíbrio entre as desigualdades entre arguido e ofendido contribui para um idêntico "empoderamento"

---

[52] Cfr. Santos, Cláudia Cruz, *A Justiça Restaurativa... op. cit.*, 2014, p. 483

[53] Argumento que se levanta no contexto do processo civil mas com, a nosso ver, aplicação à mediação penal. Cfr. Varela, Antunes/Bezerra, J. Miguel/Sampaio e Nora, *Manual... op. cit.*, 1984, p. 180

[54] Cfr. Santos, Cláudia Cruz, *A Justiça Restaurativa... op. cit.*, 2014, p. 695.

OS NOVOS ATORES DA JUSTIÇA PENAL

do conflito; e com a homologação da desistência de queixa por parte do MP há um certo papel de controlo do conteúdo do acordo.

VI. Não nos parece desadequado trazer aqui à colação, para efeitos de contraditório, um caso português que foi apreciado pelo Tribunal Europeu dos Direitos do Homem[55] e pelo Comité de Direitos Humanos[56]. Resumidamente, o arguido queixou-se pelo facto de ter sido impedido de se defender a si próprio e, como consequência, de não ter beneficiado de um processo equitativo. O arguido, advogado[57], foi acusado e submetido a julgamento por crime de *injúrias* a magistrado.

O Tribunal Europeu dos Direito do Homem examinou a denúncia do requerente nos termos da alínea *c)* do nº 3 do artigo 6º, da respectiva Convenção: "O acusado tem, como mínimo, os seguintes direitos:...*c)* Defender-se a si próprio ou ter a assistência....". A decisão pendeu para a consideração de que "a decisão de permitir a um arguido defender-se a si próprio ou de lhe nomear advogado situa-se na margem de apreciação dos Estados Contratantes que estão melhor colocados do que o Tribunal para escolher os meios adequados para permitir aos seus sistemas de justiça garantir os direitos da defesa", uma vez que "os tribunais nacionais têm o direito de considerar que os interesses da justiça exigem a nomeação oficiosa de advogado". A queixa foi apreciada, por unanimidade, como mal fundada e rejeitada.

Já o Comité de Direitos Humanos, em relação à mesma denúncia, com base na interpretação da alínea *d)* do nº 3 do artigo 14º do Pacto Internacional sobre os Direitos Civis e Políticos, "Qualquer pessoa acusada de uma infracção penal terá direito, em plena igualdade, pelo menos às seguintes garantias... *d)*....a defender-se a si própria ou a ter a assistência...", acabou por chegar a conclusão diferente. Considerou que "o direito a defender-se pessoalmente, que constitui uma pedra angular da justiça, pode ser prejudicado quando se nomeia defensor oficioso ao arguido sem que este o deseje"[58]; e "toda a restrição da vontade do acusado de defender-se a si

---

[55] Queixa nº 48188/99, por Carlos Correia de Matos contra Portugal. Terceira Secção reunida em 15 de novembro de 2001.
[56] Comunicação nº 1123/2002, apresentada por Carlos Correia de Matos. Data da adopção da opinião a 28 de Março de 2006.
[57] Embora com inscrição na Ordem dos Advogados suspensa.
[58] tradução livre do espanhol.

mesmo terá que ter um propósito objetivo e suficientemente sério e não exceder o necessário para proteger o interesse da justiça"[59]. Razão pela qual o Comité foi da opinião de que, mesmo cabendo aos tribunais competentes avaliar em que causa é necessário nomear advogado em nome da justiça, o Estado parte "não argumentou razões objectivas e suficientemente graves para explicar por que, neste caso, relativamente simples, a ausência de advogado teria prejudicado os interesses da justiça ou porque era necessário restringir o direito do autor a defender-se pessoalmente"[60]. Conclui-se então que no caso concreto não se respeitou o correspondente direito de o arguido se defender pessoalmente, garantido pela citada legislação internacional.

Fica, a respeito deste segmento, uma pergunta relacionada com o eventual *excesso de garantismo*: a legislação e a jurisprudência[61] portuguesas, ao exigirem a constituição obrigatória de defensor (p. ex. quando é deduzida acusação), em causas relativamente simples (p. ex. crime particular), *contra a vontade do arguido*, não estão a preterir o direito de este se defender pessoalmente? É uma retórica que também se desdobra às sessões de mediação. Fica por responder, por fim, uma outra questão: e no caso de o arguido ser cego, surdo, mudo, analfabeto, desconhecedor da língua portuguesa ou menor de 21 anos, exigir-se-á ou não, *ab initio*, obrigatoriedade de assistência nas sessões de mediação (cfr. 64º, nº 1, al. *c*), CPP)?

VII. O que ficou dito acerca do consentimento-confissão do arguido e do papel do seu defensor em mediação penal permitiu-nos olhar mais além. Observamos, pois, que o defensor do arguido, uma vez constituído, tem todo o interesse em procurar razões que possam servir para atenuar as consequências jurídicas do crime – em uma perspectiva penológica – e já não razões para demonstrar a cabal inocência do seu constituinte, como o poderá fazer em processo penal comum. Aliás, é evidente, o próprio arguido, com a participação nas sessões de mediação (cfr. 3º, nº 5, da Lei nº 21/2007, de 12 de Junho), está de acordo que existe um conflito de natureza penal do seu encargo, e, ao aderir à instância restaurativa, não só prescinde do direito ao silêncio como também do direito à presunção de

---

[59] *Idem.*
[60] *Idem.*
[61] Cfr., *supra*, nota 49

inocência[62]. No fundo, para atingir o desiderato, para poder gozar a final de um desistência de queixa, *tem de prescindir de direitos e princípios que o processo penal por outro lado lhe confere*, tendo que estar disposto, de seguida, a uma vontade de reparação e, mesmo que de forma confidencial, a uma vontade de declaração de culpabilidade. Mas as coisas também se passam assim em contexto de processo penal-consensual. Seja com a celebração do acordo de mediação, seja com a aceitação da proposta de sanção não privativa de liberdade ou de injunção, o próprio arguido, com o consentimento-confissão, deixa-se – por assim dizer – incriminar. Poderá ser, porém, mais favorável acordar os deveres com o ofendido em privado do que sujeitar-se ao critério publicista da autoridade judiciária. Como já dissemos, dependerá de um juízo acerca do material probatório: a prova é o único instrumento para se chegar à verdade.

Cabe, por conseguinte, ao arguido e ao seu eventual defensor, de acordo com o potencial da prova – que não há-de ser complexa, no âmbito da pequena criminalidade –, apostar em regras jurídico-processuais que melhor evidenciem as suas intenções jurídicas. Diríamos mesmo que, hoje em dia, com os mecanismos de processo penal-consensual e de mediação penal-restaurativa[63], a verdade poderá ser, em si mesma, função da intenção especificamente jurídica dos detentores da mesma. Uma verdade programada estrategicamente, de fins relativamente controláveis, em uma relação imediata com a vontade de *consentimento-confissão* do arguido, no quadro de um determinada correspondência-comunicação, ou com o ofendido na mediação penal ou com a autoridade judiciária no processo penal-consensual. Mais soluções estratégicas teria ainda o arguido caso se permitissem acordos de sentença em processo penal. De qualquer forma, temos já presente a *antítese* entre os "fins relativamente controláveis": ou, por uma lado, se propende para uma concepção semi-privatística da verdade, resultado de um particular acordo comunicativo-argumentativo em que se realiza uma justiça restaurativa; ou, por outro lado, se propende para uma con-

---

[62] *Princípio da presunção de inocência* entendido como "exigência pura e simples de provar efetivamente a infracção incriminada". Se o arguido prescinde do princípio é porque prescinde daquela exigência, dando-se como (relativamente) provada a infracção. Cfr. António Castanheira, *Sumários de Processo Criminal* (1967-1968), Coimbra, 1968, pp. 56-57

[63] Não nos esqueçamos, todavia, dos limites territoriais ao sistema público de mediação penal, limitado a 15 comarcas do território português. Cfr. Portaria 732/2009, de 8 de Julho.

A MEDIAÇÃO PENAL-RESTAURATIVA E O PROCESSO PENAL-CONSENSUAL

cepção publicista da verdade, resultado de uma averiguação pública suficiente a partir da qual se propõe ou impõe uma justiça penal.

Não significa, todavia, que seja sempre um binómio tão linear. Temos que reconhecer que a verdade consensual privada, cristalizada em um acordo de mediação penal, poderá ser *renovada* por uma verdade material de processo penal, ainda que não possamos afirmar o inverso. Vale a pena explorar esta ideia.

A prospectiva de se admitir que um mesmo facto penalmente relevante seja qualificado mediante duas verdades distintas[64], primeiramente pela justiça restaurativa e depois pela justiça penal, aparenta ser improvável mas é possível. No caso de o acordo restaurativo – que já havia estabilizado a factualidade e o direito aplicável– não ser cumprido[65] no prazo fixado pelos sujeitos participantes, permite-se que o ofendido renove a queixa no prazo de um mês, *sendo reaberto o inquérito* (cfr. 5º, nº 4, 2ª parte, da Lei nº 21/2007, de 12 de Junho)[66]. Algumas conclusões podemos retirar desta problemática.

A mais óbvia diz-nos que poderá, agora, haver uma averiguação oficiosa *suficiente* para determinar uma verdade material. Levanta-se, assim, o problema dos indícios recolhidos inicialmente pela autoridade judiciária. Se o MP remeter o processo para mediação com meros indícios da prática de crime (cfr. 3º, nº 1, 1ª parte, Lei nº 21/2007, de 12 de Junho) – que não indí-

---

[64] Remete-nos para a nossa primeira e segunda advertência de ordem sistemático-conceitual e metodológica. Não resistimos em fazer uma outra citação, agora com o pensamento de Piero Calamandrei: "Ponham dois pintores diante da mesma paisagem, um ao lado do outro, cada um com o seu cavalete e, passada uma hora, vejam o que cada um desenhou na tela. Hão-de notar duas paisagens completamente diferentes e tão diferentes que vos há-de parecer impossível que o modelo tenha sido um só. Podeis dizer que um deles traiu a verdade?".*in* Calamandrei, Piero, *Eles, os juízes, vistos por nós, os advogados*, 7ª edição, Clássica editora, 1985, p. 99. Questionamos, assim, quem está a trair a verdade, a justiça penal ou a justiça restaurativa?

[65] O incumprimento poderá ser entendidos em termos análogos àqueles previstos pra o artigo 55º do CP. Nas palavras de Albuquerque, Paulo Pinto de, *Comentário do Código Penal... op. cit.,* 2008, p.200 anotação ao artigo 55º: "o incumprimento consiste na omissão da satisfação dos deveres e das regras de conduta com natureza de facere ou na violação de regras de conduta com natureza de non facere. Em ambos os casos, a conduta do condenado deve ser voluntária, "culposa", admitindo-se o incumprimento doloso ou negligente.

[66] Ter em conta, também, o disposto no nº 3 do artigo 6º da da Lei nº 21/2007, de 12 de Junho: "Havendo renovação de queixa nos termos do nº4 do artigo 5º, o Ministério Público verifica o incumprimento do acordo, podendo, para esse fim, recorrer aos serviços de reinserção social, a órgãos de polícia criminal e a outras entidades administrativas."

OS NOVOS ATORES DA JUSTIÇA PENAL

cios suficientes para acusar (cfr. 283º, nº 1 e 2, CPP) – e o acordo não for cumprido, poderá haver, pelo menos teoricamente, com a reabertura do inquérito, uma possibilidade de o processo ser arquivado por não ter sido possível obter indícios *suficientes* da prática de crime (cfr. 277º, nº 2, CPP); ou até, ainda que menos provável, poderá ser arquivado por ter sido recolhida prova bastante de se *não ter* verificado crime (cfr. 277º, nº 1, CPP). Nestes casos, se possíveis, afigurar-se-ia, para o arguido, uma verdade material posterior mais favorável do que a verdade formal anterior[67]. O arguido, que havia prescindido dos direitos e princípios de processo penal, regressa à fase do inquérito e beneficia dos *ressurgidos* direitos e princípios de defesa para além dos novos elementos probatórios ou de esclarecimento próprios do princípio da investigação. Já sabemos, também, que a discussão e as conclusões a que se chegaram nas sessões de mediação não podem ser valoradas como prova em processo penal (cfr. 4º nº 5, Lei nº 21/2007, de 12 de Junho). Ou seja, a dispensabilidade da investigação, à qual nos referimos anteriormente, poderá ter consequências imprevisíveis. E, no fundo, não é por existir um consentimento-confissão que a verdade privada tem mais ou menos legitimidade do que a verdade material[68].

É evidente que toda esta hipótese – de arquivamento do processo depois de um incumprimento de acordo de mediação – parece pouco provável face ao potencial da prova (simples e evidente) característico dos crimes aqui em causa. Verosímil deverá ser um incumprimento definitivo do acordo de mediação seguido de uma acusação em processo penal, não estando o MP disposto a decidir-se pelo arquivamento do processo nem, tão-pouco, por um outro mecanismo de consenso.

A respeito, análogo a este último desfecho, é o incumprimento de injunções e regras de conduta, em que o MP prossegue com o processo e deduz acusação para julgamento em processo abreviado (cfr. 282º nº 4, al. a), e 384º nº 3, CPP). Neste caso, porém, dado que a suspensão provisória do processo pressupõe a recolha de *indícios suficientes* da prática de crime[69], o

---

[67] Seria estranho que o arguido consentisse-confessasse os factos em mediação penal sujeitando-se a deveres e, depois do incumprimento destes, a justiça penal chegasse à conclusão de arquivamento por não haver indícios suficientes da prática de crime ou por não existir crime.
[68] Cfr., *supra*, nota 41
[69] Presente o princípio da legalidade entendido como uma discricionariedade vinculada. Cfr. Dias, Jorge de Figueiredo, *Direito Processual Penal... op. cit.*, 1981, p. 142.

MP tem necessariamente de deduzir acusação, não se vislumbrando um possível arquivamento.

Sendo assim, com o que fica exposto, ainda que se possa dizer que haja probabilidade de futura acusação e condenação em processo penal face a um incumprimento de acordo de mediação penal, não acompanhamos a ideia de que o arguido ao consentir com um acordo de mediação está assumir a culpabilidade em processo penal, visto que uma e outra instância são *incomunicáveis a nível probatório*. Ou seja, a verdade consensual privada *não é comunicável* com a verdade material, e cabe ao ofendido permutar – através da renovação da queixa – *a realização* da justiça restaurativa (que se revelou inconsequente) *pela imposição* da justiça penal.

Uma outra conclusão que advém desta última é que a verdade consensual privada não é irretractável apesar de ser irrecorrível. Se os sujeitos participantes chegaram voluntariamente de forma livre e esclarecida a acordo parece não fazer sentido que possam recorrer do mesmo, sendo, por isso, irrecorrível[70]. Mas não significa que esse acordo seja irretractável, isto é, que não possa ser retirado face a um incumprimento por parte do arguido.

A solução da nossa lei permite-nos afirmar que a posição jurídico-processual dos participantes, outrora adquirida no âmbito processual penal, não fica de forma alguma afectada no procedimento de mediação penal quando não se chega a um acordo ou quando o acordo não é cumprido. Mesmo que consideremos que o consentimento-confissão do arguido no acordo de mediação se traduz em uma admissão global de factos que não foram submetidos a exame crítico algum por parte de autoridade judiciária, denegando-se, desse modo, a verdade material, o ofendido não renuncia à possibilidade de apelar ao processo penal face ao incumprimento da reparação acordada em contexto de justiça restaurativa, impondo uma justiça penal.

É certo, todavia, que não fazemos um raciocínio inverso em relação a esta problemática, ou seja, ponderar a possibilidade de a verdade material de processo penal ser renovada por uma verdade consensual privada. Não é com a recolha de meros indícios da prática de crime por parte do MP,

---

[70] Nem sequer faria sentido pensar-se em um recurso no caso do ofendido alegar ter sido coagido a fixar o conteúdo do acordo de mediação penal. Este problema deverá ou poderá ser resolvido através da renovação da queixa nos termos do referido nº4 do artigo 5º da Lei nº21/2007, de 12 de Junho.

OS NOVOS ATORES DA JUSTIÇA PENAL

em fase do inquérito, altura em que o processo é remetido para mediação, que vamos considerar haver uma qualquer verdade material suficiente em relação à factualidade. Ademais, trata-se todo ele de um processo *desjurisdicionalizado* em que a verdade está subtraída à influência judicial, contrariamente ao que sucede no âmbito do processo penal-consensual. A mediação penal, para determinados crimes particulares *lato sensu*, afigura-se como uma alternativa ou como um complemento ao processo penal em fase de inquérito, revelando-se, no fundo, subsidiária ou em segundo plano. É tão mais evidente, se dúvidas restassem, quando no nº2 do artigo 2º da Lei nº 21/2007, de 12 de Junho, se prevê que "a mediação em processo penal *pode* ter lugar em processo por crime cujo procedimento dependa de queixa ou de acusação particular" (sublinhado nosso). Não é uma questão com alcance apenas gramatical.

VIII. Procuremos, por fim, fazer uma síntese e concluir o que ficou dito.

Considerando a faculdade de se recorrer a uma mediação caracterizada como penal-restaurativa, começamos por reconhecer, por um lado, que a *aplicação-realização* concreta do direito penal não é da competência exclusiva do processo penal, pelo menos em relação a um determinado número de crimes semi-públicos e particulares. Por outro lado, entendemos que o modo de *aplicação-actuação* que possibilita o acesso à verdade e a realização da justiça é, entre ambos os modelos, substancialmente diferente. No que toca à persecução da verdade do facto, ao passo que o processo de mediação deve, quanto aos resultados, ser a expressão de uma verdade que se consensualizou entre ofendido e arguido, o processo penal depende da actuação de autoridade judiciária para, através de diligências probatórias, atingir esses mesmos resultados. Estes ditos resultados traduzem-se, respectivamente, em uma *verdade consensual privada* (formal) e em uma *verdade material* (judicial).

Contudo, identificamos mecanismos legais no âmbito do processo penal que também procuram um consenso em relação à verdade, designadamente a suspensão provisória do processo e o processo sumaríssimo. Por essa razão nos referimos a um *processo penal-consensual*. Mas as diferença em relação à mediação penal não nos ultrapassou. Uma coisa é o consentimento do arguido com uma proposta da autoridade judiciária, em um modelo de "proposta-aceitação", outra é o consentimento do arguido com o ofendido, em um modelo de "declaração conjunta". Naquele modelo, *publicista*, propondo-se um consenso, a verdade provém de averiguações autónomas-públicas, considerando a intervenção do MP e do juiz de instrução; neste último modelo, *semi-privatístico*, a verdade provém de narrativas privadas que a homologação pública permite e legitima.

A propósito da *concepção publicista* da verdade no âmbito do processo penal-consensual, observamos um problema muito recente acerca dos acordos de sentença em processo penal. Chegamos à conclusão que a prática judiciária afastou esta hipótese devido à ausência de solução legal inequívoca que os permitisse.

Já no que diz respeito à *concepção semi-privatística* da verdade, relembramos que o teor das sessões de mediação é confidencial e, como consequência, não pode ser valorado como prova em processo penal, desinibindo o arguido para o consentimento-confissão. Significa também que um e outro processo são *incomunicáveis* entre si a nível probatório.

Porque falamos de pequena complexidade-criminalidade, não negamos que o consentimento-confissão por parte do arguido poderá estar relacionado com *o potencial da prova*. Com efeito, a importância de um juízo acerca do material probatório pareceu-nos essencial no quadro de uma determinada correspondência-comunicação: ou com o ofendido na mediação penal ou com a autoridade judiciária no processo penal-consensual. Caracterizamos, assim, uma *verdade programada estrategicamente*, de fins relativamente controláveis. Motivo pelo qual discutimos a presença de advogado em todo o processo de consenso, demonstrando-nos a importância de uma análise casuística do problema.

O que ainda se acrescentou está relacionado com o incumprimento do acordo de mediação penal por parte do arguido, no qual a solução legal permitiu-nos afirmar que cabe ao ofendido permutar, através da renovação de queixa, a realização da justiça restaurativa por uma imposição da justiça penal. Tendo em conta esta consideração, assegurámos, ademais, que a verdade consensual privada não é irretractável.

Tudo mostrou, afinal, que a posição jurídico-processual do arguido ou do ofendido – o conjunto de direitos e deveres adquiridos no início do processo penal – não é comprometida pelo procedimento de mediação penal no caso de não se chegar a um acordo ou no caso de o acordo não ser cumprido.

Mediação Penal

EDUARDO ARANTES BURIHAN
Mestre em Direito Penal pela PUC-SP
Coordenador adjunto do Grupo de Estudos Carcerários Aplicados da USP
Professor de Direito Processual Penal no Centro Universitário Barão de Mauá

1. Fundamentos 2. Objetivos. 3 Finalidades perseguidas. 4. A experiência da justiça restaurativa no Brasil na área infrativa juvenil. 5. A experiência da mediação penal em Portugal. 6. A experiência da mediação penal no Brasil. 7. Sobre a mediação penal e quem é a figura do mediador. 8. Conclusões. Bibliografia

1. Fundamentos

O século XVIII foi marcado por crises que culminaram com o aniquilamento do regime político secular. Não havia mais espaço para o arbítrio e a irracionalidade. O argumento da razão passou a preponderar nas relações humanas. Tratou-se, na verdade, de uma nova concepção de vida instaurada a partir de movimentos intelectuais, culturais e sociais. Passou-se a conceber, verdadeiramente, uma nova ordem e um novo movimento de ideias.

Os excessos cometidos no século anterior começaram a perder espaço. Conforme salientado por Luis Régis Prado: "Contra os excessos cometidos no século anterior, emerge logo – no chamado Século das Luzes (século XVIII) – uma reação humanitária ou reformadora decorrente do Iluminismo (Aufklärung), concepção filosófica que se caracterizava por ampliar o domínio da razão a todas as áreas da experiência humana" (Luis Regis

OS NOVOS ATORES DA JUSTIÇA PENAL

Prado. Curso de Direito Penal Brasileiro. Parte Geral. 2ª ed., São Paulo: Revista dos Tribunais, cit. p. 46).

Certas práticas de justiça criminal não refletiam mais os anseios da sociedade que passou a ver, nas barbáries da investigação criminal e nas penas, algo que não mais se amoldava ao novo estado de espírito social[1]. A pena deixou de ser uma reafirmação do poder do soberano para representar uma violação do contrato social.[2]

Em razão do período do pós-guerra, e das gravíssimas consequências deixadas pelas atrocidades perpetradas durante as duas grandes guerras mundiais, onde os atentados à dignidade da pessoa humana[3] se verificaram

---

[1] "A partir del siglo XVIII se considera un postulado fundamental del régimen liberal reservar al poder constituyente, en cuanto titular de la soberania popular, el privilegio de fijar los derechos básicos de la convivencia social, bien mediante su inserción en el preâmbulo de las constituciones, o en su texto articulado o, incluso, en una declaración específica de tales derechos. No en vano, para el pensamiento liberal el fin supremo de la asociación política residía en la defensa de las libertades fundamentales, para cuya mejor garantia éstas debían proclamarse expresamente en las normas de mayor rango y autoridade del ordenamiento jurídico. Bien elocuente es a respecto el artículo 16 de la Declaración de los Derechos del Hombre y del Ciudadano de 1789 al proclamar que: <<Toute societé dans laquelle la garantie dês droits n'est pás assurée..n'a point de constitution>>" (LUÑO, Antonio Enrique Pérez. Derechos Humanos, Estado de Derecho y Constitución. 8ª ed., Madrid. Tecnos, 2003, p. 65).

[2] "A reação aos atos de punição crudelíssimos e arbitrários, por meio dos suplícios, em nome do absolutismo, surgiu com a própria evolução da humanidade, principalmente com a filosófica do século XVIII. A ilustração desse século influenciou diretamente a Revolução Francesa e, com ela, a consagração dos princípios contidos na Declaração dos Direitos do Homem e do Cidadão, de 1789, que tiveram caráter universalizante. Tais princípios transformaram-se em dogmas constitucionais de garantias contra o absolutismo e o arbítrio." (MARQUES, Oswaldo Henrique Duek. Fundamentos da Pena. São Paulo: Juarez de Oliveira, 2000, p. 51).

[3] "A dignidade da pessoa humana é o reconhecimento constitucional dos limites da esfera de intervenção do Estado na vida do cidadão e por esta razão os direitos fundamentais, no âmbito do poder de punir do Estado, dela decorrem, determinando que a função judicial seja um fator relevante para conhecer-se o alcance real destes direitos." (SILVA, Marco Antonio Marques da. Acesso à Justiça Penal e Estado Democrático de Direito. 1ª ed., São Paulo: Juarez de Oliveira, 2001, p. 5); "La dignidad humana constituye no sólo la garantia negativa de que la persona no va a ser objeto de ofensas o humillaciones, sino que entraña también la afirmación positiva del pleno desarrollo de la personalidad de cada individuo. El pleno desarrollo de la personalidad supone, a su vez, de un lado, el reconocimiento de la total autodisponibilidad, sin interferências o impedimentos externos, de las possibilidades de actuación propias de cada hombre; de outro, la autodeterminación (Sebstbestimmung des Menschen) que surge de la libre proyección histórica de la razón humana, antes que de una predeterminación dada por la naturaleza" (LUÑO, Antonio Enrique Pérez. Derechos Humanos, Estado de Derecho y

MEDIAÇÃO PENAL

de forma atroz, produzindo danos irreparáveis, responsável por milhões de mortes e torturas em suas mais variadas modalidades, deu-se início a uma nova fase estatal, denominada de fase do "Estado do Bem Estar Social". Era a chamada fase do Estado provedor, do Estado que encarnava verdadeiramente, o papel de grande guardião do bem estar coletivo.[4]

Consoante o magistério de Geraldo Prado, para que se possa falar em soluções consensuais no processo penal, inicialmente é necessário definir o que pode ser entendido como solução de consenso em termos de litígio penal, a partir de experiências percebidas no direito brasileiro e no direito comparado. Segundo o autor: "O que tem motivado o debate sobre a denominada justiça penal consensual, nessa virada de século, ao contrário da tese que normalmente costuma frequentar as discussões, dando conta da revitalização do papel da vítima, típico do sistema acusatório desenvolvido pelos povos germânicos na Idade Média, é a constatação da incapacidade de o Estado contemporâneo – europeu ocidental – responder de forma eficaz a demandas de regulação, ao menos de acordo com as expectativas geradas pelo modelo do Estado do bem-estar social" (Justiça Penal Consensual, cit. p. 355).

Constitucion, cit. p. 318); "Outra esfera constitutiva da República Portuguesa é a dignidade da pessoa humana (artigo 2º). O que é ou que sentido tem uma República baseada na dignidade da pessoa humana? A resposta deve tomar em consideração o princípio material subjacente à ideia de dignidade da pessoa humana. Trata-se do princípio antrópico que acolhe a ideia pré-moderna e moderna de dignitatis-hominis (Pico della Mirandola) ou seja, do indivíduo conformador de si próprio e da sua vida segundo o seu próprio projecto espiritual (plastes et fictor). Perante as experiências históricas de aniquilação do ser humano (inquisição, escravatura, nazismo, stalinismo, polpotismo, genocídios étnicos) a dignidade da pessoa humana como base da República significa, sem transcendências ou metafísicas, o reconhecimento do homo noumenon, ou seja, do indivíduo como limite e fundamento do domínio político da República. Neste sentido, a República é uma organização política que serve o homem, não é o homem que serve os aparelhos político-organizatórios." (CANOTILHO, J. J. Gomes. Direito Constitucional e Teoria da Constituição, 7ª ed., Coimbra: Almedina, 2003, pág. 225).

[4] Para Geraldo Prado: "Todavia, o Estado do bem-estar social, intervencionista, passou a enfrentar sucessivas crises sistêmicas, com realce para aquelas de natureza econômica, ao tempo em que a debilitação do modelo socialista real, implantado nos países do bloco sob influência direta da antiga União Soviética, rompeu o equilíbrio dialético ditado pela bipolaridade capitalismo-comunismo, abrindo caminho para a globalização e o neoliberalismo. Com isso, instaurou-se de modo hegemônico uma nova mentalidade acerca da participação do próprio Estado na solução de toda espécie de demandas inerentes à complexa sociedade contemporânea" (Justiça Penal Consensual, cit. p. 355).

OS NOVOS ATORES DA JUSTIÇA PENAL

Esse estado de verdadeiro caos, herdado, principalmente, da Segunda Guerra Mundial, que, encontrou nas políticas antissemitas, imperialistas e totalitaristas, as bases para as origens de um Estado totalitário, nos moldes delineados pela Alemanha nazista, colocou os vários países democráticos, no período do pós-guerra, numa posição de busca pelo fortalecimento de suas instituições, no sentido mais puro do termo, retomando os ideais de liberdade, igualdade e fraternidade, que se espargiram pelo mundo, cristalizando-se nos textos constitucionais das nações civilizadas, e que encontraram nos pensamentos que deram origem à Revolução Francesa, o seu melhor paradigma.

Existem dois períodos de extrema relevância que merecem algum destaque na análise do tema proposto. Inicialmente, passamos por um período pré-guerra, marcado pelo liberalismo econômico e um período pós-guerra, onde o Estado passou a assumir um rol extenso de funções, que não eram originariamente suas, cuja finalidade era a de estabelecer ou restabelecer a paz social.

Esse acúmulo exacerbado de funções gerou, principalmente a partir da década de setenta, na Europa, um ambiente generalizado de descontentamento, passando a colocar em discussão esse volume excessivo de funções, que indiscutivelmente frustrou as expectativas sociais e normativas, destacadamente, no âmbito penal.

Foi nesse ambiente que tiveram início os primeiros debates acerca da mediação, inicialmente na área cível. Tratou-se de verdadeira mudança de paradigma, uma vez que a Europa era extremamente estatizada.

Por esse motivo, passou-se a buscar novos mecanismos de solução de conflitos, mais democráticos[5], preferencialmente fora das instâncias convencionais de controle.

---

[5] "Assinalou-se atrás que o poder político assenta em estrutura de domínio. O princípio democrático não elimina a existência das estruturas de domínio mas implica uma forma de organização desse domínio. Daí o caracterizar-se o princípio democrático como princípio de organização da titularidade e exercício do poder. Como não existe uma identidade entre governantes e governados e como não é possível legitimar um domínio com base em simples doutrinas fundamentantes é o princípio democrático que permite organizar o domínio político segundo o programa de autodeterminação e autogoverno: o poder político é constituído, legitimado e controlado por cidadãos (povo), igualmente legitimados para participarem no processo de organização da forma de Estado e de governo...Tal como são um elemento constitutivo do estado de direito, os direitos fundamentais são um elemento básico para a realização do princípio democrático. Mais concretamente: os direitos fundamentais têm uma

MEDIAÇÃO PENAL

Assim, a partir da década de setenta, do século passado, foram surgindo algumas referências acerca de justiça restaurativa, como uma proposta distinta ao crime, que seria diferente da justiça penal. Conforme asseverado pela Profa. Cláudia Cruz dos Santos, com o modelo restaurativo afasta-se a possibilidade de condenação a pena de prisão, afirmam-se as vantagens para a reintegração do agente no convívio social e invoca-se, principalmente, a satisfação das necessidades das vítimas, numa solução, comunitariamente, mais pacificadora.

Indiscutivelmente, o atual modelo de justiça penal não é capaz de resolver muitos dos problemas criminais surgidos no convívio social, destacadamente, os chamados crimes de bagatela ou infrações de menor lesividade. Daí, porque, torna-se imprescindível o estímulo de mecanismos alternativos como o de justiça restaurativa.[6]

A terminologia "justiça restaurativa", que não deixa de ser mais um sistema de pacificação social, consoante Cláudia Cruz, constitui um conjunto de construções teóricas de natureza sobretudo criminológica e de política-criminal, como um conjunto diferenciado de normas e práticas de reação ao fenômeno criminal sujeitas a um denominador comum, qual

função democrática, dado que o exercício democrático do poder: (1) significa a contribuição de todos os cidadãos (arts. 48º e 109º) para o seu exercício (princípio-direito da igualdade e da participação política); (2) implica participação livre assente em importantes garantias para a liberdade desse exercício (o direito de associação, de formação de partidos, de liberdade de expressão, são, por ex., direitos constitutivos do próprio princípio democrático); (3) coenvolve a abertura do processo político no sentido da criação de direitos sociais, económicos e culturais, constitutivos de uma democracia económica, social e cultural (art. 2º). Realce-se esta dinâmica dialética entre os direitos fundamentais e o princípio democrático." (CANOTILHO, J. J. Gomes. Direito Constitucional e Teoria da Constituição. 7ª ed., Coimbra: Almedina, 2003, pág. 290).

[6] "A justiça restaurativa aproveita a alteração verificada nas margens de tolerância em relação a comportamentos inseridos nas áreas da regulação social onde o interesse público na defesa de certos bens se revela menos importante ou obrigue a um empate injustificável de recursos humanos e materiais (55) (mormente em face das menores possibilidades económicas do país "real"); onde o abalo social provocado pela conduta do agente seja nulo ou diminuto e convoque uma ténue censurabilidade; em situações pouco graves e onde estejam em causa intensas relações afectivas e inseridas num convívio desejável ou inevitável, cuja continuidade se pretende preservar; e em determinadas situações em que, apesar de sua grande relevância ao nível penal – por exemplo, nos crimes contra a liberdade e a autodeterminação sexual – , se procura atender, também, aos interesses da vítima do crime que se mostrem contrários à promoção ou prossecução do processo criminal" (FERREIRA, Francisco Amado. justiça restaurativa. Natureza, finalidades e instrumentos. Coimbra: Coimbra Editora, 2006, cit. p. 29).

OS NOVOS ATORES DA JUSTIÇA PENAL

seja, a reparação do dano causado à vítima através de uma responsabilização espontânea do agente da infração[7] (A justiça restaurativa: um modelo de reacção ao crime diferente da justiça penal: porquê, para quê e como?. 1ª ed., Coimbra: Coimbra Editora, 2014, p. 755).

No Direito Penal, existem causas específicas que impõe necessariamente o uso da mediação penal e que residem, dentre outros fatores, na demora no julgamento e na quantidade de lides penais.

Então, o Estado, paulatinamente, vem se tornando um incentivador da mitigação do princípio da oficialidade e da obrigatoriedade da ação penal, entregando ao particular a solução dos conflitos. No Brasil, especialmente, isto se verificou através da implementação de institutos como a suspensão condicional do processo, transação penal e da ampliação do rol de penas alternativas à prisão e a priorização da reparação do dano causado pelo crime.

É importante que se diga, que a reparação do dano pode ocupar um papel de destaque no Direito Penal, como uma terceira via, juntamente com as penas e medidas de segurança, ao ponto de, cumprido esse papel, dispensar-se a aplicação da pena.[8]

Nesse cenário, surge como possibilidade de instrumento de efetividade da justiça restaurativa a ideia de mediação penal.

Quando se fala em mediação penal, há que se observar os limites delineados pela proposta restaurativa, destacadamente no que diz respeito à

---

[7] "Em razão do âmbito assinalado à culpabilidade, é possível, portanto, deixar de aplicar a pena quando a reparação do dano ou a restituição da coisa seja tão eficiente que chegue ao ponto de fazer desaparecer a necessidade da pena, porque esta não seria mais "necessária para a retribuição e prevenção do crime"(artigo 59 do Código Penal Brasileiro). Ora, se a reparação do dano em certos casos afasta a necessidade de pena, porquê aplica-la? Haveria legitimidade numa tal condenação penal? Certamente não." (AMARAL, Cláudio do Prado. Despenalização pela reparação de danos: a terceira via. Leme: Ed. JH Mizuno, 2005, pág. 17).
[8] Nesse sentido a lição de M. Carmen Alastuey Dobón: "Otro sector doctrinal considera que la reparación está en condición de desempeñar un papel mucho más relevante en Derecho penal. Creen que es posible construir una reparación de naturaleza penal que se diferenciaria de la via civil tanto en su contenido como en sus funciones, hasta el punto de constituir una auténtica consecuencia jurídico-penal del delito que podría representar, en ocasiones, la única respuesta al mismo. La reparación debería integrarse en el Derecho penal, según esta opinión, como <<terceira vía>>, junto a la pena y las medidas de seguridad. Si el delincuente consegue reparar por completo las consecuencias del delito antes del juicio oral, habría de renunciarse a la pena." (La Reparación a la víctima en el marco de las sanciones penales. Valencia: Tirant lo blanch, 2000, p. 66).

MEDIAÇÃO PENAL

vontade do agente em reparar o dano causado pelo crime e o da vítima em ser ressarcida e objeto de um reconhecimento por parte do delinquente, no sentido de admitir sua culpa no evento, escusando-se pelo erro.

Para Claus Roxin, toda a infração penal acarreta um abalo social. A função do Direito Penal é a de tutela subsidiária dos bens jurídicos. O Direito Penal, conforme salientado por Roxin, deve apenas assegurar determinados bens, previamente estabelecidos, como a vida, a integridade corporal, a honra, a administração da justiça, restringindo-se, assim, a punibilidade em um duplo sentido (Claus Roxin. Derecho Penal. Parte General. Tomo I, Fundamentos. La Estructura de la Teoria del Delito., Miguel Diaz y Garcia Conlledo e Javier de Vicente Remesal. Madrid: Civitas, 2006, tomo I, p. 52). No mesmo diapasão, sob uma perspectiva racional, os ensinamentos do professor Jorge de Figueiredo Dias, para quem: "o conceito material de crime vem assim a resultar da função do direito penal de tutela subsidiária (ou de "ultima ratio") de bens jurídicos (25) dotados de dignidade penal (de "bens jurídicos-penais"); ou, o que é dizer o mesmo, de bens jurídicos cuja lesão se revela digna de pena" (Temas Básicos da Doutrina Penal. Coimbra: Coimbra Editora, 2001, p. 43).

Prevalece na doutrina quanto à finalidade da pena a ideia de prevenção geral positiva, ou seja, de reafirmação da norma, conforme orientação de Jorge de Figueiredo Dias para quem a pena pode ser concebida como forma de que o Estado se serve para manter e reforçar a confiança da comunidade na validade e na força de vigência de suas normas de tutela de bens jurídicos.[9] Todavia, para Roxin, esse ideal não pode deixar de lado a ideia de reparação do dano como instrumento de pacificação social, podendo efetivamente conduzir a uma reconciliação entre autor e vítima. Nas palavras de Claus Roxin: "La reparación del daño no es, según esta concepción, una cuestión meramente jurídicocivil, sino que contribuye essencialmente también a la consecución de los fines de la pena. Tiene un efecto resocializador, pues obliga al autor a enfrentarse con las consecuencias de su hecho y a aprender a conocer los intereses legítimos de la , como algo necessário y justo y puede fomentar un reconocimiento de las normas. Por último la reparación del daño puede conducir a una reconciliación entre autor y víctima y, de ese modo, facilitar essencialmente la reintegración del culpable. Además, la reparación del daño es muy útil para la prevención integradora

---

[9] Temas Básicos da Doutrina Penal, cit. p. 74.

OS NOVOS ATORES DA JUSTIÇA PENAL

(nm. 27), al oferecer una contribución considerable a la restauración de la paz jurídica. Pues sólo cuando se haya reparado el daño, la víctima y la comunidade considerarán eliminada – a menudo incluso independentemente de un castigo – la perturbación social originada por el delito" (Claus Roxin. Derecho Penal. Parte General. Tomo I. Fundamentos. La Estructura de la Teoría del Delito. Madrid: Thomson Civitas, 2ª ed., 2006, pág. 109).[10]

Para Cláudio do Prado Amaral: "A 'compensação entre autor e vítima' é a representação de um projeto organizado para que o delinquente e a vítima tenham a oportunidade de se colocar em acordo mediante uma via de mediação, isto é, alguém que se interponha entre ofendido e delinquente com o fim de encontrar uma prestação justa e possível, devida em razão da prática do delito. Com tal medida, o processo penal é suspenso, ou na hipótese da suspensão não ser possível, a pena é atenuada" (Despenalização pela reparação do dano no Direito Penal: A terceira via. Leme: Ed. JH Mizuno, 2005, pág. 95).

Claus Roxin posiciona-se no sentido de que a ideia de prevenção geral positiva está relacionada a um conceito analítico de prevenção de integração. Isto quer dizer segundo Cláudio do Prado Amaral, que essa ideia está direcionada à "integração e à pacificação" bem como à "satisfação do sentimento jurídico", entendendo-se com isso o restabelecimento da paz jurídica perturbada pela prática infracional.

Para Cláudio Amaral, a denominada "prevenção de integração" não tem o mesmo significado de prevenção geral positiva. Para Roxin, a prevenção de integração é um aspecto da prevenção geral positiva.[11]

---

[10] E prossegue Roxin: "La legitimación políticojurídica de la reparación del daño como uma "tercera vía" de nuestro sistema de sanciones la proporciona el principio de subsidiariedade (cfr. § 2, nm. 28 ss). Así como la medida sustituye o completa la pena como "segunda vía" donde está, a acusa del princípio de culpabilidad, no puede, o sólo de forma limitada, satisfacer las necesidades preventivoespeciales, del mismo modo la reparación del daño sustituiría como "tercera vía" a la pena, o la atenuaria complementariamente allí donde satisface los fines de la pena y las necesidades de la víctima igual o mehor que una pena no atenuada." (Derecho Penal, Parte General. Tomo I, Fundamentos. La Estructura de la Teoría del Delito. Madrid: Thomson Civitas, 2ª ed., 2006, pág. 109-110).

[11] Segundo Cláudio do Prado Amaral: "Roxin entende que o conceito de "prevenção de integração" deve ser limitado ao último efeito acima mencionado, qual seja o especial fim de pacificação através da sanção. O conceito de prevenção geral positiva é supraconceito que engloba também os efeitos de aprendizagem e confiança." (Despenalização pela reparação do dano no Direito Penal: A Terceira Via. 1ª ed., Leme: JH Mizuno, 2005, pág. 107-108).

MEDIAÇÃO PENAL

Na realidade, para Claus Roxin, a prevenção geral positiva é detentora de três efeitos distintos: "el efecto de aprendizaje, motivado socialpedagógicamente; el ejercicio en la confianza del Derecho que se origina en la problación por la actividad de la justicia penal; el efecto de confianza que surge cuando el ciudadano ve que el Derecho se aplica; y, finalmente, el efecto de pacificación, que se produce cuando la conciencia jurídica general se tranquiliza, en virtude de la sanción, sobre el quebrantamiento de la ley y considera solucionado el conflito con el autor. Sobre todo al efecto de pacificación, mencionado en último lugar, se alude hoy frecuentemente para la justificación de reacciones jurídicopenales con el término de prevención integradora" (Derecho Penal. Parte General. Tomo I, Fundamentos. La Estructura de la Teoría del Delito, págs. 91-92).

O princípio da obrigatoriedade na aplicação da pena e no próprio exercício do *jus puniendi* passou a ser relativizado, buscando-se na pessoa da vítima, indiscutivelmente, uma instância decisória.

Nesse sentido, o princípio da obrigatoriedade passa a tornar-se mais seletivo, específico e direcionado, tanto em relação a pessoa do acusado, quanto a pessoa da vítima. Conforme o posicionamento de Antonio Scarance Fernandes: "No Estado liberal, no centro da consideração está agora o indivíduo autônomo, dotado com os seus direitos naturais originários e inalienáveis. Do que se trata no processo penal é de uma oposição de interesse (portanto de uma lide, disputa ou controvérsia) entre o Estado que quer punir os crimes e o indivíduo que quer afastar de si quaisquer medidas privativas ou restritivas de sua liberdade. Por seu lado, a lide, para que seja '*fair*', supõe a utilização de armas e a disponibilidade, pelos contendores, de meios tanto quanto possíveis iguais; por isso o indivíduo não pode ser abandonado ao poder do Estado, antes tem de surgir como verdadeiro sujeito de processo, armado com o seu direito de defesa e com as suas garantias individuais" (Processo Penal Constitucional. São Paulo: Revista dos Tribunais, 1999, págs. 14-15). O mencionado autor ainda faz considerações relevantes sobre as novas tendências do direito processual penal no seguinte sentido: "Uma primeira e manifesta inclinação hodierna é a do rompimento com o dogma da obrigatoriedade da ação penal, por meio de paulatina e gradual abertura ao princípio da oportunidade ou mediante novas alternativas procedimentais que, para evitar o processo, estimulam o acordo entre Ministério Público e réu. Representa inegável aceitação da visão realista de que não é possível instaurar inquéritos e processos de todas as infrações comunicadas às autoridades. Constitui afirmação da necessidade de maior atenção e tempo para os delitos de maior gravidade e para a criminalidade estruturada, abrindo-se com isso espaço para resolução célere e simplificada de processos relativos a infrações de menor lesividade. Foi manifestação dessa tendência entre nós a Lei 9.099/95, de 26 de setembro de 1995, dos Juizados Especiais Criminais, que, sem rompimento com o princípio da obrigatoriedade, dele se apartou, adotando outro princípio, denominado pela doutrina de princípio da discricionariedade regulada ou regrada" (ob. cit., p. 21).

Não é possível deixar de ter em mente, que a pena tem um caráter não obrigatório, mas necessário, de acordo com uma visão de política criminal e de criminologia, como ideia de uma ciência conjunta de direito penal. Nesse sentido, a lição do Professor Jorge de Figueiredo Dias, para quem: "Até finais do século passado, porém, ia-se bem mais longe e defendia-se que a hoje chamada dogmática jurídico-penal era a única ciência que servia a aplicação do direito penal e, por conseguinte, a única que o jurista-penalista podia e devia legitimamente cultivar. Posteriormente, contudo, reconheceu-se que a tarefa social de controle do crime não podia bastar-se com uma ciência puramente jurídica, normativa e dogmática. A consecução daquela tarefa com esperança mínima de êxito dependia antes também, em alto grau, de uma definição das estratégias de controle social do fenómeno da criminalidade, cujas quotas aumentavam por todo o lado: era o domínio por excelência da política criminal. Como dependia do conhecimento empírico da criminalidade, dos seus níveis e das suas causas, que precisamente uma nova ciência então nascente pretendia abarcar e desenvolver: era o domínio por excelência da criminologia. Foi mérito de Franz von Liszt ter criado, na base das especiais relações intercedentes entre estes vários pensamentos do crime – relações que assim se não confundem com as anteriormente referidas dentro da enciclopédia das ciências criminais –, o modelo tripartido do que chamou a 'ciência conjunta (total ou global) do direito penal': a gesamte Stratrechtswissenschaft (5). Uma ciência conjunta, esta, que compreenderia como ciências autónomas: a ciência estrita do direito penal (ou dogmática jurídico-penal) concebida, ao sabor do tempo, como o conjunto de princípios que subjazem ao ordenamento jurídico-penal e devem ser explicitados dogmática e sistematicamente; a criminologia, como ciência das causas do crime e da criminalidade; e a política criminal, como 'conjunto sistemático dos princípios fundados na

MEDIAÇÃO PENAL

investigação científica das causas do crime e dos efeitos da pena, segundo os quais o Estado deve levar a cabo a luta contra o crime por meio da pena e das instituições com esta relacionadas' " (Temas Básicos da Doutrina Penal, pág. 6/7).

Nessa ordem de ideias, parece muito claro que o modelo de justiça restaurativa, através da mediação penal, é uma resposta bastante interessante, no sentido de resolver os problemas deixados pela dogmática penal, como por exemplo, a criminalidade de pequena lesividade, tendo sempre em mente o objetivo a ser alcançado, de pacificação social.

Outra questão a ser analisada é a que diz respeito ao fenômeno da desjudicialização do delito. Trata-se de uma das principais vantagens da mediação extra judicial, seu caráter voluntário e a participação ativa entre delinquente e vítima.[12] Margarita Roig Torres, com fundamento nos estudos de Van Ness, propõe implementar dois processos, um formal, administrado pelo Estado e outro informal, baseado na comunidade. O primeiro asseguraria a responsabilidade e a reparação do dano, garantindo os direitos das partes. O segundo iria mais adiante, buscando, em nome da pacificação social, o restabelecimento total da situação alterada pelo delito, conciliando as partes.[13]

Causalistas e finalistas são concordes ao afirmar um conceito pré-jurídico de ação, que pertence ao mundo do ser, a partir do qual deriva toda a construção da dogmática jurídico penal. Os dois maiores expoentes das teorias funcionalistas, Roxin e Jacobs, sustentam que a dogmática penal deve residir não sobre fatores pré-existentes ou ontológicos, mas por fatores jurídico penais, numa visão já apresentada pelo neokantismo, com uma importante distinção: para Roxin, a teoria dialética unificadora traz como consequência uma visão moderada de finalidade da pena. Para Günther Jackobs, acolher uma teoria de prevenção geral positiva, significa fazer uma análise radical das teorias funcionalistas.

Para Claus Roxin, em regra, a pena pode ser renunciada por motivos de política criminal, isto é, são situações em que a pena não se apresenta

---

[12] "La doctrina anglosajona aduce como principales ventajas de la mediación extrajudicial su carácter voluntario y la participación activa que en ella tienen delincuente y víctima. Respecto al primer punto, señalan Wright y Galaway que sólo cuando la conciliación sustituya al sistema judicial penal la intervención de las partes será totalmente voluntaria". (TORRES, Margarita Roig. Valencia: Tirant lo blanch, 2000, pág. 456).

[13] Ob. cit., p. 455.

OS NOVOS ATORES DA JUSTIÇA PENAL

necessária. Explica o autor que: "Totalmente novedoso (y tampoco estaba previsto aún en el P 1962) es el § 60, según el cual en las penas de prisión de hasta un anõ el tribunal dispensará (prescindirá de) la pena si las consecuencias del hecho que hayan afectado al autor son tan graves que sería evidentemente equivocado imponer una pena. Aqui se ha pensado en el supuesto de que el sujeto ya haya sido suficientemente castigado por las repercusiones de su delito; así, p.ej. si el automovilista que há provocado culposamente un acidente, sufre él mismo en el acidente graves lesiones con peligro para su vida. El PA, con su propuesta similar de declaración de culpabilidade con renuncia a la pena, habia pretendido ir aún más lejos y (excepto en los delitos de homicídio doloso consumado) incluir también delitos con pena de prisión no superior a dos anos y los casos de comisión del hecho en una situación de conflito extraordinariamente grave. De todos modos el precepto legal, aun con su versión más moderada, es digno de alabanza por su orientación hacia las finalidades preventivas del Derecho penal" (Derecho Penal. Parte General. Tomo I. Fundamentos. La Estrutura de la Teoria del Delito, p. 130).

2. Objetivos

Um dos objetivos mais importantes relativos ao tema justiça restaurativa através da mediação penal, é o da ajuda às vítimas. Georges Picca, Secretario Geral da Sociedade Internacional de Criminologia de Paris, salienta que desde 1982 a França está comprometida com uma política ativa de ajuda às vítimas. O objetivo consiste em permitir a todas as vítimas, suscetíveis de beneficiar-se de um processo judicial ou administrativo, o acesso, em um breve espaço de tempo, a uma reparação do dano decorrente do crime. Sem embargo, as vítimas têm uma grande dificuldade em conhecer seus direitos e exercê-los. A indenização as vezes chega tarde, é insuficiente ou aleatória. Alguns aspectos secundários do fenômeno da vitimização não existem ou não são levados em consideração. O autor do fato criminoso, quando identificado, não é incentivado, o suficiente, para contribuir para a reparação do dano que causou.

A legislação francesa tem favorecido a criação de serviços de ajuda às vítimas. Tratam-se de associações ou oficinas municipais que tem por objetivo, sempre em proveito das vítimas, uma melhor mobilização da sociedade, sensibilizando o conjunto de serviços locais, bem como organizar a capacidade de responder com a devida urgência as múltiplas necessida-

MEDIAÇÃO PENAL

des da vítima, desde a ajuda de caráter psicológico, orientação, informação e ajuda em relação às ações que deverão ser empreendidas em seu favor e finalmente a ajuda material ou financeira (Georges Picca. Ayuda a Las Víctimas. Mediación Penal, pág. 76).

Outro objetivo importante é o pertinente à economia do sistema. Consoante o posicionamento de Georges Picca: "Antes de cualquier diligencia, la mediación permite llegar a una solución amistosa entre el autor de la infracción y su víctima que integra, llegado el caso, la reparación. Implica, en particular, a los pequenos litígios penales que pueden ser classificados sin que intervenga el Ministerio Fiscal. El Ministro de Justicia favorece y apoya esta instancia de mediación que progressivamente se pone en funcionamento. La mediación judicial penal francesa puede definirse como la solución amistosa, con la ayuda de terceiros, de las consecuencias de una infracción cometida con ocasión de un conflito" (Ayuda a Las Víctimas Mediación Penal. Prof. Dr. D. Georges Picca, pág. 77).

A mediação se efetua por iniciativa de uma autoridade judicial e sob seu controle permanente. Depois de sua intervenção, o mediador penal realiza um informe para a autoridade judicial acerca do resultado da mediação.

Além disso, o processo de mediação implica na gratuidade da justiça para as partes bem como de sua adesão voluntária, além da imparcialidade do mediador. Estamos a dizer com isso que as partes, por vontade própria e conscientes da finalidade da providência, estejam dispostas, sem qualquer espécie de coerção, a submeterem-se a esse objetivo.

Com isso, é possível afirmar, que a mediação penal, indiscutivelmente é uma saída efetiva para o problema da criminalidade para as infrações de menor lesividade, que permite ao mesmo tempo, a reparação do dano decorrente do delito, a responsabilização e reinserção social de seu autor, contribuindo efetivamente para a reconstrução do tecido social, favorecendo ainda a prevenção do crime e reduzindo a reincidência.

Para Guadalupe Pérez Sanzberro, determinados fatos posteriores ao cometimento do crime, em particular, determinados comportamentos do infrator, podem alterar a valoração da conduta criminosa. Deve-se, nesse passo, levar em consideração as necessidades da vítima[14].

---

[14] "La persecución penal se condiciona de este modo a los intereses de la víctima, o a la capacidade de los sujetos de llegar a un acuerdo regulador de las consecuencias del delito, incluso en caso de delitos de importante entidade como los que afectan a la libertad sexual." (SANZBERRO, Guadalupe Pérez. Reparación y conciliación. Granada: Comares, 1999, cit. p. 366-368).

OS NOVOS ATORES DA JUSTIÇA PENAL

Algumas linhas dão as notas essenciais do instituto da mediação penal, tais como: *a)* intervenção amistosa, geralmente por convite, para solucionar os litígios; *b)* atuação de um terceiro com o objetivo de incentivá-los a solucionar a contenda; *c)* processo voluntário que envolve o queixoso, o responsável penal.

Importante que se diga que o mediador não tem autoridade para impor um acordo às partes e nem podem elas serem forçadas a submeterem-se à mediação ou chegar a um acordo. Trata-se, na verdade, de uma aproximação entre as partes, onde não há ganhadores ou perdedores, mas, sim, indivíduos satisfeitos com o resultado verificado.[15]

3. Finalidades perseguidas

Objetivamente, a primeira finalidade perseguida é o restabelecimento da paz e do abalo social atingidos pelo delito. Ademais, busca-se evitar a movimentação de todo o aparato do Poder Judiciário, dos serventuários da justiça, conferindo uma resposta ágil para a sociedade, descomprimir a quantidade de julgamentos penais, trazer melhorias significativas para o resultado dos conflitos penais e fundamentalmente, resgatar a confiança da sociedade na justiça.

Não se trata de utopia, mas de um avanço significativo no tratamento penal com caráter pragmático.

Importante observar que o instituto da mediação não é novo. Conforme anotado por Adolfo Prunotto Laborde[16], a mediação já foi utilizada

---

[15] "4) El propósito de la mediación no es juzgar culpable o inocente, sino ayudar a las partes a llegar a la raíz de sus problemas y pergeñar sus soluciones a los mismos. Un mediador puede ayudar a las partes a hablar sin restricciones sobre cuestionamientos de admissibilidade. Esto debe ayudar a las partes a concentrarse en lo que debe ser hecho en el futuro en vez del castigo y la revancha, o "quién es responsable" por los "eventos passados" (Dorchester District Court Mediation Unit). 5) Involucra un tercero independiente que actúa como facilitador en la resolución de una disputa. El tercero escucha ambos lados del problema y ayuda a los disputantes a arribar a una decisión satisfactoria sobre la cuestión entre manos. El mediador provee un foro dentro del cual los disputantes pueden construir su próprio y mutuo acuerdo (Crime and Justice Foundation of Boston) – Definiciones de la "Crime and Justice Foundation of Boston". 6) Es un proceso en que un neutral facilita la comunicación entre las partes y, sin decidir la cuestión o imponer una solución a las partes, les ayuda a entender y resolver su disputa (Código de Virginia, Cáp. 20.2,1993)" (LABORDE, Adolfo Prunotto. Hacia la Mediacion Penal Resolución Alternativa de Conflictos en Materia Penal..., p. 336).

[16] Hacia la mediación penal. Resolución alternativa de conflitos en materia penal, cit. p. 343.

em 1636 pelos Puritanos que chegaram aos Estados Unidos, em Dedham (uma localidade ao sudoeste de Boston) para resolver seus conflitos. Também foi utilizado pelos imigrantes holandeses que formaram uma "junta de novos homens" cuja finalidade era a de servir como amigos mediadores e árbitros.

Para Esther Giménez-Salinas I Colomer, são finalidades da mediação penal a visão de um sistema alternativo de sanções tradicionais; dentro de suas prioridades, estaria sem dúvida alguma a de melhorar a eficiência da justiça; melhorar as condições de assistência à vítima; um Direito Penal voltado à reparação do dano; a participação da comunidade no sistema penal; a redução do encarceramento; a responsabilização do delinquente pelos seus atos.[17]

Antes disso, a mediação foi utilizada pelos povos germanos que abandonaram as chamadas vinganças de sangue, para buscar a composição como forma de solução de conflito, sem necessidade de intervenção de todo o clã.

4. A Experiência da Justiça Restaurativa no Brasil na Área Infrativa Juvenil

Conforme salientado por Eduardo Rezende Melo, dos três projetos-pilotos de justiça restaurativa financiados pela Secretaria de Reforma do Judiciário do Ministério da Justiça e pelo Programa das Nações Unidas para o Desenvolvimento, dois têm como palco Varas da Infância e da Juventude: uma em Porto Alegre/RS e a outra em São Caetano do Sul/SP.[18]

A justiça restaurativa ganhou publicidade mundial a partir da decisão do governo neozelandês de torná-la o modelo oficial de resolução de conflitos fundados em atos infracionais cometidos por adolescentes.[19]

---

[17] COLOMER, Esther Giménez-Salinas i. *La Mediación y La Reparación. Aproximación a un Modelo*, La Mediación Penal, Justitia i Societat nº 19, Instituto Vasco de Criminologia, 1ª ed., Generalitat de Catalunya – Departament de Justícia – Centre d'Estudis Juridics i Formació Especialitzada, Maio/1999.p. 18.

[18] Eduardo Rezende Melo. Revista do Advogado, p. 125.

[19] Ainda segundo a orientação de Eduardo Rezende Melo: "Atendendo demanda de sua população aborígene, que repudiava a maneira como os atos infracionais de seus filhos era decidida segundo a tradição britânica, passou a prever no Children, Youn Persons and Their Families Act, de 1989, que, a partir do princípio geral de participação da família na tomada de qualquer decisão afetando suas crianças e adolescentes e que sua vontade deveria ser devidamente considerada nas decisões oficiais que: 1. Salvo interesse público contrário, procedimentos infracionais não deveriam ser instaurados quando houvesse meios alternativos de

OS NOVOS ATORES DA JUSTIÇA PENAL

Nesse contexto, as soluções tomadas relativamente aos atos infracionais praticados pelos menores de idade, são feitas com a participação ativa do menor e da vítima, na presença dos respectivos familiares.

Ainda segundo a orientação de Eduardo Rezende Melo: "A partir desta experiência e de tantas outras pelo mundo, o Conselho Econômico e Social da ONU baixou a Resolução nº 2002/12 e concitou os Estados-Membros a apoiarem o desenvolvimento e a implementação de pesquisa, capacitação e atividades para implementação de projetos com esta vertente. Isto se deu em razão da percepção de que essa abordagem propicia uma oportunidade para as vítimas obterem reparação, sentirem-se mais seguras e poderem superar o problema, garantindo, ainda, aos adolescentes, oportunidade para compreenderem as causas e as consequências de seu comportamento, assumindo responsabilidade de forma efetiva e, por fim, que a comunidade possa compreender as causas subjacentes dos crimes, visando promover seu bem-estar e prevenir a criminalidade. Foi neste contexto que despontaram as iniciativas das duas Varas da Infância referidas: Porto Alegre/RS e São Caetano do Sul/SP. Partindo do propósito reconhecido na Resolução nº 2002/12, de que o processo restaurativo significa qualquer processo no qual a vítima e o ofensor e, quando apropriado, quaisquer outros indivíduos ou membros da comunidade afetados por um crime, participam ativamente na resolução das questões oriundas do crime, geralmente com a ajuda de um facilitador, podendo ser usados em qualquer estágio do sistema de justiça criminal, as iniciativas implementadas foram bastante abrangentes, envolvendo desde ações preventivas a todas as fases do processo de apuração dos atos infracionais e de execução de medidas socioeducativas" (Revista do Advogado, p. 126).[20]

---

lidar com a situação; 2. Procedimentos infracionais não deveriam ser instaurados para prover qualquer tipo de assistência ou serviços voltados ao bem-estar do adolescente; 3. Toda medida prevista para lidar com adolescentes deveria ter por objetivo fortalecer a família e seu grupo familiar, promovendo habilidades neste grupo para que pudesse desenvolver seus próprios meios de lidar com as ofensas praticadas por seus adolescentes; 4. Toda medida deveria levar em consideração os interesse das vítimas" (A experiência de justiça restaurativa no Brasil: um novo paradigma que avança na infância e na juventude, cit. p. 126).

[20] No mesmo sentido a orientação de Francisco Amado Ferreira: "No Brasil, a mediação foi introduzida em questões do domínio laboral, a partir de inícios dos anos oitenta. Em 1983, criou-se o Ministério da Desburocratização, que faria apelo de uma acção cooperativa com a Associação dos Juízes do Rio Grande do Sul. Constituiram-se os Conselhos de Conciliação e Arbitramento, como estruturas informais destituídas de autoridade ou do poder formal

MEDIAÇÃO PENAL

Outro ponto que merece destaque é o relativo ao projeto de capacitação dos participantes da mediação tais como professores, pais, alunos, conselheiros tutelares, assistentes sociais judiciários e educadores do programa municipal de execução de medidas socioeducativas. Segundo Eduardo Rezende, o projeto implica uma transformação institucional tanto na Justiça como na escola. Da parte do Judiciário, a justiça restaurativa não apenas dialoga com princípios garantistas, através de audiência de oitiva informal, nos moldes da audiência preliminar do Juizado Especial Criminal, presentes o juiz, o promotor e o advogado, além do assistente social, como também busca uma mudança de paradigma no que diz respeito à maneira de resolução dos conflitos, evitando-se, assim, a estigmatização.

Dessa forma, a implementação dos projetos de justiça restaurativa no Brasil, alarga a perspectiva de inclusão social que depende, para sua concretização, de um papel proativo e democrático que os atores do Sistema de Justiça, e seus parceiros do Sistema de Garantias, compreenderam há muito tempo.

de impor decisões aos sujeitos (Adroaldo Fabricio) (193). Estes Conselhos seriam integrados por um número variável de árbitros, escolhidos entre <<bacharéis em Direito>>, com larga experiência forense, sendo de equidade e poder de persuasão, sob a coordenação de um juiz (cujo papel se limitava a uma prelecção no início das audiências, para incitar os litigantes a uma conciliação) (194). Primeiramente, os árbitros tentavam a conciliação, Só se não lograssem a obtenção de um acordo entre as partes desavindas é que encetavam a arbitragem de acordo com os termos previstos na lei do processo para o juizo arbitral. Esta experiência acabaria por se tornar <<embrionária>> dos Juizados de Pequenas Causas, estroutos já com um carácter oficial e introduzidos nas estruturas judiciárias dos Estados federados que facultativamente os acolhessem" (cit. p. 65-66). E continua o autor: "Nalguns Estados do Brasil, instituir-se-ia a Casa da Cidadania, apelando à acção cooperativa de prefeituras, do poder judicial, de diversas instituições de mediação e de um conjunto de voluntários. Localizar-se-iam, essencialmente, nos bairros periféricos das grandes urbes ou em cidades onde ainda não existisse tribunal. Atenderiam problemas de menores, de consumidores ou de assuntos ligados à documentação legal e desenvolveriam atividades de mediação dirigidas aos problemas comunitários e a questões familiares (202). Ainda no âmbito da <<justiça de bairro>>, criar-se-iam tribunais especiais mais vocacionados para a resolução de <<pequenos casos>>, em complemento da assistência judiciária desenvolvida por uma <<justiça itinerante>>, assegurada pela deslocação de um autocarro que se convertia numa sala de audiências e chegava ao interior do país (203). A introdução destes mecanismos potencia uma melhor comunicação, o acesso à justiça de populações mais carenciadas e a atenuação das assimetrias regionais (204)" (ob. cit., p. 67).

OS NOVOS ATORES DA JUSTIÇA PENAL

5. A Experiência da Mediação Penal em Portugal

Em alguns países da Europa, como Portugal, Francisco Amado Ferreira, em face do contingente humano e econômico que o país dispõe, entende tornar-se difícil a proliferação em grande escala de centros de mediação que permitam o deslocamento dos litígios para fora dos tribunais.[21]

No entanto, o mencionado autor salienta que, malgrado as dificuldades apontadas, é sabido, por estudos de Boaventura Sousa Santos, dentre outros destacados nomes, que a sociedade portuguesa se apresenta tradicionalmente como "autocompositiva". Por outro lado, de acordo com dados empíricos fornecidos pelos órgãos públicos, as vítimas não tendem a ser mais repressivas do que a população em geral e a porcentagem dos processos que terminam com a desistência mostra-se bastante significativa.[22]

Segundo o magistério de Cláudia Cruz Santos, "a gradual expansão do recurso à mediação penal no contexto das práticas restaurativas vem sendo sublinhada por vários Autores, mesmo nos países do sistema anglo-saxô-

---

[21] Consoante o entendimento de Francisco Amado Ferreira: "Acresce que, a crescente concentração urbana (à custa de um intenso êxodo rural e da crescente afluência de estrangeiros), o isolamento, a solidão, o débito comunicacional, a fragilização das relações comunitárias e a falta de coesão e de solidariedade (207) têm provocado nos indivíduos e respectivas famílias uma cada vez menor propensão ao diálogo e à negociação e resolução participadas dos seus problemas, dificuldades e necessidades. Por fim, na medida em que exclui qualquer outra alternativa – até mesmo a mediação penal – , o crescente anonimato na autoria de muitos dos crimes terá ajudado a intensificar o recurso ao sistema judicial, em detrimento das formas consensuais de base popular. (Francisco Amado Ferreira. justiça restaurativa, Natureza, Finalidades e Instrumentos, Ed. Coimbra, 2006, p. 68).

[22] Nesse sentido vale a pena ter em conta a análise realizada por Cláudia Cruz dos Santos para quem: "Uma nota última serve para sublinhar a ideia de que, apesar de a proposta restaurativa ter na sua génese a crítica da forma como a justiça penal trata a vítima do crime e ter nos seus objetivos a reparação mais ampla dos danos que lhe foram causados, não se julga que ela seja sempre um remédio para todos os males sofridos por todas as vítimas. De facto, existirão vítimas que não querem participar nos procedimentos restaurativos e haverá vítimas que, participando, não ficarão satisfeitas com os resultados que aí forem alcançados (923). Haverá vítimas que preferem a resposta ao crime dada pela justiça penal, nomeadamente por não estarem tão interessadas na reparação dos seus danos como na punição do seu agressor, que encaram como um imperativo, à luz da sua concepção de justiça ou das suas aspirações a segurança. E mesmo quando se reconhece que essa resposta penal tem lacunas na perspectiva da vítima, substituí-la por outra resposta não será a única solução, podendo ser mais conveniente melhorá-la (melhorando, a título de exemplo, a informação do processo penal que a vítima recebe)(924)" (Cláudia Cruz Santos. A justiça restaurativa: um modelo de reacção ao crime diferente da justiça penal: porquê, para quê e como?, Coimbra Editora, 1ª ed., 2014, p. 574/575).

MEDIAÇÃO PENAL

nico. Na Europa, ela tornou-se largamente dominante, em detrimento de outras práticas restaurativas que supõem a intervenção de um círculo mais alargado de pessoas." (Claudia Cruz Santos, ob. cit. p. 656).

Para a autora, existirão, em todas as comunidades, pessoas dotadas de menor aptidão ou possibilidade de uma solução restaurativa que sirva seus interesses, depois de um encontro com um outro sujeito que não está em posição dominante. Tal fato pode relacionar-se com características individuais e desligadas dos fatores habitualmente associados à exclusão – como a pobreza ou as lacunas culturais e sociais, incompatíveis com os moldes restaurativos.[23]

6. A Experiência da Mediação Penal no Brasil

No Brasil, a Constituição Federal de 1988 passou a prever originariamente os chamados Juizados Especiais Criminais dos Estados e do Distrito Federal (art. 98, I). Esses Juizados são orientados pelos critérios da oralidade, simplicidade, informalidade e economia processual, conforme o disposto no artigo 62, primeira parte, da Lei nº 9.099/95.

Compete ao procedimento sumaríssimo contemplado pelos Juizados Especiais Criminais o julgamento das infrações de menor potencial ofensivo, definidas pelo artigo 61 da mencionada Lei como as contravenções penais e os crimes cuja pena máxima cominada em abstrato não exceda dois anos.

Merece destaque, como um ideal também perseguido pela justiça restaurativa, a possibilidade de reparação do dano causado pelo crime, prevista como finalidade da lei. Aliás, o Código Penal e o Código de Processo Penal Brasileiros, contemplam em vários momentos, a possibilidade de reparação do dano, como uma finalidade importante para o resultado do processo. As vezes funciona como causa de diminuição de pena, outras como circunstância atenuante, podendo, o próprio magistrado, no momento em que profere a sentença, estabelecer um valor mínimo de reparação do dano.

Relativamente aos Juizados Especiais, a vítima participa da audiência, e caso haja a composição civil dos danos, haverá a denominada renúncia tácita do direito de queixa ou de representação, respectivamente nas ações penais privadas e nas ações penais públicas condicionadas à representação.

---

[23] Cf. Claudia Cruz dos Santos, ob. cit. p. 601.

OS NOVOS ATORES DA JUSTIÇA PENAL

A Lei nº 9.099/95 traz uma proposta de justiça consensual. Passou a contemplar quatro institutos despenalizadores, cuja finalidade, portanto, é a de evitar a aplicação da pena privativa de liberdade. São eles: transação penal; suspensão do processo; reparação do dano e; necessidade de representação nas hipóteses de lesões corporais culposas e de natureza leve, conforme disposto no artigo 88 da Lei. Por justiça consensual, portanto, entenda-se uma forma de resolução de conflitos no qual as partes possuem ativo protagonismo, ainda que diante de um agente do poder público, atuando como mediador ou conciliador.

A questão da reparação do dano, no âmbito dos Juizados Especiais é adotada, conforme salientado por Gustavo Henrique Badaró, da seguinte forma: "Nas ações penais de iniciativa privada e nas ações penais públicas sujeitas à representação do ofendido, a composição civil implicará, respectivamente, renúncia ao direito de queixa e ao direito de representação (art. 74, parágrafo único). Com isto, estará extinta a punibilidade (CP, art. 107, V). Trata-se de mais uma medida despenalizadora, uma vez que dificulta a aplicação de pena privativa de liberdade" (Processo Penal. São Paulo: Ed. Revista dos Tribunais, 3ª ed., 2015, p. 627).

Essa composição civil dos danos deve ser buscada a todo o tempo e da forma mais ampla possível, envolvendo os danos material e moral decorrentes da infração.

A composição civil dos danos deverá ser feita, conforme disposto na legislação através do instituto da conciliação, conduzida pelo juiz ou por algum outro conciliador, sob sua orientação. Assim, além do magistrado, segundo a Lei, os conciliadores são auxiliares da Justiça, recrutados, preferencialmente, entre bacharéis em direito, excluídos os que exerçam funções na administração da Justiça Criminal. (art. 73 e parágrafo único).

Como visto, não há, em nosso país, uma justiça restaurativa, nos moldes propostos por outros países que encontram nesse modelo de Justiça, uma ferramenta importante para a pacificação social.

7. Sobre a Mediação Penal e Quem é a Figura do Mediador

Inicialmente, é importante que se diga que a mediação penal deve ser considerada como instrumento de justiça restaurativa.

De acordo com o entendimento de Cláudia Cruz dos Santos a opção terminológica "mediação penal" não é insusceptível de críticas, uma vez que pode induzir a ideia de que se trata de procedimento utilizado dentro

MEDIAÇÃO PENAL

do processo penal e orientado de acordo com esse paradigma. Segundo a autora não é necessariamente assim nem se julga que deva ser dessa forma: "a mediação, enquanto instrumento restaurativo, é pensável de forma desligada do processo penal, na medida em que o não influencia – em alguns países, é pré-processual; em outros países, é pós-sentencial; é, para além disso, orientada por finalidades primeiramente restaurativas, só de forma mediata se considerando a possibilidade de também contribuir para o cumprimento das finalidades especificamente penais (1023)" (ob. cit., p. 631).

Além disso, é imperioso que se diga que a mediação penal, um dos instrumentos de resolução alternativa de conflitos, tem como objetivo primordial a busca pela desjudiciarização[24].

Existe distinção entre os termos mediação e conciliação. A mediação é instituto presente em situação de conflito, onde existe dificuldade entre as partes em resolvê-lo, havendo, por isso, a necessidade de uma terceira pessoa. Trata-se de forma voluntária de solução de conflito. A conciliação, ao invés, não implica, necessariamente, na existência de um conciliador. Outra nota que a diferencia da mediação é que a conciliação pode se verificar num momento posterior do processo, onde os contendores passam de uma posição de conflito para uma posição de tentativa de convergência de interesses.

Afinal de contas, quem é o mediador? Trata-se de um profissional, dotado de requisitos próprios, como o sigilo absoluto e a independência, bem como a competência, o preparo, a capacidade de reflexão, entre outros. Para Francisco Amado Ferreira: "O exercício da mediação requer determinados requisitos essenciais (nomeadamente, o sigilo absoluto e a indepen-

---

[24] Expressão utilizada pela professora Cláudia Cruz Santos para quem: "Em terceiro lugar, há também que chamar a atenção – como se necessário fora – para o facto de a mediação penal não ser nem o único meio de resolução alternativa de conflitos (1030), nem sequer a única forma de mediação. Com efeito, a mediação inscreve-se no horizonte vasto dos mecanismos de solução alternativa de litígios e já tem aplicação em outros domínios da litigiosidade, como o familiar ou o laboral, tendo-se inclusive estendido aos conflitos intergrupais (1031). A ideia transversal a todos estes mecanismos é a de que há uma vantagem inequívoca na solução dos conflitos pelos seus intervenientes e, nessa exacta medida, na desjudiciarização. Esta tem, naturalmente, limites: a solução dada pelo tribunal ao conflito deve permanecer uma possibilidade para todos aqueles casos em que os participantes no litígio não logrem resolve-lo por si próprios e através dos novos mecanismos postos à sua disposição; a intervenção judicial pode ser incontornável – ainda que não exclusiva – nos casos em que existam outros interesses para além daqueles representados pelos intervenientes no conflito. (ob. cit. pág. 635).

OS NOVOS ATORES DA JUSTIÇA PENAL

dência) e outros que se mostrarão altamente convenientes (mormente em situações de exercício profissional da atividade), tais como: a competência, a preparação específica do mediador, o espírito de liderança, o dinamismo, a capacidade de planeamento, o pragmatismo, a paciência, a tolerância, a diligência, o saber escutar os outros e as capacidades de reflexão, de comunicação e de concentração em face dos objectivos delineados. No caso de exercer a atividade de forma profissional, o mediador deve receber uma formação inicial antes de iniciar as suas funções, a que se seguirá uma formação contínua, com vista a alcançar um nível de competência elevado. Na mediação vítima-agressor, o mediador deve possuir, ainda, uma sensibilidade suficiente para representar os problemas e dificuldades da vítima e do agressor (como que "calçando os sapatos" de ambos)" (ob. cit. p. 78).

Ainda de acordo com o que leciona Francisco Amado Ferreira, impõe-se ao mediador sigilo absoluto sobre o processo, por motivos de confiança pública, tanto na atividade profissional como nos próprios programas restaurativos. O autor chega ao ponto de afirmar que a violação a essa obrigação acarreta responsabilidade penal, civil e disciplinar, para o caso dos advogados.[25]

Prossegue o mencionado autor salientando que no caso do mediador ser um advogado, a sua função deverá ser a de integrar uma equipe de mediação, emprestando às pretensões, perspectivas em conflito e ao acordo efetuado, um determinado enquadramento jurídico. O importante é que este profissional abdique do direito de intervir posteriormente num possível processo futuro sobre o mesmo objeto.

Quanto à figura do magistrado, a visão é menos otimista, em função de eventualmente os diálogos verificados na fase de mediação promoverem alguma intervenção na fase de decisão judicial.

[25] Segundo Francisco Amado Ferreira: "O mediador deve ficar impedido de intervir posteriormente no mesmo conflito ou noutro com ele relacionado, seja como advogado, como assessor de uma das partes ou do tribunal, perito ou testemunha (239). Nesse sentido, o artigo 52º da Lei nº 78/2001, de 13 de julho (que instituiu os Julgados de Paz), impõe a confidencialidade da mediação e a inabilidade do mediador para ser testemunha <<em qualquer causa que oponha os mediadores, ainda que não diretamente relacionada com o objeto da mediação>>, disposição aplicável por analogia, na falta de uma norma semelhante para cada uma das estruturas "alternativas" já existentes ou que se venham a implantar. Ainda assim, mostra-se conveniente a feitura de um diploma legal que institua um Código Deontológico do Mediador de extensibilidade à mediação penal (240) e onde, entre outros aspectos, se preveja o ponto em referência." (Ob. cit. p. 78/79).

Francisco Amado observa que o representante do Ministério Público não revela-se como uma boa opção, uma vez que as discussões decorrentes da mediação podem fazer nascer elementos importantes para uma futura incriminação.

Por esses motivos, seria imprescindível que a figura do mediador fosse ligada a uma terceira pessoa destituída de qualquer poder estatal.

8. Conclusões

Após as atrocidades cometidas nas duas grandes guerras mundiais, as nações passaram a enxergar a dignidade da pessoa humana como dimensão antropocêntrica do Estado. Para isso, vários documentos pertinentes a esses valores foram assinados entre as várias comunidades espalhadas pelo mundo.

O Estado passou então a prover, de forma intensa, todas as necessidades sociais. Isso acabou por frustrar as expectativas sociais e normativas uma vez que, evidentemente, não teria condições de levar esse compromisso a termo.

A aplicação de penas, destacadamente as privativas de liberdade, já não representavam a melhor maneira de conter a criminalidade, que indiscutivelmente é um fenômeno social.

Por isso, surgiram mecanismos visando restaurar a paz social, e ao mesmo tempo capazes de dar a devida resposta penal, principalmente para as infrações penais menos graves. Nesse passo, apresenta-se como importantíssimo mecanismo a denominada justiça restaurativa que tem, entre outros méritos, o de recuperar o papel da vítima no processo penal, propiciar a reparação do dano gerado pelo crime através de um procedimento dialogal consensual, fazer com que o acusado reconheça sua responsabilidade pelo ilícito e evitar ao mesmo tempo sua estigmatização.

No Brasil, com a criação dos Juizados Especiais Criminais que inaugurou indiscutivelmente um modelo de justiça consensual, ampliou-se a possibilidade de aplicação de institutos despenalizadores, buscando-se a reparação do dano à vítima como uma terceira via, mas, ainda assim, a experiência brasileira nessa área é mínima, devendo ser incentivada e aprimorada.

O mediador penal deve ser alguém tecnicamente preparado, pertencente ou não aos quadros da administração pública, para mediar o conflito, em função da disposição das partes em submeterem-se a essa intermediação.

OS NOVOS ATORES DA JUSTIÇA PENAL

A finalidade da pena considerada como prevenção geral positiva, ou seja, a de reafirmação da norma violada ou de reforço das expectativas normativas pode ser alcançada também através da reparação do dano como uma terceira via a ser perseguida, funcionando ao lado das penas e das medidas de segurança.

A justiça restaurativa, através da mediação penal, deve ser entendida como instrumento de fundamental importância para efeito de pacificação social, destacadamente para os crimes de menor gravidade penal que não deverá ultrapassar os limites da culpabilidade do delinquente.

A mediação também tem a vantagem de não ter seu emprego limitado a bens individuais, isto é, aplica-se para além do círculo ofensor-ofendido individualizado, podendo ser aplicado aos fatos que agridem bens supra individuais. Assim, a reparação do dano pode ser realizada com uma tal qualidade e intensidade capaz de transmitir à comunidade a sensação de desfazimento da perturbação social provocada pelo ilícito penal. A sociedade perceberá, em tais casos, que a pena tornou-se absolutamente desnecessária ou no mínimo deveria ser abrandada. Em geral, nesses casos, tratam-se de prestações de serviço público e voluntário por parte do autor do fato, serviços esses dotados de tamanha adjetivação significativa e funcional, que pode minimizar ao extremo o sentimento comunitário de lesão sofrida. No exemplo de Cláudio do Prado Amaral, um pequeno traficante que após o fato dedica-se ao trabalho voluntário de ajuda a dependentes químicos, logrando a recuperação de dezenas de pessoas viciadas mereceria pena?

Por isso, trata-se de instituto de relevante papel para a justiça penal como mecanismo de pacificação social, que merece incentivo e aprimoramento constantes, já utilizado amplamente em vários países, sem deixar de levar em consideração a importante função da desjudicialização como forma alternativa de resolução de conflitos.

Bibliografia

AMARAL, Cláudio do Prado. Despenalização pela reparação de danos: a terceira via. Leme: Ed. JH Mizuno, 2005.

BADARÓ, Gustavo Henrique. Processo Penal. 3ª ed., São Paulo: Revista dos Tribunais, 2015.

CANOTILHO, JJ. Gomes. 7ª ed., Coimbra: Almedina, 2003.

DIAS, Jorge de Figueiredo. Temas básicos da doutrina penal. Coimbra: Coimbra Editora, 2001.

DOBÓN, M. Carmen Alastuey. Valencia: Tirant lo blanch, 2000.

FERNANDES, Antonio Scarance. Processo Penal Constitucional. São Paulo: Revista dos Tribunais, 1999.

FERREIRA, Francisco Amado. justiça restaurativa. Natureza, Finalidades e Instrumentos. 1ª ed., Coimbra: Coimbra Editora, 2006.

GIMÉNEZ-SALINAS I COLOMER, Esther. La Mediación Penal. 1ª ed., Catalunya: Idea, 1999.

LABORDE, Adolfo Prunotto. Hacia la Mediación Penal. Resolución Alternativa de Conflictos en Material Penal. Ciencias Penales Contemporáneas: Revista de Derecho Penal, Procesal Penal y Criminologia. n. 4, v.2, 2002.

MARQUES, Oswaldo Henrique Duek. Breves Considerações sobre a criminalização da tortura. Boletim IBCCRIM, São Paulo. N. 56, p. 6, jul. 1997.

MELO, Eduardo Rezende. A experiência em justiça restaurativa no Brasil: um novo paradigma que avança na infância e na juventude. Revista do Advogado. N. 87., v26, 2006. 125-128/Revista do Advogado.

PÉREZ LUÑO, Antonio Enrique. Derechos humanos, Estado de Derecho y Constitucion. 8ª ed., Madrid: Tecnos, 2003.

PICCA, Georges. Ayuda a Las Víctimas. Mediación Penal. Eguskilore: Cuaderno del Instituto Vasco de Criminologia. 11 ext, 1997.

PRADO, Luiz Régis. Curso de Direito Penal Brasileiro; Parte Geral. 2ª ed., São Paulo: Revista dos Tribunais, 2000.

PRADO, Geraldo. Crônica Judiciária. Justiça penal consensual. Discursos sediciosos: crime, direito e sociedade, v.5, 2000.

ROXIN, Claus. Parte General. Tradução de Diego-Manuel Luzón Pena. Miguel Días y Garcia Conlledo e Javier de Vicente Remesal. Madrid: Civitaas, 2006, t. I.

SANZBERRO, Guadalupe Pérez. Reparación y conciliación. Granada: Editorial Comares, 1999.

SANTOS, Cláudia Cruz. A justiça restaurativa: um modelo de reacção ao crime diferente da justiça penal: porquê, para quê e como?. 1[ed., Coimbra: Coimbra Editora, 2014.

SILVA, Marco Antonio Marques da. Acesso à Justiça Penal e Estado Democrático de Direito. 1ª ed., São Paulo: Juarez de Oliveira, 2001.

TORRES, Margarita Roig. Valencia: Tirant lo blanch, 2000.

Parte II
O Defensor Público

Uma História da Defensoria Pública

RODRIGO AZAMBUJA MARTINS
*Mestre em Ciências Jurídico-Criminais pela Faculdade
de Direito da Universidade de Coimbra
Defensor Público do Estado do Rio de Janeiro*

1. Introdução. 2. A Constituição de 1934 e o regime da prestação de assistência jurídica ao pobre. 3. A assistência judiciária na Constituição de 1937. 4. O regime da assistência judiciária no período de 1946 a 1967. 5. A assistência judiciária na Constituição de 1967. 6. A Constituição de 1988 e a assistência jurídica integral e gratuita. 6.1 A Defensoria Pública na Assembléia Nacional Constituinte de 1987. 6.2 A Lei Complementar 80 de 1994, e as funções penais do Defensor Público. 6.3 A Emenda Constitucional 45 e a autonomia funcional e administrativa da Defensoria Pública. 6.4 A Defensoria Pública e a tutela coletiva de direitos. A lei 11.448/2007 e o encontro entre as ondas renovatórias. 6.5 A reforma do Código de Processo Penal e o papel da Defensoria Pública no exercício da defesa criminal. 7. Desafios para o presente e futuro. Referencias bibliográficas.

1. Introdução

A Defensoria Pública é órgão de provedoria de justiça, essencial, portanto, à função jurisdicional do Estado, incumbindo-lhe a defesa do necessitado, assim entendido como aquele que comprovar insuficiência de recursos (art. 134 c/c 5º, LXXIV da CF/88). Apesar de alçada a nível constitucional pela Constituição de 1988, sua existência data de pelo menos seis décadas.

Desse modo, soa importante olharmos para trás e percorrer o caminho de consolidação desse órgão estatal encarregado de promover o acesso do pobre à justiça, para melhor compreender suas atuais funções e desenho institucional. Com efeito, apenas verdadeiramente conseguimos enten-

OS NOVOS ATORES DA JUSTIÇA PENAL

der o porquê dos fatos, se acompanharmos os acontecimentos históricos que os antecedem, de modo que os sucessivos eventos passam a guardar relação lógica entre si.

Ademais, olhar para trás parece-nos indispensável a viabilizar uma interpretação histórica das normas, sobretudo quando tratamos daquelas relacionadas aos serviços públicos de assistência jurídica gratuita ao hipossuficiente, uma vez que influenciados direta e decisivamente pela cultura e história local. Diferentes experiências geram diferentes preconceitos e, de certa forma, uma base de sustentação muito "paroquial" para o modelo local[1]. Por outro lado, a análise histórica permite identificar fatores que impediram a afirmação e implementação do serviço público de acesso do necessitado à justiça, bem como os eventos que o impulsionaram, de modo a orientar as futuras ações.

A despeito de haver afirmado que a história da Defensoria Pública iniciou-se há seis décadas, o ponto de partida de nossa análise não será esse marco temporal, mas sim data muito anterior, uma vez que a acreditamos ter a história da Defensoria Pública intrínseca relação com a origem do acesso dos hipossuficientes à justiça, já que o relevante serviço prestado pelo órgão é apenas uma das modalidades de sua promoção.

Assim, voltaremos nossos olhos para a norma constitucional de 1934, pois ali consagra-se pela primeira vez o direito fundamental à assistência judiciária gratuita, determinando-se a criação de órgão estatal para sua prestação. Avançaremos com a análise do regramento da assistência judiciária gratuita no período governado pela Constituição de 1937, em que a citada garantia foi suprimida, muito embora a matéria tenha sido tratada em nível infra-legal. A mesma linha de investigação se seguirá com as outras Constituições (1946, 1967), tentando identificar os modelos vigentes em cada época (*pro bono, judicare, salaried staff*[2]).

---

[1] SMITH, Roger. Assistência jurídica gratuita aos hipossuficientes: modelos de organização e de prestação do serviço, tradução para o português de Cleber Francisco Alves, em Revista da Defensoria Pública, ano 04, volume 2, São Paulo, 2011, p. 11.

[2] O primeiro corresponde ao modelo em que os serviços são prestados pelos advogados, sem compensação. Trata-se um dever honorífico da profissão. O segundo corresponde ao sistema em que a assistência jurídica é um direito das pessoas pobres, tal como definidas por critérios legalmente pré-estabelecidos. É prestada por advogados particulares, mediante remuneração paga pelo Estado. O objetivo é proporcionar ao necessitado um serviço de qualidade semelhante àquele caso dispusesse de meios para contratar diretamente um profissional. Por sua vez, no modelo do salaried staff o Estado contrata advogados, que prestarão o serviço à po-

Por sua importância, cuidaremos de examinar o momento que antecedeu à promulgação da Constituição de 1988, e o *lobby* promovido por alguns Defensores Públicos para inserção do órgão no texto constitucional. Em seguida, analisaremos o tratamento conferido ao tema pela Constituição de 1988, a Lei Complementar 80 de 1994, as sucessivas reformas legislativas ocorridas até o ano de 2009. Optou-se por não comentar as recentes alterações legais por julgar-se serem dignas de estudo específico.

Por fim, antes de concluir esse breve intróito, é preciso ter em mente que qualquer estudo histórico pressupõe um recorte do passado, feito pelo narrador a partir de suas concepções e interpretação dos dados coletados. O trabalho investigativo que se pretende realizar não é sobre **a** história da Defensoria Pública, mas sim **uma** história, segundo as perspectivas e preconceitos do investigador[3].

2. A Constituição de 1934 e o regime da prestação de assistência jurídica ao pobre

Vitoriosa Revolução de 1930[4], o poder triunfante pelas armas passava a exercer discricionariamente, e em toda a sua plenitude, as funções e atribuições executivas e legislativas. O Governo Provisório instaurado perdurou por três anos, até que, pressionado pela Revolução Constitucionalista de 1932[5], ocorrida em São Paulo, houve eleição e instalação da segunda assembléia constituinte republicana.

---

pulação. Especializando-se em defender pessoas pobres, o serviço permite que os advogados adquiram expertise e tratem dos problemas a eles relacionados coletivamente, e não apenas de forma individual. <CAPPELLETTI, Mauro, & GARTH, Bryant. Acces to justice, volume I, livro I, editora Promissing Instituions, Milão, 1978, pp. 22-32>.

[3] FAUSTO. Boris, História do Brasil, Editora da Universidade de São Paulo, São Paulo, 2ª. edição, 1995, p. 11.

[4] Golpe militar que depôs o presidente Washington Luis, e impediu a posse do presidente eleito Julio Prestes, marcando o fim da República Velha e da política do café-com-leite (alternância de poder entre as elites agrárias mineira e paulista). Os vitoriosos de 1930 compunham um quadro heterogêneo, tendo se unido contra um mesmo adversário, os velhos oligarcas, representantes da classe dominante de cada região do país, desejoso apenas de maior atendimento a sua zona de influência e soma pessoal de poder, com um mínimo de transformações. Representavam, em sua maioria, a classe média burguesa: militares, técnicos diplomados, jovens políticos. <FAUTO, Boris. Op. Cit. pp. 326-327>.

[5] Revolta armada ocorrida no estado de São Paulo entre julho a outubro de 1932 contra o governo federal, animada pela dúvida quanto à convocação de eleições, e temas relacionados à autonomia e superioridade daquele estado da federação. Embora vitorioso, o governo per-

OS NOVOS ATORES DA JUSTIÇA PENAL

A Constituição de 1934 é, assim, fruto de ambos os movimentos revolucionários, e das mudanças operadas pelo Governo Provisório. As preocupações sociais, antes vistas como questão de polícia, ganham proeminência, sobretudo em razão da composição da assembléia constituinte: dos 214 deputados, 40 eram classistas – 18 representantes dos empregados, 17 dos empregadores, 3 dos profissionais liberais, e 2 dos funcionários públicos[6].

Natural, portanto, que os referidos constituintes agissem motivados pelos ideais de proteção da classe de trabalhadores – melhoria de condições de trabalho, renda, saúde – positivando os direitos sociais, até então ignorados pela ordem jurídica anterior, de nítida inspiração liberal.

Nesse contexto do Estado Social de Direito que vinha a ser instaurado pela nova ordem constitucional[7], aparece, pela primeira vez, o direito do hipossuficiente à assistência judiciária gratuita. Dispunha o art. 113, n. 32: *"A Constituição assegura a brasileiros e a estrangeiros residentes no País a inviolabilidade dos direitos concernentes à liberdade, à subsistência, à segurança individual e à propriedade, nos termos seguintes: A União e os Estados concederão aos necessitados assistência judiciária, criando, para esse efeito, órgãos especiais assegurando, a isenção de emolumentos, custas, taxas e selos".*

Como se vê, a norma constitucional, para além de consagrar o direito à gratuidade de justiça (isenção de custas e emolumentos) e à assistência judiciária gratuita[8], prevê que será o poder público o encarregado de prestá-la, através de órgãos especiais criados para esse fim, acolhendo – já

---

cebeu a impossibilidade de ignorar a elite paulista. Esses, por sua vez, teriam de estabelecer algum compromisso com o governo. <FAUTO, Boris. Op. Cit. pp. 340-/350>.

[6] BONAVIDES, Paulo & DE ANDRADE, Paes. História Constitucional do Brasil, editora da Universidade Portucalense Infante Dom Henrique, Porto, 2003, p. 325.

[7] O preâmbulo da nova Constituição claramente indica tal fato: *"Nós, os representantes do povo brasileiro, pondo a nossa confiança em Deus, reunidos em Assembléia Nacional Constituinte para organizar um regime democrático, que assegure à Nação a unidade, a liberdade, a justiça e o bem-estar social e econômico".* Os grifos foram acrescentados.

[8] Desde logo vale traçar a distinção entre institutos semelhantes, relacionados a remoção de barreiras do acesso do pobre a justiça, quais sejam: a gratuidade de justiça, e a assistência judiciária. Aquela é instituto de direito pré-processual, correspondendo ao direito à isenção provisória de despesas processuais ou emolumentos pagos às serventias extrajudiciais (ofícios de notas, e.g.). Não há prestação de serviço. O Estado apenas assume uma posição passiva de não efetuar a cobrança. Por sua vez, a assistência judiciária é instituto de direito administrativo, relacionado prestação de um serviço público – a indicação de um advogado por parte do Estado, <MIRANDA, Pontes. Comentários ao código de processo civil, tomo I, editora Forense, Rio de Janeiro, 5ª. edição revista e atualizada por Sergio Bermudes, 1997, p. 383>.

UMA HISTÓRIA DA DEFENSORIA PÚBLICA

na década de 30 – o modelo do *salaried staff*[9]. Para entendermos a opção por esse modelo, é preciso relembrar como a assistência judiciária ao pobre vinha sendo prestada.

Por influência de Nabuco de Araújo, desde 1870 havia sido estabelecida a praxe entre membros do Conselho e Comissão do Instituto da Ordem dos Advogados Brasileiros de darem consultas gratuitas aos pobres que os fossem procurar[10]. Agiam aqueles membros imbuídos de sentimentos de caridade, cientes do múnus público que exerciam ao desempenhar a profissão de advogado.

Entretanto, a prática instituída pelo Instituto não parecia ser suficiente para realização plena dos fins almejados, de sorte que defendia-se a edição de legislação específica a respeito do tema. Proclamada a República, em 1890 foi editado o Decreto 1.030, que autorizava o Ministro da Justiça *"a organizar uma comissão de patrocínio gratuito dos pobres no crime e cível, ouvindo o Instituto da Ordem dos Advogados, e dando os regimentos necessários"*. Entretanto, apenas em 1897, através do Decreto 2.457, foi organizado o serviço de assistência judiciária a ser prestado no Distrito Federal – atual cidade do Rio de Janeiro – tendo como destinatários "os pobres que forem litigantes no cível ou no crime, como autores ou réus, ou em qualquer outra qualidade", considerando-se pobres todo aquele que estivesse "impossibilitado de pagar ou adiantar as custas e despesas do processo, sem privar-se de recursos pecuniários indispensáveis para as necessidades ordinárias da própria manutenção ou da família". A assistência era exercida por uma Comissão Central, e várias Comissões Secionais. Superando as expectativas mais otimistas, o serviço era reconhecido como de qualidade[11].

---

[9] Segundo Cleber Francisco Alves, cuida-se do modelo de prestação de assistência jurídica, em que as atividades são predominantemente exercidas por advogados assalariados pelos cofres públicos, trabalhando em regime de dedicação exclusiva. Existem duas submodalidades, numa delas o próprio Estado opta pela criação de organismos estatais destinados à prestação direta dos serviços de assistência judiciária (e eventualmente também de assistência jurídica extrajudicial), contratando para tanto advogados que, neste caso, manterão vínculo funcional com o próprio ente público <A estruturação dos serviços de Assistência Jurídica nos Estados Unidos, na França, e no Brasil e sua contribuição para garantir a igualdade de todos no Acesso à Justiça. Tese de doutoramento apresentada à Pontifícia Universidade Católica do Rio de Janeiro, sob a orientação do Prof. José Ribas Vieira, Rio de Janeiro, 2005, p. 69>.

[10] MORAES, Humberto Peña & DA SILVA, Jose Fontenele Teixeira. Assistência judiciária: sua gênese, sua história e a função protetiva do Estado, editora Liber Juris, Rio de Janeiro, 2ª. Edição, 1994, p. 84.

[11] MORAES & DA SILVA, Op. Cit., p. 88.

OS NOVOS ATORES DA JUSTIÇA PENAL

Alguns consideram ter esse sido esse o primeiro serviço público para atendimento jurídico dos hipossuficientes na história do país, tendo o citado Decreto lançado bases para as leis que vieram posteriormente estruturar a assistência judiciária nacional, tais como: patrocínio tanto na seara cível quanto criminal, seja o pobre autor ou réu; a definição de "pobre"; a isenção das custas do processo; a possibilidade de revogação do "benefício[12]", por justo motivo, em qualquer fase da ação, de ofício ou por impugnação da parte contrária[13]. De qualquer sorte, a despeito dessa iniciativa, a principal forma de acesso da população à justiça seguia sendo o trabalho individual e caritativo dos advogados, uma vez que o serviço restringia-se à capital federal.

Em novembro 1930 é criada a Ordem dos Advogados Brasileiros – Decreto 19.408 – órgão de seleção, defesa e disciplina da classe, iniciando-se mudança no panorama da assistência ao necessitado, uma vez que o dever moral dos advogados de prestá-la assume natureza jurídica. Com esse novo enfoque estabelecido no ordenamento jurídico nacional, reconhece-se a existência de um direito subjetivo à assistência judiciária, deixando de ter feições meramente caritativas. Ao monopólio da classe dos advogados pelo exercício da profissão correspondia o dever de prestar assistência aos pobres, encargo a ser exercido sem qualquer remuneração[14].

Os três anos que se seguiram à adoção do citado modelo até a instalação da assembléia constituinte revelaram sua fragilidade. A ausência de estímulo econômico, somada a necessidade de o profissional ter de dividir o tempo entre as causas trazidas por seus clientes, e aquelas para as quais eram designados para atuar em defesa do necessitado, fazia com que essas causas fossem relegadas a segundo plano, por mais bem intencionados que fossem os advogados.

Durante as discussões sobre o tema assistência judiciária pela assembléia constituinte era claro o reconhecimento de que o trabalho desenvolvido pela Ordem dos Advogados era insatisfatório (uma "fantasia", segundo

---

[12] A palavra benefício é utilizada entre aspas porque entendemos tratar-se de direito subjetivo e não mero favor legal. Nesse sentido, também leciona ALVES, 2006, p. 304.

[13] ROCHA, Jorge Luís. Historia da Defensoria Pública e da Associação dos Defensores Públicos do estado do Rio de Janeiro, editora Lumen Juris, Rio de Janeiro, 2004, p. 138.

[14] ALVES, Cleber Francisco. Percurso histórico da consolidação do direito de acesso igualitário à justiça no Brasil, em Revista de Processo, coordenação Teresa Arruda Alvim, vol. 184, editora Revista dos Tribunais, São Paulo, 2010, p. 331.

UMA HISTÓRIA DA DEFENSORIA PÚBLICA

o constituinte Pacheco de Oliveira[15]), sendo imperiosa a criação de um órgão estatal que assumisse a tarefa[16], mesmo diante dos custos que tal modelo despenderia[17].

Em suma, o sucesso do sistema implementado na capital federal aliado às dificuldades intrínsecas decorrentes da exploração não remunerada do trabalho do advogado, fizeram com que o modelo do *salaried staff* fosse o adotado pela Constituição de 1934. Nessa toada, em cumprimento ao mandamento constitucional, em 1935 o estado de São Paulo criou um serviço de assistência judiciária, contratando advogados para a defesa dos pobres, modelo esse que perdurou – com modificações introduzidas em 1947 – até o ano de 2006, muito embora já não mais compatível com a ordem constitucional desde a promulgação da Constituição de 1988, como adiante teremos oportunidade de debater.

É preciso ter em conta que, nos estados nos demais estados da federação, o serviço não fora implementado, continuando a ser prestado gratuitamente por advogados, por força do dever legal da profissão previsto no Decreto 19.408[18]. Era o início do problema que marca até os dias de hoje o direito à assistência jurídica integral e gratuita: **a (in)efetividade (*law in the books and law in action*)**.

A Constituição de 1934, entretanto, teve uma vigência bastante efêmera. A falta de instabilidade institucional do país, somada a bipolarização

---

[15] "V. Ex. se refere à assistência judiciária da Ordem. Deixemos, porém, de fantasias: essa assistência não existe" E ainda "Ele não está organizado, nem o poderá estar tão cedo em condições de prestar êsses serviços. Não havemos de esperar que a sua organização se dê cruzando os braços, sem amparar os que necessitam", em Annaes da Assembléa Nacional Constituinte, volume XXI, 1933, p. 216.

[16] CHIARETTI, Daniel. Breve histórico do desenvolvimento institucional da assistência jurídica no Brasil, em Boletim da Reunião das Instituições Públicas de Assistência Jurídica dos Países de Língua Portuguesa, n. 1, Brasília, 2012, p. 16.

[17] Declaração de voto do Deputado Carlos Gomes, vencido em razão da aprovação da Emenda proposta pelo Deputado Pacheco de Oliveira: "Votei contra a emenda Pacheco de Oliveira, não porquê discorde do seu espírito, que é o de assistir aos pobres ou necessitados, mas porquê entendo que outro é o meio para se lhes facilitar a justiça. A criação de órgãos de assistência gratuita viria dificultar, pelo ônus que acarretaria aos cofres públicos, a criação de uma justiça e de órgãos que, com rapidez, verbalmente, de plano, atenda as pequenas questões que são as que interessam os pobres, a massa enfim da população brasileira", em Annaes da Assembléa Nacional Constituinte, volume XXI,1933, p. 217.

[18] DE SOUSA, Fabio Luis Mariani. A Defensoria Pública e o acesso à justiça penal, Nuria Fabris editora, Porto Alegre, 2011, p. 46.

ideológica contida na norma fundamental – lembre-se, a título ilustrativo, da presença de constituintes classistas, representantes de setores antagônicos – provocaram sua queda.

De um lado a, a Ação Integralista Brasileira, de nítida inspiração fascista. De outro, a Aliança Nacional Libertadora, agregadora dos antigos partidários da Revolução de 1930, setores liberais de esquerda e do Partido Comunista. A radicalização dessa última levou-a a clandestinidade, e o surgimento de uma 'indústria do anticomunismo', que seria colocada a serviço do então presidente Getulio Vargas.

Como a Constituição vigente vedava a reeleição, apenas a ameaça comunista seria suficiente para justificar a perpetuação de Vargas no poder. Assim, deu-se início a maior falácia da história: o *Plano Cohen*, ficção sobre um detalhado projeto pela tomada de poder pelos bolcheviques, inventada pelo Capitão Olimpio Mourão Filho. Com apoio de tropas militares e sob a "ameaça comunista", Getulio dissolve o Congresso e outorga a Carta de 1937, iniciando-se período ditatorial denominado de *Estado Novo*[19].

3. A assistência judiciária na Constituição de 1937

De nítida inspiração fascista, apelidada de polaca em razão de sua proximidade com a Constituição polonesa imposta pelo Marechal Josef Pilsudski, não foi surpreendente ter a nova Constituição deixado de consagrar o direito do necessitado à assistência judiciária. Com efeito, não era de se esperar de uma carta constitucional feita sob medida para servir a ditadura uma enunciação pródiga de direitos e garantias fundamentais[20].

Durante todo o período do *Estado Novo*, o Congresso manteve-se fechado – a despeito de a Constituição prever sua existência. As normas eram expedidas pelo chefe do poder executivo através de Decretos-Leis. Dentre as mais relevantes, estão o Código de Processo Civil (CPC) e o Código de Processo Penal (CPP) e a Consolidação das Leis do Trabalho (CLT), todos contendo disposições relacionadas à facilitação do acesso do necessitado à justiça.

---

[19] BARROSO, Luis Roberto. O direito constitucional e a efetividade de suas normas: limites e possibilidades da Constituição brasileira, editora Renovar, Rio de Janeiro, 7ª. edição, 2003, pp. 21-22.

[20] MARCOS, Rui de Figueiredo, & MATHIAS, Carlos Fernando, & NORONHA, Ibsen. História do Direito Brasileiro, editora Forense, Rio de Janeiro, 1ª. edição, 2014, pp. 426-427.

UMA HISTÓRIA DA DEFENSORIA PÚBLICA

Apesar do Estado Policial instaurado no período – fato de certo modo incompatível com a garantia de acesso do pobre à justiça – Getúlio Vargas desenvolvia uma política trabalhista de nítido conteúdo populista, apresentando-se como "pai dos trabalhadores", ou "pai dos pobres" – deles evidentemente esperando lealdade e obediência[21]. Como protetor dos trabalhadores, não podia deixá-los a própria sorte caso tivessem algum direito violado, daí porque todos os diplomas regulamentarem a matéria, ainda que não exaustivamente[22].

Uma pequena digressão merece ser realizada em relação ao Código de Processo Penal. A legislação processual penal destina-se a regulamentar a maneira pela qual a jurisdição penal será prestada: praticado um ilícito penal, como descobrir sua ocorrência e autoria, levando-se o autor do fato a julgamento? As soluções para esse problema central do direito processual penal são resultado de constantes tensões entre dois valores: as garantias fundamentais do acusado, e a busca pela verdade.

Como já afirmamos, com o golpe levado a efeito por Getulio Vargas iniciou-se no país uma ditadura, não sendo surpresa que as soluções encontradas pela legislação outorgada pelo chefe do executivo pendessem para o viés utilitarista do processo, em detrimento do garantista. A assertiva realizada é incontestável, uma vez que vem estampada na própria exposição dos motivos que levaram a sua instituição, donde se lê que pretendia a abolição da "injustificável primazia do interesse do indivíduo sobre a tutela social"[23].

Curiosamente, esse mesmo diploma, embora inexistente consenso internacional a respeito da indispensabilidade da defesa a ser realizada por profissional – a Declaração Universal dos Direitos do Homem, o Pacto dos Direitos Civis e Políticos, e a Convenção Européia dos Direitos do Homem admitem a possibilidade de um acusado ser processado sem a presença

---

[21] FAUSTO, Op. Cit., pp. 373-375.

[22] Vide artigos 68 a 79 do Decreto-Lei 1.608/39, o Código de Processo Civil, regulamentando o direito à gratuidade de justiça – instituto de direito processual relacionado a dispensa de antecipação de custas – e da assistência judiciária, a ser prestada pelo advogado indicado pela parte (*pro bono*), pelo órgão estatal, ou pelo juiz (art. 68, par único); artigo 514, 'b' do Decreto-Lei5.452 de 1943, a CLT, instituindo do dever de os sindicatos de prestar assistência judiciária aos associados.

[23] Rui Marcos de Figueiredo lista treze características da novel legislação, sendo relevantes: a mitigação do princípio do *in dúbio pro reo*; e a não consagração da proibição irrestrita do julgamento *ultra petita* <FIGUEIREDO/MATHIAS/NORONHA, Op. Cit., p. 444>.

OS NOVOS ATORES DA JUSTIÇA PENAL

de um defensor[24] – dispõe ser nulo o processo que tiver curso sem a participação da defesa técnica (artigos 261 c/c 564, III, 'c', c/c 572 *a contrario senso*), o que posteriormente veio ser objeto de súmula do Supremo Tribunal Federal: *"No processo penal, a falta da defesa constitui nulidade absoluta, mas a sua deficiência só o anulará se houver prova de prejuízo para o réu[25]"*.

Entretanto, a despeito da indispensabilidade da defesa técnica, esta – segundo o Código de Processo Penal – será gratuita apenas para o réu pobre, de modo a facilitar seu acesso à justiça, ficando os demais responsáveis pelo pagamento de honorários para o advogado dativo nomeado pelo Juízo (artigo 263, parágrafo único). Note-se que, à época da edição do CPP, o principal modelo de prestação de assistência judiciária era aquele instituído com o estatuto da OAB – dever funcional dos advogados – agora reforçado pela previsão do artigo 264 do CPP: *"Salvo motivo relevante, os advogados e solicitadores serão obrigados, sob pena de multa de cem a quinhentos mil-réis, a prestar seu patrocínio aos acusados, quando nomeados pelo Juiz".* O pouco tempo de vigência da Constituição de 1934 não tinha sido suficiente para implementação dos órgãos oficiais de prestação de assistência jurídica.

Retomando o percurso histórico, em 1945 acontecimentos internacionais mudaram o caminho da história política do país. Finda a 2ª. guerra mundial, com a derrota dos regimes nazi-fascitas; e tendo o Brasil lutado ao lado dos aliados era insustentável a manutenção de uma ditadura. As bases do Estado Novo eram colocadas em cheque pelos valores defendidos pelo país externamente, e vitoriosos uma vez terminado o conflito[26].

---

[24] "Art. 6º, 3 'c'. O acusado tem, como mínimo, os seguintes direitos: *c*) Defender-se a si próprio ou ter a assistência de um defensor da sua escolha e, se não tiver meios para remunerar um defensor, poder ser assistido gratuitamente por um defensor oficioso, quando os interesses da justiça o exigirem". Nuala Mole e Catharina Harby ensinam que o direito à assistência judiciária apenas se dá quando o acusado for pobre, a causa for complexa, ou a sanção passível de imposição for suficientemente grave, é dizer, puder acarretar a privação de liberdade, em *A guide to the implementation of article 6 of the European Convention on Human Rights*, publicado pelo Conselho da Europa, Bélgica, 2a. edição, 2006, p. 64. A mesma orientação pode ser extraída do caso Pham Hoang v. França, parágrafo 39 do acórdão proferido pelo Tribunal Europeu dos Direitos do Homem.

[25] Verbete n. 523 da súmula de jurisprudência do STF – DJ de 10/12/1969, p. 5933; DJ de 11/12/1969, p. 5949; DJ de 12/12/1969, p. 5997.

[26] MENDES, Gilmar Ferreira, & BRANCO, Paulo Gustavo Gonet. Curso de Direito Constitucional, Saraiva, 8ª. edição, 2013, p. 113.

A saída de Vargas do poder, entretanto, não foi tranqüila. Em fevereiro de 1945 já vinham sendo realizadas reformas a fim de serem lançadas bases para abertura liberal do sistema autocrático vigente (vide Lei Constitucional n. 9 – que previa a eleição direta para Presidente da República e Parlamento dotado de poderes especiais para, no curso de uma legislatura votar o que entendesse conveniente, inclusive uma reforma a Constituição). Entretanto, perturbando o processo eleitoral, o chefe do executivo edita do Decreto-Lei 8.063, dispondo sobre a eleição de Governadores, bem como determinando aos interventores estaduais outorgar em 20 dias as cartas constitucionais dos respectivos estados-membros. O ato foi recebido como provocação pelas correntes liberais que, apoiadas pelos militares, depuseram o ditador, entregando o poder ao Presidente do Supremo Tribunal Federal, Ministro José Linhares, até que fosse promulgada nova constituição. Era o fim do Estado Novo[27].

4. O regime da assistência judiciária no período de 1946 a 1967

Com a promulgação da Constituição de 1946 é restabelecida a normalidade institucional no país. A norma fundamental é reconhecida por ser tingida de nítido caráter social, enunciando direitos e diretrizes econômico-sociais ágeis e avançados[28]. Naturalmente, torna a prever o direito à assistência judiciária ao necessitado, dispondo que *"Art. 141 – A Constituição assegura aos brasileiros e aos estrangeiros residentes no País a inviolabilidade dos direitos concernentes à vida, à liberdade, a segurança individual e à propriedade, nos termos seguintes: § 35 – O Poder Público, na forma que a lei estabelecer, concederá assistência judiciária aos necessitados".*

Do cotejo entre as Constituições de 1934 e 1946, percebe-se que, a despeito de consagrarem o citado direito fundamental, a última não impõe um modelo a ser adotado, relegando sua disciplina à legislação ordinária, é dizer, não determina a criação de órgãos públicos para prestação do serviço como fazia sua congênere anterior, sendo igualmente silente quanto à isenção de despesas. Tal fato, entretanto, não foi obstáculo para adoção do modelo do *salaried staff*, como adiante teremos a oportunidade de demonstrar, em razão da disciplina que a Lei 1.060/50 deu a matéria.

---

[27] BONAVIDES/DE ANDRADE, Op. Cit., pp. 355-358.
[28] BARROSO, Op. Cit., p. 26.

OS NOVOS ATORES DA JUSTIÇA PENAL

Ainda sobre a Constituição de 1946, é relevante notar, sendo tal fato considerado um dos maiores aperfeiçoamentos introduzidos pela nova ordem constitucional, a previsão, dentre os direitos e garantias fundamentais, da inafastabilidade do controle jurisdicional[29].

A referência parece pertinente ao tema ora estudado, uma vez que apenas em 1946 é consagrado genericamente o direito de acesso ao Poder Judiciário, muito embora em 1934 o constituinte já houvesse se preocupado em assegurar medidas tendentes a remoção de barreiras encontradas por pessoas pobres para defesa de seus interesses, prevendo o direito à assistência judiciária e à gratuidade de justiça. Com efeito, chama atenção o fato de assegurar-se constitucionalmente o "benefício" específico, antes mesmo de inscrever nesse plano a franquia genérica[30]. A nosso juízo, esse curioso dado cronológico revela a importância de que se reveste o direito à assistência judiciária no ordenamento jurídico brasileiro.

Na ordem jurídica instaurada com a Constituição de 1946 foi promulgada a Lei 1.060/50, ainda vigente muito embora tenha sofrido algumas transformações[31]. A referida legislação regulamenta o direito à assistência judiciária e à gratuidade de justiça, muitas vezes usando de forma não técnica um termo pelo outro. A partir daí, unificou-se o tratamento da matéria, antes relegado à disciplina dispersa e não uniforme dos Códigos de Processo Civil e Penal, e da CLT.

Da análise da Lei 1.060/50, percebe-se ter a mesma adotado um sistema misto de prestação de assistência judiciária. Prioritariamente, o Estado (União e Estados-membros) deveria oferecer o serviço (modelo do *salaried staff*)[32]. Supletivamente, sem qualquer ônus para o Estado, a tarefa caberia aos advogados, por força do dever estatutário[33], novamente reforçado: a recusa no desempenho da função poderia ensejar o pagamento

[29] BONAVIDES/ DE ANDRADE, Op. Cit., p. 418.

[30] MOREIRA. Jose Carlos Barbosa. O Direito à assistência jurídica: evolução no ordenamento brasileiro de nosso tempo, em Revista da AJURIS, n. 55, Porto Alegre, 1992, p. 60.

[31] Na época da elaboração do texto ainda não havia sido publicada a Lei 13.105/2015, que institui o novo Código de Processo Civil e, em seu art 1.072, III, revoga grande parte das regras da Lei 1.060/50, passando a disciplinar o tema (arts. 98 e seguintes).

[32] Art. 5º. par 1º: "Deferido o pedido, o juiz determinará que o serviço de assistência judiciária, organizado e mantido pelo Estado, onde houver, indique, no prazo de dois dias úteis o advogado que patrocinará a causa do necessitado".

[33] Art 5º. § 2º. "Se no Estado não houver serviço de assistência judiciária, por ele mantido, caberá a indicação à Ordem dos Advogados, por suas Seções Estaduais, ou Subseções Municipais".

de multa[34], a menos que estivesse abrangida por uma escusa prevista na citada norma (art. 15).

A mesma orientação seguiu o novo Estatuto da Ordem dos Advogados do Brasil – Lei 4.215/63 – é dizer: consagrou a atuação supletiva dos advogados na prestação de assistência judiciária ao pobre.

Seguindo a tradição do Decreto 2.475, a Lei 1.060/50 previu que o direito à assistência judiciária e à gratuidade de justiça podia ser concedido a autor e réu, em causas de qualquer natureza (civis, penais, trabalhistas, militares, art. 2), a qualquer tempo e mesmo parcialmente (art. 13). Faria jus ao "benefício" aquele que não pudesse arcar com os custos de um processo sem prejuízo do sustento próprio e/ou de sua família (art. 2, parágrafo único), não tendo sido condicionado o exercício do direito a limite/parâmetro fixo. Individualmente observar-se-ia a situação de riqueza do postulante e os custos para levar adiante uma demanda.

Nessa época, era exigível do postulante a comprovação da insuficiência de recursos. Deveria expor na petição inicial seus rendimentos e gastos, instruindo-a com atestado de pobreza expedido pelo Delegado de Polícia ou Prefeito. A simples enunciação dessa exigência já denotava o constrangimento em que se colocava o interessado: ver-se declarado miserável por uma autoridade pública. Por outro lado, eram evidentes as dificuldades de as autoridades investigarem a condição econômica das pessoas, acarretando muitas vezes a expedição do documento em situações não muito ortodoxas[35]. Essa sistemática, entretanto, é alterada em 1979 e 1986, como teremos a oportunidade de expor.

Com base nessas legislações, diversas normas estaduais foram promulgadas ora instituindo o serviço de prestação de assistência judiciária, ora reformulando o outrora existente. Em São Paulo, através do Decreto-Lei 17.330 a assistência judiciária já prestada ficou a cargo de um departamento da Procuradoria Geral do Estado, a Procuradoria de Assistência Judiciária (PAJ). No antigo Distrito Federal (a cidade do Rio de Janeiro), a Lei 216 de 1948 incumbiu ao Ministério Público a prestação do serviço, sendo o cargo inicial da carreira o de Defensor Público. No Estado do Rio de Janeiro, para

---

[34] Art. 14 – redação original. "Os advogados indicados pela assistência ou nomeados pelo Juiz serão obrigados, salvo justo motivo, a critério do Juiz, a patrocinar as causas dos necessitados, sob pena de multa de Cr$200,00 (duzentos cruzeiros) a Cr$1.000,00 (mil cruzeiros)".

[35] MOREIRA, Jose Carlos Barbosa. O direito à assistência jurídica, em Revista de Direito da Defensoria Pública, volume 05, Rio de Janeiro, 1991, p. 132

OS NOVOS ATORES DA JUSTIÇA PENAL

a realização da tarefa são criados seis cargos isolados de Defensor Público dentro da estrutura administrativa do Ministério Público (Lei 2.188/54).

A análise dos três regimes que acima listamos, sem a pretensão de exaustão, afinal restrita à região Sudeste, indica que não havia uniformidade na organização dos serviços de prestação de assistência judiciária: ora atribuído às Procuradorias dos Estados, ora ao Ministério Público, ora à um órgão específico, ora inserto na estrutura de Secretarias de Justiça.

Apesar dessa múltipla variação, as deficiências de alguns modelos acabam por revelar ser aquele instituído no Estado do Rio de Janeiro o mais eficiente, razão pela qual o regime instituído com a Lei 2.188/54 é de importância ímpar, uma vez que lança as bases do que viria a ser a atual instituição da Defensoria Pública[36]: órgão autônomo e independente composto por profissionais organizados em carreira.

Com efeito, atribuir-se a defesa do hipossuficiente ao órgão incumbido da defesa do Estado importa um antagonismo insuperável. Com efeito, toda a vez que o necessitado tivesse de processar o Estado-membro – fato extremamente usual, sobretudo para realidade brasileira, em que o Estado é um dos maiores violadores de direitos[37] – colocava-se o agente público em nítida contradição funcional: litigar contra o próprio ente da federação ao qual também tinha a função de defender[38].

Ademais, a contradição funcional poderia ocorrer mesmo em processos nos quais uma das partes não fosse a Fazenda Pública estadual. *Eneida Gonçalves de Macedo Haddad*, em artigo em que tratou da criação da Defensoria Pública paulista, expôs a situação contraditória em que se viam os procuradores lotados na PAJ, uma vez que sustentavam nos processos criminais em que atuavam a impossibilidade de realização de audiência através do sistema de videoconferências, à míngua de lei federal regulamentando o tema, muito embora existisse um parecer da Procuradoria Geral autorizando o governo do Estado a instalar e implementar o referido método.

---

[36] ALVES, 2010, p. 334.
[37] Em abono a nossa afirmação, de acordo com os números divulgados pelo Superior Tribunal de Justiça, os seis maiores litigantes na Corte, desde o período de sua instituição, são órgãos da administração direta ou indireta. Para maiores dados, aceda à hiperligação http://ns2.stj. gov.br/portal_stj/publicacao/engine.wsp?tmp.area=398&tmp.texto=113396, acesso em 29 de agosto de 2014.
[38] DA SILVA, Jose Fontenele Teixeira. A defesa do cidadão e o Estado-Membro, em Revista da Defensoria Pública, n. 5, Rio de Janeiro, 1991, p. 179.

Eram obrigados, assim, a recusar um parecer vinculante para promover a defesa efetiva de seus assistidos[39].

Para superar esse obstáculo aparentemente intransponível, algumas legislações estaduais atribuíam às Procuradorias Gerais a defesa do pobre em "qualquer matéria jurídica, desde que os interesses destes não colidam com os do Estado e suas autarquias"[40]. Entretanto, temos que essa última solução não resolvia verdadeiramente o problema, afinal a cobertura do serviço não era ampla. O necessitado, caso desejasse litigar contra o Estado, não conseguiria fazê-lo. A promessa constitucional não era cumprida.

Atribuir-se a defesa do hipossuficiente a agentes integrantes da carreira do Ministério Público igualmente mostrava-se desastroso. Com efeito, a experiência mostrou que a solução acarretava infindáveis e múltiplos casos de impedimento, emperrando a máquina judiciária, uma vez que era possível – ao menos em tese – que o mesmo agente atuasse em defesa de pólos distintos. Ora, segundo a legislação do Distrito Federal, o membro do Ministério Público poderia defender, acusar, ou manifestar-se como fiscal da lei, algo inconciliável[41].

Ademais, nota-se uma nítida despreocupação com a defesa efetiva do necessitado, mormente nos casos criminais, em violação a paridade de armas que deve reger o processo. Aos agentes menos experientes era incumbida a defesa, ao passo que a acusação ficava a cargo de servidores mais experientes e, em tese, melhor preparados.

Por sua vez, a prestação do serviço por órgão inserido na estrutura de Secretarias de Justiça também não se mostrava ideal. O modelo chegou a ser implementado no Estado do Rio de Janeiro pela Lei Complementar 18/81. Parece-nos, entretanto, ser o momento ideal de criticá-lo, afinal já o fizemos com relação a duas experiências adotadas no período de vigência da Constituição de 1946.

Às Secretarias de Justiça compete, via de regra, a administração do sistema prisional. Muitas vezes será esse órgão o violador de direitos do preso, cuja defesa, maioritariamente, compete ao serviço de assistência judiciária – ninguém nega que as prisões estão cheias de pessoas pobres. Sendo

---

[39] A Defensoria Pública paulista: caminhando na contramão, em Revista da Defensoria, ano 04, volume 2, São Paulo, 2011, pp. 76-77.
[40] Assim o fez o Estado do Paraná, consoante previsão da Lei 7.074/79.
[41] DA SILVA, Op. Cit., p. 180.

OS NOVOS ATORES DA JUSTIÇA PENAL

departamento daquela Secretaria, é difícil imaginar como o integrante da assistência judiciária agiria com independência e liberdade na defesa das pessoas privadas de liberdade[42].

Outro relevante dado histórico ocorrido na vigência da Constituição de 1946 foi a transferência da capital federal para Brasília, meta do governo de Juscelino Kubitschek. O fato provocou discussões em torno do futuro da cidade do Rio de Janeiro, tendo-se optado pela criação do Estado da Guanabara em sucessão ao antigo ente, transferido para o centro-sul do país. No que tange a estruturação dos serviços de assistência judiciária do novo estado, alteração alguma ocorreu. Manteve-se o que havia sido estabelecido pela Lei 216, e posteriores alterações (Lei nº 3.434/58, que instituiu o Código do Ministério Público do Distrito Federal) atribuindo a defesa do pobre ao agente em início naquela carreira[43].

Por sua vez, no Estado do Rio de Janeiro, foi promulgada a Lei n. 5.111 de 1962, estruturando a carreira do Ministério Público (Quadro 'A') e da Assistência Judiciária (Quadro 'B'), ambos sob a chefia comum do Procurador-Geral de Justiça. Os cargos isolados criados em 1954 passavam a compor uma carreira. Aos poucos era consolidada a idéia de que o serviço público de assistência judiciária devia ser estruturado em carreira independente, a fim de proporcionar o efetivo e amplo acesso do pobre à justiça.

Nesse mesmo período o país vivenciava situação política conturbada. No início da década de 1960 foram eleitos como chefes do executivo nacional Janio Quadros, presidente, e João Goulart (Jango, como popularmente conhecido), vice-presidente. Segundo a Constituição de 1946, as eleições para chefe do executivo não eram realizadas em chapa única, fato que permitiu a vitória de candidatos integrantes de partidos opositores para cada um dos cargos máximos da chefia do país.

Com uma bandeira moralizadora dos costumes políticos, e um discurso anti-getulista Jânio recebeu expressiva votação – 48% dos votos. Entretanto, decide renunciar o cargo apenas sete meses após sua posse[44]. A suces-

---

[42] DA SILVA, Op. Cit., p. 181.
[43] ROCHA, Op. Cit., pp. 79-80
[44] FAUTO. Op. Cit., p. 437. Acredita-se ter sido a renúncia motivada por uma mistura entre a personalidade instável do então presidente, e a um cálculo político equivocado: pensava ele ser possível uma espécie de tentativa de renúncia, na pressuposição de que por temerem seu vice, João Goulart, o Congresso iria recusar sua decisão. Como apenas a renuncia é comunicada ao Congresso, seu projeto falhou <FAUSTO, Op. Cit. p. 442>.

são natural indicava João Goulart para assumir o posto. Entretanto, Jango era "malvisto" pelos militares e alguns setores da sociedade, em razão de suas ligações com o movimento trabalhista de inspiração getulista, que o tachavam de perigoso agitador e demagogo sindicalista[45]. Como solução mediadora encontrada para crise, adotou-se o regime de governo parlamentarista, despojando-se o Presidente de considerável parcela de poder.

A emenda constitucional que instituíra esse novo sistema governo previa a realização de um plebiscito, a fim de que a população decidisse, em definitivo, sobre qual regime vigoraria no país. Previsto para ocorrer em 1965, o sufrágio foi antecipado para 1963, tendo a população rejeitado o novo regime, marcando o retorno ao presidencialismo.

Sem uma base parlamentar de apoio sólida, confrontando-se com setores político-econômico poderosos (ensaiava-se uma reforma agrária, desagradando usineiros e proprietários de terra; desenvolvia-se uma política nacionalista e de restrição ao capital estrangeiro), não houve quem e o que sustentasse o governo. Ademais, a crescente influência de militantes comunistas inquietava alas mais conservadoras. Assim, em 01º de abril de 1964 os militares tomam o poder. A Constituição de 1946 seguia vigendo, entretanto, a seu lado fora criado uma normatividade paralela e supra--constitucional: os Atos Institucionais (AIs)[46].

O período de 1964 a 1967 registrou a edição de quatro AIs. O AI-1 enunciava que "a revolução vitoriosa necessita de se institucionalizar e se apressa pela sua institucionalização", desde logo indicando o desejo de se editar nova Constituição, fato ocorrido em 1967.

5. A assistência judiciária na Constituição de 1967

A Constituição de 1967 era marcada por uma realidade: o texto formalmente liberal colidia com a realidade ditatorial. À semelhança do que fez a Constituição anterior, garantiu o direito à assistência judiciária, relegando sua disciplina a legislação ordinária: *"Art. 150 – A Constituição assegura aos brasileiros e aos estrangeiros residentes no Pais a inviolabilidade dos direitos concernentes à vida, à liberdade, à segurança e à propriedade, nos termos seguintes § 32 – Será concedida assistência Judiciária aos necessitados, na forma da lei."* A citada norma não foi alterada com a profunda reforma promovida pela Emenda Constitucional 01 de 1969.

[45] ROCHA, Op. Cit., p. 83.
[46] BARROSO, Op. Cit. p. 33.

Nessa ordem de idéia, a legislação ordinária expedida à época da Constituição anterior foi inteiramente recepcionada, haja vista a identidade de tratamento conferida pelas normas fundamentais. Entretanto, cada vez mais o serviço era aprimorado. Assim, no Estado do Rio de Janeiro foi editada a Lei 6.958/72, criando a Corregedoria da Assistência Judiciária, órgão orientador e fiscalizador dos aspectos técnicos e administrativos dos encargos afetos aos defensores públicos[47]. Na prática, era o Corregedor o chefe da Assistência Judiciária, cabendo a ele realizar atos de designação, promoção, e conceder licenças[48].

Convém esclarecer que durante esse período, todos os Estados da federação, à exceção de Santa Catarina, mantiveram alguma espécie de órgão público destinado a prestação da assistência judiciária[49]. Até mesmo a Justiça Militar – em época de claro cerceio às liberdades individuais – contava com o serviço, prestado através dos advogados de ofício, nos termos do Decreto-Lei 1.030/69, que dispunha sobre a organização da justiça militar.

Nos locais em que não funcionava o serviço público, a assistência continuava a ser prestada pelo advogado, sem a correspondente contraprestação pecuniária, por força do dever estatutário antes mencionado. Tal fato criava inúmeros descontentamentos, sobretudo no estado de São Paulo, uma vez que por breve período de tempo a advocacia dativa chegou a ser remunerada pelo poder público (Lei 7.489/62, revogada pelo Decreto-Lei 236/70). Assim, em 1976 a Seccional paulista da OAB liberou seus filiados do dever ético de prestação da assistência enquanto não houvesse a respectiva contraprestação pecuniária[50].

Curioso notar que, nessa época, tanto a OAB quanto os integrantes dos diversos órgãos de prestação do serviço de assistência judiciária andavam lado a lado na busca pela implementação desses. Como teremos oportunidade de observar, esse quadro se altera após a Constituição de 1988, passando a Ordem a ser uma grande opositora e entrave à consolidação da Defensoria Pública, com ela disputando mercado.

---

[47] MORAES / DA SILVA. Op. Cit. p. 118;

[48] Depoimento prestado pela Defensora Pública Maria Nice L. Miranda ao *Projeto Memórias ao entardecer*, levado a efeito pela Associação dos Defensores Públicos do Estado do Rio de Janeiro, em 2002, que resultou no livro de Jorge Luis Rocha, já citado.

[49] ALVES, 2010, p. 335.

[50] MORAES / DA SILVA. Op. Cit. pp. 127-128.

Na década de 70, outro acontecimento define os rumos da Defensoria Pública: a fusão dos Estados do Rio de Janeiro e da Guanabara. À exceção do órgão da então Assistência Judiciária, todos os demais seguiram o modelo vigente no estado da Guanabara. O fenômeno se justifica pela qualidade do serviço e a ausência dos antagonismos intrínsecos, experimentados pelos demais modelos – veja-se que embora chefiados pelo Procurador-Geral de Justiça, as carreiras eram autônomas, ao que se soma o fato de a chefia ser, de fato, exercida pelo Corregedor-Geral da Assistência Judiciária.

A Constituição do novo estado-membro em seus artigos 82 a 85 previa a existência do órgão que chamou de "Assistência Judiciária" incumbindo-lhe da postulação e da defesa, em todas as instâncias, dos juridicamente necessitados. Estabeleceu, outrossim, que o ingresso na carreira se daria mediante concurso de público de provas e títulos, e sua chefia a ser exercida pelo Procurador-Geral de Justiça, relegando à disciplina de lei complementar as prerrogativas, e regime disciplinar de seus integrantes.Deve-se chamar atenção para o fato de que o projeto original da Constituição estadual não previa a existência do órgão na estrutura administrativa do novo ente da federação.

Entretanto, por emenda apresentada pelo Deputado Alberto Francisco Torres, a Assistência Judiciária (órgão) foi constitucionalizada. Para tanto, justificou-se vir recebendo a assistência judiciária aos deserdados da fortuna cuidados constitucionais, em face de sua intrínseca relação com princípio da igualdade. Ademais, a realidade nacional aconselha que os Estados incluam essa função protetora no âmbito de suas finalidades políticas, criando e mantendo órgãos públicos específicos, cuja relevância reclamava um paralelismo funcional com o Ministério Público, a fim de que seus agentes atuem com independência, apartados de influências externas, ainda que os interesses em litígio sejam os do próprio Estado[51].

Em 1977, a fim de regulamentar os dispositivos constitucionais acima mencionados, é promulgada a Lei Complementar 06, consolidando princípios modernos e eficientes para estruturação de um órgão público, muitos dos quais repetidos, quase vinte anos após, na Lei Complementar nacio-

---

[51] MORAES, Humberto Peña. A Assistência Judiciária Pública e os mecanismos de acesso à justiça no estado democrático, em Revista e Direito da Defensoria Pública, n. 02, Rio de Janeiro, 1996, pp. 81-82.

OS NOVOS ATORES DA JUSTIÇA PENAL

nal 80 de 1994. Digno de nota é a previsão, dentre os órgão de direção, do Conselho Superior[52], cuja composição era mista: membros classistas eleitos, membros integrantes da chefia institucional (indicados pelo executivo estadual). No tocante as atribuições dos Defensores Públicos destacam-se, para além de desempenho das funções de advogados dos juridicamente necessitados, tentar a conciliação das partes (art. 22, III), bem como exercer a Curadoria Especial (art. 22, X), e a defesa dos réus que não tivessem defensor constituído (art. 22, XIX).

Esse mesmo período foi palco de diversos congressos, encontros, publicação de artigos em revistas especializadas e jornais de grande circulação, que serviram para consolidar as idéias e diretrizes gerais para prestação da assistência judiciária, ao fim consagradas na novel legislação e texto constitucional de 1988[53]. Dentre eles está o *I Seminário Nacional Sobre a Assistência Judiciária* (1981), cujas conclusões estão expressas na **Carta do Rio de Janeiro**. Ali era reafirmada a necessidade de o Estado desenvolver a atividade de assistência judiciária do necessitado, relegando papel supletivo à Ordem (conclusão I). Ademais, buscava-se atribuir aos integrantes da carreira prerrogativas para poderem bem desempenhar sua atividade, como a requisição de documentos (conclusão XIV), e intimação pessoal dos atos processuais (conclusão XII). Por outro lado, tentava-se simplificar o procedimento para concessão do "benefício" substituindo o atestado de pobreza pela simples afirmação da parte (conclusão XV)[54], bem como a

---

[52] "Art. 10 – O Conselho Superior da assistência Judiciária, órgão de consulta e administração superior da Assistência Judiciária é integrado pelo Chefe da Assistência Judiciária, que o presidirá, pelo Coordenador da Assistência Judiciária, pelo Corregedor da Assistência Judiciária e por 2 (dois) Defensores Públicos no 2º Grau de Jurisdição ou de 1ª Categoria, eleitos através de voto secreto e obrigatório pelos membros da Assistência Judiciária".

[53] DA SILVA, José Fontenelle Teixeira. Defensoria Pública e política institucional: a falta de uma doutrina, em Revista de Direito da Defensoria Pública, n. 17, Rio de Janeiro, 2001, pp. 69-70

[54] De fato, em 1984, a Lei 1.060/50 foi emendada, a fim de que a mera afirmação da parte fosse suficiente para comprovar o estado de pobreza, gerando uma presunção relativa da hipossuficiência econômica. Cessa a presunção desde que se verifique a existência de recursos suficientes, seja mediante prova em contrário produzida pela outra parte, seja em virtude de apuração promovida *ex officio* pelo juiz. Eventual falsidade da declaração é penalizada com a sanção de "pagamento até o décuplo das custas judiciais" (art. 4º. par. primeiro, parte final) < Conforme ALVES, Cleber Francisco, & PIMENTA, Marilia Gonçalves, Acesso a justiça em Preto e Branco: Retratos Institucionais da Defensoria Pública, editora Lumen Juris, Rio de Janeiro, 2004, pp. 45-46>.

extensão da gratuidade de justiça a atos extrajudiciais (conclusão XX), e a ampliação da prestação do serviço ao plano extrajudicial (conclusão VIII).

Também em 1981 a Constituição do Estado do Rio de Janeiro foi emendada, passando a Assistência Judiciária a subordinar-se à Secretária de Justiça – com os inconvenientes antes já expostos. Ademais, corria-se o risco de o paralelismo funcional com o Ministério Público ser perdido, em prejuízo direto para a liberdade de desempenho das atividades. Entretanto, naquele mesmo ano cria-se a Coordenadoria da Assistência Judiciária (art. 5, II da Lei Complementar 18), a ser ocupado por um membro da carreira que mediaria a 'eventual interferência' exercida pela Secretaria, remediando de certa forma o problema[55].

Apenas em 1987 a questão é definitivamente solucionada, por força da Emenda à Constituição 37, com a reidentificação do órgão de prestação de assistência judiciária para Defensoria Pública, como popularmente era conhecida, bem como a criação de sua Procuradoria Geral, com *status* de Secretaria de Estado. Na mensagem enviada ao Poder Legislativo, o então Governador do Estado justifica a necessidade da modificação orgânica do órgão pois *"o homem do povo precisa ter a certeza de que tem a seu serviço um órgão independente e convenientemente estruturado, para defender seus interesses em igualdade de condições, sob qualquer circunstância. Nesse sentido de capital importância, na construção de uma sociedade democrática, a ampliação e dignificação da Defensoria Pública, a fim de que se lhe confira o lugar que torne realmente possível a realização do dogma constitucional da igualdade de todos perante a lei, assegurando acesso à concretização de direitos e à justiça"[56].*

No tocante à realidade nacional, convém esclarecer que já em meados da década de setenta, com o fim do milagre econômico, passados quinze anos de governo militar e o constante aumento as pressões opositoras, outra solução não restava senão à abertura política do país. Entretanto, esta seria "lenta, gradual e segura" como afirmara o Gen. Geisel, então Presidente da República[57]. E de fato assim o foi.

Muito embora ainda tenha se valido de instrumentos ditatoriais – concessões a parte da "linha dura" das forças armadas, que ainda se recusava a abertura – Geisel conseguiu impor sua autoridade e derrotou resistências

---

[55] ROCHA, Op. Cit., p. 106.
[56] ROCHA, Op. Cit., pp. 114-115.
[57] FAUSTO, Op. Cit., p. 492.

OS NOVOS ATORES DA JUSTIÇA PENAL

diversas à liberalização do regime. A posse do Gen. João Baptista Figueiredo já se deu após a revogação dos atos institucionais, que representavam
a legalidade paralela e supraconstitucional do regime militar. Figueiredo
deu continuidade ao processo de redemocratização, promovendo a liberdade partidária. Centenas de brasileiros voltaram do exílio e inúmeros
partidos políticos foram fundados ou deixaram a clandestinidade[58].

A derrota do movimento "Diretas já"[59] foi a última vitória do governo
e o penúltimo capítulo do regime militar. Em 15 de janeiro de 1985, ele-
geu-se para a presidência da República, a chapa contrária à situação, composta por Tancredo Neves e Jose Sarney, vice. O regime militar chegava ao
fim e tinha início a nova República, com o retorno do poder à população
civil. Tancredo Neves adoeceu às vésperas da posse, não tendo assumido
o cargo, uma vez que veio a óbito em 21 de abril de 1985. Assim, José Sarney, tornou-se o primeiro Presidente civil desde 1964[60].

6. A Constituição de 1988 e a assistência jurídica integral e gratuita
6.1. A Defensoria Pública na Assembléia Nacional Constituinte de 1987
Cumprindo os compromissos da campanha, Sarney envia mensagem ao
Congresso de que resulta a Emenda Constitucional 26/85, em que se previa a convocação uma Assembléia Constituinte. Em novembro de 1986
são eleitos pelo voto popular os membros da Constituinte[61], instalada em
fevereiro de 1987.

Curioso notar que, a despeito de se originar de processos formais de
alteração da ordem jurídica, a nova Constituição representa autêntica ruptura com quadro político-jurídico antes vigente. Com efeito, expressa a
profunda rebeldia popular contra o mais longo eclipse das liberdades públicas, propondo-se a remover o sistema de exceção e autoritarismo existente
no país[62].

---

[58] BARROSO, Luis Roberto. A Constituição Brasileira de 1988: uma Introdução, em Tratado
de Direito Constitucional, coord. Ives Gandra Martins, Gilmar Ferreira Mendes, Carlos Valder
do Nascimento, 2ª. edição, Editora Saraiva, São Paulo, 2012, p. 12.

[59] Mobilização popular ocorrida em 1984 pregando eleições diretas para o cargo de Presidente
da República.

[60] BARROSO, Op. Cit., p. 12.

[61] Note-se que por força da emenda 26/85 parte dos membros da Constituinte não fora
eleita nesse pleito, os Senadores cujo mandato de oito anos não havia expirado <BARROSO,
2012, p. 12>.

[62] BONAVIDES / PAES DE ANDRADE, Op. Cit., p. 455.

UMA HISTÓRIA DA DEFENSORIA PÚBLICA

Instalada a Assembléia Constituinte, e considerando a ausência de um anteprojeto[63], optou-se peça criação de oito comissões, cada qual composta por três subcomissões, de modo a viabilizar os trabalhos e permitir que todos os constituintes participassem da redação do novo texto constitucional, e não apenas do processo de sua votação. Da questão relacionada à assistência jurídica e Defensoria Pública cuidou a Subcomissão do Poder Judiciário e do Ministério Público – veja-se que a constitucionalização da Defensoria Pública não era certa, tanto que a Subcomissão não leva seu nome[64].

Para além dessa forma democrática de divisão do trabalho, a Constituinte de 1987 é marcada pela constante participação popular, e organização de vários *lobbies* de interesse. Constantemente chegavam ao Congresso inúmeras sugestões e propostas subscritas por cidadãos. Apesar de não serem consideradas para o efeito de inclusão no texto do projeto, ou mesmo das votações em plenário, pessoas indicadas pelos subscritores das propostas poderiam se valer da palavra em plenário para defender as idéias ali contidas[65].

Nesse contexto, iniciou-se uma mobilização intensa dos membros da Defensoria Pública e de suas entidades de classe para inclusão do órgão no modelo estatal que seria desenhado pela nova Constituição. Representantes da Federação Nacional dos Defensores Públicos foram ouvidos em audiência pública, expondo os desequilíbrios da justiça penal brasileira, claramente seletiva, bem como as vantagens da adoção do modelo de prestação de assistência jurídica pela Defensoria Pública[66], dotada de

---

[63] Esclarece-se que a Comissão de "notáveis" presidida por Afonso Arinos cuidou de elaborar um anteprojeto, embora não tenha servido de base para orientação dos trabalhos.

[64] O fato não passou despercebido ao Constituinte Silvio Abreu que, em manifestação na primeira reunião da Subcomissão, propôs a alteração de seu nome a fim de incluir a instituição da Defensoria Pública, dentre os órgãos a serem por ela tratados <BRASIL. Assembléia Nacional Constituinte: Atas de Comissões, Subcomissão do Poder Judiciário e Ministério Público, 1987a, p .7>.

[65] BONAVIDES / PAES DE ANDRADE, Op. Cit., pp. 476 e 479-480.

[66] "O triângulo da Justiça tem muito bem aparelhado o organismo invértice, que é o Ministério Público e o Judiciário, e o vértice da defesa está re quebrado, precisa ser solidificado, precisa ser-lhe ss dado o verdadeiro poder de defesa. Vejam V. Exªs e que no juízo criminal, por exemplo, o povo diz comumente que cadeia e prisão foram feitos para o pobre. Por que pensam assim? É muito simples. Quando um cidadão de posse comete um crime, procura o seu advogado, é orientado como deverá defender-se, é acompanhado no inquérito policial, é

OS NOVOS ATORES DA JUSTIÇA PENAL

prerrogativas e garantias semelhantes ao órgão adversário[67] – o Ministério Público – para correção dessa disfunção.

Como resultado desse processo, o anteprojeto da Constituição elaborado pela Subcomissão do Poder Judiciário e Ministério Público contemplou a Defensoria Pública como órgão de Estado, uma espécie de Ministério Público da Defesa[68], dispondo: *"Art. 139 – É instituída a Defensoria Pública para a defesa, em todas as instâncias, dos juridicamente necessitados. Par 1º. Ao Defensor Público são assegurados garantias, direitos, vencimentos, prerrogativas e vedações conferidas, por esta Constituição, aos membros do Ministério Público. Par 2º. Lei Complementar organizará a Defensoria Pública da União, do Distrito Federal e dos Territórios e estabelecerá normas gerais para a organização da Defensoria Pública dos Estados"*. O texto foi igualmente aprovado pela Comissão da Organização dos Poderes e Sistema de Governo, sem alterações.

Entretanto, a luta pela afirmação e constitucionalização do órgão sofreu grave revés, uma vez que por emenda de grupo político denominado "Centrão"[69], a previsão de sua criação foi suprimida[70], pois conside-

---

marcado o dia para se apresentar ao delegado – o que geralmente fazer no dia anterior, para e evitar a imprensa e as perguntas indiscretas dos ,o delegados. O defensor público acompanha o pobre no momento em que ele já foi preso, muitas vezes violentado, porque confessou, algemado, na frente do Juiz. Aí começa a atuação do defensor público. Precisamos acabar com isso. Não pode haver duas justiças: uma para o rico e outra para o pobre. A Justiça é uma só. Nem a Defensoria Pública pode ser laboratório de experiência jurídica, nem o pobre pode ser cobaia no exercício dos seus direitos. É preciso que se faça uma Justiça una. A justiça do rico e do pobre tem que ser igual. Temos de evitar – como aquele belo quadro que emoldura essa sala, em que o protomártir da Independência está recebendo a sentença – que ao lado do pobre só haja o poder de acusação, o poder de sentenciar e a ausência as do defensor. A Justiça ampla e plena tem que ás ter a presença do defensor público". Discurso do Sr. Jose Neves Cesar à Subcomissão do Poder Judiciário e Ministério Público <BRASIL. 1987a, p. 63>.

[67] "V. Exª pergunta se ao ser criada a Defensoria Pública esta deveria ter os mesmos níveis qualificativos, os mesmos estágios do Ministério Público. Acredito que sim. Acredito que nós, como ex-adverso na ação, precisamos ser dotados de todas as prerrogativas que a outra parte tenha. Precisamos ser tão qualificados tecnicamentequanto eles. Não nos interessa criar um órgão que faça uma defensoria ficta". Discurso da Sra. Suely Pletz Nader Subcomissão do Poder Judiciário e Ministério Público <BRASIL, 1987a, p. 73>.

[68] VITAGLIANO, Roberto. Defensoria Pública e Estado Democrático de Direito, em Revista de Direito da Defensoria Pública. n. 01, Rio de Janeiro, 1988, p. 36.

[69] Grupo político suprapartidário de caráter manifestamente conservador, em conflito com os rumos que a Comissão de Sistematização vinha imprimindo à elaboração do novo texto constitucional <BONAVIDES / PAES DE ANDRADE, Op. Cit., p. 464>

[70] ALVES, 2010, p. 337.

UMA HISTÓRIA DA DEFENSORIA PÚBLICA

ravam provocar oneração indesejada aos cofres públicos e burocratização da já inchada máquina estatal. Apenas garantir-se-ia o direito à assistência, tal como nas Constituições anteriores, deixando a cargo da legislação dos diversos estados-membros a escolha do método pelo qual a prestariam[71].

Diante revés, novamente os Defensores Públicos se mobilizaram e, com apoio dos Constituintes Silvio Abreu e Nelson Carneiro, o projeto final contempla a Defensoria Pública como órgão incumbido da prestação de assistência jurídica ao necessitado. A redação, entretanto, é mais acanhada do que a sugerida pela Subcomissão do Poder Judiciário e Ministério Público, assemelhando-se com a proposta original do Relator, Constituinte Plinio Arruda Sampaio. A falta de consenso político e a relativa novidade do órgão impediram que se criasse um autêntico Ministério Público da Defesa, fixando com precisão as prerrogativas e regime jurídico de seus membros. Temia-se que a estratificação constitucional impedisse a realização de ajustes necessários a correção de defeitos da nova experiência[72].

[71] É o que se colhe de manifestação do Constituinte Gerson Peres proferido na 26ª. reunião da Comissão de Sistematização, em 14 de setembro de 1987: "Nem sempre nós dois caminhamos com passos certos na discussão das matérias, com o respeito que tenho pela profunda experiência e conhecimento de V. Exª que tem muito a nos dar. Mas ainda gostaria de perguntar a V. Exª, pois eu sou o autor da emenda supressiva da Defensoria Pública na carta que vem, **por julgar que ela é mais um conjunto burocrático a ser incrustado no sistema de governo, por achar que é mais um processo muito oneroso para o País, e por achar que é mais um conjunto que vai se articular dentro das procuradorias em busca de vinculações salariais.** Enfim, uma série de outros problemas que vão ser gerados. Eu perguntaria a V. Exª, não seria mais simples criar a Defensoria Pública dentro da Procuradoria-Geral do País e integrar esses Defensores no quadro dessa Procuradoria, sem que se estabeleça um órgão autônomo que venha criar mais problemas para a já tão burocrática e tão difícil administração deste País? Eu gostaria que V. Exª me esclarecesse, me convencesse para que eu pudesse seguir a linha da emenda de V. Exª, e até mudar o meu ponto de vista que gostaria de acompanhá-lo, porque sei que realmente os trabalhos que V. Exª apresenta nas Assembléias e no Senado são muito judiciosos, são muito bem estudados, são muito bem elaborados e são frutos de uma longa experiência, de uma proveitosa e profícua vida pública." <BRASIL Assembléia Nacional Constituinte: Atas de Comissões, Comissão de Sistematização, 1987>. Os grifos foram acrescentados.

[72] Em manifestação proferida na 9ª. reunião extraordinária, Plinio Arruda afirmou que: "Outra emenda que acolhemos, com batalhas fortes dos Constituintes, Plínio Martins, Sílvio Abreu, José Costa e vários outros, diz respeito à criação da Defensoria Pública. Colocamos em subemenda a Defensoria Pública, a fim de permitir o acesso maior do povo à Justiça. **Acho que colocamos todas as garantias necessárias a uma instituição nova, para que uma experiência que se está fazendo posso ser feita ao amparo das maiores garantias constitucionais. Não fui além, em todas as pretensões, em todas as propostas, porque**

A Constituição de 1988, na sua redação original, previa então que: "*Art. 134. A Defensoria Pública é instituição essencial à função jurisdicional do Estado, incumbindo-lhe a orientação jurídica e a defesa, em todos os graus, dos necessitados, na forma do art. 5º, LXXIV. Parágrafo único. Lei complementar organizará a Defensoria Pública da União e do Distrito Federal e dos Territórios e prescreverá normas gerais para sua organização nos Estados, em cargos de carreira, providos, na classe inicial, mediante concurso público de provas e títulos, assegurada a seus integrantes a garantia da inamovibilidade e vedado o exercício da advocacia fora das atribuições institucionais*".

A nova norma fundamental promove verdadeira revolução no tocante ao direito de acesso do pobre à justiça. Primeiramente, diante do risco de a garantia fundamental tornar-se promessa constitucional inconseqüente, além de assegurá-la prevê qual órgão irá prestá-lo, tamanha a importância do valor que subjaz a questão[73]. Nessa ordem de idéias, foram reputadas inconstitucionais normas estaduais que, subvertendo o modelo, atribuíam à Ordem dos Advogados do Brasil a tarefa da prestação da assistência jurídica[74].

Ademais, do cotejo dessa disposição com suas congêneres anteriores desponta que o serviço não mais se restringirá a seara judicial, daí porque o cuidado de, ao longo da exposição, até então referir-se ao "benefício" da assistência judiciária, e doravante da assistência jurídica.

Nesse contexto, ao órgão caberá a orientação jurídica do necessitado, englobando todas as atividades relacionadas ao acesso à ordem jurídica justa, ou seja, o auxílio não necessariamente se restringe a relação jurídico-processual[75]. Assim, aos Defensores Públicos compete o aconselhamento

---

me pareceu imprudente que uma experiência nova, correta, necessária, tivesse uma estratificação constitucional demasiadamente ampla, difícil depois, de ser modificada na prática do exercício de suas funções. Mas a Defensoria Pública é inteiramente acolhida no parecer, junto com a ustiça gratuita, para permitir maior acesso das pessoas pobres, sem posse à justiça" <BRASIL, 1987a, p. 196>. Os grifos foram acrescentados.

[73] Como expõe Boaventura de Sousa Santos, trata-se de direito charneira: sua denegação importaria a de todos os demais. Uma vez destituídos de mecanismos que fizessem impor seu respeito, os direitos sociais e econômicos, por exemplo, corresponderiam a meras declarações políticas <Introdução à sociologia da administração da justiça, em Revista crítica de ciências sociais, n. 21, Coimbra, 1986, p. 18.>.

[74] ADI 4.270/SC, relator Min. Joaquim Barbosa, j. em 14 de março de 2012.

[75] Esteves, Diogo, & Silva, Franklyn Roger Alves. Princípios Institucionais da Defensoria Pública, editora Forense, Rio de Janeiro, 2014, p. 96.

UMA HISTÓRIA DA DEFENSORIA PÚBLICA

jurídico da população carente, desenvolvendo atividades de educação em direitos, assim como atividades de conciliação, mediação, arbitragem, e outras técnicas de resolução alternativa de conflito. Também por força da abrangência da norma constitucional, deverão defender o interesse dos carentes de recursos em processos administrativos de que fizerem parte[76].

Com efeito, apenas com expansão do serviço para onde estiver o direito torna-se viável a remoção dos três fatores identificados por *Boaventura de Sousa Santos* como obstáculos ao acesso à justiça: econômicos, sociais, e culturais. O primeiro relaciona-se aos custos da litigação, proporcionalmente maiores para a população carente, uma vez que suas causas, de regra, têm baixo valor e acabam por tramitar lentamente. Os últimos, embora relacionados às desigualdades econômicas, referem-se à dificuldade das classes de estratos sociais mais baixos em reconhecerem seus problemas como jurídicos e, o fazendo, dispor-se a recorrer aos tribunais para sua solução. Tal fenômeno se explica pela desconfiança em relação aos órgãos do Poder Judiciário: experiências não exitosas anteriores, causadas pela qualidade baixa dos serviços advocatícios colocados a sua disposição; bem como por uma situação de insegurança: medo de represálias. Ademais, quanto mais baixo for o estrato social menos provável que conheça advogados, onde contratá-los, ou até mesmo encontrá-los[77].

Desse modo, apenas estendendo a assistência à fase pré-processual, sobretudo com a atividade de educação em direitos, é que verdadeiramente se colocará em prática o direito de acesso do pobre à justiça. Por outro lado, verifica-se que a referida atividade apenas pode ser exercida se houver um grupo permanente de profissionais, especializados nas questões jurídicas afetas à população carente e contratados pelo Estado para realização de sua defesa. Como contratar profissionais individualmente para promoção da conscientização em direitos, como apregoa o modelo do *judicare*, se sua atuação é restrita a determinada causa?

Não obstante a consagração da garantia fundamental, à qual expressamente atribuiu-se eficácia direta e aplicabilidade imediata (art. 5, par 1º.[78]), e do órgão estatal incumbido de prestá-la, sua implementação não ocorreu

---

[76] DE LIMA. Frederico Rodrigues Viana. Defensoria Pública, editora Juspodivm, Salvador, 2010, p. 63

[77] SANTOS, Op. Cit., p. 21.

[78] "§ Art. 5º. 1º – As normas definidoras dos direitos e garantias fundamentais têm aplicação imediata".

OS NOVOS ATORES DA JUSTIÇA PENAL

de pronto. Como a norma complementar à Constituição que organizou a Defensoria Pública fora editada em 1994, alguns estados-membros quedaram-se inertes a espera da superveniência da legislação federal. Entretanto, tratando-se de competência partilhada entre os entes da federação (União e Estados), poderiam eles ter expedido suas próprias normas: a superveniência da legislação federal apenas paralisaria a eficácia daquelas com si incompatíveis (art. 24, par 2º. e 3º.).

6.2. A Lei Complementar 80 de 1994[79], e as funções penais do Defensor Público

De toda sorte, após cerca de seis anos de vigência da Constituição foi promulgada a Lei Complementar 80, tendo a partir de então se iniciado a estruturação da Defensoria Pública nos diversos Estados-membros e na União. Em muitos deles tratava-se de reestruturar os antigos serviços de assistência judiciária em conformidade com os novos preceitos legais e constitucionais[80]. A omissão de alguns, entretanto, persistiu. São Paulo, Santa Catarina, Paraná apenas vieram a fazê-lo recentemente (a partir de 2006). O Estado de Goiás, embora tenha legislado em 2005, ainda não a implementou.

A legislação nacional tomou como modelo as legislações dos Estados em que a Defensoria Pública já estava implementada. Estruturou-a de forma **democrática**, prevendo a existência de um Conselho Superior, de composição mista (classistas eleitos pelo voto dos membros da carreira, e integrantes da chefia), como órgão encarregado do exercício do poder normativo/ regulamentador (arts. 9º, 57º, e 101º). Reafirmou a **garantia de inamovibilidade** de seus membros (arts. 43, II; 88,II; 127, II), de sorte que apenas podem ser afastados do órgão de que são titulares após o transcurso de regular processo administrativo-disciplinar e decisão do Conselho Superior. Com isso, busca-se afastar o risco de remoções arbitrárias, resultantes de perseguições de cunho político, em vista do exercício das atribuições.

Ademais, dentre seus princípios institucionais, consagrou a **independência funcional** (art. 3º), dotando a Defensoria Pública de autonomia perante os demais órgãos estatais, de modo a viabilizar a prestação da

---

[79] Faremos referências as normas da Lei Complementar 80 em sua redação original, desconsiderando, por ora, as reformas ocorridas.
[80] ALVES, 2005, p. 298.

assistência jurídica contra pessoas jurídicas de direito público de que são integrantes, uma vez que se tratam, por força da teoria da desconcentração, de entes despersonalizados[81]. Como teremos oportunidade de explanar, paulatinamente esse princípio foi se solidificando, com sucessivas reformas legislativas, que passaram a conceder ao órgão autonomia administrativa, financeira e orçamentária.

De outra banda, a independência funcional também pode ser vista como garantia dos membros da carreira: embora os Defensores Públicos devam respeito, na seara administrativa, a seus superiores hierárquicos, a formação de seu convencimento é exercida de forma livre e independente, rendendo obediência à lei a sua própria consciência. Com isso, pretende-se evitar a influência de fatores exógenos na formação da opinião jurídica formada em defesa do necessitado[82].

Com efeito, ao Defensor Público, além das atividades ordinárias voltadas para a concreção da ordem jurídica em conformidade com princípios da legalidade e da moralidade públicas, dever comum a todo encarregado de função própria ou essencial à Justiça, também compete assumir o permanente enfrentamento dos poderosos ou dos economicamente melhor dotados. Só o Defensor Público tem diante de si a tarefa de defender os direitos dos debilitados e marginalizados numa sociedade desigual, concentradora de riqueza, e propagadora de angústias e horrores da miséria[83].

A Lei Complementar também cuidou de especificar de que modo a orientação jurídica integral e gratuita seria prestada indicando as funções institucionais do órgão (art. 4º), dentre elas, o exercício da defesa penal (inciso IV), assegurando a seus assistidos e acusados em geral, em todos os processos – judiciais ou administrativos – o contraditório e a ampla defesa, com recursos e meios a ela inerentes (inciso IX). Outrossim, previu que Defensores Públicos deveriam atuar junto a estabelecimentos policiais e penitenciários, assegurando a pessoa privada de liberdade, sob quaisquer circunstâncias, o exercício dos direitos e garantias individuais (inciso VIII).

---

[81] MENEZES, Felipe Caldas. Defensoria Pública da União: Princípios Institucionais, garantias e prerrogativas de seus membros, em Advocacia Pública e Defensoria Pública: funções essenciais à justiça (org. André da Silva Ordacgy e Guilherme Jose Purvin de Figueiredo), editora Letra da Lei, Curitiba, 2009, p. 181.

[82] ESTEVES / SILVA, Op. Cit. , p. 305.

[83] CASTRO, Carlos Roberto de Siqueira. A Constituição e a Defensoria Pública, em Revista de Direito da Defensoria Pública, n. 6, Rio de Janeiro, 1992, p. 17.

OS NOVOS ATORES DA JUSTIÇA PENAL

Diante dos termos em que foi redigida, verifica-se que a legislação pretendeu atribuir a esse ator da justiça penal funções de um **"curador do princípio da liberdade"**, assegurando a todos, independentemente da análise de sua situação econômica, a ampla defesa.

Com efeito, uma vez promulgada a Constituição de 1988, iniciou-se discussão sobre os destinatários do direito à assistência jurídica gratuita e a prova dessa condição. Interpretação literal do art. 5º. LXXIV: *"o Estado prestará assistência jurídica integral e gratuita aos que comprovarem insuficiência de recursos"* poderia fazer restaurar regime anterior, em que o postulante deveria demonstrar não possuir meios para fazer frente aos custos da litigação. Entretanto, prevaleceu a tese de que o regime instituído em 1986 com a Lei 7.510, em que há presunção relativa de pobreza com a mera declaração do indivíduo, seguia em vigor. Com efeito, era incompatível com a Constituição de 1988 qualquer interpretação que representasse retrocesso do processo evolutivo do direito do pobre aceder à justiça[84].

Entretanto, a Lei Complementar dispensa o referido exame de recursos ao se referir aos destinatários da atividade de defesa penal, estendendo-a aos "acusados em geral" e a pessoas privadas de liberdade "sob qualquer circunstância". Cria, desse modo, verdadeira função atípica da Defensoria Pública, é dizer, não relacionada a insuficiência de recursos econômicos do utente do serviço[85]. O faz em razão do relevante valor/direito subjacente à questão: a liberdade.

Ademais, convém esclarecer que a Convenção Americana de Direitos Humanos (CADH) regula o direito ao defensor de maneira bastante diferente do que faz a européia, não condicionando a garantia à insuficiência de recursos[86]. Daí porque também não se exigir do acusado a prova de sua

---

[84] MOREIRA, 1992, pp. 72-73.

[85] DE SOUSA. José Augusto Garcia. O destino de Gaia e as funções constitucionais da Defensoria Pública: ainda faz sentido(sobretudo após a edição da Lei Complementar 132/2009) a visão individualista a respeito da instituição? Em Revista de Direito da Defensoria Pública, n. 25, Rio de Janeiro, 2012, p. 203. É bem verdade que, em seguida, o autor prefere classificá--las em funções tradicionais ou tendencialmente individualistas (critério econômico), ou atribuições não tradicionais ou tendencialmente solidaristas, dentre as quais as atribuições em favor de relevantes valores do ordenamento jurídico (liberdade, ampla defesa, contraditório) < Op. Cit., p. 206>.

[86] "Art. 8, n. 2. Toda pessoa acusada de um delito tem direito a que se presuma sua inocência, enquanto não for legalmente comprovada sua culpa. Durante o processo, toda pessoa tem direito, em plena igualdade, às seguintes garantias mínimas: *e)* **direito irrenunciável de ser**

situação econômica para a atuação da Defensoria Pública. No ponto, vale trazer a baila discussão relacionada a compatibilidade da norma do art. 263 do CPP com a CADH, é dizer: é conforme a Convenção cobrar honorários do acusado rico, a serem vertidos para os fundos de aparelhamento da Defensoria Pública[87]?

Para que de fato haja um conflito entre as normas é preciso partir de uma premissa: a Convenção impõe aos Estados-partes o dever de proporcionar um defensor sem ônus para o réu. A questão não se mostra de todo simples, uma vez que o tratado dispõe que os citados defensores serão "remunerados ou não, segundo legislação interna". Uma interpretação desavisada e apressada pode levar à crença de que os Estados, segundo suas margens de apreciação, poderão eleger a forma de remuneração desses profissionais, inclusive impondo esse ônus ao acusado. Entretanto, se assim o fosse, era o próprio acusado que estava proporcionando sua defesa, já que em última análise, o trabalho do profissional se deu em razão do pagamento que fez. Assim, para nós a Convenção garante ao réu o direito de ser defendido gratuitamente. A margem de apreciação diz respeito ao modelo de prestação da assistência: *pro bono* – impondo uma espécie de dever funcional ao advogado, ao qual não corresponderia a contraprestação pecuniária; ou remunerando-o por cada atuação (*judicare*); ou mesmo contratando diretamente os profissionais para atuar numa gama indefinida de casos (Defensorias Públicas).

Partindo dessa premissa, temos que o conflito entre as normas pode ser solucionado tanto pelo critério da hierarquia, quanto cronológico, uma

---

assistido por um defensor proporcionado pelo Estado, remunerado ou não, segundo a legislação interna, se o acusado não se defender ele próprio, nem nomear defensor dentro do prazo estabelecido pela lei".

[87] Art. 4, XXI da LC 80/94: "executar e receber as verbas sucumbenciais decorrentes de sua atuação, inclusive quando devidas por quaisquer entes públicos, destinando-as a fundos geridos pela Defensoria Pública e destinados, exclusivamente, ao aparelhamento da Defensoria Pública e à capacitação profissional de seus membros e servidores". Muito embora essa disposição tenha sido incluída apenas em 2009, com a promulgação da LC 132, muitos Estados-membros já haviam criado Fundos Orçamentários Especiais destinados a promoção intelectual dos membros da carreira e desenvolvimento de estudos específicos dos temas afetos à instituição, estimulando a produção acadêmica e a construção de uma "teoria da Defensoria Pública". Parte das receitas desses fundos constituía-se dos honorários advocatícios arbitrados em qualquer processo judicial que, pelo princípio da sucumbência caibam à Defensoria Pública, a serem executados pelo respectivo membro (art. 3º. da Lei 1.146/87, do estado do Rio de Janeiro).

OS NOVOS ATORES DA JUSTIÇA PENAL

vez que a Convenção é posterior ao CPP, estando em vigor desde 1992, a ela se atribuindo – se não status constitucional como me parece – caráter supralegal (vide decisão prolatada no Recurso Extraordinário 466.343, j. 03/12/08, relator Min. Cezar Peluso). Desse modo, não poderão ser fixados honorários advocatícios em favor dos fundos de aparelhamento da Defensoria Pública, a serem pagos pelo réu rico, condenado em ação penal[88].

Para promover o efetivo acesso à justiça penal, é dizer: a uma defesa criminal substantiva[89], os Defensores Públicos gozam de determinadas prerrogativas, a fim de re-equilibrar a desigual relação Estado-acusação *versus* réu, afinal o primeiro tem o domínio da força, arregimentando pessoal e material especializado para investigação de crimes. O desequilíbrio se acentua quando o argüido for pertencente dos estratos sociais mais baixos, de regra com pouca instrução e muitas vezes incapaz de compreender o caráter técnico da linguagem utilizada no processo.

Assim, a intimação dos Defensores Públicos é pessoal, contando-lhe em dobro todos os prazos (art. 128, I), ao passo que os advogados em geral são intimados por publicação em Diário Oficial (art. 370, par 1º. do CPP). Também aos Defensores Públicos é garantido o poder de requisitar das autoridades públicas exames, certidões, perícias, vistorias, diligências, documentos, informações e esclarecimentos necessários ao exercício da

---

[88] Não é essa a orientação da Corregedoria da Defensoria Pública do Estado do Rio de Janeiro, vide ordem de serviço 009, de 04 de outubro de 2011, de onde se lê: "Art. 2º- Se a ausência do patrono constituído à audiência ocorreu exclusivamente por desídia própria, não obstante a regular intimação, o Defensor Público, nomeado em decorrência do parágrafo 2º do artigo 265 do CPP, deverá requerer ao Douto Juízo deprecado o arbitramento de honorários advocatícios pela atuação no ato processual, quando o acusado possuir condição financeira suficiente para arcar com o patrocínio particular". Também assim os regulamentos expedidos pela Defensoria Pública da União: "Resolução 85, de 11 de fevereiro de 2014, do Conselho Superior. Art. 7º: Nos processos criminais, se restar constatado que a pessoa natural ou jurídica não é necessitada econômica, deverá o Defensor Público Federal provocar o juízo criminal para o arbitramento de honorários, os quais passam a constituir fonte de receita do Fundo de Aparelhamento e Capacitação Profissional da Defensoria Pública da União".

[89] Fabio Luis Mariani de Sousa anota que o conceito tradicional de acesso a justiça foi cunhado para o direito processual civil, em que o necessitado deve provocar a justiça, ato custoso. A mesma lógica, salvo nas ações penais privadas, de caráter excepcional, não se aplica ao direito processual penal, em que o sujeito é demandado pelo Ministério Público. A noção de acesso à justiça penal, então, refere-se ao acesso a ordem jurídico-penal justa, ou seja, de uma defesa eficiente, capaz de indicar meios de prova e influenciar na sua formação, interpor recursos, formulando uma antítese robusta à pretensão ministerial <Op. cit., pp. 290-292>.

UMA HISTÓRIA DA DEFENSORIA PÚBLICA

defesa criminal (art. 128, X). Note-se, outrossim, que a requisição – e não requerimento – expedida pelo Defensor Público é ato administrativo de imperatividade, autoexecutoriedade, e presunção de legitimidade, não dependendo de qualquer decisão judicial para produzir seus efeitos jurídicos. Uma vez expedida, resta aos órgãos da Administração Pública cumpri-la[90].

Assim, poderá o Defensor Público exercer uma investigação criminal defensiva[91], arregimentando elementos de prova contrários a tese sustentada pelo Ministério Público, com a ressalva de que, por serem produzidas fora da relação jurídico-processual, a elas não se aplica o princípio da comunhão da prova. Sendo seu resultado prejudicial ao réu, poderá/deverá a defesa dispensar sua apresentação.

Por outro lado, também como forma de garantir o exercício independente da defesa criminal, já que em última análise um agente do Estado promove os interesses daquele que litiga contra o Estado-acusação, a Lei encerra algumas proibições aos Defensores Públicos. A primeira delas é prevista na Constituição e repetida na legislação complementar: a exclusividade (arts. 46,I; 96, I; e 130, I). Não podem os Defensores Público praticar atos de advocacia fora de suas atribuições institucionais. O sacerdócio é exclusivo, uma vez que a natureza humana tende a optar pela atividade privada, mais rentável, comprometendo a qualidade dos serviços colocados à disposição da população carente.

Ademais, não podem praticar qualquer ato que de alguma forma colida com as funções inerentes a profissão (arts. 46, II; 86,II; e 130, II), é dizer: ainda que o interesse público – sempre subjacente à atividade pública – recomende determinada solução, sendo essa contrária aos interesses de seu assistido, não poderá optar por aquela uma vez que em rota de colisão com o melhor interesse do necessitado, a quem compete defender em todas as circunstâncias[92].

---

[90] ESTEVES / SILVA. Op. Cit., pp. 604-605.

[91] Sobre o tema, conferir a tese de Mestrado intitulada "A investigação criminal defensiva", apresentada por Andre Augusto Mendes Machado à Faculdade de Direito da USP, sob a orientação de Antonio Scarance Fernandes, em fevereiro de 2009.

[92] Salvo nos casos em que entender ser a pretensão manifestamente incabível, caso em que deverá comunicar o fato ao Defensor Público-Geral, que poderá rever a decisão e indicar outro membro para acompanhamento do caso (art.s 128, XII c/c 4º. par 8º). Evidentemente não se aplica às hipóteses criminais, já que a defesa técnica é indispensável, devendo necessariamente apresentar o Defensor Público resistência a tese ministerial.

OS NOVOS ATORES DA JUSTIÇA PENAL

Não procedem, portanto, as críticas ao modelo de que importa expansão e ramificação indevida do Estado, notadamente quando em jogo o valor mais caro ao indivíduo: a liberdade. Para esses, a defesa criminal deveria necessariamente ser desempenhada por outro indivíduo. Entretanto, embora agentes públicos, os Defensores Públicos têm o compromisso legal de exercer uma defesa criminal efetiva, em benefício do necessitado, sendo revestidos de garantias e prerrogativas que os permitem atuar livre de pressões[93]. A lealdade desses agentes não se dirige ao governo, mas à ordem jurídica a que devem servir com elevação e independência, sem receio de desagradar agentes de quaisquer poderes, ainda que ao chefe do Poder Executivo[94].

6.3. A Emenda Constitucional 45 e a autonomia funcional e administrativa da Defensoria Pública

Buscando cada vez mais aperfeiçoar as atividades desempenhadas pelos Defensores Públicos, colocando-os a salvo de pressões de todos os tipos, especialmente políticas, a Emenda constitucional 45 garantiu às Defensorias Públicas estaduais autonomia funcional e administrativa. Anote-se que, em 2013, a referida autonomia fora estendida às Defensorias Públicas da União e do Distrito Federal, por força da Emenda constitucional 74.

Com a autonomia funcional garante-se ao órgão e a seus integrantes plena liberdade de atuação no exercício de suas funções institucionais, submetendo-se unicamente aos limites determinados pela Constituição Federal, pela lei e pela própria consciência de seus membros[95]. Por sua vez, a autonomia administrativa significa que cabe à instituição organizar sua administração e unidades administrativas, praticar atos de gestão, decidir sobre situação funcional de seu pessoal, e estabelecer a política remuneratória[96].

---

[93] Tanto assim o é, que a Defensoria Pública do Rio de Janeiro, por exemplo, não se furtou de provocar o **constrangimento internacional** do Estado brasileiro, requerendo à Comissão Interamericana de Direitos Humanos a aplicação de medidas cautelares, em razão da violação de direitos das pessoas privadas de liberdade na Penitenciária Polinter Base Neves, ao fim deferidas (MC 236/08, CIDH/OEA).

[94] NETO. Diogo de Figueiredo Moreira. A defensoria Pública na Construção do Estado de Justiça, em Revista de Direito da Procuradoria Geral, n. 46, Rio de Janeiro, 1993, p.54.

[95] ESTEVES / SILVA, Op. Cit. p. 39.

[96] SILVA, Virgílio Afonso da. Parecer sobre o convênio entre a Defensoria Pública do Estado e a OAB/SP na prestação de assistência judiciária, em Revista da Defensoria Pública, n. 2, São Paulo, 2011, p. 169.

UMA HISTÓRIA DA DEFENSORIA PÚBLICA

Assim, foram reconhecidas inconstitucionais normas estaduais que vinculavam a Defensoria Pública à Secretaria de Estado, uma vez que o poder de tutela/supervisão passível de ser exercido pelo Secretario de Estado sobre os atos praticados pelos Defensores Públicos impede o pleno exercício de suas funções institucionais, dentre as quais se inclui a de agir contra o próprio Poder Público[97].

Nesse mesma linha, reputou-se inconstitucional norma da Constituição do Estado de São Paulo que obrigava a celebração de convênios exclusivamente com a Ordem dos Advogados do Brasil para prestação de assistência jurídica nas localidades em que a Defensoria Pública ainda não houvesse sido estabelecida. A decisão baseia-se na premissa de que *"autonomia equivale à idéia de auto-administração, a qual implica poder de escolha, guiado pelo interesse público, entre as alternativas juridicamente reconhecidas a certo órgão"*, pressupondo *"abranger o poder jurídico de emitir, livremente, declarações vinculantes de vontade, assim na celebração de contratos, onde há composição de interesses antagônicos dos contraentes, como na estipulação de convênios, onde há convergência ou comunhão de interesses dos estipulantes"*[98].

Por fim, é de se destacar que a Emenda 45 concedeu às Defensorias Públicas Estaduais a iniciativa de sua proposta orçamentária, assegurando-lhe o repasse das dotações orçamentárias aprovadas (art. 168)[99]. Com isso, buscou-se pôr a Defensoria Pública a salvo das pressões econômicas passíveis de serem exercidas pelos demais poderes. Talvez essa seja uma das maiores garantias para prestação independente da assistência jurídica, já que a atividade necessariamente depende de verbas para ser implementada. De nada adiantaria garantir-se autonomia administrativa e funcional se faltasse material para implementação dos atos de auto-administração.

De acordo com a reforma constitucional, uma vez aprovada a lei orçamentária cuja iniciativa é da Defensoria Pública, os recursos destinados ao órgão deverão necessariamente lhe ser repassados. Omitindo-se o gestor

---

[97] ADI 3.569/PE, relator Min. Sepulveda Pertence, j. em 02 de abril de 2007.

[98] ADI 4.163/SP, relator Min. Cezar Peluso, j. em 29 de fevereiro de 2012.

[99] "Art. 168. Os recursos correspondentes às dotações orçamentárias, compreendidos os créditos suplementares e especiais, destinados aos órgãos dos Poderes Legislativo e Judiciário, do Ministério Público e da Defensoria Pública, ser-lhes-ão entregues até o dia 20 de cada mês, em duodécimos, na forma da lei complementar a que se refere o art. 165, § 9º"

OS NOVOS ATORES DA JUSTIÇA PENAL

público, a inércia pode ser corrigida judicialmente, através de mandado de segurança[100].

6.4. A Defensoria Pública e a tutela coletiva de direitos. A lei 11.448/2007 e o encontro entre as ondas renovatórias

A adoção do modelo do *salaried staff* pela Constituição de 1988 permitiu que os profissionais recrutados para trabalharem exclusivamente na defesa do necessitado fossem, pouco a pouco, identificando problemas que afetavam coletivamente os utentes do serviço. Aliás, a possibilidade de tratarem os desprovidos de recursos econômicos como classe de indivíduos, com problemas/direitos semelhantes, é tida por *Mauro Cappelletti* e *Bryant Garth* como uma das vantagens do modelo, já que muitas barreiras ao acesso a justiça estão inter-relacionadas[101].

Entretanto, até o ano de 2007 não havia norma federal atribuindo à Defensoria Pública legitimidade extraordinária para tutelar coletivamente os direitos dos necessitados. Assim, a regra era negar-lhe a legitimidade, à míngua de norma que expressamente o fizesse, já que ninguém pode tutelar em nome próprio direito alheio (art. 6º. do CPC).

É bem verdade que a Constituição do Estado do Rio de Janeiro[102] já o fazia, em dispositivo cuja constitucionalidade afirmou o Supremo Tribunal Federal – ao menos em caráter liminar[103]. Ademais, tendo a Lei Complementar 80 de 1994 atribuído-lhe a função de promoção da defesa do consumidor (art. 4º, XI da redação original), alguma jurisprudência admi-

---

[100] Nesse sentido: "Mandado de segurança. 2. Ato omissivo de governador de Estado. 3. Atraso no repasse dos duodécimos correspondentes às dotações orçamentárias do Poder Judiciário. 4. Art. 168 da Constituição Federal. 5. Independência do Poder Judiciário. 6. Precedentes. 7. Deferimento da ordem. (MS 23267, relator: Min. Gilmar Mendes, j. em 03 de abril de 2003).

[101] Op. Cit., p. 29.

[102] "Art. 179 – A Defensoria Pública é instituição essencial à função jurisdicional do Estado, incumbindo-lhe, como expressão e instrumento do regime democrático, fundamentalmente, a orientação jurídica integral e gratuita, a postulação e a defesa, em todos os graus e instâncias, judicial e extrajudicialmente, dos direitos e interesses individuais e **coletivos** dos necessitados, na forma da lei." O destaque foi acrescentado.

[103] Medida Cautelar na ADI 558, relator Min. Sepulveda Pertence, j. em 16 de agosto de 1991. Do voto colhe-se que: "A Constituição Federal impõe, sim, que os Estados prestem assistência judiciária aos necessitados. Daí decorre a atribuição mínima compulsória da Defensoria Pública. Não, porém, o impedimento a que os seus serviços se estendam ao patrocínio de outras iniciativas processuais em que se vislumbre interesse social que justifique subsídio estatal."

UMA HISTÓRIA DA DEFENSORIA PÚBLICA

tia-lhe a legitimidade para ações coletivas em matéria consumerista por força do art. 82, III do CDC[104]. De toda sorte, a atuação coletiva da Defensoria Pública era restrita e incipiente, muito embora se tratasse de uma necessidade social.

Almejando tornar práticos e efetivos os direitos da população carente, uma vez que sua tutela coletiva em muitos casos mostrava-se mais eficaz, a Lei 11.448 atribuiu à Defensoria Pública a legitimidade para deflagração de ações civis públicas, ao lado do Ministério Público, entes da federação e organismos da Administração Indireta, bem como de associações constituídas há mais de um ano cuja finalidade institucional seja a defesa de algum interesse difuso ou coletivo.

A norma teve sua constitucionalidade questionada, por suposta ofensa aos artigos 5º. LXXIV c/c 134; e 129, III[105]. Segundo a autora da ação – associação dos membros do Ministério Público – atribuir-se à Defensoria Pública a função de tutela coletiva de direitos importaria em usurpação das funções atribuídas ao Ministério Público, bem como possibilitar-se-ia o exercício de tarefas não relacionadas à defesa do pobre.

Entretanto os argumentos parecem-nos completamente equivocados[106]. Com efeito, a exclusividade da atuação do Ministério Público é somente em relação a ação penal pública (art. 129, I c/c 129, par 1º[107]); a lei pode atribuir outras tarefas à Defensoria Pública, consoante decidido na ADI

---

[104] Direito Constitucional. Ação Civil Pública. Tutela de interesses consumeristas. Legitimidade ad causam do Núcleo de Defesa do Consumidor Defensoria Pública para a propositura da ação. A legitimidade da Defensoria Pública, com órgão público, para a defesa dos direitos dos hipossuficientes é atribuição legal, tendo o Código de Defesa do Consumidor, no seu art. 82, III, ampliado o rol de legitimados para a propositura da ação civil pública àqueles especificamente destinados à defesa dos interesses e direitos protegidos pelo Código. Constituiria intolerável discriminação negar a legitimidade ativa de órgão estatal – como a Defensoria Pública – as ações coletivas se tal legitimidade é tranqüilamente reconhecida a órgãos executivos e legislativos (como entidades do Poder Legislativo de defesa do consumidor). Provimento do recurso para reconhecer a legitimidade ativa ad causam da apelante. Tribunal de Justiça do RJ, Processo: 0179392-29.1999.8.19.0001, relator Des. Nagib Slaib, julgado em 26 de agosto de 2003.

[105] ADI 3.943, relator Min. Carmem Lúcia, pendente de julgamento.

[106] GRINOVER, Ada Pellegrini. Parecer sobre a legitimidade da Defensoria Pública para o ajuizamento de ação civil pública, em Revista da Defensoria, ano 04, volume 2, São Paulo, 2011, pp. 143-165 .

[107] "A legitimação do Ministério Público para as ações civis previstas neste artigo não impede a de terceiros, nas mesmas hipóteses, segundo o disposto nesta Constituição e na lei."

OS NOVOS ATORES DA JUSTIÇA PENAL

558; o conceito de necessitado – utentes do serviço prestado – engloba não apenas os carentes de recursos econômicos, mas também do ponto de vista organizacional, ou seja, carências relacionadas à vulnerabilidade das pessoas em face das relações existentes na sociedade contemporânea.

Com base na alteração legislativa, inúmeras demandas coletivas têm paulatinamente sido propostas, de modo a tutelar-se com eficiência o direito do necessitado. Dentre as experiências, tem-se ações envolvendo o direito à adequada educação infantil e a falta de vagas em creches públicas (processo 0002128-19.2012.8.19.0082, em curso na Comarca de Pinheiral/ RJ, sem julgamento definitivo), bem como objetivando impedir a administração de laxantes a pessoas suspeitas da prática de tráfico de estupefacientes, flagradas com objetos estranhos no interior do aparelho digestivo (processo 0307104-11.2013.8.19.0001, sem julgamento definitivo, em curso na 14ª. Vara de Fazenda Pública/RJ).

6.5. A reforma do Código de Processo Penal e o papel da Defensoria Pública no exercício da defesa criminal

Como já afirmamos, o Código de Processo Penal entrou em vigor em 1941, época em que existia no país uma ditadura. A redemocratização ocorrida, cujo espelho é a Constituição de 1988, reclamou uma releitura das normas do vetusto Código, através do processo de filtragem constitucional. Entretanto, algumas regras ali insertas são absolutamente incompatíveis com a nova ordem instaurada, de modo que sucessivas reformas têm ocorrido.

Dentre as modificações implementadas, algumas diretamente mencionam a Defensoria Pública, que passa a exercer papel fundamental no processo penal, reafirmando-se como curadora do princípio da liberdade. Assim, ocorrendo uma prisão em flagrante, e não indicando o preso advogado para assisti-lo, cópia do auto deverá ser encaminhado à Defensoria Pública[108], de modo a viabilizar o controle de legalidade, bem como permitir a atuação com vistas à substituição da prisão por outras medidas cautelares a ela alternativas.

---

[108] "Art. 306, § 1º Dentro em 24h (vinte e quatro horas) depois da prisão, será encaminhado ao juiz competente o auto de prisão em flagrante acompanhado de todas as oitivas colhidas e, caso o autuado não informe o nome de seu advogado, cópia integral para a Defensoria Pública", incluído pela Lei 11.449/2007. A partir de 2011, não apenas as prisões em flagrante, mas todas as espécies de prisão deverão ser comunicadas à Defensoria Pública (art. 289, par 4º.).

UMA HISTÓRIA DA DEFENSORIA PÚBLICA

Veja-se que não se fazem considerações a respeito da renda do sujeito. A situação de privação de liberdade, em si, justifica a atuação da Defensoria Pública para reequilibrar a relação Estado-acusador *versus* indiciado.

Entretanto, não obstante os louváveis objetivos perseguidos com a citada modificação, tem-se que a mesma não atende integralmente o direito dos necessitados, pois o momento da comunicação é tardio. A assistência gratuita apenas será integral quando também compreender a fase policial, em que meios de prova são produzidos. Ocorrendo a comunicação após a lavratura do auto de prisão em flagrante, a garantia não é completamente implementada[109].

Por outro lado, objetivando compatibilizar o direito à assistência jurídica com a duração razoável do processo, a Defensoria Pública funcionará quando o defensor constituído faltar à sessão do Tribunal do Júri sem motivo legítimo (art. 456, par 2º.). Outrossim, ao órgão caberá a apresentação da resposta inicial à acusação, caso o acusado, citado, não contratar profissional para fazê-lo (art. 396-A, par 2º.).

Veja-se que em todas essas hipóteses não é realizado o teste de insuficiência de recursos. Isso porque releva a forma trigonal da relação processual, em que a defesa deve ser dotada de mesma dignidade e capacidade técnica que o Ministério Público, pois a tutela de inocentes e a refutação das provas de culpabilidade integram funções do interesse tão relevantes quanto o interesse público de punição dos culpados e da colheita de provas a cargo da acusação[110].

7. Desafios para o presente e futuro

Tentamos, ao longo de nossa exposição, demonstrar o caminho pelo qual a assistência judiciária/jurídica foi sendo prestada ao longo do tempo no Brasil. Da caridade, a dever honorífico da profissão, torna-se um direito do necessitado a ser implementado pelo poder público.

Pouco a pouco órgãos vão sendo criados para esse fim. A realidade federal e a disparidade sócio-econômica dos vários membros da federação não permitiu que, de início, um mesmo modelo fosse implementado em todo

---

[109] ZAPPALA, Amália Gomes. A nova redação do artigo 306: transferência do controle da legalidade da prisão ou pretensa efetivação da garantia da assistência jurídica integra e gratuita?, em Boletim IBCCRIM, ano 14, n. 173, abril de 2007, p. 3.

[110] FERRAJOLI. Luigi. Direito e Razão: Teoria do garantismo penal, editora Revista dos Tribunais, São Paulo, 3ª. Edição revista, 2010, p. 537.

OS NOVOS ATORES DA JUSTIÇA PENAL

território nacional. Ora a assistência judiciária/jurídica era prestada pelas Procuradorias dos Estados, ora pelo Ministério Público, ora por departamentos das Secretarias de Justiça, ora por órgãos específicos, dotados, portanto, de certa independência.O sucesso do último modelo, permitindo uma assistência ampla à população carente, já que a atividade poderia ser desenvolvida inclusive contra as pessoas jurídicas de direito público, fez com que os demais acabassem suplantados.

Com a redemocratização do país e a promulgação da Constituição de 1988, acentuada era a preocupação em tornar práticas e efetivas o direito de acesso à justiça, mormente em vista de um dos objetivos fundamentais a serem perseguidos pelo novo Estado brasileiro: a erradicação da pobreza (art. 3º. III). Não é a toa que o modelo de prestação de assistência jurídica oferecido pelas Defensorias Públicas passou a fazer parte da estrutura do Estado nacional que se forjava com a nova Constituição.

A relativa novidade impediu, de início, a construção de um autêntico "Ministério Público da Defesa". Ano após ano, foi-se reconhecendo a essencialidade e qualidade da tarefa desempenhada[111]. A confiança que lhe havia sido depositada cada vez mais aumenta. Novas tarefas lhe são atribuídas. Mais autonomia lhe é concedida para poder, de fato, ser a voz dos excluídos, assim como para reequilibrar a desigual relação Estado-acusação *versus* réu. Por outro lado, o perfil de tutela exclusivamente individual do necessitado altera-se: passa-se a enxergar a população pobre como uma classe, titular de direitos de grupo, a serem tratados coletivamente.

Apesar da multifacetada realidade nacional, fato é que a crescente afirmação e expansão da delimitação institucional do papel da Defensoria Pública tem provocado disputa com outras profissões jurídicas, quer com os advogados – competição pela prestação de serviços jurídicos; quer com o Ministério Público , no âmbito da defesa dos direitos coletivos, difusos e individuais homogêneos[112].

Entretanto, se se pretende afirmar como instrumento de garantia do acesso à justiça, deverá desempenhar com qualidade a tarefa que lhe foi

---

[111] A Defensoria Pública do Rio de Janeiro foi considerada como a instituição pública mais eficiente do Estado, em pesquisa realizada pelo ISER (Instituto de Estudos Religiosos) e pela Secretaria Municipal de Saúde no ano de 1996, registrando mais de um milhão de atendimentos à população carente. <VITAGLIANO, Roberto. Defensoria Pùblica e o esforço pela cidadania, em Direito em Revista, n. 2, 1997, p. 30>.

[112] SANTOS, Boaventura de Sousa. Para uma revolução democrática da justiça, editora Cortez, São Paulo, 3ª. edição, 2011, p. 52.

atribuída, afinal em última análise pode ser substituída por "outros atores da justiça", caso não se mostre à altura do múnus que lhe foi confiado.

Nesse sentido, cabe aos órgãos de assistência judiciária se adequar à realidade de reforma administrativa, adotando um modelo gerencial, é dizer: buscar abrir espaço à aplicação do princípio da eficiência, estabelecendo critérios para sua avaliação, não apenas de natureza quantitativa – números de processos oficiados – mas também qualitativos. Outrossim, deve existir a participação da sociedade civil na determinação dos objetivos institucionais a serem perseguidos, numa verdadeira interação democrática[113].

Recentemente novas alterações legislativas ocorreram. O perfil solidarista e coletivo do órgão foi reafirmado com a Lei Complementar 132/2009, que igualmente previu a figura do Ouvidor Externo, como forma de permitir alguma participação popular nas ações a serem implementadas[114].

Por sua vez, o tão sonhado "Ministério Público da Defesa" parece ter sido criado com a Emenda Constitucional 80. Espera-se que seus agentes respondam à altura dessa nobre função que lhes é conferida, promovendo o efetivo acesso à justiça da população carente, contribuindo para cessação de iniquidades e redução das desigualdades.

Com efeito, com grandes poderes vêm grandes responsabilidades. A história da Defensoria Pública não para por aqui. A cada dia, a cada atendimento prestado ela é construída, cabendo a seus membros – através do labor diário – determinar seus rumos.

Referencias bibliográficas

Alves, Cleber Francisco.
— A estruturação dos serviços de Assistência Jurídica nos Estados Unidos, na França e no Brasil e sua contribuição para garantir a igualdade de todos no Acesso à Justiça. Tese de doutoramento apresentada à Pontifícia Universidade Católica do Rio de Janeiro, sob a orientação do Prof. José Ribas Vieira, Rio de Janeiro, 2005.

---

[113] Cogoy, Daniel. Assistência jurídica e judiciária no Brasil – legitimação, eficácia e desafios do modelo brasileiro, em em Boletim da Reunião das Instituições Públicas de Assistência Jurídica dos Países de Língua Portuguesa, n. 01, Brasília, 2012, p. 41.
[114] Cidadão não integrante da carreira, escolhido pelo Conselho Superior, para um mandato de dois anos. Compete-lhe promover atividades de intercâmbio com a sociedade civil, contribuir para disseminação das formas de participação popular no acompanhamento e fiscalização da prestação dos serviços prestados pela Defensoria Pública (art. 105-B e 105-C da Lei Complementar 80/90, com a redação dada pela Lei Complementar 132/2009).

OS NOVOS ATORES DA JUSTIÇA PENAL

— Percurso histórico da consolidação do direito de acesso igualitário à justiça no Brasil, em Revista de Processo, coord. Teresa Arruda Alvim, vol. 184, editora Revista dos Tribunais, Junho de 2010.

ALVES, Cleber Francisco, & PIMENTA, Marilia Gonçalvez,

— Acesso a justiça em Preto e Branco: Retratos Institucionais da Defensoria Pública, editora Lumen Juris, Rio de Janeiro, 2004.

BARROSO, Luis Roberto.

— O direito constitucional e a efetividade de suas normas: limites e possibilidades da Constituição brasileira, editora Renovar, Rio de Janeiro, 7ª. edição, 2003.

— A Constituição Brasileira de 1988: uma Introdução, em Tratado de Direito Constitucional, coord. Ives Gandra Martins, Gilmar Ferreira Mendes, Carlos Valder do Nascimento, Editora Saraiva, 2ª. edição, São Paulo, 2012.

BONAVIDES, Paulo & DE ANDRADE, Paes.

— História Constitucional do Brasil, editora da Universidade Portucalense Infante Dom Henrique, Porto, 2003.

BRASIL.

— Annaes da Assembléa Nacional Constituinte, volume XXI, 1933.

— Assembléia Nacional Constituinte: Atas de Comissões, Subcomissão do Poder Judiciário e Ministério Público, 1987a.

— Assembléia Nacional Constituinte: Atas de Comissões, Comissão de Sistematização, 1987b.

CAPPELLETTI, Mauro, & GARTH, Bryant. Access to justice, volume I, livro I, editora Promissing Instituions, Milão, 1978.

CASTRO, Carlos Roberto de Siqueira.

— A Constituição e a Defensoria Pública, em Revista de Direito da Defensoria Pública, n. 6, Rio de Janeiro, 1992.

CHIARETTI, Daniel.

— Breve histórico do desenvolvimento institucional da assistência jurídica no Brasil, em Boletim da Reunião das Instituições Públicas de Assistência Jurídica dos Países de Língua Portuguesa, n. 01, Brasília, 2012.

COGOY, Daniel.

— Assistência jurídica e judiciária no Brasil – legitimação, eficácia e desafios do modelo brasileiro, em em Boletim da Reunião das Instituições Públicas de Assistência Jurídica dos Países de Língua Portuguesa, n. 01, Brasília, 2012.

DA SILVA, Jose Fontenele Teixeira.

— A defesa do cidadão e o Estado-Membro, em Revista de Direito da Defensoria Pública, n. 05, Rio de Janeiro, 1991.

— Defensoria Pública e política institucional: a falta de uma doutrina, em Revista de Direito da Defensoria Pública, n. 17, Rio de Janeiro, 2001.

DE SOUSA, Fabio Luis Mariani.

— A Defensoria Pública e o acesso à justiça penal, Nuria Fabris editora, Porto Alegre, 2011.

DE SOUSA. José Augusto Garcia.

— O destino de Gaia e as funções constitucionais da Defensoria Pública: ainda faz sentido(sobretudo após a edição da Lei Complementar 132/2009) a visão individua-

UMA HISTÓRIA DA DEFENSORIA PÚBLICA

lista a respeito da instituição? Em Revista de Direito da Defensoria Pública, n. 25, Rio de Janeiro, 2012.

ESTEVES, Diogo, & SILVA, Franklyn Roger Alves.

— Princípios Institucionais da Defensoria Pública, editora Forense, Rio de Janeiro, 2014.

GRINOVER, Ada Pellegrini

— Parecer sobre a legitimidade da Defensoria Pública para o ajuizamento de ação civil pública, em Revista da Defensoria, ano 04, volume 2, São Paulo, 2011.

FAUSTO, Boris.

— História do Brasil, editora da Universidade de São Paulo, São Paulo, 2ª. edição, 1995.

FERRAJOLI. Luigi.

— Direito e Razão: Teoria do garantismo penal, editora Revista dos Tribunais, São Paulo, 3ª. Edição revista, 2010.

HADDAD, Eneida Gonçalves de Macedo.

— A Defensoria Pública paulista: caminhando na contramão, em Revista da Defensoria, ano 04, volume 2, São Paulo, 2011.

MARCOS, Rui de Figueiredo, & MATHIAS, Carlos Fernando, & NORONHA, Ibsen.

— História do Direito Brasileiro, editora Forense, Rio de Janeiro, 1ª. edição, 2014.

MENDES, Gilmar Ferreira, & BRANCO, Paulo Gustavo Gonet.

— Curso de Direito Constitucional, editora Saraiva, Brasília, 8ª. edição, 2013.

MENEZES, Felipe Caldas.

— Defensoria Pública da União: Princípios Institucionais, garantias e prerrogativas de seus membros, em Advocacia Pública e Defensoria Pública: funções essenciais à justiça (org. André da Silva Ordacgy e Guilherme Jose Purvin de Figueiredo), editora Letra da Lei, Curitiba, 2009.

MIRANDA, Pontes.

— Comentários ao código de processo civil, tomo I, editora Forense, Rio de Janeiro, 5ª. edição revista e atualizada por Sergio Bermudes, 1997.

MOLE, Nuala, & HARBY, Catharina.

— A guide to the implementation of article 6 of the European Convention on Human Rights, publicado pelo Conselho da Europa, Bélgica, 2ª. edição, 2006.

MORAES, Humberto Peña & DA SILVA, Jose Fontenele Teixeira.

— Assistência judiciária: sua gênese, sua história e a função protetiva do Estado, editora Liber Juris, Rio de Janeiro, 2ª. edição, 1984.

MORAES, Humberto Peña.

— A Assistência Judiciária Pública e os mecanismos de acesso à justiça no estado democrático, em Revista e Direito da Defensoria Pública, n. 02, Rio de Janeiro, 1996.

MOREIRA. Jose Carlos Barbosa.

— O Direito à assistência jurídica: evolução no ordenamento brasileiro de nosso tempo, em Revista da AJURIS, n. 55, Porto Alegre, 1992.

— O direito à assistência jurídica, em Revista de Direito da Defensoria Pública, n. 05, Rio de Janeiro, 1991.

NETO, Diogo de Figueiredo Moreira.

— A defensoria Pública na Construção do Estado de Justiça, em Revista de Direito da Procuradoria Geral, n. 46, Rio de Janeiro, 1993.

OS NOVOS ATORES DA JUSTIÇA PENAL

ROCHA, Jorge Luís.
— Historia da Defensoria Pública e da Associação dos Defensores Públicos do estado do Rio de Janeiro, editora Lumen Juris, Rio de Janeiro, 2004.

SANTOS, Boaventura de Sousa.
— Introdução à sociologia da administração da justiça, em Revista crítica de ciências sociais, n. 21, Coimbra, 1986.
— Para uma revolução democrática da justiça, editora Cortez, São Paulo, 3ª. edição, 2011.

SILVA, Virgílio Afonso da.
— Parecer sobre o convênio entre a Defensoria Pública do Estado e a OAB/SP na prestação de assistência judiciária, em Revista da Defensoria Pública, n. 2, São Paulo, 2011.

SMITH, Roger.
— Assistência jurídica gratuita aos hipossuficientes: modelos de organização e de prestação do serviço, tradução para o português de Cleber Francisco Alves, em Revista da Defensoria Pública, ano 04, volume 2, São Paulo, 2011.

VITAGLIANO, Roberto.
— Defensoria Pública e Estado Democrático de Direito, em Revista de Direito da Defensoria Pública. n. 01, Rio de Janeiro, 1988.
— Defensoria Pública e o esforço pela cidadania, em Direito em Revista, n. 2, 1997.

O Histórico do Arcabouço Normativo da Defensoria Pública: da Assistência Judiciária à Assistência Defensorial Internacional

JORGE BHERON ROCHA
Mestre em Ciências Jurídico-Criminais pela Faculdade
de Direito da Universidade de Coimbra
Defensor Público do Estado do Ceará

1. Introdução. 2. Histórico do arcabouço normativo. 2.1. Brasil Colonial e Império. 2.2 República. Legislação anterior à Constituição de 1988. 2.3 Os debates na Constituinte de 1987-1988. O modelo escolhido na nova Constituição. 2.4 Defensoria Pública na Constituição de 1988 e a Lei Orgânica nacional. 2.5 Funções típicas e atípicas. Conceito de necessitado. 2.6 Os Pactos Republicanos em prol da Justiça. 3. Alterações na seara civil e processual civil. 3.1. O Código de Processo Civil. 3.2 A atuação no controle concentrado e a lei nº 11.417/2006. 3.3 Alterações na lei de Ação Civil Pública – LACP – consequentemente, no microssistema de processo coletivo. 3.4 Alterações em outras normas de direito civil e processual civil. 3.5. O novo Código de Processo Civil. 4. Alteração na seara penal e processual penal. 4.1. Alterações no Código de Processo Penal. 4.2. Lei de Execuções Penais. 5. Alterações na Lei Orgânica Nacional da Defensoria Pública. 6. Reformas e mutações constitucionais. 6.1 As emendas constitucionais. 6.2 O advento da Emenda Constitucional 80/2014. 7. Tratados e Convenções internacionais e a atuação da Defensora Pública do Brasil. 7.1 O Sistema Interamericano de Direitos Humanos. 7.2 O Tribunal Penal Internacional. Conclusão.

1. Introdução

Com a promulgação da Constituição da República Federativa do Brasil de 1988 (CRFB) – a Constituição Cidadã, a dignidade humana passou a significar e a fundamentar a própria República, exprimindo a busca pelo exercício pleno dos direitos fundamentais, liberdades e garantias previstos no texto constitucional e, eventualmente, disciplinados ou regulamentados pela legislação inferior.

Para a consecução e defesa integrais destas liberdades, direitos e garantias, a sociedade necessita igualmente de instrumentos colocados à sua disposição, não apenas de maneira formal, mas, e principalmente, de forma efetiva, aptos à operacionalização pela sociedade, individual ou coletivamente. É neste contexto que avulta o Acesso à Justiça como este complexo de mecanismos eficazes e efetivos para que estes direitos e garantias tenham como destinatários não apenas a casta abonada social, política, financeira e culturalmente, mas todas as pessoas.

No Brasil, intentando fazer cumprir o objetivo de redução das desigualdades e erradicação da pobreza (art. 3º, III, CRFB), garantindo, a todos, o acesso à justiça (art. 5º, XXXV, CRFB), como forma de construir uma sociedade livre, justa e solidária (art. 3º, I, CRFB), independente de origem, cor, raça, posição social, gênero ou orientação sexual, convicção filosófica, política ou religiosa, idade, entre outros (art. 3º, IV, CRFB) é que o constituinte originário erigiu em favor dos necessitados (art. 5º, LXXIV, CRFB) uma Instituição especialmente dedicada à sua orientação, defesa e promoção jurídicas: a Defensoria Pública (art. 134, *caput*, CRFB).

Com sua crescente importância no contexto social, a Defensoria é palpitante exemplo de instituição que passou por reformas e mutações constitucionais, deixando para trás o papel inicialmente pensado de prestadora dos serviços de assistência judiciária, passando à garantidora do acesso à justiça, e, hodiernamente, para se tornar instrumento do regime democrático e promotora dos Direitos Humanos.

O presente estudo terá como desiderato verificar as raízes normativas da origem do modelo de assistência jurídica no Brasil e, mais especificamente, os antecedentes normativos da Defensoria Pública, bem como as transmutações que esta sofreu ao longo dos mais de 25 anos de vigência da atual Constituição, analisando as alterações havidas no texto constitucional e nas leis infraconstitucionais, nomeadamente as recentes modificações trazidas pela Emenda Constitucional nº 80, de 4 de junho de 2014, e o papel recentemente desenvolvido no Sistema Interamericano de Direitos Humanos, que vieram consolidar a revolução jurídico-político-cultural que se operou na Instituição.

2. Histórico do arcabouço normativo
2.1. Brasil Colonial e Império

No Brasil, do "descobrimento" até o fim do Século XIX, a assistência jurídica gratuita foi tratada de forma incipiente. Se é certo que as Ordenações Manoelinas e Afonsinas não trataram da matéria[1], outras normas e ações devem ser destacadas neste período, como, por exemplo, as Ordenações Filipinas[2], cuja vigência foi mantida no Brasil Imperial por força da Lei de 2º de outubro de 1823[3], que em seu Livro III, Título 84, § 10[4] dispensa o pagamento de custas àqueles que se declarassem pobres. Na seara criminal, a Lei nº 261, de 3 de dezembro de 1841, que altera o Código de Processo Criminal, também se referiu à questão da hipossuficiência de recursos, ao dispor em seu art. 99, que em *"sendo o réu tão pobre que não possa pagar as custas, perceberá o Escrivão a metade delas do cofre da Câmara Municipal da cabeça do Termo, guardado o seu direito contra o réu quanto á outra metade"*[5].

Em 1842, é editado o Regulamento nº 120, de 31 de janeiro[6], que igualmente isentava parcialmente os hipossuficientes do pagamento das custas

---

[1] Apesar de em algumas passagens fazer referências a "pessoas miseráveis".

[2] Que vigoram tanto em Portugal como no Brasil, sendo que neste teve seu ocaso com o início da vigência em 1917 do Código Civil de Bevilácqua, aprovado no ano anterior.

[3] Art. 1o As Ordenações, Leis, Regimentos, Alvarás, Decretos, e Resoluções promulgadas pelos Reis de Portugal, e pelas quaes o Brazil se governava até o dia 25 de Abril de 1821, em que Sua Magestade Fidelissima, actual Rei de Portugal, e Algarves, se ausentou desta Côrte; e todas as que foram promulgadas daquella data em diante pelo Senhor D. Pedro de Alcantara, como Regente do Brazil, em quanto Reino, e como Imperador Constitucional delle, desde que se erigiu em Imperio, ficam em inteiro vigor na pare, em que não tiverem sido revogadas, para por ellas se regularem os negocios do interior deste Imperio, emquanto se não organizar um novo Codigo, ou não forem especialmente alteradas.

[4] "Em sendo o aggravante tão pobre que jure não ter bens móveis,nem de raiz, nem por onde pague o aggravo, e dizendo na audiência uma vez o Pater Noster pela alma del Rey Don Diniz, ser-lhe-á havido, como que pagasse os novecentos réis, contanto que tire de tudo certidão dentro do tempo, em que havia de pagar o aggravo. "

[5] Art. 99. Sendo o réu tão pobre que não possa pagar as custas, perceberá o Escrivão a metade della do cofre da Camara Municipal da cabeça do Termo, guardado o seu direito contra o réo quanto á outra metade. – que reformava a lei de 29 de novembro de 1832, que promulgava o Codigo do Processo Criminal, qo qual nada tratava sobre isso.

[6] Art. 469 Se o réo condemnado fôr tão pobre, que não possa pagar as custas, o Escrivão haverá metade della do cofre da Camara Municipal da cabeça do Termo; ficando-lhe salvo o direito para haver a outra metade do mesmo réo, quando melhore de fortuna. Art. 471. As appellações e recursos continuaráô a ser preparados com a importancia das assinaturas, braçagens e mais contribuições, estabelecidas pelas leis em vigor para serem apresentados

OS NOVOS ATORES DA JUSTIÇA PENAL

processuais. A seu turno, o Decreto nº 150, de 9 de Abril de 1842, também isentava, no seu art. 10, *"os orphãos, as viuvas e pessoas miseráveis" de pagar a "dizima da chancellaria" devido no processo civil*.

Após esta época, merece lembrança o Instituto dos Advogados Brasileiros, estatuído por *"Sua Magestade o Imperador"*[8] em 7 de agosto de 1843, em cujas iniciativas nos anos seguintes a sua criação se inclui a busca pela garantia aos pobres do acesso à Justiça, notadamente a partir de 1866 sob a presidência do também Conselheiro de Estado Nabuco de Araújo, de tal forma que *"é a sua proposta, desde que toma posse da presidência, para que o Instituto preste assistência aos indigentes nas causas cíveis e criminais"*. Tal proposta foi aceita, segundo consta na Ata de 05 de novembro de 1866, acrescentando o Conselheiro ao final que o Instituto deveria tomar para si a tarefa de discutir a matéria e apresentá-la ao Poder Legislativo, para a devida regulamentação, nos moldes com que já fora feito em França, Bélgica, Holanda e Itália[9].

Após estes esforços do Instituto dos Advogados Brasileiros, fora criado um cargo de "advogado dos pobres" pela Câmara de Corte do Rio de Janeiro, então Distrito Federal, o qual era remunerado pelo erário e deveria realizar a defesa em processo penal dos acusados necessitados, tendo sido, entretanto, extinto em 1884[10].

2.2. República. Legislação anterior à Constituição de 1988
Inicialmente se deve destacar o Decreto nº 1.030, de 14 de novembro de 1890[11], do *"Governo Provisório da República dos Estados Unidos do Brazil"*, que autorizava o Ministro da Justiça a envidar esforços no sentido de realizar e conceder o apoio judiciário aos pobres, mas não teve, ao que parece, qualquer efeito prático de forma a alterar a ordem dos fatos e, efetivamente,

---

ás Relações, salvo sendo as mesmas appellações e recursos de presos pobres. In http://www.planalto.gov.br/ccivil_03/Regulamentos/R120.htm acesso em 23 de fevereiro de 2015

[7] in http://www2.camara.leg.br/legin/fed/decret/1824-1899/decreto-150-9-abril-1842--560889-publicacaooriginal-84105-pe.html acesso em 23 de fevereiro de 2015.

[8] Aviso de 7 de Agosto de 1843.

[9] Joaquim Nabuco, Um Estadista do Império: Nabuco de Araújo, Rio, 1883, III/ P. 462 e 463.

[10] Teixeira da Silva, José Fontenelle. In: DEFENSORIA PÚBLICA NO BRASIL – MINUTA HISTÓRICA http://www.jfontenelle.net/publicados4.htm Acesso em 25 de fevereiro de 2015

[11] Art. 176. O Ministro da Justiça é autorizado a organizar uma commissão de patrocinio gratuito dos pobres no crime e civel, ouvindo o Instituto da Ordem dos Advogados, e dando os regimentos necessarios.

garantir a assistência aos carentes de então, não obstante também tivesse a previsão de que *"os curadores gerais se encarregarão da defesa dos presos pobres, à requisição do presidente do Júri ou da câmara criminal"*.

É com o Decreto nº 2.457, de 8 de fevereiro de 1897, que se inaugura nova fase da assistência judiciária, uma vez que o decreto é explícito e taxativo ao prescrever que, de aquele momento em diante, a República deveria contar com um instituto de *"Assistência Judiciária, para o patrocínio gratuito dos pobres que forem litigantes no cível ou no crime, como autores ou réus, ou em qualquer outra qualidade"*, de forma geral e irrestrita em todas as causas, e não apenas nas criminais.

Atente-se que a iniciativa se circunscrevia unicamente ao âmbito do Distrito Federal, mas deve-se ressaltar que era totalmente custeada com recursos públicos. Ademais, inaugurou o conceito jurídico de pessoa pobre para fins de obtenção do benefício, constituindo-se modelo para as demais instituições que surgiram em todo o país[12]. Muito tempo depois, o Decreto nº 16.752, de 31 de dezembro de 1924, que punha em execução o Código do Processo Civil e Comercial no Distrito Federal, determinava, em seu art. 11, que *"as pessoas desprovidas de meios pecuniários para defesa de seus direitos, em juízo, serão representadas sob o patrocínio e benefício da assistência judiciária"*.

Por outro lado, ainda em 1923, o Decreto nº 16.273 do Distrito Federal, de 20 de dezembro, tratava das funções do cargo de curador, no âmbito do Ministério Público, entretanto, foi com a lei n. 4.907, de 7 de janeiro de 1925 que se viu criado um cargo de curador especial expressamente para prestar assistência gratuita às vitimas de acidentes no trabalho[13].

É com o Decreto nº 19.408, de 18 de novembro de 1930, que, apesar de ter como função a reorganização da Corte de Apelação, em um de seus artigos finalmente se cria a Ordem dos Advogados do Brasil[14], concretizando o sonho que estivera pendente desde a criação do Instituto, em 1843.

---

[12] ROCHA, Jorge Bheron. Legitimidade da Defensoria Pública para Ajuizar Ação Civil Pública tendo por Objeto Direitos Transindividuais. 2007. 100 f. Monografia (Especialização em Direito) – Universidade Estadual do Ceará, Fortaleza, 2007.

[13] Vale lembrar que, posteriormente no Rio de Janeiro (antigo Distrito Federal), a Defensoria Pública, surgida de dentro do Ministério Público, assumiu as função de curadoria.

[14] Art. 17. Fica criada a Ordem dos Advogados Brasileiros, orgão de disciplina e seleção da classe dos advogados, que se regerá pêlos estatutos que forem votados pelo Instituto da Ordem dos Advogados Brasileiros, com a colaboração dos Institutos dos Estados, e aprovados pelo Governo.

OS NOVOS ATORES DA JUSTIÇA PENAL

No ano seguinte, com Decreto nº 20.784, de 14 de dezembro de 1931, foi aprovado o Regulamento da OAB, que previa que a assistência judiciária em todo território nacional ficava "sob a jurisdição" exclusiva da Ordem, deixando de ser uma liberalidade ou voluntariedade do advogado, para se tornar uma obrigação profissional[15].

No âmbito da União, a atual Defensoria Pública Federal foi constituída, conforme se verá, a partir de 1988 com o quadro dos chamados advogados de ofício que atuavam junto à Justiça Militar, tendo estes sua gênese, além do já mencionado Decreto nº 1.030, de 14 de novembro de 1890, no Decreto nº 14.450, de 30 de Outubro de 1920, que instituía o Código de Organização Judiciária e Processo Militar, e previa a nomeação pelo presidente do Conselho de advogado para o indiciado que o não tivesse. Ora, apesar de o advogado, naquela altura, ainda não ser um cargo da estrutura da Justiça Militar, já estava prevista que *"o Governo nomeará um advogado incumbido de patrocinar as causas em que forem réus praças de pret"*, percebendo os mesmo gratificação fixada em tabela.

Apenas com o Código de Justiça Militar baixado pelo Decreto nº 17.231-A, de 26 de fevereiro de 1926, é que surge a figura do Advogado como membro da estrutura da Justiça castrense, sendo nomeado diretamente pelo Presidente da República para o cargo, incumbindo-lhe, entre outras funções: *"defender no foro criminal comum as praças de pret, quando acusadas de crime cometido em serviço militar ou por motivo deste; promover a revisão dos processos e o perdão dos condenados nos casos em que a lei o permite; requerer, por intermédio do auditor, as diligências e informações necessárias á defesa do acusado".*

A opção brasileira pelo modelo de assistência judiciária ofertada obrigatoriamente pelo Poder Público começou a se desenhar, e a se fortalecer, com a Constituição de 1934 que a incluiu entre os Direitos e Garantias Individuais dos Cidadãos, tomando um rumo que, décadas depois, constituiria a formação da Defensoria Pública como instituição vocacionada para este serviço público jurídico essencial.

De fato, o nº 32 do art. 113 da Constituição de 1934 foi mais adiante, e cometeu à União e aos Estados o dever de criar órgãos especiais para assegurar aos necessitados a assistência judiciária, consagrando o modelo *sala-*

---

[15] Art. 26. São deveres dos advogados, provisionados e solicitadores(...) IV, aceitar e exercer, com desvelo, os encargos cometidos pela Ordem, pela Assistência Judiciária ou pelos juizes competentes.

ried staff de fornecimento do serviço de acesso à Justiça. Tal disposição não consta no texto da Carta de 1937. Tanto é assim que, no âmbito da União, especificamente na Justiça Militar, a nomenclatura "advogados de ofício" surge textualmente no Decreto-lei nº 925, de 2 de dezembro de 1938, que estabelece o Código da Justiça Militar do Estado Novo, em que também se prevê o provimento do citado cargo através de concurso público entre os *"diplomados em direito, que tenham mais de dois anos de prática forense"*.

Assim, com fundamento no mandamento constitucional da Carta de 1934, alguns Estados membros criaram as assistências jurídicas em estruturas próprias, a exemplo do Estado de São Paulo[16] que funda seu órgão especial em 1935, ao qual atribui, no Decreto nº 7.078, de 6 de abril, em seu art. 6º, nº 26, *"à Secretaria da Justiça e Negócios do Interior os serviços relativos (...) à assistência judiciária"*. Posteriormente, a Lei nº 2.497, de 24 de dezembro de 1935, ao organiza o Departamento de Assistência Social do Estado, criou o Consultório Jurídico de Serviço Social, responsável por *"prestar assistência jurídica a todos os que, na for ma desta lei, necessitem de protecção social, os menores, a família, os desvalidos, os egressos, assim de reformatórios e estabelecimentos penais e correcionais como de estabelecimentos hospitalares"*.

No Estado do Ceará, já sob a égide do mandamento constitucional da Carta de 1934, o Dec. Estadual nº 1.560, de 10 de maio de 1935 passa a determinar a nomeação de titulados em direito para o exercício da assistência judiciária e, excepcionalmente, ainda admitia aos adjuntos de promotor a manutenção das atribuições para o patrocínio dos necessitados na seara cível, *"enquanto não fossem nomeados os assistentes e adjuntos judiciários"*, que lhes foram dadas pelo art. 6º do Decreto-lei nº 772, de 3 de outubro de 1932, que instituíra o Juízo privativo dos Pobres[17]. Posteriormente, quando o serviço já era denominado de Coordenadoria de Assistência Judiciário do Estado, subordinada à Secretaria de Justiça, passaram a ser nomeados advogados para fazer as vezes de "advogados de ofício", entretanto sem

---

[16] "Seguido pelo Rio Grande do Sul e Minas Gerais". Teixeira da Silva, José Fontenelle. In: DEFENSORIA PÚBLICA NO BRASIL – MINUTA HISTÓRICA http://www.jfontenelle. net/publicados4.htm Acesso em 25 de fevereiro de 2015
[17] O Decreto-lei n.o 772/1932 atribuindo ao Ministério Público o patrocínio das causas no Juízo dos Pobres, como defensor destes, podendo como tal funcionarem os adjuntos de Promotores nos termos que não fossem sede de comarca.

OS NOVOS ATORES DA JUSTIÇA PENAL

concurso público, tendo este sido instituído bem depois, remontando ao ano de 1978 o primeiro certame[18].

Nacionalmente, o Decreto-lei nº 1.608, de 18 de setembro de 1939 – Código de Processo Civil de 1939 – tem um capítulo inteiramente dedicado à questão da assistência judiciária e ao benefício da justiça gratuita, em seus arts. 68 a 79 – não obstante o tema seja tratado também de forma tangencial em outros artigos (v.g. art. 51 e art. 169, §2º) – em que fica expressa a possibilidade de, não havendo advogado constituído pela parte, ser-lhe indicado um *"pela assistência judiciária ou, na falta desta, nomeado pelo juiz"*.

O Decreto-Lei nº 3.689, de 3 de outubro de 1941 – o atual Código de Processo Penal brasileiro – não faz referências expressas e claras aos institutos da assistência judiciária e da gratuidade, apenas determinando na redação originária do art. 261 (sem o parágrafo único, o qual foi introduzido pela Lei nº 10.792, em 1º de dezembro de 2003) que *"nenhum acusado, ainda que ausente ou foragido, será processado ou julgado sem defensor"* e, no art. 263, que se o acusado não tiver advogado, *"ser-lhe-á nomeado defensor pelo juiz"*, contudo, se *"não for pobre, será obrigado a pagar os honorários do defensor dativo"*. Também o art. 32 traz regra sobre assistência judiciária aos que não podem custear advogado, desta feita, entretanto, para quem deseja ajuizar queixa-crime em ação penal privada.

O dever de o Poder Público conceder a assistência judiciária aos necessitados, e a menção ao benefício da justiça gratuita, retornariam de forma expressa para sede constitucional com a Constituição de 1946, em seu art. 141, § 35, sendo disciplinada posteriormente pela Lei 1.060/50, que foi, inclusive, recepcionada pela Constituição de 1988[19]. Entretanto, a Cons-

---

[18] Mesmo depois de 1978 ainda persistiu a prática de nomear servidores públicos inscritos na OAB para fazer as vezes de Defensor Público, sob a alegação de carência de profissionais. "a Secretaria de Justiça do Estado do Ceará, sob o fundamento de haver carência de profissionais de Direito no órgão, solicitou a cessão temporária do impetrante para exercer as atribuições de advogado. Por ato de 05 de agosto de 1988, o Secretário de Justiça designou o impetrante para prestar serviços na Coordenadoria de Assistência Judiciária do Estado na Comarca de Icó." STJ. RMS Nº 24.735 – CE (2007/0179878-0) – RELATOR : MINISTRO ROGERIO SCHIETTI CRUZ, DJE nº 1677 de 19 de Fevereiro de 2015

[19] CONSTITUCIONAL. ACESSO À JUSTIÇA. ASSISTÊNCIA JUDICIÁRIA. Lei 1.060, de 1950. C.F., art. 5o, LXXIV. I. – A garantia do art. 5o, LXXIV – assistência jurídica integral e gratuita aos que comprovarem insuficiência de recussos – não revogou a se assistência judiciária gratuita da Lei 1.060, de 1950, aos necessitados, certo que, para obtenção desta, basta a declaração, feita pelo próprio interessado, de que a sua situação econômica não permite vir

O HISTÓRICO DO ARCABOUÇO NORMATIVO DA DEFENSORIA PÚBLICA

tituição de 1946 não faz qualquer referência à necessidade de existência de órgãos especialmente criados para este fim.

A Lei nº 216, de 9 de janeiro de 1948, do antigo Distrito Federal (depois Estado da Guanabara, entre 1960 e 1975), constitui-se, possivelmente, o primeiro diploma legal a fazer menção ao cargo de "defensor público"[20], não obstante o faça como cargo dentro do quadro do Ministério Público do Distrito Federal. A citada lei determinava ainda que os Advogados de Ofício deveriam passar a *"denominar-se Defensores Públicos"*. Até então os advogados de ofício estavam previstos no Decreto-Lei nº 8.527, de 31 de Dezembro de 1945 – Código de Organização Judiciária do Distrito Federal – e funcionavam nos juízos criminais e cíveis. Havia também advogados de ofício na Justiça Militar do Distrito Federal[21].

Em 1954, a Lei Estadual nº 2.188, de 21 de julho, criou, no âmbito da Procuradoria Geral da Justiça do Estado do Rio de Janeiro, os 06 primeiros cargos de defensor público, que constituíram a semente da Defensoria Pública do Rio de Janeiro, enquanto instituição.

Posteriormente, em decorrência das disposições da Constituição do (novo) Estado do Rio de Janeiro de 1975, que fundiu os (as experiências dos) Estados do Rio de Janeiro e da Guanabara, a Lei Complementar Estadual nº 06, de 12 de maio de 1977, criou a Defensoria Publica como órgão, e cargo de Defensor Púbico-Geral do Estado para a chefia da instituição, apartando suas atribuições e subordinação da Procuradoria Geral[22].

---

a Juízo sem prejuízo da sua manutenção ou de sua família. Essa norma infraconstitucional põe-se, ademais, dento do espírito da Constituição, que deseja que seja facilitado o acesso de todos à Justiça (C.F., art. 5º, LXXXV). (STF – RE 205.029/RS. Rel. Min. Carlos Velloso.

[20] Não obstante, possivelmente seja a Lei nº 2.588, de 8 de setembro de 1955, a primeira com alcance nacional a se referir aos defensores públicos.

[21] Previstos no Decreto-lei nº 21.947, de 12 de outubro de 1932: "Art. 5º O advogado, além das atribuições previstas no art. 108 do Código de Justiça Militar, terá mais as seguintes: *a)* defender no foro criminal comum os oficiais e praças da Polícia Militar do Distrito Federal, quando processados por crimes cometidos no exercício de suas funções policiais". Depois também citado no Decreto-lei nº 5.157, de 31 de dezembro de 1942, e no Decreto-lei nº º 8.569-A, de 7 de janeiro de 1946, por exemplo.

[22] "A partir do início dos anos 70, como resultado da experiência vitoriosa do antigo Estado do Rio de Janeiro, e por a década de 1980, o direito de acesso dos pobres à Justiça foi objeto de vários debates em congressos, simpósios e outros tipos de encontros jurídicos, inclusive com o decisivo apoio da Ordem dos Advogados do Brasil – OAB, concluindo, todos eles pela necessidade de a nova Constituição Federal, que estava por vir, criasse, expressamente, o tão reclamado órgão da Defensoria Pública. Teixeira da Silva, José Fontenelle. In: DEFENSORIA

OS NOVOS ATORES DA JUSTIÇA PENAL

2.3. Os debates na Constituinte de 1987-1988. O modelo escolhido na nova Constituição

Após 21 anos de Ditadura Militar, assume em 15 de março de 1985 um presidente civil que tem como principal responsabilidade a transição pacífica e segura do país para um regime democrático, o que demandava prioritariamente a promulgação de Constituição em substituição àquela imposta pelo regime ditatorial[23]. É nesta esteira que o chefe do Executivo encaminha ao Congresso Nacional a Proposta de Emenda à Constituição nº 43, que, após aprovada passa a ser a Emenda Constitucional nº 26, de 27 de novembro de 1985, com a convocação da Assembleia Nacional Constituinte para, a partir do dia 1º de fevereiro de 1987, iniciar os trabalhos, reunindo em sessões unicamerais os membros da Câmara dos Deputados e do Senado Federal que seriam eleitos em escrutínio no ano de 1986[24].

Naquele momento de viragem jurídica histórica, o sistema de assistência judiciária estava embasado em três tipos distintos de *salaried staff*:

1) o que se dava nas Procuradorias dos Estados Federados, ou seja, no âmbito do órgão compete para a defesa e promoção dos interesses (notadamente administrativos, tributários e fazendários) do ente público federado, onde se criou uma procuradoria especial, voltada ao apoio judiciário dos necessitados, v.g. a Procuradoria de Assistência Judiciária de São Paulo: eram os procuradores do Estado na função de assistência judiciária;

2) no âmbito das Secretarias de Justiças, com a criação de órgão voltado para a assistência judiciária realizada por servidores com inscrição na Ordem dos Advogados, por advogados concursados (chamados de advogados de ofício – assim no Estado do Ceará e também no âmbito federal) ou, ainda, por advogados contratados, mas com vencimentos fixos (o valor da sucumbência ia para os cofres públicos), normalmente chamados advogados de ofício;

PÚBLICA NO BRASIL – MINUTA HISTÓRICA http://www.jfontenelle.net/publicados4. htm. Acesso em 25 de fevereiro de 2015.

[23] A Emenda Constitucional nº 1/1969 que, tal a profundidade das alterações infringidas à Constituição de 1964, é considerado uma nova Carta.

[24] Se bem que alguns membros do Senado constituinte - cujo mandato era, como ainda o é, de oito anos - foram eleitos em 1982, inclusive de forma indireta pelas Assembleias Legislativas dos Estados. Eram os chamados "Senadores Biônicos".

3) no âmbito da Defensoria Pública, como instituição e carreira oriundas do Ministério Público, com a especialização da função de assistência judiciária, através de criação de cargos específicos para o apoio Judiciário, sendo o melhor exemplo a Defensoria Pública do Rio de Janeiro.

O modelo que se fortaleceu em vista do grande desenvolvimento institucional e da capacidade de melhor atendimento aos assistidos foi este último:

"... por intermédio do qual o Estado passaria, também, a garantir, aos juridicamente necessitados, um Defensor Público para o patrocínio de suas causas em juízo, além da assistência técnica em pretensões extrajudiciais e do aconselhamento jurídico"[25].

Deve ser ressaltado que a Defensoria Pública do Rio de Janeiro, mesmo antes da Constituição Federal de 1988, já prescrevia dentre suas funções *"a defesa dos direitos dos consumidores"*, de nítida índole coletiva, dentre os chamados "novo direitos", bem como *"tentar a conciliação das partes antes de promover a ação"*, como a demonstrar a capacidade de a instituição promover o acesso à justiça na linha das três ondas descritas por Cappelletti e Bryant[26], e de conseguir se adaptar às novas necessidades da sociedade.

Foi com esta visão que os movimentos buscaram colocar a Defensoria Pública na Constituição, pela primeira vez e de forma expressa, como a instituição responsável pela prestação da assistência judiciária e, consequentemente, corroborando com o acesso à Justiça, que já havia sido tratada como direito e garantia fundamental em Cartas anteriores.

É nesta toada que, antes mesmo da aprovação da Emenda da convocação d a constituinte, o Presidente da República baixa o Decreto 91.450, de 18 de julho de 1985, em que instituiu uma Comissão Provisória de Estudos Constitucionais, presidida por Afonso Arinos de Mello Franco, a fim de elaborar um Anteprojeto de Constituição. O esforço da chamada comissão dos "notáveis"[27] foi concluído um ano e dois meses depois, e no texto encaminhado ao Presidente da República já se podia verificar a menção, mesmo insipiente, à Defensoria Pública e à carreira dos defensores públicos:

---

[25] Teixeira da Silva, José Fontenelle. In: DEFENSORIA PÚBLICA NO BRASIL – MINUTA HISTÓRICA http://www.jfontenelle.net/publicados4.htm Acesso em 25 de fevereiro de 2015
[26] Para saber mais sobre as funções da Defensoria Pública: Rocha, Jorge Bheron. *Ob. cit.*
[27] Filho, Manoel Gonçalves Ferreira. O anteprojeto dos notáveis. São Paulo: Saraiva, 1987.

OS NOVOS ATORES DA JUSTIÇA PENAL

"Art. 53 – Todos os necessitados têm direito à justiça e à assistência judiciária pública; a União e os Estados manterão quadros de defensores públicos organizados em carreira e, na falta ou insuficiência deles, remunerarão o defensor dativo, diretamente ou indiretamente, mediante convênio, conforme se dispuser em lei".

Art. 75 – Compete á União Federal e aos Estados a legislação comum sobre:

(...)

XXVII – assistência judiciária e defensoria pública".

Entretanto, o Presidente da República não teve força política suficiente para utilizar o anteprojeto como texto base para as discussões do congressistas, no que foi *"encaminhado aos constituintes como mero subsídio"*[28] para os trabalhos que seriam desenvolvidos numa primeira etapa nas Comissões Temáticas, em um total de oito, cada uma dividida em três subcomissões; depois na Comissão de Sistematização - que tinha como Presidente o Senador Afonso Arinos e como relator o Senador Bernardo Cabral ; e, finalmente, a votação em Plenário. O tema Defensoria Pública foi debatido principalmente na Subcomissão do Poder Judiciário e do Ministério Público que fazia parte da Comissão da Organização dos Poderes e Sistema de Governo, onde foram apresentadas diversas emendas, tendo destaque a Emenda 300103·2, apresentada pelo Deputado Fábio Raunheti[29], que previa, sob o título "Da Defensoria Pública", além de outras disposições a de que *"A Defensoria Pública, é o órgão do Estado incumbido da assistência, da postulação e da defesa de direitos, em todas as instâncias, dos juridicamente necessitados"* e explicitava na Justificação:

"A prestação de assistência judiciária, como instrumento de acesso da população carente à Justiça, constitui, na sociedade moderna, dever-função do Estado.

Cabe ressaltar que a assistência judiciária, como garantia constitucional, vem sendo contemplada em todas as Constituições, a contar da de 1934, exceção feita à Carta de 1937, no capítulo dos direitos e garantias individuais

Todavia, não basta tão-somente a forma enunciativa da garantia constitucional, sem que exista o órgão do Estado apto a realiza-la, ampla e eficazmente. Daí a neces-

---

[28] BARROSO, Luís Roberto. A constituição brasileira de 1988: uma introdução. In MARTINS, Ives Gandra da Silva; MENDES, Gilmar Ferreira; NASCIMENTO, Carlos Valder do (Coord.). Tratado de direito constitucional. São Paulo: Saraiva, 2010, v. 1.

[29] O Deputado esclarecer que o *"projeto foi elaborado por um grupo de Defensores Públicos do Estado do Rio de Janeiro".*

O HISTÓRICO DO ARCABOUÇO NORMATIVO DA DEFENSORIA PÚBLICA

sidade de institucionalização de órgão do Estado incumbido da assistência, da postulação e da defesa de direitos, em todas as instâncias dos Juridicamente necessitados, dotado de estrutura programática e da necessária independência, autonomia, organizado em carreira própria, com ingresso nos cargos iniciais, mediante concurso público de provas e títulos.

A inserção da Defensoria Pública como órgão do Estado, na Constituição Federal, tendo em vista a relevante missão que desempenha na sociedade, representará um marco importante no contexto de modernização da ordem econômico-social do país, além de constituir fator de segurança e valorização do indivíduo, diante das diferenças sociais que afetam a sociedade brasileira".

Entretanto, não foi sem discussão ou sem grandes obstáculos que o modelo de prestação do serviço de assistência judiciária através de uma Defensoria Pública nos moldes do que razoavelmente já estava disposto no Rio de janeiro prevaleceu nas discussões da Assembleia Constituinte. Importa notar que muitas propostas, fortalecendo outros modelos, também forma apresentadas e discutidas.

Dentre elas, havia aquelas que propunham incorporar às atribuições do Ministério Púbico a assistência judiciária, tais como a apresentada pelo constituinte Benedicto Monteiro em que *"Os promotores públicos, além de suas atribuições legais e processuais, exercerão a Defensoria Pública dos legalmente necessitados, nos municípios ou nas capitais onde forem lotados, na forma que dispuser a lei de assistência judiciária".*

Outras, incumbiam às Procuradorias do Estado a missão, como se pode perceber na proposta apresentada pelo Deputado Daso Coimbra: *"A assistência judiciária de que trata o inciso XXX, este artigo, será prestada, nas jurisdições da União, dos Estados, dos Territórios e do Distrito Federal, por defensores públicos organizados em quadro de carreira, na Procuradoria Geral da Assistência Judiciária, de conformidade com o que a lei estabelecer".*

O constitucionalismo Michel Temer, à época deputado constituinte, propôs que o modelo de assistência judiciária poderia ser uma decisão de cada ente federativo, que poderia decidir pela Defensoria Pública ou pela prestação do serviço através da Procuradoria do Estado: *"A prestação dos serviços de assistência jurídica e judiciária poderá ser atribuída, pelos Estados e pelo Distrito Federal, a suas Procuradorias, observados os mesmos princípios, estabelecidos nesta Constituição, aplicáveis às Defensorias Públicas".*

OS NOVOS ATORES DA JUSTIÇA PENAL

E outras ainda, colocavam para a própria advocacia privada a realização deste múnus, como era a proposta do Senador Ronan Tito, em que a *"assistência judiciária a carentes será prestada gratuitamente por advogado designado e pago pela Ordem dos Advogados do Brasil, que poderá firmar convênios com a União, Estado e Município na forma que a lei determinar"*.

Após intensos debates, as Comissões Temáticas finalmente consolidaram o primeiro projeto de Constituição, a partir dos relatórios apresentados pelas Subcomissões, que foi encaminhado à Comissão de Sistematização"[30] onde também foram apresentadas inúmeras emendas, inclusive de origem popular (de organizações não governamentais, *v.g.* associações civis), fazendo com que o texto sofresse ainda muitas alterações com apresentações de substitutivos[31], sendo finalmente encaminhado ao Plenário do Congresso Nacional para ser submetido a dois turnos de votação. Relativamente à Defensoria Pública, a redação que chegou ao Plenário dispunha:

> *"Art. 155. A Defensoria Pública é o órgão incumbido da orientação jurídica e da defesa, em todos os graus, dos necessitados. Parágrafo único. Lei complementar organizará a Defensoria Pública da União, do Distrito Federal e dos Territórios e estabelecerá normas gerais para a organização da Defensoria Pública dos Estados, assegurado aos seus integrantes, quando em dedicação exclusiva, o regime jurídico do Ministério Público".*

A redação aprovada em primeiro turno de votação e submetida à votação no segundo turno era:

---

[30] Barroso, Luis Roberto. Ob. Cit. pp. 11

[31] A redação referente à Defensoria Pública sofreu inúmeras alterações. Adiante alguns exemplo de propostas que constavam nos Projetos da Comissão de Sistematização ao longo das votações de emendas e substitutivos: *"Art. 239 – É instituída a Defensoria Pública para a defesa, em todas as instâncias, dos juridicamente necessitados. § 1º – Ao Defensor Público são asseguradas garantias, direitos, venci- mentos, prerrogativas e vedações conferidas, por esta constituição, aos membros do Ministério Público. § 2º- Lei. complementar organizará a Defensoria Pública da União, do Distrito Federal e dos Territórios e estabelecerá normas gerais para a Organização da Defensoria Pública dos Estados; "Art. 148 – É instituída a Defensoria Pública para a orientação jurídica e a defesa, em todos os graus, dos necessitados. Parágrafo único – Lei complementar organizará a Defensoria Pública da União, do Distrito Federal e a dos Territórios e estabelecerá normas gerais para a organização da Defensoria Pública dos Estados, assegurado o mesmo regime jurídico do Ministério Público quando em dedicação exclusiva"; "Art. 177 – É instituída a Defensoria Pílblica para a orientação jurídica e a defesa, em todos os graus, dos necessitados. Parágrafo único – Lei complementar organizará a Defensoria Publica da União, do Distrito Federal e a dos Territórios e estabelecerá normas gerais para a organização da Defensoria Pública dos Estados."*

O HISTÓRICO DO ARCABOUÇO NORMATIVO DA DEFENSORIA PÚBLICA

Art. 139. A Defensoria Pública é instituição essencial à função jurisdicional do Estado, incumbindo-lhe a orientação jurídica e a defesa, em todos os graus, dos necessitados, na forma do art. 5º, LXXVI.

Parágrafo único. Lei complementar organizará a Defensoria Pública da União e do Distrito Federal e dos Territórios, e prescreverá normas gerais para sua organização nos Estados, em cargos de carreira, providos, na classe inicial, mediante concurso público de provas e títulos, assegurada a seus integrantes a garantia da inamovibilidade e vedado o exercício da advocacia fora das atribuições institucionais.

Art. 140. Às carreiras disciplinadas neste Título, aplicam-se o principio do art. 38, XII, e o art. 40, § 1º[32].

A redação final, com a promulgação da Constituição não destoa muito desta, conforme se verá. Algumas notas são necessárias, entretanto.

A primeira é a de que se assegurou a inclusão da instituição na Constituição Federal, garantindo-se, assim, que o direito à assistência jurídica gratuita seja fornecido diretamente pelo Estado; em segundo lugar, deixou-se fixado o modelo de *salaried staff*, mais especificamente aquele originado na assistência judiciária do Rio de Janeiro, de uma carreira específica de Estado, com garantias, deveres e vedações.

Por outro lado, importante salientar que não se logrou incluir expressamente na Constituição que a Instituição (Defensoria Pública) e a carreira (defensores públicos) teriam um tratamento jurídico estatutário semelhante ao do Ministério Público e da Magistratura, ficando tal fato apenas superficialmente subentendido nas várias referências pontuais que o texto constitucional faz: a inclusão no mesmo capítulo das Funções Essenciais à Justiça, e consequentemente, topologicamente fora do capítulo destinado aos três Poderes tradicionais, como a significar a independência administrativa e financeira; a referência direta do art. 135 ao §1º do art. 39 que determina *"a isonomia de vencimentos para cargos de atribuições iguais ou assemelhados do mesmo Poder ou entre servidores dos Poderes Executivo, Legislativo e Judiciário"* que ao nosso sentir quer significar a igualdade de vencimentos

---

[32] Art. 38, XII: XII – os vencimentos dos cargos do Poder Legislativo e do Poder Judiciário não poderão ser superiores aos pagos pelo Poder Executivo; art. 40 § 12 A lei assegurará, aos servidores da administração direta, autarquias e fundações públicas, isonomia de vencimentos para cargos de atribuições iguais ou assemelhados do mesmo Poder ou entre os de servidores dos Poderes Executivo, Legislativo e Judiciário, ressalvadas as vantagens de caráter individual e as relativas à natureza ou ao local de trabalho.

OS NOVOS ATORES DA JUSTIÇA PENAL

com os magistrados e membros do Ministério Público; as referências às nomeações do primeiro Juiz de Direito, do primeiro Promotor de Justiça e do primeiro Defensor Público nas comarcas dos Estados recém-criados, como a significar a igualdade de tratamento e de dignidade entre as carreiras, bem como a autonomia funcional entre elas.

Por fim, embora tenha sido positiva a inclusão expressa da Defensoria Pública na Constituição, a laconicidade dos dispositivos a ela referentes não permitiu que fossem explicitadas as suas funções institucionais, para além da tradicional assistência judiciária, de forma a expressar que a atuação da instituição não se resume à esfera judicial em causas puramente individuais, mas também sintonizada à evolução das ondas de acesso à Justiça, com métodos de resolução extrajudiciais de conflito e a utilização de técnicas de coletivização da lide. Estas, entretanto, objeto de reformas legais e constitucionais posteriores.

2.4. Defensoria Pública na Constituição de 1988 e a Lei Orgânica nacional

Na redação original da Constituição da República Federativa do Brasil de 5 de outubro de 1988, a primeira a mencionar expressamente a Instituição, a Defensoria Pública é citada diretamente nos arts. 21, 22, 24, 33, 48, 61, 134 e 235, e, no Atos das Disposições Constitucionais Transitórias, no art. 22.

Inicialmente, importa salientar que o constituinte originário a definiu como:

> *Art. 134. A Defensoria Pública é instituição essencial à função jurisdicional do Estado, incumbindo-lhe a orientação jurídica e a defesa, em todos os graus, dos necessitados, na forma do art. 5º, LXXIV.*
>
> *Parágrafo único. Lei complementar organizará a Defensoria Pública da União e do Distrito Federal e dos Territórios e prescreverá normas gerais para sua organização nos Estados, em cargos de carreira, providos, na classe inicial, mediante concurso público de provas e títulos, assegurada a seus integrantes a garantia da inamovibilidade e vedado o exercício da advocacia fora das atribuições institucionais.*
>
> *Art. 135. Às carreiras disciplinadas neste título aplicam-se o princípio do art. 37, XII, e o art. 39, § 1º.*

Assim, a Instituição tinha por função a orientação e a defesa dos necessitados, definidos estes como as pessoas que não tem recursos econômicos suficientes para arcar com as despesas desta orientação e defesa.

O HISTÓRICO DO ARCABOUÇO NORMATIVO DA DEFENSORIA PÚBLICA

Assim, o desempenho da função do defensor público estaria atrelado à comprovação da insuficiência de recursos por parte do beneficiário, de tal forma que, caso a pessoa não se enquadrando nesta hipótese, deveria buscar a assistência jurídica junto à advocacia privada.

A primeira norma infraconstitucional pós-Constituição de 1988 a tratar de Defensoria Pública é a Lei nº 7.871, de 8 de novembro de 1989, que altera a Lei nº 1.060, de 5 de fevereiro de 1950 – a chamada lei de assistência judiciária –, acrescentando o parágrafo 5º ao seu art. 5º, expressamente a garantir ao Defensor Público as prerrogativas do prazo em dobro e da intimação pessoal.

Entretanto, o original parágrafo único do art. 134 da Constituição Federal, determina que as Defensorias Públicas da União e do Distrito Federal e dos Territórios deveriam ser organizadas por lei complementar e, ainda, que também por lei complementar deveriam ser prescritas as normas gerais para a organização da Defensoria Pública nos Estados Federados, sendo que sua iniciativa legislativa cabia privativamente ao Presidente da República.

Como consequência desta competência, o Poder Executivo Federal encaminha à Câmara dos Deputados, através da Mensagem nº 034/93, o Projeto de Lei Complementar nº 145, publicado no Diário do Congresso Nacional em 05 de fevereiro de 1993. O Projeto enviado pela Presidência da República previa como funções da Defensoria Pública: promover a conciliação extrajudicial das partes em conflito de interesses; as ações penais privadas, privada subsidiária da pública, civil; promover defesa em ação penal e civil e reconvir; atuar como Curador especial, atuar na defesa do menor, dos direitos e interesses do consumidor lesado, e junto aos Juizados Especiais de Pequenas Causas; bem como: *"atuar junto aos estabelecimentos policiais e penitenciários, visando assegurar à pessoa, sob quaisquer circunstâncias, o exercício dos direitos e garantias individuais"* e *"assegurar aos seus assistidos, e, processo judicial ou administrativo, e aos acusados em geral, o contraditório e a ampla defesa, com recursos e meios a ela inerentes"*.

O Projeto teve tramitação na Câmara Federal e no Senado Federal, como determina o processo legislativo, tendo sido aprovados em ambas as casas os dispositivos que se referem às mencionadas funções institucionais, e, depois, foi sancionada, promulgado e publicado pelo Presidente da República como Lei Complementar nº 80 – Lei Orgânica Nacional da Defensoria Pública – na data de 12 de janeiro de 1994, com alguns vetos, conforme Mensagem Presidencial nº 27, da mesma data, sobre os quais referimos especialmente as seguintes disposições atinentes a outras funções:

> *Art. 4º, inciso XII – patrocinar ação civil pública, em favor das associações que incluem entre suas finalidades estatutárias a defesa do meio ambiente e a proteção de outros interesses difusos e coletivos;*
>
> *Art. 4º, XIII – homologar transações extrajudiciais.*
>
> *Art. 4º. §1º. A defesa da criança e do adolescente caberá, especialmente, nas hipóteses previstas no §3º do art. 227 da Constituição Federal.*
>
> *Art. 4º. §3º. Os acordos celebrados pelas partes, se homologados por Defensor Público, valerão como título extrajudicial.*

Verifique-se que o fundamento utilizado pela Presidência da República para vetar tais dispositivos se firma fortemente em duas premissas básicas, totalmente equivocadas, conforme mostrará a evolução da Instituição e dos institutos jurídicos a ela relacionados, que são a ideia de que a Defensoria Pública existe para promover unicamente direitos individuais e exclusivamente de pessoas que comprovem carência de recurso. Cada um dos citados dispositivos vetados foi posteriormente, como se verá, objeto de novas propostas legislativas que, desta feita, restam aprovadas, a conferir à Defensoria Pública as funções antes negadas. Assim ocorreu com as alterações realizadas no Código de Processo Civil (CPC), relativamente à questão da homologação de acordos; Lei da Ação Civil Pública (LACP) e Código de Defesa do Consumidor (CDC), quanto à legitimidade para ações que versem sobre interesses transindividuais, e Estatuto da Criança e do Adolescente (ECA), em referência à defesa da criança e adolescente.

Importante ressaltar que a Defensoria Pública da União foi implantada, em caráter emergencial e provisório, pela Medida Provisória[33] nº 617/94, reeditada inúmeras vezes[34] até ser definitivamente convertida na Lei nº 9.020, de 30 de março de 1995, ainda em plena vigência – o que nos causa estranhamento, uma vez que se trata de uma legislação que deveria reger uma situação "emergencial e provisória", e, no entanto, perdura há mais

---

[33] Grosso modo, medidas provisórias não espécies normativas emanadas do Poder Executivo que necessitam de posterior aprovação do Congresso Nacional.

[34] Medidas Provisórias nº 656/94, 703/94, 757/94, 822/95, 884/95 e, finalmente, 930/95. Todas tinham teor idêntico à Medida Provisória 617/94, apenas tendo a esta acrescido um artigo tratando da forma de nomeação do Defensor Público Geral da União.

de 20 anos – apenas alterada posteriormente pela lei nº 10.212, de 23 de março de 2001, que criou setenta cargos de defensor público.

Igualmente, é importante salientar que a Lei nº 8.906, de 4 de julho de 1994 – o Estatuto da Advocacia e a Ordem dos Advogados do Brasil (OAB) – prescreveu que os integrantes da Defensoria Pública exercem atividade de advocacia, e, consequentemente, estariam sujeitos ao regime desta lei, *"além do regime próprio a que se subordinem"*[35]. Os defensores públicos questionam a constitucionalidade (por não ser Lei Complementar e ir contra a previsão constitucional acerca da espécie legislativa que rege a Defensoria Pública) e a vigência (teria sido revogada tacitamente pela Lei Complementar 132/2009) desta norma.

2.5. Funções típicas e atípicas. Conceito de necessitado.

Mesmo no primeiro disciplinamento da organização nacional da Defensoria Pública – se bem que desde o projeto encaminhado pela Presidência da República –, não obstante a vontade primeira de que a Instituição se dedicasse à defesa e promoção de direitos individuais exclusivamente daqueles que não dispunham de recursos, já se pode entrever certo "alargamento" deste conceito, uma vez que se atribui já a função e conciliação de interesses em conflitos; a garantia aos "acusados em geral", bem como patrocinar os direitos e interesses do consumidor lesado, etc.

Assim, a Lei Orgânica da Defensoria Pública traçou, com base no comando constitucional, funções típicas e atípicas para a Instituição, tal e qual ocorre com os Poderes tradicionais da República, conforme posicionamento unânime da doutrina e entendimento já discutido no Supremo tribunal Federal[36].

---

[35] Posteriormente a Lei Complementar 132/2009, que deu nova redação ao artigo 4º da Lei Complementar 80/94, prescreveu que a capacidade postulatória do Defensor Público decorre exclusivamente de sua nomeação e posse no cargo público, sem qualquer menção à inscrição na OAB. Algumas Defensorias Públicas decidiram que a inscrição é facultativa e alguns defensores públicos se desligaram da OAB e tem atuado sem a inscrição, inclusive sob a égide de decisão judicial proferida pelo STF (Rcl 13672 MC / SP – Relator(a): Min. MARCO AURÉLIO, Julgamento: 29/05/2012).

[36] A Constituição Federal impõe, sim, que os Estados prestem assistência judiciária aos necessitados. Daí decorre a atribuição mínima compulsória da Defensoria Pública. Não, porém, o impedimento a que os seus serviços se estendam ao patrocínio de outras iniciativas processuais em que se vislumbre interesse social que justifique esse subsídio estatal. Trecho do voto do relator – STF – ADI 558 – Rel. Min. Sepúlveda Pertence.)

OS NOVOS ATORES DA JUSTIÇA PENAL

Seriam típicas as funções cuja atuação se encontra fundamentada no pressuposto de pobreza na forma da lei, por parte daquele que busca a Defensoria Pública, tal como exposto no art. 5o, LXXIV, e a comprovação deste estado[37]. São funções típicas as hipóteses de promoção da conciliação entre as partes em conflito de interesses – extrajudicialmente, patrocínio das ações penal privada, subsidiária da pública e civil, promoção de defesa em ação penal e civil, reconvir, exercício da defesa da criança e do adolescente, entre outras.

Serão atípicas as funções cuja atuação do defensor público esteja completamente desvinculada da (ou não necessariamente vinculada à) situação econômico-financeira do assistido. São os casos em que a Defensoria Pública atua na Curadoria Especial ou na área criminal[38].

Atua o defensor público como Curador Especial, por exemplo, nos casos em que o réu revel é citado por edital ou citado por hora certa[39], não havendo como qualificá-lo como necessitado ou não-necessitado, ante a impossibilidade de comprovar sua hipossuficiência.

Outrossim, no processo penal, quando o réu, mesmo citado pessoalmente, não constitui advogado, não obstante tenha recursos para tanto, é obrigatória a atuação do defensor público para a efetividade da ampla defesa, uma vez que se trata de direito indisponível no processo penal[40].

Também a lei já entendia que a DP tinha como função patrocinar os direitos e interesses do consumidor lesado; o qual, já pela redação do à época recém aprovado Código de Defesa do Consumidor – CDC – informava em seu Art. 6º: *"São direitos básicos do consumidor: (...) VI – a efetiva prevenção e reparação de danos patrimoniais e morais, individuais, coletivos e difusos"*; ou seja, não apenas os individuais, lembrando também que o Art. 5º dis-

---

[37] Respeitando-se, sempre, o direito de apuração desde estado de carência pela própria Defensoria Pública.

[38] Ou, ainda, conforme se verá adiante, na legitimidade para propor edição, revisão e cancelamento de enunciado de súmula vinculante perante o Supremo Tribunal Federal.

[39] Consoante determinado no art. 9o, II, do Código de Processo Civil brasileiro e art. 4o, VI da Lei Complementar 80/94

[40] Não obstante tenhamos a firme convicção de que, nestes casos, o Magistrado, ao fim do processo, deve arbitrar honorários a serem pagos à Defensoria Pública pelo réu abastado, em analogia ao Art. 263. Se o acusado não o tiver, ser-lhe-á nomeado defensor pelo juiz, ressalvado o seu direito de, a todo tempo, nomear outro de sua confiança, ou a si mesmo defender-se, caso tenha habilitação. Parágrafo único. O acusado, que não for pobre, será obrigado a pagar os honorários do defensor dativo, arbitrados pelo juiz.

põe que *"Para a execução da Política Nacional das Relações de Consumo, contará o poder público com os seguintes instrumentos, entre outros: I – manutenção de assistência jurídica, integral e gratuita para o consumidor carente"*.

De outra parte, tendo em vista a alteração realizada na Lei da Ação Civil Pública pelo Código de Defesa do Consumidor, de que *"aplicam-se à defesa dos direitos e interesses difusos, coletivos e individuais, no que for cabível, os dispositivos do Título III da lei que instituiu o Código do Consumidor."* O legislador, preocupado em dar o máximo de efetividade às normas da tutela coletiva, inscreveu no CDC uma regra que amplia o manejo da ação civil pública por qualquer *"entidade e órgão da Administração Pública, direta ou indireta, ainda que sem personalidade jurídica"* (art. 82, III, CDC).

Ao inscrever dentre as funções da Defensoria Pública o patrocínio dos direitos e interesses do consumidor lesado, e existindo no âmbito do direito consumerista uma grande área de exercício de direitos tipicamente transindividuais, de acordo com as regras esculpidas no CDC, a instituição estaria legitimada à defesa dos direitos e interesses transindividuais dos consumidores, em todas as modalidades, ou seja, difusos, coletivos e individuais homogêneos, não obstante o já citado veto do inciso VII do art. 4º da Lei 80/94.

Atualmente, tem-se entendido que o múnus da Defensoria Pública não se liga puramente à proteção contra a vulnerabilidade econômica, mas, ao contrário, se justifica diante de *"diversas situações, entretanto, relacionadas a direitos indisponíveis, como a vida e liberdade, sujeitos especialmente protegidos pelo direito, como crianças e adolescentes e mulheres vítimas de violência doméstica"*[41], de tal forma que não abrange *"apenas o hipossuficiente no aspecto econômico, mas também sob o prisma organizacional (hipossuficiência social)"*[42]. Assim, não há razão para dividir as funções da Defensoria Pública em típicas e atípicas, uma vez que a atuação da instituição, em prol de interesse coletivo ou individual, sempre estará ligada a presença de alguma vulnerabilidade, seja econômica, seja jurídica, seja organizacional.

---

[41] Farias, José Vagner de. A legitimação constitucional da atuação da Defensoria Pública a partir da concepção de necessitado para além do aspecto econômico. Dissertação (mestrado) 115 f. – Universidade de Fortaleza, 2014. Pp. 107.

[42] TJ-RS, Agravo de Instrumento Nº 70057478273, 10ª Câmara Cível, Rel. Jorge Alberto Schreiner Pestana, J. 29/5/2014.

OS NOVOS ATORES DA JUSTIÇA PENAL

2.6. Os Pactos Republicanos em prol da Justiça

Os chefes dos três Poderes do Brasil, depois de acurados estudos, reuniram-se em sessão solene e subscreveram um documento intitulado "Pacto de Estado em favor de um Judiciário mais Rápido e Republicano"[43], em que firmam uma série de compromissos com o objetivo de aprimorar a prestação jurisdicional.

Relativamente à Defensoria Pública, reconhecem o descompasso entre os quadros da Instituição e as necessidades de uma sociedade *"extremamente desigual e empobrecida"*, verificando que no âmbito da Defensoria Pública da União *"o número de Defensores não chega a dez por cento do número de unidades jurisdicionais a serem atendidas"*.

Com base nestas observações, e diante da necessidade de se construir parâmetros claros para a ampliação da Defensoria, entendeu-se por constituir uma comissão de estudos e a celebração das parcerias com os Governos Estaduais, a fim de superação destas questões.

Várias alterações legislativas decorreram deste pacto, o que denotou a importância desta medida, que viria a ser repetida cinco anos depois, no denominada *"II PACTO REPUBLICANO de ESTADO por um sistema de Justiça mais acessível, ágil e efetivo"*. Neste segundo ato solene dos chefes dos três Poderes da República em prol de acesso universal à Justiça, houve o compromisso de se *"conferir prioridade às proposições legislativas relacionadas (...) à concretização dos direitos fundamentais, à democratização do acesso à Justiça, inclusive mediante o fortalecimento das Defensorias Públicas"*.

3. Alterações na seara civil e processual civil
3.1. O Código de Processo Civil

Podemos verificar, no âmbito do Código de Processo Civil, em seu artigo 585, inciso II, inserido pela Lei 8.953, de 13.12.1994, quando prescreve ainda maior importância à Defensoria Pública, atribuindo-lhe a prerrogativa de referendar o termo de "acordo" entre partes que buscam a composição extrajudicial de alguma questão, alçando tal documento à categoria de título executivo extrajudicial – apresentação documental típica de crédito líquido, certo e exigível – um documento do qual resulta a exequibilidade de uma pretensão.

---

[43] EXPOSIÇÃO DE MOTIVOS Nº 204, DE 15 DE DEZEMBRO DE 2004, Diário Oficial da União – Seção 1 – 16/12/2004

O HISTÓRICO DO ARCABOUÇO NORMATIVO DA DEFENSORIA PÚBLICA

A importância do advento do inciso II, do artigo 585, do CPC, é que este objetivou a busca de meios alternativos para a solução de conflitos, que a legislação confere legitimidade aos acordos extrajudiciais reconhecendo que membros da Defensoria Pública e do Ministério Público são idôneos e aptos para fiscalizar a regularidade do instrumento, bem como verificar se as partes estão manifestando sua vontade livre e consciente[44].

Importante salientar também, ainda inserido no Código de Processo Civil, o artigo 690-A, inciso III, incluído pela Lei 11.382/2006, que coloca em mesmo patamar de tratamento os membros da Magistratura, do Ministério Público e da Defensoria Pública, não só em relação às prerrogativas, mas também em relação aos impedimentos, o que é o caso. Demonstrando que se trata de carreiras jurídicas assemelhadas[45].

Uma forma legítima de desafogar o Judiciário veio com o advento da Lei 11.441 de 2007, com o artigo 982, do CPC, e seu parágrafo 1º acrescido pela Lei 11.965 de 2009. O Código de Processo Civil estabelece que o inventário é procedimento especial de jurisdição contenciosa, entretanto, passou a poder ser lavrado através de escritura pública, com partilhas amigáveis desde que as partes sejam maiores, capazes, que seja declarada a inexistência de testamentos e concordem com o ora partilhado, ou melhor, que não haja litígio, discórdia entre os herdeiros.

Ainda, se as partes não dispuserem de condições econômicas, poderão fazer-se representar por defensor público, devendo constar a minuciosa qualificação no corpo da escritura. Mais um claro alargamento da Lei inserindo a presença do Defensor Público numa resolução extrajudicial.

No mesmo sentido de consolidação da legitimidade da Defensoria Pública, apresenta-se o artigo 1124-A, do Código de Processo Civil, com a redação dada pela Lei 11.441, de 2007, acrescida o parágrafo 2º, pela Lei 11.965, de 2009. Há aqui possibilidade de homologação extrajudicial de um acordo em separação ou divórcio consensual entre pessoas capazes, não havendo filhos menores ou incapazes, realizado através do membro da Defensoria Pública.

---

[44] Neste sentido: Execução de Alimentos: 0002125-64.2007.805.0103 – Tribunal de Justiça da Bahia, publicado no Diário de Justiça da Bahia em 23/02/2011. http://www.jusbrasil.com.br/diarios/24974706/pg-81-caderno-3-entrancia-intermediaria-diario-de-justica-do-estado-da-bahia-djba-de-23-02-2011

[45] Para aprofundamento no assunto: ROCHA, Jorge, ob. cit.

OS NOVOS ATORES DA JUSTIÇA PENAL

3.2. A atuação no controle concentrado e a lei nº 11.417/2006

A Lei nº 11.417, de 19 de dezembro de 2006, trata do disciplinamento da edição, revisão e cancelamento de enunciado de súmula vinculante pelo Supremo Tribunal Federal.

Esta lei inclui, pela primeira vez, o Defensor Público Geral no rol de legitimados em ação de cunho estritamente concentrado, em abstrato. Segundo o relator, a lei deve incluir *"os tribunais, os procuradores-gerais de justiça e os defensores públicos-gerais, pois são eles os personagens que estão mais próximos dos jurisdicionados e da realidade pulsante dos fatos, de modo que terão melhores condições de iniciar um movimento pela modificação da jurisprudência sumulada pelo Supremo"*[46].

Na citada lei, em seu art. 3o, inciso VI, é cometida ao Defensor Público- Geral da União a atribuição para propor, junto ao Supremo Tribunal Federal, a edição, cancelamento ou revisão de súmula vinculante, que tratará em seu conteúdo acerca da validade, da interpretação e da eficácia de determinadas normas, em face da Constituição, sobre as quais haja controvérsia atual entre órgãos do Poder Judiciário ou entre esses e a administração pública que acarrete grave insegurança jurídica e relevante multiplicação de processos sobre questão idêntica. A súmula, após devidamente publicada na imprensa oficial, terá efeito vinculante em relação aos demais órgãos do Poder Judiciário e à administração pública direta e indireta, nas esferas federal, estadual, distrital e municipal.

O Defensor Público-Geral da União, atua nestes casos, sem dúvida, de forma direta, concentrada, e não de forma difusa (*incidenter tantum*), bem assim em nome próprio, e não na modalidade de representação processual dos necessitados, em instrumento processual de tutela coletiva, cujo interesse, tal como ocorre com as ações civis públicas, é o de evitar a multiplicação desnecessária de processos, salvaguardar a ordem jurídica e os direitos e garantias de um público indeterminado.

---

[46] Relator: Deputado MAURÍCIO RANDS, COMISSÃO DE CONSTITUIÇÃO E JUSTIÇA E DE CIDADANIA, relatório do PROJETO DE LEI No 6.636, DE 2006

3.3. Alterações na lei de Ação Civil Pública – LACP – consequentemente, no microssistema de processo coletivo

Aprovada, sancionada, promulgada e publicada a Lei nº 11.448/07[47], fora explicitada a legitimidade das Defensorias Públicas para o ajuizamento de Ações Civis Públicas em defesa de direitos e interesses transindividuais. Diz-se explicitaram porque já vinham sendo ajuizadas ações civis públicas pela Instituição em todo o Brasil.

O projeto de lei que deu origem à norma em epígrafe iniciou sua tramitação no Senado Federal, porquanto o projeto era de autoria do Senador pelo Estado do Rio de Janeiro Sérgio Cabral, sob o nº 131/2003, cuja ementa trazia menção unicamente aos agentes políticos do parlamento, em todos os níveis do Estado, ou seja, União, através dos Senadores e Deputados Federais, Estados, com os Deputados Federais e, por fim, Municípios, com os vereadores.

À redação original foram propostas três emendas. A primeira tinha "por escopo aditar a Defensoria Pública ao rol dos legitimados para propor a ação civil", apresentada pelo próprio autor. A segunda visava a ampliar "o rol dos legitimados para a propositura da ação civil com o acréscimo apenas de senadores, deputados federais, câmaras distrital e municipais.". A última, apresentada pelo Senador Demósthenes Torres, o qual argumentou que "o mais acertado é legitimar no polo ativo não os parlamentares pessoalmente, mas seus órgãos de representação global como instituições aptas a proporem a Ação Civil Pública. A Câmara dos Deputados, o Senado Federal, as Assembleias Legislativas, a Câmara Distrital e as Câmaras Municipais..." (Diário do Senado – 25 de julho de 2005 – p. 23129).

Chegando à Câmara dos Deputados[48], passou a ser o Projeto de Lei nº 5.704/2005, cuja relatoria na Comissão de Constituição e Justiça coube ao Deputado Luiz Antônio Fleury, o qual asseverou em seu parecer:

---

[47] Esta norma foi questionada perante o Supremo Tribunal Federal que, em julgamento recente, decidiu pela sua constitucionalidade. ADI 3943 / DF – Relator(a): Min. CÁRMEN LÚCIA, Julgamento: 07/05/2015

[48] O projeto foi enviado à Câmara dos Deputados coma seguinte redação: "Art. 1º O caput do art. 5º da Lei nº 7.347, de 24 de julho de 1985, passa a vigorar com a seguinte redação: 'Art. 5º Têm legitimidade para propor a ação principal e a ação cautelar: I – o Ministério Público; II – o Presidente da República; III – a Mesa do Senado Federal; IV – a Mesa da Câmara dos Deputados; V – o Governador de Estado e do Distrito Federal; VI – a Mesa das Assembléias Legislativas e das Câmaras Distrital e Municipais; VII – o Prefeito de Município; VIII – a Defensoria Pública; IX – o Conselho Federal da Ordem dos Advogados do Brasil e sua sec-

OS NOVOS ATORES DA JUSTIÇA PENAL

"Não se vê razões de ordem institucional ou jurídica que possam fundamentar a inclusão no mencionado rol do Presidente da República, das Mesas da Câmara dos Deputados e do Senado Federal, dos Governadores dos Estados e do Distrito Federal, das Mesas das Assembleias Legislativas dos Estados e da Câmara Legislativa do Distrito Federal, dos Prefeitos, das Mesas das Câmaras Municipais e do Conselho Federal da Ordem dos Advogados do Brasil e suas Seccionais. Pelo contrário, tal medida legislativa pode tornar o instrumento processual da ação civil pública bastante vulnerável a utilizações em que prepondere o caráter político-partidário em detrimento da verdadeira defesa de interesses e direitos coletivos e difusos da sociedade. Apenas à Defensoria Pública é que deveria ser reconhecida a legitimidade para a propositura da ação civil pública." [49]

O citado substitutivo foi votado e aprovado pelos deputados, seguindo para sanção, promulgação e publicação, tal como está na LACP.

Vê-se, portanto, que a lei foi objeto de intensa discussão, recebendo diversas emendas estendendo o rol de legitimados ora às pessoas dos agentes políticos em todas as esferas da Federação, ora às Mesas das Casas Legislativas, aos Chefes do Poder Executivo Federal, Estadual e Municipal. De todos estes mencionados, as Casas que compõem o Poder Legislativo Federal decidiram, em consonância, tão somente pela Defensoria Pública, mesmo ao entendimento, em ambas, confirmando que tal legitimação fático-jurídica já existia[50].

---

cionais; X – a autarquia, empresa pública, fundação, sociedade de economia mista, federal, estadual ou municipal; XI – a associação que concomitantemente: *a)* esteja constituída há pelo menos 1 (um) ano, nos termos da Lei Civil; *b)* inclua entre suas finalidades institucionais a proteção ao meio ambiente,ao consumidor, à ordem econômica, à livre concorrência ou ao patrimônio artístico, estético, histórico, turístico e paisagístico.' (Diário do Senado – 25 de julho de 2005 – p. 23130).

[49] Diário da Câmara dos Deputados, 23.05.2006, pg. 26274.

[50] Na tramitação da Lei nº 11.448/2007 nas Casas Legislativas, em dois momentos, os relatores do Projeto reconheceram que a legitimidade da Defensoria Pública já existia. O primeiro, no Senado Federal, Senador Pedro Simon, o faz através de fruto de interpretação normativa: Deixe-se registrado que a Lei Complementar nº 80, de 12 de janeiro de 1994, organiza a Defensoria Pública da União, do Distrito Federal e dos Territórios, prescreve normas gerais para sua organização nos Estados e dá outras providências, inclusive relativas à ação civil pública, como se constata nos textos abaixo transcritos dos arts. 1º e 4º. Portanto, prever ou deixar de prever a legitimação da Defensoria Pública para ajuizar ação civil, como está proposto na Emenda nº 1-CCJ, em nada altera o art. 5º da Lei nº 7.347, eis que a referida emenda, nesse tópico, apenas estaria repetindo o texto da norma instituidora daquela entidade (Diário do Senado – 25 de julho de 2005 – p. 23128). O segundo momento, na Câmara, o Deputado

Mais recentemente, a Lei nº 13.146, de 6 de julho de 2015, que institui o chamado Estatuto da Pessoa com Deficiência, reforçou a vocação da Defensoria Pública para a proteção dos direitos coletivos *lato senso*, ao incluir no art. 3º da Lei no 7.853, de 24 de outubro de 1989 (disciplina a integração social, institui a tutela jurisdicional de interesses destas pessoas) expressamente a instituição entre os legitimados para ajuizar *"as medidas judiciais destinadas à proteção de interesses coletivos, difusos, individuais homogêneos e individuais indisponíveis da pessoa com deficiência"*, reforçando as disposições normativas da LACP, julgada constitucional pelo STF, além das alterações operadas na Lei Orgânica da Defensoria Pública (pela Lei Complementar 132/2009) e na Constituição Federal (pela Emenda Constitucional nº80/2014), conforme se verá.

3.4. Alterações em outras normas de direito civil e processual civil

Não podemos deixar de mencionar aqui as importantes alterações no tocante ao Estatuto do Idoso, Lei n. 10.741, de 1º de outubro de 2003, que traz em seu artigo 13 novamente a paridade de tratamento entre membros do Ministério Público e da Defensoria Pública, ao dispor que as transações relativas a alimentos passarão a ter efeito de título executivo extrajudicial e poderão ser celebradas perante o Promotor de Justiça ou o Defensor Público.

Outrossim, o ECA – Lei 8.069, de 13 de julho de 1990 – já na redação original do parágrafo 1º do artigo 141, garantia o acesso de toda criança e adolescente à Defensoria Pública, dispondo que a assistência judiciária gratuita será prestada pelo defensor público. Prevê, ainda, a integração operacional da Defensoria Pública, do Poder Judiciários e do Ministério Público, com diversos outros órgãos públicos, em atenção ao princípio da proteção integral e da prioridade, a fim de garantir os direitos da criança e do adolescente em diversas áreas.

Com o advento da Lei 13.010, de 26 de junho de 2014, foi incluído no ECA, o artigo 70-A, que, em seu inciso II determina que se promova essa

---

Federal Antônio Fleury, por verificação da jurisprudência existente: Apenas à Defensoria Pública é que deveria ser reconhecida a legitimidade para a propositura da ação civil pública, tendo em vista a importância desta instituição e a natureza de suas atribuições sempre voltadas para a defesa dos cidadãos e para a luta pela construção neste País de um verdadeiro Estado democrático de direito. Neste sentido, já se observa inclusive a existência de precedente judicial.." (Diário da Câmara dos Deputados, 23.05.2006, pg. 26274).

OS NOVOS ATORES DA JUSTIÇA PENAL

integração operacional entre as instituições também com o desiderato de coibir o uso de castigo físico ou de tratamento cruel ou degradante contra a criança e o adolescente.

A Lei nº 13.140, de 26 de junho de 2015, inovadora no sistema jurídico brasileiro, pois trata da mediação entre particulares como meio de resolução de conflitos, dispõe claramente que o hipossuficiente terá direito à assistência defensorial no âmbito da mediação extrajudicial ou judicial. O já mencionado Estatuto da Pessoa com Deficiência, de julho de 2015, impõe à Defensoria Pública o dever de "capacitar os membros e os servidores" quanto aos direitos da pessoa com deficiência e que deve tomar todas as medidas necessárias para assegurar-lhes os direitos previstos no estatuto.

3.5. O novo Código de Processo Civil

O Novo Código de Processo Civil Brasileiro (NCPC) – a lei 13.105, de 16 de março de 2015 – aprovada após mais de cinco anos de estudos, debates e votações no Senado e na Câmara dos Deputados, e sancionada, promulgada e publicada pela Presidência da República com vetos, mas ainda em período de *vacatio legais* de um ano.

Uma das principais mudanças no Novo CPC é a introdução de um título exclusivo sobre a Defensoria Pública e de inúmeras outras disposições que cuidam da atuação do defensor público, colocando-o ao lado dos juízes, advogados e membros do Ministério Público, concretizando o tratamento equânime que deve existir entre as carreiras componentes do Sistema de Justiça. Também o novel código se preocupou em repetir ou explicitar normas aplicadas aos membros da instituição que já constam em outras disposições legais, tais como o prazo em dobro, a intimação pessoal e a desnecessidade de procuração.

Por outro lado, o recém-aprovado Códex Processual reforça e amplia um importante prisma da missão constitucional da Defensoria Pública, reconhecendo sua vocação para o trato das questões coletivas, incluindo-a, enquanto instituição e com base na legitimidade extraordinária – demandar em nome próprio direito alheio – para o manejo do inovador instituto do incidente de resolução de demandas repetitivas[51], que é promessa de celeridade processual, uniformidade de decisões e segurança jurídica; e para deflagrar o incidente de assunção de competência.

---

[51] Uma outra técnica de coletivização da lide, a conversão da ação individual em ação coletiva, foi vetada pela Presidência da República.

O HISTÓRICO DO ARCABOUÇO NORMATIVO DA DEFENSORIA PÚBLICA

Também nas ações possessórias se verifica o relevante papel exercido pela Defensoria Pública, não apenas no prisma da defesa do direito individual, mas também no viés coletivo, devendo a Instituição ser sempre intimada quando *"figure no polo passivo grande número de pessoas (..) em situação de hipossuficiência econômica".*

Assim como outras legislações que disciplinaram a atuação da Defensoria Pública, o Novo Código de Processo Civil permite-lhe tomar o assento que lhe é reservado, de forma a reafirmar o caráter de instituição essencial e permanente, que, ao lado das demais, assegura a consecução do Estado Democrático de Direito, do Regime Republicano e busca a concretização dos fundamentos da cidadania e da dignidade humana. Outro não poderia ser o caminho, tendo em vista que, nas palavras da comissão de juristas que confeccionou o anteprojeto, este deveria se conformar de forma absoluta com a Constituição Federal, devendo explicitar *"a promessa de realização dos valores encampados pelos princípios constitucionais[52]".*

4. Alteração na seara penal e processual penal
4.1. Alterações no Código de Processo Penal
O Código de Processo Penal – CPP – adentrou o mundo jurídico por meio do Decreto-Lei n 3.689, de 3 de outubro de 1941. Certamente, na redação original do CPP não há qualquer referência direta à Defensoria Pública ou ao defensor público, mas e tão somente ao defensor do réu de uma forma geral.

Entretanto, após o advento da Constituição de 1988, como já dito e redito, a Defensoria Pública avultou de importância e passou a constituir um centro gravitacional a atrair o interesse doutrinário, legislativo e jurisprudencial.

Ressalte-se que as disposições legais que se referem ao advogado ou defensor se aplicam, *in totum*, à figura do defensor público, o Processo Penal traz alguns comandos e disciplinamento específico para o membro da Defensoria, que, contrariamente, não se aplica ao advogado.

Impende salientar que a Lei nº 9.099, de 26 de setembro de 1995, que dispõe sobre os Juizados Especiais Cíveis e Criminais, se referiu de forma explicita à atuação do defensor público nos processos penais que ali tem

---

[52] Exposição de Motivos do Anteprojeto de Código Civil. Comissão de Juristas . Comissão de Juristas encarregada na elaboração do Anteprojeto do Novo CPC, instituída pelo Ato n. 379/2009, do Presidente do Senado Federal, de 30/09/2009

trâmite. Entretanto de forma dissonante com a Constituição, prevê na seara cível a implantação de uma assistência judiciária prestada por órgão instituído junto ao Juizado Especial.

A seguir, a Defensoria Pública volta a ser convocada ao Processo Penal, contudo não apenas para este, com o advento da Lei nº 11.340 – Lei Maria da Penha – de 7 de agosto de 2006, que visa à criação de mecanismos para coibir a violência doméstica e familiar contra a mulher.

À Defensoria Pública compete criar núcleos específicos e humanizados, de maneira a garantir a toda mulher em situação de violência doméstica e familiar, em sede policial ou judicial, notadamente de forma articulada e integrada com o Poder Judiciário, o Ministério Público e com as áreas de segurança pública: a prestação de assistência jurídica integral e gratuita; acesso a todos dos meios jurídicos existentes para sua defesa contra a violência, em qualquer modalidade; educação em Direitos e cidadania; e a busca por políticas públicas que visem coibir a violência doméstica e familiar contra a mulher.

A primeira lei que incluiu expressamente a Defensoria Pública no Código de Processo Penal foi a Lei nº 11.449, de 15 de janeiro de 2007. Essa norma teve origem no Projeto de Lei nº 6477/2006, cuja autoria foi do Deputado Federal Albérico Filho, foi apresentada no dia 16 de janeiro de 2006, e tinha como escopo alterar o art. 306 do CPP de forma a estabelecer a entrega à Defensoria Pública de uma cópia integral do auto de prisão em flagrante acompanhado de todas as oitivas colhidas.

Em sua justifica, o autor do projeto afirma que *"A rápida atuação da Defensoria, nos casos de réu preso, possibilitará ao acusado, logo na fase investigatória, ter conhecimento claro da imputação, poder apresentar alegações contra a acusação, poder acompanhar a prova produzida e fazer contraprova, ter defesa técnica elaborada por advogado, cuja função, aliás, é essencial à Administração da Justiça e poder recorrer da decisão que decretou a prisão".* Por esta norma, sancionada sem vetos pelo Presidente da República, a Defensoria Pública toma conhecimento das prisões em flagrante das pessoas que não tem advogado e não podem nomeá-los, e também daquelas que, sendo carentes de recursos, desejam ser representadas pela instituição.

Debate-se na doutrina durante algum tempo, tendo restado vacilante a jurisprudência, a questão da ausência de comunicação à Defensoria Pública, se geraria nulidade na prisão, que dá ensejo ao relaxamento desta ou mera irregularidade que poderia ser suprida a qualquer tempo.

Tal discussão perdeu força diante da inovação trazida pela Lei nº 12.403, de 4 de maio de 2011, que determina que o magistrado deve em 24 horas analisar e decidir sobre a prisão em flagrante, devendo ser relaxada a prisão, se ilegal, decretada a prisão preventiva, se presentes os pressupostos ou posto o réu em liberdade provisória, conforme o caso.

Assim, tem a Defensoria Pública a possibilidade de, já na fase de inquérito policial, realizar a defesa dos interesses do indiciado/preso, podendo pleitear sua liberdade, se for o caso; a produção de provas; pleitear outros benefícios como a revogação ou alteração de medidas cautelares; questões atinentes à fiança ou sua dispensa; transferência do preso entre casas de detenção provisória, etc.

Ademais, a Defensoria Pública converte-se verdadeiramente em órgão de contributo na análise da legalidade da prisão, haja vista que recebe a maioria esmagadora das comunicações de flagrante, e, ainda, cópia integral dos autos.

A norma incluída pela Lei nº 11.449/2007 foi alterada posteriormente pela já citada Lei nº 12.403/2011, mas, neste tocante, apenas para retirar a menção expressa às "oitivas colhidas", por desnecessária referência.

A segunda norma que incluiu a Defensoria Pública de forma expressa no CPP foi a Lei nº 11.689, de 9 de junho de 2008, que alterou principalmente dispositivos relativos ao Tribunal do Júri.

Esta norma, relativamente à Defensoria Pública, realizou alterações e inclusões normativas sob dois ângulos diversos.

O primeiro foi conferir um tratamento similar à Defensoria Pública daquele dispensado à Magistratura e ao Ministério Público, dentro dos dispositivos e do procedimento que se visava alterar, em homenagem às disposições constitucionais e infralegais que determinam a similitude organizacional e a identidade de natureza jurídica entre estas instituições.

Assim, reconhecendo a importância da Defensoria Pública, bem como seu papel de instituição essencial à função jurisdição do Estado, a alteração legal elenca a instituição defensorial dentre aquelas que supervisionarão a lista geral dos jurados e o respectivo sorteio, ao lado do Ministério Público, do representante da Seção local da Ordem dos Advogados do Brasil.

Ademais, reconhecendo a similitude constitucional entre as carreiras, inscreve os membros da Defensoria Pública no mesmo elenco de isenção do serviço do júri em que se encontram os Magistrados e membros do Ministério Público, bem assim, em relação aos servidores destas instituições.

OS NOVOS ATORES DA JUSTIÇA PENAL

No mesmo diapasão, permite a realização de serviço alternativo ao serviço do júri elencando expressamente o Poder Judiciário, a Defensoria Pública e o Ministério Público como instituições aptas a esses fins.

O segundo ângulo se refere à função atípica da Defensoria Pública consubstanciada na defesa em processo penal desvinculada da condição de insuficiência de recursos do acusado, conforme referida no início.

De fato, a alteração operada no art. 456, relativamente à ausência sem escusa legítima do causídico constituído pelo acusado, verifique-se que a disposição legal determina a intimação da Defensoria Pública para proceder à defesa em plenário de júri, sem investigação adicional ou questionamentos outros acerca da condição de hipossuficiência do defendido.

Esta alteração, assim como as demais já citadas, demonstra o quando a envergadura institucional da Defensoria Pública criou musculatura e afastou-se da ideia inicial de atuação atrelada única e exclusivamente aos critérios individuais e de carência de recursos[53].

A terceira e, atualmente, derradeira alteração introduzida no CPP que faz referência expressa á Defensoria Pública é a já mencionada Lei nº 12.403, de 4 de maio de 2011, que nasceu no Projeto de Lei 4208, do distante ano de 2001, sendo de autoria da Presidência da República, em mensagem encaminhada à Câmara dos Deputados em 12 de março. Este projeto visava alterar dispositivos do CPP relativos à prisão, medidas cautelares e liberdade, e dá outras providências.

Além da alteração já referida no artigo 306 que se reporta à comunicação da prisão em flagrante à Defensoria Pública quando o preso não declina o nome de advogado, a lei nº 12.403/2011 determina também que seja comunicado à Defensoria Pública o recolhimento de qualquer pessoa presa em virtude de decisão judicial por mandado de prisão, caso o autuado não informe o nome de advogado constituído.

Esse disciplinamento segue o mesmo fundamento do referido art. 306, e corrige a lacuna legal deixada pela Lei nº 11.449/2007, que só tratou da comunicação à Instituição quando se tratava de prisão proveniente de flagrante, deixando de fora as prisões preventivas ou temporárias determinadas na face de inquérito policial, por exemplo, em que o preso ainda não

---

[53] Para aprofundamento: Farias, José Vagner de. A legitimação constitucional da atuação da Defensoria Pública a partir da concepção de necessitado para além do aspecto econômico. Dissertação de Mestrado. Agosto de 2014. Universidade de Fortaleza – UNIFOR.

O HISTÓRICO DO ARCABOUÇO NORMATIVO DA DEFENSORIA PÚBLICA

integra processo e possivelmente não tem ainda advogado constituído ou não é assistido ainda da Defensoria Pública.

4.2. Lei de Execuções Penais

De fato, a Lei nº 7.210, de 11 de julho de 1984, que institui a Lei de Execução Penal – LEP, é anterior à Constituição Federal de 1988 e, portanto, anterior á criação da Defensoria Pública como instituição de alcance nacional.

O projeto de lei de alteração da LEP foi apresentado ainda em 2007 pelo Deputado Edmilson Valentim que justificou a iniciativa afirmando que:

> *"O presente Projeto de Lei visa aperfeiçoar a Lei de Execução Penal, conferindo explicitamente à Defensoria Pública o papel de órgão provedor da garantia do princípio constitucional de acesso à Justiça, no âmbito da execução da pena." e que segundo informações censitárias, há cerca de 401.000 presos no Brasil. Desses, aproximadamente 80%, não possuem condições financeiras de se fazerem representar judicial e extrajudicialmente, desconhecem os seus direitos, e são, na prática, abandonados pelo Estado. "Dessa maneira, urge erigir a Defensoria Pública à categoria de autêntico órgão da Execução Penal, responsável pela tutela dos excluídos, para que essa triste realidade seja alterada."*

Alerta o parlamentar que *"a Defensoria Pública deixou de ser incluída no elenco de órgãos da Execução Penal porque, em 1984, ano de elaboração da Lei de Execução Penal, a nobre instituição ainda se mostrava incipiente, não ostentando a pujança e relevância de hoje, deflagrada pelo tratamento constitucional conferido pela Carta de1988"*. Assim, a LEP não poderia trazer, como de fato não trazia, nenhuma referência à instituição, não obstante, posteriormente, com a edição da Lei Complementar 80, de 12 de janeiro de 1994, a Defensoria Pública passasse a ostentar entre suas funções institucionais explícitas a atuação *"junto aos estabelecimentos policiais e penitenciários, visando assegurar à pessoa, sob quaisquer circunstâncias, o exercício dos direitos e garantias individuais"*, constante no inciso VIII do art. 4º na redação original da citada Lei complementar.

O projeto de lei foi submetido às Comissões de Segurança Pública e Combate ao Crime Organizado da Câmara dos Deputados (04/09/2007) e de Comissão de Constituição e Justiça e Cidadania (11/11/2008), sendo aprovado por unanimidade, em caráter terminativo, sem emendas. Remetido ao Senado Federal, a proposição foi submetida à apreciação da Comissão de Constituição e Justiça e Cidadania do Senado Federal a qual realizou audiência pública em 15 de outubro de 2009, com a presença de representantes de diversas instituições jurídicas[54], onde foram apresentadas sugestões que, através de emendas, foram integradas ao texto, retornando à Câmara dos Deputados e logrando aprovação naquela casa, sem novas alterações.

Levada à apreciação presidencial, o projeto aprovado foi sancionado sem vetos, transformando-se na lei nº 12.313, de 19 de agosto de 2010, e elencou no art. 61 a Defensoria entre os órgãos da execução penal e, além de incumbir à Instituição em diversas atribuições, também incluiu Capítulo IX, denominado "Da Defensoria Pública", especificamente para tratar da atuação na seara da execução penal. Assim, prevê a lei que a instituição *"velará pela regular execução da pena e da medida de segurança, oficiando, no processo executivo e nos incidentes da execução, para a defesa dos necessitados em todos os graus e instâncias, de forma individual e coletiva"*.

Não é despiciendo lembrar que no ano de 2009, quando a proposta de alteração da LEP ainda estava em trâmite no Congresso Nacional, foi aprovada a Lei Complementar 132/2009, que promoveu a alteração no citado inciso VIII do art. 4º, passando seu conteúdo a constar em outro dispositivo, de forma mais ampla e precisa, em que prescreve ser função institucional *"atuar nos estabelecimentos policiais, penitenciários e de internação de adolescentes, visando a assegurar às pessoas, sob quaisquer circunstâncias, o exercício pleno de seus direitos e garantias fundamentais"*.

Deve-se estar atendo ao fato de que a nova redação retirou a adjetivação "individuais" dos direitos e garantias, para, em consonância com a nova perspectiva institucional da defensoria pública, permitir a atuação também em relação aos direitos e garantias coletivos. No mesmo diapasão de ampliação do leque de destinatários da atuação institucional, também incluiu os estabelecimentos de internação de adolescentes.

Acrescentou ainda a Lei Complementar 132/2009, que os estabelecimentos policiais, penitenciários e de internação de adolescentes devem ter instalações adequadas ao atendimento jurídico das pessoas beneficia-

---

[54] Associação Nacional dos Membros do Ministério Público (CONAMP), da Associação Nacional dos Defensores Públicos (ANADEP), do Conselho Nacional de Procuradores Gerais (CNPG), da Pastoral Carcerária, da Associação dos Juízes Federais (AJUFE), do Instituto Brasileiro de Ciências Criminais (IBCCrim), da Ordem dos Advogados do Brasil (OAB), da Associação Nacional dos Procuradores da República (ANPR), da Associação dos Delegados de Polícia do Brasil (ADEPOL) e da Associação Nacional dos Defensores Públicos da União (ANDPU).

das pelos serviços da Defensoria, assegurando aos membros da instituição apoio administrativo, acesso às informações e documentações, e o direito de entrevista entre o Defensor Público e o assistido.

Havendo, portanto, perfeita consonância na reestruturação legislativa da Defensoria Pública, com equalização dos novos conceitos aplicados à Instituição, tais como a atuação coletiva em geral (alteração na LACP, LC80, LEP e ECA), e também no âmbito estabelecimentos penitenciários.

5. Alterações na Lei Orgânica Nacional da Defensoria Pública

A Lei Complementar nº 80/94, Lei Orgânica da Defensoria Pública, já havia sido alterada, mas de forma tímida, pela Lei Complementar nº 98, de 3 de dezembro de 1999, apenas para incluir a possibilidade de convênio entre as Defensorias Públicas da União e dos Estados e do Distrito Federal, bem como para revogar garantias dos Defensores. Entretanto, com a Lei complementar 132/2009 deu-se nova feição à Defensoria Pública, caracterizando-a ainda mais como instrumento de realização da República, da democracia e do Estado de Direito. Ademais, ampliou sobremaneira seu leque de funções.

Na verdade, ao lado da alteração (reforma expressa) da Constituição promovida pelas Emendas Constitucionais 41, 45 e 73 e 80, os novos contornos trazidos pela Lei Complementar nº 132/2009 (que alterou a Lei Complementar 80/94) operam verdadeira mutação constitucional[55], pois passou a assegurar aos destinatários da assistência defensorial não apenas o tratamento jurídico de suas questões, mas um tratamento "interdisciplinar", passando por uma assistência psicológica, sociológica, etc., o que refoge a qualquer âmbito jurídico de atuação profissional[56].

---

[55] Chegando a esta mesma conclusão: GROSTEIN, Julio. O Papel da Defensoria na Mutação Constitucional: um Enfoque à Luz das Atribuições Institucionais. In Temas Aprofundados da Defensoria Pública. Volume 2. Organizadores: RUGGERI RÉ, Aluísio Iunes Monti, REIS, Gustavo Augusto Soares dos. Editora JusPodium. Ano 2014 Pag. 641- 657

[56] "As práticas de avaliação e de perícia que se apresentam como atividades tradicionais dos profissionais da Psicologia e do Serviço Social no contexto jurídico e que possibilitam oferecem subsídios aos operadores do Direito nas decisões sofrem uma torção interessante na Defensoria. (...) ao invés de se constituir num instrumento de extração da verdade de normalização do sujeito, de individualização da questão, ele potencializa a proteção de novos discursos, de outros lugares para este sujeito, situando aquela problemática num plano coletivo". A Emergência de novos Arranjos Psi-Jurídicos: Pistas para Pensar Encontros Entredisciplinares desde a Experiência da Defensoria Pública do Estado de São Paulo. In Temas Aprofundados da Defensoria Pública. Volume 2. Organizadores: RUGGERI RÉ, Aluísio Iunes Monti, REIS, Gustavo Augusto Soares dos. Editora JusPodium. Ano 2014. Pag 978/979.

OS NOVOS ATORES DA JUSTIÇA PENAL

Inova ainda quando traz o Princípio do Defensor Público Natural, em paralelo ao Juiz e ao Promotor natural, sobre o qual tivemos a oportunidade de escrever nestes termos:

"Arrematando todo o perfil constitucional da Defensoria Pública até aqui delineado, impende demonstrar a existência do Princípio do Defensor Público Natural, ao lado do Princípio do Juiz Natural e do Promotor Natural. Ora, prescreve a Constituição "que ninguém será processado ou julgado senão pela autoridade competente", afirmando os doutrinadores que a expressão "julgado" se refere aos magistrados e, por sua vez, a expressão "processados" aos promotores. Entretanto, há um terrível equívoco em não vislumbrar que o verbo processar não significa denunciar, acusar. Assim, processar não se refere única e exclusivamente às funções exercidas pelo membro do Ministério Público. Deitando os olhos de forma acurada sobre a Garantia Constitucional do Devido Processo Legal, é inarredável inferir que esta não se refere tão-somente à devida denúncia ou devida acusação levada a efeito pelo membro natural do Parquet, mas, ao revés, apoia-se, sobremaneira, nos Princípios do Contraditório e da Ampla Defesa, efetivados pelo defensor do réu, na maioria das vezes, onde existe, o Defensor Público titular da função onde tramita o feito. Poder-se-ia dizer que o fato de o acusado a qualquer tempo poder nomear um advogado particular depõe contra o princípio aqui escudado, entretanto, convém salientar que não estamos falando do o princípio do defensor natural, mas o do Defensor Público Natural, aquele que, integrante da Instituição, aprovado em concurso de provas e títulos, com a participação da Ordem dos Advogados do Brasil, detentor da garantia da inamovibilidade, poderá exercer, com independência funcional, a orientação, a promoção e a defesa aos necessitados, e, a feição do Postulado do Promotor Natural: (...) se revela imanente ao sistema constitucional brasileiro, repele, a partir da vedação de designações casuísticas efetuadas pela Chefia da Instituição (STF – HC 67.759, Rel. Min. Celso de Mello). Da mesma forma que a existência da ação penal privada ou da ação penal privada subsidiária da pública, e a possibilidade de haver um assistente de acusação, não elidem o Princípio do Promotor Natural. Igualmente, o fato de as partes levarem um litígio acerca de seus direitos patrimoniais disponíveis perante o Juiz Arbitral não afasta o Princípio do Juiz Natural[57].

---

[57] ROCHA, JORGE BHERON. Legitimidade da Defensoria Pública para Ajuizar Ação Civil Pública tendo por Objeto Direitos Transindividuais. Acesso em http://www.mpce.mp.br/

O HISTÓRICO DO ARCABOUÇO NORMATIVO DA DEFENSORIA PÚBLICA

Também relativamente à capacidade postulatória do defensor público decorrer única e diretamente da posse no cargo, o que torna a inscrição do membro da instituição nos quadros da OAB desnecessário e até indesejável, uma vez que não pode, por exemplo, ser submetido à dupla fiscalização funcional da OAB, através do Tribunal de Ética, e da Corregedoria da Defensoria Pública.

Ao ter assento em *"conselhos federais, estaduais e municipais afetos às funções institucionais da Defensoria Pública, respeitadas as atribuições de seus ramos"*, a instituição passa a ter sob sua responsabilidade atribuições com feições muito mais político-sociais do que propriamente jurídicas, e deve desempenhá-las, logicamente, com vistas a se desincumbir de suas funções e finalidades constitucionais.

A nova sistemática trazida pela Lei complementar 132/2009 (consolidada posteriormente pela Emenda Constitucional 80/2014), em decorrência das autonomias introduzidas pela Emenda Constitucional 45/2004, ao impor à Defensoria Pública o dever de realizar audiências públicas com a finalidade de se discutir matérias relacionadas às suas funções institucionais; ao criar no seio da instituição uma Ouvidoria externa, cuja titularidade deve recair obrigatoriamente em uma pessoa advinda de fora dos quadros da Instituição, que terá o direito (e o dever) de tomar assento no Conselho Superior e usar da palavra para trazer as ponderações da sociedade civil e dos movimentos populares, traduzindo também os anseios do público utente dos serviços defensoriais; ao prever a promoção de atividades de intercâmbio com a sociedade civil possibilitando as trocas de vivência e conhecimento para além do tecnicismo; ao fixar a inclusão de meios de comunicação direta entre a Defensoria Pública e a sociedade; ao inscrever como essencial a contribuição da participação popular no acompanhamento e na fiscalização da prestação dos serviços; o legislador harmonizou a adjetivação dada à Defensoria de *"expressão e instrumento do regime*

---

esmp/biblioteca/monografias/d.processual.civil/legitimidade.da.defensoria.publica[2007]. pdf Ano 2007, acesso em 14 de maio de 2014. Neste sentido: SANTIAGO, Nestor Eduardo Araruna. O princípio do defensor natural no processo penal brasileiro. In: A Renovação Processual Penal após a Constituição de 1988: estudos em homenagem ao Professor José Barcelos de Souza. Nestor Eduardo Araruna Santiago; Marcellus polastri Lima (orgs.). Rio de Janeiro: Lumen Juris, 2009. p. 240-242. Ainda: Nestor Távora e Rosmar Rodrigues Alencar. Curso de Direito Processual Penal, 5º Edição. Juspodium, 2010. Pag. 63

OS NOVOS ATORES DA JUSTIÇA PENAL

democrático", com substantivização próprias deste regime, consolidando a essência do Estado Democrático de Direito, que é a soberania popular[58].

6. Reformas e mutações constitucionais
6.1. As emendas constitucionais

A primeira Emenda Constitucional que altera o regime jurídico dos defensores públicos, bem como afasta equívocos acerca de sua natureza jurídica, é a de nº 19, de 04 de junho de 1998. Explico-me.

No primeiro caso, os defensores públicos passaram a ser obrigatoriamente remunerados por subsídio, tendo em vista a nova redação dada ao art. 134 faz referência direta ao art. 39, §4º, que trata especificamente da política remuneratória, impondo aos defensores públicos o regime de subsídios idêntico àquele que rege a magistratura e o Ministério Público. Ademais, até aquele momento muito se discutia em relação à natureza jurídica da carreira de defensor público, existindo um entendimento até então de que se tratava de uma modalidade ou espécie de advocacia pública, juntamente com a carreira previstas no art. 131, que estavam sob a nomenclatura de Advocacia Geral da União, e tratavam também no art. 132, as Procuradorias dos Estados e Distrito Federal.

Com a alteração do *nomen juris da* Seção II do Título IV, da Constituição, para "Advocacia Pública", passou a se firmar o entendimento de que os defensores públicos não exercem a advocacia pública, não sendo dela espécie, por claro e inequívoco comando constitucional, tampouco, por óbvio, fazem parte da advocacia privada[59].

Importante destacar a Emenda Constitucional nº 41, de 19 de dezembro de 2003, que altera o artigo 37, inciso XI, da Constituição Federal, passando a constar na nova redação, no que diz respeito à remuneração e subsídios dos ocupantes de cargos, funções e empregos públicos da Administração Direta, que se aplica tanto aos membros do Ministério Público

---

[58] "Isso será possível por meio da capacitação e da repetição de práticas exitosas por meio do envolvimento da sociedade civil, na construção de tais práticas de maior visibilidade às suas ações". CUNHA, Luciana Gross, FEFFERBAUM, Marina. Repensando o Papel da Defensoria Pública: Uma Nova Estratégia para o Aprimoramento da Cidadania. In Temas Aprofundados da Defensoria Pública. Volume 2. Organizadores: RUGGERI RÉ, Aluísio Iunes Monti, REIS, Gustavo Augusto Soares dos. Editora JusPodium. Ano 2014 Pag. 21.

[59] Neste sentido e de forma mais desenvolvida: Devisate, Rogério dos Reis. "Categorização": (um ensaio sobre a Defensoria Pública). -Acesso à justiça: segunda série / Fábio Costa Soares, organizador. Imprenta: Rio de Janeiro, Lumen Juris, 2004. p. 389-400

O HISTÓRICO DO ARCABOUÇO NORMATIVO DA DEFENSORIA PÚBLICA

quanto da Defensoria Pública o teto do Supremo Tribunal Federal, que se refere à magistratura.

Outrossim, a Emenda Constitucional nº 45, de 30 de dezembro de 2004, trouxe importantes alterações no regime constitucional da Defensoria Pública enquanto instituição, pois assegurou no parágrafo 2º, do artigo 134, da Constituição Federal, a autonomia funcional e administrativa e a iniciativa de sua proposta orçamentária dentro dos limites estabelecidos na lei de diretrizes orçamentárias, e, para alguns, a autonomia financeira[60].

A autonomia administrativa se reflete no exercício das atribuições internas da instituição, ao elaborando regimentos internos, prover os cargos de suas carreiras e dos serviços auxiliares, compor os seus órgãos de administração superior e de atuação, elaborar suas folhas de pagamento, decidir acerca da situação funcional de seus membros e servidores, decidir sobre atos de aposentadoria e disponibilidade, enfim, praticar atos próprios de gestão.

As autonomias orçamentária e financeira se referem à capacidade de elaborar as propostas orçamentárias da instituição, atenta aos parâmetros fixados pela Constituição e pelas leis, gerir e aplicar os recursos que lhes são destinados. Por outro lado, como *"garantia assecuratória da autonomia financeira"*[61], leve-se em conta que o repasse destas verbas orçamentárias deve se realizar por duodécimos, com data fixa no dia 20 de cada mês[62].

[60] No sentido do reconhecimento da autonomia financeira: LENZA, Pedro. Reforma do Judiciário. Emenda Constitucional nº 45/2004. Esquematização das principais novidades. Jus Navigandi, Teresina, ano 9, n. 618, 18 mar. 2005. Disponível em: http://jus2.uol.com.br/doutrina/texto.asp?id=6463. Acesso em: 10 out. 2007; MACHADO, Agapito. A nova reforma do Poder Judiciário: EC nº 45/04. Jus Navigandi, Teresina, ano 9, n. 600, 28 fev. 2005. Disponível em: <http://jus2.uol.com.br/doutrina/texto.asp?id=6378>. Acesso em 5 out. 2007; MENEZES, Felipe Caldas. Defensoria pública da união : princípios institucionais, garantias e prerrogativas dos membros e um breve retrato da instituição. Revista EMARF: Escola de Magistratura Regional na 2ª Região – v. 8 n. 1 mar. 2007 Rio de Janeiro p. 65-102; BORGES NETTO, André Luiz. A autonomia financeira da Defensoria Pública estadual e sua iniciativa reservada para projetos de leis. Jus Navigandi, Teresina, ano 9, n. 689, 25 maio 2005. Disponível em: <http://jus2.uol.com.br/pecas/texto.asp?id=621> Acesso em 7 out. 2007.

[61] LENZA, Pedro. Direito Constitucional Esquematizado. Ed. Saraiva. 17º Edição. 2013. Pag. 643

[62] Neste sentido: "Repasse duodecimal determinado no art. 168 da Constituição. Garantia de independência, que não está sujeita a programação financeira e ao fluxo da arrecadação. Configura, ao invés, uma ordem de distribuição prioritária (não somente equitativa) de satisfação das dotações orçamentárias, consignadas ao Poder Judiciário." (STF – MS 21.450). Ainda:

OS NOVOS ATORES DA JUSTIÇA PENAL

No tocante a Emenda Constitucional nº 69, de 29 de março de 2012, basicamente transfere da União para o Distrito Federal as atribuições de organizar e manter a Defensoria Pública do Distrito Federal.

Quanto a Emenda Constitucional nº 74, de 06 de agosto de 2013, que acresce o parágrafo 3º ao artigo 134, da Constituição Federal, aplicando-se às Defensorias Públicas da União e do Distrito Federal a autonomia funcional e administrativa e a iniciativa de sua proposta orçamentária dentro dos limites estabelecidos na lei de diretrizes orçamentárias e, consequentemente, a autonomia financeira[63].

6.2. O advento da Emenda Constitucional 80/2014

Conforme verificamos, a Defensoria Pública[64] foi criada pelo Constituinte originário, tendo sua feição inicial sido alterada e desenvolvida em razão de inúmeras alterações normativas em varias searas, criminais, civil, processuais, mas e principalmente, tendo em conta as reformas constitucionais que modificaram substancialmente a Instituição e a carreira dos defensores públicos.

Nenhuma das alterações anteriormente citadas foi tão densa e tão profunda quando a que foi levada a termo pela recente aprovação, promulgação e publicação da Emenda Constitucional nº 80, de 4 de junho de 2014 – EC80/14.

Esta reforma constitucional transformou a missão da Defensoria Pública e estendeu suas funções, alargando alvissareiramente seu âmbito de atuação, em consonância com o que já se encontrava previsto na legislação infraconstitucional, definindo-a como *"instituição permanente, essencial à função jurisdicional do Estado, incumbindo-lhe, como expressão e instrumento do regime democrático, fundamentalmente, a orientação jurídica, a promoção dos direitos humanos e a defesa, em todos os graus, judicial e extrajudicial, dos direitos indi-*

"O legislador constituinte, dando consequência a sua clara opção política (...) instituiu, no art. 168 de nossa Carta Política, uma típica garantia instrumental, assecuratória da autonomia". (STF – MS 21.291-AgR-QO)

[63] Esta Emenda é objeto de discussão acerca de sua constitucionalidade no STF, em razão de suposto vício de iniciativa legislativa.

[64] Para saber sobre a existência de instituições semelhantes no direito comparado: FREITAS, Vladimir Passos de. Acesso à Justiça: a importância das defensorias públicas na defesa do povo. Revista Consultor Jurídico, 26 de setembro de 2007. Disponível em <http://conjur.estadao.com.br//static/text/59861>. Acesso em 23 out. 2007

O HISTÓRICO DO ARCABOUÇO NORMATIVO DA DEFENSORIA PÚBLICA

viduais e coletivos, de forma integral e gratuita, aos necessitados, assim considerados na forma do inciso LXXIV do art. 5º da Constituição Federal".

Perceba-se que a Defensoria Pública passou ser reconhecida constitucionalmente como expressão e instrumento do regime democrático, transmutada em Instituição essencial não apenas à função jurisdicional do Estado, mas em Instituição essencial à democracia e ao regime republicano, com o dever de se empenhar na busca ininterrupta pela consecução do exercício pleno dos direitos sociais e individuais, da liberdade, do bem-estar, da igualdade e da justiça, responsável pela promoção dos direitos humanos e atuação em prol do asseguramento da dignidade das pessoas e na soberania do poder do povo, tudo em consonância com o papel e a missão que lhes são reservados.

A previsão constitucional da Defensoria Pública encontra-se postada no Título III – Da Organização dos Poderes, entretanto, como já visto, fora dos Capítulos destinados ao Legislativo, Executivo e Judiciário, em Capítulo próprio destinado às Funções Essenciais à Justiça, ao lado do Ministério Público e da Advocacia Pública e Privada, como a demonstrar de forma visual, topológica, sistêmica e literal que não está subordinada aos ditames destes Poderes ou de qualquer outra instituição[65], sob qualquer destes aspectos. Nomeadamente agora, em que a citada EC 80/14 criou a Secção IV exclusivamente para tratar da Defensoria Pública[66], separando-a definitivamente das demais instituições, principalmente da Advocacia Privada, com quem anteriormente dividia a Secção III do referido capítulo.

Assim, ao protagonizar seção própria no capítulo das funções essenciais à Justiça, resta completamente distinta da advocacia.

A citada Emenda constitucionaliza os princípios institucionais da Defensoria Pública, inscritos no recém-incluído §4º do Art. 134 da Constituição Federal[67], quais sejam a unidade[68], indivisibilidade e independência funcional.

Assim, una é a instituição tendo em vista que os defensores públicos integram um único órgão, partilhando funções e finalidades; é indivisível

---

[65] STF – ADI 3.569

[66] Para saber mais sobre as alterações trazidas pela EC/80/14: ROCHA, Jorge Bheron. Nova Emenda Constitucional: Reforma e Mutação Constitucional da Defensoria Pública. In http://www.adpec.org.br/2013/?publications=nova-emenda-constitucional-reforma-e-mutacao-constitucional-da-defensoria-publica. Acesso em 25 de maio de 2014.

[67] Já constava no Art. 3º da Lei Complementar Federal 80/94.

[68] STF – AIED237400 – Min. Ilmar Galvão

OS NOVOS ATORES DA JUSTIÇA PENAL

na medida em que seus membros podem ser substituídos uns pelos outros, respeitadas as regras prévia e legalmente estabelecidas, sem juízo de discricionariedade do chefe da Instituição.

A independência funcional, enquanto princípio institucional, ou seja, referente à própria instituição Defensoria Pública, está intimamente ligada às já mencionadas autonomias administrativa, orçamentária e financeira, mas também tem especial referência à autonomia funcional. Esta autonomia funcional se relaciona ao planejamento, condução e execução das funções institucionais, cuja responsabilidade é exclusiva da Defensoria Pública, sem que haja qualquer ingerência dos poderes ou outras instituições. Tanto é que as funções institucionais da Defensoria Pública estão elencadas no art. 4º da Lei Complementar nº 80/94, e podem ser exercidas, como efetivamente são, contra as pessoas jurídicas de direito público, inclusive em face do ente federativo que a mantém financeiramente, como forma de "permitir o pleno exercício" destas funções.

Dentre as principais alterações trazidas pela Emenda Constitucional 80/2004, está a iniciativa de lei da instituição para alteração do número de membros, criação e extinção de cargos e de órgãos de atuação, fixação do subsídio, entre outras; o fato de que suas decisões administrativas, nomeadamente as do Conselho Superior, devem ser motivadas e proferidas em sessão pública; para o ingresso no cargo de Defensor Público passa a ser necessária a implementação de pelo menos 3 (três) anos de atividade jurídica; a exigência de frequência a cursos oficiais de preparação e de aperfeiçoamento como etapas obrigatórias para alcançar a vitaliciedade na carreira; a própria vitaliciedade é uma garantia conquistada pelos defensores públicos em prol da finalidade de sua atuação, que pode se dar de forma ainda mais desembaraçada frente aos obstáculos da promoção do acesso à Justiça.

A citada Emenda ainda estabelece um prazo de 8 anos em que deverão ser lotados Defensores em todas as comarcas do Brasil, em número proporcional à efetiva demanda e prioritariamente nas regiões com maiores índices de exclusão social.

Essas alterações fortalecem o acesso aos serviços da Defensoria Pública, como educação em direitos, mediação, conciliação e patrocínio judicial, e, por conseguinte, a possibilidade de se buscar a efetivação de outros direitos e garantias constantes na Constituição e nas leis.

7. Tratados e Convenções internacionais e a atuação da Defensora Pública do Brasil

7.1. O Sistema Interamericano de Direitos Humanos

A Defensoria Pública do Brasil sempre esteve historicamente ligada às causas humanitárias, sendo ela mesma uma garantia de acesso à Justiça e de proteção dos direitos e liberdades. Ressalte-se, entretanto, que com o advento da Lei Complementar 132/2009, posteriormente constitucionalizada pela Emenda nº 80/2014, passou a instituição a ser expressamente responsável pela promoção dos direitos humanos, de forma integral e gratuita, em todos os graus, o que inclui, indubitavelmente, o recurso às Cortes internacionais de promoção e proteção dos direitos humanos. Por outro lado, importante salientar que os tratados e convenções internacionais sobre direitos humanos podem ter força normativa equivalente às emendas constitucionais, desde que aprovado pelas duas casas legislativas com quorum qualificado, tal como ocorre com a Convenção sobre os Direitos das Pessoas com Deficiência[69]; bem como em razão de o Supremo Tribunal Federal brasileiro ter reconhecido que os tratados de direitos humanos têm um valor supralegal, ou seja, tem força superior à lei ordinária, que, se for contrária aos tratados, não possui validade. O julgamento do STF foi justamente sobre a força normativa da Convenção Americana sobre Direitos Humanos[70].

Neste contexto, releva saber que o Sistema Interamericano de Direitos Humanos é constituído por um conjunto de instrumentos de promoção e proteção dos direitos humanos adotados pela Organização dos Estados Americanos, entre os quais se destaca a Convenção Americana. Esta convenção, mais amplamente conhecida como Pacto de San José da Costa Rica, reconhece e define os direitos dos indivíduos e estabelece as obrigações dos Estados partes. Como decorrência da adoção do Sistema Interamericano de Direitos Humanos foram criadas a Comissão Interamericana de Direitos Humanos e a Corte Interamericana de Direitos Humanos – CIDH, instâncias responsáveis pela análise e julgamento dos casos relacionados com o descumprimento dos compromissos assumidos pelos Estados partes.

As partes no procedimento perante a Corte são a Comissão Interamericana, as vítimas ou organizações não-governamentais e o Estado acusado

---

[69] Decreto Legislativo nº 186, de 9.7.2008
[70] STF – HC 87585 / TO – Relator(a): Min. MARCO AURÉLIO, Julgamento: 03/12/2008

da violação. Entretanto, apenas os Estados partes e a Comissão podem submeter um caso à apreciação CIDH, devendo os indivíduos ou organizações encaminhar suas denúncias à Comissão Interamericana. Assim, o acesso à Corte pode se dar através de organização não governamental, ou, ainda, de forma individual ou coletiva, relevando, neste último caso, o papel de acesso ao sistema de Justiça pela Defensoria Pública, oportunizando às pessoas com maior grau de vulnerabilidade o encaminhamento de suas próprias reclamações, por intermédio do direito da petição, a fim de possibilitar a prevenção ou restauração dos direitos humanos, com autonomia plena em relação ao governo do país do qual é nacional ou residente.

Em 2009, com a aprovação de modificação do Regimento interno da CIDH, passou a ser previsto no art. 37 a existência de um Defensor Interamericano o qual seria designado de ofício pela própria Corte nos casos em que as supostas vítimas comparecessem *"sem representação legal devidamente credenciada"*. Acrescentava ainda o regulamento que dever-se entender por Defensor Interamericano *"a pessoa que a Corte designe para assumir a representação legal de uma suposta vítima que não tenha designado um defensor por si"*.

Até esta altura, não se entendia necessariamente que o defensor interamericano seria um defensor público. Entretanto, em 25 de setembro de 2009, é firmado um Acordo de Entendimento entre a CIDH e a Associação Interamericana de Defensorias Públicas (AIDEF)[71] com o objetivo de *"coordenar seus esforços para garantir o acesso à justiça Interamericana daquelas pessoas que carecem de representação, legal, e de este modo garantir uma efetiva defesa"*. O citado acordo se destina às pessoas que se identificam como vítimas e que carecem de recursos econômicos ou representação legal ante a Corte, possibilitando que garantam o acesso à defesa técnica através de um defensor público interamericano durante todo o processo[72].

Já em 2010, a CIDH emite seu Relatório Anual dos Trabalhos, onde passa a constar expressamente a previsão da indicação de um "defensor público interamericano"[73].

---

[71] Integram a AIDEF Antigua e Barbuda, Argentina, Brasil, Colômbia, Costa Rica, Chile, Equador, El Salvador, Honduras, México, Nicarágua, Paraguai, Porto Rico, República Dominicana, Uruguai, Venezuela, Bahamas, Bolívia, Estados Unidos, Guatemala, Jamaica, Panamá, Peru e Trinidade e Tobago.

[72] In http://www.corteidh.or.cr/convenios/aidef2009.pdf Acesso em 28 de fevereiro de 2015.

[73] "I. ORIGEM, ESTRUTURA E COMPETÊNCIAS DA CORTE(...) H. AMPLIANDO OS HORIZONTES DA JURISDIÇÃO INTERAMERICANA(...) H. 2. DEFENSOR PÚBLICO

Durante o 41º Período de Sessões Ordinárias, entre 5 e 7 de junho de 2011, em San Salvador, todos os 35 países membros aprovaram por unanimidade a Resolução AG/RES 2656 (XLI-0/11), intitulada *Garantias de Acesso à Justiça: o papel dos Defensores Públicos Oficiais.*

Tal resolução exalta a figura do Defensor Público e sua atuação junto à Corte Interamericano:

> "TOMANDO NOTA com suma satisfação da implementação da figura do "Defensor Público Interamericano" e do Acordo de Entendimento, firmado entre a Corte Interamericana de Direitos Humanos e a Associação Interamericana de Defensorias Públicas (AIDEF), para a designação oficiosa de um defensor público e para buscar o direito de assistência gratuita a todas as supostas vítimas de violações de direitos humanos, na tramitação dos casos contenciosos que o requeiram".

No que concerne à atuação positiva dos Estados membros da Organização dos Estados Americanos para lograr superar as dificuldades no acesso à Justiça no plano interno, a Resolução AG/RES 2656 se configura um marco normativo no Continente Americano, uma vez que este é o primeiro documento aprovado pela OEA, em que a questão do direito de acesso à justiça é tratada como direito autônomo, de forma expressa, direita e clara, reconhecendo a missão da Defensoria Pública perante os cidadãos que se encontram em situação de vulnerabilidade.

De fato, a Resolução é expressa, em seu art., 4º, ao *"recomendar aos Estados membros que já disponham do serviço de assistência jurídica gratuita que adotem medidas que garantam que os defensores públicos oficiais gozem de independência e autonomia funcional",* bem como *"incentivar os Estados membros que ainda não disponham da instituição Defensoria Pública que considerem a possibilidade de criá-la em seus ordenamentos jurídicos".*

INTERAMERICANO: *No ano 2010, a Corte assinou um Acordo de Entendimento entre a Corte e a Associação Interamericana de Defensorias Públicas (AIDEF). O objetivo deste Acordo de Entendimento é prover assistência legal gratuita às supostas vítimas que carecem de recursos econômicos ou de representação legal perante a Corte Interamericana, de acordo com o estabelecido no Regulamento da Corte que entrou em vigor em janeiro de 2010, o qual estipula o seguinte: 'em casos de supostas vítimas sem representação legal devidamente acreditada, o Tribunal poderá designar um Defensor Interamericano de ofício que as represente durante a tramitação do caso'. In* http://www.corteidh.or.cr/sitios/informes/docs/POR/por_2010.pdf *acesso em 10 de março de 2015.*

OS NOVOS ATORES DA JUSTIÇA PENAL

Um segundo documento normativo aprovado pela Assembleia Geral da OEA, é a Resolução AG/RES. 2714 (XLII-O/12), intitulada *"Defensoria Pública Oficial como garantia de acesso à Justiça das pessoas em condição de vulnerabilidade"*, que é expressa ao abordar a importância da Defensoria Pública, "a qual se constitui um aspeto essencial para o fortalecimento do acesso à Justiça e para a consolidação da democracia", cobrando uma tomada de posição dos Estados membros sobre o cumprimento da Resolução anterior, reiterando a necessidade de fortalecimento das ações que garantam o gozo de independência e autonomia funcional aos Defensores Públicos Oficiais dos Estados Membros que já contam com o serviço de assistência jurídica gratuita.

A Autonomia da Defensoria Pública Oficial foi novamente abordada na 43ª Assembleia Geral da OEA, que aprovou nova Resolução AG/RES. 2801 (XLIII-O/13), intitulada *"Pela autonomia da Defensoria Pública Oficial como garantia de acesso à Justiça"*, em que destacou o exitoso trabalho realizado pelos Defensores Públicos Interamericanos na defesa dos direitos das vítimas de violações dos direitos humanos, e cuja principal diretriz é a defesa de independência e autonomia funcional, acrescentando a necessidade de autonomia financeira e técnica dos Defensores Públicos, livre de ingerências e controles indevidos por parte de outros poderes do Estado.

A Resolução AG/RES. 2821 (XLIV-O/14), da Assembleia Geral da OEA, intitulada "Rumo à autonomia e ao fortalecimento da Defensoria Pública Oficial para garantir o acesso à justiça", foi aprovada durante o 44º Período Ordinário de Sessões, e tem como finalidade aprofundar o compromisso dos Estados-membros com o acesso à justiça e normatizar o trabalho dos defensores públicos oficiais na proteção dos direitos humanos. Ainda segundo este documento, os Defensores Públicos Interamericanos tem realizado um exitoso trabalho de defesa dos direitos das vítimas de violações de direitos humanos.

As regras inseridas no Regulamento Unificado para a atuação da AIDEF perante a Comissão e a Corte Interamericanas de Diretos Humanos, prescrevem que devem ser designados para cada caso dois defensores públicos interamericanos, um do país acusado de violador e outro de um país diferente. Desde o início do convênio, já foram designados defensores públicos interamericanos para três casos (Furlan versus Argentina, Mohamed versus Argentina e Pacheco Tineo versus Bolívia), neste último há a participação de um defensor público do Brasil.

310

Verifica-se, portanto, que a instrumentalização da Defensoria Pública para a proteção dos Direitos Humanos ampliou e robusteceu suas atribuições, a fim de garantir o amplo acesso à Justiça, desde o atendimento inicial da demanda, com aconselhamento e orientação, passando pelo ajuizamento de ação na 1ª instância do Judiciário local, pode ir até o necessário comparecimento junto à Corte continental.

7.2. O Tribunal Penal Internacional

Através da Emenda Constitucional nº 45/2004 se introduziu na Constituição Federal o § 4º do Art. 5º, prevendo que *"o Brasil se submete à jurisdição de Tribunal Penal Internacional a cuja criação tenha manifestado adesão"*.

Anteriormente, o Estatuto de Roma que cria o Tribunal Penal Internacional (TPI) já havia sido introduzido no ordenamento jurídico através do Decreto Legislativo nº 4.388, em 25 de dezembro de 2002 (DLTPI). O Tribunal Penal Internacional é um instrumento de afirmação, proteção e defesa dos Direitos Humanos contra as atrocidades cometidas ao longo dos séculos contra inúmeros grupos de homens, mulheres e crianças, pois reconhece que tais crimes se constituem ameaça à paz, à segurança e ao bem-estar da humanidade em nível internacional, devido a sua intensa gravidade, sendo do interesse da comunidade internacional a punição dos responsáveis e, sobretudo, a reparação das vítimas.

Ora, em sendo a Defensoria Pública um instrumento do regime democrático e responsável pela promoção dos Direitos Humanos, poderia atuar no Tribunal Penal Internacional, em Haia?

A resposta é francamente afirmativa. Em primeiro lugar, porque podemos observar a experiência bem sucedida da atuação da Defensoria Pública nos casos perante a Corte Interamericana de Direitos Humanos. Segundo, porque é o Brasil signatário do Tratado, sendo responsável pela consecução das finalidades do TPI em todos os termos, inclusive para a melhoria dos serviços jurídicos de atendimento que devem ser prestados às partes e para uma mais efetiva e eficaz consecução da Justiça. Em terceiro lugar, porque a jurisdição do TPI não substitui a jurisdição penal nacional, nem se constitui uma jurisdição diversa, mas sim complementar a esta. Em quarto lugar, a atuação da Defensoria no TPI poderia se dar em apoio às vítimas, em parceria com a Secretaria do Tribunal, mas também, e talvez principalmente, na defesa das pessoas levadas a julgamento.

OS NOVOS ATORES DA JUSTIÇA PENAL

A Secretaria do Tribunal é responsável por manter uma Unidade de Apoio às Vítimas e Testemunhas (art. 43.6, DLTPI), que deverá prestar, além de medidas de proteção e segurança, outras modalidades de assistência, nos quais se incluem, evidentemente, a assistência jurídica, até porque estas tem o direito à participação ativa no processo, podendo expressar "as suas opiniões e preocupações"(art. 68.3, DLTPI), bem como o inarredável direito à reparação dos danos (art. 75, DLTPI). Por outro lado, há visível necessidade de assistência jurídica às vítimas para outras situações, como, por exemplo, solicitar a abertura de inquérito ao Procurador (art. 15.1, DLTPI); ou fornecer informações sobre a prática de crimes da competência do Tribunal tendo em vista que as Defensorias Públicas se configuram *"fontes fidedignas"* apropriadas (15.2, DLTPI); ou, por outro lado, solicitar o arquivamento do inquérito ao Procurador por ser contra os interesses das vítimas (53.1.c, DLTPI).

A Defensoria Pública, com sua atuação exitosa na CIDH, tem propiciado às vítimas de violações uma assistência revestida de maior tecnicidade e o acolhimento que a instituição está preparada para fornecer, em vista das características multidiciplinares de seu atendimento. Não seria diferente nos casos submetidos à competência do TPI, v.g. os casos de genocídio, previsto no art. 6º, podendo se dar em relação à grupo de pessoas em especial situação de vulnerabilidade, como comunidades indígenas, moradores de rua, populações residentes em grandes aglomerados urbanos vítimas de violência sistemática pelo Estado, etc.

Por outro lado, a Defensoria Pública também pode realizar seu mister de proteção e promoção dos Direitos Humanos através da garantia do devido processo legal, da observância do contraditória e da mais absoluta ampla defesa atuando em prol do acusado, levando em conta que o TPI é competente para julgar pessoas físicas (art. 25.1, DLTPI). Tal atuação pode iniciar mesmo durante o inquérito realizado pelo Procurador do TPI, pois é direito do acusado impugnar a admissibilidade do caso ou a jurisdição do Tribunal (art. 19.2, DLTPI); influir na apuração do inquérito, solicitando investigações que interessem à defesa (art. 54.1.a, DLTPI); pedido de liberdade provisória (art. 59.5, DLTPI); interpor recurso (arts. 81.1.b e 81.2.a, DLTPI); Revisão da Sentença Condenatória ou da Pena (art. 84); solicitar a transferência do Estado encarregado da execução (art. 104.2, DLTPI), entre outros.

A atuação da Defensoria pública em prol do acusado no âmbito do Tribunal Penal Internacional pode se dar:

O HISTÓRICO DO ARCABOUÇO NORMATIVO DA DEFENSORIA PÚBLICA

1) por solicitação do próprio acusado, uma vez que é seu direito inafastável o de ser assistida por um causídico/defensor público natural de sua escolha (Art. 55.2.c, primeira parte, DLTPI), e sendo o Brasil Estado parte do Tratado, deve envidar todos os esforços para que o acusado possa ser assistido pela Instituição responsável pela assistência jurídica integral e em todos os graus, o que abrange, sem qualquer dúvida, a atuação junto às instâncias internacionais reconhecidas pelo país, como é a hipótese em análise;

2) por designação do próprio Tribunal, sem qualquer encargo, nos casos em que o acusado ainda não tenha defensor, e não possa constituir por não possuir meios suficientes para pagar (Art. 55.2.c, segunda parte, DLTPI). Neste segundo caso, seria necessário um protocolo de entendimento entre as Defensorias Públicas Oficiais e o Tribunal Penal Internacional com o escopo de coordenar os esforços para garantir o acesso integral e gratuito à justiça daquelas pessoas que carecem de representação jurídica, e desta forma assegurar uma defesa técnica de qualidade e efetiva, em todos os graus, a que tem direito os acusados, numa fórmula semelhante àquela tomada junto à CIDH. Ressalte-se que o TPI tem uma clara política de cooperação com entidades independentes representativas de advogados e associações jurídicas, podendo fazê-lo em relação às Defensorias Públicas, colocando à disposição do TPI os membros da instituição que se enquadrem nos requisitos elencados[74].

[74] Rule 22. Appointment and qualifications of Counsel for the defence 1. A counsel for the defence shall have established competence in international or criminal law and procedure, as well as the necessary relevant experience, whether as judge, prosecutor, advocate or in other similar capacity, in criminal proceedings. A counsel for the defence shall have an excellent knowledge of and be fluent in at least one of the working languages of the Court. Counsel for the defence may be assisted by other persons, including professors of law, with relevant expertise. 2. Counsel for the defence engaged by a person exercising his or her right under the Statute to retain legal counsel of his or her choosing shall file a power of attorney with the Registrar at the earliest opportunity. 3. In the performance of their duties, Counsel for the defence shall be subject to the Statute, the Rules, the Regulations, the Code of Professional Conduct for Counsel adopted in accordance with rule 8 and any other document adopted by the Court that may be relevant to the performance of their duties. in The Rules of Procedure and Evidence. Official Records of the Assembly of States Parties to the Rome Statute of the International Criminal Court, First session, New York, 3-10 September 2002 (ICC-ASP/1/3 and Corr.1).

OS NOVOS ATORES DA JUSTIÇA PENAL

Conclusões

Buscamos identificar e analisar as principais inovações normativas que se sucederam ao longo dos séculos e lograram instituir a tímida assistência judicial e, posteriormente, transmutá-la na vigorosa Instituição hodierna com atuação continental.

A assistência judiciária que fundamentou os primeiros mecanismos legais em prol das pessoas necessitadas foi se aprimorando ao longo dos anos, até se firmar no modelo de serviço prestado pelo Estado, o *salaried staff*, não obstante com características próprias, em razão da diversidade de experiências adotadas nas muitas unidades da Federação brasileira.

As formas de aparição do *salaried staff* consolidadas na altura das discussões acerca da nova Constituição, que consolidaria a transição do regime ditatorial para um regime democrático em meados da década de 80 do século passado, se diferenciavam nomeadamente em razão do órgão que prestava o serviço de assistência judiciária: Procuradorias Estaduais; Coordenadorias ligadas normalmente às Secretarias de Justiça; ou a Defensoria Pública, surgida como uma especialização do Ministério Público, dele tendo se apartado, mas guardado características institucionais e de carreira.

A exitosa experiência da Defensoria Pública do Rio de Janeiro influenciou decisivamente o modelo adotado pelo constituinte originário, não obstante tenha havido inúmeras propostas que intentavam implantar outros modelos, dentre eles a incorporação da assistência judiciária ora às Procuradorias, ora ao Ministério Público, ou, ainda, o retorno ao modelo *judicare* sob a batuta da OAB.

A Defensoria Pública não foi inicialmente constituída na forma e semelhança da experiência vivenciada no Rio de Janeiro, não obstante nela tenha se espelhado, uma vez que os dispositivos constitucionais que a organizavam eram lacônicos, e remetiam à posterior regulação por lei complementar, surgida apenas seis anos depois, com forte viés de atuação individual na prestação do serviço de assistência jurídica, mas sem descurar de instrumentos de coletivização da lide e de resolução extrajudicial dos conflitos.

O decurso do tempo revelou que a vontade política não foi favorável à implantação da Defensoria Pública em todas as unidades judiciárias, entretanto a atuação da instituição onde já estava implantada foi suficiente para revelar sua vocação para o fortalecimento do acesso à Justiça, o que redundou na aprovação de diversas alterações normativas que aprofundaram sua capacidade de promoção e defesa dos direitos e interesses das pessoas em situação de vulnerabilidade.

A Defensoria Pública passou de uma instituição inicialmente pensada para prover assistência judiciária, passando para realizar a assistência jurídica, e atualmente para prestar a assistência defensorial, que engloba outros serviços, como o atendimento psicológico e de assistência social por equipe multidisciplinar.

A instituição adentrou o âmbito constitucional como essencial à função jurisdicional do Estado, e se transmudou em instituição essencial à democracia, ao regime republicano e à consecução do bem comum, responsável pela promoção dos direitos humanos, em todos os graus, de forma integral, inclusive ultrapassando as fronteiras do país para uma atuação continental junto à Corte Interamericana de Direitos Humanos. O que nos leva a concluir que também poderia, ou dizendo melhor, deveria ter o exercício de suas atribuições garantido junto ao Tribunal Penal Internacional, atuando em favor das vítimas de violações, bem como na promoção dos direitos de defesa dos acusados, através de acordos de entendimento entre aquela Corte e as Defensorias Públicas Oficiais dos Estados parte do Tratado.

A Defensoria Pública – e, portanto, a assistência defensorial – é um círculo de garantia muito maior, que engloba a justiça gratuita, assistência judiciária e a assistência jurídica, pois vai além destas perspectivas tradicionais, agregando outros serviços multidisciplinares, formas de atuação político-sociais e instrumentos democráticos de participação direta da população, na busca da plenitude da dignidade e da cidadania das pessoas necessitadas, em especial, e dos direitos, liberdades e garantias das pessoas em geral, pela observância dos fundamentos, objetivos e princípios do Estado Democrático de Direito, convertendo-se na revolução da significação do Acesso à Justiça.

Implicações Penais e Processuais Penais da Defensoria Pública

KARLA PADILHA REBELO MARQUES
Mestre em Direito pela Universidade Federal de Pernambuco
Promotora de Justiça do Ministério Público de Alagoas

1. Notas Introdutórias. 2. O Direito à Ampla Defesa e ao Contraditório: sua inafastabilidade do processo penal e o Papel do Defensor Público. 3. Como superar a dicotomia interesse punitivo estatal e defesa individualizada do arguído – aparentes dilemas da Defensoria Pública. 4. Outras facetas da Defensoria e que revelam seu caráter institucional. 5. O desafio de se atingir eficazmente o equilíbrio processual, (des)respeitando-se a vontade do arguído e protegendo seus interesses. 6. À Guisa de Conclusão. Bibliografia.

> *"Temos milhares de condenados por pequenas quantidades e maconha*
> *e pouquíssimos condenados por golpes imensos na praça.*
> *Para ir preso no Brasil, é preciso ser muito pobre e muito mal defendido.*
> *O sistema é seletivo. É um sistema de classes. Quase um sistema de castas"[1].*

---

[1] Excerto do voto do Ministro Luís Roberto Barroso, do Supremo Tribunal Federal, na Ação Penal 470, conhecida como "Ação do Mensalão", nos segundos embargos de declaração, para decretação do trânsito em julgado e execução imediata das decisões condenatórias. Disponível em: <http://s.conjur.com.br/dl/voto-ministro-roberto-barroso-segundos.pdf>. Acesso em: 12.02.2015.

OS NOVOS ATORES DA JUSTIÇA PENAL

"Não sou teórico, intelectual, nem bem defino conceitos de esquerda e direita. Sou Tribuno da Plebe, minha missão constitucional é defender o cidadão pobre e garantir a afirmação dos seus direitos contra toda violação injusta, inclusive aquelas decorrentes de uma ação do Estado". [2]

1. Notas Introdutórias

Sobretudo naqueles países onde as dessemelhanças econômicas e sociais se desdobram em desigualdades no sistema penal, com repercussões que alcançam com nitidez a realidade do sistema prisional, assume o Estado o ônus inafastável de reduzir essas tais desequiparações, através de mecanismos reais que possam viabilizar aos sujeitos processuais com perfil de hipossuficiência econômica o exercício do direito de defesa e a garantia de que terão vez e voz no processo, de forma qualificada e adequada, em paridade de condições com esse próprio Estado, quando exercita o *jus puniendi*, através do órgão de acusação oficial.

No Brasil, débito histórico[1] com a população mais pobre parece justificar a implementação da Defensoria Pública em termos institucionais, como forma de se viabilizar o acesso à justiça[3] em sentido material e, para além, como meio de se promoverem mecanismos concretos de transformação social, em nível transindividual. Pode-se admitir que o Estado falhou no seu dever de reduzir o crime e a criminalidade a patamares aceitáveis, sobretudo quando se trata de delitos em que os pobres são mais identificados como sujeitos ativos – com ênfase para os crimes contra o patrimônio – restando lacunas não preenchidas no seu papel de promotor da inserção social do cidadão e, nesse diapasão, assume esse mesmo Estado o ônus de prestar uma assistência jurídica[2] integral àquele que pratica o crime e não pode, *de per si*, defender-se tecnicamente das acusações contra si formuladas ou custear a contratação de um causídico: Eis a reafirmação da importância e imprescindibilidade de uma Defensoria Pública que possa albergar todas as demandas que emergem do seio social, de forma adequada, atempada e suficiente.

---

[2] PORTUGUÊS, Rafael de Morais. *Justiça para quem precisa. In* Revista do Brasil nº 38, agosto/2009, p. 20.

[3] BUSCHEL, Inês do Amaral. O acesso ao direito e à justiça. *In* LIVIANU, Roberto (coord). Justiça, cidadania e democracia. Rio de Janeiro: Centro Eldstein de Pesquisa Social, 2009, pp. 148 e segs. Disponível em: <http:books.scielo.org>. Acesso em: 11.04.2015.

Está-se diante de ente público que se pretende apresentar como instrumento apto a viabilizar o acesso à justiça e, na seara criminal, a permitir que o hipossuficiente (sobretudo sob o viés econômico – escassez de recursos[3]) possa se conduzir de forma satisfatória no inquérito e no processo (na condição de investigado ou arguído) e assim se desincumbir dos deveres que lhe são impostos, sendo-lhe asseguradas todas as garantias que lhe permitam, enquanto suposto sujeito ativo do crime e, ao empós, sujeito passivo do processo penal, dispor amplamente dos instrumentos necessários a uma performance processual em paridade de armas com a acusação. Isso sem falar na possibilidade de a Defensoria agir, também no processo penal, em defesa da vítima ou de seus sucessores ou representantes[4], além das diversas hipóteses de sua intervenção extraprocessual (inclusive de orientação jurídica[5]), em questões relativas a ilícitos penais.

No mais, há de se ter em conta o direito de *todos*, constitucionalmente assegurado, inclusive com *status* de cláusula pétrea[4], no âmbito judicial e administrativo, à *razoável duração do processo*, sem prejuízo de lhes serem assegurados todos os meios e recursos necessários à satisfação da celeridade em sua tramitação, como hipótese de resposta aos litígios instaurados. Se por um lado o arguído se enquadra nessa hipótese, igualmente a sociedade, enquanto destinatária e credora, *lato sensu*, de respostas adequadas ao processamento de crimes, dentro de sua esfera de concreção do direito à segurança pública, inicialmente na seara policial e, não raro, trazido às varas judiciais criminais[5].

Nessa perspectiva, a existência de uma instituição cuja função precípua seja a de defender réus pobres parece mais adequada ao atendimento de tal desiderato. Isso levando-se em conta a experiência prática de países que adotam sistemas outros, onde os montantes pouco satisfatórios e a demora em seu recebimento pelo advogado privado, pagos pelo Estado pelo serviço de assistência judiciária prestada aos mais pobres, acabam por

---

[4] Art. 5º, inc. LXXVIII, da Constituição Federal, incluído pela EC 45/2004. Do mesmo modo, a Constituição da República Portuguesa prevê, em seu art. 20º (acesso ao direito e tutela jurisdicional efetiva), nºs 4. e 5., o direito de todos, em quaiquer processos em que intervenham, de serem julgados em prazo razoável e mediante processo equitativo. Ainda, que a defesa de direitos, liberdades e garantias pessoais há de se dar mediante procedimentos judiciais dotados de celeridade e prioridade, de modo que a tutela possa ser obtida efetiva e tempestivamente contra ameaças ou violações a esses mesmos direitos.

[5] Art. 144, CF c/c art. 5º, inc. XXXV, LIV e LVII, CF.

OS NOVOS ATORES DA JUSTIÇA PENAL

resultar na atuação subsidiária e eventual de tal profissional liberal, nessas atividades[6]. Ora, a natureza negocial financeiramente rentável, ínsita à essência do contrato celebrado para fins de percepção de honorários advocatícios, contribui para a ausência de prioridade, em se tratando de profissional liberal do direito, no desempenho da advocacia para hipossuficientes, às expensas do Estado.

Outro problema consiste na duvidosa qualidade técnica[7] daqueles que se prestam a tal mister, cientes de toda sorte de entraves práticos, considerando-se que os grandes escritórios de advocacia e os profissionais mais experientes e tecnicamente preparados, com clientes privados inclusive na área criminal, ver-se-iam no impasse de atender a quem o contrata a preço de mercado ou a prestar tal serviço aos mais pobres[8], ainda que, na última hipótese, possa se reconhecer atitude eticamente positiva ou impregnada de relevante valor humanitário. Apesar da alternativa do direito à auto-defesa, que estaria a suprir a necessidade de recurso à defesa gratuita custeada pelo Estado, há de se ter em conta que justamente o hipossuficiente detem, na prática, pouco ou nenhum preparo para exercer esse direito pes-

---

[6] É certo que há diversos modelos de atuação em defesa do desassistido. Sobre o assunto: SMITH: Roger. Assistência jurídica gratuita aos hipossuficientes: modelos de organização e de prestação do serviço. (Trad. Cleber Francisco Alves). *In* Revista da Defensoria Pública, ano 4, nº 2, jul-dez 2011. Escola da Defensoria Pública do Estado de São Paulo, pp. 22 e segs. Considere-se ainda alterações legislativas ocorridas em diversos países posteriormente à publicação desse artigo.

[7] A esse propósito, a Comissão Europeia de Direitos Humanos tem se manifestado com frequência: *A state cannot be held responsible for every shorcoming on the part of a lawyer appointed for legal aid purposes... (States) are required to intervene only if a failure by councel to provide effective representation is manifest or sufficiently brough to their attention. In* CAPE, Ed *et al. Effective Criminal Defense in Europe.* Antwerp, Oxford, Portland: Intersentia, 2010, p. 44. Assim, a qualidade do serviço prestado pelo advogado dativo em regra não é objeto de qualquer controle, salvo em casos manifestos, que de alguma forma despertaram a atenção das autoridades.

[8] Os grupos minoritários na Europa, como os ciganos e imigrantes de países mais pobres padecem, na prática, de problemas no que concerne a sua defesa, não raro realizada por advogados inexperientes (ou até *trainees*), já que a remuneração paga pelo Estado para tal finalidade não se revela atrativa, tampouco o tempo transcorrido para a percepção dos valores pelos serviços prestados que, entre 2006-7, girava em torno de 400 euros por caso, independentemente de sua complexidade, com prazo médio para recebimento de 1 ano a 1 ano e meio após a prestação do serviço advocatício. Isso sem contar que, em alguns países, sequer se exige especialização na área criminal para atuação no sistema de justiça gratuita, pondo-se em xeque a qualidade do serviço a ser prestado e, em última análise, a garantia de um processo justo para o arguído. *In* CAPE, Ed *et al.* Op. Cit., pp. 98-9.

soalmente. Ademais, é justamente nas causas mais complexas e que, em tese, demandariam a indeclinável atuação de uma defesa técnica efetiva, que se faria necessária a elaboração de uma tese defensiva manejada por profissional qualificado e com disponibilidade para dedicação à causa, sob pena de se malferir o princípio da igualdade de armas no processo penal, sobretudo quando o Estado, em alguma medida, "determina" a aceitação[9] compulsória de um cliente, por um advogado privado, dentro das regras de remuneração por ele fixadas, em caráter unilateral – posto que ausente um sistema de Defensoria Pública organicamente estruturado.

Daí recorrer-se a outro princípio norteador da Administração Pública, quando se está a exercer *de per si* ou por terceiro, às suas expensas, qualquer atividade, consistente em uma atuação eficiente[10]. Afinal, superado o modelo tradicional do Estado genuinamente liberal, de quem o indivíduo pretendia afastamento e buscava se proteger, emerge um Estado incumbido do exercício de diversas e multifacetadas funções, como aquelas que se prestam a assegurar a igualdade[11] entre os cidadãos, em sua plenitude. Assim, nesse momento, o Estado há de atuar comissivamente no sentido de contrabalançar os lados de um litígio, identificando qualquer desequilíbrio ameaçador da garantia da paridade de instrumentos disponibilizados às partes contapostas, em um processo criminal.

Trata-se de conceber a Defensoria Pública como instituição vocacionada para atenuar os efeitos deletérios que as desigualdades sociais imprimem ao processo criminal em curso, bem como, durante a fase de execução da pena. Nessa perspectiva, referido órgão parece exercer *munus* fundamental no sentido de vigência prática dos princípios penais e processuais penais que protegem o arguído pobre de acusações vazias, atípicas (princípio da legalidade), desarrazoadas (princípio da proporcionalidade) ou, noutras palavras, de ações penais desvestidas da necessária justa causa para sua instauração e processamento. Pertinente referir-nos à Resolução da

---

[9] *...We have expressed our doubt that forcing a lawyer upon an unwilling client can be considered to be in compliance with a right to a fair trail.* Ainda para o autor, o direito à assistência legal constitui-se pré-requisito para o efetivo exercício dos outros direitos de defesa. *In* CAPE, Ed *et al.* Op. Cit., pp. 57; 574. Por outro lado, qualquer assistido, para o defensor público, ostenta importância similar, na medida em que sua remuneração, de natureza indivisível, deflui do atendimento universal e igualitário a todos os casos que lhe forem destinados, em razão de suas funções.

[10] Art. 37, *caput*, da Constituição Federal, com a redação conferida pela EC 19/98.

[11] Art. 5º, *caput* e inc. LV, da Constituição Federal.

OS NOVOS ATORES DA JUSTIÇA PENAL

Organização dos Estados Americanos (OEA), AG/RES.2656 (XLI-0/11), aprovada por unanimidade durante a sua 41º Assembleia Geral (5 a 7 de junho de 2011) na cidade de San Salvador, República de El Salvador, que discorre acerca das "Garantias para o acesso à Justiça. O papel dos defensores oficiais"[12]. Trata-se do primeiro ato normativo aprovado pela OEA que se dedica à temática do acesso à Justiça como um direito autônomo, idôneo ao exercício e proteção de outros direitos, além de impulsionar o papel da Defensoria Pública Oficial como ferramenta eficaz para garantir o acesso à Justiça das pessoas em condição de vulnerabilidade.

Impende, isto posto, que se avalie se o defensor público, com seu perfil de independência funcional e de atuação institucional pautada pela indivisibilidade, haverá de se desincumbir de seu mister com a mesma desenvoltura imanente ao defensor constituído por aquele de detém recursos financeiros para tanto, no que concerne ao que se espera de uma relação de confidencialidade e empatia entre acusado e quem o representa e orienta em juízo, no interesse da preservação de sua liberdade e, em última análise, de sua inocência. Em relação à independência do advogado, nos sistemas europeus, há registros que despertam acentuadas preocupações no que concerne à preservação dessa independência quanto aos advogados designados. Está-se aqui a falar das situações, vivenciadas na prática, em que o causídico pode ser escolhido pela própria autoridade responsável pela investigação[13], em hipóteses que desnaturam a autonomia e liberdade de atuação que se espera do profissional de defesa.

---

[12] Dentre os pontos mais importantes da citada Resolução há de se destacar a recomendação no sentido de que os *"Estados membros que já disponham do serviço de assistência jurídica gratuita adotem medidas que garantam que os Defensores Públicos oficiais gozem de independência e autonomia funcional"*. Por outro lado, recomenda ainda que os Estados que *"ainda não disponham da instituição Defensoria Pública que considerem a possibilidade de criá-la em seus ordenamentos jurídicos"*.

[13] Na Hungria, por exemplo, foi identificada essa realidade, o que estaria a revelar uma relação próxima entre alguns advogados e aquelas autoridades que os indicaram, comprometendo a sua independente atuação. Tal independência também se revela fragilizada quando se verifica em muitos países a atuação de profissionais liberais, no exercício da advocacia paga pelo Estado, assumindo a função de tradutores/intérpretes para investigados ou arguídos estrangeiros ou sem conhecimentos jurídicos, em circunstâncias que resultam na distorção da verdade integral dos fatos, no interesse das autoridades da justiça criminal, revelando uma postura de parcialidade e que compromete o acesso, pelos desassistidos economicamente, a uma efetiva defesa criminal, *In* CAPE, Ed. Op. Cit., pp. 562; 607.

Poder-se-ia também questionar se o direito ao contraditório[6] e à ampla defesa, no que diz respeito a uma defesa processual técnica, que traz em sua essência aspectos como a confiança e o sigilo entre causídico e arguído, estaria a sofrer abalos quando se trata de admitir seu exercício por meio de uma instituição calcada em princípios como a unidade, a indivisibilidade e a independência funcional[7]. Nesse diapasão, trata-se de perquirir se o modelo de defesa em estudo logra conferir efetividade[8] a essa relação de fidúcia e de confidencialidade nos mesmos moldes que se concebe em relação ao advogado privado contratado, na medida em que se está diante de uma instituição sem rosto definido, sem mandato outorgado pelo arguído e que reflete, portanto, *a priori*, a ausência de qualquer vínculo de pessoalidade[9] entre o defendido e aquele responsável por sua tutela processual sob o aspecto técnico-jurídico.

Nesse viés, convém não olvidar que, no modelo atualmente aplicado em Portugal, com atuação de advogados privados no exercício dessa atividade, também não é o arguído pobre quem escolhe seu defensor, sendo tal atribuição da Ordem dos Advogados, o que exclui qualquer conclusão a ser feita, em sede de direito comparado, capaz de indicar desvantagem no modelo brasileiro, sob tal aspecto. Se é de se questionar a fragilização da essência da confidencialidade entre defensor e arguído, ambos os sistemas padecem de igual moléstia.

Indo para além, diferentemente do que ocorre em Portugal, o acusado pobre, no Brasil, não necessita requerer a concessão de justiça gratuita ou a nomeação de defensor, tratando-se de direito indisponível, corolário que deflui da natureza mesma de sua condição de hipossuficiência, cognoscível nos autos processuais e até na fase investigatória, mediante documentos ou pela própria situação fática, cabendo o direcionamento de ofício à Defensoria Pública, nas hipóteses legalmente aplicáveis. Noutro viés, pode-se mesmo falar em uma atuação mediante ações afirmativas, pró-ativas[14], com perfil de discriminação positiva, no sentido de buscar tratar desigualmente os desiguais[15], visando concretizar o desiderato do equilíbrio de condições *inter partes*.

---

[14] Pela desinformação e inexperiência do hipossuficiente acerca de seus direitos e garantias, sugere-se uma atuação pautada em verdadeira busca ativa do potencial destinatário da Defensoria Pública.

[15] Carmem Lúcia refere-se a uma desigualação positiva propulsora da igualação jurídica efetiva, através de uma fórmula jurídica idônea a provocar verdadeira igualação social, polí-

OS NOVOS ATORES DA JUSTIÇA PENAL

Mas a questão central da análise que se tenciona desenvolver prende-se, justamente, à reflexão acerca dessa suposta natureza híbrida da Defensoria Pública e, em última análise, do próprio Estado, quando passa a ocupar os espaços do exercício do *jus defendendi*, ao lado do *jus accusationis* e da prestação jurisdicional[16], em um mesmo processo criminal, ostentando posições antagônicas e dialeticamente conflitantes em determinado litígio, de um lado em defesa da própria sociedade e também da vítima e, na perspectiva oposta, em prol do acusado, enquanto ente singularizado e portador de situação de insuficiência econômica.

Aqui parece se centrar a maior problematização e desafio que doravante intentaremos enfrentar. No Brasil, o modelo é o acusatório, apesar da inércia do juiz sofrer mitigações, sempre na perspectiva de se perseguir a verdade[17] e de se compensar eventual deficiência na coleta de provas por parte da defesa que possa compometer o equilíbrio entre as partes. Em Portugal, fala-se em um sistema acusatório[18] integrado pelo princípio da investigação, dada a possibilidade de que dispõe o magistrado de atuar na recolha de provas sobre fatos já constantes da acusação e da própria pronúncia. Entretanto, em sua essência, não se identifica qualquer impeditivo, de direito material ou processual, no sentido de que a defesa seja operacionalizada por ente estatal, desde que a tal ente se possa assegurar a necessária independência de seus membros, no exercício de tal mister. As funções de acusar, defender e julgar permanecem confiadas a órgãos distintos, sendo ainda garantida a necessária imparcialidade da autoridade julgadora, com equidistância das partes.

tica e econômica *no e segundo* o direito, tal qual constitucionalmente assegurado. *In* ROCHA, Carmem Lúcia Antunes. *Ação afirmativa – O conteúdo democrático do princípio da igualdade jurídica*. Revista de Direito Público nº 15/85.

[16] Márcio Thomaz Bastos, no texto do II Diagnóstico da Defensoria Pública no Brasil (2006) promovido pelo Ministério da Justiça e pelo Programa das Nações Unidas pelo Desenvolvimento, já asseverava que: *"as instituições sólidas são os instrumentos que as democracias têm para se realizar enquanto tais. E as democracias, para abandonarem o rótulo de democracias formais, se tornando verdadeiras democracias de massas, devem construir instituições que consigam garantir a todos, sem discriminações, os direitos previstos nas constituições democraticamente escritas... Não mais podemos nos preocupar só com o Estado Julgador e com o Estado Acusador, em detrimento do Estado Defensor"*.

[17] O código de processo penal brasileiro, em seu art. 156, permite ao juiz ordenar a produção antecipada de provas e, ainda, determinar, no curso da instrução ou antes de proferir sentença, a realização de diligências para dirimir dúvidas sobre ponto relevante.

[18] Art. 32, nº 5 da Constituição da República Portuguesa.

Talvez no modelo brasileiro, que contempla a Defensoria Pública, essa equidistância se revele ainda mais autêntica, na medida em que tanto a formulação da tese acusatória quanto a elaboração dos argumentos de defesa cabem agora a organismos de Estado funcionalmente estruturados, sendo superados quaisquer sugestionamentos que possam indicar alguma inclinação da autoridade julgadora ao propósito acusatório, por aproximação entre as carreiras e outras afinidades que a realidade possa vir a construir, de forma natural – argumento esse, aliás, reiteradamente utilizado por alguns juristas, no sentido de que haveria aí forte óbice à concretização da paridade de armas, quando se tem de um lado a atuação de um ente forte como o Órgão Ministerial, dotado de diversas prerrogativas e garantias, as quais não são igualmente conferidas ao advogado privado.

2. O Direito à Ampla Defesa e ao Contraditório: sua inafastabilidade do processo penal e o Papel do Defensor Público

O Código de Processo Penal brasileiro estatui que *nenhum acusado, ainda que ausente ou foragido, será processado ou julgado sem defensor* – art. 261. O Código de Processo Penal português, da mesma forma, prevê em seu art. 61º, nº 1 *e*) e *f*), dentro do rol de direitos e deveres processuais do arguído, aquele de constituir advogado ou solicitar a nomeação de um defensor e, ainda, de ser assistido por defensor em todos os atos processuais em que participar. No mais, o nº 3 do art. 64º explicita que, se o acusado não possuir advogado constituído nem defensor nomeado, é obrigatória a nomeação de defensor quando contra ele for deduzida a acusação, após o encerramento do inquérito. Trata-se, *in casu*, de reconhecer que a defesa técnica se revela irrenunciável, ainda que, eventualmente, tal defesa possa ser conferida à revelia do arguído ou em conflito com sua vontade. Tal entendimento deflui de mandamento constitucional insculpido no art. 5º, LV, da Constituição Federal brasileira[10], o qual assegura aos litigantes, tanto em sede de processo judicial quanto administrativo e aos acusados em geral, o direito ao contraditório e à ampla defesa, com os meios e recursos a ela inerentes.

Nesse diapasão, a ideia é preservar o equilíbrio das partes em litígio num processo penal. De um lado, através do Ministério Público (via de regra) ou do particular, nas ações penais privadas tradicionais ou naquelas privadas subsidiárias das públicas quando, por ausência de atuação ministerial, maneja-se o discurso acusatório, através de argumentos e provas que possam demonstrar processualmente os fatos supostamente criminosos impu-

OS NOVOS ATORES DA JUSTIÇA PENAL

tados ao arguído. Doutra banda, a defesa há de se soerguer altiva, eficiente, investida *in concreto* de condições técnicas para se municiar de argumentos que se possam contrapor à versão acusatória. Há ainda o parágrafo único do mesmo dispositivo do código processual penal brasileiro, o qual preceitua que *a defesa técnica, quando realizada por defensor público ou dativo, será sempre exercida através de manifestação fundamentada*. Reafirma-se, mais uma vez, a imprescindibilidade de que se tenha em questão uma defesa efetiva[11], juridicamente aparelhada para respaldar uma atuação adequada, a partir do domínio do direito material e processual que se revele aplicável e pertinente, na hipótese de sua intervenção[12]. Não se trata, aqui, de se lançar mão de uma defesa genérica, formal, mas calcada nos pontos objetivamente suscitados no bojo do discurso acusatório.

Sabe-se que o magistrado poderá, na hipótese de entender insuficiente, deficiente ou inexistente a defesa aviada pelo defensor dativo, nomear outro em seu lugar. Da mesma forma, ainda que haja defensor constituído, caberá à autoridade judiciária designar novo causídico quando identificar ineficiência ou ausência de defesa por parte do advogado contratado pelo arguído. Contudo, tratando-se de defensor público, o instituto da defesa assume contornos de oficialidade, de estatalidade, restando menos prováveis quaisquer atitudes que possam pretender substituir ou descredenciar tal atuação.

Ademais, há de se conceber a Defensoria enquanto instituição que se presta a garantir o contraditório efetivo, no âmbito do *real acesso ao direito*[13] para jurisdicionados não raro excluídos das potencialidades da cidadania plena[19]. Nesse viés, o direito ao contraditório e à ampla defesa dos economicamente hipossuficientes[20] deve se refletir em inarredável dever funcional do defensor público, a quem incumbe perseguir os meios que melhor possam garantir a proteção de seu assistido, desde o momento em que toma

---

[19] No Processo Penal, há de se identificar a Defensoria enquanto instrumento de potencialização do exercício e gozo dos direitos fundamentais.

[20] Observe-se que, no modelo argentino, a fim de se salvaguardar em plenitude o exercício da defesa enquanto direito humano fundamental, basta que o réu em processo penal deixe de designar defensor particular para que o defensor público passe a atuar, ainda que o acusado não se enquadre no perfil de carente economicamente. Nesse caso, deverá o Estado, *a posteriori*, mover mecanismos para se ressarcir dos recursos públicos empreendidos, quando poderia o arguído ter lançado mão de advogado às suas próprias expensas (art. 63 da Lei Orgânica do Ministério Público). *In* MARTIN, Laura Liliana. *Ministerio Público de la defensa de la Nación*: un modelo a imitar. Revista del Ministerio Público de la Defensa. Año III, nº 5, Mayo 2009, p. 102.

ciência, ainda antes da formal instauração de um processo, de que alguém situado nas hipóteses que contemplam sua atuação se encontra privado de sua liberdade[14] ou sob suspeita de uma prática criminosa. Destaque--se que a ausência de assistência jurídica adequada por ocasião de prisões cautelares pré-processuais, de modo a resultar em prazos excessivos em sua duração, reflete violação à presunção de inocência do acusado, já que se fala em cumprimento antecipado de pena, de inflição duvidosa em sede de final julgamento.

3. Como superar a dicotomia interesse punitivo estatal e defesa individualizada do arguído – aparentes dilemas da Defensoria Pública

O Estado tem, progressivamente, assumido diferentes papeis, tanto no processo penal quanto em outras searas jurídicas. Além de árbitro dos litígios, através do Poder Judiciário, o Estado assume funções cada vez mais relevantes nos dois polos da relação processual, ora como parte, ora como seu representante, assistente ou curador, através de órgãos essenciais à função jurisdicional estatal. Tradicionalmente, o Ministério Público surge, no sistema jurídico-penal, como titular da ação penal, detentor de legitimidade privativa para exercer o *munus* de acusação em defesa da sociedade, sobrelevando-se inclusive à vontade da vítima quando se tratar de crime de ação penal pública incondicionada[21], dada a prevalência do interesse coletivo sobre o particular, se a hipótese contempla delito grave e que vulnera bem jurídico de especial relevância, dentro da escala de valores hierarquicamente estatuída, a partir da própria Carta Constitucional.

Entretanto, para fazer a contraface a esse ímpeto acusatório afeto ao próprio Estado, a partir do momento em que o mesmo se substitui às partes dentro da lógica da vingança privada e atrai para si o ônus de proteger a sociedade, através da formulação da acusação em desfavor de quem viola as regras de não ofender ao próximo e incide em tipo penal prévia e legalmente previsto, há de se realçar o direito constitucionalmente assegurado à defesa e ao contraditório, que se pretende universal[15], vale dizer, passível de se garantir a toda e qualquer pessoa situada na posição de arguído ou acusado, independentemente do quão grave e hedionda haja sido a conduta perpetrada. Nesse viés, a defesa implica em custos financeiros, os quais, *a priori*, haveriam de ser suportados pelo próprio autor delitivo.

---

[21] Art. 129, inc.I, da Constituição Federal.

OS NOVOS ATORES DA JUSTIÇA PENAL

Ocorre que esse *melhor dos mundos* longe está de representar a realidade vivente de muitos países, com ênfase para aqueles permeados por grandes desigualdades econômicas e sociais, como o Brasil.

Segundo Censo Penitenciário atinente ao ano de 1995[22], 98% dos condenados era composto daqueles que não dispunham de condições de arcar com os custos para contratação de advogado particular. Por essa estatística, os acusados com acesso a uma defesa técnica eficiente correm o risco de 2 em 100 de ir para a cadeia. Indo ainda mais além, no mesmo censo restou assinalado que nada menos do que 37% dos condenados possuíam renda de um a dois salários mínimos.

Basta que se lance um olhar em direção ao *público preferencial* do sistema prisional brasileiro[16] para que se perceba que justamente essa massa em situação financeira desprestigiada ocupa as celas dos presídios estaduais e federais e até as delegacias de polícia que ainda abrigam custodiados em diversos municípios brasileiros. A menos que se queira associar alguma propensão dos pobres e negros à criminalidade – atitude que revela, em essência, uma visão totalmente distorcida, preconceituosa e dissonante com a moderna criminologia jurídica, a qual rechaça qualquer tentativa de se imprimir uma tendência determinista criminógena a certas categorias ou classes sociais, econômicas ou grupos raciais – sói concluir que tal realidade reflete, justamente, a carência de instrumentos adequados de proteção à disposição do acusado pobre, desfavorecido economicamente, que lhe possam permitir exercer amplamente seu direito à defesa[23] e ao contraditório, como ocorre no caso de arguídos processualmente representados por advogado contratado.

Ausente o equilíbrio natural entre as partes – acusação estatal e defesa privada – emerge para o Estado o dever[17] de, mais uma vez, intervir para reequilibrar a balança – agora do lado do acusado, quando este não dispõe

---

[22] Brasil. Ministério da Justiça. Conselho Nacional de Política Criminal e Penitenciária. Censo Penitenciário de 1995. Brasília: Imprensa Nacional, 1997.

[23] Nesse diapasão, quando se trata do dever do Estado de garantir direitos, pode-se falar inclusive em representação perante organismos internacionais de direitos humanos para se responsabilizar internacionalmente o Estado-Nação por grave violação a direitos que o País se obrigou a proteger. Aliás, a Corte Interamericana de Direitos Humanos, em sentença prolatada em 07.09.04, sancionou o Equador por não haver assegurado a vigência efetiva do direito à defesa, violando os art. 8º e 25 da Convenção Americana de Direitos Humanos (Pacto de San Jose da Costa Rica). Sobre o assunto: MARTIN, Laura Liliana. Op. Cit., p. 105.

IMPLICAÇÕES PENAIS E PROCESSUAIS PENAIS DA DEFENSORIA PÚBLICA

de condições para, ele próprio, arcar com as despesas que defluem da contratação de um causídico. Estar-se-ia a acolher a ideia, sustentada por Ferrajoli, de que a equiparação *inter partes*, em um processo criminal, somente se faria possível com a figura do defensor público, ou seja, de um *magistrado destinado a funcionar como Ministério Público de Defesa, antagonista e paralelo ao Ministério Público de Acusação*[18]. Registre-se que, em França, os advogados que possuem o monopólio da representação perante os Supremos Tribunais sempre que esta se revela obrigatória são denominados advogados do Conselho de Estado e do Tribunal de Cassação, integrando uma profissão distinta, de funcionários ministeriais[24], nomeados por despacho do Ministro da Justiça. Já na Argentina[25], tem-se a carreira judicial, o Ministério Público Fiscal (de acusação) e o Ministério Público de Defesa (apesar de ainda se verificarem na prática ainda deficiências estruturais acentuadas, em relação às duas outras carreiras públicas, mais tradicionais), com seus membros inseridos na categoria de magistrados e titulares de semelhantes prerrogativas, tudo a partir de modificações introduzidas paulatinamente desde 1994, quando o Ministério Público separou-se do Poder Judiciário.

A propósito, ainda que haja espírito altruísta do advogado profissional liberal, não se queira dele exigir o mesmo esmero, motivação e dedicação para a defesa gratuita[19] de desassistidos que regularmente dispensa quando da elaboração da defesa técnica do arguído que o contrata, mediante o pagamento de honorários advocatícios, para a defesa gratuita de desassistidos, até porque sua sobrevivência implica na contrapartida remuneratória pelo seu trabalho intelectual e tempo empreendidos no exercício da profissão[20]. Trata-se de atividade que pressupõe contraprestação, cujo valor dependerá do grau de complexidade que a matéria criminal encerre, em uma atmosfera de essência concorrencial livre e leal, ampla de independência para quem contrata e, por conseguinte, também para quem é contratado, que pode ou não aceitar o encargo pelos mais diversos motivos, em um ambiente controlado essencialmente pela lei da oferta e da procura.

Tal quadro só costuma ser alterado quando se está diante de crime de repercussão, que possa despertar grande interesse midiático, em que a

---

[24] Disponível em: https://e-justice.europa.eu/content_legal_professions-29-de-pt.do?member=1 Acesso em: 12.01.2015.

[25] Para um maior detalhamento sobre o modelo argentino, invocado como exemplo a ser seguido pela Espanha, ver: MARTIN, Laura Liliana. Op. Cit. (pp. 100-108).

OS NOVOS ATORES DA JUSTIÇA PENAL

visibilidade a ser emprestada ao advogado de defesa seja capaz de justificar o imediato prejuízo econômico, interpretado como investimento em futuros clientes privados[26] ou em outros interesses de cunho político ou empresarial. De fato, a realidade revela que a provisão de assistência jurídica gratuita aos necessitados constitui-se no *calcanhar de Aquiles* de muitos sistemas jurídicos da União Europeia, registrando-se que cada País detem certa margem de liberdade para conceber seu próprio sistema de assistência jurídica aos necessitados, tendo as pesquisas[27] nessa área, ainda que incipientes, revelado que, na prática, há dificuldades no cumprimento efetivo do que preconiza o art. 6º, nº 3, *c*), da Convenção Europeia dos Direitos do Homem. Ademais, a Corte Europeia de Direitos Humanos reconhece que o direito de escolher um advogado pode sofrer limitações[28], em particular quando o Estado paga[29] pela assistência jurídica.

Deflui-se daí que tal papel, nas hipóteses assinaladas, não logra ser exercitado de forma ampla e universal por outro ente que não o próprio Estado, hodiernamente investido de um perfil multifacetado, que inclui aquele desenvolvido através de um modelo público de prestação de assistência judiciária, com o objetivo de efetivar o princípio da igualdade e viabilizar a paridade de armas no processo penal. Tal isonomia, a propósito, resta reforçada a partir das prerrogativas[21] asseguradas ao defensor público e que confluem para a busca da verdade judicial ou processual consistentes no *poder requisitório*, dirigido a autoridades públicas e seus agentes, visando à obtenção de elementos probantes documentais que se revelem necessários ao esclarecimento dos fatos submetidos a apreciação e julgamento, no curso do processo penal.

---

[26] *"Trials, moreover, are for many defenders a dramatic opportunity, a chance to perform for an audience and to be the center of attention". In* WEISS, Michael Scott. *Toward an understanding of public defender motivations*. Chicago: UMI Dissertation Services, 2003, p. 325.

[27] Disponível no relatório da Comissão Europeia para a Eficiência da Justiça (CEPEJ) Sistemas judiciais europeus – 2008. Conf. CAPE, Ed *et al. Effective Criminal Defense in Europe*. Antwerp, Oxford, Portland: Intersentia, 2010, pp. 41 e segs.

[28] CAPE, Ed *et al.* Op. Cit., pp. 58; 81. Daí se poder reconhecer a ausência de uma relação de pessoal confidencialidade entre o arguído e o advogado concedido pelo Estado, em casos que tais.

[29] Observe-se ainda que as mesmas pesquisas apontam para o descontrole quanto a tais pagamentos, que podem, inclusive, consistir em valores que ultrapassem aqueles devidos pelos serviços de advocacia efetivamente prestados, bem como, que extrapolem o que seria gasto com uma instituição oficial, que remunera com valores fixos mensais seus profissionais.

Em análise a diferentes modelos[22] de concretização do acesso universal ao contraditório e à ampla defesa no processo criminal, são apontadas vantagens e desvantagens da institucionalização da Defensoria Pública[23], das quais se pode destacar, de um lado, o desenvolvimento de um *idealismo institucional* positivo que pode resultar na prestação de excelentes serviços que vão além da dimensão estritamente judicial. Doutra banda, há o risco de se tender para uma atuação rotineira ou burocrática, de modo repetitivo e acomodado, passível de comprometer, inclusive, a qualidade do serviço provido pelo Estado, sugerindo-se ainda que os melhores profissionais disponíveis e que atuam na área da defesa criminal fariam naturalmente a opção pela carreira individual liberal, ao invés de ingressarem no serviço público para tal mister.

Malgrado distinções entre a defesa exercida pelo defensor público e aquela realizada pelo advogado particular, há de se reconhecer que o poder-dever conferido a quem se encontra incumbido da defesa do arguído traduz-se na função *pública* da defesa[24], com assento no direito público e não no direito privado, razão pela qual não há de se curvar incondicionalmente às instruções ou vontade do acusado, dado seu compromisso com a realização do direito, através da alternativa jurídica que melhor possa atender aos interesses do arguído, na perspectiva de salvaguarda de sua liberdade e de preservação de seu estado de inocência, ainda que, eventualmente, sua limitada intelecção acerca das circunstâncias jurídicas de direito material e/ou processual não lhe permitam compreender *a priori* e integralmente as estratégias desenvolvidas por seu representante.

É certo que se conta ainda com a possibilidade do surgimento de hipóteses de concorrência de funções e atribuições por órgãos oficiais estatais distintos, já que o Ministério Público de acusação[30] também pode e deve intervir no processo penal na condição de *custos legis* ou *custos iuris*[25] e, nessa perspectiva, incumbe-lhe inclusive recorrer em favor do arguído, quando identificar injustiça ou desacerto na decisão prolatada pela auto-

---

[30] No Brasil, o *Parquet* é concebido como *parte imparcial*, apesar da aparente incoerência que tal expressão possa inspirar. Já em Portugal, o Ministério Público não é parte, como também não o é na maioria dos sistemas europeus. Apesar dessa diferença estrutural, seu papel se assemelha em ambos os sistemas, na medida em que o compromisso do órgão acusador inclui a busca de provas de inocência do investigado, dado o compromisso com a persecução da verdade real ou processual e com a legalidade, presente nos sistemas jurídicos que não contemplam o modelo adversarial ou da verdade negociada, adotado no direito penal norte-americano.

OS NOVOS ATORES DA JUSTIÇA PENAL

ridade judiciária, em prejuízo do condenado. Entretanto, tal situação não compromete em absoluto a necessidade de atuação de ambas as instituições, sobretudo quando se está a falar no zelo e proteção de um acusado, sujeito passivo[26] do processo penal e não mero objeto de investigação, desde a fase pré-processual, consideradas as mitigações que se possam revelar razoáveis e admissíveis.

4. Outras facetas da Defensoria e que revelam seu caráter institucional

O defensor público, enquanto agente político[27], como todo exercente de função essencial à justiça, inclina-se ao cumprimento dos preceitos legais contidos na Magna Carta. Nesse caso específico, tem foco seu dever de elidir ou atenuar o quanto possível a desvantagem suportada pelo pobre, em contraposição ao réu economicamente melhor dotado, no processo penal. Adquire as prerrogativas de advogado estatal com a assunção do cargo, após a aprovação em certame público, pautado por todas as exigências e requisitos fixados na Constituição e na legislação infraconstitucional aplicável à espécie[31]. Não há necessidade sequer de inscrição na Ordem dos Advogados do Brasil[28], de acordo com a doutrina majoritária[29] que se debruça sobre o tema. Inadequado se falar, portanto, em qualquer outro mecanismo aferidor da capacidade técnica do defensor para atuar em defesa dos assistidos[30] que não a sua avaliação mediante concurso público de provas e títulos e o preenchimento dos requisitos legais para a investidura do cargo[31]. Incabível, ademais, exigir-se instrumento de mandato[32], havendo que se destacar ainda a concessão em dobro dos prazos procedimentais[33].

Para reforçar seu compromisso com a defesa do arguído[34] e, portanto, afastando-se quaisquer interesses que possam arrefecer tal dever institucional, é vedado ao defensor exercer outras atividades de advocacia[35], seja a que título for, havendo que se reconhecer o caráter exclusivo do *munus* público, que pode ser exercitado inclusive em desfavor de pessoa jurídica de direito público[36]. Assim, enquanto o advogado particular[37] se encontra jungido aos regramentos contidos no código de ética de sua categoria, podendo, ocasionalmente, lidar com experiências que susci-

---

[31] Tal situação demanda, a propósito, remuneração condigna com a relevância do cargo, apta a atrair capacitados profissionais para o serviço público, sabendo-o exclusivo, a ponto de impedir o exercício concorrente da advocacia privada (art. 134, § 1º, CF).

tem interesses colidentes entre clientes contratados, tal hipótese não se aplica ao defensor público, já que, havendo representante que atue ao lado da vítima[32] concreta de um crime – com ênfase para vítimas de tortura e outros delitos graves, conforme art. 4º, inc. XVIII, da Lei Complementar 80/94 – impõe-se a designação de um outro agente da Defensoria Pública que possa agir em favor do agressor[38].

Ademais, não se está diante de qualquer ameaça ao livre exercício da advocacia enquanto profissão autônoma ou liberal, porquanto a clientela desta pressupõe capacidade financeira para o pagamento de honorários, o que a distingue daqueloutra, endereçada à Defensoria Pública, na medida em que lhe falecem recursos para a celebração de um contrato de prestação de serviços com um advogado. Atente-se, outrossim, que a ideia de serem utilizados os modelos atualmente vigentes em países da Europa, da advocacia *pro bono*, revela-se bastante aceitável e eficaz quando se trata do aconselhamento jurídico preliminar[33], inclusive em matéria penal, o qual pode ser facilmente operacionalizado através de entidades especifica e estatutoriamente destinadas a tal fim, como associações civis, organizações não governamentais voltadas a esse tipo de serviço, entidades caritativas ou filantrópicas compostas de advogados voluntários, que se especializam no atendimento ao grande público, com um rol de perguntas e respostas mais simplificadas, destinadas a esclarecer e auxiliar o particular desassistido através do fornecimento de orientações básicas, ligadas a seus interesses pessoais, inclusive na área criminal.

Outra coisa é se pensar em um advogado que, de forma expedita, possa se dedicar a acompanhar com eficiência um processo criminal inteiro até final julgamento, incluindo-se os atos anteriores à peça acusatória, sobretudo quando impliquem na privação de liberdade do investigado, com a

---

[32] Ressalte-se que, em princípio, não deve o defensor público atuar como assistente de acusação em um processo criminal formal, na medida em que se estaria diante de hipótese em que o Estado remunera 02 instituições – Ministério Público e Defensoria Pública – para o desempenho de uma mesma função (*acusação*, tarefa genuinamente afeta ao órgão ministerial), o que não se revela razoável, tampouco economicamente aceitável.

[33] Cite-se, a título meramente exemplificativo, Portugal, com os gabinetes de consulta jurídica, iniciativa conjunta do Ministério da Justiça, da Ordem dos Advogados e das autarquias locais; Holanda, através dos Balcões de Serviços Jurídicos, que admitem consulta imediata ou sessão de aconselhamento de até 60 minutos; Polônia, através das *Kliniki Prawa*, onde o aconselhamento é prestado por estudantes associados a organizações que funcionam nas faculdades de direito das principais universidades. Disponível em: https://e-justice.europa.eu/content_legal_professions-29-de-pt.do?member=1 Acesso em: 12.01.2015.

OS NOVOS ATORES DA JUSTIÇA PENAL

mesma qualidade técnica que se observa na atividade do advogado particular, em relação ao cliente que o contratou a título oneroso.

Nesse diapasão, apesar de o defensor público se prestar, no processo penal, a atender aos interesses de um arguído individual, sua atuação assume um viés para além dessa relação formalmente singularizada e reflete a missão institucional de proteger a coletividade e a ordem social quando houver hipótese em que alguém, inserido na parcela da população que não possa arcar com o ônus de contratar um causídico, situe-se na condição de réu – ou ainda antes disto – de investigado ou suspeito, já que desde o inquérito policial[39] se revela adequada e oportuna a atuação do defensor público, principalmente quando se põe em risco a liberdade de ir e vir de alguém, através de medidas cautelares de cunho restritivo. Assim, o direito ao contraditório e à ampla defesa encontra na figura do defensor público um instrumento mais concreto para sua efetividade, na perspectiva de se lograr conferir igualdade de armas às partes em litígio, em um processo criminal.

5. O desafio de se atingir eficazmente o equilíbrio processual, (des) respeitando-se a vontade do arguído e protegendo seus interesses

Questão idônea a gerar alguma inquietação exsurge quando se tem em conta a relação arguído-defensor e se observam divergências entre a vontade do primeiro e a atuação processual do defensor público, tanto em sede de estratégia de defesa quanto de opção recursal ou outros aspectos que possam apontar para mais de uma alternativa possível, visando à elaboração e desenvolvimento da tese defensiva. Inicialmente, há de se observar que o cerne da questão sugere o dever do defensor de sempre pautar sua conduta da forma que melhor possa garantir ao arguído sua liberdade, enquanto bem jurídico constitucionalmente protegido. Ora, presumindo-se seu preparo técnico, dada a forma de investidura no cargo e o rigor do concurso público a que fora previamente submetido, há de se admitir como o mais adequado e pertinente justamente o caminho jurídico adotado pelo defensor público. A questão tormentosa que se impõe é quanto à possibilidade de o arguído recusar o agente de defesa (como teria de desconstituir causídico contratado) e requerer outro defensor para o representar, por discordância em relação a sua atuação *in concreto*.

Tal indagação suscita dúvidas acerca da existência ou não de um princípio da autonomia e liberdade de decisão e de um direito de escolha do

IMPLICAÇÕES PENAIS E PROCESSUAIS PENAIS DA DEFENSORIA PÚBLICA

assistido ou, noutro viés, pode-se questionar se o defensor deve se conduzir nos autos de um processo penal consoante o interesse ou vontade de seu representado, mormente quando há mais de uma alternativa jurídica em relação à tese defensiva ou a outras hipóteses ou estratégias de defesa. Não se pode perder de vista que, conquanto se trate de um profissional oferecido pelo Estado e dotado de capacidade técnica para o exercício da ampla defesa e do contraditório do arguído[40], tais direitos são da parte, verdadeiro sujeito processual e, em última análise, titular da liberdade e inocência que se encontram sob ameaça, dentro de um processo acusatório e dialético.

Por outro lado, malgrado seja imposto ao defensor o princípio da indisponibilidade em relação ao exercício da defesa técnica[41], parece que a própria legislação lhe faculta abdicar de uma oportunidade recursal[42], por exemplo, com base em seu convencimento (princípio da voluntariedade recursal), desde que o faça de forma fundamentada, ainda que a tese escolhida não se revele juridicamente incontroversa[43]. Entretanto, a própria legislação prevê mecanismos de controle[34] que se prestam a evitar que tal postura do defensor possa repercutir em prejuízos ao arguído, como o mandamento contido no inc. XII do art. 44[44] da mesma Lei Complementar 80/94, o qual estatui que pode o defensor deixar de patrocinar ação, quando concluir pelo seu não cabimento ou inconveniência aos interesses da parte que está a defender. O controle[45] consiste, justamente, em comunicar sua conduta ao Defensor-Público Geral, externando as razões de seu proceder, sem prejuízo de representação a ser formulada por qualquer pessoa ao Corregedor-Geral, quando se trate de apontar para supostos abusos, erros ou omissões de membro da Defensoria Pública[46].

Em hipóteses que tais, impõe-se o respeito à independência funcional do membro dessa instituição[35], que não deve atuar em contradição com

---

[34] Há de se referir a instrumentos de controle interno e também externo no que concerne à atuação do defensor público sob os aspectos formal, funcional e técnico-jurídico, a exemplo do que já que ocorre em relação aos membros da Magistratura e do Ministério Público com os respectivos Conselhos Nacionais, de composição que ultrapassa as respectivas carreiras funcionais.

[35] Essa independência do defensor encontra-se calcada na autonomia funcional, administrativa e financeira presente na Instituição que integra e, inclusive, na iniciativa de sua proposta orçamentária, dentro dos limites impostos pela Lei de Diretrizes Orçamentárias – art. 134, § 2º e 3º, da Constituição Federal. Leia-se autonomia funcional como o exercício de suas funções livre de ingerências. Já autonomia administrativa significa que cabe à própria Instituição

OS NOVOS ATORES DA JUSTIÇA PENAL

suas convicções jurídicas, mas por outra, reafirma-se o ônus institucional de que seja preservada a defesa do acusado, em toda a sua plenitude. Ora, ao defensor público é assegurada, além da autonomia profissional no desempenho de suas atribuições, as prerrogativas de inamovibilidade, irredutibilidade de vencimentos e estabilidade[47], as quais se constituem[48] idênticas àquelas conferidas aos membros da Magistratura e do Ministério Público. Com isso, intenta-se preservar a independência intelectual do membro da Defensoria, sem que haja prejuízos à proteção do arguído, enquanto *munus* público. Nesse diapasão, em posição garantista mais extremada, há quem se refira, inclusive, à possibilidade de desconstituição do trânsito em julgado de decisão condenatória, quando a ausência de interposição de recurso pelo defensor público possa ter resultado em prejuízos ao réu[49].

6. À Guisa de Conclusão

Partindo-se do pressuposto de que a Defensoria Pública, dentre seus objetivos institucionais, inclui a primazia da dignidade da pessoa humana e a redução das desigualdades sociais, não se pode esperar dela outro papel senão o de verter seus esforços para atender aos conclamos da faixa carente da população dentro de um processo criminal, sem prejuízo de todas as demais atribuições recentemente alargadas, no interesse de outros direitos – individuais e coletivos – de que sejam destinatários os hipossuficientes economicamente. Ainda em países onde essa tal desigualdade econômica possa atingir um percentual mais reduzido da população, haverá que se ter em conta a necessidade de se assegurar a igualdade material das partes no processo penal. A implementação de uma Defensoria Pública tem se revelado uma experiência exitosa em terras brasileiras, não obstante ainda se admita que a realidade denota uma estrutura quantitativamente subdimensionada[36] para as necessidades emergentes dos processos criminais que atualmente se avolumam nas diversas varas criminais em todo o País.

---

organizar sua administração, suas unidades administrativas, praticar atos de gestão, decidir sobre a situação funcional de seu pessoal, estabelecer a política remuneratória. *In* SILVA, José Afonso da. *Comentário contextual à Constituição*. 6ª ed. São Paulo: Malheiros, 2009, p. 615.

[36] Para driblar essa realidade, há de se exigir do defensor público e da própria Instituição como um todo um plano de atuação que lhe permita criar, desenvolver e operacionalizar as mais variadas medidas jurídicas para a satisfatória solução das questões sob seu crivo, no Processo Penal. *In* RÉ, Aluísio Lunes Monti Ruggeri. *A atuação da defensoria pública sob o prisma do*

Busca-se o ideal da isonomia na distribuição da justiça, merecendo relevo o papel do defensor público na persecução de tal desiderato, sem o qual sequer se poderá falar na possibilidade de atingimento dos fins maiores da Constituição Federal, quando prevê como fundamento da República Federativa a dignidade da pessoa humana e como seus objetivos fundamentais, dentre outros, a redução das desigualdades sociais, a promoção do bem de todos e a construção de uma sociedade justa e solidária[50]. Alguma cautela há de merecer o assunto, no sentido de que se investigue se a resistência ao modelo proposto de publicização da defesa impregna-se de interesses corporativos da classe de advogados, que pode temer alguma divisão de poder nessa seara ou se a questão de fundo escuda-se em argumentos jurídicos relevantes ainda que, na prática, tal atividade não se revele prioritária ou economicamente viável para a categoria, com resultados concretos desastrosos no capítulo do acesso universal à justiça, pelos mais pobres.

Nesse diapasão, pode-se sugerir que o Estado, nesse novo formato, passa a exercer não somente o *jus puniendi*, por meio dos órgãos de persecução penal, mas também o *jus defendendi*, através da Defensoria Pública – verdadeira curadora do princípio da liberdade[37] – e em favor do arguído. Tal conformação oferece um redesenho relacional entre os sujeitos do processo, quando se observa estar diante do tripé: Estado Acusador – Estado Defensor – Estado Julgador, ainda que, na segunda categoria (Estado Defensor) não se tenha um sujeito processual autônomo, mas o representante legal do sujeito-réu, em matéria criminal, integrante de instituição constitucional e funcionalmente especializada e incumbida de tal mister, essencial à função jurisdicional do Estado[38]. Trata-se de um paradigma que se propõe a ampliar o princípio da oficialidade para além da investigação e da acusação, perpassando agora para o campo da *defesa* dos hipossuficientes, no processo criminal, na perspectiva de se lograr garantir, com maior e mais eficiente grau de realização, referido direito fundamental constitucionalmente assegurado, driblando as condicionantes fáticas que obstaculizam sua concretização.

---

neoconstitucionalismo. Revista da Defensoria Pública. Ano 4, n. 2, jul./dez. 2011.*Edição especial temática sobre princípios e atribuições institucionais da Defensoria Pública*, p. 45.

[37] Assegurado através do art. 5º, *caput* e inc. LIV e LXI, da Constituição Federal. Da mesma forma, no art. 5º da Convenção Europeia dos Direitos do Homem e modificações ulteriores.

[38] Art. 134, *caput*, da Constituição Federal.

OS NOVOS ATORES DA JUSTIÇA PENAL

Cuida-se aqui de adotar uma publicização não somente da acusação (cuja titularidade, em caráter prioritário, incumbe a órgão oficial – *in casu* – ao Ministério Público), mas também da defesa[51], fazendo com que a pirâmide tradicional do processo penal: acusação – defesa – julgamento seja integralmente operacionalizada por instituições oficiais, dotadas de prerrogativas como a inamovibilidade[52], ascensão em carreira, acesso por concurso público, paridade vencimental, etc, quando o *deficit* financeiro do arguído justifique a assunção, pela Defensoria, da sua defesa técnica, de modo integral, gratuito e eficaz. A Defensoria Pública, na qualidade de instituição quase-Poder – ao lado do Ministério Público e de outros entes previstos na Constituição – coloca-se à disposição de grande e significativa parcela da população brasileira[53], a quem cabe assegurar não somente o acesso universal à justiça, mas a uma ordem jurídica justa.

Quando atua em defesa do arguído, situa seu compromisso não no interesse público expressado na acusação, mas no interesse público de concretizar o acesso à justiça[39] e de realizar a defesa criminal de um arguído certo, agindo em sintonia com os deveres da profissão. Para além, estar-se-á a falar de uma postura centrada na primazia da dignidade da pessoa humana e na afirmação do Estado Democrático de Direito, através da prevalência e da efetividade dos direitos individuais e coletivos catalogados na Carta Constitucional. Pode-se mesmo admitir que se trata de instituição concebida enquanto *mínimo existencial* para a consecução de todas as garantias do arguído alinhavadas ao longo do texto constitucional, somente passíveis de efetividade através do acesso universal à justiça[40] e, mais especificamente, à defesa ampla e ao contraditório, no combate à desigualdade e à opressão ínsitas a todo processo criminal, em que se observa uma inversão de papeis. Isso porquanto o suposto autor do crime passa à condição de vítima do processo, sobre ele recaindo potencial estigmatização social, além de todos os ônus e sofrimentos que o sistema jurídico penal prevê e impõe, sobretudo quando se é pobre e desfavorecido socialmente e quando a morosidade cuida de protrair tal situação de insegurança

---

[39] Sobre o assunto, cite-se obra clássica que merece uma detalhada leitura: CAPELLETTI, Mauro *et all.* Acesso à justiça (Trad. Ellen Gracie Northfleet). Porto Alegre: Sérgio Antônio Fabris ed., 2002.

[40] Assinale-se que o termo *justiça* pode ser entendido como o serviço público que deve prestar o próprio Estado a seus cidadãos, decisivo para a manutenção da paz social e para que o Estado de Direito seja possível. *In* MARTIN, Laura Liliana. Op. Cit., p. 100.

jurídica no tempo, em ambiente que sugere a prevalência da presunção de culpabilidade, em detrimento do estado de inocência constitucionalmente assegurado.

É contra o Estado que deve agir o próprio Estado ou, por outra, é o Estado, através da Defensoria, resistindo à pretensão do mesmo Estado, consubstanciada na acusação – apesar do quanto paradoxal ou incongruente possa parecer essa afirmativa – pois lhe incumbe defender a sociedade do crime mas, por outro lado, dotar os acusados de meios dignos e idôneos a operacionalizar sua legítima proteção das acusações contra eles assacadas. O que se há de preservar incondicionalmente é a condição do arguído de sujeito de direitos e, ainda, a garantia da publicidade durante o processo judicial. No escólio de Figueiredo Dias[54], a função de defesa ultrapassa o eventual interesse subjetivo do arguído e se presta a adimplir uma *tarefa que interessa à própria comunidade jurídica*: de um lado, que só sejam punidos os *verdadeiros culpados* e, ainda, que possam ser juridicamente protegidos *todos* os arguídos.

O modelo de institucionalização da Defensoria Pública é um caminho possível e que, na desigual situação da população brasileira, tem se revelado acertado, oportuno e mesmo fundamental, em busca da consecução das finalidades propostas pela Carta Constitucional, numa perspectiva focada em sua exequibilidade e não meramente programática. É certo que a realidade da Defensoria Pública brasileira ainda padece de incompletudes, tratando-se de um modelo em franca construção e contínua expansão, sendo forçoso reconhecer, no regime legislativo aplicável, falhas e deficiências passíveis de aperfeiçoamentos, em prol de melhores resultados práticos para o quadro hoje apresentado pelas estatísticas do crime e da criminalidade em nosso País. Por outro lado, a realidade aponta para dados, em matéria de União Europeia, pouco alvissareiros para os sistemas de defesa pública vigentes[41], principalmente sob os aspectos remuneratório e de prazos para a efetivação de tais contrapartidas.

---

[41] À exceção da Inglaterra e Finlândia, todos os demais sistemas estudados foram considerados insatisfatórios, apesar da precariedade de dados comparativos sobre a matéria. Concluiu-se que os países europeus pagam, em média, ¼ do valor que seria devido a uma prestação privada de serviços advocatícios, em circunstâncias idênticas, o que gera insatisfação para a categoria e ocasionou, inclusive, um boicote dos advogados na Turquia, em razão de excessivo atraso em tais pagamentos. CAPE, Ed *et al*. Op. Cit. pp. 564 e segs.

OS NOVOS ATORES DA JUSTIÇA PENAL

Convive-se hoje com o encargo de superação do modelo do Estado Social[42] enquanto provedor direto e absoluto de todos os direitos atribuíveis constitucionalmente aos indivíduos – até pelos custos que essa assunção integral das funções de tutor das necessidades sociais implica – havendo novos papeis atribuíveis a entidades estranhas ao Estado, mediante modelos alternativos de regulação ou outras soluções de interação e redesenho da relação público-privado que se apresentam como suscetíveis de experimentação, não se podendo ainda falar, de forma cabal, na necessidade ou não de regresso a matrizes já abandonadas, ainda que com novas roupagens.

Apesar da relevância de tais alternativas, na busca da concreção dos objetivos maiores da Nação e, nesse sentido, no esforço de se assegurar efetividade às garantias individuais e coletivas igualmente catalogadas no Texto Maior do País, incumbe a esse mesmo Estado o dever de se expandir de forma multifacetada e de dotar as suas estruturas oficiais de mecanismos que possam dar cabo às legítimas demandas da sociedade. Se a ideia é caminhar em direção a um Estado Mínimo, há de se ter em conta que tal redução não pode implicar na ausência ou omissão no seu dever de concretização dos ditames constitucionais e mandamentos processuais penais.

Sobretudo pela distância que ainda teima em separar o mundo da dogmática jurídica do universo acessível aos mais necessitados, notadamente quando estes carregam consigo o estigma da ausência de cultura e de algum nível intelectual, há de se depositar na figura do defensor o papel de realizador do direito à informação e, ademais, o vínculo do arguído com a formalidade e ritualística do processo penal, distante que está de sua capacidade de cognição sobre o que e o quanto se lhe acusa o Estado, em se tratando de uma suposta prática criminosa, bem como, acerca dos seus direitos enquanto cidadão e os limites estatais para sua restrição, na perspectiva da persecução penal. Tais atividades incluem a defesa técnica e o acompanhamento processual.

Os custos que defluem de tais reengenharias dependerão de cada situação concreta e das expectativas que dela defluem, sendo a criação da Defensoria Pública uma possibilidade positiva a ser trabalhada e que, em sua essência, presta-se a alçar o direito à ampla defesa e ao contraditório a níveis capazes de concretizar parâmetros de isonomia real entre os homens. Nesse diapasão, o cenário apresenta uma nova possibilidade capaz

---

[42] Modelo esse – registre-se – jamais adimplido em terrras brasileiras.

de materializar, para além do Texto Constitucional, na vida dos cidadãos, os ditames que lhes façam sentir-se em igualdade de condições e de oportunidades, perante o Estado e seus semelhantes. Afinal, a quimera do direito penal universalmente acessível demanda alguma concreção. O simbolismo inerente a esse ramo jurídico reclama um novo olhar em direção à concretização da paridade de armas, quando está em causa o arguído pobre.

A missão prioritária tradicional da Defensoria Pública na assistência do arguído no processo penal, contudo, não retira dessa instituição que ora se expande a possibilidade de absorver novos papeis[55], a exemplo daqueles que lhe conferem compromissos voltados à defesa de interesses extra-penais individuais[43], difusos, coletivos e individuais homogênos, sempre que puderem beneficiar grupo de pessoas hipossuficientes ou socialmente vulneráveis[44], a exemplo dos outros perfis igualmente assumidos pelo Ministério Público, no sistema jurídico brasileiro.

De tudo se conclui, ainda que em termos não definitivos, que a hipótese de criação de um sistema público de defesa dos desassistidos, em Portugal, revela-se compatível com os princípios penais e processuais postos, tendo-se em conta os padrões mínimos que defluem das Cartas de Direitos Humanos vigentes e de cumprimento obrigatório, dentro da esteira

---

[43] É justamente na esfera extra-penal que a Defensoria Pública parece ser capaz de promover a inclusão social, evitando que a desigualdade sócio-econômica produza efeitos nefastos sobre a titularidade de direitos constitucional e legalmente assegurados. É aqui que se situa, também, a defesa de pessoa natural ou jurídica com hipossuficiência jurídica ou socialmente vulnerável, que não coincide com a carência de recursos econômicos típica da assistência gratuita em sede criminal.

[44] De fato, a Defensoria Pública, para não se *desnaturar* e assim correr o risco de se afastar de sua genuína vocação, não pode nem deve expandir suas noveis atribuições para além do conceito de *necessitado* – real destinatário de seus serviços – ou seja, aquele que comprova **insuficiência de recursos**. Tudo de acordo com os art. 5º, LXXIV e 134 da Carta Magna vigente. Afinal, a tarefa, em relação a essa parcela da população, por si só já demanda um esforço hercúleo da referida instituição, difícil de se atingir na prática, quando se estima que mais de 70% da população economicamente ativa no Brasil seja potencial usuária dos serviços da Defensoria nas diversas unidades da federação (conforme fls. 17 do texto apresentado na ADIN 4163, proposta pelo Procurador Geral da República, quando a Associação Nacional de Defensores Públicos pleiteia a condição de integrar os autos como *amicus curiae*, expondo dados relativos ao ano de 2007). Ressalve-se, nesse diapasão, a hipótese de investigado/acusado que não constitui ou indica advogado particular, nada obstante dispor de recursos para tanto, quando o Estado, num primeiro momento, pode e deve agir através da Defensoria Pública para evitar danos à sua defesa, com ulterior possibilidade de restituição pelo ônus indevidamente suportado pelo erário.

OS NOVOS ATORES DA JUSTIÇA PENAL

de garantia de uma defesa acessível a todos, de forma efetiva e eficaz. Sob inspiração no formato brasileiro, não há se falar em ameaça ao princípio da independência na atuação do causídico, na medida em que essa autonomia se lhe mantém preservada, dentro da própria estrutura organizacional da carreira, sem riscos de sua submissão a interesses estatais outros que não os de autêntica proteção e assistência do arguído.

Bibliografia

BARROS, Vinícius Diniz Monteiro de. Acesso ao Direito, processo constitucional e Defensoria Pública – interseções. Revista da Defensoria Pública da União, nº 2 (2009), 1ª ed. (pp. 9-32).

BUSCHEL, Inês do Amaral. O acesso ao direito e à justiça. In LIVIANU, Roberto (coord). Justiça, cidadania e democracia. Rio de Janeiro: Centro Eldstein de Pesquisa Social, 2009 (pp. 148-157). Disponível em: <http:books.scielo.org>. Acesso em: 11.04.2015.

CAPE, Ed et al. Effective Criminal Defense in Europe. Antwerp, Oxford, Portland: Intersentia, 2010.

CAPELLETTI, Mauro et all. Acesso à justiça (Trad. Ellen Gracie Northfleet). Porto Alegre: Sérgio Antônio Fabris ed., 2002.

CASTRO, Carlos Roberto de Siqueira. A Constituição e a Defensoria Pública (Conferência proferida no 1º Encontro de Procuradores Gerais da Defensoria Pública – Rio de Janeiro – 26.11.92). Revista de Direito da Defensoria Pública nº 6, Rio de Janeiro, 1992 (pp. 15-26).

DA SILVA, José Fontenelle Teixeira. Advocacia Privada e Advocacia Estatutária – Uma nova proposta de classificação das atividades privativas da advocacia. Revista de Direito da Associação da Defensoria Pública do Estado do Rio de Janeiro II, p. 183. Também disponível em:< http://anadep.org.br/wtk/pagina/materia?id=11893>. Acesso em: 12.09.2014.

DI PIETRO, Maria Sylvia Zanella. Direito administrativo. São Paulo: Editora Atlas, 23ª ed., 2010.

ETIENNE, Adolfo Filgueiras. Da relação jurídica contratual existente entre o assistido e o Estado – Requisitos, eficácia, prova e consequências práticas. Trabalhos Doutrinários (pp. 13-24).

FERRAJOLI, Luigi. Direito e razão. Teoria do garantismo penal. 2ª ed. Rev. e ampliada. (Trad. Ana Paula Sica et al). São Paulo: Ed. Revista dos Tribunais, 2006.

FIGUEIREDO DIAS, Jorge de. Direito Processual Penal. Clássicos Jurídicos, 1ª ed. 1974, reimp.

MARTIN, Laura Liliana. Ministerio Público de la defensa de la Nación: un modelo a imitar. Revista del Ministerio Público de la Defensa. Año III, nº 5, Mayo 2009 (pp. 100-108).

MEIRELLES, Hely Lopes de. Direito administrativo brasileiro. 36ª ed. São Paulo: Malheiros Editores, 2010.

MELLO, Celso Antonio Bandeira de. Curso de Direito Administrativo. – 12ª. ed. – São Paulo: Malheiros, 2000.

IMPLICAÇÕES PENAIS E PROCESSUAIS PENAIS DA DEFENSORIA PÚBLICA

_____. Parecer jurídico datado de 08.07.2011, a pedido da Associação Paulista de Defensores Públicos (11 p.). Disponível em: <http://s.conjur.com.br/dl/adi-defensoria-vinculo-oab-parecer.pdf>. Acesso em: 11.09.2014.

MENEZES, Felipe Caldas. Defensoria Pública da União: Princípios Institucionais, Garantias e Prerrogativas dos Membros e um Breve Retrato da Instituição. "Advocacia Pública e Defensoria Pública: funções essenciais à justiça" (org. André da Silva Ordacgy e Guilherme Jose Purvin de Figueiredo), ed. Letra da Lei, Curitiba, 2009. Também disponível em: <http://www.dpu.gov.br/pdf/artigos/artigo_principios_institucionais_Felipe.pdf>. Acesso em: 15.09.2014, p. 21.

MOREIRA, José Carlos Barbosa. O direito à assistência jurídica. *In* Revista da Defensoria Pública nº 5, Rio de Janeiro, 1991 (pp. 122-137).

_____. O Direito à assistência jurídica: evolução no ordenamento brasileiro de nosso tempo, em Revista da AJURIS, nº 55, Porto Alegre, 1992.

OLIVEIRA, Eugênio Pacelli de. Curso de processo penal. 6a ed- Revista, atualizada e ampliada. Belo Horizonte: Del Rey, 2006.

PRADO, Geraldo. A defensoria pública e o direito processual penal brasileiro. Revista da defensoria pública do Estado do Rio Grande do Sul. Ano II, n. 4 (mai-jun-jul-ago 2011), Centro de apoio operacional – CAOPER (pp. 23-34).

RAMOS, Glauco Gumerato. *Assistência jurídica integral ao necessitado.* São Paulo: Revista dos Tribunais, 1999, nº 765 (pp. 48-57).

RÉ, Aluísio Lunes Monti Ruggeri. *A atuação da defensoria pública sob o prisma do neoconstitucionalismo.* Revista da Defensoria Pública. Ano 4, n. 2, jul./dez. 2011.*Edição especial temática sobre princípios e atribuições institucionais da Defensoria Pública* (pp. 37-54).

ROCHA, Carmem Lúcia Antunes. *Ação afirmativa* – O conteúdo democrático do princípio da igualdade jurídica. Revista de Direito Público nº 15/85.

SILVA, José Afonso da. *Comentário contextual à Constituição.* 6ª ed. São Paulo: Malheiros, 2009.

SMITH, Roger. Assistência jurídica gratuita aos hipossuficientes: modelos de organização e de prestação do serviço. (Trad. Cleber Francisco Alves). *In* Revista da Defensoria Pública, ano 4, nº 2, jul-dez 2011. Escola da Defensoria Pública do Estado de São Paulo (pp. 9-35).

TOURINHO FILHO, Fernando da Costa. Processo Penal 2. 32ª ed. revista e atualizada. São Paulo: Atlas, 2010.

WEISS, Michael Scott. *Toward an understanding of public defender motivations.* Chicago: UMI Dissertation Services, 2003.

[1]   A Constituição Federal, por reconhecer as diferenças sociais e a verdadeira *dívida histórica* da sociedade brasileira, municia o Estado com instituições direcionadas ao enfrentamento e superação dos *abismos* econômicos incompatíveis com um Estado de Direito Democrático. *In* BARROS, Vinícius Diniz Monteiro de. Acesso ao Direito, processo constitucional e Defensoria Pública – interseções. Revista da Defensoria Pública da União, nº 2 (2009), 1ª ed., p. 18.

[2]   Há quem defenda que a relação Estado (através de seu preposto – o defensor público) e o assistido é submetida ao regime de direito privado, parcialmente derrogado por

OS NOVOS ATORES DA JUSTIÇA PENAL

normas de direito público, a partir da perspectiva de que o Estado possui um perfil *publicista*, ao passo que o particular é titular de um perfil *privativista*. Defluiria de tal ideia, por exemplo, a desnecessidade de instrumento procuratório formal para validar a relação entre as partes, quando não se trata de conferir poderes especiais ao mandatário. ETIENNE, Adolfo Filgueiras. Da relação jurídica contratual existente entre o assistido e o Estado – Requisitos, eficácia, prova e consequências práticas. Trabalhos Doutrinários, pp. 19; 23.

[3]   Art. 5º, inc. LXXIV, da Constituiçãp Federal.

[4]   Art. 4º, inc. XV, LC 80/94.

[5]   Art. 134, *caput*, da Constituição Federal, com a redação emprestada pela EC 80/2014.

[6]   Vale compreender o *contraditório substancial e concreto* enquanto elemento idôneo a garantir a liberdade (submissão das partes à lei e não à vontade de outrem) e a igualdade (paridade de armas) entre os participantes no processo constitucional e democrático, mantendo-os em situação de equilíbrio. *In* BARROS, Vinícius Diniz Monteiro de. Op. cit., p. 23.

[7]   Art. 43, inc. I e 88, inc. I, LC 80/94.

[8]   HC 0064732-05.2011.8.19.0000, da 2ª Câmara Criminal do Tribunal de Justiça do Estado do Rio de Janeiro, 20.03.2012, D.O. 12.11.2012 (Cadastro IBCCRIM 2884). Ainda: HC 0005182-45.2012.8.19.0000.

[9]   Apesar da prerrogativa inserida no inc. VII do art. 44 e no art. 89, inc. VII, da LC 80/94.

[10] Na Constituição Portuguesa, o art. 32º, nº 1 assegura todas as garantias de defesa no processo criminal, incluindo o recurso. Já o nº 5 do mesmo dispositivo prevê o princípio do contraditório durante a audiência de julgamento e em todos os atos instrutórios do processo penal, pautado que é pela estrutura acusatória.

[11] Há de se entender como *defesa efetiva* não apenas a possibilidade de participação no processo, já assegurada pelo contraditório, mas sim, a efetiva atuação do defensor em prol dos interesses do acusado, aferível diante do caso concreto, através do sopesamento entre as provas coligidas pela acusação e a *possibilidade real* de sua confrontação pela defesa. *In* OLIVEIRA, Eugênio Pacelli de. Curso de processo penal. 6ª ed.- Revista, atualizada e ampliada. Belo Horizonte: Del Rey, 2006, p. 401.

[12] Eugênio Pacelli observa que, na prática, muitas vezes a efetividade da defesa depende da atuação do réu, porquanto é ele quem detém as informações que se farão necessárias à elaboração da tese defensiva. OLIVEIRA, Eugênio Pacelli de. Op. cit., p. 398.

[13] BARROS, Vinícius Diniz Monteiro de. Op. cit., pp. 24-5.

[14] O § 1º do art. 306 do CPP brasileiro preceitua a obrigatoriedade de remessa, à Defensoria Pública, de cópia integral do auto de prisão em flagrante, dentro de 24 horas depois da realização da prisão, na hipótese de o autuado não informar o nome de seu advogado. Já no âmbito dos países da União Europeia, não há regras procedimentais ou jurisprudência que assegurem, clara e objetivamente, o direito à defesa custeada pelo Estado desde a fase pré-processual, o que gera problemas de morosidade, sobretudo quando ainda não tiver havido a intervenção judiciária e as decisões a serem tomadas em defesa do investigado demandarem agilidade, já que sua liberdade ou outros direitos podem ter sofrido grave ameaça ou cerceamento. *In* CAPE, Ed. Op. Cit. pp. 56-61.

IMPLICAÇÕES PENAIS E PROCESSUAIS PENAIS DA DEFENSORIA PÚBLICA

[15] Essa universalização pode ser concebida de uma forma ainda mais ampla, compreendendo os meios para que se atinja a concreção da própria dignidade da pessoa humana, alicerce do pacto social catalogado em nossa Carta Constitucional. *In* PRADO, Geraldo. A defensoria pública e o direito processual penal brasileiro. Revista da Defensoria Pública do Estado do Rio Grande do Sul. Ano II, nº 4 (mai-jun-jul--ago 2011), Centro de apoio operacional – CAOPER, p. 24.

[16] Fala-se da *tradição inquisitorial* do sistema processual penal brasileiro como a causa maior para que, ainda hoje, as ações estatais nessa seara se vejam prioritariamente dirigidas aos que se encontram na base econômica da sociedade. *In* PRADO, Geraldo. Op., cit., p. 24.

[17] Aliás, já no Pacto de San Jose da Costa Rica (Convenção Americana de Direitos Humanos de 1969), promulgado no Brasil pelo Decreto Presidencial nº 678/92, há previsão nesse sentido: Art. 8. Garantias judiciais, nº 2: "Toda pessoa acusada de um delito tem direito a que se presuma sua inocência, enquanto não for legalmente comprovada sua culpa. Durante o processo, toda pessoa tem direito, em plena igualdade, às seguintes garantias mínimas: *a) usque d) – omissis; e)* direito irrenunciável de ser assistido por um defensor proporcionado pelo Estado, remunerado ou não, segundo a legislação interna, se o acusado não se defender ele próprio, nem nomear defensor dentro do prazo estabelecido pela lei;...". Da mesma forma, o Pacto Internacional sobre Direitos Civis e Políticos adotado pela XXI Seção da Assembleia-Geral das Nações Unidas de 1966 (promulgado no Brasil através do Decreto 592/92) estatui, em seu artigo 14, nº 3, *d)*, o direito do acusado, caso não possua defensor, sempre que o interesse da justiça assim o exija, de ter um defensor designado *ex officio* gratuitamente, quando não dispuser de meios para remunerá-lo. Em igual sentido, o art. 6º, nº 3, *c)*, da Convenção Europeia dos Direitos do Homem. E, ainda, o art. 47º da Carta dos Direitos Fundamentais da União Europeia (2010/C 83/02).

[18] FERRAJOLI, Luigi. Direito e razão. Teoria do garantismo penal. 2ª ed. Rev. e ampliada. (Trad. Ana Paula Sica *et al*). São Paulo: Ed. Revista dos Tribunais, 2006, p. 537. Para referido autor, *a tutela dos inocentes e a refutação às provas de culpabilidade integram funções do interesse não menos público de punição dos culpados e da colheita das provas a cargo da acusação.* Aliás, o mesmo autor, em seu discurso por ocasião da conferência inaugural do Congresso Internacional da Associação Interamericana de Defensorias Públicas de 2008, já havia manifestado seu interesse de que a Itália viesse a imitar o modelo de defesa pública implementado na Argentina, por sua ampla cobertura e pela alta profissionalização de seus membros, argumentando que o modelo estabelecido naquele país peninsular não lograva atender às expectativas de uma defesa eficiente. *In* MARTIN, Laura Liliana. *Ministerio Público de la defensa de la Nación*: un modelo a imitar. Revista del Ministerio Público de la Defensa. Año III, nº 5, Mayo 2009, p. 103.

[19] Essa defesa gratuita, aliás, vai ao encontro de tendência do constitucionalismo contemporâneo de se preocupar com a gratuidade crescente dos serviços da justiça, sob pena de se estar diante de discriminações odiosas contra os menos favorecidos, equivalente a verdadeira *denegação da justiça. In* CASTRO, Carlos Roberto de Siqueira. A Constituição e a Defensoria Pública (Conferência proferida no 1º Encontro de

OS NOVOS ATORES DA JUSTIÇA PENAL

Procuradores Gerais da Defensoria Pública – Rio de Janeiro – 26.11.92). Revista de Direito da Defensoria Pública nº 6, Rio de Janeiro, 1992, pp. 20-1.

[20] Forçoso é reconhecer que se está diante de um problema não privativo do Terceiro Mundo, o qual reflete o *colorido sombrio da realidade social*, consistente na natural dificuldade, quando não se conta com um sistema generalizado de assistência legal provido pelo Estado, de se obter do advogado de grande clientela e rentável atividade profissional disposição para a defesa judicial do hipossuficiente. *In* MOREIRA, José Carlos Barbosa. O Direito à assistência jurídica: evolução no ordenamento brasileiro de nosso tempo, em Revista da AJURIS, nº 55, Porto Alegre, 1992.

[21] Art. 44, inc. X, LC 80/94 e art. 134, Constituição Federal.

[22] Traçando verdadeiro escorço histórico da evolução do exercício do direito à defesa e do acesso à justiça, com detalhamento da realidade brasileira e da constitucionalização do instituto da Defensoria Pública: MOREIRA, José Carlos Barbosa. O direito à assistência jurídica. *In* Revista da Defensoria Pública, nº 5, Rio de Janeiro, 1991.

[23] SMITH, Roger. Assistência jurídica gratuita aos hipossuficientes: modelos de organização e de prestação do serviço. (Trad. Cleber Francisco Alves). *In* Revista da Defensoria Pública, ano 4, nº 2, jul-dez 2011. Escola da Defensoria Pública do Estado de São Paulo, pp. 25 e segs.

[24] FIGUEIREDO DIAS, Jorge de. Direito Processual Penal. Clássicos Jurídicos, 1ª ed. 1974, reimp., pp. 469-71. Figueiredo Dias afirma que, com lastro nos conhecimentos jurídicos necessários, possui a defesa a missão exclusiva de *fazer avultar no processo tudo quanto seja favorável à posição jurídica do arguído*.

[25] Esse um conceito mais contemporâneo utilizado pela doutrina e que identifica o dever ministerial de exercer uma fiscalização não sobre a lei, mas sobre o próprio direito, enquanto concretização da justiça.

[26] Geraldo Prado identifica no sistema de justiça criminal disfunções que o transformam em *locus privilegiado de luta*, tendo de um lado um significativo contingente de acusados aos quais restou subtraída a possibilidade de acesso por conta própria a mecanismos e recursos para dar cabo às dificuldades reais e, do outro, o aparelho repressor do Estado. *In* PRADO, Geraldo. A Defensoria Pública e o direito processual penal brasileiro. Revista da Defensoria Pública do Estado do Rio Grande do Sul. Ano II, nº 4 (mai-jun-jul-ago 2011), Centro de apoio operacional – CAOPER, pp. 23-34.

[27] Assim definido como aquele que atua com plena liberdade funcional, equiparável à independência dos juízes nos seus julgamentos, desempenhando suas atribuições por nomeação, eleição, designação ou delegação, com prerrogativas e responsabilidade próprias, estabelecidas na Constituição e em leis especiais. Nessas condição, o agente político exerce funções governamentais, judiciais ou quase-judiciais. *In* MEIRELLES, Hely Lopes de. Direito administrativo brasileiro. 36ª ed. São Paulo: Malheiros Editores, 2010, pp. 78 e segs. Em sentido diverso, restringindo o conceito de agente político às funções de governo e políticas, ou seja, aos Poderes Executivo e Legislativo: DI PIETRO, Maria Sylvia Zanella. Direito administrativo. São Paulo: Editora Atlas, 23ª ed., 2010, pp. 512 e segs.

[28] Nesse sentido: decisão unânime da 2ª Câmara de Direito Privado do Tribunal de Justiça de São Paulo (Apelação 0016223-20.2009.8.26.0032 – Rel. Fábio Tabosa),

em 03.05.2011. Da mesma forma, parecer emitido por Celso Antônio Bandeira de Mello em 08.07.2011, a pedido da Associação Paulista de Defensores Públicos (11 pp.). Disponível em: <http://s.conjur.com.br/dl/adi-defensoria-vinculo-oab-parecer. pdf>. Acesso em: 11.09.2014.

[29] José Fontenelli propõe a denominação de *advocacia estatutária*, em distinção a advocacia contratual, privada ou liberal (art. 133, CF), para quem ocupa cargo público cuja principal função consista, justamente, em postular em juízo, com capacidade postulatória decorrente da aprovação e ulterior nomeação e investidura nas funções, independentemente de qualquer outra formalidade junto à Ordem dos Advogados do Brasil. No rol da advocacia estatutária inserir-se-iam os membros do Ministério Público (defensores da sociedade, quando não atuam como *custos legis* – art. 127 e segs., CF), membros da advocacia pública (defensores dos entes públicos que representam – art. 131 e 132, CF) e, finalmente, defensores públicos (defensores dos hipossuficientes economicamente – art. 134, CF). *In* DA SILVA, José Fontenelle Teixeira. Advocacia Privada e Advocacia Estatutária – Uma nova proposta de classificação das atividades privativas da advocacia. Revista de Direito da Associação da Defensoria Pública do Estado do Rio de Janeiro II, p. 183. Também disponível em:< http://anadep.org.br/wtk/pagina/materia?id=11893>. Acesso em: 12.09.2014.

[30] O art. 134 da Constituição Federal brasileira assim preceitua: *A Defensoria Pública é instituição permanente, essencial à função jurisdicional do Estado, incumbindo-lhe, como expressão e instrumento do regime democrático, fundamentalmente, a orientação jurídica, a promoção dos direitos humanos e a defesa, em todos os graus, judicial e extrajudicial, dos direitos individuais e coletivos, de forma integral e gratuita, aos necessitados, na forma do inciso LXXIV do art. 5º desta Constituição Federal* (Redação conferida pela Emenda Constitucional nº 80, de 2014).

[31] Art. 4º, § 6º, da Lei Complementar 80/94 (incluído pela Lei Complementar 132/2009): *A capacidade postulatória do Defensor Público decorre exclusivamente de sua nomeação e posse no cargo público.* Já para o advogado privado, sua capacidade postulatória há de derivar da aprovação no exame nacional da Ordem dos Advogados do Brasil e de sua regular inscrição no referido órgão classista, sem prejuízo da outorga de mandato pelo seu representado, conforme art. 3º, *caput*, da Lei 8.906/94.

[32] O defensor público, para o exercício dos poderes da cláusula *ad judicia*, prescinde de celebração com seus representados de contrato de mandato, decorrendo tais poderes do *munus* público, do mandato constitucional por ele exercido. Trata-se de vínculo de índole eminentemente pública estatutária e, por isso, referido representado é denominado *assistido*, e não *cliente. In* MENEZES, Felipe Caldas. Defensoria Pública da União: Princípios Institucionais, Garantias e Prerrogativas dos Membros e um Breve Retrato da Instituição. *Advocacia Pública e Defensoria Pública: funções essenciais à justiça* (org. André da Silva Ordacgy e Guilherme Jose Purvin de Figueiredo), ed. Letra da Lei, Curitiba, 2009. Também disponível em: <http://www.dpu.gov.br/pdf/ artigos/artigo_principios_institucionais_Felipe.pdf>. Acesso em: 15.09.2014, p. 21.

[33] Art. 44, inc. I, da Lei Complementar 80/94 (redação conferida pela Lei Complementar 132/2009): *São prerrogativas dos membros da Defensoria Pública da União: Receber, inclusive quando necessário, mediante entrega dos autos com vista, intimação pessoal em*

OS NOVOS ATORES DA JUSTIÇA PENAL

qualquer processo e grau de jurisdição ou instância administrativa, **contando-se-lhe em dobro todos os prazos** – grifo nosso. Para os defensores públicos estaduais, há previsão idêntica no art. 128, inc. I do mesmo diploma legal. Tal concessão de prazo em dobro restou inserida na Lei 1.060/05 (assistência judiciária aos necessitados) através da Lei 7.871/89, que igualmente trata do direito do defensor público à intimação pessoal, em relação a todos os atos do processo.

[34] Apesar de se constatar que a assistência judiciária (representação em juízo e defesa judicial) é menos do que faz o defensor, considerando-se o rol de todas as suas atribuições. Inclui-se, aqui, uma atuação judicial e extrajudicial, que contempla todo e qualquer auxílio jurídico voltado ao necessitado. *In* RAMOS, Glauco Gumerato. *Assistência jurídica integral ao necessitado.* São Paulo: Revista dos Tribunais, 1999, nº 765, pp. 48-57. No processo penal, contudo, a assistência jurídica gratuita e integral parece se revelar sua mais proeminente função, com foco na garantia aos carentes de meios reais à adequada formulação jurídica de sua defesa, dentro do exercício da cidadania que lhe fora mitigada pela pobreza. Somente na seara civil é que se pode falar em hipossuficiência jurídica e social para justificar uma atuação atípica do defensor público.

[35] Art. 46, LC 80/94: *Além das proibições decorrentes do exercício de cargo público, aos membros da Defensoria Pública da União é vedado: I – exercer a advocacia fora das atribuições institucionais; II – requerer, advogar, ou praticar em juízo ou fora dele, atos que de qualquer forma colidam com as funções inerentes ao seu cargo, ou com os preceitos éticos de sua profissão; III – receber, a qualquer título e sob qualquer pretexto, honorários, percentagens ou custas processuais, em razão de suas atribuições... -sic*

[36] Art. 4º, § 2º, da LC 80/94: *As funções institucionais da Defensoria Pública serão exercidas inclusive contra as Pessoas Jurídicas de Direito Público.*

[37] De acordo com o art. 133 da Constituição Federal, com a redação dada pela Emenda Constitucional nº 80/2014, *o advogado é indispensável à administração da justiça, sendo inviolável por seus atos e manifestações no exercício da profissão, nos limites da lei.* Já a Defensoria Pública é *instituição permanente e essencial à função jurisdicional do Estado,* conforme artigo imediatamente subsequente – grifos nossos.

[38] Tal aparente dicotomia se resolve com recurso ao instituto da *desconcentração.* Recorrendo ao escólio de Celso Bandeira de Mello: *descentralização e desconcentração são conceitos claramente distintos. A descentralização pressupõe pessoas jurídicas diversas: aquela que originariamente tem ou teria titulação sobre certa atividade e aqueloutra ou aqueloutras às quais foi atribuído o desempenho das atividades em causa. Já a desconcentração está sempre referida a uma só pessoa, pois cogita-se da distribuição de competências na intimidade dela, mantendo-se, pois, o liame unificador da hierarquia. Pela descentralização rompe-se uma unidade personalizada e não há vínculo hierárquico entre a Administração Central e a pessoa estatal descentralizada. Assim, a segunda não é subordinada à primeira. O que passa a existir, na relação entre ambas, é um poder chamado controle* (grifos nossos). MELLO, Celso Antonio Bandeira de. Curso de Direito Administrativo. – 12ª ed. – São Paulo: Malheiros, 2000. p. 126.

[39] Art. 4º, inc. XIV da LC 80/94: – *São funções institucionais da Defensoria Pública, dentre outras: Acompanhar inquérito policial, inclusive com a comunicação imediata da prisão em flagrante pela autoridade policial, quando o preso não constituir advogado* (Incluído pela Lei Complementar nº 132, de 2009). No mesmo sentido, a Súmula Vinculante 14,

IMPLICAÇÕES PENAIS E PROCESSUAIS PENAIS DA DEFENSORIA PÚBLICA

do STF: *É direito do defensor, no interesse do representado, ter acesso amplo aos elementos de prova que, já documentados em procedimento investigatório realizado por órgão com competência de polícia judiciária, digam respeito ao exercício do direito de defesa.*

[40] No processo penal, tendo em vista a natureza dos interesses em causa, o contraditório e a ampla defesa não se podem conformar com o binômio – *ciência necessária, participação possível* – aplicável ao processo civil, posto que se requer aqui efetividade na proteção do arguído. *In* CAPEZ, Fernando. Curso de Processo Penal. 19ª ed. São Paulo: Saraiva, 2012, p. 859.

[41] Perante todos os órgãos e em todas as instâncias, ordinárias ou extraordinárias, através do manejo de todas as medidas capazes de propiciar a adequada e efetiva defesa dos interesses do assistido, conforme art. 4º, inc. V, da Lei Complementar 80/94, com a redação conferida pela LC 132/2009.

[42] Art. 129, VII, LC 80/94, que impõe ao defensor o dever de agir quando o mesmo identificar na lei, jurisprudência ou prova dos autos fundamento para recorrer.

[43] *O conflito de vontades entre o acusado e o defensor, quanto à interposição de recurso, resolve--se, de modo geral, em favor da defesa técnica, seja porque tem melhores condições de decidir da conveniência ou não de sua apresentação, seja como forma mais apropriada de garantir o exercício da ampla defesa.* (STF, 2ª T., REsp 188.703-6, rel. Min. Francisco Rezek, DJU, 13 out. 1995).

[44] Idêntica previsão encontra-se inserida no Art. 128, inc. XII do mesmo diploma legal, para o defensor público estadual.

[45] Outro controle se identifica no inc.VII do art. 45 do mesmo diploma legal, quando prevê que *incumbe ao defensor: interpor os recursos cabíveis para qualquer instância ou Tribunal e promover revisão criminal, sempre que encontrar fundamentos na lei, jurisprudência ou prova dos autos, remetendo cópia à Corregedoria-Geral.*

[46] Cf. art. 49, § 2º, LC 80/94.

[47] Art. 43, inc. I a IV (defensores públicos da União) e art. 127, inc. I a IV da LC 80/94 (defensores públicos dos Estados). Da mesma forma, art. 134, § 2º, 3º e 4º, da Constituição Federal.

[48] Realça Hely Lopes que tais prerrogativas funcionais dos agentes políticos não consistem em privilégios pessoais, mas antes garantias necessárias ao pleno exercício de suas altas e complexas funções, sem as quais estar-se-ia diante do tolhimento na sua liberdade de opção e decisão. *In* MEIRELLES, Hely Lopes de. Direito Administrativo brasileiro. 36ª ed. São Paulo: Malheiros Editores, 2010, p. 79.

[49] Em sentido oposto: STF, 2.ª T., *HC* 98715 Ag/R, Rel. Ellen Gracie, 18.08.2009; STF, 2.ª T., *HC* 93120, Rel. Joaquim Barbosa, 08.04.2008; STJ, 5.ª T., *HC* 15845, Rel. Min. Gilson Dipp, 02.08.2001.

[50] Art. 1º, inc. III e Art. 3º, inc. I, III e IV, CF. Na perspectiva de se garantir a igualdade, a Constituição Portuguesa prevê, em seu art. 13º, nº 2, que ninguém pode ser prejudicado ou privado de qualquer direito em razão, dentre outros aspectos, de sua condição social ou situação econômica.

[51] Em que subjaz também inarredável *interesse público*, na medida em que se revela componente garantidor da boa administração da justiça. *In* TOURINHO FILHO, Fernando da Costa. Processo Penal 2. 32ª ed. revista e atualizada. São Paulo: Atlas, 2010, p. 565.

OS NOVOS ATORES DA JUSTIÇA PENAL

[52] Art. 34 e 43-II, LC 80/94.

[53] Apesar dos dados recentes do Mapa da Fome 2013, publicados pela FAO – Organização das Nações Unidas para Agricultura e Alimentação, que revelam ter o Brasil conseguido reduzir a extrema pobreza, classificada para as pessoas que conseguem sobreviver com menos de U$ 1.00 ao dia, em 75%, entre 2001 e 2012. Entretanto, ainda se convive atualmente com uma população de 16 milhões de pobres, ou seja, que vivem com menos de U$ 2.00 por dia, o que representa 8.4% da população brasileira. Disponível em: <www.fao.org>. Acesso em: 16.09.2014.

[54] FIGUEIREDO DIAS, Jorge de. Op. cit., pp. 471-2.

[55] Art. 4º, Lei Complementar 80/94.

Defensoria Pública em Portugal:
Uma solução possível e desejável?
Análise comparada entre os modelos português e brasileiro

MARTA MADALENA BOTELHO

Mestre em Direito pela Escola de Direito da Universidade do Minho
Mediadora Penal no Sistema de Mediação Penal português

1. Uma ponderação que se justifica. 2. O defensor oficioso no ordenamento jurídico português. 2.1. Na Constituição da República Portuguesa. 2.2. No processo penal. 2.2.1. A função pública do defensor. 2.2.2. O direito do arguido a escolher defensor e por ele ser assistido em todos os actos do processo. 2.2.3. Quem pode ser defensor. 2.2.4. A nomeação de defensor em processo penal. 2.2.5. Obrigatoriedade de assistência por defensor no processo penal. 2.2.6. A questão da auto-defesa. 3. O advogado português *vs.* o defensor público brasileiro. 3.1. Razões da análise comparada. 3.2. Caracterização das instituições a que pertencem os defensores. 3.2.1. A Ordem dos Advogados Portugueses. 3.1.2. A Defensoria Pública brasileira. 3.2. Ingresso na profissão e na carreira. 3.2.1. De advogado. 3.2.2. De defensor público. 3.3. Garantias e prerrogativas. 3.3.1. Do advogado. 3.3.2. Do defensor público. 3.4. Deveres. 3.4.1. Do advogado. 3.4.2. Do defensor público. 3.5. Incompatibilidades e impedimentos. 3.5.1. Do advogado. 3.5.2. Do defensor público. 3.6. Conclusões. 4. Posição adoptada.

1. Uma ponderação que se justifica
Entre o conjunto de compromissos relativos à justiça assumidos pelo XVIII Governo Constitucional no seu Programa de Governo constava a redefinição da figura do defensor oficioso[1].

---

[1] *V.* PORTUGAL. XVIII Governo Constitucional. Programa do XVIII Governo Constitucional (2009-2013), p. 104. Disponível em versão electrónica em http://www.portugal.gov.pt/media/468569/gc18.pdf [Consult. 15 Abril 2015].

OS NOVOS ATORES DA JUSTIÇA PENAL

Com efeito, a introdução da figura do defensor público é um tema recorrentemente mencionado em Portugal. Todavia, não foi ainda feita uma discussão aturada da matéria, nem tão pouco o indispensável debate com a participação de académicos e de todos os operadores judiciais.

Da parte do poder executivo – independentemente dos partidos políticos que têm sido eleitos para formar governo nos últimos anos – não houve, até hoje, um claro comprometimento com a ideia da criação de uma Defensoria Pública em Portugal[2].

Entre a magistratura judicial, há quem perspective o defensor público como a solução ideal para o sistema de acesso ao Direito[3], mas nem todos os juízes subscrevem este entendimento.

---

[2] O Ministro da Justiça do XVII Governo Constitucional manifestou-se publicamente contra a introdução do defensor público no sistema português: «[T]emos preferências definidas e preferências que nos parecem satisfazer melhor os requisitos enunciados. Essas preferências incluem a evolução do actual modelo para um outro, não com defensores públicos, mas com contratos de avença ou análogos, e para processos de escolha guiados pelo mérito, em que a Ordem tenha um papel saliente e em que os pagamentos possam deixar de ter a mediação do tribunal» (COSTA, Alberto – *Discurso proferido no VI Congresso da Ordem dos Advogados Portugueses em 19.11.2005* [Em linha]. Disponível em http://www.oa.pt/Conteudos/Artigos/detalhe_artigo.aspx?idc=31559&idsc=39099&ida=44667 [Consult. 15 Abril 2015]).

Por sua vez, a Ministra da Justiça do XVIII Governo Constitucional admitiu a possibilidade de conjugar no sistema do acesso ao Direito português a existência do defensor oficioso e do defensor público: «[A figura do defensor público] [é] algo que vamos ter de debater em Portugal, agora, no âmbito do regime do acesso ao Direito. Não é no imediato, mas temos que fazer essa discussão. Não para substituir [os advogados oficiosos], pois podemos até encontrar dentro do modelo existente um aperfeiçoamento desse mesmo modelo» (LUSA – «Ministra admite introduzir a figura do defensor público». *Notícias ao Minuto.* 2014/05/20 [Em linha]. Disponível em http://www.noticiasaominuto.com/politica/221254/ministra-admite-introduzir-figura--do-defensor-publico [Consult. 15 Abril 2015]).

Porém, recentemente, a ideia da instalação da Defensoria Pública foi abandonada pelo mesmo governo, para quem esse modelo não goza «da cobertura de todo o território nacional providenciada pelos cerca de dez mil advogados que integram [o sistema de acesso ao Direito] (o que permite a existência de uma efectiva proximidade entre os utilizadores do sistema e os profissionais nele inscritos)», nem é preferível ao actual modelo que «garante que aqueles que recorram ao apoio judiciário beneficiem do mesmo auxílio que um cidadão que a ele não necessite de recorrer, uma vez que os advogados que se encontram inscritos são os mesmos advogados a que qualquer cidadão pode contratar» (SOUSA, Filipa Ambrósio de – «Tribunais não vão ter defensor público». *Diário de Notícias.* 2015/02/05, p. 9. Versão electrónica disponível em http://www.mynetpress.com/pdf/2015/fevereiro/201502053ba337.pdf [Consult. 15 Abril 2015]).

[3] Veja-se, por exemplo, a posição assumida pelo (então) Presidente do Supremo Tribunal de Justiça em Março de 2011: «[A] implementação de um sistema nacional do defensor público

A oposição à criação da Defensoria Pública é feita de forma mais veemente pela Ordem dos Advogados. Os argumentos mais invocados podem reconduzir-se, essencialmente, a dois. O primeiro é o de que o patrocínio e a defesa judiciários são actos próprios do advogado, o qual detém autonomia técnica e independência face a quaisquer interesses e ao Estado, tendo por base, por um lado, a relação de confiança e lealdade que se estabelece entre este e o beneficiário e, por outro, a garantia de sigilo profissional. O segundo é a ideia de que a criação da Defensoria Pública, com carreira, hierarquia e orçamento próprios, tornaria o advogado funcionário do Estado, sendo de rejeitar qualquer forma de funcionalização da advocacia.

O desafio parece ser, pois, o de aferir das implicações constitucionais e processuais penais da criação de um modelo de Defensoria Pública dotada de autonomia funcional e administrativa, que assegure a independência dos defensores públicos face a quaisquer interesses, também por meio de uma remuneração condigna, e que preste formação adequada e de qualidade, garantindo que o conteúdo material do direito fundamental ao acesso ao Direito e aos tribunais não ficará diminuído. E a pergunta que se coloca é esta: ainda que seja uma solução possível no sistema jurídico português, será a Defensoria Pública a solução desejável? É sobre isto que se reflectirá no presente estudo.

(com uma preparação técnica adequada como a dos magistrados porque se trata de um sistema público) deva substituir o apoio judiciário que, cada vez mais, se compraz em ocultar o excesso de advogados no mercado. Em 2010, o Estado gastou com o actual apoio judiciário 56.011.116€ [...]; se houvesse um quadro de 800 a 1000 defensores públicos, o Estado teria gasto de certeza bem menos com profissionais preparados especificamente para tal» (Nascimento, Luís António Noronha do – *Discurso proferido na Sessão Solene de Abertura do Ano Judicial, em 16.03.2011* [Em linha]. Disponível em http://www.stj.pt/ficheiros/aberturanojudicial/2011_pstj.pdf [Consult. 15 Abril 2015]).
Esta opinião é partilhada pelo (então) Vice-Presidente do Tribunal da Relação de Lisboa: «O actual sistema de apoio judiciário, na vertente de nomeação de patrono (advogado) tem-se mostrado caro e insatisfatório. Em 2010 o Estado gastou em apoio judiciário mais de 56 milhões de euros. Há que reequacionar o paradigma existente [...]. Está na hora de se equacionar a figura do "defensor público": alguém que terá por exclusiva função a defesa dos direitos dos que não têm possibilidades de recorrer a um bom advogado, e a quem o Estado assegurará, não só uma formação adequada e de qualidade, como também uma retribuição condigna» (Afonso, Orlando – «Defensor Público». *Correio da Manhã*. 2011/03/26. Versão electrónica disponível em http://www.smmp.pt/?p=12994 [Consult. 15 Abril 2015]).

2. O defensor oficioso no ordenamento jurídico português
2.1. Na Constituição da República Portuguesa

A Constituição da República Portuguesa (CRP) consagra os mais importantes princípios materiais do processo penal, bem como as garantias de defesa do arguido, falando-se, a esse propósito, em constituição processual penal[4].

Os princípios materialmente informadores do processo penal são a garantia de audiência do arguido (art. 28º, nº 1 da CRP); a independência dos tribunais (art. 202º e ss. da CRP); a proibição de tribunais de excepção (art. 209º, nº 4 da CRP); a proibição da dupla incriminação (art. 29º, nº 5 da CRP); o princípio da notificação das decisões penais (arts. 27º, nº 4 e 28º, nº 3 da CRP); o princípio da excepcionalidade da prisão preventiva (art. 28º, nº 2 da CRP); e as chamadas garantias de defesa[5].

Por seu turno, as garantias de defesa do arguido abarcam o conjunto de direitos e de meios processuais necessários e adequados para o arguido se defender e contrariar a acusação, já que têm em vista a atenuação da desigualdade material existente entre a acusação – que radica no poder institucional do Estado – e a defesa.

Com efeito, mesmo no processo de estrutura acusatória, como é o português, não pode falar-se numa efectiva «igualdade de armas»[6] a não ser

---

[4] *V.* CANOTILHO, J.J. Gomes e MOREIRA, Vital – *Constituição da República Portuguesa Anotada*, Vol. I, 4ª ed. Coimbra: Coimbra Editora, 2007, p. 515; ANTUNES, Maria João – «Direito Processual Penal – Direito Constitucional aplicado». In AA.VV. – *Que futuro para o Direito Processual Penal? Simpósio em homenagem a Jorge de Figueiredo Dias, por ocasião dos 20 anos do Código de Processo Penal português* (Mário Ferreira Monte, coord.), Coimbra: Coimbra Editora, 2009, pp. 745-754 e *Idem – A Constituição e os princípios penais.* Relatório Português à XIII Conferência Trilateral Itália, Espanha, Portugal. Madrid, 13-15/10/2011, pp. 27-28 [Em linha]. Disponível em http://www.tribunalconstitucional.pt/tc/content/files/conferencias/ctri_13_2011_madrid. pdf [Consult. 15 Abril 2015].

[5] Mais desenvolvidamente, *v.* ANTUNES, Maria João – *A Constituição e os princípios penais.* Relatório Português à XIII Conferência Trilateral Itália, Espanha, Portugal. Madrid, 13-15/10/2011, pp. 28-31 [Em linha]. Disponível em http://www.tribunalconstitucional.pt/tc/content/files/ conferencias/ctri_13_2011_madrid.pdf [Consult. 15 Abril 2015].

[6] Como nota Figueiredo DIAS, «pertence à estrutura de um puro processo penal de partes que estas – o M[inistério] P[úblico] e o arguido – se encontrem jurídica e facticamente ao mesmo nível, quer dizer, que a legislação obrigue o legislador a valorar por forma igual a posição das partes e que estas disponham, no plano das realidades práticas, de uma (se assim nos podemos exprimir) "igualdade de oportunidades" no tratamento do objecto do processo [...]. [N]o processo penal português [...] nem deve afirmar-se que MP e arguido se encontram

nas fases e nos incidentes jurisdicionais, pois durante o inquérito a acusação e a defesa não dispõem dos mesmos meios de investigação, uma vez que o Ministério Público (MP) pode servir-se do poder do Estado, das forças policiais e de segurança e de laboratórios científicos, por exemplo, e, bem assim, de meios de coacção que a lei lhe confere para investigar[7], enquanto a defesa e a acusação particular têm limitadas possibilidades de investigação[8]. Daí que deva observar-se o *princípio da estrita paridade jurídico-processual da acusação e da defesa*, sendo imprescindível que a lei assegure ao arguido a possibilidade de usar meios jurídicos igualmente eficazes para tornar efectivos os direitos de intervenção processual, ou seja, que garanta

praticamente armados com as mesmas possibilidades, nem sequer que os interesses por um e outro prosseguidos surjam, aos olhos do Estado e da comunidade jurídica, revestidos de idêntico valor. Logo deste ponto de vista faltam, pois, as condições absolutamente indispensáveis à existência de um *verdadeiro processo de partes*. [...] A um puro processo de partes é ainda conatural a ideia de que àquelas há-de pertencer, se não totalmente pelo menos em larga medida, o domínio do objecto do processo [...]. [N]o processo penal, não cabem ao MP quaisquer poderes que caracterizam uma parte. Pois nem ele tem [...] qualquer margem de autêntica discricionariedade em acusar ou não acusar – ligado como está, estritamente, pelo princípio da legalidade – nem a acusação pode ser retirada a partir do momento em que o tribunal foi chamado a decidir sobre ela – valendo aqui o princípio da imutabilidade. Ao que acresce ainda a circunstância de o tribunal guardar a sua inteira liberdade, perante a acusação do MP, relativamente à espécie e à medida da sua resolução [...]. E de novo não basta, [...] no que respeita à posição do arguido, fazer apelo ao seu direito de defesa, não sendo este bastante para configurar, a favor do seu titular, a existência de um "direito de parte": tal direito de defesa não abrange a faculdade de eficaz confissão do pedido, nem a responsabilização pela não-produção de uma prova, nem, de um modo geral, pode obstar a qualquer actividade legal de investigação que tenha o arguido por objecto. A tanto conduz a validade em processo penal – se bem que limitada [...] – do princípio da investigação. [...] [A] estrutura fundamental do processo penal português é, tipicamente e em princípio, a de um processo sem partes. [...] O nosso processo penal é basicamente acusatório e simplesmente integrado por um princípio de investigação. [...] De quanto anteriormente ficou exposto decorre a necessidade de se estruturar o julgamento penal, se não como um processo de partes, pelo menos de acordo com o princípio da mais estrita paridade jurídico-processual da acusação e da defesa» (DIAS, Jorge de Figueiredo – *Direito Processual Penal, Primeiro Volume*. Coimbra: Coimbra Editora, 1974, pp. 249-254 e p. 274).

[7] De que são exemplos a promoção da sujeição do arguido a medidas de coacção (sempre sujeitas a decisão judicial), as buscas e apreensões e os exames, entre outras medidas coercivas de limitação da liberdade das pessoas.

[8] V. DIAS, Jorge de Figueiredo – *Direito Processual Penal, Primeiro Volume*. Coimbra: Coimbra Editora, 1974, p. 250 e SILVA, Germano Marques da – *Curso de Processo Penal*, Vol. I, 5ª ed. rev. e aum. Lisboa: Verbo, 2008, p. 63.

OS NOVOS ATORES DA JUSTIÇA PENAL

ao arguido a possibilidade de usar todos os meios necessários e adequados à sua defesa, com vista a um processo equitativo[9][10].

As garantias de defesa consistem, pois, no princípio do contraditório (art. 32º, nº 5 da CRP); no direito de escolher defensor (art. 32º, nº 3, 1ª parte da CRP); e na assistência obrigatória do advogado em certos actos do processo penal (art. 32º, nº 3, 2ª parte da CRP)[11].

Importa, também, conjugar a disposição constitucional do art. 32º, nº 3 com o art. 20º, nº 1 da Lei Fundamental, que consagra o direito fundamental de acesso ao Direito e aos tribunais para defesa dos direitos e interesses legalmente protegidos, não podendo este direito ser posto em causa por motivos de insuficiência económica.

2.2. No processo penal
2.2.1. A função pública do defensor

No processo penal português, o defensor é investido nos direitos e na posição processual do arguido, actuando no exclusivo interesse da defesa, *i. e.*, pondo em realce no processo tudo o que seja favorável à posição jurídica do arguido.

A prática de actos processuais pelo defensor não se fundamenta em procuração forense (embora a assunção da função de defensor possa ter origem em procuração), nem tão pouco em poderes representativos concedidos pelo arguido, mas sim directamente no *poder-dever* que a lei confere ao defensor, de exercício da sua função de defesa, que não é orientada nem está limitada por instruções ou pela vontade do arguido. Pode, por

---

[9] Acerca da jurisprudência constitucional sobre a matéria, observa Maria João ANTUNES: «[n] a apreciação da conformidade constitucional de normas do novo Código [de Processo Penal], o Tribunal [Constitucional] tem reiterado o entendimento de que o princípio da igualdade de armas entre a acusação e a defesa é um princípio que não se harmoniza propriamente com a função constitucionalmente cometida ao Ministério Público de exercer a acção penal orientada pelo princípio da legalidade, de acordo com um estatuto que reconhece a autonomia desta magistratura (artigo 219º, nºs 1 e 2 [do CPP]) – Acórdãos nºs 38/89, 356/91, 538/2007 e 160/2010)» (ANTUNES, Maria João – *A Constituição e os princípios penais*. Relatório Português à XIII Conferência Trilateral Itália, Espanha, Portugal. Madrid, 13-15/10/2011, p. 36 [Em linha]. Disponível em http://www.tribunalconstitucional.pt/tc/content/files/conferencias/ctri_13_2011_madrid.pdf [Consult. 15 Abril 2015]).

[10] V. RODRIGUES, José Narciso da Cunha – «Sobre o princípio de igualdade de armas», *Revista Portuguesa de Ciência Criminal*. Ano 1, Nº 1 (1999), p. 77.

[11] V. CANOTILHO, J.J. Gomes – *Direito Constitucional e Teoria da Constituição*, 2ª ed. Coimbra: Almedina, 1998, p. 266.

isso, afirmar-se que a função da defesa é *pública*, tendo assento no direito processual penal – direito público – e não no instituto jurídico-privado da representação ou do mandato forense[12].

A função do defensor ultrapassa o interesse subjectivo do arguido, para cumprir uma função processual que interessa à própria comunidade. Trata-se de uma verdadeira função pública de administração da justiça, incumbindo ao defensor colaborar com o tribunal – embora de forma distinta da do MP – na descoberta da verdade e na realização do Direito. Como tal, o defensor é um órgão autónomo da administração da justiça.

A colaboração do defensor com o tribunal para a descoberta da verdade e a realização da justiça é feita actuando *exclusivamente* em favor do arguido e, como sublinha Figueiredo DIAS, «não existe nisto qualquer contradição: dentro da sua tarefa específica de defesa, cumpre ao defensor aconselhar o arguido, contrariar qualquer visão unilateral ou parcial que no processo tenda a formar-se em desfavor daquele – seja na apreciação dos factos, seja no entendimento a dar às questões-de-direito –, velar, enfim, para que a autonomia ética do arguido e a sua dignidade pessoal não sofram qualquer dano. Assim se serve uma verdade que [...] não basta que corresponda à realidade dos factos e ao recto entendimento do direito material, mas é ainda necessário que seja processualmente válida – só assim se correspondendo inteiramente à própria Ideia de Direito»[13].

Embora colabore para o apuramento da verdade, não impende sobre o defensor um estrito dever de verdade, mas tão-somente o dever de trazer para o processo a verdade que seja favorável ao arguido – como são exemplo as provas da sua inocência ou da sua menor culpa. Evidência de que ao defensor não se aplica o dever de verdade, *stricto sensu*, é o facto de o defensor estar obrigado ao segredo profissional, podendo – e devendo – recusar-se a depor sobre factos por ele abrangidos (art. 135º, nº 1 do CPP).

2.2.2. O direito do arguido a escolher defensor e por ele ser assistido em todos os actos do processo

Foi já referido que o art. 32º, nº 3, 1ª parte da CRP reconhece ao arguido o direito fundamental de escolher defensor e de por ele ser assistido em

---

[12] Neste sentido, *v.* DIAS, Jorge de Figueiredo – *Direito Processual Penal, Primeiro Volume*. Coimbra: Coimbra Editora, 1974, pp. 469-470.

[13] DIAS, Jorge de Figueiredo – *Direito Processual Penal, Primeiro Volume*. Coimbra: Coimbra Editora, 1974, pp. 472-473.

OS NOVOS ATORES DA JUSTIÇA PENAL

todos os actos do processo. Esta norma conjuga-se com as alíneas *e)* e *f)* do nº 1 do artº 61º do Código de Processo Penal (CPP), que enunciam, entre os direitos, em especial, do arguido[14], o direito a constituir advogado ou a que lhe seja nomeado defensor e o direito a ser assistido por defensor em todo o decurso do processo e a comunicar, em privado, com ele. Este direito de contacto e consulta do defensor a qualquer momento não pode ser obstruído ou dificultado, sob pena de esvaziamento do seu conteúdo na prática.

De modo a fazer uma defesa plena, o defensor pode exercer todos os direitos do arguido, exceptuando apenas os casos em que o acto processual tenha de ser pessoalmente praticado por este (art. 63º, nº 1 do CPP).

O defensor não pode ser declarado impedido ou suspeito, mas tratando-se de advogado constituído, o arguido pode, a todo o momento, escolher novo defensor e revogar o mandato (art. 1170º, nº 1 do Código Civil e art. 39º do Código de Processo Civil). Tratando-se de defensor nomeado oficiosamente, o arguido pode pedir a qualquer momento a sua substituição, mas nesse caso terá de invocar causa justificativa (art. 66º, nº 3 do CPP).

2.2.3. Quem pode ser defensor

As normas do CPP e da Lei nº 34/2004, de 29.07[15] ou Lei do Acesso ao Direito e aos Tribunais (LADT), na redacção que lhe foi conferida pela Lei nº 47/2007, de 28.08[16], invocam sempre a figura do defensor. Importa, pois, averiguar quem pode exercer a função de defensor em processo penal.

O art. 1º, nº 10 da Lei nº 49/2004, de 24.08[17], estatui o seguinte: «[n] os casos em que o processo penal determinar que o arguido seja assistido por defensor, esta função é obrigatoriamente exercida por advogado, nos

---

[14] Fala-se em direitos em especial ou direitos especiais, já que o arguido tem vários outros direitos que se encontram dispersos pelo CPP.

[15] V. PORTUGAL. Assembleia da República. Lei nº 34/2004, de 29 de Julho: *Diário da República*: Série I-A, Nº 77, 29/07/2004, pp. 4802-4810. Versão electrónica disponível em https://dre.pt/application/file/502332 [Consult. 15 Abril 2015].

[16] V. PORTUGAL. Assembleia da República. Lei nº 47/2007, de 28 de Agosto: *Diário da República*: Série I, Nº 165, 28/08/2007, pp. 5868(5)-5868(12). Versão electrónica disponível em https://dre.pt/application/file/640981 [Consult. 15 Abril 2015].

[17] Trata-se da também designada Lei dos Actos Próprios do Advogado e Solicitador (*v.* PORTUGAL. Assembleia da República. Lei nº 49/2004, de 24 de Agosto: *Diário da República*: Série I, Nº 199, 24/08/2004, pp. 5656-5657. Versão electrónica disponível em https://dre.pt/application/file/479545 [Consult. 15 Abril 2015]).

termos da lei». Dúvidas não restam, portanto, de que só o advogado pode ser defensor em processo penal.

O art. 45º, nº 1, al. *b)* da LADT prevê que os participantes no sistema de acesso ao Direito podem ser advogados, advogados estagiários e solicitadores.

Ora, no que concerne aos advogados estagiários, é necessário fazer o cotejo daquela citada norma com o artº 12º, nº 1 da Portaria nº 10/2008, de 03.01[18], que estabelece que os advogados estagiários só podem participar no sistema de acesso ao Direito e aos tribunais mediante acompanhamento por parte do seu patrono, em processos que sejam atribuídos a este último. O nº 2 do citado preceito atribui à Ordem dos Advogados (OA) a definição da participação dos advogados estagiários em diligências e processos que não sejam atribuídos ao seu patrono.

É preciso, pois, invocar aqui o art. 189º do Estatuto da Ordem dos Advogados (EOA)[19], que regula as competências do advogado estagiário, bem como aferir em que consiste o necessário acompanhamento do patrono.

A actual regulamentação das competências dos advogados estagiários deparou-se com alguma resistência por parte destes. Porém, nela antevê-se

---

[18] A Portaria nº 10/2008, de 03.01 (*v.* PORTUGAL. Ministério da Justiça. Portaria nº 10/2008, de 3 de Janeiro: *Diário da República*: Série I, Nº 2, 03/01/2008, pp. 87-93. Versão electrónica disponível em https://dre.pt/application/file/386761 [Consult. 15 Abril 2015]) foi alterada pela Portaria nº 210/2008, de 29.02 (*v.* PORTUGAL. Ministério da Justiça. Portaria nº 210/2008, de 29 de Fevereiro: *Diário da República*: Série I, Nº 43, 29/02/2008, pp. 1354-1356. Versão electrónica disponível em https://dre.pt/application/file/247351 [Consult. 15 Abril 2015]), alterada e republicada pela Portaria nº 654/2010, de 11.08 (*v.* PORTUGAL. Ministério da Justiça. Portaria nº 654/2010, de 11 de Agosto: *Diário da República*: Série I, Nº 155, 11/08/2010, pp. 3322-3332. Versão electrónica disponível em https://dre.pt/application/file/343071 [Consult. 15 Abril 2015]) e alterada pela Portaria nº 319/2011, de 30.12 (*v.* PORTUGAL. Ministério da Justiça. Portaria nº 319/2011, de 30 de Dezembro: *Diário da República*: Série I, Nº 250, 30/12/2011, pp. 5532-5533. Versão electrónica disponível em https://dre.pt/application/file/145075 [Consult. 15 Abril 2015]).

[19] Aprovado pela Lei nº 15/2005, de 26.01, e alterado pelo Decreto-Lei nº 226/2008, de 20.11 e pela Lei nº 12/2010, de 25.06 (*v.* PORTUGAL. Assembleia da República. Lei nº 15/2005, de 26 de Janeiro: *Diário da República*: Série I-A, Nº 18, 26/01/2005, pp. 612-646. Versão electrónica disponível em https://dre.pt/application/file/624476 [Consult. 15 Abril 2015]; PORTUGAL. Ministério da Justiça. Decreto-Lei nº 226/2008, de 20 de Novembro: *Diário da República*: Série I, Nº 226, 20/11/2008, pp. 8185-8216. Versão electrónica disponível em https://dre.pt/application/file/439762 [Consult. 15 Abril 2015] e PORTUGAL. Assembleia da República. Lei nº 12/2010, de 25 de Junho: *Diário da República*: Série I, Nº 122, 25/06/2010, p. 2272. Versão electrónica disponível em https://dre.pt/application/file/334757 [Consult. 15 Abril 2015]).

OS NOVOS ATORES DA JUSTIÇA PENAL

a conjugação entre, por um lado, a importância fundamental da advocacia na defesa dos direitos e interesses dos cidadãos; e, por outro, o objectivo de concretizar, através do estágio, a preparação para o exercício da profissão de advogado. Esta opção legislativa obrigou a um reforço da supervisão do advogado patrono, por um lado, e ao alargamento das áreas de intervenção do advogado estagiário, ainda que sempre sob tutela do patrono, em processos judiciais cuja competência era anteriormente reservada aos advogados[20].

Na primeira fase do estágio está vedada ao advogado estagiário a prática de quaisquer actos próprios da profissão[21]. Já na fase complementar do estágio, *i. e.*, depois da obtenção da cédula profissional, o advogado estagiário passa a ter competência para praticar os actos próprios do advogado em processo judicial, independentemente da sua natureza ou valor, bem como a prestação da consulta jurídica e os actos da competência do solicitador. No que concerne ao processo penal, o advogado estagiário na fase complementar de estágio poderá exercer a advocacia em processos da competência do tribunal singular[22] (art. 189º, nº 2 do EOA) [23].

A intervenção de advogado estagiário em processos penais da competência do tribunal colectivo[24/25], está condicionada à verificação de dois

---

[20] Nas palavras de Sousa MAGALHÃES, «[a] possibilidade de os advogados estagiários poderem, a partir de agora, patrocinar acompanhados do seu patrono ou patrono formador, em qualquer processo, independentemente da sua natureza ou valor, constitui um passo muito relevante no reforço da formação em prática tutelada, ao mesmo tempo que aprofunda e dignifica a relação entre o advogado Estagiário e o seu Patrono» (MAGALHÃES, Fernando Sousa – *Estatuto da Ordem dos Advogados Anotado e Comentado.* Coimbra: Almedina, 2005, p. 198, nota 4).

[21] Na primeira fase do estágio o advogado estagiário não pode sequer advogar em causa própria, do seu cônjuge, descendente ou ascendente (*v.* MAGALHÃES, Fernando Sousa – *Estatuto da Ordem dos Advogados Anotado e Comentado.* Coimbra: Almedina, 2005, p. 198, nota 1).

[22] A competência do tribunal singular é regulada pelo art. 16º do CPP.

[23] Além destes processos, o advogado estagiário poderá intervir em processos cíveis e administrativos cujo valor caiba na alçada da primeira instância, *i. e.*, até 5000,00€, conforme disposto no art. 44º, nº 1 da Lei de Organização do Sistema Judiciário (*v.* PORTUGAL. Assembleia da República. Lei nº 62/2013, de 26 de Agosto: *Diário da República*: Série I, Nº 163, 26/08/2013, pp. 5114-5145. Versão electrónica disponível em https://dre.pt/application/file/499452 [Consult. 15 Abril 2015]); em processos da competência dos tribunais de família e menores; e em processos de divórcio por mútuo consentimento (que são tramitados junto das Conservatórias do Registo Civil).

[24] A competência dos tribunais colectivos é regulada pelos arts. 14º e 15º do CPP.

[25] Estes requisitos também se aplicam aos processos não penais, quando o valor exceder a alçada da primeira instância, e aos processos da competência dos tribunais de família e menores (art. 189º, nº 2 do EOA).

360

requisitos cumulativos, a saber: a necessidade de efectivo acompanhamento de advogado que assegure a tutela da sua actividade; e a obrigatoriedade de o advogado que tutela o tirocínio do advogado estagiário ser o seu patrono ou o seu patrono formador (art. 189º, nº 2 do EOA).

Daqui se conclui que o legislador não concedeu autonomia ao advogado estagiário para actuar por si só nos processos judiciais de maior valor e/ou complexidade, considerados de maior relevância. A sua intervenção está estritamente sujeita à tutela do patrono ou do patrono formador, *i. e.*, advogado que possui aptidão plena para orientar, dirigir e sindicar a actuação do advogado estagiário[26].

Assim, o advogado estagiário só pode intervir nos processos referidos se o mandato judicial for conferido não só a este, mas também ao advogado seu patrono ou seu patrono formador, a quem cabe assegurar e responsabilizar-se conjuntamente com o advogado estagiário pela prática dos actos processuais[27].

Recorde-se que o art. 12º, nº 1 da Portaria nº 10/2008, de 03.01, prevê que os advogados estagiários só podem participar no sistema de acesso ao Direito e aos tribunais mediante acompanhamento por parte do seu patrono, em processos que sejam atribuídos a este último, do que se infere que os advogados estagiários não poderão exercer a função de defensor em processo penal no âmbito do sistema de acesso ao Direito e aos tribunais, uma vez que a sua intervenção, a ter lugar, está confinada aos processos em que o defensor nomeado seja o seu patrono e, como se disse, à supervisão e acompanhamento por parte deste último.

De tudo quanto se disse retiram-se duas conclusões: a primeira é que, quando se trate de advogado constituído, o defensor poderá ser advogado ou advogado estagiário na fase complementar de estágio, aplicando-se a

---

[26] De acordo com o disposto no art. 185º, nº 2 do EOA «[s]ó podem aceitar a direcção do estágio, como patronos, os advogados com, pelo menos, cinco anos de exercício efectivo de profissão, sem punição disciplinar superior à de multa».

[27] O acompanhamento pelo patrono da actuação do advogado estagiário implica a prática conjunta de todos os actos processuais, o que impõe que os articulados e demais peças processuais, com excepção daqueles em que não se suscitem questões de Direito (art. 32º, nº 2 do CPC), sejam obrigatoriamente subscritos por ambos. Sendo assim, deverá também concluir-se que o advogado estagiário não pode ser admitido a intervir oralmente no processo, no âmbito da audiência de discussão e julgamento ou em qualquer outra diligência em que possam suscitar-se questões de direito, sem a efectiva presença na diligência do seu patrono ou patrono formador.

OS NOVOS ATORES DA JUSTIÇA PENAL

este último a restrição aos processos da competência do tribunal singular; e a segunda é que só o advogado pode exercer a função de defensor em processo penal por meio de nomeação oficiosa no âmbito do sistema de acesso ao Direito e aos tribunais.

2.2.4. A nomeação de defensor em processo penal

A nomeação do defensor no âmbito do sistema de acesso ao Direito e aos tribunais obedece ao estatuído no art. 39º da LADT.

A nomeação de defensor é sempre precedida da advertência ao arguido de que pode constituir advogado (art. 39º da LADT, art. 32º, nº 3, 1ª parte da CRP e arts. 61º, nº 1, al. *e*) e 62º, nº 1 do CPP).

Caso o arguido não constitua advogado, deve, no momento em que presta termo de identidade e residência (art. 196º do CPP), prestar informações sobre o rendimento, património e despesa permanente do seu agregado familiar (art. 39º, nº 3 da LADT). Com base nessas declarações, a secretaria apreciará a insuficiência económica do arguido, de acordo com os critérios fixados na Lei (arts. 39º, nº 4, 8º e 8º-A da LADT). Caso a secretaria venha a concluir pela insuficiência económica do arguido, é-lhe nomeado defensor (art. 39º, nº 5, 1ª parte da LADT), nomeação essa que é provisória, por estar dependente da concessão de apoio judiciário (art. 39º, nº 6 da LADT).

No caso de não se apurar a insuficiência económica do arguido, este é novamente advertido de que deve constituir mandatário (art. 39º, nº 5, 2ª parte da LADT). Se, após esta advertência, o arguido não constituir mandatário e a assistência por defensor for obrigatória ou considerada necessária ou conveniente[28], é-lhe nomeado defensor, ficando o arguido obrigado ao pagamento do triplo do valor estabelecido no art. 36º, nº 2 da LADT[29/30](art. 39º, nºs 7 e 9 da LADT).

---

[28] Veremos que situações são essas *infra*, ponto 2.2.5.

[29] Importa ter presente que a regulamentação da Lei nº 34/2004, de 29.07, alterada pela Lei nº 47/2007, de 28.08, foi feita pela Portaria nº 10/2008, de 03.01 (*v.* PORTUGAL. Ministério da Justiça. Portaria nº 10/2008, de 3 de Janeiro: *Diário da República*: Série I, Nº 2, 03/01/2008, pp. 87-93. Versão electrónica disponível em https://dre.pt/application/file/386761 [Consult. 15 Abril 2015]), a qual foi alterada pela Portaria nº 210/2008, de 29.02 (*v.* PORTUGAL. Ministério da Justiça. Portaria nº 210/2008, de 29 de Fevereiro: *Diário da República*: Série I, Nº 43, 29/02/2008, pp. 1354-1356. Versão electrónica disponível em https://dre.pt/application/file/247351 [Consult. 15 Abril 2015]). A Portaria nº 210/2008, de 29.02 foi alterada e republicada pela Portaria nº 654/2010, de 11.08 (*v.* PORTUGAL. Ministério da Justiça. Portaria nº

Se o apoio judiciário não for concedido, o arguido fica obrigado ao pagamento do valor estabelecido no art. 36º, nº 2 da LADT[31]; porém, no caso da não concessão se fundamentar em declarações (a que alude o art. 39º, nº 3 da LADT) manifestamente falsas, o arguido fica obrigado ao pagamento do quíntuplo do valor estabelecido no art. 36º, nº 2 da LADT[32].

No mesmo sentido, o art. 64º, nº 4 do CPP estatui que, havendo lugar a condenação, o arguido que não tenha constituído advogado ou a quem não tenha sido concedido o benefício de protecção jurídica é responsável pelo pagamento dos honorários do defensor que lhe tenha sido nomeado oficiosamente. Por seu turno, o art. 66º, nº 5 do CPP estabelece que o exercício da função de defensor nomeado é sempre remunerado.

O defensor nomeado cessa funções assim que o arguido constitua mandatário, o que pode fazer a todo o tempo (art. 43º, nº 1 da LADT e art. 62º, nº 1 do CPP).

2.2.5. Obrigatoriedade de assistência por defensor no processo penal

O art. 32º, nº 3, 2ª parte da CRP estabelece que a lei especifica os actos e as fases processuais em que a assistência ao arguido deve ser feita por advogado. A falta de assistência por defensor quando a lei previr a sua obrigatoriedade constitui nulidade insanável, nos termos do disposto no art. 119º, al. *c*) do CPP, havendo ainda a possibilidade de recurso da decisão que se pronuncie sobre a arguição dessa nulidade (art. 410º, nº 3 do CPP).

Dando cumprimento ao preceito constitucional, o art. 64º, nº 1 do CPP determina a obrigatoriedade de assistência por defensor em várias situações. Vejamos quais.

654/2010, de 11 de Agosto: *Diário da República*: Série I, Nº 155, 11/08/2010, pp. 3322-3332. Versão electrónica disponível em https://dre.pt/application/file/343071 [Consult. 15 Abril 2015]) e alterada pela Portaria nº 319/2011, de 20.12 (*v.* PORTUGAL. Ministério da Justiça. Portaria nº 319/2011, de 30 de Dezembro: *Diário da República*: Série I, Nº 250, 30/12/2011, pp. 5532-5533. Versão electrónica disponível em https://dre.pt/application/file/145075 [Consult. 15 Abril 2015]).

[30] De acordo com o art. 8º, nº 1 da Portaria nº 10/2008, de 03.01, na redacção que lhe foi dada pela Portaria nº 210/2008, de 29.02, o valor base para cálculo é de 150,00€. O arguido torna-se, pois, responsável pelo pagamento de 450,00€.

[31] O valor em causa é de 150,00€ (*v.* nota 29).

[32] O valor em causa é de 600,00€ (*v.* nota 29).

OS NOVOS ATORES DA JUSTIÇA PENAL

a. Nos interrogatórios de arguido detido ou preso (arts. 64º, nº 1, al. *a*), 141º, 143º e 144º, nº 3 do CPP)

A assistência por defensor nos interrogatórios de arguido detido ou preso constitui uma garantia de apoio e informação técnica ao arguido, de controlo da legalidade da detenção e da existência de pressupostos para aplicação de uma medida de coacção. É, assim, um meio de defesa pessoal do arguido.

A participação do defensor está limitada ao aconselhamento na organização da defesa e à arguição de nulidades, não podendo intervir no interrogatório. Durante o interrogatório, e caso o juiz o permita, o defensor pode suscitar pedidos de esclarecimentos das respostas dadas pelo arguido. Findo o interrogatório, o defensor pode requerer sejam formuladas ao arguido perguntas que entenda serem relevantes para a descoberta da verdade, decidindo o juiz por despacho irrecorrível (art. 141º, nº 6 do CPP).

b. Nos interrogatórios perante autoridade judiciária (arts. 64º, nº 1, al. *b*), 143º e 144º, nºs 1 e 2 do CPP)

A intervenção de defensor nos interrogatórios de arguido perante autoridade judiciária processa-se de forma similar à que ocorre nos interrogatórios de arguido detido ou preso, já que o art. 141º, nº 6 é aplicável aos outros interrogatórios *ex vi* dos arts. 143º, nº 2 e 144º, nºs 1 e 2, todos do CPP.

c. No debate instrutório e na audiência de julgamento, excepto quando não possa ser aplicada pena de prisão ou medida de segurança de internamento (arts. 64º, nº 1, al. *c*) – em conjugação com os arts. 287º, nº 4 e 313º, nº 1, al. *c*) – , 325º, nº 4, 332º, n. ᵒˢ 5 e 6, 334º, nº 4 e 352º, nº 1 do CPP)

O art. 287º, nº 4 do CPP dispõe sobre a nomeação obrigatória, pelo juiz, no despacho que determina a abertura de instrução, de defensor ao arguido que não tenha já defensor nomeado ou advogado constituído. Caso esta nomeação não conste do despacho, verifica-se uma nulidade insanável (art. 119º, al. *c*) do CPP).

O art. 313º, nº 1, al. *c*) do CPP contém disposição idêntica, mas agora relativa ao despacho que designa data para a realização da audiência e julgamento. Caso o despacho não contenha a nomeação de defensor ao arguido que ainda o não tenha e não tenha advogado constituído, há lugar a nulidade dependente de arguição (art. 118º, nº 1 do CPP).

Em ambos os casos, estamos perante situações em que a defesa assume particular importância, já que o desfecho destas fases processuais é determinante para o arguido.

d. Em todos os actos processuais, com excepção da constituição de arguido, quando o arguido for invisual, surdo, mudo, analfabeto, desconhecedor da língua portuguesa, menor de 21 anos, ou se for suscitada a questão da sua inimputabilidade ou da sua imputabilidade diminuída (art. 64º, nº 1, al. *d*) do CPP)

As situações descritas configuram casos em que a defesa pessoal do arguido se presume diminuída, justificando-se, por isso, a assistência técnica do defensor.

e. Nos recursos ordinários ou extraordinários (art. 64º, nº 1, al. *e*) do CPP)

O recurso pode ser interposto pelo próprio arguido, mas se não tiver defensor, ser-lhe-á nomeado um, já que nos recursos se colocam, precipuamente, questões de ordem técnica, que tornam necessária a intervenção de um defensor tecnicamente habilitado.

f. Nos casos em que sejam prestadas declarações para memória futura, quer na fase de inquérito, quer na fase de instrução (arts. 64º, nº 1, al. *f*), 271º e 294º do CPP)

A lei processual penal impõe que as declarações para memória futura revistam as formalidades próprias da audiência de julgamento, uma vez que haverão de produzir efeitos nesse momento processual. Compreende-se, pois, que se a assistência por defensor na audiência é obrigatória[33], o seja também nestes incidentes. Em ambos os casos, estamos perante situações de especial fragilidade do arguido e em que reveste importância fulcral o conhecimento técnico-jurídico do defensor.

g. Na audiência de julgamento realizada na ausência do arguido (arts. 64º, nº 1, al. *g*), 333º, nº 5 e 334, nº 6 do CPP)

Não tendo o arguido constituído advogado, nem lhe tendo sido nomeado defensor em momento processual anterior, é obrigatória a nomeação

---

[33] *V. infra*, ponto 2.2.5.g.

OS NOVOS ATORES DA JUSTIÇA PENAL

na audiência de julgamento que se realize na ausência do arguido. A não observância desta imposição é cominada com nulidade insanável (art. 119º, al. *c)* do CPP).

h. Sempre que a lei o determine (art. 64º, nº 1, al. *h)* do CPP)
As situações a coberto da al. *h)* do art. 64º, nº 1 do CPP são as dos arts. 221º, nº 3, 223º, nº 2, 396º, nº 1, al. *a)*, 472º, nº 2 e 504º, nº 3, todos do mesmo Código, bem como outras previstas em legislação avulsa, como é exemplo o art. 29º, al. *c)* da Lei nº 93/99, 14.07 (situação de protecção de testemunha particularmente vulnerável) [34].

i. Sempre que as circunstâncias do caso revelarem a necessidade ou a conveniência do arguido ser assistido (art. 64º, nº 2 do CPP)
O art. 64º, nº 2 do CPP prevê que, para além dos casos acima enunciados, o juiz pode nomear defensor *ex officio* ou a pedido do arguido, sempre que as circunstâncias do caso revelarem a necessidade ou a conveniência de o arguido ser assistido. Serão as situações em que estejam em causa factos de gravidade considerável ou em que a questão revista complexidade jurídica.

j. Quando seja deduzida acusação, sempre que o arguido não tiver advogado constituído ou defensor nomeado (art. 64º, nº 3 do CPP)
O art. 64º, nº 3 do CPP determina, ainda, que é obrigatória a nomeação de defensor quando da dedução de acusação, sempre que não haja advogado constituído ou defensor já nomeado no processo.

2.2.6. A questão da auto-defesa
Assume relevância a questão da possibilidade de o arguido assumir a sua própria defesa em processo penal, já que o art. 32º, nº 3 da CRP, por força do art. 8º, nº 2 da CRP, deve ser conjugado com o art. 6º, §3º, al. *c)* da Con-

---

[34] V. PORTUGAL. Assembleia da República. Lei nº 93/1999, de 14 de Julho: *Diário da República*: Série I, Nº 162, 14/07/1999, pp. 4386-4391. Versão electrónica disponível em https://dre.pt/application/file/357585 [Consult. 15 Abril 2015]. Esta lei foi alterada pela Lei nº 29/2008, de 04.07 (*v.* PORTUGAL. Assembleia da República. Lei nº 29/2008, de 4 de Julho: *Diário da República*: Série I, Nº 128, 04/07/2008, pp. 4131-4132. Versão electrónica disponível em https://dre.pt/application/file/456338 [Consult. 15 Abril 2015]) e pela Lei nº 42/2010, de 03.09 (*v.* PORTUGAL. Assembleia da República. Lei nº 42/2010, de 3 de Setembro: *Diário da República*: Série I, Nº 192, 03/09/2010, p. 3921. Versão electrónica disponível em https://dre.pt/application/file/344356 [Consult. 15 Abril 2015]).

venção Europeia para a Protecção dos Direitos Humanos e das Liberdades Fundamentais (CEDH)[35] e o art. 14º, §3º, al. *d)* do Pacto Internacional sobre os Direitos Civis e Políticos (PIDCP)[36].

Importa ter presente o artigo 61º do Estatuto da Ordem dos Advogados (EOA)[37], que estipula que só os licenciados em Direito com inscrição em vigor na OA podem praticar actos próprios do advogado. Entre estes actos próprios inclui-se o exercício do mandato forense (cuja definição se encontra no art. 62º do EOA), pelo que a possibilidade de o arguido se defender a si próprio só pode colocar-se quando o arguido seja advogado.

O entendimento de que o arguido não pode defender-se a si próprio em processo penal é largamente acolhido na doutrina[38] e na jurisprudência do Supremo Tribunal de Justiça[39].

---

[35] A al. *c)* do art. 6º, §3º da CEDH dispõe o seguinte: «O acusado tem, como mínimo, os seguintes direitos: [...] Defender-se a si próprio ou ter a assistência de um defensor da sua escolha e, se não tiver meios para remunerar um defensor, poder ser assistido gratuitamente por um defensor oficioso, quando os interesses da justiça o exigirem» (*v.* PORTUGAL. Assembleia da República. Lei nº 65/78, de 13 de Outubro: *Diário da República*: Série I, Nº 236, 13/10/1978, pp. 2119-2145. Versão electrónica disponível em https://dre.pt/application/file/328519 [Consult. 15 Abril 2015]), rectificada por Declaração da Assembleia da República de 14.12.1978 (*v.* PORTUGAL. Assembleia da República. Declaração de Rectificação de 4 de Dezembro de 1978: *Diário da República*: Série I, Nº 286, 14/12/1978, p. 2632. Versão electrónica disponível em https://dre.pt/application/file/324798 [Consult. 15 Abril 2015]).

[36] O art. 14º, §3º, al. *d)* do PIDCP consagra que «[q]ualquer pessoa acusada de uma infracção penal terá direito, em plena igualdade, pelo menos às seguintes garantias: [...] A estar presente no processo e a defender-se a si própria ou a ter a assistência de um defensor da sua escolha; se não tiver defensor, a ser informada do seu direito de ter um e, sempre que o interesse da justiça o exigir, a ser-lhe atribuído um defensor oficioso, a título gratuito no caso de não ter meios para o remunerar» (*v.* PORTUGAL. Assembleia da República. Lei nº 29/78, de 12 de Junho: *Diário da República*: Série I, 1º Suplemento, Nº 133, 12/06/1978, pp. 1054(2)-1054(18). Versão electrónica disponível em https://dre.pt/application/file/426192 [Consult. 15 Abril 2015]).

[37] *V.* PORTUGAL. Assembleia da República. Lei nº 15/2005, de 26 de Janeiro: *Diário da República*: Série I-A, Nº 18, 26/01/2005, pp. 612-646. Versão electrónica disponível em https://dre.pt/application/file/624476 [Consult. 15 Abril 2015] e posteriores alterações do EOA operadas pelo Decreto-Lei nº 226/2008, de 20.11 (*v.* PORTUGAL. Ministério da Justiça. Decreto-Lei nº 226/2008, de 20 de Novembro: *Diário da República*: Série I, Nº 226, 20/11/2008, pp. 8185-8216. Versão electrónica disponível em https://dre.pt/application/file/439762 [Consult. 15 Abril 2015]) e pela Lei nº 12/2010, de 25.06 (*v.* PORTUGAL. Assembleia da República. Lei nº 12/2010, de 25 de Junho: *Diário da República*: Série I, Nº 122, 25/06/2010, p. 2272. Versão electrónica disponível em https://dre.pt/application/file/334757 [Consult. 15 Abril 2015]).

[38] Subscrevendo o entendimento de que a auto-defesa é inadmissível em processo penal, *v.* SILVA, Germano Marques da – *Direito Processual Penal Português (noções gerais, sujeitos processu-*

OS NOVOS ATORES DA JUSTIÇA PENAL

A questão foi suscitada junto do Tribunal Constitucional português, que, no acórdão nº 578/2001 se pronunciou sobre se a interpretação dos artigos 61º, 62º e 64º do CPP no sentido de que não pode o arguido defender-se a si próprio deveria ser tida como violação ao direito de livre escolha do defensor pelo arguido. A resposta do Tribunal Constitucional foi negativa, considerando que a auto-defesa de advogado em processo-crime contra si instaurado não é, em sentido objectivo, sinónimo de meio melhor de se alcançar a boa defesa, não estando, por isso, em causa, uma diminuição das garantias de defesa do arguido. Pelo contrário, o Tribunal considerou que a auto-defesa poderia mesmo ser prejudicial, pois decerto envolveria emoções que a poderiam pôr em risco. A decisão do acórdão não foi, porém, votada unanimemente[40].

No acórdão do caso Correia de Matos *vs.* Portugal, de 15 de Novembro de 2011[41], o Tribunal Europeu dos Direitos Humanos (TEDH) apreciou questão idêntica, suscitada por um recorrente que era advogado e pretendia exercer a sua própria defesa num processo-crime contra si instaurado,

ais e objecto), Vol. I. Lisboa: Universidade Católica Editora, 2013, p. 334 e GASPAR, António Henriques *et al.* – *Código de Processo Penal Comentado*. Coimbra: Almedina, 2014, p. 226. Porém, em sentido contrário, defendendo a tese da inconstitucionalidade da obrigatoriedade de assistência do defensor nos casos do art. 64º, *a)* e *b)* v. ALBUQUERQUE, Paulo Pinto de – *Comentário do Código de Processo Penal à luz da Constituição da República e da Convenção Europeia dos Direitos do Homem*, 4ª ed. actual. Lisboa: Universidade Católica Editora, 2011, p. 197 e SANTIAGO, Rodrigo – «O defensor e o arguido no processo penal português: aspectos polémicos», *Revista Portuguesa de Ciência Criminal*. Ano 17, Nº 2 (2007), pp. 235-237.

[39] *V.*, entre outros, os acórdãos seguintes: PORTUGAL. Supremo Tribunal de Justiça – Acórdão de 3 de Outubro de 2002 (Simas Santos, rel.). Processo nº 02P2519, 03.10.2002. Versão electrónica disponível em http://www.dgsi.pt/jstj.nsf/954f0ce6ad9dd8b980256b5f003fa81 4/5c30ba082008d94b80256d170042a8b9 [Consult. 15 Abril 2015] e PORTUGAL. Supremo Tribunal de Justiça – Acórdão de 1 de Julho de 2009 (Armindo Monteiro, rel.). Processo nº 279/96.0TAALM.Sl, 01.07.2009. Versão electrónica disponível em http://www.dgsi.pt/jstj. nsf/954f0ce6ad9dd8b980256b5f003fa814/a14fda0521e33fea802576350056d322 [Consult. 15 Abril 2015].

[40] O acórdão nº 578/2001 foi tirado com dois votos a favor, dois votos de vencido, que discordavam da fundamentação e da decisão, e o voto decisivo do Presidente, que expressou «algumas dúvidas» *(sic)* sobre o sentido de interpretação das referidas normas do CPP, tendo, contudo, optado por manter a posição que já assumira em acórdão precedente.

[41] TRIBUNAL EUROPEU DOS DIREITOS HUMANOS – Acórdão de 15.11.2001 da 3ª Secção, prolactado no caso Correia de Matos *v.* Portugal, Processo nº 48188/99. Versão electrónica disponível em http://hudoc.echr.coe.int/sites/eng/pages/search.aspx?i=001-119175 [Consult. 15 Abril 2015].

alegando que o facto de os tribunais portugueses lhe terem negado essa possibilidade infringira o art. 6º, §3º al. *c)* da CEDH.

Na decisão, o TEDH manteve o sentido jurisprudencial que já adoptara em acórdãos precedentes, pondo a tónica no facto de ser essencial que a pessoa seja capaz de apresentar a sua defesa de forma adequada às exigências de um processo equitativo e ressalvando que a decisão de permitir a um arguido defender-se a si próprio cabe aos Estados contratantes da CEDH. Com efeito, no entendimento do TEDH, os Estados são quem melhor pode aferir quais os meios adequados para permitir aos seus sistemas de justiça garantir os direitos de defesa do arguido, pelo que cada Estado tem liberdade para considerar que os interesses da justiça exigem a nomeação de um defensor para o advogado que é objecto de procedimento criminal, já que, sendo arguido nos autos, o advogado poderá não ser capaz de avaliar de modo adequado os interesses em jogo e, em consequência, não assegurar eficazmente a sua defesa.

3. O advogado português *vs.* o defensor público brasileiro
3.1. Razões da análise comparada

Observando os ordenamentos jurídicos estrangeiros, verificamos que, no âmbito do sistema de apoio judiciário, no espaço europeu predomina o modelo em que o defensor é advogado. É assim na Áustria, na Bélgica, na Bulgária, no Chipre, na Dinamarca, na Eslováquia, na Eslovénia, em Espanha, na Estónia, em França, na Grécia, na Hungria, na Inglaterra, na Irlanda, na Irlanda do Norte, na Letónia, na Lituânia, no Luxemburgo, em Malta, nos Países Baixos, na Polónia, em Portugal, na República Checa, na Roménia e na Suécia[42].

Há apenas três países que adoptaram um sistema misto: a Alemanha, em que a intervenção oficiosa de defensor não depende da situação económica do arguido, mas sim de estar em situação que lei preveja como de defesa necessária e em que o defensor pode ser escolhido pelo arguido ou nomeado pelo tribunal, sendo que em qualquer dos casos o Estado só suportará os custos com a defesa se o arguido for absolvido; a Escócia, em

---

[42] Para uma descrição sucinta do modelo de cada um destes países, *v.* PIAZENTIN, Tânia e GONÇALVES, Renato – *Do defensor oficioso: uma análise do regime jurídico português numa perspectiva comparada.* Lisboa: Direcção-Geral da Política da Justiça, 2010, pp. 14-34 [Em linha]. Disponível em http://www.dgpj.mj.pt/sections/politica-legislativa/anexos/acesso-ao-direito7362/do-defensor-oficioso6332/downloadFile/file/Do_Defensor_Oficioso.pdf? [Consult. 15 Abril 2015].

OS NOVOS ATORES DA JUSTIÇA PENAL

que a defesa pode ser prestada por advogados que fixam os seus próprios honorários, por advogados cujos honorários são pagos pelo Estado e por um número pouco significativo de defensores públicos, que são assalariados do Estado; e a Finlândia, em que a representação do beneficiário do apoio judiciário pode caber tanto a um advogado particular como a um advogado nomeado oficiosamente, sendo as custas judiciais cobertas pelo apoio judiciário apenas quando o beneficiário obtiver ganho de causa[43].

O caso do Brasil é paradigmático como modelo de Defensoria Pública. No processo penal, a Defensoria Pública abrange a defesa do arguido e o acompanhamento da execução da pena de prisão, se a tanto este for condenado. E isto aplica-se a todos os cidadãos, pois todos podem recorrer à Defensoria Pública, independentemente da sua situação económica[44]. Porém, só no caso de o arguido ter condições financeiras para arcar com os custos do processo é que o juiz poderá fixar honorários, que serão arbitrados a favor da Defensoria Pública[45].

A análise do modelo de Defensoria Pública brasileiro afigura-se como essencial para equacionar a possibilidade da criação da instituição em Portugal, o que justifica que adiante se faça uma análise comparada entre os modelos actualmente vigentes em Portugal e no Brasil.

3.2. Caracterização das instituições a que pertencem os defensores
3.2.1. A Ordem dos Advogados Portugueses

A Ordem dos Advogados Portugueses é uma associação pública, representativa dos licenciados em Direito que, em conformidade com o EOA e a

---

[43] Mais desenvolvidamente, v. PIAZENTIN, Tânia e GONÇALVES, Renato – *Do defensor oficioso: uma análise do regime jurídico português numa perspectiva comparada*. Lisboa: Direcção-Geral da Política da Justiça, 2010, pp. 13-14 e 20-21 [Em linha]. Disponível em http://www.dgpj.mj.pt/sections/politica-legislativa/anexos/acesso-ao-direito7362/do-defensor-oficioso6332/downloadFile/file/Do_Defensor_Oficioso.pdf? [Consult. 15 Abril 2015].

[44] Com efeito, o arguido que não constitua mandatário será assistido por defensor público, independentemente de estar ou não em situação de insuficiência económica.

[45] Veja-se o exemplo da Defensoria Pública do Rio de Janeiro, em que os honorários serão arbitrados a favor do Centro de Estudos Jurídicos da Defensoria Pública, nos termos do disposto no art. 3º, inciso I da Lei nº 1146/1987, de 26.02.1987 do Rio de Janeiro, que criou o CEJUR/DPGE-RJ (v. REPÚBLICA FEDERATIVA DO BRASIL. Assembleia Legislativa do Estado do Rio de Janeiro. Lei nº 1146/1987, de 26 de Fevereiro de 1987. *Diário Oficial do Estado do Rio de Janeiro*: 09/03/1987. Versão electrónica disponível em http://alerjln1.alerj.rj.gov.br/CONTLEI.NSF/bff0b8 2192929c2303256bc30052cb1c/4258883cb9c94b710325654100723692 [Consult. 15 Abril 2015]).

Lei, exercem profissionalmente a advocacia (art. 1º, nº 1 do EOA). É independente dos órgãos do Estado e é livre e autónoma nas suas regras [art. 1º, nº 2 do EOA e art. 14º da Lei nº 62/2013, de 26.08, ou Lei da Organização do Sistema Judiciário (LOSJ)[46]].

Como pessoa colectiva de direito público (associação pública[47]), a OA integra a administração autónoma e mediata do Estado. A OA é, portanto, um órgão da administração estadual indirecta, que prossegue um interesse público que, na sua inexistência, incumbiria ao Estado. Por isso, este confere-lhe privilégios especiais, como, por exemplo, a unicidade, a obrigatoriedade de inscrição dos seus membros, a quotização obrigatória e o poder disciplinar, exigindo-lhe a observância de deveres e sujeições, como o respeito pelos princípios gerais do Direito Administrativo e pelas normas do procedimento administrativo quando no exercício das suas atribuições – já que as decisões da OA são actos administrativos e, por isso, recorríveis para os tribunais administrativos, nos termos gerais de Direito –, ou a colaboração com o Estado no quadro das suas atribuições.

A *independência* é, como se disse, o princípio estruturante da advocacia, a par do interesse público da profissão, tal como decorre do art. 208º da CRP. De facto, o *interesse público* da advocacia decorre do reconhecimento do papel do advogado como garante dos direitos e liberdades dos cidadãos e da sua função de representante destes junto do poder judicial e da administração pública, sendo, por isso, essencial à administração da justiça e ao desenvolvimento e realização do direito.

A OA caracteriza-se ainda por três princípios: o *princípio da unicidade*, pois é a única associação pública que representa os advogados em Portugal; o *princípio da territorialidade*, já que exerce jurisdição sobre todos os profissionais portugueses ou estrangeiros que nela estejam inscritos ou apenas registados (conforme o caso) e que exerçam a advocacia em terri-

---

[46] *V.* PORTUGAL. Assembleia da República. Lei nº 62/2013, de 26 de Agosto: *Diário da República*: Série I, Nº 163, 26/08/2013, pp. 5114-5145. Versão electrónica disponível em https://dre. pt/application/file/499452 [Consult. 15 Abril 2015]. Esta lei foi rectificada pela Rectificação nº 42/2013, de 24.10 (*v.* PORTUGAL. Assembleia da República. Rectificação nº 42/2013, de 24 de Outubro: *Diário da República*: Série I, Nº 206, 24/10/2013, p. 6221. Versão electrónica disponível em https://dre.pt/application/file/502919 [Consult. 15 Abril 2015]).

[47] Associação pública é uma entidade pública infra-estadual, não territorial, integrada por pessoas físicas ou jurídicas para a satisfação e defesa dos seus interesses comuns (*v.* MOREIRA, Vital – *Administração Autónoma e Associações Públicas*. Coimbra: Coimbra Editora, 1997, pp. 390-420).

OS NOVOS ATORES DA JUSTIÇA PENAL

tório português; e o *princípio da personalidade*, pois é à OA que cabe exercer a jurisdição sobre os advogados portugueses e estrangeiros inscritos em Portugal a título permanente, mesmo quando o exercício da actividade advocatícia ocorra no estrangeiro.

Incumbe à OA assegurar o acesso ao Direito e aos tribunais, nos termos da Constituição (art. 3º, al. *b)* do EOA). Quer isto dizer que, por um lado, a OA tem a responsabilidade de assegurar que haja advogados participantes no sistema e a ela cabe assegurar o processo de selecção e de nomeação dos participantes no sistema; e, por outro, que quando o cidadão viva em comprovada situação de insuficiência económica que não lhe possibilite pagar as custas e os encargos dos processos e/ou a compensação devida ao advogado que lhe for nomeado no âmbito do sistema de acesso ao Direito e aos tribunais, é ao Estado que compete fazer esse pagamento (art. 20º da CRP).

3.1.2. A Defensoria Pública brasileira
A Defensoria Pública brasileira é um órgão estatal, com a incumbência de garantir o cumprimento do dever constitucional do Estado de prestar assistência jurídica integral e gratuita a quem não tenha meios económicos para suportar as despesas e os encargos jurídicos e judiciais.

Sucintamente enunciados, os objectivos da Defensoria Pública são a primazia da dignidade da pessoa humana e a redução das desigualdades sociais; a afirmação do Estado democrático de Direito; a prevalência e efectividade dos Direitos Humanos; e a garantia dos princípios constitucionais da ampla defesa e do contraditório (art. 3º-A, da LC nº 80/94).

O art. 134º da Constituição da República Federativa do Brasil (CRFB)[48], na redacção que lhe foi dada pela Emenda Constitucional nº 80, de 04.06.2014[49], faz o enquadramento constitucional da Defensoria Pública nos seguintes termos: «A Defensoria Pública é instituição permanente, essencial à função jurisdicional do Estado, incumbindo-lhe, como expres-

---

[48] *V.* REPÚBLICA FEDERATIVA DO BRASIL. Congresso Nacional. Constituição da República Federativa do Brasil, de 5 de Outubro de 1988. *Diário Oficial da União*: 05/10/1988, Anexo. Versão electrónica disponível em http://www.planalto.gov.br/ccivil_03/constituicao/ConstituicaoCompilado.htm [Consult. 15 Abril 2015]

[49] *V.* REPÚBLICA FEDERATIVA DO BRASIL. Congresso Nacional. Emenda Constitucional nº 80, de 4 de Junho de 2014. *Diário Oficial da União*: Secção 1, Ano CLI, Nº 106, 05/06/2014, p. 1. Versão electrónica disponível em http://pesquisa.in.gov.br/imprensa/jsp/visualiza/index.jsp?jornal=1&pagina=1&data=05/06/2014 [Consult. 15 Abril 2015].

são e instrumento do regime democrático, fundamentalmente, a orientação jurídica, a promoção dos direitos humanos e a defesa, em todos os graus, judicial e extrajudicial, dos direitos individuais e coletivos, de forma integral e gratuita, aos necessitados, na forma do inciso LXXIV do art. 5º desta Constituição Federal». Ora, o inciso LXXIV do art. 5º da CRFB consagra que «o Estado prestará assistência jurídica integral e gratuita aos que comprovarem insuficiência de recursos».

Porém, note-se que a Defensoria Pública presta assistência a todos os cidadãos que a ela recorram, havendo diferença apenas na entidade responsável pelo pagamento quando o cidadão tenha condições económicas que lhe permitam pagar as despesas do processo: se for absolvido, esses custos serão assegurados pelo Estado; se for condenado, terá de ser o cidadão a proceder ao pagamento. Quando a situação económica do cidadão for insuficiente, o Estado assegurará sempre o pagamento, independentemente do desfecho do processo.

É, pois, através da Defensoria Pública que o Estado assegura o acesso de todos à justiça e aos tribunais e a observância dos direitos fundamentais da ampla defesa (art. 5º, inciso LV da CRFB)[50] e do processo legal devido (art. 5º, inciso LIV da CRFB)[51].

A CRFB prevê que a Defensoria Pública da União e do Distrito Federal e dos Territórios seja organizada por lei complementar. Trata-se da Lei Complementar (LC) nº 80/94, de 12.01[52], com as alterações que lhe foram introduzidas pela Lei Complementar nº 132/2009, de 07.10[53].

---

[50] V. art. 5º, inciso LIV da CRFB, que estipula que «ninguém será privado da liberdade ou de seus bens sem o devido processo legal».

[51] V. art. 5º, inciso LV da CRBF, que estatui que «aos litigantes, em processo judicial ou administrativo, e aos acusados em geral são assegurados o contraditório e ampla defesa, com os meios e recursos a ela inerentes».

[52] V. REPÚBLICA FEDERATIVA DO BRASIL. Congresso Nacional. Lei Complementar nº 80/94, de 12 de Janeiro. *Diário Oficial da União*: Secção 1, Ano CXXXII, Nº 9, 13/01/1994, pp. 633-643. Versão electrónica disponível em http://pesquisa.in.gov.br/imprensa/jsp/visualiza/index.jsp?data=13/01/1994&jornal=1&pagina=1 [Consult. 15 Abril 2015]. Contendo as alterações da Lei complementar nº 132/2009, de 07.10, o texto legal está disponível em versão electrónica em http://www.planalto.gov.br/ccivil_03/leis/lcp/lcp80.htm [Consult. 15 Abril 2015].

[53] V. REPÚBLICA FEDERATIVA DO BRASIL. Congresso Nacional. Lei Complementar nº 132/2009, de 7 de Outubro. *Diário Oficial da União*: Secção 1, Ano CXLVI, Nº 193, 08/10/2009, pp. 1-4. Versão electrónica disponível em http://pesquisa.in.gov.br/imprensa/jsp/visualiza/index.jsp?data=08/10/2009&jornal=1&pagina=1 [Consult. 15 Abril 2015].

OS NOVOS ATORES DA JUSTIÇA PENAL

A LC nº 80/94 contém as normas gerais que disciplinam os objectivos (arts. 1º e 3º-A), as funções institucionais (art. 4º) e a organização da Defensoria Púbica nos Estados (art. 97º e ss. da CRFB).

São princípios institucionais da Defensoria Pública a *unidade*, a *indivisibilidade* e a *independência funcional* (art. 134º, §4º da CRFB e art. 3º da LC nº 80/94).

Fala-se em *princípio da unidade* já que os membros da Defensoria Pública da União integram um só órgão, sob a direção do Defensor Público-Geral Federal. Note-se, porém, que o princípio da unidade só é válido em relação a cada Defensoria Pública separadamente, já que não existe unidade entre a Defensoria Pública da União e as Defensorias Públicas estaduais, ou entre as Defensorias Públicas estaduais entre si[54].

Por sua vez, o *princípio da indivisibilidade* significa que a Defensoria Pública da União é una, já que os seus membros não ficam vinculados aos processos em que intervêm, podendo ser substituídos, em conformidade com as normas que disciplinam as substituições. Esta substituição ocorre sem que se verifique alteração significativa, pois quem está vinculada à posição processual é a Defensoria Pública e não a pessoa do defensor público[55].

Já o *princípio da independência (ou autonomia) funcional* justifica-se pelo facto de cada órgão da Defensoria Pública da União ser independente no exercício das suas funções. Com efeito, nem o Defensor Público-Geral Federal nem o Conselho Superior da Defensoria Pública da União e do Distrito Federal e dos Territórios podem interferir no modo como o defensor público federal actua em determinado processo. O membro da Defensoria Pública é livre para agir nos limites da lei, exclusivamente de acordo com a sua consciência, sem qualquer ingerência, quer da Defensoria Pública, quer do poder judicial, estando apenas sujeito à acção disciplinar daquela instituição. Em suma, o defensor público não está submetido a qualquer poder hierárquico ou ingerência externa dos demais órgãos e agentes polí-

---

[54] Neste sentido, *v.* PERES, Edilon Volpi – *Lei Orgânica da Defensoria Pública da União, do Distrito Federal e dos Territórios: Comentários à Lei Complementar nº 80/94*, 2ª ed. rev., amp. e act. Salvador, Bahia: Editora Jus Podivm, 2014, p. 23.

[55] *V.* PERES, Edilon Volpi – *Lei Orgânica da Defensoria Pública da União, do Distrito Federal e dos Territórios: Comentários à Lei Complementar nº 80/94*, 2ª ed. rev., amp. e act. Salvador, Bahia: Editora Jus Podivm, 2014, pp. 23-24.

ticos do Estado no exercício das suas funções, tendo inteira liberdade para actuar processualmente da forma que melhor entender[56].

Por último, refira-se que as Defensorias Públicas Estaduais e Defensorias Públicas da União e do Distrito Federal têm autonomia funcional e administrativa e a iniciativa da sua proposta orçamentária dentro dos limites estabelecidos na lei de directrizes orçamentárias (art. 134º, §2º e art. 3º da LC nº 80/94).

3.2. Ingresso na profissão e na carreira
3.2.1. De advogado

Em Portugal, só pode exercer a profissão de advogado quem for licenciado em Direito. É condição da inscrição na OA a licenciatura em Direito, bem como a realização de um curso de estágio sob a orientação de um patrono e de um patrono formador, ambos advogados.

O Regulamento Nacional de Estágio da OA (RNEOA), que consiste no Regulamento nº 52 -A/2005[57], prevê que o estágio se prolonga por dois anos, dividido em duas fases.

---

[56] V. LENZA, Pedro – *Direito Constitucional Esquematizado*, 13ª ed. São Paulo: Saraiva, 2009, p. 606.

[57] O Regulamento nº 52-A/2005, de (*v.* PORTUGAL. Ordem dos Advogados. Regulamento nº 52-A/2005, de 21 de Julho: *Diário da República*: Série II, Nº 146, Suplemento, 01/08/2005, pp. 11012-(2)-11012-(8). Versão electrónica disponível em https://dre.pt/application/file/1066888 [Consult. 15 Abril 2015]) foi alterado pelos seguintes actos legislativos: Declaração de Rectificação nº 1379/2005, de 01.08 (*v.* PORTUGAL. Ordem dos Advogados. Declaração de Rectificação nº 1379/2005, de 1 de Agosto: *Diário da República*: Série II, Nº 157, 17/08/2005, p. 11795. Versão electrónica disponível em https://dre.pt/application/file/2940422 [Consult. 15 Abril 2015]); artigo 69º do Regulamento nº 232/2007 (*v.* PORTUGAL. Ordem dos Advogados. Regulamento nº 232/2007, de 6 de Junho: *Diário da República*: Série II, Nº 170, 04/09/2007, pp. 25601-25611. Versão electrónica disponível em https://dre.pt/application/file/3202638 [Consult. 15 Abril 2015]); Deliberação nº 1898-A/2007, de 14.09 (*v.* PORTUGAL. Ordem dos Advogados. Deliberação nº 1898-A/2007, de 14 de Setembro: *Diário da República*: Série II, Nº 184, 24/09/2007, pp. 28028-(2)-28028-(8). Versão electrónica disponível em https://dre.pt/ application/file/1410753 [Consult. 15 Abril 2015]); Deliberação nº 2280/2008, de 08.08 (*v.* PORTUGAL. Ordem dos Advogados. Deliberação nº 2280/2008, de 14 de Setembro: *Diário da República*: Série II, Nº 159, 19/08/2008, pp. 36616-36626. Versão electrónica disponível em https://dre.pt/application/file/2646483 [Consult. 15 Abril 2015]); e Deliberação nº 3333-A/2009, de 14.12 (*v.* PORTUGAL. Ordem dos Advogados. Deliberação nº 3333-A/2008, de 14 de Setembro: *Diário da República*: Série II, Nº 242, 16/12/2009, pp. 50806-(2)-50806-(13). Versão electrónica disponível em https://dre.pt/application/file/2820225 [Consult. 15 Abril 2015]), que o republicou em Anexo.

OS NOVOS ATORES DA JUSTIÇA PENAL

A fase de formação inicial, com a duração de seis meses é composta por aulas teórico-práticas que compreendem as áreas de Deontologia profissional, Direito Constitucional e Direitos Humanos, Direito Processual Civil, Direito Processual Penal, Organização Judiciária e Informática Jurídica e destina-se a familiarizar o advogado estagiário com os aspectos técnicos da profissão e com a deontologia profissional, tendo em vista prepará-lo para o exercício dos actos próprios da advocacia que poderá realizar na fase seguinte da formação (arts. 2º, nºs 1 e 2 e 18º do RNEOA).

No final da fase inicial, o advogado estagiário é sujeito a três provas escritas de aferição, de âmbito nacional e realizadas sob anonimato. Obtendo aprovação nas três provas, o advogado estagiário pode, então, inscrever-se na fase complementar do estágio (arts. 19º, 20º e 22º do RNEOA).

A fase complementar, que corresponde a um período de dezoito meses, tem lugar no escritório do patrono e visa uma experiência mais prática, através do contacto com escritórios de advogados, tribunais e serviços públicos relacionados com a actividade profissional (arts. 2º, nºs 1 e 3, 25º, 26º e 28º do RNEOA). Durante a fase complementar, o advogado estagiário pode participar no sistema de acesso ao Direito e aos tribunais, nos termos que foram referidos *supra* (v. art. 2º, nº 4 do RNEOA)[58]. Nesta fase complementar, o advogado estagiário terá de frequentar acções de formação sobre específicos ramos do Direito e prática processual (art. 28º do RNEOA).

No final da fase complementar, o patrono elabora um Relatório sobre a actividade exercida pelo seu tirocinado, emitindo parecer fundamentado sobre a aptidão ou inaptidão deste para ser submetido ao exame final de agregação (art. 30º do RNEOA).

O exame final de avaliação e agregação é composto por duas provas. O propósito destas provas é verificar a capacidade técnica, científica e deontológica do advogado estagiário para o exercício da actividade profissional de advocacia (art. 33º do RNEOA).

A primeira é uma prova escrita, de carácter nacional e que contém um tema de Deontologia profissional e a elaboração de peças processuais nas áreas processuais civil e penal e noutras duas áreas à escolha do advogado estagiário de entre as seguintes: Práticas Processuais Tributárias; Práticas Processuais Administrativas; Práticas Processuais Laborais; Processo de Insolvência; Direito das Sociedades; Direito Comunitário; Direito Consti-

---

[58] V. *supra*, ponto 2.2.3.

tucional e tramitação processual no Tribunal Constitucional e Tramitação processual no Tribunal Europeu dos Direitos do Homem.

Só o advogado estagiário que na prova escrita do exame final de avaliação e agregação tenha obtido classificação igual ou superior a dez valores e, simultaneamente, tenha obtido nota positiva no exame de Deontologia profissional pode aceder à prova oral (art. 38º do RNEOA).

O júri desta prova é integrado por três membros, dos quais dois serão necessariamente advogados de reconhecido mérito e competência, com mais de dez anos de exercício efectivo da profissão e não sancionados disciplinarmente com pena superior a multa, podendo o terceiro elemento ser magistrado ou jurista de reconhecida capacidade técnica (art. 40º do RNEOA). O patrono pode estar presente, mas não integra o painel de avaliação (art. 41º, nº 3 do RNEOA).

A prova oral consiste numa exposição pelo advogado estagiário sobre um caso concreto – por si livremente escolhido – com tratamento doutrinário e/ou jurisprudencial controverso, preferencialmente de que tenha tido conhecimento ao longo do seu processo de estágio, explicando, em alegação e debate com o júri, as posições em confronto e defendendo uma das teses controvertidas. O advogado estagiário terá, também, de participar com o júri numa simulação de uma intervenção numa audiência de julgamento. A terceira parte da prova oral consiste numa discussão teórico--prática de questões de profissionais e deontológicas (art. 39º do RNEOA).

Obtendo aprovação na prova oral de agregação, o advogado estagiário adquire o título de advogado e pode requerer a sua inscrição definitiva na OA.

3.2.2. De defensor público

O art. 24º da LC nº 80/94 estipula que o ingresso na carreira (art. 19º, incisos I, II e III) da Defensoria Pública da União se faz mediante aprovação prévia em concurso público, de âmbito nacional, de provas e títulos, no qual participa a Ordem dos Advogados do Brasil e que é realizado perante júris constituídos pelo Conselho Superior da Defensoria Pública da União[59]. A aprovação nesse concurso público permite o ingresso no cargo inicial de

---

[59] O Conselho Superior da Defensoria Pública da União é o órgão colegial que exerce o poder normativo no âmbito da Defensoria Pública da União, além de decidir sobre questões administrativas e funcionais (v. arts. 9º e 10º da LC nº 80/94).

OS NOVOS ATORES DA JUSTIÇA PENAL

defensor público federal de 2ª Categoria[60]. O concurso será de realização obrigatória quando o número de vagas exceder 1/5 dos cargos iniciais da carreira e realizar-se-á facultativamente quando for do interesse da administração (art. 25º da LC nº 80/94).

Só são admitidos a concurso candidatos formados em Direito e que, no momento da inscrição, estiverem registados na Ordem dos Advogados do Brasil, excepto quando estejam proibidos de obter esse registo (caso em que terão de o comprovar até à tomada de posse no cargo de defensor público, nos termos do art. 26º, §2º da LC nº 80/94). Aos candidatos exige-se, ainda, a comprovação de, no mínimo, dois anos de prática forense, como, por exemplo, o exercício da advocacia ou a realização de estágio de Direito reconhecido por lei (art. 26º, *caput* e §1º da LC nº 80/94).

Os candidatos aprovados no concurso frequentarão o curso oficial de preparação para a carreira, que consiste na prática específica para o desempenho das funções técnico-jurídicas e noções de outras disciplinas necessárias à prossecução dos princípios institucionais da Defensoria Pública (art. 26º-A da LC nº 80/94).

Os candidatos aprovados no concurso público para ingresso na carreira da Defensoria Pública são nomeados pelo Presidente da República para o cargo inicial da carreira, respeitando a ordem de classificação e o número de vagas existentes (art. 28º da LC nº 80/94).

3.3. Garantias e prerrogativas
3.3.1. Do advogado

O título profissional de advogado está exclusivamente reservado aos licenciados em Direito com inscrição em vigor na OA (art. 65º, nº 1 do EOA e art. 5º, nº 1 da Lei nº 49/2004, de 24.08).

O art. 208º da CRP estatui que a lei assegura aos advogados as imunidades necessárias ao exercício do mandato e regula o patrocínio forense como elemento essencial à administração da justiça.

O patrocínio forense por advogado é um elemento essencial na administração da justiça, admissível em qualquer processo e não pode ser impedido por nenhuma jurisdição, autoridade pública ou qualquer entidade (art. 61º, nº 3 do EOA, art. 12º, nº 1 da LOSJ e art. 4º da Lei nº 49/2004, de

---

[60] Nos termos do disposto nos arts. 31º, 76º e 116º, as promoções em cada uma das categorias obedecerão aos critérios de antiguidade e merecimento, alternadamente.

24.08). Nisto consiste o princípio da liberdade de exercício do advogado (art. 64º do EOA).

Aos advogados cabe a prática dos actos próprios previstos na lei, como são exemplo o mandato forense e a consulta jurídica (arts. 62º e 63º do EOA, art. 12º, nº 2 da LOSJ e art. 5º, nº 1 da Lei nº 49/2004, de 24.08), sem excepção no domínio do processo penal (ainda que noutros regimes processuais, como no processo civil, haja excepções).

No exercício da sua actividade, os advogados gozam de autonomia técnica, estando apenas vinculados a critérios de legalidade e à Deontologia da sua profissão (art. 83º a 108º do EOA), sendo-lhes, porém, imposto que ajam de forma isenta e responsável [art. 76º, nº 1 do EOA, ponto 2.1. do Código Deontológico do Conselho Consultivo dos *Barreaux* da Europa (CDCCBE)][61].

Para a defesa dos direitos e garantias individuais, os advogados podem requerer a intervenção dos órgãos jurisdicionais competentes (art. 12º, nº 2 da LOSJ).

A lei assegura aos advogados as imunidades necessárias ao exercício do mandato (art. 13º, nº 1 da LOSJ). Estas imunidades são garantidas através do reconhecimento legal e do efectivo respeito, nomeadamente, pelo direito à protecção do segredo profissional (art. 135º, nº 1 do CPP), mas também pelo direito ao livre exercício do patrocínio e ao não sancionamento pela prática de actos conformes ao EOA, pelo direito à especial protecção das comunicações com o cliente, ainda que este esteja preso ou detido em estabelecimento civil ou militar (art. 20º e 32º, nº 3 da CRP, arts. 61º, nº 1, al. *f*) e 189º, nº 5 do CPP e art. 73º do EOA). Acrescem o direito à preservação do sigilo da documentação relativa ao exercício da defesa; o direito a regimes específicos de imposição de selos, arrolamentos e buscas em escritórios de advogados[62], bem como de apreensão de documentos, sob pena de nulidade (arts. 179º, nº 2 e 180º do CPP, art. 13º, nº 2 da LOSJ e arts. 70º e 71º do EOA). Caso ocorra alguma destas diligências sem prévio despacho judicial e/ou sem que seja presidida pelo juiz, verifica-se a nulidade do acto, nos termos dos arts. 118º, nº 1, 177º, nº 5, 180º, nº 1 e 268º, nº 1, al. *c*) do CPP, a ser arguida nos termos do art. 120º, nºs 1 e 3 do CPP).

---

[61] A designação actual é Conselho das Ordens de Advogados da União Europeia (Conseil des Barreaux Européens).

[62] A interpretação deve ser extensiva, considerando-se aplicável não só ao escritório do advogado, mas também a qualquer local utilizado pelo advogado para arquivo.

OS NOVOS ATORES DA JUSTIÇA PENAL

De igual modo, a lei impõe que os magistrados, agentes da autoridade e funcionários públicos assegurem ao advogado tratamento compatível com a dignidade da advocacia e condições adequadas ao desempenho do mandato (art. 67º, nº 1 do EOA), com respeito pelo princípio do dever geral de urbanidade que impende sobre todas as entidades mencionadas (quanto ao advogado, v. art. 90º do EOA). A dignidade da profissão justifica que, em audiência de julgamento, os advogados disponham de bancada própria e possam falar sentados (art. 67º, nº 2 do EOA), bem como a obrigatoriedade de uso da toga pelos advogados e advogados estagiários quando hajam de intervir oralmente nas diligências processuais (art. 69º do EOA), o que constitui um dever deontológico, que, não sendo observado, poderá dar lugar a uma participação por parte do juiz à OA, mas nunca ao impedimento da intervenção de advogado não togado.

No exercício da profissão, o advogado tem o direito a solicitar a qualquer tribunal ou repartição pública o exame de processos, livros ou documentos que não tenham carácter reservado ou secreto, bem como a requerer, oralmente ou por escrito, que lhe sejam fornecidas fotocópias ou passadas certidões, sem necessidade de procuração para o efeito (art. 74º nº 1 do EOA). No exercício da profissão, os advogados têm direito de preferência no atendimento por funcionários a que pretendam dirigir-se, bem como a entrar nas secretarias (art. 74º, nº 2 do EOA).

No decorrer de qualquer acto ou diligência em que intervenha, o advogado deve ser admitido a requerer oralmente ou por escrito, no momento que considerar oportuno – e atente-se que o advogado é quem decide qual o momento que considerada oportuno para tal arguição – o que julgar conveniente ao exercício do patrocínio. Caso não lhe seja concedida a palavra ou o requerimento não for exarado em acta, pode o advogado exercer o que se designa por direito de protesto, indicando a matéria do requerimento e o objectivo que tinha em vista, protesto este que tem obrigatoriamente de constar da acta e é havido para todos os efeitos como arguição de nulidade, nos termos da lei (art. 75º, nºs 2 e 3 do EOA e arts. 120º, nº 3, al. *a*) do CPP). Com efeito, o direito de protesto constitui elemento essencial ao exercício do dever de patrocínio e é um instrumento de defesa das prerrogativas profissionais do advogado no exercício do patrocínio, sendo também um dever perante o cliente, nos termos do consagrado no art. 95º, nº 1, al. *b*) do EOA.

Finalmente, atente-se no facto de o cometimento de crime contra a pessoa do advogado no exercício das suas funções ou por causa delas constituir circunstância agravante [art. 132º, nº 1 e nº 2, al. *l*), quanto ao crime de homicídio; art. 145º, quanto ao crime de ofensa à integridade física; art. 158º, quanto ao crime de sequestro; art. 180º, quanto ao crime de difamação; arts. 181º, 182º, 183º e 184º, quanto ao crime de injúria; todos do Código Penal (CP)].

3.3.2. Do defensor público

Aos defensores públicos são conferidas as seguintes garantias: a independência funcional no desempenho das suas atribuições (art. 43º, inciso I da LC nº 80/94 e art. 134º, §4º da CRFB); a inamovibilidade (art. 34º e art. 43º, inciso II da LC nº 80/94), a irredutibilidade de vencimentos (art. 43º, inciso III da LC nº 80/94) e a estabilidade (art. 34º, inciso IV da LC nº 80/94).

A assistência jurídica integral e gratuita custeada ou fornecida pelo Estado é de exercício exclusivo pela Defensoria Pública (art. 4º, §5º da LC nº 80/94).

Constitucionalmente, a Defensoria Pública é tratada ao mesmo nível que a magistratura judicial e o MP. Ademais, é prerrogativa dos membros da Defensoria Pública do Estado ter o mesmo tratamento[63] reservado aos magistrados e demais titulares dos cargos das funções essenciais à justiça (art. 128º, inciso XIII, da CRFB e art. 44º, inciso XIII da LC nº 80/94).

Entre as prerrogativas do defensor público destacam-se algumas com particular relevância para o processo penal, que são as que importa ter em conta no âmbito do presente estudo.

Entre elas encontra-se a de comunicar, pessoal e reservadamente, com os seus assistidos, ainda que estes estejam detidos ou presos, tendo o defensor público livre acesso a estabelecimentos policiais, prisionais e de internação colectiva, sem necessidade de agendamento prévio (art. 44º, inciso VII da LC nº 80/94). Assim, os estabelecimentos referidos têm de estar providos de instalações adequadas ao atendimento jurídico dos presos e internos por parte dos defensores públicos, a quem estão obrigados a prestar

---

[63] A expressão «ter o mesmo tratamento» que as magistraturas implica não só o tratamento formal e protocolar, mas constitui uma cláusula aberta aplicável a outras situações, como é exemplo o plano em que a Defensoria Pública se senta na sala de audiências, que é o mesmo do Ministério Público (art. 4º, §7º da LC nº 80/94). Tal entendimento é expresso em ESTEVES, Diogo e SILVA, Franklyn Roger Alves – *Princípios Institucionais da Defensoria Pública. De acordo com a EC 74/2013 (Defensoria Pública da União)*. Rio de Janeiro: Forense, 2014, p. 636.

OS NOVOS ATORES DA JUSTIÇA PENAL

apoio administrativo e as informações solicitadas, bem como a facultar o acesso à documentação dos presos e internos (art. 4º, §11º da LC nº 80/94).

Também é prerrogativa do defensor público examinar, em qualquer repartição pública, autos de flagrantes, inquéritos e processos, podendo obter cópias e tomar apontamentos (art. 44º, inciso VIII da LC nº 80/94).

Outra prerrogativa consiste no direito de requisitar a autoridade pública e aos seus agentes exames, certidões, perícias, vistorias, diligências, processos, documentos, informações, esclarecimentos e providências necessárias ao exercício das suas atribuições (art. 44º, inciso X da LC nº 80/94).

Para representar a parte, em pleito administrativo ou judicial, o defensor público não carece de mandato, a não ser nos casos em que a lei exija poderes especiais (art. 44º, inciso XI da LC nº 80/94).

No âmbito do patrocínio forense, o defensor público pode deixar de patrocinar uma acção, quando ela for manifestamente improcedente ou contrária aos interesses da parte que patrocina (art. 44º, inciso XII da LC nº 80/94).

Ao defensor público assiste, ainda, o direito de ser ouvido como testemunha, em qualquer processo ou procedimento, em dia, hora e local previamente combinados com a autoridade competente (art. 44º, inciso XIV da LC nº 80/94).

3.4. Deveres
3.4.1. Do advogado

O EOA impõe ao advogado vários deveres, que se podem dividir em cinco categorias: deveres para com a comunidade; deveres para com a OA; deveres para com os clientes; deveres para com os tribunais; e deveres para com os outros advogados.

Para com a comunidade, o advogado está obrigado a defender os direitos, liberdades e garantias, a pugnar pela boa aplicação das leis e pela célere administração da Justiça e pelo aperfeiçoamento da cultura e instituições jurídicas. Para tanto, não deve advogar contra o Direito, nem usar de meios ou expedientes ilegais ou promover diligências manifestamente dilatórias, inúteis ou prejudiciais para a descoberta da verdade, casos que redundam em má fé imputável ao advogado[64] (art. 85º, nº 1 e nº 2, al. *a*) do EOA).

---

[64] Para que haja má fé da responsabilidade do mandatário é necessário que a sua actuação tenha sido dolosa, não bastando a mera culpa, ainda que muito grave.

Assim, o advogado tem o dever de recusar os patrocínios que considere injustos e de recusar o patrocínio quando tiver sérios motivos para suspeitar que a operação ou actuação jurídica em causa visa a obtenção de resultados ilícitos (art. 85º, nº 2, als. *b)* e *d)* do EOA). Estes dois aspectos são corolários da independência e da liberdade do advogado, mas não deixam de constituir verdadeiros deveres.

O advogado não deve receber e/ou manter fundos que não digam respeito a uma questão que lhe está confiada (art. 85º, al. *e)* do EOA); não deve servir-se do mandato para prosseguir interesses que não os profissionais (arts. 83º, 85º, al. *g)* e 91º, nº 1, al. *d)* do EOA) e não deve solicitar clientes, por si ou por interposta pessoa (art. 85º, nº 2, al. *h)* do EOA).

Por último, resta enunciar que um dos mais importantes deveres do advogado para com a comunidade é o de colaboração no acesso ao Direito (arts. 3º, al. *b)* e 85º, nº 2, al. *f)* do EOA).

Para com a OA, o advogado tem os deveres de não prejudicar os fins e o prestígio da instituição e da advocacia; de colaborar na prossecução das atribuições da Ordem (art. 3º do EOA); de exercer os cargos para que tenha sido eleito (art. 15º do EOA); de declarar, ao requerer a inscrição, qualquer outro cargo ou actividade profissional que exerça, para verificação de incompatibilidade; de suspender imediatamente o exercício da profissão e de requerer no prazo de trinta dias a suspensão da inscrição em caso de ocorrência de incompatibilidade superveniente; de pagar pontualmente as quotas e outros encargos que lhe sejam impostos; de dirigir com empenho o estágio dos advogados estagiários; de manter domicílio profissional que observe as regras deontológicas, bem como o de comunicar, no prazo de trinta dias, a eventual mudança de escritório; e, ainda, o dever de promover a sua própria formação (art. 86º do EOA).

O advogado não pode pronunciar-se publicamente sobre questões profissionais pendentes, só o podendo fazer, excepcionalmente, se para tanto tiver sido previamente autorizado – dispensando-se essa autorização prévia unicamente em caso de manifesta urgência – pelo presidente do conselho distrital competente e apenas no uso justificado do direito de resposta, de forma a prevenir ou remediar a ofensa à dignidade ou aos direitos e interesses legítimos do próprio ou do cliente (art. 88º do EOA). A razão de ser deste regime é a consideração de que o advogado não deve influenciar a solução das questões pendentes nos tribunais, através da discussão pública das matérias sob apreciação judicial.

OS NOVOS ATORES DA JUSTIÇA PENAL

Pode afirmar-se que o dever do advogado para com a comunidade que assume maior relevância é o dever de guardar segredo profissional, o qual resulta de um compromisso da advocacia com a sociedade que é de interesse e ordem pública. Assim, o advogado está obrigado a guardar segredo profissional de todos os factos cujo conhecimento lhe advenha do exercício das suas funções ou da prestação dos seus serviços, exigindo-se, portanto, um nexo de causalidade entre o exercício das funções e o conhecimento dos factos (art. 87º, nº 1 do EOA e ponto 2.3.1. do CDCCBE). Este dever de sigilo mantém-se mesmo depois de extinta a relação de patrocínio (art. 2.3.3. do CDCCBE) e existe mesmo que o advogado não tenha chegado a aceitar a representação ou serviço (art. 87º, 2 do EOA). É extensível a documentos ou outros elementos que se relacionem, directa ou indirectamente, com os factos sujeitos a sigilo (arts. 87º, nº 3 e 71º, nº 1 do EOA). Quaisquer actos praticados pelo advogado com violação do dever de segredo profissional não podem ser utilizados como prova em juízo, por constituírem prova nula (art. 87º, nº 5 do EOA), incorrendo o advogado em responsabilidade disciplinar, civil e criminal (art. 195º do CPC).

Excepcionalmente, o advogado pode revelar factos abrangidos pelo sigilo profissional, desde que isso seja absolutamente necessário para a defesa da dignidade, de direitos e interesses legítimos do próprio advogado ou do cliente, mediante autorização prévia do presidente do conselho distrital respectivo, com recurso para o Bastonário (art. 87º, nº 4 do EOA)[65].

Quando o próprio interessado desvincule o advogado do segredo profissional, em caso de dúvida, este deve sempre consultar a OA, já que o segredo profissional é de natureza social e deontológica e não contratual, atento o facto de o seu fundamento ser o interesse público da profissão e a independência do advogado.

Importa realçar que o segredo profissional não é somente um dever, mas é também um direito do advogado, que não pode ser obrigado por ninguém a revelá-lo (ponto 2.3. do CDCCBE). Só em casos muito especiais o advogado pode ser obrigado a depor (art. 135º do CPP)[66].

---

[65] Do despacho do Bastonário não cabe recurso para os tribunais administrativos, «por se tratar de acto praticado no uso de discricionariedade técnica e porque solução contrária permitiria a publicitação do segredo através da tramitação processual, o que seria contraditório com a finalidade do sistema legal» (MAGALHÃES, Fernando Sousa – *Estatuto da Ordem dos Advogados Anotado e Comentado*. Coimbra: Almedina, 2005, p. 108, nota 18).

[66] Sobre as consequências penais da violação do segredo profissional, *v.* arts. 195º e 196º do CP.

Por força do EOA, o advogado está obrigado à observância de certos deveres para com o seu cliente, extensíveis aos arguidos que defenda oficiosamente e aos assistentes ou partes civis que patrocine por nomeação oficiosa no âmbito do sistema de acesso ao Direito e aos tribunais.

Sobre o advogado impende, desde logo, o dever de recusar mandato, nomeação oficiosa ou prestação de serviços em questão em que já tenha intervindo em qualquer qualidade (art. 94º, nº 1, 1ª parte do EOA). Este dever está estreitamente relacionado com o direito de livre escolha de defensor – apenas possível quando se trate de constituir advogado (art. 32º, nº 3, 1ª parte da CRP e art. 62º, nº 2 do EOA), já que sendo o defensor nomeado este não pode ser escolhido – e justifica-se pela independência do advogado (art. 84º do EOA).

O advogado deve recusar o patrocínio de partes com interesses opostos na mesma questão ou em questão conexa (art. 94º, nº 3 do EOA e pontos 3.2.1. e 3.2.2. do CDCCBE), o que encontra respaldo na independência do advogado e no interesse público da profissão. É neste sentido que o CP português prevê e pune como uma das modalidades do crime de prevaricação de advogado ou solicitador o patrocínio de partes com interesses opostos com intenção de prejudicar ou beneficiar alguma delas (art. 370º, nº 2 do CP).

Outro dever do advogado é o de recusar questão contra quem noutra questão pendente seja seu cliente (art. 94º, nº 2 do EOA). É necessário indagar se o advogado poderá aceitar o mandato ou a nomeação para/em acção contra arguido de quem é defensor oficioso. Considerando que este dever se alicerça na independência do advogado, em relação ao seu cliente, e que esta independência é fundamento da confiança (art. 92º, nº2 do EOA), afigura-se aqui adequada a interpretação extensiva do dever em caso de nomeação oficiosa[67].

O advogado tem o dever de prestar informações e esclarecimentos aos seus patrocinados, sobretudo sobre a matéria de facto e a organização e produção da prova, pois tem conhecimentos e aptidões profissionais para tanto (art. 95º, nº 1, al. *a*), 2ª parte do EOA e ponto 3.1.2. *in fine* do CDCCBE).

Ao advogado é exigido que actue profissionalmente com zelo e diligência, questão relacionada com a sua responsabilidade civil (art. 95º, nº 1, al. *b*) do EOA e pontos 3.1.2. e 3.1.3. do CDCCBE).

---

[67] Este dever não se aplica apenas às acções judiciais, mas também às questões extrajudiciais.

OS NOVOS ATORES DA JUSTIÇA PENAL

Impende sobre o advogado o dever de aconselhar toda a composição justa e equitativa, dando preferência à advocacia preventiva (art. 95º, nº 1, al. *c)* do EOA e ponto 3.7.1. do CDCCBE) e o dever de não abandonar a questão sem motivo justificado (art. 95º, nº 1, al. *e)* do EOA e ponto 3.1.4. do CDCCBE).

Ainda em relação ao cliente, o advogado tem os deveres de prestar contas (art. 96º, nº 1, 2ª parte do EOA), de criar fundos de clientes (art. 97º do EOA e pontos 3.8.1., 3.8.2. e 3.8.3. do CDCCBE) e de exigir correcção do seu patrocinado para com a contraparte e todos os intervenientes processuais (art. 105º, nº 2 do EOA).

É dever do advogado com inscrição em vigor ter um contrato de seguro de responsabilidade civil profissional, com o valor mínimo de 250.000€ (art. 99º, nº 1 do EOA).

Quanto aos honorários, que devem constituir uma compensação económica adequada pelos serviços prestados e ser saldados em dinheiro, o advogado tem o dever de apresentar a respectiva nota com a discriminação do trabalho realizado[68]. Merece ressalva o facto de os honorários do advogado deverem ser fixados tendo em consideração os serviços prestados, a dificuldade e urgência do assunto, o grau de criatividade intelectual na sua prestação, o resultado alcançado[69], o tempo despendido, as responsabilidades assumidas pelo advogado e os demais usos profissionais (art. 100º, nº 3 do EOA). É proibido ao advogado cobrar honorários através de *quota litis* (art. 101º do EOA e art. 3.3.2. do CDCCBE), bem como repartir honorários, a não ser com advogados, advogados estagiários e solicitadores que consigo tenham colaborado na resolução da questão (art. 103º do EOA e ponto 3.6. do CDCCBE).

A violação de qualquer um destes deveres constitui infracção disciplinar. Aqui cabe sublinhar que os advogados estão sujeitos à jurisdição exclusiva da OA (arts. 3º, al. *g)* e 109º do EOA), não podendo nenhuma outra entidade aplicar sanções – multas, coimas e custas – aos advogados

---

[68] Isto não obsta a que o advogado preste serviços *pro bono*. A cobrança de honorários não é obrigatória; obrigatório é que, sendo feita essa cobrança, se observem as disposições legais aplicáveis.

[69] Tenha-se presente, contudo, que a remuneração dos serviços prestados é independente do resultado, já que o advogado não assume, nem pode assumir, obrigações de resultado para com os seus clientes (*v.* art. 101º, nº 2 do EOA).

enquanto estes estiverem no exercício da profissão a praticar actos próprios dos advogados.

Nas relações com os tribunais, é particularmente importante a observância dos deveres processuais de boa fé, correcção e cooperação. Assim, os advogados estão obrigados ao dever de lealdade, que se traduz numa actuação com diligência e lealdade na condução do processo (art. 103º, nº 1 do EOA e ponto 4.2. do CDCCBE). Este dever impõe a proibição de o advogado, directamente ou por interposta pessoa, recorrer a meios desleais na defesa dos interesses dos clientes, como, por exemplo, estabelecer contactos com magistrados com o propósito de influenciar o desfecho da causa a favor do seu cliente. De igual modo, é vedado ao advogado estabelecer contactos com os intervenientes processuais, com destaque para as testemunhas, a fim de os instruir, influenciar ou, por qualquer meio, alterar o depoimento, prejudicando assim a descoberta da verdade material (art. 104º do EOA). Este é um dever com reflexo também nas relações entre advogados.

O dever de correcção impõe ao advogado o exercício do patrocínio com respeito pela lei e pela urbanidade. Daqui decorre que o advogado, desde que observe este princípio, pode defender os interesses do seu cliente de forma aguerrida, estando autorizado a empregar expressões veementes, desde que dentro dos limites da seriedade e da compostura, recusando sempre a subserviência e o medo, uma vez que a defesa dos interesses do seu cliente haverá de ser sempre uma luta – processual – travada de forma contundente (arts. 105º e 90º do EOA).

Nas relações com os colegas advogados, há o dever de solidariedade profissional, que cria obrigações recíprocas, como a de não fazer ataques pessoais; a de responder atempadamente a solicitações orais e escritas; a de não emitir publicamente opinião sobre assunto que esteja confiado a outro advogado; a de não contactar a parte contrária que esteja representada por advogado a não ser que tenha prévia autorização do colega; a de não assinar peças processuais ou extra-processuais que não sejam da sua autoria; a de comunicar atempadamente ao colega a impossibilidade de comparência a diligências; e a de, pretendendo o cliente confiar-lhe questão que tenha estado anteriormente confiada a outro advogado, diligenciar para que sejam as contas saldadas pelo cliente com o colega, antes da aceitação do patrocínio (arts. 106º e 107º do EOA e pontos 5.1., 5.2.1, 5.2.2., 5.5. do CDCCBE). No que concerne à correspondência entre advogados,

OS NOVOS ATORES DA JUSTIÇA PENAL

esta só pode ser usada como meio de prova quando, pelo menos, um deles não tenha comunicado ao outro a intenção de que tenha carácter confidencial (art. 108º, nºs 1 e 2 do EOA e ponto 5.3. do CDCCBE).

3.4.2. Do defensor público

Sobre os defensores públicos impendem vários deveres de carácter funcional, enunciados nos incisos do art. 164º da LC nº 80/94. É importante destacar os principais e mais relevantes em matéria processual penal.

O desempenho das funções deverá ser levado a cabo com zelo e com observância dos prazos, devendo o defensor público tomar parte dos actos judiciais quando seja necessária a sua presença.

Na relação com os destinatários dos seus serviços, exige-se aos defensores públicos que atendam os necessitados, nos dias e horários previamente estabelecidos e divulgados.

Devem ser esgotados todas as medidas e recursos na defesa dos interesses do assistido, incluindo a promoção da revisão criminal.

Para com a comunidade, o defensor público tem o dever de zelar pelo prestígio da justiça, pelas suas prerrogativas e pela dignidade das suas funções. O defensor público deve observar a urbanidade no relacionamento com os membros da Defensoria Pública do Estado, o MP, os juízes, os advogados, as partes, as testemunhas e os funcionários.

São deveres deontológicos do defensor público o de declarar-se suspeito ou impedido, nos termos da lei; o de manter conduta compatível com o exercício das funções; o de residir, se titular, no Município onde exerce funções, salvo autorização expressa do Defensor Público-Geral do Estado, em caso de justificada e relevante razão; o de guardar sigilo sobre o conteúdo de documentos ou informações obtidas em razão do cargo ou função e que, por força de lei, tenham carácter sigiloso; o de comparecer, em horário normal de expediente, no local onde exerce suas funções; o de cumprir com rigor o plano anual de actuação aprovado pelo Conselho Superior; o de remeter relatório da sua actividade, com a periodicidade estabelecida pela Corregedoria-Geral; e o de zelar pela guarda e boa aplicação dos bens e recursos que lhe forem confiados.

É incumbência do defensor público zelar pelo pagamento ou promover a cobrança dos honorários advocatícios, sempre que o necessitado for vencedor da demanda ou houver arbitramento judicial, bem como de quaisquer despesas adiantadas pelo Fundo de Assistência Judiciária.

Outra nota importante é a de que a Lei nº 8.906, de 04.07.1994[70], que contém o Estatuto da Advocacia e da Ordem dos Advogados do Brasil, é aplicável aos Defensores Públicos (art. 3º, §1º), sem prejuízo das normas que se lhes aplicam especificamente.

Assim, são, ainda, deveres éticos dos defensores públicos o de proceder de forma que o torne merecedor de respeito e que contribua para o prestígio da Defensoria Pública e o de defender os interesses do assistido sem temer desagradar a magistrado ou a qualquer autoridade (art. 31º, §2º da Lei nº 8.906).

Por último, registe-se que o defensor público é responsável pelos actos que, no exercício profissional, praticar com dolo ou culpa (art. 32º da Lei nº 8.906).

3.5. Incompatibilidades e impedimentos
3.5.1. Do advogado

As incompatibilidades, ou impedimentos absolutos, referem-se a situações que inibem o advogado da prática da profissão e justificam-se pela independência e pela dignidade da advocacia. Caso ocorram antes da inscrição como membro da OA, são fundamento da sua rejeição (art. 181º, nº 1, al. *d*) do EOA); se se verificarem após a inscrição como membro da OA, obrigam ao pedido da suspensão da inscrição (art. 86º, al. *d*) do EOA).

Os impedimentos, ou impedimentos relativos, impedem a aceitação de determinados patrocínios, por razões de conflitos de interesse (art. 78º do EOA).

Diferentes são as incapacidades pessoais que impedem o exercício da profissão, previstas no art. 181º, nº 1, als. *a)*, *b)* e *c)* do EOA.

O art. 76º, nº 2 do EOA enuncia o princípio geral aplicável, estatuindo que «[o] exercício da advocacia é inconciliável com qualquer cargo, função

---

[70] *V.* REPÚBLICA FEDERATIVA DO BRASIL. Congresso Nacional. Lei nº 8.906, de 4 de Julho de 1994. *Diário Oficial da União*: Secção 1, Ano CXXXII, Nº 126, 05/07/1995, pp. 10093-10099. Versão electrónica disponível em http://pesquisa.in.gov.br/imprensa/jsp/visualiza/index.jsp ?data=05/07/1994&jornal=1&pagina=1 [Consult. 15 Abril 2015]. Esta lei foi alterada pela Lei nº 11.179, de 22.09.2005 (*v.* REPÚBLICA FEDERATIVA DO BRASIL. Congresso Nacional. Lei nº 11.179, de 22 de Setembro de 2005. *Diário Oficial da União*: Secção 1, Ano CXLII, Nº 186, 23/09/2005, p 1. Versão electrónica disponível em http://pesquisa.in.gov.br/imprensa/jsp/visualiza/index.jsp?jornal=1&pagina=1&data=23/09/2005 [Consult. 15 Abril 2015]).

OS NOVOS ATORES DA JUSTIÇA PENAL

ou actividade que possam afectar a isenção, a independência e a dignidade da profissão», norma que admite interpretação extensiva.

O art. 77º, nº 1 do EOA estatui as incompatibilidades com o exercício da advocacia, enquanto os nºs 2, 3 e 4 do referido preceito legal estabelecem excepções. Deve ser tido em conta que o que releva é a actividade ou função de funcionário ou agente que, em abstracto, diminuem a independência ou a dignidade da profissão de advogado, pelo que deve considerar-se a actividade em abstracto e não as tarefas efectivamente exercidas. O mesmo é dizer que a incompatibilidade é estabelecida em abstracto.

Os impedimentos resultam de situações concretas que diminuam a amplitude do exercício da advocacia, por força de determinada relação com o cliente, com o assunto em causa ou com inconciliável disponibilidade para a profissão (art. 78º, nº 1 do EOA).

O advogado tem o dever de comunicar a sua situação de incompatibilidade ou impedimento à OA, sob pena de cometer uma infracção disciplinar. Em todo o caso, a OA pode promover as iniciativas e diligências necessárias para a verificação de eventuais irregularidades no que a isso respeita.

3.5.2. Do defensor público
Aos defensores públicos é vedado o exercício da advocacia fora das atribuições institucionais (art. 46º, inciso I da LC nº 80/94). Não podem requerer, advogar, ou praticar em juízo ou fora dele, actos que de qualquer forma colidam com as funções inerentes ao seu cargo ou com os preceitos éticos da sua profissão (art. 46º, inciso II da LC nº 80/94), nem receber, a qualquer título e sob qualquer pretexto, honorários, percentagens ou custas processuais, em razão das suas atribuições (art. 46º, inciso III da LC nº 80/94).

É-lhes interdito exercer o comércio ou participar de sociedade comercial, excepto como sócio (de sociedades por quotas) ou accionista (de sociedades anónimas) (art. 46º, inciso IV da LC nº 80/94), bem como exercer actividade político-partidária, enquanto actuarem junto à justiça eleitoral (art. 46º, inciso V da LC nº 80/94).

Ao defensor público é proibido exercer as suas funções em processo ou procedimento em que seja parte ou, de qualquer forma, interessado (art. 47º, inciso I da LC nº 80/94); em processo em que tenha actuado como representante da parte, perito, juiz, membro do MP, autoridade policial, escrivão de polícia, auxiliar de justiça ou prestado depoimento como testemunha (art. 47º, inciso II da LC nº 80/94); em processo que seja interessado o seu cônjuge, parente consanguíneo ou afim em linha recta ou colateral, até o terceiro grau (art. 47º, inciso III da LC nº 80/94); em processo no qual tenha intervindo como advogado do seu cônjuge, parente consanguíneo ou afim em linha recta ou colateral, até ao terceiro grau (art. 47º, inciso IV da LC nº 80/94) ou em que estas pessoas tenham intervindo como magistrado, membro do MP, autoridade policial, escrivão de polícia ou auxiliar de justiça (art. 47, inciso V da LC nº 80/94); e, finalmente, em processo em que tenha emitido à parte contrária parecer verbal ou escrito sobre o objecto da demanda (art. 47º, inciso VI da LC nº 80/94), além de outros casos previstos na lei.

3.6. Conclusões

Após as considerações precedentes sobre as profissões de advogado em Portugal e de defensor público no Brasil, cumpre reflectir sobre as conclusões a que tal análise nos permite chegar, no que concerne aos aspectos positivos e negativos de cada um dos modelos de participação no acesso ao Direito.

No que respeita à caracterização das instituições em que estão integrados advogados e defensores públicos, há algumas diferenças de organização e de estruturação, que necessariamente têm reflexo no modo como cada uma delas se posiciona perante o Estado.

Embora ambas se pautem pelo princípio da independência, no caso da OA isso significa que ela é independente dos órgãos do Estado (administração autónoma). Já na Defensoria Pública, verdadeiro órgão estatal, o princípio da independência refere-se à independência funcional, no sentido de que o defensor público não está submetido a qualquer poder hierárquico ou ingerência externa dos demais órgãos e agentes políticos do Estado no exercício das suas funções, cabendo-lhe a si escolher a forma de actuar processualmente, segundo o seu próprio juízo, só lhe podendo ser assacada responsabilidade disciplinar, se houver violação de deveres profissionais. Note-se, porém, que esta definição de independência também se aplica ao advogado, que dispõe de autonomia técnica, uma vez que está apenas vinculado à Lei e às regras deontológicas da profissão. Todavia, quando aplicadas às instituições, são apresentadas dimensões diferentes do princípio da independência.

O ponto coincidente que merece relevo é o facto de tanto a OA como a Defensoria Pública serem, nos seus respectivos países, as instituições responsáveis pela prestação de serviços jurídicos no domínio do apoio judiciário, dando cumprimento ao dever do Estado de garantir o direito

OS NOVOS ATORES DA JUSTIÇA PENAL

fundamental de acesso ao Direito e aos tribunais a todos os cidadãos, independentemente das suas condições económicas.

Em ambos os casos, só pode aceder à profissão quem seja licenciado em Direito. O modo de acesso à carreira é, contudo, diferente, desde logo, pela circunstância de a advocacia ser uma profissão liberal e de a Defensoria Pública ser uma profissão pública. Porém, o que importa avaliar é se o grau de exigência que o ingresso numa carreira e noutra apresenta diferenças tais que torne uma particularmente apta em comparação com a outra para o desempenho da função de defensor em processo penal.

O que se observa é que tanto o candidato a advogado estagiário como o candidato a defensor público são sujeitos a várias fases de avaliação, constituídas por exames escritos e orais, feitas por júris colectivos. Essas provas incidem, em ambos os casos, sobre as matérias de maior relevância para o exercício de cada uma das profissões. Na advocacia, o período formativo corresponde ao estágio, também ele avaliado no final, enquanto na Defensoria Pública corresponde a um curso oficial de preparação para a carreira. Todavia, em ambos os casos, o período formativo foca-se na aquisição de competências técnico-jurídicas para o exercício das actividades a realizar, assumindo uma dimensão precipuamente prática. Se na advocacia se exige uma formação específica (estágio) com a duração de dois anos, na Defensoria Pública exige-se que o candidato ao concurso tenha experiência forense de igual período. Não se afigura, pois, que haja particulares aspectos que afastem os modelos formativos de advogados e defensores públicos.

No que concerne às garantias e prerrogativas, enquanto a CRP consagra que a lei garante as imunidades indispensáveis para o exercício da função de advogado (art. 208º), a CRFB consagra a independência funcional do defensor público no exercício das suas atribuições (art. 134º, §4º).

São iguais para ambos o direito a comunicar, pessoal e reservadamente, com os clientes/assistidos, ainda que detidos ou presos – existindo apenas uma diferença quanto à oportunidade, já que o defensor público não necessita de agendar previamente com os serviços a conferência com o assistido, tendo também direito de acesso a estabelecimentos prisionais ou outros, onde a detenção seja levada a cabo, enquanto o advogado deve agendar com antecedência a visita ao estabelecimento prisional, pois não tem livre acesso às instalações –; o direito de exame dos autos e tomada de apontamentos; a desnecessidade de mandato para o desempenho das funções (em sede de acesso ao Direito); e o direito/dever de deixar de patrocinar acção ou pedido que seja manifestamente improcedente ou contrário aos interesses da parte patrocinada. Estas garantias e prerrogativas são comuns ao advogado e ao defensor público.

As diferenças situam-se ao nível das garantias de imunidade, inamovibilidade, irredutibilidade de vencimentos, estabilidade e de tratamento ao mesmo nível que as magistraturas, que o art. 134º, §4º da CRFB e o art. 3º da LC nº 80/94 conferem aos defensores públicos e que não encontram paralelo na advocacia portuguesa. A justificação decorre, uma vez mais, do facto de o defensor público pertencer a um órgão estadual e de o advogado pertencer a um órgão da administração indirecta do Estado, a OA, além de que o cunho liberal da profissão de advogado não se coaduna com tais garantias.

A Defensoria Pública detém, ainda, o que se pode designar como poder de requisição, que consiste no direito de requisitar a autoridade pública e aos seus agentes exames, certidões, perícias, processos, documentos e todas as providências que se revelem necessárias ao exercício das suas atribuições. Ora, o advogado, enquanto defensor no processo penal, pode requerer à entidade que detém a tutela do processo (no inquérito, o magistrado do Ministério Público e, findo o inquérito, o juiz de instrução criminal) as diligências e documentos que repute como essenciais à descoberta da verdade. O defensor público não está, portanto, dependente de despacho para que a sua pretensão seja satisfeita, pois ela decorre de uma garantia conferida pela lei, enquanto o advogado só verá a sua pretensão satisfeita se requerer a intervenção da entidade jurisdicional e se o entendimento do magistrado do Ministério Público ou do juiz de instrução, conforme o caso, for idêntico ao seu. Neste aspecto existe grande diferença, pois no regime português a investigação particular não tem as mesmas possibilidades da investigação do Ministério Público, como, de resto, já ficou dito *supra*[71].

Por outro lado, observa-se que o advogado tem um conjunto de imunidades necessárias ao exercício do mandato que lhe permitem assumir o papel do defensor com maior liberdade de acção e de expressão do que a concedida ao defensor público. O primeiro goza de autonomia técnica, estando apenas vinculado à Lei e à sua Deontologia. As suas comunicações reservadas com o arguido, bem como os documentos relativos à defesa, estão protegidos pelo sigilo profissional, que apenas em casos excepcio-

---

[71] *V.* ponto 2.1.

OS NOVOS ATORES DA JUSTIÇA PENAL

nais pode ser afastado. Este aspecto não é despiciendo, pois ele permite a consolidação da relação de confiança, trave-mestra da relação entre o advogado e o arguido. O sigilo profissional como garantia tem o seu correlativo no sigilo profissional como dever. Ele garante que não possa impor-se ao advogado a revelação de informação de que tomou conhecimento no exercício das suas funções ou por causa delas, o que assegura ao arguido que o defensor guardará segredo de tudo quanto aquele lhe transmitiu ou entregou, o que o deixa mais à vontade para revelar todo o tipo de informações. E quantas não são as vezes em que é a partir de revelações que o arguido faz ao seu advogado de modo passageiro, acreditando que o que vai dizer não terá grande relevância, que o advogado acede a um pormenor que pode alterar por completo a estratégia de defesa e que permite alterar o sentido em que se formava a convicção do magistrado? Assim, a garantia do segredo profissional, tal como a possibilidade de fazer a defesa de forma expressiva e incisiva, sem temores reverenciais e sem limitações à liberdade de expressão (a não ser as que decorrem da observância do dever geral de urbanidade), contribuem, também, para consolidar a relação de confiança que o arguido estabelece com o seu defensor.

A relação estabelecida com o defensor público é necessariamente diferente, não tão confidente nem tão confiante, porque o arguido nunca deixa de ver o defensor público como um membro de um órgão estatal, ou seja, como membro de um órgão que integra o mesmo detentor dos direitos a julgá-lo, a sentenciá-lo, a exigir o cumprimento da pena que lhe venha a ser aplicada e a supervisionar a sua execução: o Estado. Não está em causa a pessoa do defensor público, nem o empenho com que desempenha as suas funções, mas antes o modo como o arguido se relaciona com ele enquanto seu defensor no processo penal. Essa relação é muito diferente da que geralmente se estabelece com o defensor advogado e é isso que justifica que a relação mais garantística para o arguido deva ser também perspectivada como a melhor.

No domínio dos deveres há alguma paridade entre os modelos analisados. O dever de colaboração no acesso ao Direito, que impende sobre o advogado, encontra correlativo no dever de atender os assistidos que recai sobre o defensor público, bem como no objectivo da Defensoria Pública de assegurar a todos o acesso à justiça. Com efeito, a atribuição de colaborar com o Estado no cumprimento efectivo do dever de assegurar o acesso ao Direito por parte de todos os cidadãos, não lhes podendo esse direito ser denegado por razões de insuficiência económica, cabe tanto à OA como à Defensoria Pública.

Tanto num caso como no outro, é o Estado que custeia as despesas e encargos a que o gozo desse direito dê lugar, quando o cidadão não tenha possibilidades financeiras de o fazer.

A diferença consiste, essencialmente, no modo de remuneração dos profissionais que prestam esses serviços. O advogado é pago de acordo com uma tabela aprovada por acto legislativo, cujos critérios de fixação de compensação são definidos tendo em conta o tipo de acção (cível, administrativa, penal) e o número médio de intervenções processuais que ocorrem nessas acções (pelo que, por exemplo, à forma de processo comum corresponde compensação mais alta do que à forma de processo abreviado), desconsiderando por completo a complexidade do assunto, o tempo despendido no estudo da questão, o tempo despendido na elaboração de peças processuais, o tempo despendido em diligências investigatórias ou judiciais, para mencionar alguns exemplos. E não são poucos os casos em que, *v.g.*, acções tramitadas sob formas tidas por mais simples, acabam por ser mais trabalhosas para o advogado, por lhe exigirem mais intervenções e mais deslocações, por exemplo, do que uma forma de processo teoricamente mais complexa, mas que não dê lugar a outras intervenções que não aquelas que tabelarmente ocorrem num processo com uma tramitação mais próxima do modelo genérico que a lei processual prevê.

De notar, ainda, que o advogado só pode requerer o pagamento da compensação a que tem direito quando a decisão que pôs termo ao processo transitar em julgado, o que significa que todo o trabalho é exercido sem qualquer tipo de provisão por conta de honorários[72].

Este ónus, porém, recai apenas sobre o advogado, não tendo qualquer consequência para o arguido, para a acção em causa e para o próprio Estado. Os prazos correm e têm de ser respeitados, pelo que o advogado tem de praticar os actos, adiantando as despesas a que houver lugar e sabendo que só será pago quando o processo terminar. É isso que os advogados que são defensores em processo penal têm feito, tomando a sua res-

---

[72] A lei prevê o pagamento de provisões, mas apenas para despesas e o pedido só é deferido quando implique deslocações dispendiosas, como é o caso das que os advogados que participam no acesso ao Direito e têm domicílio profissional numa das ilhas do arquipélago dos Açores têm de fazer para se apresentarem em tribunal de outra ilha que não aquela em que estão domiciliados ou em tribunal que fique no território português continental.

OS NOVOS ATORES DA JUSTIÇA PENAL

ponsabilidade na participação do sistema de acesso ao Direito como um dever para com a comunidade, como um dever que assumem perante os cidadãos com menos recursos económicos, de modo a que não lhes seja denegado o direito fundamental de acesso ao Direito e aos tribunais, quantas vezes com sacrifício pessoal e perdas monetárias, mas tendo em mente que a solidariedade social e a dignidade da sua profissão a isso obriga e que o interesse público e a nobreza das suas funções, indispensáveis para assegurar o acesso ao Direito e a administração da justiça, não pode ser posta em causa por eles mesmos.

Já o defensor oficioso, por ter uma remuneração fixa mensal, não se vê confrontado com a necessidade de trabalhar durante vários meses num processo sem auferir qualquer remuneração pelo trabalho que vai realizando.

Outro aspecto de relevo é o dever do advogado de não aceitar o patrocínio de questões contra quem é seu cliente, que é de entender ser extensível àqueles a quem presta defesa oficiosa. A independência é o fundamento da confiança da relação entre o advogado e o arguido. A aceitação de patrocínio de causa contra arguido a quem esteja a defender oficiosamente abalará necessariamente a confiança que o arguido tenha depositado no seu defensor. Tendo aceitado a nomeação oficiosa, o advogado só manterá a sua independência se – ainda que tenha de recusar um cliente que o procura no seu escritório e, com isso, perder a oportunidade de prestar serviços jurídicos e por eles ser justamente remunerado – não aceitar o patrocínio de acção contra aquele que defende oficiosamente. Não pode haver da parte do defensor uma posição híbrida perante o arguido, defendendo-o oficiosamente num processo e, simultaneamente, actuando em representação da parte que, noutro processo, tenha interesses e direitos opostos aos de quem está a defender oficiosamente.

Esta nota constitui uma diferença abissal entre o modo como o advogado exerce as suas funções de defensor e o modo como o defensor público o faz.

A Defensoria Pública que defende um arguido num processo é a mesma Defensoria Pública que patrocina oficiosamente outra pessoa em acção contra aquele arguido.

Esta dicotomia da Defensoria Pública, que pode ser apontada ao modelo brasileiro, coloca sérias reservas à afirmação de um verdadeiro comprometimento com a melhor defesa possível – no sentido de tudo fazer para que sejam acautelados os interesses do arguido. É que pode bem suceder que o crime pelo qual o arguido assistido por defensor público foi condenado tenha dado origem a danos cuja reparação lhe caiba, nos termos da lei civil brasileira, e que o demandante civil não tenha recursos económicos bastantes para pagar honorários a um advogado ou que prefira ser assistido pela Defensoria Pública, situação em que será representado por um defensor público no pleito indemnizatório. Considere-se, por exemplo, um julgamento por homicídio cometido por um membro da Polícia Militar, em que é comum que, em razão da defesa dos Direitos Humanos da vítima, seja um defensor público a fazer a defesa do arguido e outro defensor público a assumir a representação daqueles a quem cabe o direito de indemnização pela morte ocorrida. Em ambas as situações acabadas de enunciar, haverá dois membros da Defensoria Pública a defender, na mesma acção, interesses e posições diametralmente opostos. Ora, esta questão assume importância fulcral no aquilatar da confiança dos sujeitos processuais nos seus respectivos defensores públicos, pois sempre haverá de convir-se que essa confiança poderá ser abalada pelo facto de serem membros daquela instituição estadual a representar sujeitos processuais com interesses opostos. O cerne da questão é a possibilidade de o arguido não ter inteira confiança no defensor. E não havendo inteira confiança no defensor, mais acertado parece falar em mera defesa formal do que em defesa efectiva.

Poderá objectar-se a este considerando o facto de, no modelo português, ser possível que o arguido seja defendido por defensor oficioso e o ofendido ou o assistente serem representados por advogado também nomeado oficiosamente. Sucede que os advogados não integram uma instituição ligada ao Estado – , *i. e.* e para o que ora interessa, à entidade dotada do *ius puniendi*. Enquanto no modelo brasileiro os participantes na administração da justiça integram todos o Estado, no modelo português há total independência do advogado em relação ao detentor do poder sancionatório. No modelo português há, pois, em sede de defesa do arguido, um verdadeiro contra pólo da soberania estadual punitiva, materializado na figura do defensor advogado e este aspecto torna-o mais garantístico para o arguido do que o modelo brasileiro.

Finalmente, no concernente aos regimes de incompatibilidades e impedimentos, ambos os modelos evidenciam a preocupação de não permitir que o interesse público, a isenção e a dignidade das profissões de advogado e de defensor público sejam comprometidas. Há uma clara opção legislativa pela limitação ou mesmo proibição do desempenho de actividades que possam beliscar a independência dos advogados e a autonomia

OS NOVOS ATORES DA JUSTIÇA PENAL

dos defensores públicos. Só assim é possível assegurar-se que os interesses particulares de quem está incumbido de tão importantes funções na administração da justiça não possam sobrepor-se ao interesse público de que se revestem.

4. Posição adoptada

Um dos principais argumentos a favor do modelo português em comparação com o brasileiro é que só o primeiro permite o acesso ao Direito e aos tribunais em condições de igualdade a todos os cidadãos. Com efeito, é inquestionável que sendo exclusivamente advogados a prestar os serviços jurídicos a que haja lugar no âmbito do sistema de acesso ao Direito e aos tribunais, os beneficiários são assistidos por profissionais com idênticas características daqueles a quem, se não necessitassem de protecção jurídica, poderiam confiar as questões. Não deixa de ser verdade que os honorários cobrados pelos advogados variam consoante alguns aspectos como o bom nome de que gozam na praça ou a experiência e sucesso que detêm nos casos em que participam. É também verdade que no sistema português de acesso ao Direito vigora o princípio da liberdade de adesão do advogado, o que significa que apenas uma parte dos advogados pode ser nomeado para prestar assistência jurídica aos mais carenciados economicamente. Pode dizer-se, portanto, que os que recorrem ao apoio judiciário não têm o mesmo leque de escolha de profissionais que os que podem custear os honorários dos advogados têm. Todavia, esta perspectiva não é adequada para aferir da igualdade do acesso ao Direito pelos cidadãos, pois incide sobre as características subjectivas do advogado e esse não é o critério que deve ser tomado em consideração.

O critério adequado é o da profissão do prestador da assistência jurídica, pois é ele que assegura a mesma formação, o mesmo regime de acesso à profissão e o mesmo conjunto de direitos, deveres, incompatibilidades e obrigações deontológicas. No que ao processo penal respeita, quer se trate de defensor constituído, quer se trate de defensor nomeado, é assegurado ao arguido que a sua defesa será realizada por um advogado. É esta circunstância que permite afirmar que o acesso ao Direito em Portugal é garantido em condições de efectiva igualdade a todos os cidadãos.

Já no modelo brasileiro, não é assim. Sendo a defesa dos que menos recursos económicos têm assumida sempre por defensor público, mas podendo essa defesa ser assumida por advogado constituído caso o arguido tivesse meios financeiros para pagar os devidos honorários, não pode falar-se em igualdade no acesso ao Direito. Pode apenas falar-se em igualdade entre, por um lado, todos os que necessitam de apoio judiciário e, por outro, entre os que podem custear os honorários de um advogado, mas não em igualdade entre estes dois grupos.

Este argumento afigura-se como dos mais importantes para sustentar a opção pelo modelo português, mas não só este.

Ao longo das conclusões apresentadas, foram enunciados os diversos aspectos positivos e negativos de cada um dos modelos, verificando-se haver mais pontos favoráveis ao modelo português do que ao modelo brasileiro.

Do ponto de vista constitucional, não há qualquer entrave à implementação do modelo da Defensoria Pública em Portugal. De igual modo, o CPP refere-se, apenas, à figura do defensor. É, pois, na legislação ordinária que encontramos a conformação da figura do defensor a determinada profissão. Recorde-se o já referido art. 45º, nº 1, al. *b)* da LADT que dispõe que os participantes no sistema de acesso ao Direito só podem ser advogados, advogados estagiários e solicitadores, e o art. 1º, nº 10 da Lei nº 49/2004, de 24.08 (Lei dos actos próprios do advogado e do solicitador), que estatui que, nos casos em que o processo penal imponha a assistência por defensor, esta será obrigatoriamente feita por advogado. E relembre-se, como também já ficou dito, que uma das atribuições da OA é a de assegurar o acesso ao Direito, nos termos da CRP (art. 3º, al. *b)* do EOA) e que um dos deveres do advogado para com a comunidade é o de colaborar no acesso ao Direito (art. 85º, al. *f)* do EOA).

A implementação da Defensoria Pública em Portugal exigiria a alteração destas citadas normas, pelo que pode afirmar-se que a solução é, após estas alterações, possível.

Parece não suscitar dúvidas que, a adoptar o modelo de Defensoria Pública, este teria de ter uma configuração similar à Defensoria Pública brasileira. Como principais características, merecem referência a necessidade de ser uma carreira pública; com prerrogativas que permitam o desempenho da função (autonomia funcional em relação aos órgãos do poder central no desempenho das suas atribuições; inamovibilidade; estabilidade; *etc.*); sujeita a um conjunto de direitos, deveres, incompatibilidades e impedimentos; dotada de um Conselho Superior; respondendo disciplinarmente perante órgão da sua própria estrutura; estando em paridade de tratamento com as magistraturas.

OS NOVOS ATORES DA JUSTIÇA PENAL

Porém, sempre se diga que não se antevê, como alguns defendem, que a implementação da Defensoria Pública trouxesse vantagens de ordem económica para o Estado Português. Sem um estudo que apure as reais necessidades do país de defensores públicos, não se percepciona como possa abordar-se a vertente económica da questão, algo ainda mais difícil de fazer se se tiver em linha de conta que se trataria da criação de uma carreira pública cuja dignidade de funções implicaria um regime salarial não diferenciado do das magistraturas judicial e do MP.

Tudo isto considerado, conjuntamente com as conclusões a que se chegou *supra*[73], importa saber se a implementação da Defensoria Pública em Portugal traria melhorias significativas ao sistema de acesso ao Direito, mormente no domínio do processo penal. A inferência a que o presente estudo conduz é a de que isso não sucederia.

O que se afigura é que o modelo português actual proporciona maiores garantias ao arguido e esse deve ser o critério precípuo a ter em conta. Não quer isto dizer que o modelo brasileiro não seja o que mais se adequa à realidade brasileira: o estudo não incide sobre essa questão, nem pretende dar-lhe resposta. O que se apresenta é que o modelo actual português é o que melhor se ajusta ao modo como o processo penal português foi pensado e construído, ou seja, como um modelo que pretende ser verdadeira Constituição penal aplicada, cujo áxis são as garantias de defesa do arguido.

Sendo chegado o momento de dar resposta à questão que dá título a este estudo, a conclusão é esta: a Defensoria Pública é um modelo possível, mas de não desejável implementação em Portugal.

Bibliografia

Nota: Indica-se apenas a bibliografia, legislação e jurisprudência referenciadas no presente estudo.

Obras e artigos em publicações periódicas

AFONSO, Orlando – «Defensor Público». *Correio da Manhã*. 2011/03/26. Versão electrónica disponível em http://www.smmp.pt/?p=12994 [Consult, 15 Abril 2015]
ALBUQUERQUE, Paulo Pinto de – *Comentário do Código de Processo Penal à luz da Constituição da República e da Convenção Europeia dos Direitos do Homem*, 4ª ed. actual. Lisboa: Universidade Católica Editora, 2011

---

[73] *V.* ponto 3.6.

ANTUNES, Maria João – «Direito Processual Penal – Direito Constitucional aplicado». In AA.VV. – *Que futuro para o Direito Processual Penal? Simpósio em homenagem a Jorge de Figueiredo Dias, por ocasião dos 20 anos do Código de Processo Penal português* (Mário Ferreira Monte, coord.), Coimbra: Coimbra Editora, 2009

ANTUNES, Maria João – *A Constituição e os princípios penais*. Relatório Português à XIII Conferência Trilateral Itália, Espanha, Portugal. Madrid, 13-15/10/2011 [Em linha]. Disponível em http://www.tribunalconstitucional.pt/tc/content/files/conferencias/ctri_13_2011_madrid.pdf [Consult. 15 Abril 2015]

CANOTILHO, J.J. Gomes – *Direito Constitucional e Teoria da Constituição*, 2ª ed. Coimbra: Almedina, 1998

CANOTILHO, J.J. Gomes e MOREIRA, Vital – *Constituição da República Portuguesa Anotada*, Vol. I, 4ª ed. Coimbra: Coimbra Editora, 2007

COSTA, Alberto – *Discurso proferido no VI Congresso da Ordem dos Advogados Portugueses em 19.11.2005* [Em linha]. Disponível em http://www.oa.pt/Conteudos/Artigos/detalhe_artigo.aspx?idc=31559&idsc=39099&ida=44667 [Consult. 15 Abril 2015]

DIAS, Jorge de Figueiredo – *Direito Processual Penal, Primeiro Volume*. Coimbra: Coimbra Editora, 1974

ESTEVES, Diogo e SILVA, Franklyn Roger Alves – *Princípios Institucionais da Defensoria Pública. De acordo com a EC 74/2013 (Defensoria Pública da União)*. Rio de Janeiro: Forense, 2014

GASPAR, António Henriques *et al.* – *Código de Processo Penal Comentando*. Coimbra: Almedina, 2014

LENZA, Pedro – *Direito Constitucional Esquematizado*, 13ª ed. São Paulo: Saraiva, 2009

LUSA – «Ministra admite introduzir a figura do defensor público». *Notícias ao Minuto*. 2014/05/20 [Em linha]. Disponível em http://www.noticiasaominuto.com/politica/221254/ministra-admite-introduzir-figura-do-defensor-publico [Consult. 15 Abril 2015]

MAGALHÃES, Fernando Sousa – *Estatuto da Ordem dos Advogados Anotado e Comentado*. Coimbra: Almedina, 2005

MOREIRA, Vital – *Administração Autónoma e Associações Públicas*. Coimbra: Coimbra Editora, 1997

NASCIMENTO, Luís António Noronha do – *Discurso proferido na Sessão Solene de Abertura do Ano Judicial, em 16.03.2011* [Em linha]. Disponível em http://www.stj.pt/ficheiros/aberturanojudicial/2011_pstj.pdf [Consult. 15 Abril 2015]

PERES, Edilon Volpi – *Lei Orgânica da Defensoria Pública da União, do Distrito Federal e dos Territórios: Comentários à Lei Complementar nº 80/94*, 2ª ed. rev., amp. e act. Salvador, Bahia: Editora Jus Podivm, 2014

PIAZENTIN, Tânia e GONÇALVES, Renato – *Do defensor oficioso: uma análise do regime jurídico português numa perspectiva comparada*. Lisboa: Direcção-Geral da Politica da Justiça, 2010, pp. 14-34 [Em linha]. Disponível em http://www.dgpj.mj.pt/sections/politica--legislativa/anexos/acesso-ao-direito7362/do-defensor-oficioso6332/downloadFile/file/Do_Defensor_Oficioso.pdf? [Consult. 15 Abril 2015]

PORTUGAL. XVIII Governo Constitucional. Programa do XVIII Governo Constitucional (2009-2013). Disponível em versão electrónica em http://www.portugal.gov.pt/media/468569/gc18.pdf [Consult. 15 Abril 2015]

OS NOVOS ATORES DA JUSTIÇA PENAL

RODRIGUES, José Narciso da Cunha – «Sobre o princípio de igualdade de armas», *Revista Portuguesa de Ciência Criminal*. Ano 1, Nº 1 (1999)

SANTIAGO, Rodrigo – «O defensor e o arguido no processo penal português: aspectos polémicos», *Revista Portuguesa de Ciência Criminal*. Ano 17, Nº 2 (2007)

SILVA, Germano Marques da – *Curso de Processo Penal*, Vol. I, 5ª ed. rev. e aum. Lisboa: Verbo, 2008

SILVA, Germano Marques da – *Direito Processual Penal Português (noções gerais, sujeitos processuais e objecto)*, Vol. I. Lisboa: Universidade Católica Editora, 2013

SOUSA, Filipa Ambrósio de – «Tribunais não vão ter defensor público». *Diário de Notícias*. 2015/02/05, p. 9. Versão electrónica disponível em http://www.mynetpress.com/pdf/2015/fevereiro/201502053ba337.pdf [Consult. 15 Abril 2015]

Legislação

PORTUGAL. Assembleia da República. Lei nº 29/78, de 12 de Junho: *Diário da República*: Série I, 1º Suplemento, Nº 133, 12/06/1978, pp. 1054(2)-1054(18). Versão electrónica disponível em https://dre.pt/application/file/426192 [Consult. 15 Abril 2015]

PORTUGAL. Assembleia da República. Lei nº 65/78, de 13 de Outubro: *Diário da República*: Série I, Nº 236, 13/10/1978, pp. 2119-2145. Versão electrónica disponível em https://dre.pt/application/file/328519 [Consult. 15 Abril 2015]

PORTUGAL. Assembleia da República. Lei nº 93/1999, de 14 de Julho: *Diário da República*: Série I, Nº 162, 14/07/1999, pp. 4386-4391. Versão electrónica disponível em [Consult. 15 Abril 2015]

PORTUGAL. Assembleia da República. Lei nº 34/2004, de 29 de Julho: *Diário da República*: Série I-A, Nº 77, 29/07/2004, pp. 4802-4810. Versão electrónica disponível em https://dre.pt/application/file/502332 [Consult. 15 Abril 2015]

PORTUGAL. Assembleia da República. Lei nº 49/2004, de 24 de Agosto: *Diário da República*: Série I, Nº 199, 24/08/2004, pp. 5656-5657. Versão electrónica disponível em https://dre.pt/application/file/479545 [Consult. 15 Abr. 2015]

PORTUGAL. Assembleia da República. Lei nº 15/2005, de 26 de Janeiro: *Diário da República*: Série I-A, Nº 18, 26/01/2005, pp. 612-646. Versão electrónica disponível em https://dre.pt/application/file/624476 [Consult. 15 Abril 2015]

PORTUGAL. Assembleia da República. Lei nº 47/2007, de 28 de Agosto: *Diário da República*: Série I, Nº 165, 28/08/2007, pp. 5868(5)-5868(12). Versão electrónica disponível em https://dre.pt/application/file/640981 [Consult. 15 Abril 2015]

PORTUGAL. Assembleia da República. Lei nº 29/2008, de 4 de Julho: *Diário da República*: Série I, Nº 128, 04/07/2008, pp. 4131-4132. Versão electrónica disponível em https://dre.pt/application/file/456338 [Consult. 15 Abril 2015]

PORTUGAL. Assembleia da República. Lei nº 12/2010, de 25 de Junho: *Diário da República*: Série I, Nº 122, 25/06/2010, p. 2272. Versão electrónica disponível em https://dre.pt/application/file/334757 [Consult. 15 Abril 2015]

PORTUGAL. Assembleia da República. Lei nº 42/2010, de 3 de Setembro: *Diário da República*: Série I, Nº 192, 03/09/2010, p. 3921. Versão electrónica disponível em https://dre.pt/application/file/344356 [Consult. 15 Abril 2015]

DEFENSORIA PÚBLICA EM PORTUGAL: UMA SOLUÇÃO POSSÍVEL E DESEJÁVEL?

PORTUGAL. Assembleia da República. Lei nº 62/2013, de 26 de Agosto: *Diário da República*: Série I, Nº 163, 26/08/2013, pp. 5114-5145. Versão electrónica disponível em https://dre.pt/application/file/499452 [Consult. 15 Abril 2015]

PORTUGAL. Assembleia da República. Rectificação nº 42/2013, de 24 de Outubro: *Diário da República*: Série I, Nº 206, 24/10/2013, p. 6221. Versão electrónica disponível em https://dre.pt/application/file/502919 [Consult. 15 Abril 2015]

PORTUGAL. Assembleia da República. Declaração de Rectificação de 4 de Dezembro de 1978: *Diário da República*: Série I, Nº 286, 14/12/1978, p. 2632. Versão electrónica disponível em [Consult. 15 Abril 2015]

PORTUGAL. Ministério da Justiça. Decreto-Lei nº 226/2008, de 20 de Novembro: *Diário da República*: Série I, Nº 226, 20/11/2008, pp. 8185-8216. Versão electrónica disponível em https://dre.pt/application/file/439762 [Consult. 15 Abril 2015]

PORTUGAL. Ministério da Justiça. Portaria nº 10/2008, de 3 de Janeiro: *Diário da República*: Série I, Nº 2, 03/01/2008, pp. 87-93. Versão electrónica disponível em https://dre.pt/application/file/386761 [Consult. 15 Abril 2015]

PORTUGAL. Ministério da Justiça. Portaria nº 210/2008, de 29 de Fevereiro: *Diário da República*: Série I, Nº 43, 29/02/2008, pp. 1354-1356. Versão electrónica disponível em https://dre.pt/application/file/247351 [Consult. 15 Abril 2015]

PORTUGAL. Ministério da Justiça. Portaria nº 654/2010, de 11 de Agosto: *Diário da República*: Série I, Nº 155, 11/08/2010, pp. 3322-3332. Versão electrónica disponível em https://dre.pt/application/file/343071 [Consult. 15 Abril 2015]

PORTUGAL. Ministério da Justiça. Portaria nº 319/2011, de 30 de Dezembro: *Diário da República*: Série I, Nº 250, 30/12/2011, pp. 5532-5533. Versão electrónica disponível em https://dre.pt/application/file/145075 [Consult. 15 Abril 2015]

PORTUGAL. Ordem dos Advogados. Declaração de Rectificação nº 1379/2005, de 1 de Agosto: *Diário da República*: Série II, Nº 157, 17/08/2005, p. 11795. Versão electrónica disponível em https://dre.pt/application/file/2940422 [Consult. 15 Abril 2015]

PORTUGAL. Ordem dos Advogados. Deliberação nº 1898-A/2007, de 14 de Setembro: *Diário da República*: Série II, Nº 184, 24/09/2007, pp. 28028-(2)-28028-(8). Versão electrónica disponível em https://dre.pt/application/file/1410753 [Consult. 15 Abril 2015]

PORTUGAL. Ordem dos Advogados. Deliberação nº 2511/2007, de 7 de Dezembro: *Diário da República*: Série II, Nº 249, 27/12/2007, pp. 37708-37725. Versão electrónica disponível em https://dre.pt/application/file/3443316 [Consult. 15 Abril 2015]

PORTUGAL. Ordem dos Advogados. Deliberação nº 2280/2008, de 14 de Setembro: *Diário da República*: Série II, Nº 159, 19/08/2008, pp. 36616-36626. Versão electrónica disponível em https://dre.pt/application/file/2646483 [Consult. 15 Abril 2015]

PORTUGAL. Ordem dos Advogados. Deliberação nº 3333-A/2008, de 14 de Setembro: *Diário da República*: Série II, Nº 242, 16/12/2009, pp. 50806-(2)-50806-(13). Versão electrónica disponível em https://dre.pt/application/file/2820225 [Consult. 15 Abril 2015]

PORTUGAL. Ordem dos Advogados. Regulamento nº 52-A/2005, de 21 de Julho: *Diário da República*: Série II, Nº 146, Suplemento, 01/08/2005, pp. 11012-(2)-11012-(8). Versão electrónica disponível em https://dre.pt/application/file/1066888 [Consult. 15 Abril 2015]

PORTUGAL. Ordem dos Advogados. Regulamento nº 232/2007, de 6 de Junho: *Diário da República*: Série II, Nº 170, 04/09/2007, pp. 25601-25611. Versão electrónica disponível em https://dre.pt/application/file/3202638 [Consult. 15 Abril 2015]

OS NOVOS ATORES DA JUSTIÇA PENAL

REPÚBLICA FEDERATIVA DO BRASIL. Assembleia Legislativa do Estado do Rio de Janeiro. Lei nº 1146/1987, de 26 de Fevereiro de 1987. *Diário Oficial do Estado do Rio de Janeiro*: 09/03/1987. Versão electrónica disponível em http://alerjln1.alerj.rj.gov.br/CONTLEI. NSF/bff0b82192929c2303256bc30052cb1c/4258883cb9c94b710325654100723692 [Consult. 15 Abril 2015]

REPÚBLICA FEDERATIVA DO BRASIL. Congresso Nacional. Constituição da República Federativa do Brasil, de 5 de Outubro de 1988. *Diário Oficial da União*: 05/10/1988, Anexo. Versão electrónica disponível em http://www.planalto.gov.br/ccivil_03/constituicao/ConstituicaoCompilado.htm [Consult. 15 Abril 2015]

REPÚBLICA FEDERATIVA DO BRASIL. Congresso Nacional. Emenda Constitucional nº 80, de 4 de Junho de 2014. *Diário Oficial da União*: Secção 1, Ano CLI, Nº 106, 05/06/2014, p. 1. Versão electrónica disponível em http://pesquisa.in.gov.br/imprensa/ jsp/visualiza/index.jsp?jornal=1&pagina=1&data=05/06/2014 [Consult. 15 Abril 2015]

REPÚBLICA FEDERATIVA DO BRASIL. Congresso Nacional. Lei Complementar nº 80/94, de 12 de Janeiro. *Diário Oficial da União*: Secção 1, Ano CXXXII, Nº 9, 13/01/1994, pp. 633-643. Versão electrónica disponível em http://pesquisa.in.gov.br/imprensa/jsp/ visualiza/index.jsp?data=13/01/1994&jornal=1&pagina=1 [Consult. 15 Abril 2015]. Contendo as alterações da Lei complementar nº 132/2009, de 07.10, o texto legal está disponível em versão electrónica em http://www.planalto.gov.br/ccivil_03/leis/lcp/ lcp80.htm [Consult. 15 Abril 2015]

REPÚBLICA FEDERATIVA DO BRASIL. Congresso Nacional. Lei nº 8.906, de 4 de Julho de 1994. *Diário Oficial da União*: Secção 1, Ano CXXXII, Nº 126, 05/07/1995, pp. 10093-10099. Versão electrónica disponível em http://pesquisa.in.gov.br/imprensa/jsp/visualiza/index.jsp?data=05/07/1994&jornal=1&pagina=1 [Consult. 15 Abril 2015]

REPÚBLICA FEDERATIVA DO BRASIL. Congresso Nacional. Lei Complementar nº 132/2009, de 7 de Outubro. *Diário Oficial da União*: Secção 1, Ano CXLVI, Nº 193, 08/10/2009, pp. 1-4. Versão electrónica disponível em http://pesquisa.in.gov.br/ imprensa/jsp/visualiza/index.jsp?data=08/10/2009&jornal=1&pagina=1 [Consult. 15 Abril 2015]

REPÚBLICA FEDERATIVA DO BRASIL. Congresso Nacional. Lei nº 11.179, de 22 de Setembro de 2005. *Diário Oficial da União*: Secção 1, Ano CXLII, Nº 186, 23/09/2005, p 1. Versão electrónica disponível em http://pesquisa.in.gov.br/imprensa/jsp/visualiza/index. jsp?jornal=1&pagina=1&data=23/09/2005 [Consult. 15 Abril 2015]

Jurisprudência

PORTUGAL. Supremo Tribunal de Justiça – Acórdão de 3 de Outubro de 2002 (Simas Santos, rel.). Processo nº 02P2519, 03.10.2002. Versão electrónica disponível em http:// www.dgsi.pt/jstj.nsf/954f0ce6ad9dd8b980256b5f003fa814/5c30ba082008d94b802 56d170042a8b9 [Consult. 15 Abril 2015]

PORTUGAL. Supremo Tribunal de Justiça – Acórdão de 1 de Julho de 2009 (Armindo Monteiro, rel.). Processo nº 279/96.0TAALM.S1, 01.07.2009. Versão electrónica dis-

404

ponível em http://www.dgsi.pt/jstj.nsf/954f0ce6ad9dd8b980256b5f003fa814/a14fda-0521e33fea802576350056d322 [Consult. 15 Abril 2015]

Tribunal Europeu dos Direitos Humanos – Acórdão de 15.11.2001 da 3ª Secção, prolactado no caso Correia de Matos *v*. Portugal, Processo nº 48188/99. Versão electrónica disponível em http://hudoc.echr.coe.int/sites/eng/pages/search.aspx?i=001-119175 [Consult. 15 Abril 2015]

Parte III
O Privado com intervenção na Execução Penal

A Intervenção da APAC na Execução da Pena Privativa de Liberdade

CLÁUDIO DO PRADO AMARAL

Professor da Faculdade de Direito da USP/Ribeirão Preto.
Coordenador do Grupo de Estudos Carcerários Aplicados da USP
Juiz de Direito Titular da 2ª Vara Criminal e Vara da Infância
e da Juventude de São Carlos-SP

Introdução. 1. História. 2. Os privados na execução penal. 3. Método e administração penitenciária. 4. O método. 4.1. A participação da comunidade. 4.2. Recuperando ajudando recuperando. 4.3. Trabalho. 4.4. A religião e a importância de se fazer a experiência em Deus. 4.5. Assistência jurídica. 4.6. Assistência à saúde. 4.7. Valorização humana. 4.8. Família. 4.9. O educador social e o curso para sua formação. 4.10. Centro de Reintegração Social. 4.11. Mérito. 4.12. Jornada de libertação com Cristo. 5. As críticas. 5.1. Recuperando. 5.2. Segurança. 5.3. Religião. 5.4. Cristianismo. 6. Conclusão.

Introdução

A sigla APAC significa "Associação de Proteção e Assistência aos Condenados". Trata-se de entidade jurídica privada sem fins lucrativos e que tem por finalidade auxiliar a justiça na execução da pena, atuando junto ao preso, a sociedade, às vítimas e promovendo a justiça restaurativa.

Existem várias APACs espalhadas pelo Brasil, havendo maior concentração no estado de Minas Gerais. Essas entidades reúnem-se sob a sigla FBAC, que por sua vez, significa, "Fraternidade Brasileira de Assistência aos Condenados". Trata-se da entidade que congrega, orienta, fiscaliza e zela pela unidade e uniformidade das APACs do Brasil e assessora a apli-

OS NOVOS ATORES DA JUSTIÇA PENAL

cação do Método APAC. Está filiada à *Prison Fellowship International* – PFI, organização consultora da ONU para assuntos penitenciários. A FBAC foi criada no ano de 1995, em São José dos Campos.

Aquele que chega a uma unidade prisional gerida pelo método APAC depara-se com uma realidade surpreendente. O portão externo que separa a via pública do estabelecimento penal é aberto por um preso condenado que cumpre pena naquele mesmo estabelecimento. As demais portas de acesso ao interior da unidade também são abertas e fechadas por pessoas que cumprem pena no mesmo local.

Esse é apenas o início de uma jornada que merece a atenção do poder público e da sociedade. Os pesquisadores já tiveram a atenção despertada. Podem ser encontrados diversos trabalhos científicos sobre as APACs, inclusive na internet. Aquele que se lançar às buscas no ambiente da *web* encontrará algumas obras sobre o tema, nos mais diversos campos do saber. Não são exclusivamente trabalhos jurídicos.

De nossa parte, além de acompanhar os trabalhos científicos que foram elaborados sobre o tema, desde o ano de 1991 realizamos diversas visitas em várias unidades prisionais geridas pelo método APAC. Nas páginas adiante, daremos a nossa contribuição e visão sobre as APACs.

1. História

O número de presos no Brasil aproxima-se rapidamente da cifra de 750 mil. Trata-se da terceira maior população prisional do mundo. Se fossem cumpridos todos os mandados de prisão em aberto, a população prisional passaria de um milhão de pessoas. As desgraças do encarceramento no Brasil, e de modo geral na América Latina, formam um rosário de desumanidades truculentas[1]. Em novembro de 2012, o Ministro da Justiça do Brasil declarou publicamente que "preferiria morrer" a ficar preso no sistema penitenciário brasileiro.

Embora no Brasil existam unidades prisionais que podem ser chamadas de modelo, essa não é a regra. A imensa maioria das prisões padece de hiperlotação, a qual traz graves consequências – não só para os presos – mas, para a dignidade humana de todos os envolvidos no processo de carceirização: servidores do sistema, presos, e seus respectivos fami-

---

[1] LEAL, César Barros. *Execução Penal na América Latina à luz dos direitos humanos; uma viagem pelos caminhos da dor.* 1ª ed., Juruá, Curitiba, 2010. p. 96-97.

liares. E ademais, banaliza a brutalização do ser humano preso perante a sociedade.

Com relação aos presos, estes são inseridos em celas cuja capacidade de acomodação corresponde a 1/3 do número de detentos que efetivamente está nela. Isso significa que três pessoas são colocadas à força no espaço físico projetado para uma só. Daí decorre que toda a estrutura do prédio resta comprometida, pois foi projetada para um número x de usuários e não para um número $3x$.

E assim, a rede de água não dá conta de atender ao consumo, sendo que o respectivo fornecimento precisa ser racionado. A rede de esgoto entope com frequência. A rede elétrica, da mesma forma, torna-se incapaz de atender à demanda. Quanto ao efetivo de funcionários que servem na unidade prisional, a consequência não foge à regra, ocasionado demora ou ausência de prestação de serviços essenciais, como fornecimento de alimentos, encaminhamentos para atendimentos médicos, procedimentos de entrada e saída de ambientes, atendimento às visitas, etc. Por outro lado, as condições de trabalho desses profissionais são agudamente agravadas, provocando doenças psiquiátricas. As condições sanitárias são uma capítulo à parte do inferno. Acumula-se lixo, que gera mau cheiro, que atrai insetos, bem como animais maiores que se alimentam dos restos de comida ... e defecam nos pátios ... A realidade dessas unidades prisionais dá vida a algumas páginas do famoso livro de Dante.

As origens da APAC estão nas precaríssimas condições de cumprimento de pena vigentes do Brasil. Em meio ao período da ditadura da década de setenta, nasce a APAC, aos 18 de novembro de 1972, em São José dos Campos-SP, cidade distante 90 quilômetros de São Paulo-SP. A atuação da APAC iniciou-se no presídio de Humaitá, situado naquela mesma cidade.

A iniciativa foi capitaneada pelo advogado Mário Ottoboni, nascido em 11 de setembro de 1943, na cidade de Barra Bonita-SP. Ottoboni também estudou Ciências Sociais e Psicologia. É autor de vários livros, muitos já traduzidos para outros idiomas. Foram-lhe outorgados títulos por suas atividades beneméritas, dentre eles, o de "Cidadão do Mundo, libertador dos presos e dos humildes", conferido pelo Tribunal de Justiça de Minas Gerais. É conhecido como fundador e idealizador do método APAC.

As intervenções realizadas pelo grupo fundador liderado por Ottoboni não foram desordenadas, tal qual fossem missionários que ingressavam em um campo de batalha socorrendo vítimas à medida que as encontravam.

OS NOVOS ATORES DA JUSTIÇA PENAL

Desde o início houve profunda preocupação científica, consistente em pesquisar e detectar situações promotoras de dessocialização[2].

O nome originalmente dado a associação e com o qual iniciou sua atuação no presídio de Humaitá era "Amando o Próximo, Amarás a Cristo". A sigla foi mantida, mas o nome alterado em pouco tempo, para o atual: "Associação de Proteção e Assistência aos Condenados". A vinculação religiosa constitui um dos principais motivos de crítica à APAC, como veremos adiante.

A partir de São José dos Campos-SP, a APAC desenvolveu-se e empolgou diversos setores da sociedade que atuavam humanitariamente junto à questão prisional no Brasil. Em fins dos anos noventa e no começo do milênio, a cadeia de Bragança Paulista-SP ganhou notoriedade devido à boa gestão realizada pela APAC com o apoio do juiz das execuções penais, que posteriormente tornou-se Secretário Estadual de Administração Penitenciária em São Paulo.

Entretanto, nesse mesmo período o crime organizado desenvolveu-se fortemente no Estado de São Paulo, e de modo geral no Brasil, tendo como uma de suas marcas o fato de ser fomentado e gerido a partir das prisões[3].

---

[2] OTTOBONI, Mário. *Ninguém é irrecuperável: APAC, a revolução do sistema penitenciário*. São Paulo: Cidade Nova, 1997. p. 25: "Inúmeras entrevistas com presos da antiga cadeia da Humaitá, num confronto com o material colhido na Faculdade, deram-nos a certeza de que seria necessário um estudo mais aprofundado do sistema em vigor, para que se estabelecesse uma política penitenciária em sintonia com a realidade brasileira"; p. 69: "fizemos pesquisas com acirrado zelo profissional para localizar tão somente a verdade e ouvimos mil condenados que cumpriam ou cumprem pena privativa de liberdade em presídios comuns e penitenciárias e que, depois, vieram para o regime fechado da APAC".

[3] ADORNO, Sérgio; SALLA, Fernando. *Criminalidade organizada nas prisões e os ataques do PCC*. In: Revista de Estudos Avançados. São Paulo: Instituto de Estudos Avançados da USP, 2007. Vol. 21, nº 61, Set-Dez/2007. Disponível em http://www.scielo.br/scielo.php?script=sci_arttext&pid=S0103-40142007000300002&lng=pt&nrm=iso&tlng=pt (acesso em 03/03/2015): "A peculiaridade da criminalidade organizada no Brasil – e, de todo modo, seu enraizamento nas prisões – põe em evidência aspectos que o distinguem de outras modalidades existentes no mundo. Em diversos países, os componentes étnicos ou raciais, ou procedências nacionais (por exemplo, italianos e irlandeses, nos Estados Unidos, no século passado) são, muitas vezes, decisivos para estabelecer laços identitários entre membros de uma associação delinquente. Já no Brasil, a urdidura das relações de identidade de grupos criminosos está antes no próprio conteúdo da ação criminosa, na condição de criminoso encarcerado, e muito provavelmente na filiação social a que pertence a esmagadora maioria dos seus participantes, ou seja, aos estratos socioeconômicos onde são preferencialmente

Diante do fato de que São Paulo era e é o Estado que detém a cifra de 1/3 do total de presos no Brasil, formou-se o caldo para que as ações da APAC fossem enfraquecidas e debilitadas ao extremo. As políticas penitenciárias votaram-se à repressão, atribuindo ao encarceramento explícito caráter predominantemente punitivo-retributivo.

À mesma época, no Estado de Minas Gerais, as APACs ganhavam força e aumentavam consideravelmente. Atualmente, é naquele Estado que se situa o maior número de unidades prisionais geridas pelo método APAC. Desde 2004, por ocasião do V Congresso Nacional das APACs, a sede da FBAC foi transferida de São José dos Campos-SP para a cidade de Itaúna, em Minas Gerais. O Tribunal de Justiça de Minas Gerais formalmente reconhece e incentiva as APACs na "condição de programa prioritário", admitindo-o como caminho sério e efetivo para a ressocialização da pessoa presa[4]. Em 28 de abril de 2004, a Corte Superior do Tribunal de Justiça do Estado de Minas Gerais lançou o "Projeto Novos Rumos na Execução Penal", que tem por finalidade "incentivar a criação das Associações de Proteção e Assistência aos Condenados – APACs, apoiando sua implantação nas comarcas ou municípios do Estado de Minas Gerais" (artigo 1º, resolução nº 433/2004).

As APACs também têm o mérito de reduzir reincidência. Apesar da presunção de que durante a reclusão os presos recebem tratamento reabilitador, a realidade exibe altos índices de reincidência, cujos dados são comumente mencionados para demonstrar o fracasso da prisão[5]. O Con-

---

recrutados, nos territórios metropolitanos, aqueles que vivem nas fronteiras entre legalidade e ilegalismos". FERNANDES, Antonio Scarance. O equilíbrio entre a eficiência e o garantismo e o crime organizado. In: SOUZA, Luciano Anderson de; SILVA, Luciano Nascimento; LANFREDI, Luis Geraldo Sant'anna; TOLEDO, Otávio Augusto de Almeida (orgs.). *Repressão penal e crime organizado; os novos rumos da política criminal após o 11 de setembro*. São Paulo: Quartier Latin, 2009. p. 235: "No Brasil, (...) Cresceu e estruturou-se o crime organizado nos presídios do Rio de Janeiro e de São Paulo". PITOMBO, Antônio Sérgio Altieri de Moraes. *Organização criminosa; nova perspectiva do tipo legal*. São Paulo: RT, 2009. p. 146: "(...), podem ser observados três exemplos de desenvolvimento organizações criminosas no Brasil. (...) E, em período mais recente, com organizações de condenados que cumprem pena privativa de liberdade no Estado de São Paulo".

[4] SILVA, Jane Ribeiro. A execução penal à luz do método APAC. 1ª ed. Belo Horizonte: Tribunal de Justiça de Minas Gerais, 2013. p. 08.

[5] BITENCOURT, Cezar Roberto. *Falência da Pena de Prisão – causas e alternativas*. 4ª ed. São Paulo: Saraiva, 2011. p. 168.

selho Nacional de Justiça (CNJ)[6] reconhece isso e recomenda a expansão das APACs em todo o Brasil, como meio para a redução da reincidência[7].

2. Os privados na execução penal

Existe, por parte da sociedade, um natural desejo de pagar menos impostos, acompanhado das inesgotáveis e crescentes demandas dessa mesma sociedade contra o Estado, solicitando-lhe cada vez mais soluções para inusitadas e emergentes situações. Novos direitos sociais são afirmados, todavia, isso não significa que sejam efetivados. A efetivação desses direitos implica em gastos estatais. Gastos elevados: *"rights cost money"*[8]. E a regra geral é, infelizmente, a de que indivíduos que não vivem em países cujos governos não possuem capacidade de arrecadar impostos e de entregar a contraprestação que remedie as situações emergentes, são indivíduos que não possuem direitos[9].

Dessa regra não escapa o sistema penitenciário que deve buscar a ressocialização, evitar a dessocialização e assegurar a dignidade humana do encarcerado durante a execução da pena de prisão. Essa busca tem um custo para o Estado, cujo orçamento deve cobrir as mais diversas necessidades. É notório que o Estado deixa para o último lugar a satisfação das necessidades do sistema prisional, pois antes tenta atender as carências sociais de direitos à saúde, educação, habitação, etc. Daí decorre a notória insuficiência de recursos públicos para os sistemas prisionais, o que por sua vez, motivou a busca por soluções alternativas[10]. Assim, em diversos

---

[6] É órgão do Poder Judiciário, previsto no artigo 92, I da Constituição Federal, que visa aperfeiçoar o trabalho do sistema judiciário brasileiro, principalmente no que diz respeito ao controle e à transparência administrativa e processual. Tem como missão contribuir para que a prestação jurisdicional seja realizada com moralidade, eficiência e efetividade em benefício da sociedade.

[7] Disponível em http://www.cnj.jus.br/noticias/cnj/28296-cnj-recomenda-expansao-das-apacs-para-a-reducao-da-reincidencia-criminal-no-pais (acesso em 03/03/2015).

[8] MOLMES, Stephen; SUNSTEIN, Cass R. *The cost of rights: why liberty depends on taxes*. New York-London: W.W. Norton & Company Ltd., 2000. p. 15.

[9] Op. cit., p. 19: "As a general rule, unfortunate individuals who do not live under a government capable of taxing and delivering an effective remedy have no legal rights".

[10] GUIMARÃES, Claudio Alberto Gabriel. *Funções da pena privativa de liberdade no sistema penal capitalista*. 2ª ed. Rio de Janeiro: Revan, 2007. p. 293: "Quais estratégias que o Estado adotará para arcar com toda a despesa decorrente da construção e manutenção de presídios, do aumento dos efetivos de pessoal ligados ao sistema penal, enfim, como sustentar financei-

A INTERVENÇÃO DA APAC NA EXECUÇÃO DA PENA PRIVATIVA DE LIBERDADE

países, com destaque aos Estados Unidos da América, surgiram empresas que assumiram os serviços inerentes ao cumprimento da pena, seja através da privatização de unidades prisionais, ou por meio das parcerias público-privadas. Isso na prática acabou por delegar aos privados a essência da execução da pena de prisão e ao mesmo tempo criar um *business* penitenciário[11].

Esse é o tema que parece ser mais frequentemente lembrado quando se fala na participação de privados na execução penal. Essa recorrência deve-se ao fato de que, no atual estágio de desenvolvimento da sociedade, despertam mais atenção os custos decorrentes da manutenção de presos em estabelecimentos penais e os da criação de novas vagas para o cumprimento de pena privativa de liberdade.

Todavia, existe um outro tipo de intervenção de privados na execução da pena que não guarda relação com as questões financeiras, ou ao menos não tem como principal engrenagem a redução de gastos e a obtenção de lucros. São intervenções de fins filantrópicos, humanitários, religiosos, etc.

Portanto uma diferenciação entre privados com interesses lucrativos e privados com outros interesses deve ser feita, quando se trata da atuação de particulares na execução da pena privativa de liberdade.

Essa distinção, afinal, revela dois grandes grupos de particulares intervenientes da execução da pena privativa de liberdade: 1) privados com interesses privados e; 2) privados com interesses públicos[12].

Embora a APAC também chame a atenção de todos pelo fato de gerir unidades prisionais gastando bem menos do que se gasta em unidades prisionais "convencionais" administradas diretamente pelo Estado, sua origem e sua atuação são predominantemente humanitárias[13].

---

ramente todo o aparato repressivo de contenção da maioria excluída pelo novo modelo de gestão política?"

[11] BEIRAS, Iñaki Rivera. *La cuestión carcelaria; historia, epistemologia, derecho y política penitenciária*. Ciudad Autónoma de Buenos Aires: Del Puerto, 2006. p. 847.

[12] DELGADO, Enrique Sanz. *Las prisiones privadas: la participación privada en la ejecución penitenciaria*. Madrid: Edisofer s.l., 2000. p. 23: "En un segundo término, se hace preciso diferenciar entre aquellas formas de participación en la ejecución, caracterizadas por el ánimo de lucro, y aquellas instituciones o aproximaciones con ánimo diverso. Dicho de otro modo: entre la intervención privada con intereses privados y la intervención privada con intereses públicos (filantropía, religiosidade, humanitarismo ...).

[13] MASSOLA, Gustavo Martineli. *A subcultura prisional e os limites da APAC sobre as políticas penais públicas: um estudo na cadeia pública de Bragança Paulista*. São Paulo: Tese de doutorado apre-

OS NOVOS ATORES DA JUSTIÇA PENAL

A atuação de privados com interesses públicos junto à execução da pena privativa de liberdade cumpre uma regra programática fundamental consistente na efetiva participação da sociedade ou da comunidade no cumprimento da pena e das medidas de segurança. As Regras Mínimas para o Tratamento de Pessoas Presas (ONU, 1955) dispõe em seu artigo 61 que "o tratamento não deve acentuar a exclusão dos reclusos da sociedade, mas sim fazê-los compreender que eles continuam fazendo parte dela. Para este fim, há que recorrer, na medida do possível, à cooperação de organismos da comunidade destinados a auxiliar o pessoal do estabelecimento na sua função de reabilitação das pessoas".

No Brasil, a Lei de Execução Penal determina ao Poder Público o dever de recorrer à cooperação da comunidade para a devida execução da pena privativa de liberdade e da medida de segurança. Diz o artigo 4º que "o Estado deverá recorrer à cooperação da comunidade nas atividades de execução da pena e da medida de segurança". Note-se que a posição tópica do artigo o faz irradiar-se para todo o sistema normativo a ele subjacente, consubstanciando-se em verdadeiro fundamento para o devido processo de execução penal.

Outro dispositivo existente na LEP prevê uma entidade denominada "Conselho da Comunidade" como órgão da execução penal, ao lado o juiz e do promotor da execução penal, entre outros sujeitos (artigo 61). O Conselho da Comunidade representa a projeção mais bem acabada do dever social de participação no cumprimento da pena. Cabe ao referido órgão: a) visitar, pelo menos mensalmente, os estabelecimentos penais existentes na comarca; b) entrevistar presos; c) apresentar relatórios mensais ao Juiz da execução e ao Conselho Penitenciário; d) diligenciar a obtenção de recursos materiais e humanos para melhor assistência ao preso ou internado, em harmonia com a direção do estabelecimento. A lei também prevê que todas as comarcas deverão possuir um Conselho da Comunidade composto, no mínimo, por um representante de associação comercial ou industrial, um advogado indicado pela Seção da Ordem dos Advogados do Brasil, um Defensor Público indicado pelo Defensor Público Geral e um

---

sentada ao Instituto de Psicologia da USP, 2005. p. 199: "Tem-se, assim, razões mais fortes para crer que a relação entre a APAC e o sistema penal passe fundamentalmente pelo nível econômico. Ao dizê-lo, não se está defendendo a ideia de que a questão econômica por si só explique a criação da APAC e a percepção de se sucesso. Ao contrário, veremos adiante que o problema econômico é só parte da questão".

A INTERVENÇÃO DA APAC NA EXECUÇÃO DA PENA PRIVATIVA DE LIBERDADE

assistente social escolhido pela Delegacia Seccional do Conselho Nacional de Assistentes Sociais.

3. Método e administração penitenciária

É de grande interesse cientifico sublinhar que a APAC surgiu como método, e não como administradora de unidades prisionais. Sua atuação como gestor de um estabelecimento penal foi um acidente.

Após estudos, entrevistas, análises e pesquisas o grupo liderado por Mário Ottoboni desenvolveu um método de preparação do preso para devolvê-lo ao meio aberto, cujas bases serão analisadas adiante. Nunca constou dos programas da APAC administrar presídios, mas apenas ajudar o preso em suas variadas dificuldades.

Todavia, devido ao aparecimento de problemas com a justiça, por questões de segurança na APAC-mãe (São José dos Campos-SP), a entidade lançou-se à tarefa de administrar o presídio de Humaitá. Este era o único estabelecimento penal da cidade e foi interditado em 1979. Então, restou à APAC trabalhar apenas com os condenados dos regimes aberto e semiaberto. À essa época, a cidade valia-se de cadeias de comarcas vizinhas para executar penas em regime fechado. Tal situação impedia a aplicação do método apaqueano, uma vez que São José dos Campos-SP recebia presos para cumprir o restante de suas penas em regime aberto e regime semiaberto, todavia, egressos de locais onde não tiveram qualquer preparação no regime fechado. Isso refletiu-se estatisticamente no aumento da reincidência e na disciplina dos condenados. Essa situação foi exposta ao juiz da execução penal que a compreendeu e solicitou aos dirigentes da APAC que reformassem pelo menos cinco celas da cadeia de Humaitá, a fim de remediar a situação. Feito isso, surpreendentemente, as polícias civil e militar recusaram-se à administrar a cadeia. E diante de tão inusitada situação, o magistrado não titubeou em convidar a APAC para administrar o presídio de Humaitá. Após grave reflexão, a APAC aceitou o desafio. E com essa atitude, reduziu severamente a reincidência, reduziu custos, chamou a atenção das autoridades brasileiras, tornando-se unidade prisional modelar[14].

Nos anos que se seguiram até hoje, a aplicação do método APAC está atrelada à administração. O uso do método em uma unidade prisional implica na quase necessária compreensão de que existe uma parceria for-

---

[14] OTTOBONI, Mário. *Vamos matar o criminoso: método APAC.* São Paulo: Paulinas, 2001. p. 51.

mal, efetiva e contratualmente regulada entre o Poder Público e privados: de um lado, a administração penitenciária do Estado da federação e; de outro lado, uma organização não-governamental, que é uma entidade civil de direito privado, sem fins lucrativos, regidas por um estatuto-padrão, adotado em todas as cidades onde a APAC se instalou.

Atualmente, boa arte da administração das unidades APAC é regida pelos próprios presos e egressos de unidades prisionais APAC. Essa realidade lhes valeu a denominação, dada pela sociologia do cárcere, de estabelecimentos penais em *autogestão ou autoadministradas*[15].

Obviamente, nada impede que um determinado Estado ou uma certa unidade prisional adotem e apliquem o método APAC, fazendo-o por si só. Todavia, isso é pouco provável que ocorra, devido ao tom eminentemente expiatório sob o qual os Estados executam as penas privativas de liberdade no Brasil[16].

Na prática, essa parceria significa que todo mês o Estado repassa à APAC um determinado valor *per capta*, tendo em vista a quantidade de presos incluídos no estabelecimento penal. O Estado mantém nessas unidades prisionais funcionários seus, de carreira e com vínculos empregatícios diretos com o poder público. É um número reduzidíssimo de funcionários, geralmente responsáveis por atividades burocráticas e de governança externa, isto é, nas relações e interações que a unidade prisional mantém com órgãos do sistema de justiça criminal.

O Estado defere liberdade àqueles que efetivam o método, para que moldem as particularidades dos processos de ressocialização. Nesses processos incluem-se enorme gama de ações que promovem a sociabilidade do detento, por exemplo: o estabelecimento de parcerias com empresas e sistemas de ensino, para o desenvolvimento de atividades laborativas e de ensino formal e profissionalizante; contratação de profissionais de saúde; realização de atividades envolvendo os familiares dos presos, bem como a comunidade local; admissão de novos voluntários e colaboradores, etc. Especialmente, cabe-lhes o zelo pela efetivação e pelo não desvirtuamento do método.

---

[15] DARKE, Sacha. Comunidades prisionais autoadministadas: o fenômeno APAC". In: Revista Brasileira de Ciências Criminais. São Paulo: ano 22, vol. 107, mar.-abr./2014, p. 357.

[16] ADORNO, Sérgio. *Sistema penitenciário no Brasil: problemas e desafios. São Paulo.* In: Revista USP, nº 65, Março-Maio/1991. p. 70.

Pode-se dizer que aos gestores de cada "unidade APAC" cabe a pedagogia da ressocialização.

4. O método

O método APAC sustenta-se em doze princípios. São eles: 1) Participação da comunidade; 2) Recuperando ajudando recuperando; 3) Trabalho; 4) A religião e a importância de se fazer a experiência em Deus; 5) Assistência jurídica; 6) Assistência à saúde; 7) Valorização humana; 8) Família; 9) O educador social e o curso para sua formação; 10) Centro de reintegração social; 11) Mérito, e; 12) Jornada de libertação com Cristo[17].

Mário Ottoboni ensina que os doze fundamentos devem ser concomitantemente efetivados, "pois é no conjunto harmonioso de todos eles que encontraremos respostas positivas. Não se deve procurar executar este ou aquele item dos elementos fundamentais, mas preparar a equipe de modo suficientemente adequado para que nada falhe na aplicação do método. Algumas tentativas não foram bem sucedidas exatamente porque prescindiram deste ou daquele elemento, levando a uma conclusão precipitada de que o método não funciona, quando na realidade o que falhou foi o aplicador do método que escolheu, entre os elementos fundamentais, aqueles que lhe pareciam mais fáceis, importantes ou convenientes para serem aplicados"[18].

Examinando o método, constata-se que ele representa o programa de ressocialização traçado para os detentos incluídos em unidades prisionais administradas pela APAC. Corresponde ao "tratamento" ressocializador, não em seu sentido curativo ou terapêutico, mas em seu sentido programático, designativo de um conjunto de atividades a serem aplicadas, respectivamente, de modo dialogal. Vejamos os fundamentos do método APAC, um a um.

4.1. A participação da comunidade

É fundamento da execução da pena privativa de liberdade como já anotamos acima. Não haverá mínima possibilidade de ressocialização se não existirem programas concretos de aproximação cárcere-sociedade-cárcere. Por isso a APAC estimula e fomenta que os indivíduos das cidades

---

[17] Disponível em http://www.fbac.org.br/ (acesso em 05/03/2015).

[18] OTTOBONI, Mário. *Vamos matar o criminoso: método APAC*. São Paulo: Paulinas, 2001. p. 63.

vizinhas à unidade prisional participem de alguma forma da execução da pena de prisão.

As APACs têm a vantagem de angariar participações sociais genuínas, fruto de um verdadeiro desejo comunitário de ajudar o detento, e assim vem tentando suprir a grande lacuna deixada pelos Conselhos da Comunidade. Estes não se constituíram em todas as comarcas – aliás, só estão presentes em pouquíssimas – e onde constituíram-se atuaram de modo precário e insuficiente. É raro encontrar um Conselho da Comunidade funcionando. Mais raro ainda é encontrar um que esteja funcionando bem[19]. O fracasso dos Conselhos da Comunidade representa o próprio fracasso do programa de participação social no cárcere.

4.2. Recuperando ajudando recuperando

Uma explicação prévia: a APAC utiliza a o nome "recuperando" para designar o preso condenado que cumpre pena sob seu método.

O princípio "recuperando ajudando recuperando" representa um fundamento de solidariedade interna entre os detentos, para que através de ações e diálogos de auxílio mútuo e recíproco busquem superar suas inúmeras dificuldades. Já está bem assentado que o fato aparentemente simples de alguém ser ouvido sobre suas angústias, pacientemente por seu semelhante, já é motivo de alívio. Quando isso ocorre acompanhado de bons conselhos e palavras de estímulos, a tendência à descompressão é maior ainda, com efeitos benéficos para todo o convívio *intra muros*.

Essa ajuda mútua consiste, também, em auxiliar presos doentes e idosos. O método, nesse particular, utiliza mecanismos importantes como a "representação de cela" e o "Conselho de Sinceridade e Solidariedade", este último classificado como órgão auxiliar da administração da APAC[20]. Trata-se de grupo sem poder de decisão, que se reúne semanalmente com todos os presos da unidade, sem a presença de membros da APAC, para discutir as dificuldades enfrentadas, buscar soluções e reivindicar medidas da diretoria.

Note-se que aqui, cumpre-se antiga meta da ciência penitenciária, consistente na participação do preso na gestão da unidade prisional onde se

---

[19] FERREIRA, Rosânea Elisabeth. *Participação da comunidade na execução penal: realidade e perspectivas*. In: Revista do Conselho Nacional de Política Criminal e Penitenciária. Brasília: Ministério da Justiça, julho a dezembro de 2004. p. 165.

[20] OTTOBONI, Mário. *Vamos matar o criminoso: método APAC*. São Paulo: Paulinas, 2001. p. 68.

encontra, meta que é tida como quase inalcançável e cujas raras práticas produzem excelentes resultados[21].

4.3. Trabalho

A ideia de trabalho prisional é complexa e envolve diversos aspectos que não caberiam nas dimensões deste trabalho. Todavia, é preciso pontuar que nenhuma forma de trabalho deve ser desmerecida. Nem mesmo aquelas que aparentem ser de enorme simplicidade, como costurar bolas de futebol, pois mesmo que referida atividade não permita empregabilidade após a saída da prisão, é uma atividade que pode ajudar muito o preso na melhoria da motricidade fina, com benefícios para diversas outras atividades, por exemplo, a escrita.

Como fundamento do método, o trabalho vai além da mera atribuição de uma atividade que ocupe o tempo do detento, a fim de lhe proporcionar algum ganho. Não desconsidera que todo tipo de trabalho trará vantagens e busca sempre explorar as possibilidades positivas que poderá trazer para quem o realiza.

Ademais, a visão de preparo do detento para o mercado de trabalho em meio aberto está sempre presente.

As vantagens do trabalho prisional, contudo, não podem ser superestimadas. Aos olhos da sociedade o trabalho prisional é aquilo que tudo resolve em termos de ressocialização. Não se discute a importância do trabalho, mas ele não pode ser considerado além daquilo que realmente é: uma atividade que produz algo socialmente aproveitável, mediante remuneração, ao mesmo tempo que estimula a atenção e/ou a inteligência do condenado. Pouco adiantaria se o condenado possuísse trabalho, mas não contasse com a manutenção dos vínculos familiares. Se o trabalho por si só fosse o remédio para todos os males, não haveria reincidência elevada mesmo entre os egressos de unidades prisionais que asseguraram atividades laborais.

---

[21] ARÁN, Mercedes García. Sistema penitenciário español. In: *Doctrina penal: teoria y práctica en las ciencias penales*. Buenos Aires: Depalma, 1978, ano 1, números 1-4. p. 674: "La participación en la gestión de la vida carcelaria como fomento de la responsabilidad del condenado y como ejercicio de unos derechos participativos que deben ser reconocidos para todos los ciudadanos es mucho más favorable a la integración en las normas de convivencia que la conversión del sujeto en un número sometido a una rígida rutina".

OS NOVOS ATORES DA JUSTIÇA PENAL

4.4. A religião e a importância de se fazer a experiência em Deus

A assistência religiosa está prevista na Lei de Execução Penal como assistência que deve ser dispensada ao preso. Pena e religião guardam relações próximas, tão antigas quanto a história das prisões. A religião teve grande contribuição para o surgimento da pena de prisão. Na Idade Média, o direito canônico determinava aos monges e clérigos infratores que permanecessem trancados em determinados espaços, a fim de refletirem sobre o pecado praticado e reconciliarem-se com Deus. Por outro lado, durante séculos, as igrejas estiveram entre as primeiras instituições que abrigavam aqueles que eram perseguidos e acusados de crimes.

A APAC vê nesse fundamento a "necessidade imperiosa de o recuperando ter uma religião, crer em Deus, amar e ser amado, não impondo este ou aquele credo, e muito menos sufocando ou asfixiando o recuperando com chamamentos que o angustiam, em vez de fazê-lo refletir"[22], sendo que nisso consiste a experiência em Deus. Usa-se a religião como princípio do método, por ser importante estímulo à reflexão, ao autoconhecimento, ao estudo e à descoberta da virtude.

4.5. Assistência jurídica

Este princípio do método também está garantido na Lei de Execução Penal a todos os detentos. Sua principal finalidade é assegurar que os reclusos tenham acesso à justiça, o que se torna difícil por tratarem-se de pessoas encarceradas. Os grupos de encarcerados são denominados "em situação de vulnerabilidade", pois pertencem a populações que não conseguem responder aos riscos externos que lhes são criados utilizando os seus próprios ativos[23]. Uma vez que se encontram em "instituições totais"[24], integralmente sujeitos as regras institucionais e sem poderes de interferência legítimos e efetivos, o acesso ao sistema de justiça penal é frequentemente debilitado.

---

[22] OTTOBONI, Mário. *Vamos matar o criminoso: método APAC*. São Paulo: Paulinas, 2001. p. 79.
[23] KAZTMAN, Rubén & BECCARIA, Luis & FILGUEIRA, Fernando & GOLBERT, Laura & KESSLER, Gabriel (Equipo Tecnico Multidisciplinario para Argentina, Brasil, Chile, Paraguay e Uruguay.). *Vulnerabilidad, activos y exclusión social en Argentina y Uruguay*. Santiago do Chile: OIT, 1999. p. 04.
[24] GOFFMAN, Erving. *Manicômios, Prisões e Conventos*. Tradução de Dante Moreira Leite. 3ª edição. São Paulo: Editora Perspectiva, 1990, passim.

Isso provoca atrasos nas decisões judiciais que implicam em desencarceramento, como a progressão de regime prisional, obtenção de livramento condicional, declaração de extinção de pena, bem como significativos atrasos nos pedidos que objetivam corrigir a supressão ou insuficiência de gozo de algum direito constitucional ou legalmente afirmado em favor de pessoas presas. Sem efetivo acesso à justiça, o condenado está sujeito a permanecer preso, mesmo após já ter cumprido sua pena, esquecido em uma cela. E ademais, como o preso poderia contratar um advogado, se está atrás das grades, quase sempre sem renda?

Por isso, a própria APAC traz advogados para dentro dos presídios, com a atribuição específica de promover o acesso dos condenados à justiça e cujos gabinetes situam-se nas instalações do estabelecimento penal.

4.6. Assistência à saúde

Aqui, cabem as mesmas observações acima feitas quanto ao acesso ao sistema, sendo que agora trata-se do acesso ao sistema de saúde público que é direito universal, garantido pelo artigo 196 da Constituição Federal brasileira. As questões decorrentes dos agravos à saúde e desenvolvimento de doenças constituem um dos mais dramáticos aspectos do aprisionamento. As condições de saúde da população prisional são tão preocupantes no Brasil que o Ministério da Saúde criou uma subdivisão destinada especificamente para tais assuntos.

As palavras prisão e saúde dificilmente conciliam-se entre si. São situações incompatíveis. Não somente doenças orgânicas, mas também psiquiátricas afloram no ambiente carcerário. Não basta, assim, afirmar que o preso tem direito à saúde, sob pena de grassar a desumanidade em uma de suas formas mais trágicas, representada pelo preso doente grave, esquecido em uma cela, sem cuidados mínimos. A APAC não só afirma o direito à saúde do preso, mas efetiva-o.

4.7. Valorização humana

O ingresso numa prisão faz o homem desmoronar. Culpa, vergonha, negação, humilhação e medo formam um amontoado de emoções que abalam agudamente a sensação de humanidade em relação a si e aos demais presos. Por isso, é preciso resgatar o sentimento de que se é humano, e que como tal, o erro faz parte de nossa existência, sejam esses erros graves, médios ou leves.

OS NOVOS ATORES DA JUSTIÇA PENAL

Desse modo, a APAC faz reuniões em celas, "com a utilização de métodos psicopedagógicos e mediante palestras de valorização humana", cujos esforços são direcionados "para fazer o recuperando dar-se conta da realidade em que está vivendo, bem como conhecer os próprios anseios, projetos de vida, as causas que o levaram à criminalidade, enfim, tudo aquilo que possa contribuir para a recuperação de sua autoestima e da autoconfiança"[25].

A valorização do ser humano revela-se especialmente no trato interpessoal que o sistema APAC realiza, como princípio fundamental consistente em tratar o indivíduo preso com dignidade. É o trato humano – em termos plurais – que constitui a essência do processo de execução penal[26].

4.8. Família

A família representa a primeira referência de conduta e formação de caráter do ser humano. De modo geral, essa referência perdura até o fim da vida, isto é, os valores e referências criados através do convívio familiar tendem a constituir patrimônio moral do indivíduo. Por isso, é um dos doze pilares do método.

Sem dúvida, muitos indivíduos não tiveram afeto familiar, cresceram e foram criados em meio a novos arranjos familiares, por exemplo, criados por tios, avós e até mesmo vizinhos. Ou mesmo foram criados em instituições de acolhimento para crianças e adolescentes. Apesar da ausência de cuidado e guarda da família, nada impede que – mesmo na idade adulta ou na passagem para esta – os indivíduos venham a encontrar quem os acolha como membros familiares, servindo-lhes como referência de afeto e identidade. Será um laço mais frágil, mas ainda assim haverá um vínculo considerável. Aqueles que receberam os cuidados e a guarda de parentes da chamada "família extensa" poderão ter laços de afinidade – e frequentemente os têm – tão ou mais fortes que aqueles existentes em formatos clássicos de família (pai e mãe biológicos).

A unidade prisional deve preservar os laços familiares, quaisquer que sejam, a fim de que o indivíduo não perca importante parte de sua iden-

---

[25] OTTOBONI, Mário. *Vamos matar o criminoso: método APAC*. São Paulo: Paulinas, 2001. p. 85.
[26] KAISER, Günther. *Derechos humanos en la ejecución de la pena y medidas de corrección*. In: Más Derecho? Revista de Ciencias Jurídicas. Buenos Aires: Fabian J. Di Placido, 2004/IV. p. 345: "El respeto a la dignidad humana no se manifiesta tan sólo en la internación de prisioneros, acaso como custodia humana, y en el esfuerzo por la evitación de los daños de la detención, sino más allá de ello, en la fijación de objetivos de ejecución penal".

tidade. Aliás, não é por outra razão que se permitem as chamadas visitas íntimas entre presos e suas esposas ou companheiras. Não se trata simplesmente de uma satisfação das necessidades sexuais, mas, sim, mais amplamente, de um recurso para que a identidade do condenado e seus laços familiares sejam mantidos.

O método esforça-se por assegurar as visitas de familiares aos condenados, em ambientes que não façam referência ao fato de se estar em uma unidade prisional.

4.9. O educador social e o curso para sua formação

O educador social é um voluntário que colabora com os trabalhos de ressocialização do condenado. O voluntário representa uma forma de participação da sociedade na execução da pena de prisão. Diferencia-se pelo fato de ter uma atuação específica. Assim, por exemplo, são voluntários dentistas, médicos, psicólogos, ou mesmo pessoas sem formação profissional definida, mas que atuam como palestrantes ou conselheiros. Além de ministrarem cuidados específicos, essas pessoas também ensinarão procedimentos preventivos para evitar agravos à saúde ou danos sociais.

Trata-se de importante fundamento do método, que permite ao condenado perceber que existem pessoas da comunidade interessadas neles e em seu sucesso.

Mas, não basta ser voluntário. É preciso saber ser voluntário. O voluntário não exerce uma atividade meramente caritativa, mas, sim, de educador. A caridade pura perdoa sempre, qualquer que seja o erro. O educador confronta o indivíduo com seu erro, o ajuda a assumir suas responsabilidades, lhes indica os caminhos para superar o equívoco cometido e para não voltar a errar e, enfim, motiva o condenado para agir conforme as orientações recebidas pela APAC. Especialmente, o voluntário precisa ter sempre em mente que estará trabalhando com um público muito específico, a saber, pessoas que vêm de um ambiente sócio familiar com inúmeros problemas. Daí decorre a necessidade de um curso de formação para esses voluntários, a fim de capacitá-los a orientar, mas também impor limites e dizer "não" sempre que isso for necessário. O método prevê 42 aulas de uma hora e meia, duas vezes por semana. Entre os cursistas, é costume eleger aqueles que poderão se tornar monitores[27].

---

[27] OTTOBONI, Mário. *Vamos matar o criminoso: método APAC*. São Paulo: Paulinas, 2001. p. 92.

Pensando nos condenados que não tiveram o afeto dos pais sanguíneos (citados no item anterior), o método prevê educadores sociais denominados "casais padrinhos". Ottoboni explica que, considerando que "98% dos recuperandos emergiram de uma família enferma e desestruturada, a presença dos casais assume relevância na metodologia. Como é sabido, a formação da personalidade humana é plasmada a partir das imagens do pai, da mãe, de si mesmo e de Deus. A grande maioria dos recuperandos tem uma imagem negativa do pai, da mãe ou de ambos, ou mesmo daquele(a) s que os substituíram em seu papel de amor (...) aos padrinhos incumbe, pois, a tarefa de ajudar a refazer as imagens desfocadas, negativas do pai, da mãe ou de ambos e que acabaram se refletindo em sua fragilidade moral, concomitantemente, com forte projeções na figura de Deus"[28].

4.10. Centro de Reintegração Social

O sistema progressivo adotado por grande parte dos países, também o é no Brasil. A Lei de Execução Penal brasileira prevê que após o cumprimento de uma fração da pena e desde que o condenado tenha bom comportamento, passará do regime fechado ao regime semiaberto e deste ao aberto. Todavia, é fato notório que não existem vagas suficientes – aliás, pouquíssimas vagas – nos estabelecimentos penais destinados ao regime semiaberto. Isso tem como consequência a passagem direta do condenado para o regime aberto ou sua permanência no fechado até que surja vaga. Não existem estabelecimentos penais destinados ao regime aberto. Esses estabelecimentos penais denominam-se Casa do Albergado e não existem porque não houve interesse da administração penitenciária em dar-lhes vida.

A falta de vagas no regime semiaberto e a inexistência de Casas do Albergado instala o descrédito no sistema.

Por isso, o método tem como uma de suas bases a instalação de Centros de Reintegração Social nas unidades prisionais administradas pela APAC. Esses Centos consistem na adaptação de espaços separados dentro da unidade prisional, a fim de que sejam incluídos os presos progredidos ao regime semiaberto e ao regime aberto, cumprindo o sistema progressivo previsto na Lei de Execução Penal. Uma vez adaptados os espaços, são efetivados todos os direitos previstos para o respectivo regime prisional.

---

[28] OTTOBONI, Mário. *Vamos matar o criminoso: método APAC*. São Paulo: Paulinas, 2001. p. 93.

A execução penal não se vê frustrada em uma de suas construções mais sábias, que é o sistema progressivo.

4.11. Mérito

A boa conduta prisional consiste no requisito subjetivo para a progressão de regime prisional. Nas unidades prisionais APAC, esse requisito é substituído pela ideia de "mérito", o qual constitui-se em um dos fundamentos do método.

Assim, da parte do preso não se trata de ser meramente obediente às regras de comportamento existentes na unidade. O mérito é mais que isso. Diversos estudos demonstram que os presos adotam determinados comportamentos classificados institucionalmente como de "boa conduta" como forma de obter benefícios e até sobreviver, abandonando essas condutas ao obterem a liberdade.

O mérito revela-se através de um conjunto de atitudes do condenado, capazes de revelar que ele está compreendendo melhor a proposta da APAC, ou seja, "o método deseja vê-lo prestando serviços, em toda a proposta socializadora, como representante de cela, como membro do Conselho de Sinceridade e Solidariedade, na faxina, na secretaria, no relacionamento com os companheiros, com os visitantes e com os voluntários". E com isso, acredita-se que o condenado entenderá que "irá prosperar, e a sociedade e ele próprios serão protegidos"[29].

4.12. Jornada de libertação com Cristo

Durante três dias os condenados são convidados à reflexão e interiorização, mediante diversificadas atividades, ordenadas após 15 anos de estudos. Por meio de uma sequencia lógica do ponto de vista psicológico são realizadas atividades consistentes em palestras, testemunhos, música e canto, mensagens, etc. sempre com o objetivo de ajudar o condenado a repensar o verdadeiro sentido da vida.

A Jornada divide-se em dois momentos. No primeiro, ocorre a revelação de Jesus Cristo aos "jornadeiros" (como são chamados), sua bondade, autoridade, misericórdia, humildade, senso de justiça e igualdade. A parábola do filho pródigo é "o fio condutar da jornada". Na segunda fase, ajuda-se o preso "a rever o filme de sua própria vida, para conhecer-se melhor", promo-

---

[29] OTTOBONI, Mário. *Vamos matar o criminoso: método APAC*. São Paulo: Paulinas, 2001. p. 97.

OS NOVOS ATORES DA JUSTIÇA PENAL

vendo-se "o encontro do recuperando consigo mesmo, com Deus e com o semelhante, para voltar aos braços do Pai com o coração pleno de amor"[30].

5. As críticas

Em que pese o sucesso do método APAC, não está isento de críticas. Principalmente, critica-se: o uso do termo "recuperando", questões de segurança, a presença da religião e do cristianismo. Vamos analisar cada uma dessas críticas.

5.1. Recuperando

É indevido o uso do termo "recuperando" para designar o preso que cumpre pena em uma unidade prisional administrada sob o método APAC. Não se pode concordar com a expressão. Mário Ottoboni tenta explicar, sem sucesso, o seu uso, recorrendo a justificações gramaticais e etimológicas, bem como dizendo que o termo tem função eufemística para evitar o uso de expressões como "preso", "interno", "sentenciado" ou "condenado"[31].

Todavia, a evidente ideia que se passa para aquele que ouve a expressão é a de que o detento está doente, convalidando de algo, sendo que o processo de cura passa necessariamente pelo encarceramento. É uma expressão que remete a concepções penais já superadas de cunho curativo e próprias de uma época cientificista, na qual prescrevia-se o tratamento de saúde para o delinquente, física e psiquicamente interventivas, podendo chegar até mesmo a lobotomia.

O uso da expressão cria uma inconciliável convivência entre um método muito humano – que é a APAC – e a referência a um certo pensamento penal já superado por seu excessivo positivismo científico, que teve em Garofalo, Lombroso e Ferri seus maiores expoentes.

5.2. Segurança

As críticas sobre a insegurança do método dirigem-se principalmente ao que se passa no regime fechado.

No regime fechado, os presos que precisam sair da unidade prisional para alguma atividade externa (por exemplo, ir ao fórum para uma audiência), seguem para o destino a pé ou usando transporte público, sem

---

[30] OTTOBONI, Mário. *Vamos matar o criminoso: método APAC*. São Paulo: Paulinas, 2001. p. 99.
[31] OTTOBONI, Mário. *Ninguém é irrecuperável: APAC, a revolução do sistema penitenciário*. São Paulo: Cidade Nova, 1997. p. 99.

algemas e escoltado por outro preso condenado. E como já dito no início desse trabalho, os portões de acesso ao interior da unidade prisional são controlados por condenados.

Todavia, fato é que o método funciona. Por razões que podem ser creditadas principalmente aos processos de confiança estabelecidos entre os presos da APAC e, claro, ao temor de ser transferido para uma unidade prisional comum, registra-se quantidade insignificante de fugas do regime fechado nos mais de 42 anos de APAC no Brasil.

Também há críticas ao sistema, relativamente à dinâmica dos regimes semiaberto e aberto. Mas, aqui as críticas são manifestamente injustas. As unidades APAC nada mais fazem que cumprir o sistema progressivo previsto em lei. As atividades e os espaços deambulatórios próprios dos regimes semiaberto e aberto são intrinsecamente maiores. Logo, as críticas são, precisamente, uma manifestação do inconformismo social sobre as liberdades que esses regimes natural e legalmente propiciam. Certamente, a história da APAC também registra a ocorrência de atos criminosos cometidos por presos que se encontravam em cumprimento de pena nos regimes semiaberto e aberto. Ora, isso, todavia, ocorre em outros estabelecimentos penais, sejam ou não administrados sob o método APAC. Outrossim, nesse aspecto, as estatísticas da APAC são muitíssimo menores que as do "sistema comum". Em nossas visitas à APAC de Santa Luzia-MG, por exemplo, observamos um índice de reincidência que não chega a dez por cento.

5.3. Religião

A religiosidade é um fundamento muito presente no método. Daí indaga-se, que espaço teria o condenado ateu? Como ele seria tratado? Alguém que não crê em Deus poderia ingressar em um estabelecimento penal administrado pela APAC? Formalmente, a APAC responde que "sim", isso seria possível e que a crença em Deus poderia surgir com o passar do tempo. Mas, e se a crença em Deus não surgir por parte do condenado? Significaria que não teria mérito? E se o preso for politeísta?

Não se pode forçar alguém a modificar seu modo de ser durante o cumprimento da pena. O sistema penal não possui legitimidade para alterar crenças[32].

---

[32] VADILLO, Enrique Ruiz. *La sociedad y el mundo penitenciário (la protección de los derechos fundamenales en la cárcel)*. In: BERISTIAN, A.; CUESTA, J. L. de la (comps.). Eguzkilore: Cuaderno

OS NOVOS ATORES DA JUSTIÇA PENAL

Por outro lado, a crítica tem menor alcance, se atentarmos para o fato de que todo ser humano – consciente ou inconscientemente – possui necessidades espirituais. Aquele que não crê em Deus e se declara sem religião, quando defrontado com suas necessidades espirituais, de modo consciente ou inconsciente, se diz recorrente a "uma força maior" ou a uma "energia que rege o universo", ou mesmo ao recolhimento para reflexão íntima. Essas situações são explicadas pela teologia como sendo também uma forma de religião.

Também, não se pode desconsiderar que na Constituição Federal Brasileira a presença de Deus está afirmada no preâmbulo. Sem ingressar nas discussões sobre a natureza jurídica do preâmbulo da Constituição Federal, nesta está explicitado que os representantes do povo brasileiro reuniram-se em Assembleia Nacional Constituinte para instituir um Estado Democrático e que a Constituição foi promulgada "sob a proteção de Deus". Ou seja: afirma-se que Deus não somente esteve presente como também protegeu os trabalhos dos deputados e senadores na construção da nossa Carta Política.

Diante de tais argumentos é possível aliviar o peso da crítica de que o método não atenderia aos ateus, sendo, todavia, necessária alguma adaptação quanto a esse aspecto metodológico.

5.4. Cristianismo

É no que diz respeito à vinculação religiosa do método a uma fé específica que reside a maior crítica. A APAC possui origem nos trabalhos de voluntários da igreja católica apostólica romana. Muito mais que mera referência aos princípios cristãos, os quais são comuns a muitas outras religiões, a vinculação católica romana é clara.

Surge, então, contexto não permitido, uma vez que fica afrontado o disposto no artigo 5º, inciso VI da Constituição Federal, onde afirma-se que "é inviolável a liberdade de consciência e de crença, sendo assegurado o

---

del Instituto Vasco de Criminología. Estudios criminológico-victimológicos de Enrique Ruiz Vadillo *in memoriam*. Homenaje del Instituto Vasco de Criminologia. San Sebastian: Instituto Vasco de Criminologia, 13 ext, 1999. p. 211: "Es esencial pensar que la reeducación y reinserción pasan necesariamente por el respeto profundo e incondicionado a la dignidad del preso y a su personalidad. El derecho penal no puede/no debe intentar cambiar a las personas que han delinquido, ni modificar la estructura de su jerarquia de valores ni la conformación que cada uno tenga para el futuro".

livre exercício dos cultos religiosos e garantida, na forma da lei, a proteção aos locais de culto e a suas liturgias".

O Estado estaria impondo um específico credo religioso àqueles que viessem cumprir pena nos estabelecimentos penais sob o método APAC. Isso pode significar que: *a)* aquele que não se converter à igreja católica romana não poderia ingressar em unidade prisional APAC; *b)* uma vez já estando numa destas unidades e sendo católico, não poderia optar por outra fé, isto é, não poderia mudar de religião; *c)* uma vez já estando numa unidade prisional APAC, mas não sendo cristão romano, não obteria progressão de regime prisional nem livramento condicional; *d)* ou ainda, seria removido para uma unidade prisional do "sistema comum". Outros variados contextos de difícil superação poderiam surgir: como seriam tratados pela administração penitenciária e pelos demais presos, os condenados que pertencessem ao islamismo ou ao budismo?

Serve como bom contra argumento, o fato de que não existem representantes da igreja católica apostólica romana ocupando cargos administrativos nas unidades prisionais da APAC. Também, pode servir como resposta às críticas, a invocação do interesse público, com base no artigo 19, inciso I da Constituição Federal[33]. No entanto, o permissivo contido nessa norma constitucional limita-se à "colaboração de interesse público" entre o poder público e os cultos religiosos ou igrejas, o que exigiria alguma ginástica interpretativa extensiva sobre a teleologia da norma.

Formalmente, os representantes da APAC e da administração penitenciária respondem que condenados de outras crenças não são impedidos de ingressar em unidades prisionais administradas pela APAC, tampouco são tratados de modo discriminatório.

Em nossas inúmeras visitas a essas unidades prisionais, verificamos que os presos que lá cumpriam pena respondiam ser cristãos de diferentes religiões que têm Jesus Cristo como base e fundamento. Todavia, não encontramos quem se afirmasse pertencer a religiões sem vínculo cristão.

Apesar da inconciliável situação diante do texto constitucional, a realidade demonstra a ausência de transtornos para a organicidade do dia-

---

[33] Art. 19. É vedado à União, aos Estados, ao Distrito Federal e aos Municípios: I – estabelecer cultos religiosos ou igrejas, subvencioná-los, embaraçar-lhes o funcionamento ou manter com eles ou seus representantes relações de dependência ou aliança, ressalvada, na forma da lei, a colaboração de interesse público.

OS NOVOS ATORES DA JUSTIÇA PENAL

-a-dia dos presídios APACs. Tampouco verifica-se comprometimento do sucesso dessa forma de intervenção de privados na execução da pena privativa de liberdade. Ao contrário, parece ser a própria razão do seu sucesso. Estima-se que esse resultado exitoso decorra da configuração da fé religiosa no Brasil, em que aproximadamente 94% da população declara professar alguma religião que reconhece a divindade de Jesus Cristo.

Mais um dado importante deve ser consignado. Os cultos realizados nas unidades APAC não são católicos. São cristãos. Isto é, baseados nos princípios afirmados por Jesus Cristo e escritos no Novo Testamento, sem que com isso tenha se erigido uma nova religião cristã nas unidades prisionais, pois as atividades não ingressam em minúcias interpretativas dos textos sagrados que pudessem dar margem ao nascimento de mais um credo cristão. Presos das mais diversas religiões cristãs participam dos cultos e convivem sem problemas.

6. Conclusão

É difícil contestar o êxito do método APAC. Os baixos índices de reincidência, o baixo custo financeiro, o desenvolvimento de trabalho e estudo com vistas à empregabilidade e ao mercado de trabalho, a participação social na execução da pena e o reconhecimento do método por parte de órgãos do poder judiciário e de outros países que já aplicam o método são situações já positivamente evidenciadas.

Quanto à razão do sucesso do método, ainda que o próprio Mario Ottoboni refira-se às "Jornadas em Cristo" como sendo o "ponto alto da metodologia", seria simplista dizer que é devido ao uso da religião. E ademais, isso poderia significar que a religião é usada como forma de exercer dominação sobre os condenados.

A explicação que parece ser a cientificamente mais sustentável para os fatos provavelmente está na troca do ideal de ressocialização por outro mais factível e respaldado na natureza humana.

O método não busca, propriamente, promover a ressocialização do condenado. Embora as APACs empreguem o equivocado termo "recuperando", não tentam aplicar quaisquer dos ideais re (ressocialização, reeducação, reinserção social, etc). Ocorreria um equívoco reinserir o preso na sociedade, pois ele ainda faz parte desta, da qual está separado temporariamente pelos muros da prisão. Da mesma forma, haveria um erro caso se pretendesse ressocializá-lo, uma vez que o preso, ao ingressar na unidade

A INTERVENÇÃO DA APAC NA EXECUÇÃO DA PENA PRIVATIVA DE LIBERDADE

prisional está socializado, isto é, possui recursos próprios de interação com os demais integrantes da sociedade. Igualmente, seria indevido reeducar o condenado na unidade prisional, posto que ele já possui uma certa educação – tanto formal como informal – ao entrar no estabelecimento penal. A APAC está ciente da falência dos ideais *re*.

O que se extrai da realidade prisional é que os patrimônios de sociabilidade e de educação para a vida que os detentos possuem é, na grande maioria das vezes, insuficiente para que saibam interagir socialmente ou para que se sintam socialmente integrados. Os históricos de vulnerabilidade de cada um determinaram em suas consciências modos pouco socializados de lidar com as frustrações, de responder às demandas e de estabelecer contatos sem lesionar ou frustrar expectativas sociais de comportamento.

Assim, para que o preso possa retornar ao meio aberto, não se necessita, exatamente, de sua ressocialização, mas, sim, de sua maior e melhor sociabilidade, isto é, aprender mecanismos de sociabilidade *qualitativa* e *quantitativamente* melhor estruturados. Mas também – e isso é importantíssimo – é preciso que o condenado se convença, por si e sem que seja forçado, de que o uso desses mecanismos lhe trarão mais vantagens que desvantagens. Investe-se seriamente para que o condenado modifique sua conduta social por sua livre e espontânea vontade, sem que o tratamento penitenciário o tenha forçado a isso.

Trata-se de intervenção de privados na execução da pena de prisão através da qual o condenado promove verdadeira autodescoberta de si mesmo. O preso aumenta o seu autoconhecimento. Isso aos olhos alheios parece uma redefinição de si mesmo. Para o condenado é o cumprimento do "conhece-te a ti mesmo".

Ao que tudo indica, o método APAC e sua respectiva administração penitenciária conseguem levar o condenado à autodescoberta através daquilo que Hilde Kaufmann chamou de "contato autêntico", o qual define como um dos requisitos para uma "execução penal moderna". Com isso designa os contatos não superficiais dos presos entre si, com a sociedade e com a administração prisional. Referidos contatos são trocas comunicativas, verbais e comportamentais, que estão no centro do tratamento penitenciário. Aquele que se reserva à postura de arrogante e que não é capaz de produzir o calor humano do verdadeiro contato não está apto a laborar no meio prisional. Evidentemente, a capacidade de gerar verdadeiros contatos exige determinados pressupostos organizativos, estruturais e

OS NOVOS ATORES DA JUSTIÇA PENAL

materiais que permitam tal contato[34], os quais são altamente favorecidos pelo formato de autoadministração, no qual todos os presos participam da gestão prisional[35].

Tais pressupostos estão presentes nas unidades APAC. Os fundamentos humanos, materiais e espirituais do método, ao que tudo indica, constituem-se em eficientes instrumentos facilitadores dos contatos autênticos que estimulam a sociabilidade almejada, ainda que o respectivo aprendizado venha a ocorrer durante a execução da pena privativa de liberdade.

O que chama a atenção e nos leva à uma reflexão profunda é o fato de que o êxito na missão de efetivação da prevenção especial positiva na execução da pena privativa de liberdade tenha sido melhor realizada por particulares que pelo poder público.

---

[34] KAUFMANN, Hilde. *Princípios fundamentales de una reforma de la ejecución penal*. In: Capítulo Criminológico: Revista de las Disciplinas del Control Social. v. 5, 1977. Maracaibo, Venezuela: Facultad de Derecho del Zulia Maracaibo, Instituto de Criminología Dra. Lolita Aniyar de Castro. p. 215.

[35] DARKE, Sacha. Op. cit., 359: "Argumento central deste artigo é que cada um dos métodos utilizados na reabilitação de presos depende do fato das prisões APAC serem autoadministradas".

Os Particulares na Execução Penal: a Privatização de Estabelecimentos Prisionais no Brasil sob uma Perspectiva Jurídico-Constitucional

ANDERSON SANTOS DOS PASSOS

Mestre em Ciências Jurídico-Políticas pela Faculdade
de Direito da Universidade de Coimbra
Juiz de Direito do Tribunal de Justiça do Estado de Alagoas

1. Introdução. 2. Breve histórico. 3. O modelo norte-americano de privatização de penitenciárias. 4. O modelo francês. 5. A realidade brasileira. 6. Aspectos legais e constitucionais da privatização de presídios no Brasil. 7. Parcerias público-privadas e o caso do complexo penitenciário de Minas Gerais. 8. Natureza das atividades de execução penal. 8.1. Atividade jurisdicional. 8.2. Atividade disciplinar. 8.3. Atividades administrativas. 8.3.1. Atividade administrativa própria. 8.3.2. Atividade administrativa material. 9. Segurança interna dos estabelecimentos prisionais e *Gewaltmonopol des Staates.* 10. Privatização de estabelecimentos prisionais – um modelo para o Brasil. 11. Conclusão. 12. Referências bibliográficas. 12.1. Legislação consultada.

1. Introdução

Dados recentes (junho/2014) do Conselho Nacional de Justiça brasileiro informam que no Brasil há 563.526 (quinhentas e sessenta e três mil, quinhentas e vinte e seis) pessoas encarceradas e outras 147.937 (cento e quarenta e sete mil, novecentas e trinta e sete) em prisão domiciliar.[1]

---

[1] Todos os dados utilizados no presente artigo sobre os números de presos no Brasil e em outros países foram consultados no "Novo Diagnóstico de Pessoas Presas no Brasil", estudo realizado pelo Departamento de Monitoramento e Fiscalização do Sistema Carcerário e do

OS NOVOS ATORES DA JUSTIÇA PENAL

Estes números colocam o Brasil como o quarto país no mundo em população carcerária, sendo superado apenas pelos Estados Unidos da América, China e Rússia. Caso fossem computados os presos domiciliares, o Brasil assumiria a terceira posição no ranking global.

Por outro lado, o sistema prisional brasileiro possui apenas 357.219 (trezentas e cinquenta e sete mil, duzentas e dezenove) vagas para alocação dos reclusos. Ou seja, de logo percebe-se que há um déficit atual de 206.307 (duzentos e seis mil, trezentos e sete) vagas. Além disto, existem 373.991 (trezentos e setenta e três mil, novecentos e noventa e um) mandados de prisão já expedidos, aguardando apenas o cumprimento da ordem e o encarceramento dos réus.

Como se vê, os dados denunciam a insuficiente estrutura carcerária instalada hoje no Brasil e a consequente superlotação dos estabelecimentos prisionais. Este déficit de vagas tem contribuído (junto com outros fatores, claro) para a ocorrência de frequentes violações aos direitos humanos dos presos.[2] Agressões físicas, torturas e mortes dentro dos estabelecimentos prisionais são notícias frequentes nos periódicos brasileiros. Some-se a tudo a pouca disposição dos governos locais e Federal em despender recursos com a ampliação de vagas e melhoria das condições atuais.

Diante deste quadro caótico, a busca por alternativas que sejam econômica e juridicamente viáveis para a transformação desta realidade tem levado muitos pesquisadores e governantes a defenderem a adoção ampla de modelos de "participação privada" nos estabelecimentos carcerários, transferindo tarefas antes restritas ao Poder Público para as mãos dos particulares.

Ao se falar de "privatização" nos presídios deve-se ter em mente que os arranjos utilizados podem assumir diversas especificidades a depender de cada país. No entanto, a doutrina identifica a existência de dois modelos

Sistema de Execução de Medidas Socioeducativas / Conselho Nacional de Justiça (CNJ). O acesso ao documento pode ser efetuado eletronicamente através do sítio digital do Conselho Nacional de Justiça: http://www.cnj.jus.br/images/imprensa/diagnostico_de_pessoas_presas_correcao.pdf

[2] Como exemplo mais recente e com repercussão internacional, pode-se citar o caso do "Complexo Penitenciário de Pedrinhas-MA", no qual a Corte Interamericana de Direitos Humanos aplicou uma série de "medidas provisórias" em desfavor do Brasil diante das inúmeras violações de direitos humanos ocorridas no referido estabelecimento prisional. Para maiores informações, vide a Resolução da Corte Interamericana de Direitos Humanos de 14 de novembro de 2014, disponível em http://www.corteidh.or.cr/docs/medidas/pedrinhas_se_01.pdf.

clássicos: o americano e o francês. No primeiro, o Poder Público afasta-se da atividade penitenciária, atuando apenas como fiscal do cumprimento das leis, dos direitos dos presos e dos termos do contrato firmado. Por outro lado, no arquétipo francês o particular exerce serviços definidos no edital de licitação (tais como construção de unidades prisionais, fornecimento de alimentação, prestação de assistência social, médica, odontológica, psicológica e psiquiátrica, educação profissionalizante, esporte, recreação, prestação de assistência jurídica, etc.), mas sempre em um sistema de gestão mista (gestão compartilhada ou cogestão) com forte participação do Estado.

Destarte, em ambos os modelos observa-se o aparecimento de um novo ator na execução penal: o particular. Este ator, o qual age sob uma lógica completamente distinta dos demais agentes penais – posto que direcionado sob a lógica do lucro –, vem ganhando cada vez mais papéis e competências.

Assim, mostra-se imprescindível uma análise jurídico-constitucional dos limites da atuação do particular no âmbito da execução penal. A tendência "privatista" deve ser estudada com muito cuidado pelos juristas, posto que diversos princípios constitucionais podem ser atingidos a depender da forma e da amplitude das funções delegadas aos particulares.

É justamente sob este *pano de fundo* que se desenvolve o presente artigo, o qual buscará identificar os modelos de transferência de atividades penitenciárias aos particulares e reconhecer a existência (ou não) de ofensa a princípios legais e/ou constitucionais do ordenamento brasileiro.

Cabe ainda discutir se a participação dos particulares em atividades prisionais atinge, ou não, a noção Weberiana de *Gewaltmonopol des Staates*, ou seja, a concepção *clássica* de que o emprego da coerção é função exclusiva do Estado (de uma organização ou de uma "máquina" institucional) e não de outros agentes da sociedade.

Em suma, o objetivo final da pesquisa é dizer se, do ponto de vista jurídico-constitucional, é possível a adoção de modelos de privatização de estabelecimentos prisionais no Brasil (delegação de serviços/atividades de execução penal aos particulares), e, em caso positivo, com qual amplitude e limite.

2. Breve histórico

Ao analisar, ainda que de forma breve, a história da relação entre o poder público e os particulares no âmbito penitenciário, nota-se claramente que

OS NOVOS ATORES DA JUSTIÇA PENAL

nem sempre a atividade carcerária foi uma atribuição exclusiva do Estado. Na idade média, por exemplo, a Inglaterra possuía um sistema prisional em que predominavam os estabelecimentos particulares.[3] Eram instituições que se autofinanciavam e cuja administração era realizada por particulares, com objetivo de lucro. A receita provinha de taxas que eram cobradas segundo o padrão económico dos detentos. "Este negócio era tão lucrativo que era possível arrematar o monopólio administrativo de prisões via portentosos leilões."[4],[5]

Modernamente, já no século XVIII, o filósofo e jurista inglês Jeremy Bentham[6] defendeu a possibilidade do Poder Público conceder, através de contratos, a administração de estabelecimentos prisionais a entes privados. Bentham foi um estudioso das prisões, desenvolvendo, inclusive, um original desenho arquitetônico prisional, o qual era denominado de "panopticon" e que se tornou um paradigma para construção das prisões inglesas no século seguinte.[7]

[3] Oficialmente os estabelecimentos pertenciam ao Rei, contudo não havia previsão orçamentária estatal para eles, de modo que os particulares exerciam efetivamente a administração dos estabelecimentos, mantendo-os com as taxas cobradas dos presos e auferindo lucro.

[4] PAULA, R. de. **Privatização dos presídios e trabalho dos presos: mão-de-obra encarcerada.** Encontro Nacional do CONPEDI (19 : 2010 : Fortaleza, CE) Anais do XIX Encontro Nacional do CONPEDI. Florianópolis: Fundação Boiteux, 2010.

[5] As acomodações das prisões medievais inglesas contemplavam "algumas especificidades: uma divisão interna entre a ala dos senhores (com custos adicionais pelo conforto) e ala dos comuns (os que não podiam arcar com custos); uma outra especificidade diz respeito à forma de prisão: o encarceramento era concebido como custódia provisória e raramente como forma de punição." PAULA, R. de. **Privatização dos presídios e trabalho dos presos: mão-de-obra encarcerada.** Encontro Nacional do CONPEDI (19 : 2010 : Fortaleza, CE) Anais do XIX Encontro Nacional do CONPEDI. Florianópolis: Fundação Boiteux, 2010.

[6] Nas palavras de Hallet, *"Jeremy Bentham, designer of the famed 'Panopticon', very much viewed himself as a private prison entrepreneur who 'expected to become rich' from his architectural 'prison management' scheme."* HALLETT, M. A. **Private prisons in America: a critical race perspective.** Urbana: University of Illinois Press, 2006, pg. 41.

[7] Nas palavras de Foucault, "O princípio é conhecido: na periferia uma construção em anel; no centro uma torre; esta é vazada de largas janelas que se abrem sobre a face interna do anel; a construção periférica é dividida em celas. (...) Basta então colocar um vigia na torre central, e em cada cela trancar um louco, um doente, um condenado, um operário ou um escolar. (...) O dispositivo panóptico organiza unidades espaciais que permitem ver sem parar e reconhecer imediatamente. Em suma, o princípio da masmorra é invertido; ou antes, de suas três funções trancar, privar de luz e esconder só se conserva a primeira e suprimem-se as outras duas. (...) A visibilidade é uma armadilha. (...) Cada um, em seu lugar, está bem trancado em sua cela de onde é visto de frente pelo vigia; mas os muros laterais impedem que entre em contato com

No modelo proposto por Bentham, o contrato haveria de especificar detalhadamente as obrigações do particular em face do preso e do Estado, sendo o empresário responsável pelo "bem-estar" do recluso. Benthan também preocupava-se com a transparência contábil do contrato. Assim, o particular seria encarregado de providenciar a alimentação dos prisioneiros, além de ter que pagar um valor para cada preso que eventualmente morresse no estabelecimento, independentemente dos cuidados que poderia ter tomado para mantê-lo vivo. "[...] o Estado concede a exploração da força de trabalho carcerária e a administração da instituição penitenciaria, garantindo a segurança e disciplina internas, em troca de lucro sem risco econômico. Ele [o empresário] deveria abrir suas contas, as imprimir e publicar [...] deveria as fazer examináveis e reexamináveis a viva voz e a qualquer momento, por força de juramento."[8]

Assim, percebe-se que as ideias de Bentham buscavam instituir um modelo alternativo, no qual o Estado não seria o único ator no âmbito da execução penal, delegando aos privados direitos econômicos de exploração do mercado das prisões, mas também instituindo-lhes deveres correlatos de cuidados básicos em favor do preso.

Passados mais de dois séculos desde Bentham, nota-se que hoje há cerca de 200 (duzentos) presídios privados em funcionamento no mundo, sendo mais da metade deles localizados nos Estados Unidos da América. Neste

---

os seus companheiros. É visto, mas não vê; objeto de uma informação, nunca sujeito de uma comunicação. (...) a multidão, massa compacta, local de múltiplas trocas, individualidades que se fundem, efeito coletivo, é abolida em proveito de uma coleção de individualidades separadas. (...) daí o efeito mais importante do panóptico: induzir no detento um estado consciente e permanente de visibilidade que assegura o funcionamento automático do poder. (...) Por isso Bentham colocou o princípio de que o poder devia ser visível e inverificável. Visível: sem cessar o detento terá diante dos olhos a alta silhueta da torre central de onde é espionado. Inverificável: o detento nunca deve saber se está sendo observado; mas deve ter certeza de que sempre pode sê-lo. (...) O panóptico é uma máquina de dissociar e para ver-se visto: no anel periférico, se é totalmente visto, sem nunca ver; na torre central, vê-se tudo, sem nunca ser visto. (...) Pouco importa, consequentemente, quem exerce o poder. (...) O panóptico é uma máquina maravilhosa que, a partir dos desejos mais diversos, fabrica efeitos homogêneos de poder. (...) Bentham se maravilha de que as instituições panópticas pudessem ser tão leves: fim das grades, das correntes, das fechaduras pesadas: basta que as separações sejam nítidas e as aberturas bem distribuídas." FOUCAULT, M. **Vigiar e Punir: a história da violência nas prisões**. 22º ed. Petrópolis: Vozes, 2000, pg. 165- 168.

[8] MINHOTO, L. D. **Privatização de presídios e criminalidade: a gestão da violência no capitalismo global**. São Paulo: Max Limonad, 2000, pg. 97-98.

OS NOVOS ATORES DA JUSTIÇA PENAL

país, tais estabelecimentos abrigam mais de 6.5% (seis ponto cinco por cento) da população carcerária. Na Inglaterra, do mesmo modo, cerca de 10% (dez por cento) dos condenados estão presos em estabelecimentos particulares. Já na Austrália esse percentual alcança o patamar de 17% (dezessete por cento) dos reclusos. A África do Sul, o Canadá, a Bélgica e o Chile também já possuem alguns estabelecimentos prisionais privados.[9]

3. O modelo norte-americano de privatização de penitenciárias

As ideias privatistas difundidas por Jeremy Bentham no âmbito da administração penitenciária não prosperaram inicialmente na América do Norte. Foram necessários muitos anos para que os primeiros experimentos nos Estados Unidos da América se tornassem realidade. A implantação em massa dos modelos privados de prisões ocorreu apenas por volta dos anos 80 do século passado,[10] durante o governo Reagan,[11] tendo como inspiração, além das antigas propostas de Bentham, algumas experiências norte--americanas prévias, a exemplo das "prisões de xerifes".[12]

Em pouco tempo, inúmeros Estados da federação já estavam a utilizar os modelos privatizados de administração de estabelecimentos prisionais,[13] delegando à iniciativa privada as atividades de construção e gestão, através de contratos celebrados entre o particular e o ente público. Tal iniciativa

---

[9] Dados colhidos em FERNANDES, N. Presídio – Privatizar resolve? Os presídios privados podem ser uma boa solução para a falta de vaga nas cadeias. Mas atenção – apenas isso não detém o crime. **Revista Época,** Edição nº 464.

[10] QUITO, C. Privatização de presídios. **Boletim do Instituto Brasileiro de Ciências Criminais** – IBCCRIN. São Paulo. Abril de 2008.

[11] Como bem afirma Martin Sellers, *"the privatization theme was a driving force behind the Regan administration theory of government."* SELLERS, M.P. **The History and Politics of Private Prisons: A Comparative Analysis.** Cranbury : Associated University Presses, 1993, pg. 21.

[12] As prisões de xerifes, existentes em alguns condados dos Estados Unidos da América, serviam para acolher jovens presos provisoriamente, por períodos curtos, nos casos de infrações de pequena monta. Vide: OLIVEIRA, E. **A privatização das prisões.** Belém: CEJUP, 1992. pg. 10.

[13] Edmundo Oliveira afirma que "Partindo dessa prática, alguns Governos locais de alguns Estados norte-americanos resolveram implementar o modelo atual de ideologia do tratamento em penitenciárias administradas pela iniciativa privada, estabelecendo regras contratuais através das quais empresas particulares passaram a administrar estabelecimentos penais de presos condenados a penas mínimas ou médias e, eventualmente, de condenados a penas altas em estágio de cumprimento dos dois últimos anos de sanção." OLIVEIRA, E. **A privatização das prisões.** Belém: CEJUP, 1992. pg. 10.

OS PARTICULARES NA EXECUÇÃO PENAL: A PRIVATIZAÇÃO DE ESTABELECIMENTOS...

foi adotada, por exemplo, no Texas, Arizona, Califórnia, Colorado, Ohio, Nova Iorque e Flórida.

A característica principal do modelo norte-americano é (na maioria dos casos) a transferência completa das atividades administrativas aos particulares. Deste modo, cabe aos contratados a administração do estabelecimento, cuidados de segurança interna, saúde, educação, lazer, alimentação, oferecimento de trabalho, assistência social, assistência jurídica e espiritual, tudo em favor dos presos. Como bem explicam Cabral e Azevedo, *"In the North-American model, and in accordance with the specific laws of each state, private operators may become involved in all dimensions of the prison service, from the building of new facilities to full operation and management, which includes housing, assistance to inmates, monitoring and security activities."*[14]

Edmundo Oliveira cita o exemplo da penitenciária de Kyle, no Texas, a qual foi construída pela empresa *Wackenhut Corporation* e é administrada pela mesma corporação. Diz ele que: "A prisão de Kyle tem capacidade para 500 presos e apresenta a peculiaridade de receber somente condenados de outras prisões do Texas para, em Kyle, cumprirem os dois últimos anos de pena, não importando o tipo de crime praticado. Em Kyle os presos trabalham em laboratórios de computação, aprendendo, através de cursos profissionalizantes, os ensinamentos básicos da informática, com perspectiva de emprego no futuro, fora da prisão. É uma prisão recomendável, inclusive para pessoas envolvidas com drogas, haja vista que já foi implantado pela *Wackenhut* um eficiente programa terapêutico para reabilitação de dependentes."[15]

Deve-se destacar que a segurança interna do estabelecimento prisional também é uma competência do ente privado, o qual é responsável por recrutar e treinar os agentes de segurança. Assim, todos os sistema de direção, gerenciamento e administração da prisão são transferidos ao particular, cabendo a este alcançar os resultados previstos em contrato. Relatando sua experiência pessoal com os reclusos na prisão de Kyle, Edmundo Oliveira afirma que "conversando com os presos, nota-se que, a despeito dos estigmas que a vida prisional impõe, eles se julgam aliviados depois de passarem por prisões públicas, principalmente porque sentem, em Kyle,

---

[14] CABRAL, S.; AZEVEDO, P. F. The Modes of Provision of Prison Services in a Comparative Perspective. **Brazilian Administration Review**, Curitiba, v. 5, n. 1, art. 4, Jan./Mar. 2008.
[15] OLIVEIRA, E. **A privatização das prisões**. Belém: CEJUP, 1992, pg. 11

OS NOVOS ATORES DA JUSTIÇA PENAL

maior preocupação com o preparo pedagógico e profissional para o retorno à sociedade livre."[16]

Em resumo, "nos Estados Unidos, a tendência, não a regra, é a privatização total, ou seja, é permitido constitucional e infraconstitucionalmente a direção e gerenciamento do preso, sob a tutela privada, onde, ainda assim, o Estado deve fiscalizar diariamente, por meio do seu funcionário denominado *Contract Monitor*, bem como acompanhar a administração e ficar vigilante quanto à preservação da dignidade e dos direitos humanos no tratamento penitenciário."[17]

A remuneração dos privados ocorre através de repasses efetuados pelo Estado em razão do número de pessoas recolhidas. Tal valor gira em torno de 25 (vinte e cinco) dólares por preso/dia.[18] Atualmente mais de trinta estados norte-americanos possuem presos sob custódia privada e, já em 2004, tais instalações abrigavam um total de 98.901 (noventa e oito mil, novecentos e um) reclusos.[19,20]

4. O modelo francês

Paralelamente ao sistema norte-americano, desenvolveu-se na França um modelo de privatização de estabelecimentos prisionais com características diversas. Enquanto nos Estados Unidos os particulares assumem completamente as responsabilidades de direção, gerenciamento e administração da prisão, no arquétipo gaulês as responsabilidades são compartidas entre o poder público e o parceiro privado, instituindo-se um sistema de dupla gestão.[21] Neste último modelo, as atividades de gerenciamento e administração do estabelecimento prisional são compartidas entre o grupo privado e o Estado, conforme firmado em contrato.

O início do modelo de privatização penitenciária francesa data de 1987, quando o então Presidente François Mitterrand sancionou a Lei nº 87.432

[16] OLIVEIRA, E. **A privatização das prisões**. Belém: CEJUP, 1992, pg. 11

[17] CHACHA, L. **Aspectos críticos sobre a privatização dos presídios no Brasil**. Disponível em http:// www.lfg.com.br. 15 de abril de 2009. Acesso em 03 de março de 2015.

[18] SILVA, André Ricardo Dias da. **A privação da Liberdade em Reflexão Garantista: Reforma ou substituição do atual paradigma**. São Paulo: Baraúna, 2011, pg. 241/242.

[19] Esta quantidade de reclusos representa, conforme acima afirmado, mais de 6.5% (seis ponto cinco por cento) da população carcerária dos Estados Unidos da América.

[20] CABRAL, S.; AZEVEDO, P. F. The Modes of Provision of Prison Services in a Comparative Perspective. **Brazilian Administration Review**, Curitiba, v. 5, n. 1, art. 4, Jan./Mar. 2008.

[21] OLIVEIRA, E. **A privatização das prisões**. Belém: CEJUP, 1992, pág. 12.

de 22/06/1987. Logo depois, no ano de 1988, o então ministro da justiça Pierre Arpaillange anunciou um projeto para a construção de 13.000 (treze mil) celas, com a participação da iniciativa privada, em 25 (vinte e cinco) penitenciárias espalhadas pela França. Realizada a licitação, quatro grupos franceses venceram os certames, dividindo-se entre eles o dever de edificar e manter as 25 (vinte e cinco) penitenciárias contratadas.[22]

De acordo com a *Direction de l'Administration Pénitentiaire* (DAP), no ano de 2005, 23 (vinte e três) prisões francesas estavam sob o regime de gestão híbrida.[23] Nestas, 80% dos funcionários eram servidores públicos. Aproximadamente 60.000 (sessenta mil) condenados encontravam-se recolhidos em prisões híbridas francesas, o que correspondia ao percentual de 29% (vinte e nove por cento) do total de reclusos.[24]

Conforme acima referido, o destaque do modelo francês reside no fato do Estado continuar a ser responsável pela manutenção, controle e eventual punição dos presos, ou seja, os agentes estatais mantêm as funções de gestão e segurança.[25]

As principais características do modelo implementado na França podem assim ser descritas: "a) ao Estado compete a indicação do Diretor Geral do estabelecimento prisional, o relacionamento com o juiz da execução penal e a responsabilidade pela segurança interna e externa da prisão; *b)* à empresa privada incumbem as tarefas de promover, no estabelecimento prisional, o trabalho, a educação, o transporte, a alimentação, o lazer, bem como a assistência social, jurídica, espiritual e à saúde física e mental do preso; *c)* pelas atividades acima indicadas, o Estado paga à empresa privada cerca de 25 dólares diários por cada preso."[26]

5. A realidade brasileira

Como acima já comentado, no Brasil a superlotação dos estabelecimentos prisionais é uma realidade evidente. São 563.526 (quinhentas e sessenta

---

[22] OLIVEIRA, E. **A privatização das prisões**. Belém: CEJUP, 1992, pág. 12.

[23] Tais dados podem ser encontrados no artigo de CABRAL, S.; AZEVEDO, P. F. The Modes of Provision of Prison Services in a Comparative Perspective. **Brazilian Administration Review**, Curitiba, v. 5, n. 1, art. 4, Jan./Mar. 2008.

[24] CABRAL, S.; AZEVEDO, P. F. The Modes of Provision of Prison Services in a Comparative Perspective. **Brazilian Administration Review**, Curitiba, v. 5, n. 1, art. 4, Jan./Mar. 2008.

[25] CABRAL, S.; AZEVEDO, P. F. The Modes of Provision of Prison Services in a Comparative Perspective. **Brazilian Administration Review**, Curitiba, v. 5, n. 1, art. 4, Jan./Mar. 2008.

[26] OLIVEIRA, E. **A privatização das prisões**. Belém: CEJUP, 1992, pág. 13.

OS NOVOS ATORES DA JUSTIÇA PENAL

e três mil, quinhentas e vinte e seis) pessoas encarceradas, mas apenas 357.219 (trezentas e cinquenta e sete mil, duzentas e dezenove) vagas disponíveis.[27]

Em razão desta situação dantesca, são frequentes os casos de violações aos direitos humanos, tais como torturas, agressões físicas, mortes e violência sexual.[28]

Assim, configurada uma realidade de verdadeira emergência, a privatização de presídios entrou na pauta de discussões políticas no Brasil e muito se debate hoje sobre a possibilidade e conveniência da adoção de tais modelos no país, assim como já fizeram outras nações.

Não obstante a ainda incipiente (e efervescente) discussão jurídica e política sobre o tema, diversos Estados brasileiros já estão efetivamente a experimentar modelos privatizados de gestão prisional. Atualmente, 22 (vinte e duas) penitenciárias localizadas nas unidades federativas de Santa Catarina, Espírito Santo, Bahia, Minas Gerais, Tocantins, Alagoas e Amazonas funcionam com algum grau de privatização. Em breve novos estabelecimentos semelhantes serão inaugurados em São Paulo, Rio de Janeiro e Pernambuco.

Ao que parece, a privatização de presídios foi o caminho escolhido pelos administradores públicos brasileiros em resposta à superlotação dos estabelecimentos prisionais, às condições de insalubridade dos cárceres públicos, à escassez de recursos disponíveis para a reforma das atuais prisões e à necessidade de criação de novas vagas.

6. Aspectos legais e constitucionais da privatização de presídios no Brasil

Como acima se demonstrou, a privatização de presídios no Brasil já é uma realidade prática. Contudo, deve-se discutir se, do ponto de vista legal e constitucional, a delegação das atividades de execução penal a estes novos atores (as empresas privadas) é legítima ou não.

[27] Vide o "Novo Diagnóstico de Pessoas Presas no Brasil", estudo realizado pelo Departamento de Monitoramento e Fiscalização do Sistema Carcerário e do Sistema de Execução de Medidas Socioeducativas / Conselho Nacional de Justiça. O acesso ao documento pode ser efetuado eletronicamente através do site do CNJ: http://www.cnj.jus.br/images/imprensa/diagnostico_de_pessoas_presas_correcao.pdf

[28] Conforme já referido, veja-se o caso do "Complexo Penitenciário de Pedrinhas-MA" perante a Corte Interamericana de Direitos Humanos.

Primeiramente, cabe destacar as disposições expressamente prescritas na Lei de Execução Penal, nos artigos 4º, 13, 14, 20, 36, 78 e 80, *in verbis*:

Art. 4º – O Estado deverá recorrer à cooperação da comunidade nas atividades de execução da pena e da medida de segurança.

Art. 13º – O estabelecimento disporá de instalações e serviços que atendam aos presos nas suas necessidades pessoais, além de locais destinados à venda de produtos e objetos permitidos e não fornecidos pela Administração.

Art. 14º – A assistência à saúde do preso e do internado, de caráter preventivo e curativo, compreenderá atendimento médico, farmacêutico e odontológico.

§2º Quando o estabelecimento penal não estiver aparelhado para prover a assistência médica necessária, esta será prestada em outro local, mediante autorização da direção do estabelecimento.

Art. 20º – As atividades educacionais podem ser objeto de convênio com entidades públicas ou particulares, que instalem escolas ou ofereçam cursos especializados.

Art. 36º – O trabalho externo será admissível para os presos em regime fechado somente em serviço ou obras públicas realizadas pelo órgão da administração direta ou indireta, ou entidades privadas, desde que tomadas as cautelas contra fuga e em favor da disciplina.

Art. 78º – O Patronato público ou particular destina-se a prestar assistência aos albergados e aos egressos

Art. 80º – Haverá, em cada comarca, um Conselho da Comunidade, composta, no mínimo, por um representante de associação comercial ou industrial, um advogado indicado pela seção da Ordem dos Advogados do Brasil e um assistente social escolhido pela Delegacia Seccional do Conselho Nacional de Assistentes Sociais.

Como se vê nos dispositivos transcritos, a própria legislação brasileira já prevê a possibilidade de atuação dos particulares na execução penal de diversos modos, em regime de colaboração com o ente público. o Art. 4º acima transcrito é claro ao determinar que o Estado deverá recorrer à cooperação da comunidade nas atividades de execução da pena e medida de segurança. É evidente que ao se referir à comunidade, a Lei de Execução Penal não excluiu a participação de empresas privadas. Ademais, a lei também prevê a possibilidade de atuação de parceiros privados no âmbito da prestação de serviços de saúde (médico, farmacêutico e odontológico), educação, trabalho externo e assistência ao egresso. Assim, percebe-se

OS NOVOS ATORES DA JUSTIÇA PENAL

claramente que a atuação dos particulares não é excluída pela lei, sendo, na verdade, até incentivada.[29]

Do ponto de vista Constitucional (e na visão que aqui se defende), a Carta Magna brasileira de 1988 permite aos Estados membros legislar sobre direito penitenciário, sendo possível que os Estados, no âmbito da competência concorrente, instituam regimes de privatização de atividades de execução penal. Neste sentido, observe-se o que dispõe o artigo 24 da Constituição Brasileira, *in verbis*:

> *Art. 24º – Compete à União, aos Estados e ao Distrito Federal legislar concorrentemente sobre:*
>
> *I – direito tributário, financeiro, penitenciário, econômico e urbanístico.*
>
> *§ 2º – A competência da União para legislar sobre normas gerais não exclui a competência suplementar dos Estados.*

A competência concorrente (citada no artigo transcrito) é aquela que permite uma atuação legislativa conjunta entre a União e os Estados membros. Assim, cabe à União produzir a legislação de caráter geral e aos Estados federados a produção da legislação específica, sobre um tema comum. Nas palavras de Walber de Moura Agra, "competência concorrente é aquela em que a União e os Estados atuam, com prerrogativas próprias, legislando sobre uma mesma matéria (art. 24 da CF/1988). A denominação concorrente, ou competência legislativa vertical, provém do fato de que dois entes federativos atuam em um mesmo campo de incidência, normalizando uma mesma matéria, mas realizando funções distintas. [...] Em que a União legisla sobre normas gerais a os Estados se incumbem da legislação específica."[30]

Acrescente-se que, no âmbito da competência concorrente (onde se inclui o direito penitenciário) quando não há norma geral criada pela

---

[29] Discorrendo sobre o tema, Júlio Fabrini Mirabete afirma que "para isso [ressocialização do preso], é indispensável a colaboração da sociedade. Deve ela participar de tal processo de reintegração social, a fim de que, ao fim da execução, receba em seu seio o condenado em condições de viver normalmente no meio social. Por tal razão a Lei de Execução Penal prevê uma participação ativa de órgãos sociais na execução penal, quer como órgãos da execução penal, quer em outras atividades executivas materiais." MIRABETE, J. F. A privatização dos estabelecimentos penais diante da lei de execução penal. **Revista do Conselho Nacional de Política Criminal e Penitenciária**, Brasília, n. 1, jan./jul. 1993.

[30] AGRA, Walber de Moura. **Curso de Direito Constitucional**. 7ª Edição. Rio de Janeiro: Forense, 2012, pg. 368.

União, aos Estados federados transfere-se a competência legislativa plena, enquanto perdurar a omissão da União. Explicando melhor: no âmbito da competência legislativa concorrente, cabe à União produzir normas gerais sobre a matéria e aos Estados as normas específicas sobre esta mesma matéria. Entretanto, se a União não exerce o seu poder-dever de produzir as normas gerais, os Estados-membros passam a ter o poder de produzir tanto as normas específicas, quanto as normas gerais sobre o tema, no âmbito do respectivo território. A doutrina constitucional brasileira chama este fenômeno de competência concorrente suplementar dos Estados federados.

Neste sentido, Walber de Moura Agra afirma que "A norma específica pode ser complementar ou suplementar: complementar quando os Estados-membros ou o Distrito Federal produzem normatização para especificar a legislação geral da União, adequando a legislação nacional às peculiaridades regionais; suplementar quando ocorre uma omissão da União em proceder à cominação geral, e assim os Estados poderão produzir as normas gerais e específicas. A competência para legislar sobre normas gerais continua a pertencer à União; diante da sua omissão em legislar, os Estados poderão normatizar, sem a dependência de nenhuma norma que explicite uma delegação. A transferência de atribuições é imediata, desde que se configure a omissão." [31], [32]

Assim, não havendo lei Federal dispondo sobre a transferência de atividades prisionais para entes privados, podem os Estados federados fazer uso da respectiva competência suplementar para regulamentar o tema, inclusive estabelecendo normas gerais aplicáveis ao território correspondente. Ou seja, inexistindo vedação na Constituição ou na legislação Federal e tratando-se de tema cuja competência é concorrente nos termos do art. 24, I da CF (no caso, direito penitenciário), estão os Estados membros livres para legislar sobre a privatização de certas atividades de execução penal, bem como o modo dessa transferência.

---

[31] AGRA, Walber de Moura. **Curso de Direito Constitucional**. 7ª Edição. Rio de Janeiro: Forense, 2012, pg. 368

[32] A competência concorrente suplementar é explicitada no artigo 24, XVI, parágrafos 2º e 3º da Constituição Federal brasileira, *in verbis*: Parágrafo 2º. A competência da União para legislar sobre normas gerais não exclui a competência suplementar dos Estados. Parágrafo 3º. Inexistindo lei federal sobre normas gerais, os Estados exercerão a competência legislativa plena, para atender a suas peculiaridades.

OS NOVOS ATORES DA JUSTIÇA PENAL

Na verdade, como acima já se demonstrou, a legislação Federal, além de não proibir, chega até a incentivar a participação dos privados no âmbito da execução penal.

Foi justamente neste sentido que diversos Estados brasileiros já produziram legislação Estadual (com natureza suplementar) regulamentando a participação dos particulares no âmbito da execução penal.

Ainda sob uma perspectiva constitucional, nota-se que a Constituição Federal brasileira de 1988 não proíbe, em qualquer artigo, a transferência de serviços prisionais aos particulares. O artigo 144 da Constituição Federal diz que a segurança pública é dever do Estado, contudo tal prescrição não atinge a atividade prisional, posto que o dispositivo citado trata especificamente da polícia ostensiva e da manutenção da ordem pública (em espaço público), não tendo qualquer relação com a atividade prisional interna.[33]

Adiante perceber-se-á que não se defende neste artigo a transferência total da atividade prisional aos particulares. Há limites que devem ser observados, mas isso não significa a impossibilidade categórica (como alguns afirmam) da delegação de qualquer serviço prisional aos particulares.

7. Parcerias público-privadas e o caso do complexo penitenciário de Minas Gerais

Nota-se que o fenômeno da participação cada vez mais intensa dos particulares em novas áreas (antes exclusivamente reservadas ao Estado) é uma verdadeira transformação que o Direito enfrenta nos últimos tempos. Neste sentido, modernos mecanismos jurídicos vêm sendo desenvolvidos para adequar normativamente estes novos papeis que os particulares estão a desempenhar nas mais diversas áreas da esfera pública.

---

[33] "O artigo 144 da Constituição Federal, ao dispor que a segurança pública é dever do Estado, não apresenta prescrição impeditiva de implementação de processo de terceirização da administração dos presídios, uma vez que o dispositivo constitucional trata especificamente da polícia ostensiva e da manutenção da ordem pública" MEDINA OSÓRIO, F.; VIZZOTTO, V. D. Sistema penitenciário e parcerias público-privadas: novos horizontes. **Jus Navigandi**, Teresina, ano 10, n. 882, 2 dez. 2005. Disponível em: < http://jus.com.br/artigos/7643>. Acesso em 7 jul. 2014.

É justamente neste caminho que as parcerias públicos-privadas se inserem, representado uma mudança de paradigmas e uma nova forma de interação entre o particular e o Estado na prestação de serviços públicos.

No caso brasileiro, deste o ano de 2004, com a edição da Lei Federal nº 11.079, foi instituído no Brasil um sistema normativo que permite a contratação de parcerias público-privadas em diversos âmbitos. Nos termos do artigo 22, XVII da Constituição Federal, a Lei Federal estabeleceu normas gerais, restando aos demais entes federados a possibilidade de criar normas específicas sobre parcerias público-privadas, conforme o sistema de repartição de competências acima descrito.[34]

A partir disto, instalou-se uma discussão jurídica na doutrina brasileira quanto à possibilidade (ou não) de aplicação da Lei Federal nº 11.079 para a construção e gestão de estabelecimentos prisionais em regime de parceria público-privada.

A Legislação Federal não previu um conceito de parceira público-privada, mas utilizando as palavras de José dos Santos Carvalho Filho, pode-se dizer que se configuram "como o acordo firmado entre a Administração Pública e pessoa do setor privado com o objetivo de implantação ou gestão de serviços públicos, com eventual execução de obras ou fornecimento de bens, mediante financiamento do contratado, contraprestação pecuniária do Poder Público e compartilhamento dos riscos e dos ganhos entre os pactuantes."[35]

---

[34] Neste sentido, José dos Santos Carvalho Filho explica que "a disciplina encontra-se estampada em lei federal, fundada no mandamento previsto no art. 22, XXVII, da vigente Constituição, segundo o qual, como já vimos, ficou atribuída à União Federal competência legislativa para editar normas gerais sobre contratação e licitação com incidência sobre todos os entes federativos. O citado dispositivo é, aliás, o mesmo fundamento em que se apoiaram as Leis nº 8.987/1995 (Lei das Concessões) e 8.666/1993 (Estatuto de Contratos de Licitações). O âmbito de incidência das normas gerais é o mesmo desses diplomas: incidem sobre todas as pessoas federativas – União, Estados, Distrito Federal e Municípios – e as entidades da Administração indireta (autarquias, fundações públicas, empresas públicas e sociedades de economia mista), sendo estendidas também a fundos especiais (o que retrata impropriedade técnica, porque fundos não têm personalidade e sempre integram a estrutura de alguma das pessoas governamentais) e a outras entidades controladas direta ou indiretamente pelos entes federativos. É o que dispõem o Art. 1º e o respectivo parágrafo único da Lei nº 11.079/2004." CARVALHO FILHO, J. D. S. Manual de Direito Admimitrativo. 27ª ed. São Paulo : Atlas, 2014, pág. 431.

[35] CARVALHO FILHO, J. D. S. Manual de Direito Admimitrativo. 27ª ed. São Paulo : Atlas, 2014, pág. 430.

OS NOVOS ATORES DA JUSTIÇA PENAL

A Lei nº 11.079, assim, entendeu os contratos de parceria público-privada como uma espécie de contrato administrativo de concessão (especial), definindo duas modalidades distintas: a primeira é chamada de concessão patrocinada e a segunda de concessão administrativa.

Na concessão patrocinada, o parceiro privado recebe recursos de duas fontes distintas: uma é o pagamento de tarifas pelos usuários do serviço. A outra, de forma adicional, é a contraprestação pecuniária devida pelo poder concedente ao particular contratado (art. 2º, § 1º).

Já na concessão administrativa, há uma prestação de serviço em que a Administração Pública é a usuária direta ou indireta, ainda que envolva execução de obra ou fornecimento e instalação de bens (art. 2º, § 2º). O diferencial é que nesta modalidade não é cabível remuneração por meio de tarifas a cargo dos usuários, sendo o pagamento da obra ou do serviço uma responsabilidade direta do ente público concedente.

Deste modo, no caso da instalação de parcerias público-privadas no âmbito prisional, o único modelo cabível seria o de concessão administrativa, arcando a administração pública com os custos existentes, não sendo possível a cobrança de tarifas dos presos. Isto porque o recluso não utiliza o cárcere por conveniência ou por conforto pessoal. O encarcerado não tem a liberdade de decidir contratar ou não contratar o serviço prisional em que está recolhido. Ele é mantido preso contra a sua vontade, por determinação do Estado, não sendo comparável à figura do usuário que utiliza um serviço público para o próprio deleite ou comodidade.

Ademais, tratando-se de uma parceira público-privada, devem ser observadas as características que as distinguem dos demais contratos "comuns" de concessão de serviço público. Tais características são: o financiamento privado, compartilhamento dos riscos e a pluralidade compensatória.[36]

A primeira característica, ou seja, o financiamento privado, é o elemento que move o interesse estatal em realizar uma parceria público-privada. Explica-se: já que o poder público não tem recursos para a consecução das obras e investimentos necessários para a prestação adequada do serviço público, passa a buscar tais valores no mercado através de parceiros privados. No caso específico do déficit de vagas em estabelecimentos prisionais brasileiros, é sabido que há uma necessidade premente de abertura de novos espaços, mas uma clara insuficiência de recursos disponíveis.

---

[36] CARVALHO FILHO, J. D. S. Manual de Direito Admimistrativo. 27ª ed. São Paulo : Atlas, 2014, pág. 436.

OS PARTICULARES NA EXECUÇÃO PENAL: A PRIVATIZAÇÃO DE ESTABELECIMENTOS...

Quanto ao compartilhamento de riscos, isto significa que no âmbito das parcerias público-privadas o Estado compartilha com o particular eventuais prejuízos advindos do empreendimento, ainda que provenientes de fatos imprevisíveis. O objetivo é atrair os investidores privados para contratos de alto custo econômico, dando como garantia justamente o compartilhamento dos prejuízos que eventualmente advenham. Isto, por outro lado, faz com que o Estado deva ser prudente e exerça um controle regular e efetivo sobre o empreendimento para evitar danos aos cofres públicos.

Por fim, a participação pecuniário do Estado é um elemento essencial das parcerias público-privadas, sendo a pluralidade compensatória um traço distintivo. Deste modo, "em tal sistema é admitida contraprestação pecuniária de espécies diversas, além do pagamento direto em pecúnia, que é a forma comum de quitação. A lei admite a cessão de créditos não tributários e a outorga de certos direitos da Administração, fora outros que lei estabelecer."[37]

Do ponto de vista prático, a principal vantagem das parcerias público-privadas é permitir ao Estado a realização de obras públicas de grande custo, mas através de parceiros e recursos privados, possibilitando-se, assim, que o Poder Público dilua o custo do empreendimento por todo o longo período da concessão. Ademais, as formas de gestão e administração privadas podem contribuir para uma melhor racionalização e desburocratização na prestação do serviço.

Neste sentido e diante das inúmeras possibilidade abertas com os modelos de parcerias público-privadas, o Estado de Minas Gerais (ainda antes da aprovação da Lei Federal nº 11.079), publicou uma lei Estadual (nº 14.868/2003) prevendo a possibilidade de contratação de parcerias publico-privadas no âmbito penitenciário, conforme o disposto no Art. 5º, § 1º, IV da referida norma.

Em sucessivo, fora lançado um edital de licitação e, no ano de 2009, foi assinado pelo Governo de Minas Gerais e a Concessionária Gestores Prisionais Associados S/A – GPA o primeiro contrato brasileiro de parceria público-privada para construção e gerenciamento de um complexo prisional.[38]

---

[37] CARVALHO FILHO, J. D. S. Manual de Direito Admimistrativo. 27ª ed. São Paulo : Atlas, 2014, pág. 437.

[38] Note-se que mesmo antes do Estado de Minas Gerais outros Estados brasileiros já haviam celebrado contratos de concessão para administração compartilhada de estabelecimentos

OS NOVOS ATORES DA JUSTIÇA PENAL

O contrato previu um prazo de concessão de 27 (vinte e sete anos) anos, prorrogável por mais 8 (oito) anos, sendo os dois primeiros destinados à construção do empreendimento e o período seguinte à gestão prisional pela concessionária.

O projeto do complexo penitenciário de Minas Gerais previu a disponibilização de 3.360 (três mil, trezentas e sessenta) vagas para reclusos, em 5 (cinco) unidades prisionais distintas.

No modelo definido pelo Estado de Minas Gerais, o parceiro privado também deverá prestar em favor dos reclusos os serviços de atenção médica de baixa complexidade, educação básica e média, treinamento profissional e cursos profissionalizantes, recreação esportiva, alimentação, assistência jurídica e psicológica, gestão do trabalho do preso, além da vigilância interna do estabelecimento prisional.

Cada vaga ocupada no complexo custará para o Poder Público o valor de R$ 74,63 (setenta e quatro reais e sessenta e três centavos) diários. Entretanto, este montante pago variará em razão de um conjunto de indicadores de desempenho dos serviços prestados, que incluem dados quanto ao número de fugas, rebeliões e/ou motins; o nível educacional dos presos; a proporção dos reclusos que exercem atividade laboral; quantidade e qualidade da assistência jurídica e psicológica e dos serviços de saúde prestados.[39]

A primeira unidade do complexo prisional mineiro foi inaugurada em janeiro de 2014 e encontra-se em pleno funcionamento.

Apesar de opiniões contrárias, o entendimento que se vem firmando na doutrina é de que as parcerias púbico-privadas podem, efetivamente, ser instituídas na esfera prisional. Tal posicionamento é difundido, por exemplo, em artigo de autoria de Osório e Vizzotto, os quais afirmam que "não se tem a menor dúvida de que as parcerias público-privadas em presídios tem lastro jurídico adequado."[40]

---

prisionais (a exemplo do Paraná e do Ceará), mas o caso do complexo penitenciário mineiro foi o primeiro a utilizar o modelo de parceria público-privada.

[39] Os dados sobre o complexo penitenciário de Minas Gerais foram colhidos diretamente no "Portal de Gestão de Conteúdo do Programa de Parceria Público-Privada do Estado de Minas Gerais", o qual pode ser acedido pelo endereço eletrônico www.ppp.mg.gov.br.

[40] MEDINA OSÓRIO, F.; VIZZOTTO, V. D. Sistema penitenciário e parcerias público-privadas: novos horizontes. **Jus Navigandi**, Teresina, ano 10, n. 882, 2 dez. 2005. Disponível em: < http://jus.com.br/artigos/7643>. Acesso em 7 jul. 2014.

8. Natureza das atividades de execução penal

A transferência de atividades prisionais aos particulares pode assumir diversas formas. Aqui mesmo já se demostrou que há dois grandes modelos (norte-americano e francês) que apresentam diferentes características. Desta feita, busca-se neste trabalho definir um modelo que melhor se adapte à realidade brasileira.

Primeiro, para que isto possa ser determinado, deve ser feita uma separação entre as atividades que são transferíveis aos particulares e aquelas que não o são, sob o ponto de vista do ordenamento brasileiro.

Assim, deve-se inicialmente identificar qual a natureza jurídica da execução penal, ou seja, trata-se de uma atividade jurisdicional ou administrativa? Na verdade, a conclusão que se chega é que a execução possui uma natureza híbrida, compondo elementos propriamente jurisdicionais e elementos administrativos.

As atividades jurisdicionais da execução penal, sendo intrínsecas ao conceito de Estado, são, pois, indelegáveis aos particulares.[41] Por outro lado, as atividades administrativas podem sim ser delegadas em alguns casos, conforme será demonstrado.

A natureza híbrida da execução penal foi bem referida por Mirabete, ao afirmar que "hoje não se nega que a natureza jurídica da execução penal não se confina no terreno do Direito Administrativo. [...] Como já se tem acentuado, a execução penal é uma atividade complexa, que se desenvolve entrosadamente nos planos jurisdicional e administrativo. Não se desconhece que dessa atividade participam dois Poderes: o Judiciário e o Executivo, por intermédio, respectivamente, dos órgãos jurisdicionais e administrativos."[42]

Assim, há atos de natureza jurisdicional, com conteúdo decisório, e referentes às normas de Direito Penal e Processual Penal, utilizadas para

---

[41] Como bem afirma José dos Santos Carvalho Filho, "deve a Administração levar em conta a indelegabilidade de funções exclusivas do Estado (art. 4º, III), como a jurisdicional, as de regulação e as decorrentes do exercício do poder de polícia. Tais atividades não comportam delegação a pessoas do setor privado, impondo-se que sejam sempre executadas por entes dotados de potestade pública (*jus imperii*)." CARVALHO FILHO, J. D. S. Manual de Direito Admimistrativo. 27ª ed. São Paulo : Atlas, 2014, pág. 437.

[42] MIRABETE, J. F. A privatização dos estabelecimentos penais diante da lei de execução penal. **Revista do Conselho Nacional de Política Criminal e Penitenciária**, Brasília, n. 1, jan./jul. 1993.

OS NOVOS ATORES DA JUSTIÇA PENAL

a solução de conflitos de interesse entre o condenado e o Estado durante o curso da execução penal. Há também atos de caráter disciplinar, que buscam a otimização da atividade de execução penal, através de incentivos ou punições. Mas, em outra vertente, também existem as atividades administrativas, as quais podem ser divididas em administrativas próprias ou intransferíveis e administrativas materiais ou transferíveis, conforme adiante será explanado.

8.1. Atividade jurisdicional

Após o trânsito em julgado da sentença penal condenatória, inicia-se uma nova fase do processo penal, qual seja, a execução. Nesta fase o Estado exerce concretamente o *jus puniendi*, ou seja, o poder (*rectius*, poder-dever) de punir aquele que foi condenado à uma sanção penal por ordem do Estado-Juiz.

Durante a execução penal, diversos conflitos de interesses entre o Estado e o condenado podem surgir, necessitando a intervenção do Poder Judiciário. "É preciso que o processo de execução possibilite efetivamente ao condenado e ao Estado a defesa de seus direitos, a sustentação de suas razões, a produção de suas provas. A oportunidade de defesa deve ser realmente plena e o processo deve desenvolver-se com aquelas garantias, sem as quais não pode caracterizar-se o 'devido processo legal', princípio inserido na Constituição Federal (art. 5º, LIV). Daí a necessidade de um Juiz da execução penal, ou, nos termos da exposição de motivos [da Lei de execução penal], do exercício de uma jurisdição especializada na execução."[43]

Neste âmbito, a atuação do Juiz é imprescindível, devendo atuar sempre que se verifiquem atos que atinjam o *status libertatis* do condenado, tais como o início da execução, progressão do regime de cumprimento de pena, modificação da sanção penal, extinção da pena, etc. Em todos estes atos, há a necessidade de atuação de um órgão imparcial (o Juiz) para dirimir o conflito de interesses formado, através de uma atuação estritamente jurisdicional.

Neste sentido, a Lei de Execução Penal discrimina as atividades próprias do Juiz da execução, *in verbis*:

---

[43] MIRABETE, J. F. A privatização dos estabelecimentos penais diante da lei de execução penal. **Revista do Conselho Nacional de Política Criminal e Penitenciária**, Brasília, n. 1, jan./jul. 1993.

Art. 66. Compete ao Juiz da execução:

I – aplicar aos casos julgados lei posterior que de qualquer modo favorecer o condenado;

II – declarar extinta a punibilidade;

III – decidir sobre:

a) soma ou unificação de penas;

b) progressão ou regressão nos regimes;

c) detração e remição da pena;

d) suspensão condicional da pena;

e) livramento condicional;

f) incidentes da execução.

IV – autorizar saídas temporárias;

V – determinar:

a) a forma de cumprimento da pena restritiva de direitos e fiscalizar sua execução;

b) a conversão da pena restritiva de direitos e de multa em privativa de liberdade;

c) a conversão da pena privativa de liberdade em restritiva de direitos;

d) a aplicação da medida de segurança, bem como a substituição da pena por medida de segurança;

e) a revogação da medida de segurança;

f) a desinternação e o restabelecimento da situação anterior;

g) o cumprimento de pena ou medida de segurança em outra comarca;

h) a remoção do condenado na hipótese prevista no § 1º, do artigo 86, desta Lei.

i) (VETADO); *(Incluído pela Lei nº 12.258, de 2010)*

VI – zelar pelo correto cumprimento da pena e da medida de segurança;

VII – inspecionar, mensalmente, os estabelecimentos penais, tomando providências para o adequado funcionamento e promovendo, quando for o caso, a apuração de responsabilidade;

VIII – interditar, no todo ou em parte, estabelecimento penal que estiver funcionando em condições inadequadas ou com infringência aos dispositivos desta Lei;

IX – compor e instalar o Conselho da Comunidade.

X – emitir anualmente atestado de pena a cumprir.

Inclui-se também no rol de atividades jurisdicionais a aplicação da sanção disciplinar prevista no artigo 53, V da Lei de Execução Penal, qual seja, a inclusão em regime disciplinar diferenciado. Para inserção do recluso em tal regime, a lei exige expressamente a atuação do Estado-Juiz, cabendo a este decidir sobre a aplicação (ou não) da respectiva sanção disciplinar.

As atividades jurisdicionais da execução penal são intrínsecas ao conceito de Estado e, desta forma, intransferíveis aos particulares. Fazem parte do monopólio estatal, dotadas de um caráter decisório e intrinsecamente exercidas por um órgão possuidor de imparcialidade formal, ou seja, o Estado-Juiz. Em suma, tais atividades não podem ser privatizadas, por serem manifestação clara do monopólio estatal do uso da força (*Gewaltmonopol des Staates*). Como bem afirma José dos Santos Carvalho Filho, deve a Administração levar em conta a indelegabilidade de funções exclusivas do Estado, como a jurisdicional.[44]

8.2. Atividade disciplinar

No decorrer da execução penal há necessidade do Estado ser capaz de manter a ordem e harmonia dentro do estabelecimento prisional. Desta feita, o Estado deve possuir mecanismos eficientes para a manutenção da disciplina no âmbito do cárcere, dotando uma autoridade do poder-dever de aplicar sanções de natureza administrativa ou conceder benefícios.

A Lei de Execução Penal prescreve as seguintes sanções disciplinares: I – advertência verbal; II – repreensão; III – suspensão ou restrição de direitos; IV – isolamento na própria cela, ou em local adequado, nos estabelecimentos que possuam alojamento coletivo; V – inclusão no regime disciplinar diferenciado.

Com exclusão da última (cuja aplicação é reservada ao Juiz da execução penal), todas as demais sanções podem ser aplicadas por ato motivado do Diretor do estabelecimento prisional (art. 54 da LEP).

Desta feita, a atividade disciplinar não pode ser transferida aos particulares, posto que tal atuação atinge diretamente os direitos de liberdade do condenado e ainda contém significativo caráter decisório. Ademais, a aplicação de sanções disciplinares reflete diretamente nos direitos de progressão de regime e concessão de benefícios legais ao condenado, de modo que apenas ao Estado pode ser deferida tal atividade. Em suma, por atin-

[44] CARVALHO FILHO, J. D. S. Manual de Direito Admimistrativo. 27ª ed. São Paulo : Atlas, 2014, pág. 437.

gir diretamente o *status libertatis* do condenado, é inaplicável a delegação dos poderes disciplinares do Diretor do Presídio a um particular, de modo que, no sistema legal e constitucional brasileiro, deverá caber apenas ao Estado (através de seus funcionários) o exercício de funções disciplinares dentro do estabelecimento prisional.

8.3. Atividade administrativa

Contudo, além das atividades puramente jurisdicionais e das atividades disciplinares, há atuações no âmbito da execução penal que não possuem caráter decisório e não atingem diretamente o *status libertais* dos condenados. Tais condutas são de caráter fiscalizatório, consultivo, materiais ou manifestam-se como atividades de gestão. Todas estas são aqui definidas como "atividades administrativas". Entre elas deve ser feita uma separação importante, qual seja, 1) *atividades administrativas próprias* e 2) *atividades administrativas materiais*.[45]

8.3.1. Atividade administrativa própria

Às *atividades administrativas próprias* correspondem as atuações no âmbito da execução penal que possuem natureza fiscalizatória ou consultiva. Representam competências dos órgãos estatais no controle da atividade executória da sanção penal, bem como deveres estatais de fiscalização quanto ao respeito dos direitos fundamentais dos presos. Neste sentido, podem ser citados os deveres do Juiz da execução penal previstos no art. 66, VI e seguintes da LEP, tais como: zelar pelo correto cumprimento da pena e da medida de segurança; inspecionar, mensalmente, os estabelecimentos penais, tomando providências para o adequado funcionamento e promovendo, quando for o caso, a apuração de responsabilidade; interditar, no todo ou em parte, estabelecimento penal que estiver funcionando em condições inadequadas ou com infringência aos dispositivos da Lei de Execução penal.

Também se incluem no rótulo de *atividades administrativas próprias* aquelas que são de competência fiscalizatória ou consultiva de outros órgãos, tais como o Ministério Público, o Conselho Penitenciário e o Departamento Penitenciário (arts. 67, 69 e 71 da LEP).

---

[45] Mirabete utiliza uma outra nomenclatura, referindo-se a atividades jurisdicionais, atividades administrativas em sentido estrito e atividades de execução material da pena, defendendo a possibilidade de transferência aos particulares destas últimas.

OS NOVOS ATORES DA JUSTIÇA PENAL

Tais atividades, obviamente, são também intransferíveis aos particulares, posto que pressupõem a atuação de órgãos independentes que possam averiguar o respeito aos direitos fundamentais dos presos dentro do estabelecimento prisional, bem como a adequação e estrito cumprimento da legislação e da Constituição.

Transferir, por exemplo, as atividades fiscalizatórias do Poder Judiciário e do Ministério Público ao particular seria algo claramente inconstitucional, primeiro porque atingiria o exercício de deveres constitucionais próprios destas instituições democráticas, e segundo porque impediria a fiscalização estatal adequada e independente quanto ao cumprimento das normas do contrato de concessão (quando for o caso) e dos direitos fundamentais dos reclusos.

8.3.2. Atividade administrativa material

Por fim, cabe observar que no âmbito da execução penal há atividades que independem de atuação jurisdicional, não possuem caráter decisório ou fiscalizatório e não se configuram como sanções administrativas. Tais atividades são meras execuções materiais de diversos serviços, tais como promoção de trabalho do preso, assistência religiosa, assistência jurídica, promoção da educação e cuidados de saúde do preso, etc., as quais serão aqui denominadas como *atividades administrativas materiais*.

Nesta espécie de atuação administrativa não há exclusividade de atuação estatal, sendo plenamente possível a delegação de tais serviços públicos, sob o ponto de vista legal e constitucional. Inclui-se nesta hipótese a construção dos estabelecimentos, o fornecimento de alimentação, roupas e materiais de expediente aos reclusos e pessoal administrativo, controle de entrada e saída de pessoas, além da segurança interna do estabelecimento prisional. Neste sentido, afirma Júlio Fabbrini Mirabete que "as demais atividades, ou seja, não jurisdicionais, que são de ordem administrativa mas apenas de execução material, podem ficar a cargo de órgãos oficiais ou de particulares. [...] Pode-se, porém, estender a participação de entidades privadas a outras atividades administrativas, de natureza meramente material, que hoje estão a cargo de órgãos oficiais e que, muitas vezes, não são executadas por dificuldades de ordem material ou humana."[46]

---

[46] MIRABETE, J. F. A privatização dos estabelecimentos penais diante da lei de execução penal. **Revista do Conselho Nacional de Política Criminal e Penitenciária**, Brasília, n. 1, jan./jul. 1993.

Tais atividades, como acima se demonstrou, podem ser privatizadas, ou seja, delegadas à administração de um particular, necessitando apenas da elaboração de lei Estadual regulamentando a hipótese, no exercício da competência suplementar delegada pela Constituição Federal aos Estados membros. Não há, sequer, a necessidade de alteração de dispositivos da Lei de Execução Penal, sendo esta plenamente compatível com a transferência das *atividades administrativas materiais* aos particulares.[47] Neste mesmo sentido, Mirabete afirma que "por força de norma complementar estadual, nada impede que os estabelecimentos penais sejam geridos e operados por empresa privada, ressalvadas as atividades jurisdicionais e administrativo-judiciárias."[48,49,50]

Cabe destacar que a existência da lei Estadual prevendo a transferência das atividade administrativas materiais aos particulares é uma condição indispensável. A ausência da lei Estadual impedirá a atuação dos privados no âmbito da execução penal por ofensa ao princípio constitucional da legalidade.

Cumpre ressaltar, no entanto, que no caso de instituição de parcerias público-privadas o problema tem solução diversa, posto que desde a edição da Lei Federal nº 11.079/2004 não há mais lacuna legislativa que impeça

---

[47] Júlio Fabrini Mirabete afirma que "sem qualquer alteração da Lei de Execução Penal Federal, podem ser exercidas por entidades privadas atividades como a classificação dos condenados (arts. 5º a 9º), a assistência material, de saúde, jurídica, educacional, social e religiosa ao preso e ao egresso (arts. 10 a 27); o trabalho interno e externo (arts. 26 a 37); a execução de pena de prestação de serviços à comunidade (arts 149 a 150) e limitação de fim de semana (arts. 151 a 153), etc." MIRABETE, J. F. A privatização dos estabelecimentos penais diante da lei de execução penal. **Revista do Conselho Nacional de Política Criminal e Penitenciária**, Brasília, n. 1, jan./jul. 1993.

[48] MIRABETE, J. F. A privatização dos estabelecimentos penais diante da lei de execução penal. **Revista do Conselho Nacional de Política Criminal e Penitenciária**, Brasília, n. 1, jan./jul. 1993.

[49] No presente trabalho apresenta-se uma definição diversa daquela proposta por Mirabete. Aquilo que o referido autor denomina por *atividades administrativo-judiciárias* é aqui dividido em outras duas espécies, quais sejam: *atividade disciplinar* e *atividade administrativa própria*, sendo estas intransferíveis aos particulares.

[50] Com o mesmo posicionamento, Edmundo Oliveira afirma: "a atividade administrativa extrajudicial, que pode ser exercida por órgãos do próprio Estado ou por entidades privadas, conforme previsão em lei federal ou estadual. É o caso da promoção de trabalho e da assistência religiosa, jurídica, educacional e à saúde do preso." OLIVEIRA, E. **Futuro Alternativo das Prisões**,1.ed. Rio de Janeiro: Forense, 2002, p. 336.

OS NOVOS ATORES DA JUSTIÇA PENAL

a instauração de PPP's no Brasil, inclusive no âmbito prisional, como foi o caso do Estado de Minas Gerais.

9. Segurança interna dos estabelecimentos prisionais e *Gewaltmonopol des Staates*

O ponto de maior polêmica no âmbito da atuação dos particulares na execução penal fica por conta da segurança interna dos estabelecimentos prisionais. Alguns afirmam ser impossível a transferência desta atividade aos particulares por haver uma suposta ofensa ao monopólio estatal do uso legítimo da força.

Contudo, uma análise mais apurada da matéria demonstrará o erro deste posicionamento, que provém de uma compreensão equivocada da Teoria do Estado.

O conceito moderno de Estado deve muito à construção desenvolvida por Max Weber no século passado. Weber desenvolveu a ideia de *Gewaltmonopol des Staates* (monopólio estatal do uso legítimo da força), no célebre artigo *Politik als Beruf, Gesammelte Politische Schriften*, que originalmente foi um discurso proferido na Universidade de Munique, em 1918.

Em tal texto, Weber afirma que "todo Estado se fundamenta na força [...] se não existissem instituições sociais que reconhecessem o uso da violência, então o conceito de 'Estado' estaria eliminado, e surgiria uma situação que poderíamos designar como 'anarquia', no sentido específico da palavra. É claro que a força não é o meio normal, nem o único, do Estado – ninguém o afirma – mas um meio específico do Estado."[51]

A ideia proclamada por Weber é a de que o uso da violência (ou a potencialidade do uso) é algo necessário e próprio do Estado. Apenas este teria a legitimidade para usar a força contra os cidadãos, sendo, em suma, uma característica ontológica do ente estatal. O uso da força física contra os indivíduos é um monopólio (uma exclusividade) do Estado (*Gewaltmonopol des Staates*) que decorre da respectiva legitimidade. Weber afirma expressamente que "hoje, porém, temos de dizer que o Estado é uma comunidade humana que pretende, com êxito, o monopólio do uso legítimo da força física dentro de um determinado território. [...] O Estado é considerado como a única fonte do 'direito' de usar a violência."[52]

[51] WEBER, M. **A Política como Vocação**. Brasília: Universidade de Brasília, 2003.
[52] WEBER, M. **A Política como Vocação**. Brasília: Universidade de Brasília, 2003.

Contudo, o próprio Weber é claro ao demonstrar que o monopólio estatal do uso da força física não significa que entes privados não possam usar esta mesma força em face de particulares. O uso da "força física privada" (não estatal) é possível na medida em que é autorizado pelo próprio Estado (o detentor da legitimidade). Assim, pode o Estado permitir o uso da força física por particulares, nos limites e nos moldes definidos pelo próprio Estado, sem que isto atinja o *Gewaltmonopol des Staates*. Max Weber diz que "especificamente, no momento presente, o direito de usar a força física é atribuído a outras instituições ou pessoas apenas na medida em que o Estado o permite."[53]

Um exemplo claro disto é a legítima defesa. Nesta o particular, por autorização do Estado, pode legitimamente utilizar a força física contra outro particular, sem que isto afaste o monopólio estatal do uso da força. Diversos outros exemplos podem ser citados, tais como a segurança particular de bens e pessoas e a segurança particular em eventos de acesso público (festas e jogos de futebol). No caso da transferência da segurança interna dos presídios para os particulares o raciocínio é semelhante. O poder ali exercido é estatal, apenas materialmente desenvolvido por entes privados, mediante a concordância e nos limites prescritos pelo próprio Estado. Assim, não há ofensa ao monopólio estatal do uso da força física.

Do ponto de vista estritamente normativo-constitucional, observa-se claramente que a Constituição Federal de 1988 não possui qualquer dispositivo que expressamente vede a atuação de particulares no âmbito da segurança interna dos estabelecimentos prisionais.

Neste sentido, como é claro, não prospera a argumentação de que o art. 144 da Constituição Federal impediria a delegação da atividade de segurança interna dos presídios aos particulares. Isto fica evidente ao observar que tal dispositivo constitucional restringe-se a tratar da segurança estatal em espaços de acesso público geral, o que não inclui, obviamente, os estabelecimentos prisionais. Tanto é assim que o artigo 144 só se refere às atuações desenvolvidas por agentes policiais em atividades de polícia ostensiva e judiciária, não se referindo, em qualquer momento, à atividade de custódia de reclusos em estabelecimentos carcerários.[54]

---

[53] WEBER, M. **A Política como Vocação.** Brasília: Universidade de Brasília, 2003.
[54] Constituição Federal de 1988. **Art. 144.** A segurança pública, dever do Estado, direito e responsabilidade de todos, é exercida para a preservação da ordem pública e da incolu-

OS NOVOS ATORES DA JUSTIÇA PENAL

Desta feita, fica claro que o serviço de segurança interna dos presos pode sim ser delegado à iniciativa privada, não havendo ofensa a qualquer princípio constitucional, desde que haja, como acima referido, legislação Estadual regulamentando esta hipótese (em caso de concessão "comum") ou se trate de parceria público-privada (o que dispensa a edição de lei Estadual em razão da já existência de lei Federal tratando do tema).

10. Privatização de estabelecimentos prisionais – um modelo para o Brasil

Depois daquilo que foi exposto no presente trabalho, chega-se à conclusão de que não há impedimento legal ou constitucional à atuação de privados nos estabelecimentos prisionais no Brasil. Contudo, o modelo adotado não pode ser a privatização total (como o sistema americano), sendo cabível apenas um modelo híbrido, à semelhança do francês. Isto se deve às limitações acima transcritas, sobretudo em relação às competências do Juiz, do

midade das pessoas e do patrimônio, através dos seguintes órgãos: I - polícia federal; II - polícia rodoviária federal; III - polícia ferroviária federal; IV - polícias civis; V - polícias militares e corpos de bombeiros militares. § 1º A polícia federal, instituída por lei como órgão permanente, estruturado em carreira, destina-se a: I - apurar infrações penais contra a ordem política e social ou em detrimento de bens, serviços e interesses da União ou de suas entidades autárquicas e empresas públicas, assim como outras infrações cuja prática tenha repercussão interestadual ou internacional e exija repressão uniforme, segundo se dispuser em lei; II - prevenir e reprimir o tráfico ilícito de entorpecentes e drogas afins, o contrabando e o descaminho, sem prejuízo da ação fazendária e de outros órgãos públicos nas respectivas áreas de competência; III - exercer as funções de polícia marítima, aérea e de fronteiras; IV - exercer, com exclusividade, as funções de polícia judiciária da União. § 2º A polícia rodoviária federal, órgão permanente, estruturado em carreira, destina-se, na forma da lei, ao patrulhamento ostensivo das rodovias federais. § 3º A polícia ferroviária federal, órgão permanente, estruturado em carreira, destina-se, na forma da lei, ao patrulhamento ostensivo das ferrovias federais. § 4º Às polícias civis, dirigidas por delegados de polícia de carreira, incumbem, ressalvada a competência da União, as funções de polícia judiciária e a apuração de infrações penais, exceto as militares. § 5º Às polícias militares cabem a polícia ostensiva e a preservação da ordem pública; aos corpos de bombeiros militares, além das atribuições definidas em lei, incumbe a execução de atividades de defesa civil. § 6º As polícias militares e corpos de bombeiros militares, forças auxiliares e reserva do Exército, subordinam-se, juntamente com as polícias civis, aos Governadores dos Estados, do Distrito Federal e dos Territórios. § 7º A lei disciplinará a organização e o funcionamento dos órgãos responsáveis pela segurança pública, de maneira a garantir a eficiência de suas atividades. § 8º Os Municípios poderão constituir guardas municipais destinadas à proteção de seus bens, serviços e instalações, conforme dispuser a lei.

Ministério Público e do Diretor do estabelecimento prisional. Com relação a este último, como já se demonstrou, as respectivas competências para aplicação de sanções disciplinares (I – advertência verbal; II – repreensão; III – suspensão ou restrição de direitos; IV – isolamento na própria cela, ou em local adequado, nos estabelecimentos que possuam alojamento coletivo), obrigam a que o cargo de Diretor de Presídio seja ocupado por um agente nomeado pelo Estado, assim como ocorre na França, tratando-se de uma reserva de administração.

Ademais, também deve estar prescrito no contrato firmado entre o poder público e o particular, de modo claro, as obrigações deste último quanto à ressocialização do preso, oferecimento de trabalho dentro do estabelecimento prisional, remuneração do trabalhador recluso nos moldes definidos na legislação, oferecimento de ampla assistência à saúde, educação formal e profissionalizante, assistência técnico-jurídica, etc.

Por fim, com o objetivo de incentivar a ressocialização dos presos e evitar o incremento da política de encarceramento, propõe-se um modelo de remuneração do privado que aqui será chamado de "global".

No modelo "global" de remuneração, o valor a ser pago pelo Estado ao particular não deve levar em consideração a quantidade de presos recolhidos, mas sim a capacidade total, ainda que ociosa, do estabelecimento prisional. A proposta é que o montante pago pelo Estado seja um valor geral e fixo, de acordo com a capacidade do estabelecimento prisional, pouco importando se a quantidade de encarcerados preenche ou não todas as vagas do presídio. Tal medida busca conciliar a lógica do lucro (própria do particular) com a lógica da proteção dos direitos fundamentais do preso (própria do Estado e da sociedade).

Isso ocorre porque se desvinculando o valor a ser recebido pelo particular da quantidade de pessoas lá recolhidas, cria-se o interesse do privado em promover o retorno do condenado à sociedade, seja mediante o oferecimento de assistência jurídica ao recluso (como forma de garantir os direitos do preso à progressão do regime de cumprimento de pena), seja através de programas de ressocialização dos condenados. Isto acontecerá porque, com a progressão de regime e a ressocialização, o recluso deixará o estabelecimento prisional mais rapidamente, permitindo ao privado um incremento do lucro (posto que terá um preso a menos no cárcere).

Neste cenário, o interesse do privado não será lotar o estabelecimento com pessoas (como se vê nas críticas ao modelo norte-americano), mas, ao

OS NOVOS ATORES DA JUSTIÇA PENAL

contrário, garantir o respeito aos direitos do preso, através da instituição de meios eficazes de controle do cumprimento da pena, objetivando a mais rápida saída do recluso do sistema prisional e a garantia do não retorno, através do processo de ressocialização. Tal fato gerará, obviamente, benefícios ao condenado, ao particular e à sociedade.

Cabe ainda ressaltar que em razão do modelo de Defensoria Pública existente no Brasil, o oferecimento de assistência jurídica particular nos presídios deverá ser de caráter complementar, ou seja, não poderá excluir a atuação dos Defensores Públicos. Caberá ao preso optar por utilizar os serviços da Defensoria Pública ou a assistência jurídica oferecida pelo estabelecimento prisional, conforme prefira.

11. Conclusão

Diante do que foi aqui discutido, vê-se claramente que não prosperam os argumentos daqueles que são contra qualquer grau de privatização de estabelecimentos prisionais no Brasil. Do ponto de vista legal e constitucional não há impedimento total para a atuação de empresas privadas no âmbito da execução penal. Na verdade, o que se tem, conforme explanado, são algumas atividades insuscetíveis de delegação aos particulares, quais sejam: atividade jurisdicional, atividade disciplinar e atividade administrativa própria, as quais, por vedação legal e/ou constitucional, não podem ser atribuídas aos particulares.

Por outro lado, as atividades administrativas materiais, podem, claramente, ser transferidas para a iniciativa privada. Entende-se ainda que, no âmbito das atividades que podem ser delegadas, inclui-se a segurança interna dos estabelecimentos prisionais, não havendo ofensa à *Gewaltmonopol des Staates*.

Exige-se, contudo, que os Estados federados editem legislação própria, no exercício da competência suplementar, sob pena de ofensa ao princípio da legalidade.

Por outro lado, para instauração específica de parcerias público privadas (PPP's) já há legislação Federal tratando do tema, sendo admitia a instituição destas parceiras no âmbito prisional, inclusive como já ocorre no Estado de Minas Gerais.

Propõem-se, por fim, a instituição de um modelo *global* de remuneração do particular, como forma de combater eventual política de encarceramento, e, por outro lado, incrementar o respeito aos direitos fundamentais do preso.

OS PARTICULARES NA EXECUÇÃO PENAL: A PRIVATIZAÇÃO DE ESTABELECIMENTOS...

12. Referências Bibliográficas

AGRA, W. de M. Curso de Direito Constitucional. 7ª Edição. Rio de Janeiro: Forense, 2012.

ARRIAGADA, Isabel. "Cárceles privadas: La superación del debate costo-beneficio." Politica criminal. Vol. 8, Nº 15 (Julio 2013), Art. 6, pp. 210 – 248.

BAYER, Khristian. A privatização nas penitenciárias brasileiras. Jus Navigandi, Teresina, ano 18, n. 3780. Disponível em: <http://jus.com.br/artigos/25731>. Acesso em: 01 de outubro de 2014.

CABRAL, S.; AZEVEDO, P. F. The Modes of Provision of Prison Services in a Comparative Perspective. Brazilian Administration Review, Curitiba, v. 5, n. 1, art. 4, p. 53- 69. Jan./Mar. 2008.

CARVALHO, P. A. Privatização dos presídios: Problema ou solução? Âmbito Jurídico, Rio Grande, XI, n. 58, out 2008.

CARVALHO FILHO, J. D. S. Manual de Direito Admimistravo. 27ª ed. São Paulo : Atlas, 2014.

CHACHA, L. Aspectos críticos sobre a privatização dos presídios no Brasil. Disponível em http://www.lfg.com.br. 15 de abril de 2009

COLONER, D. R. Prisiones privadas (Private prisons) in the review. Jueces para la Democracia, No 8, December 1989, pp. 40 et seq.

D'URSO, L. F. B. Direito criminal na atualidade. São Paulo : Atlas, 1999.

_____. Uma reflexão sobre a privatização dos presídios. Estudos jurídicos. Itanhomi, v.1, n.1, p. 31-35, jan./jul. 2000.

FEELEY, M. M. The Unconvincing Case Against Private Prisons. Bloomington : Indiana Law Journal: Vol. 89: Iss. 4, Article 3, 2014.

FOUCAULT, M. Vigiar e Punir: a história da violência nas prisões. 22º ed. Petrópolis : Vozes, 2000.

HALLETT, M. A. Private prisons in America: a critical race perspective. Urbana : University of Illinois Press, 2006.

MEDINA OSÓRIO, F.; VIZZOTTO, V. D. Sistema penitenciário e parcerias público-privadas: novos horizontes. Jus Navigandi, Teresina, ano 10, n. 882, 2 dez. 2005. Disponível em: <http://jus.com.br/artigos/7643>. Acesso em: setembro 2014.

MINHOTO, L. D. Privatização de presídios e criminalidade: a gestão da violência no capitalismo global. São Paulo : Max Limonad, 2000.

MITCHELL, M. The pros of privately-housed cons: new evidence on the cost savings of private prisons. New Mexico: Rio Grande Foundation, 2003.

MIRABETE, J. F. A privatização dos estabelecimentos penais diante da lei de execução penal. Revista do Conselho Nacional de Política Criminal e Penitenciária, Brasília, n. 1, jan./jul. 1993.

MOREIRA, Rômulo de Andrade. A Privatização das Prisões. Universo Jurídico, Juiz de Fora, ano XI, 15 de mai. de 2008.

OLIVEIRA, E. A privatização das prisões. Belém : CEJUP, 1992.

_____. Futuro Alternativo das Prisões,1.ed. Rio de Janeiro : Forense, 2002.

PAULA, R. de. Privatização dos presídios e trabalho dos presos: mão-de-obra encarcerada. Encontro Nacional do CONPEDI (19. : 2010 : Fortaleza, CE) Anais do XIX Encontro Nacional do CONPEDI. Florianópolis : Fundação Boiteux, 2010.

OS NOVOS ATORES DA JUSTIÇA PENAL

QUITO, C. Privatização de presídios. Boletim do Instituto Brasileiro de Ciências Criminais – IBCCRIN. São Paulo. Abril de 2008.

RESENDE, C. de J.; RABELO, C. L. de A.; VIEGAS, C. M. de A. R. A privatização do sistema penitenciário brasileiro. Âmbito Jurídico, Rio Grande, XIV, n. 90, jul 2011.

SANTOS, J. A. As parcerias público-privadas no sistema penitenciário brasileiro. Trabalho de conclusão de curso: Pós graduação em Direito – Universidade Caxias do Sul–RS. 2008.

_____. Participação Social na Administração Pública e Gestão Pública Compartida: condições e possibilidades das parcerias público-privadas no sistema prisional brasileiro. Dissertação de mestrado apresentada à Universidade de Santa Cruz do Sul – UNISC. 2012.

SELLERS, M.P. The History and Politics of Private Prisons: A Comparative Analysis. Cranbury : Associated University Presses, 1993.

SILVA, A. R. D. da. A privação da Liberdade em Reflexão Garantista: Reforma ou substituição do atual paradigma. São Paulo : Baraúna, 2011.

TEAGUE, Michael. Privatising prisons: a step too far? The Justice Gap. Disponível em: http://thejusticegap.com/2012/04/privatising-prisons-a-step-too-far/ Acesso em outubro de 2014.

TANNER, W. The Case for Private Prison. Reform Ideas 2, p. 1-27, fev.2013.

WEBER, M. A Política como Vocação. Brasília : Universidade de Brasília, 2003.

12.1. Legislação consultada

BRASIL. Constituição da República Federativa do Brasil, de 05 de outubro de 1988. Disponível em http://www.planalto.gov.br/ccivil_03/Constituicao/ConstituicaoCompilado.htm. Acesso em 07 de agosto de 2015.

_____. Lei nº 7.210, de 11 de julho de 1984. Lei de Execução Penal. Disponível em http://www.planalto.gov.br/ccivil_03/LEIS/L7210compilado.htm. Acesso em 10 de agosto de 2015.

MINAS GERAIS. Lei Estadual nº 14.868/2003 – Estado de Minas Gerais. Disponível em: http://www.setop.mg.gov.br/index.php?option=com_gmg&controller=document &id=172-lei-n-14-868-2003. Acesso em 15 de agosto de 2015.

Implicações Constitucionais, Penais e Processuais Penais da Intervenção de Atores Privados no Âmbito da Execução Penal: a Reserva de Administração

INÊS FILIPA RODRIGUES DE MAGALHÃES
Mestre em Ciências Jurídico-Criminais pela Faculdade de Direito da Universidade de Coimbra

1. Considerações Introdutórias. 2. A Administração e o poder público: A Reserva de Administração. 2.1 Introdução. 2.2. Contexto. 2.3. A distinção entre a função administrativa e a legislativa. 2.4. A reserva de Administração e a Constituição da República Portuguesa. 2.5. Princípio da separação de poderes. 2.6. A posição do Tribunal Constitucional. 3. A Administração e as entidades privadas: novas formas de colaboração e de participação privadas na prossecução de interesses públicos. 3.1. O que pode ser delegado a privados e o que deve permanecer no domínio da Administração Pública. 4. A Administração e o Sistema Prisional. 4.1. A problemática da "privatização das prisões". 4.1.1. Privatização das Prisões: Prós e Contras. 4.2. Caracterização do sistema prisional português. 4.3. O caso do Estabelecimento Prisional Especial de Santa Cruz do Bispo. 5. Considerações finais. Bibliografia.

1. Considerações Introdutórias

São vastas as críticas a que a justiça penal tem sido sujeita nas últimas décadas. Na tentativa de contrariar essas críticas e de reverter as situações decorrentes da incapacidade e inaptidão para reintegrar o agente do crime, da desatenção às necessidades das vítimas e de ineficácia no que respeita à pacificação comunitária, várias têm sido as medidas tomadas no plano político-criminal, fomentando diversas alterações legislativas. Pode, por isso, dizer-se que a justiça penal está em mudança. Uma das novidades nesta área prende-se com o surgimento de novos atores, nomeadamente entidades privadas, no plano, por exemplo, da execução penitenciária. Estes novos intervenientes na justiça penal aparecem associados à intenção de favorecer uma maior eficiência no desempenho das funções ditas tradicionais. Contudo, ao serem, atualmente, admitidos em várias fases quer do próprio processo judicial quer do processo de execução das penas e medidas privativas da liberdade, põem em causa a repartição de papéis que é caraterística da justiça penal de inspiração iluminista, suscitando dificuldades à luz de princípios garantísticos com consagração constitucional, penal e processual penal. A atribuição a entidades privadas de funções ao nível da execução prisional, apesar de ser hoje uma realidade prática consagrada em diversos países, convoca, desde logo, sérias interrogações no plano relativo à eventual existência de uma reserva de administração constitucionalmente consagrada no ordenamento jurídico português. Sendo por isso discutível se haverá espaço para essa intervenção no nosso ordenamento jurídico. Por outro lado, e ainda que se opte pela não admissão de uma estrita reserva de administração para o poder público, a intervenção de atores privados no campo da execução penal contende com diversas questões não só de direito penitenciário, mas também de direito administrativo relacionadas com a possibilidade ou impossibilidade de delegação de determinados poderes públicos em entidades privadas.

2. A Administração e o poder público: A Reserva de Administração
2.1. Introdução
A problemática da Reserva de Administração diz respeito à questão dos limites da função legislativa e de controlo do parlamento relativamente ao exercício da função administrativa pelo Governo. O tema jurídico-constitucional dos limites entre a função legislativa e a função administrativa do Estado e das fronteiras entre as competências constitucionais da Assembleia da República e do Governo, embora possua na sua essência um cunho jurídico, foi pela primeira vez referenciado no seio de considerações predominantemente políticas a propósito da Lei do Orçamento de Estado, ainda no quadro da Constituição da República Portuguesa de 1976[1].

---

[1] Vide MARCELO REBELO DE SOUSA, "10 questões sobre a Constituição, o orçamento e o plano", in *Nos dez anos da constituição*, Lisboa, 1986. Apesar da origem da discussão sobre os limites da função legislativa ser antiga, apenas em meados da década de 80 se assistiu ao seu

O tema tomou, posteriormente, dimensões mais vastas passando a dizer respeito às relações globais entre a função administrativa e a função legislativa e deixando, pois, de se circunscrever à problemática estrita do Orçamento de Estado[2]. Nas últimas décadas a questão tem sido tratada pelo Tribunal Constitucional em várias ocasiões tendo originado diversos Acórdãos[3].

Segundo Gomes Canotilho por reserva de administração entende-se "um núcleo funcional da administração resistente à lei, ou seja, um domínio reservado à administração contra as ingerências do parlamento", chamando por isso para si a questão de saber se à reserva de lei se contrapõe uma reserva de administração constitucionalmente garantida. No entanto, e apesar da delimitação conceitual do problema, devido à intensa e heterogénea atividade da administração não foi ainda possível, até hoje, caraterizar com precisão o conteúdo específico da reserva de administração, pelo que muitos autores preferem falar em reservas residuais de administração- o que exclui desde logo um núcleo material firme semelhante e contraposto à reserva de lei. As fronteiras pouco nítidas e fluidas da reserva de administração repercutem-se não só nas relações com a função legislativa, mas também nas relações com a função judicial. Assim pode dizer-se que reserva de administração é aquilo a que, em princípio, deve ser reduzido o núcleo do poder administrativo, aquela parcela imune às

---

desenvolvimento científico pela mão do Professor Marcelo Rebelo de Sousa. Numa conjuntura marcada pela instabilidade politica- dada a existência de um governo minoritário- e tendo como pano de fundo as fronteiras entre as competências constitucionais da Assembleia da República e do Governo no tocante ao orçamento de Estado, o autor sublinhou a importância do tema considerando-o merecedor de ulterior desenvolvimento dado o seu carater científico e não meramente político-conjuntural.

[2] Note-se ainda que a problemática da reserva de administração não se limita a um problema de competências repartidas entre a Assembleia da República e o Governo. Como sublinha BERNANDO DE AYALA, *O (défice de) controlo judicial da margem de livre decisão administrativa*, Lex, Lisboa, 1995, pág.40, "é imperioso considerar não só o Governo e a Assembleia da República, mas sim todos os órgãos legislativos em face de todos os órgãos administrativos. Aliás, uma vez que o Governo português é simultaneamente, e a titulo originário, legislador e administrador, é de ter em conta uma eventual reserva de administração do Governo em face de si próprio (reserva de matéria, de forma, ou de procedimento, p.ex., mas não de competência obviamente)".

[3] Vide os Acórdãos do Tribunal Constitucional nºs 461/87, 1/97, 24/98 e 214/2011, disponíveis em http://www.tribunalconstitucional.pt/tc/acordaos/.

OS NOVOS ATORES DA JUSTIÇA PENAL

ingerências quer do legislador quer do juiz[4]. Note-se que os fundamentos da reserva de administração perante o legislador são distintos dos fundamentos da reserva de administração face ao poder judicial, assumindo a salvaguarda do núcleo essencial da função administrativa feições diversas num caso e noutro, mas isso não quer, contudo, dizer que não existam pontos de comunicação entre os dois temas. Como refere Bernardo de Ayala, não deve excluir-se a existência de uma passagem lógica do primeiro tema para o segundo, isto é, "como se a reserva de administração em face do juiz decorresse, pelo menos parcialmente, da reserva de administração em face do legislador"[5].

2.2. Contexto

A administração está vinculada ao Direito. Dito por outras palavras, toda e qualquer atuação da administração está subordinada ao princípio da legalidade[6]. A efetiva submissão da Administração à lei passa pela imposição de que as relações administrativas sejam reguladas por lei ou com base na lei[7]. Este princípio traduz-se em dois corolários essenciais: o primado ou

---

[4] BERNARDO DINIZ DE AYALA, *O (défice de) controlo judicial da margem de livre decisão administrativa*, Lex, Lisboa, 1995, pág.35. Deve assim distinguir-se entre reserva de administração face à função legislativa e reserva de administração face à função judicial (isto é, aos tribunais). Podendo a atividade da Administração ser submetida à fiscalização de órgãos jurídicos, pode colocar-se a questão de saber até onde devem os tribunais controlar a atividade da Administração e até onde lhes é permitido exercer os seus poderes de controlo (quais os limites do seu poder) de modo a que a Administração possa efetivamente atuar. Trata-se pois de saber se também perante os Tribunais administrativos há lugar a uma reserva de administração.
[5] BERNARDO DE AYALA, última obra citada, pág.36. Também Nuno Piçarra defende a este respeito que, a existir uma reserva de administração perante os tribunais, essa será sempre precedida lógico-materialmente pela questão da reserva de administração perante o legislador. "É que a delimitação da administração relativamente à jurisdição administrativa depende largamente da vinculação da própria administração à lei, sendo esta e a Constituição, por sua vez, a fornecer aos tribunais os critérios jurídicos de controlo dos actos da Administração". NUNO PIÇARRA, "A Reserva de Administração", in *O Direito*, ano 122, 2, Abril/Junho 1990, pág.330 e 331.
[6] Note-se que hoje mais do que um princípio de legalidade fala-se mesmo num princípio de juridicidade da Administração. Isto deve-se sobretudo à circunstância da Administração, mesmo no uso de poderes discricionários, estar não apenas vinculada à lei (no sentido estrito), mas também a preceitos constitucionais, a princípios fundamentais, e ainda a normas comunitárias diretamente aplicáveis.
[7] Esta relação entre a lei e a atividade administrativa está, no entanto, longe de ser isenta de dificuldades. As caraterísticas da administração contemporânea- extremamente interven-

precedência da lei e a reserva de lei. O princípio do primado de lei delimita negativamente o princípio da legalidade, consagrando que nenhum ato da administração (seja normativo ou concreto) pode contrariar as normas legais que àquela se aplicam. A lei é limite, pressuposto e fundamento de toda a atividade administrativa. Já o princípio da reserva de lei, por seu turno, delimita positivamente o princípio da legalidade instituindo que a prática de qualquer ato pela Administração deve sempre corresponder, em maior ou menor medida, à sua previsão na lei vigente. A lei é, pois, a base legal da atuação da administração, definindo os seus fins e a competência dos seus órgãos.

A evolução verificada ao longo do séc. XX transformou o Estado de Direito num Estado Social de cunho prestador e dinâmico que confere à Administração Pública, em primeira linha, funções prestadoras e conformadoras da sociedade. Mas isso acarretou consigo um paradoxo: por um lado, exige-se a crescente vinculação da Administração à lei e aos tribunais como forma de melhor garantir as posições dos administrados (particulares) face aos poderes públicos[8]; por outro lado, afigura-se indispensável a concessão à Administração de uma margem de livre decisão administrativa que lhe permita ter autonomia suficiente para satisfazer com eficiência as suas funções prestadoras e as diversas necessidades públicas que lhe vêm sido confiadas.

Face a este paradoxo, afirmam alguns autores que não basta consagrar uma margem de livre decisão administrativa, é preciso ainda garanti-la e salvaguarda-la das ingerências dos outros poderes públicos, sendo, pois,

---

cionista e com amplos poderes prestadores e conformadores- contribuem para o aumento da complexidade das suas relações com a lei. Como refere Nuno Piçarra "por um lado a vastidão das áreas económicas, sociais e culturais que são objecto da actuação administrativa acarreta, também por imperativo do princípio da legalidade, uma torrente de leis, para cuja aprovação o parlamento se mostra largamente incapaz, havendo que recorrer ao concurso do governo, quer atribuindo-lhe um poder legislativo originário, quer permitindo amplamente delegações de competência legislativa por parte do parlamento. Por outro lado, a legislação administrativa, (...) passa a incluir medidas político-administrativas modeladoras do processo económico-social e instruções ou ordens de execução (...) à própria execução a quem caberá o essencial da sua implementação". NUNO PIÇARRA, "A Reserva de Administração", *in* *O Direito*, ano 122, 2, Abril/Junho 1990, pág.328.

[8] Como refere Bernardo de Ayala: "(...) em nome da tutela dos administrados e do princípio do Estado de Direito defende-se o aumento da margem de vinculação e a expansão da legalidade administrativa". BERNARDO DE AYALA, *O (défice de) controlo judicial...*, pág.35.

OS NOVOS ATORES DA JUSTIÇA PENAL

aí que entra a questão da salvaguarda do núcleo essencial da função administrativa, ou, dito por outras palavras, da reserva de administração.

A amplitude da atividade administrativa nas últimas décadas, que se tem traduzido num complexo processo legislativo, contribuiu assim, em primeira linha, para o surgimento da discussão sobre a necessidade (ou não) de existência de uma reserva de competência correspondente à função administrativa, isto é, uma reserva de administração constitucionalmente atribuída ao Governo (enquanto "órgão superior da administração pública"[9]) que estabeleça a fronteira entre o limite do exercício da função administrativa pelo Governo e as restantes funções dos outros órgãos (nomeadamente, em relação à função legislativa e de controlo do parlamento). Dessa forma, enquanto inicialmente a questão fundamental consistia em saber, por força do princípio da legalidade, "até onde deve o legislador regular para a administração poder actuar", presentemente, e dadas as novas coordenadas que o tema assumiu, passou a tratar-se sobretudo de saber "até onde é permitido ao legislador regular para que a administração possa actuar"[10]. No fundo trata-se pois de saber se "a Administração deve dispor de um espaço liberto de lei e/ou da actuação do legislador, de um domínio jurídico exclusivo ou de vários, e até de modos de actuação específicos; em suma de um núcleo essencial, para cuja disciplina tenha a competência exclusiva e pelo qual tenha a responsabilidade exclusiva"[11].

Apesar de envolver questões de direito administrativo o tema insere-se no âmbito jurídico- constitucional, suscitando interrogações e problemas sobretudo a este nível[12]. Como refere Nuno Piçarra, "sendo a Constituição

---

[9] Cfr. Artigo 182º da CRP.

[10] Apud NUNO PIÇARRA, "A Reserva de Administração"..., pág.329 e BERNARDO DE AYALA, última obra citada, pág.40.

[11] NUNO PIÇARRA, última obra citada, pág.329.

[12] Relembre-se que a Administração, enquanto poder do Estado, se rege por um ramo específico do direito público- o Direito Administrativo. Nem sempre se consegue traçar com nitidez as fronteiras entre o Direito Constitucional e o Direito Administrativo. O Direito Administrativo não compreende só as normas reguladoras da estrutura e da disciplina interna da administração, compreende também as normas de garantia dos direitos e interesses dos administrados. Desse modo, é pois no Direito Constitucional que perpassa toda a tensão entre os poderes de decisão e execução dos órgãos administrativos e a necessidade de defesa dos direitos e dos interesses dos administrados. O princípio da legalidade da administração pressupõe o da constitucionalidade da lei. Ora, o alargamento da intervenção do poder pú-

IMPLICAÇÕES CONSTITUCIONAIS, PENAIS E PROCESSUAIS PENAIS DA INTERVENÇÃO...

o fundamento jurídico do Estado e dos seus poderes e só podendo, portanto, a Administração ser definida a partir dela, é por referência à norma fundamental que há que perguntar pela existência, sentido e alcance da reserva de administração"[13].

Sob a expressão "reserva de administração" agrupam-se diversas "constelações problemáticas" autonomizáveis entre si, sendo várias as formulações mencionadas pelos autores que trataram o tema[14]. Todavia, e à margem de terminações concetuais, a discussão doutrinária do tema orienta-se basicamente em função de uma resposta afirmativa ou negativa à questão da existência da reserva de administração enquanto conceito jurídico-constitucional autónomo. Assim, enquanto parte da doutrina se inclina pela existência dessa reserva de administração[15], a outra parte nega-a em termos absolutos. Existem no entanto alguns autores que consideram que não pode falar-se de uma reserva de administração geral, mas que aceitam a existência de determinadas reservas de administração especiais no sentido da existência de competências concretas ordenadas constitucionalmente[16].

---

blico na vida económica, social e cultural e as mutações sofridas pela lei, contribuíram para a crescente indefinição das matérias que devem receber a qualidade de constitucional, e aquelas que devem ter-se por administrativas. Aliás, como refere Jorge Miranda, "quando o Estado (...) do século XXI se apresenta como um Estado administrativo, em vez de legislativo (para empregar uma expressão de Carl Schmitt), muito do que é administrativo eleva-se a constitucional; inversamente, quando a lei se traduz em medidas concretas ou emana do Poder Executivo, é esse acto de Direito constitucional que parece convolar-se em acto de Direito administrativo". JORGE MIRANDA, *Manual de Direito Constitucional*, Tomo I, 9ª ed., Coimbra Editora, 2011.

[13] NUNO PIÇARRA, última obra citada, pág.330.

[14] Podem enumerar-se várias contraposições possíveis: reserva factual de administração e reserva jurídica de administração, reserva de administração horizontal e reserva de administração vertical, reserva de administração geral e reservas de administração especiais, reserva de administração total ou absoluta e reserva de administração relativa; reserva constitucional de administração ou reserva legal de administração, reserva de administração funcional, formal ou procedimental e reserva material de administração. A este respeito *vide* BERNARDO DE AYALA, *O (défice de) controlo judicial...*, pág.44; e GOMES CANOTILHO, *Direito Constitucional e Teoria da Constituição*, 7ªed., pág.740-742.

[15] Veja-se, entre outros, MARCELO REBELO DE SOUSA, "10 questões sobre a Constituição, o orçamento e o plano", in *Nos dez anos da constituição*, Lisboa, 1986.

[16] Cfr. NUNO PIÇARRA, "A Reserva de Administração", *in O Direito*, ano 122, 2, I e II parte, 1990, pág.325 e ss.; GOMES CANOTILHO, *Direito Constitucional e Teoria da Constituição*, 7ªed., pág.740 e ss; JORGE REIS NOVAIS, *Separação de poderes e limites da competência legislativa da Assembleia da República*, Lisboa, 1997.

OS NOVOS ATORES DA JUSTIÇA PENAL

Também o Tribunal Constitucional teve já oportunidade de tratar o assunto, nomeadamente nos seus acórdãos nºs 461/87, 1/97, 24/98 e 214/2011, tendo, em todos eles, concluído pela inexistência de qualquer reserva constitucional de administração.

2.3. A distinção entre a função administrativa e a legislativa

Antes de darmos início a considerações mais aprofundadas sobre o tema da reserva de administração (na sua vertente de reserva face ao poder legislativo), sobra ainda espaço para uma importante distinção.

Tradicionalmente a função legislativa distinguia-se facilmente da função administrativa (executiva[17]) quer pelo respetivo autor- de um lado o parlamento e do outro o governo-, quer pela respetiva modalidade- de um lado a emissão de normas jurídicas gerais e abstratas e do outro a prática de atos individuais e concretos. Além disso, a distinção era ainda denotada por considerações de substância (as leis eram as normas jurídicas relativas aos cidadãos), de âmbito das reservas (de lei e da Administração), e ainda pela hierarquia normativa que traduzia o primado do nível legal sobre o nível regulamentar.

Todavia, diversas alterações vieram perturbar este "estado de coisas", fazendo com que surgissem novas e inesperadas dificuldades. Por um lado, o sujeito deixou de ser, *de per si*, um critério de distinção uma vez que o Executivo também exerce atualmente funções legislativas; também a hierarquia deixou de ser inequívoca, existindo leis reforçadas com outras leis ou diplomas legislativos; de igual forma, o caráter geral e abstrato deixou também de ser decisivo dado que tanto o Parlamento como o Governo aprovam leis individuais e leis-medida com caráter concreto. Assim, neste contexto, as caraterísticas da generalidade e da abstração são apenas típicas (mas não exclusivas) da função legislativa, e o caráter concreto é (se tanto)

---

[17] Quando falamos em Executivo não podemos olvidar que nesta designação se integram duas realidades diferentes: o Governo e a Administração *stricto sensu*. O Governo é, como se sabe, um órgão simultaneamente político e administrativo, assumindo o papel de "órgão superior da Administração Pública". A própria Constituição faz a distinção entre o Governo e a Administração Pública, clarificando quais são as competências políticas e legislativas e quais são as competências administrativas daquele (artigos 182º, 197º, 198º e 199º da CRP). Nos termos do presente trabalho debruçar-nos-emos sobretudo sobre o quadro do exercício da sua função administrativa, incluindo-se a reserva de administração, aqui considerada, exclusivamente no âmbito dessa função.

típico da função administrativa[18], pelo que não consubstanciam critérios suficientes para assegurar a distinção.

Hoje em dia já não cabe ao Parlamento apenas legislar, assim como já não cabe ao Executivo (Governo) apenas executar as leis. Os principais problemas da distinção substancial entre a função administrativa e a função legislativa surgem então "na fronteira recortada pela dimensão formal-orgânica, na medida de tipicidade constitucional das formas e dos órgãos legiferantes- isto é, põe-se sobretudo perante decisões administrativas tomadas por um órgão com poderes legislativos como o Governo".

No âmbito das relações entre legislação e administração, a importância prática da distinção material entre as duas funções assume grande relevância fornecendo um critério quer para a resolução, em regra pelo Tribunal Constitucional, de eventuais conflitos de competência entre órgãos constitucionais no quadro da separação de poderes; quer para a proibição da intervenção regulamentar administrativa em matéria legislativa[19]; quer para a proibição da intervenção do Parlamento no exercício concreto da função administrativa[20].

2.4. A reserva de Administração e a Constituição da República Portuguesa

Visto que a Constituição é o fundamento jurídico do Estado e dos seus poderes, é a partir dela que a função administrativa deve ser definida e justificada. Dito por outras palavras, é por referência à Constituição enquanto Lei Fundamental que cumpre questionar a eventual existência (e, consequentemente, a justificação) de uma reserva de Administração.

Desde logo, existem determinados princípios estruturantes do nosso modelo constitucional que são diretamente chamados à temática da reserva de administração. É o caso quer do princípio da legalidade da adminis-

---

[18] A função administrativa não se limita mais apenas às decisões concretas, emitindo normas jurídicas gerais e abstratas (regulamentos) por vezes com elevado grau de autonomia face à lei (regulamentos independentes).

[19] Veja-se o caso das posturas municipais que regulam primariamente direitos, liberdades e garantias ou que criam tributos unilaterais.

[20] Veja-se, a título de exemplo, as questões suscitadas no caso de criação pela Assembleia da República de vagas adicionais no ensino superior público e no caso de alteração de um contrato de concessão de auto-estrada, analisados pelo Tribunal Constitucional nos seus acórdãos nº1/97 e nº241/98, respetivamente.

tração pública (artigo 266º/2 da CRP), quer do princípio da separação de poderes (artigo 2º e 111º da CRP). É através destes princípios fundamentais do Estado de Direito democrático que se deve averiguar se é possível deduzir diretamente uma reserva de administração expressa num núcleo material-funcionalmente delimitado livre de ingerências do poder legislativo. De acordo com Nuno Piçarra, o princípio da separação de poderes está associado a uma caraterização material das funções do Estado, mas não se esgota, porém, "na tripartição funcional legislação, execução e jurisdição, coincidente com a tripartição orgânica legislativo, executivo e judicial"[21].

Na verdade, a Constituição Portuguesa atribui à Assembleia da República e ao Governo uma função legislativa e política, bem como uma função jurisdicional aos tribunais. Mas, para além disso, atribui ainda uma função administrativa ao Governo e uma função de fiscalização à Assembleia da República. Ora, no que diz respeito à função administrativa- função essa que se consubstancia como sendo o ponto de partida para a delimitação de uma eventual reserva de administração- há que sublinhar a sua natureza heterogénea, não podendo ser reduzida a uma função meramente executiva mas abrangendo também funções planificadoras, normativas, de gestão financeira, de produção de bens e prestação de serviços.

Assim, considera Nuno Piçarra que, apesar do recorte constitucional do princípio da separação de poderes permitir afirmar que não lhe repugna um conceito de reserva de administração que delimite um "núcleo essencial da função administrativa", a natureza heterógena daquela função torna impossível a definição desse núcleo essencial em que consistiria a reserva de administração enquanto reserva geral tendencialmente absoluta[22]. Acrescenta ainda o autor que, mesmo que se prescindisse de uma "definição ou de uma delimitação tipificante da função administrativa, não se encontra na CRP qualquer base para uma reserva de administração equiparável a uma reserva de parlamento ou a uma reserva de juiz. (...) Haverá, portanto, que procurar em específicas normas de competência da CRP indicações sobre reservas de administração especiais, em ordem ao apuramento de margens de autodeterminação da AP [Administração Pública] "[23]. O autor advoga assim que não existe na CRP qualquer reserva geral de adminis-

---

[21] NUNO PIÇARRA, "A Reserva de Administração", *in O Direito*, ano 122, 2, 1990, pág.325.
[22] NUNO PIÇARRA, "A Reserva de Administração"..., pág.572 e 573.
[23] NUNO PIÇARRA, última obra citada, pág.574.

tração, posicionando-se ao lado daqueles que negam a existência de uma reserva geral, mas que aceitam determinadas reservas especiais traduzidas em específicas competências administrativas reservadas em diversas modalidades[24].

Também Gomes Canotilho se inclina a favor desta posição. Quanto à questão de saber se à reserva de lei se contrapõe uma reserva de administração constitucionalmente garantida, bem como à questão de saber se existe uma reserva de governo, adianta desde logo a autor que "as únicas reservas constitucionalmente individualizadas são a favor do legislador parlamentar (reserva de lei do parlamento), do legislador-governo (reserva de decreto-lei) ou do legislador regional (reserva de decreto legislativo regional). Isto significa que não há qualquer norma constitucional que vede à lei poder disciplinar determinadas matérias (reserva dita material) ou regular qualquer matéria de determinado modo (reserva estrutural)"[25]. De acordo com Gomes Canotilho perante a multiforme e heterogénea atividade da administração, ainda não foi possível delimitar um núcleo material firme (semelhante e contraposto à reserva de lei) que permita caraterizar com precisão o conteúdo específico da reserva de administração. Daí que possa falar-se meramente de certas reservas especiais de administração. Ainda de acordo com o autor, no plano constitucional existem alguns preceitos consagradores dessas tais reservas especiais de administração que devem ser entendidas como competências específicas diretamente atribuídas ao Governo pela própria Constituição[26].

Dada a indefinição e a falta de concretização precisa da definição conceitual material da função administrativa parece não poder configurar-se uma base segura para suportar o conceito de reserva de administração formulado nos termos dos defensores da sua existência. Os referidos autores rejeitam assim a possibilidade de se concluir pela existência de uma reserva geral e absoluta da administração consagrada nos princípios e preceitos da Constituição, defendendo apenas existência de competências concretas ordenadas constitucionalmente.

É, pois, no sentido de indagar se, paralelamente com o que acontece ao legislador nos domínios de "reserva de lei", também a Administração

---

[24] Vide último autor e obra citada, pág.575 e ss.
[25] GOMES CANOTILHO, *Direito Constitucional...*, pág.739.
[26] Veja-se o caso dos artigos 199º e 227º/1 al.d) da CRP.

OS NOVOS ATORES DA JUSTIÇA PENAL

possui uma esfera em que, de um ponto de vista negativo, estaria livre de ingerências da legislação e, de um ponto de vista positivo, seria ela própria a determinar, vinculada apenas à Constituição, os correspondentes objetivos, tarefas e atividades, que o tema da reserva de administração tem sido perspetivado e recusado pela generalidade dos autores. Todavia, pode, ainda assim, questionar-se, à imagem de Jorge Reis Novais, se há ou não, no conjunto das competências constitucionalmente atribuídas ao Governo e à Administração, um âmbito nuclear que constitui um limite orgânico-funcional à intervenção do parlamento, no sentido de que este, embora possa legislar, não o pode fazer em termos que signifiquem uma determinação integral da atuação daqueles ou uma substituição material das suas decisões?

Ora, sob a perspetiva de contraposição entre reserva de administração e reserva de lei parece então ser lícita a recusa da existência de uma reserva material de administração em termos gerais. Mas, não poderá desconsiderar-se, como admitem vários autores, que "à ideia de separação de poderes não repugna o conceito de uma reserva de administração que delimite um cerne da função administrativa sobre o qual não sejam consentidas ingerências dos outros poderes"[27]. Neste sentido defende Jorge Novais que não se trata de apurar a existência de uma reserva apenas fática de Governo ou de Administração ou de reconhecer ao parlamento um poder de auto-limitação que resultasse indiretamente na criação de uma espaço de livre decisão administrativa, mas sim de saber se a Constituição impõe ou não limites juridicamente vinculativos ao legislador parlamentar. Pelo que, a análise das questões controvertidas assim delineadas terá de partir

---

[27] SÉRVULO CORREIA, *Legalidade e Autonomia contratual nos contratos administrativos*, Almedina, 2003, pág.104 e 487. E ainda em igual sentido JORGE REIS NOVAIS, *Separação de poderes e limites da competência legislativa da Assembleia da República*, Lisboa, 1997, pág.34 e ss.; BERNARDO DE AYALA, *O (défice de) controlo judicial da margem de livre decisão administrativa*, Lex, Lisboa, 1995, pág.52 e ss e NUNO PIÇARRA, A Reserva de Administração", *in O Direito*, ano 122, 2, Abril/Junho 1990, pág.572-574. Considera este último autor que, embora o recorte constitucional do princípio permita afirmar que não lhe repugna um conceito de reserva de administração que delimite um núcleo essencial da função administrativa, e que o seu escopo nivelador dos vários poderes do Estado perante a CRP imponha uma certa autonomia da Administração Pública, tais considerações se revelam de reduzida valia sempre que é necessário resolver um preciso conflito constitucional. "(...) atendendo ao carater secundário ou derivado da função administrativa por referência à lei, a ideia de núcleo essencial, na parte em que pretenda servir de limite preciso à predeterminação legal de tal função, mostrar-se-á sempre inconcludente".

necessariamente da Constituição (em especial do princípio da separação e interdependência de poderes)[28].

2.5. Princípio da separação de poderes

Nos termos do nº 1 do artigo 111º da Constituição, "os órgãos de soberania devem observar a separação e interdependência estabelecidos na Constituição", estabelecendo o nº2 que "nenhum órgão de soberania, de região autónoma ou de poder local pode delegar os seus poderes noutros órgãos, a não ser nos casos e nos termos expressamente previstos na Constituição e na lei". Este princípio de separação e interdependência de poderes, que anteriormente apenas aparecia formulado no capítulo da organização do poder político, passou, com a revisão constitucional operada em 1997, a figurar também no artigo 2º da Constituição[29]. Esta dupla referência reafirma a posição do princípio da separação de poderes simultaneamente como "um princípio fundamental do momento organizatório da Constituição" e como "um dos princípios definidores da comunidade política e do Estado"[30]. A separação dos órgãos de soberania é constitucionalmente concebida quer como critério ordenador da relação entre funções e tarefas constitucionais, de um lado, e órgãos de soberania do outro, quer como princípio de divisão das funções públicas.

Considera-se, atualmente, que o princípio da separação de poderes não cumpre apenas o papel com que entrou na história do constitucionalismo de repartição orgânico-funcional dos poderes do Estado com vista à protecção das liberdades e direitos fundamentais dos cidadãos, con-

---

[28] JORGE REIS NOVAIS, última obra citada, pág.35. Acrescenta ainda o autor que "assim, teremos de concluir que uma resposta generalizável às interrogações formuladas, tem de ser encontrada, em última análise, não apenas nos preceitos constitucionais de atribuição de competências específicos, mas no próprio princípio da divisão de poderes, dado que esse princípio, para poder funcionar como critério constitucional operativo (...) constitui necessariamente um critério jurídico fundamentador mais amplo que a mera soma das concretizações expressas e específicas que encontrou noutras disposições constitucionais". Último autor e obra citados, pág.36.

[29] Com a diferença de que, enquanto na caraterização do Estado de direito democrático se menciona, de modo mais abrangente, a "separação e interdependência de poderes"; o capítulo relativo à organização do poder político a separação e interdependência que a Lei Fundamental manda observar respeita aos poderes dos órgãos de soberania.

[30] *Vide* Acórdão do Tribunal Constitucional nº 214/2011, disponível em http://www.tribunalconstitucional.pt/tc/acordaos/.

OS NOVOS ATORES DA JUSTIÇA PENAL

substanciando-se hoje "inequívoca e claramente como um dos *essentialia* do Estado de direito democrático"[31] e desempenhando uma pluralidade de funções constitucionais: função de medida, de racionalização, de controlo e de proteção.

Neste sentido reclama-se do princípio virtualidades que vão para além da garantia da liberdade através da inibição, moderação ou equilíbrio dos poderes, exigindo-se hoje que "as funções estatais estejam de tal forma estruturadas e repartidas que as decisões venham a ser auto-responsavelmente tomadas pelos órgãos mais aptos (...)"[32]. Reconhece-se pois a necessidade de garantia a cada um dos poderes do Estado de uma margem de autonomia auto-responsável na realização das funções que lhe são atribuídas. Visto por este prisma, o princípio da separação de poderes implica "a necessidade de um núcleo essencial de competência de cada órgão, apurado a partir da adequação da sua estrutura ao tipo ou à natureza de competência de que se cuida"[33].

O princípio da separação e interdependência dos órgãos de soberania, enquanto princípio estrutural da organização do poder político no nosso Estado de Direito, carateriza-se por ter duas "vertentes" fundamentais: por um lado o modelo do balanceamento (cheks and balances) que "através de freios e contrapesos recíprocos os vários "poderes" encarregados de várias e distintas funções operam um controlo do poder garantindo a liberdade dos indivíduos e evitando o aparecimento de um poder superpesado perigosamente totalizador do poder do Estado"[34]; por outro o modelo do núcleo essencial de cada poder estadual [35]. Analisemos com mais pormenor esta segunda vertente.

---

[31] Acórdão do Tribunal Constitucional nº24/98, disponível em http://www.tribunalconstitucional.pt/tc/acordaos/.

[32] JORGE REIS NOVAIS, *Separação de poderes...*, pág.38.

[33] JORGE MIRANDA, *Manual de Direito Constitucional*, Tomo VII, Coimbra, 2007, pág. 83

[34] GOMES CANOTILHO, *Direito Constitucional...*, pág.551. Através deste esquema pretende-se um certo grau de participação conjunta dos vários órgãos do poder, evitando-se a excessiva concentração de poder num ou nalguns órgãos do poder político.

[35] Note-se que a interdependência orgânico-funcional derivada do sistema de freios e contrapesos não exclui que cada função seja predominantemente exercida por um certo tipo de poder corporizado em determinados órgãos. Aos órgãos de soberania separados e interdependentes são confiadas funções materialmente diferenciadas.

2.5.1. A teoria do núcleo essencial

De acordo com Gomes Canotilho do facto da CRP consagrar uma estrutura orgânica funcionalmente adequada é legítimo deduzir que os órgãos especialmente qualificados para o exercício de certas funções não podem praticar atos que materialmente se aproximam ou são mesmo caraterísticos de outras funções e, portanto, da competência de outros órgãos[36]. Assim, e embora a posição maioritária seja a de que não existe uma separação absoluta de funções, coloca-se o problema de saber se haverá um "núcleo essencial" caraterizador do princípio da separação de poderes e protegido pela Constituição. De acordo com o autor, o princípio da separação de poderes exige a correspondência entre órgão e função, só admitindo exceções quando não for sacrificado o seu núcleo essencial, ou seja, a nenhum órgão podem ser atribuídas funções das quais resulte o esvaziamento das funções materiais especialmente atribuídas a outro[37]. Quer isto dizer que a interdependência entre os vários poderes torna aceitável a interpenetração de funções mas com um limite básico e incontornável: o núcleo essencial de cada uma. O núcleo essencial de cada uma das funções remete para um campo de tarefas típico de cada um dos órgãos de soberania, tarefas essas que não poderão deslocar-se para outros órgãos sob pena de violação do núcleo essencial e, consequentemente, do próprio princípio da separação. Todavia, permanece em aberto o problema de saber onde começa e onde acaba o núcleo essencial de uma determinada função.

Ora, este problema do núcleo essencial da cada poder estadual está diretamente ligado ao problema da reserva de administração, havendo mesmo autores que defendem que: "a reserva de administração em face do legislador fundamenta-se juridicamente no princípio da separação de poderes na medida em que este pressupõe, em cada função do Estado, um núcleo irredutível e insuscetível de ser compartilhado com outros poderes estaduais. O núcleo duro da função administrativa seria a reserva de administração"[38].

A jurisprudência constitucional portuguesa defende também a existência do referido núcleo essencial do princípio da separação. Pode ler-se no Parecer nº 16/79 da Comissão Constitucional que: "deve aceitar-se, à

---

[36] GOMES CANOTILHO, última obra citada, pág.559.
[37] GOMES CANOTILHO, última obra citada, pág.559.
[38] BERNARDO DE AYALA, , *O (défice de) controlo judicial...*, pág.52.

OS NOVOS ATORES DA JUSTIÇA PENAL

luz da nossa Constituição, o princípio da divisão dos poderes ou, o que desta perspectiva é o mesmo, o princípio da divisão de funções entre os diferentes órgãos de soberania. Princípio que aflora numa pluralidade de preceitos da parte II da Constituição e, de modo especial, no artigo 114º [atual 111º] nº 1. Não é tarefa isenta de dúvidas e dificuldades definir, à luz do que acaba de ser exposto, em concreto e perante todas as possíveis constelações problemáticas, o exacto alcance da divisão de funções entre os diferentes órgãos de soberania. Nem haverá que negar, por outro lado, que a própria Constituição- como de resto, em maior ou menor medida, sucede com a generalidade das Constituições- não leva o princípio às últimas consequências lógicas, impondo ou permitindo ela própria, em muitos casos, uma certa sobreposição (máxime quando distribui funções legislativas pela Assembleia da República, pelo Conselho da Revolução e pelo Governo). Nada disto, porém, impedirá a existência de largo consenso quanto ao núcleo essencial do princípio. Ele radica em duas direcções: por um lado, na de que a função legislativa é atribuída em princípio ao Parlamento, a função executiva ao Governo, a função judicial aos Tribunais; por outro, na de que os órgãos do Legislativo, do Executivo e do Judiciário se controlam ou limitam mutuamente, de tal forma que o poder do Estado resulte atenuado e a liberdade das pessoas protegida. E daqui já deverá concluir-se que haverá inconstitucionalidade – por violação da norma do artigo 114º nº 1 ou do princípio constitucional da divisão e repartição de funções entre os diferentes órgãos de soberania – sempre que um órgão de soberania se atribua, fora dos casos em que a Constituição expressamente o permite ou impõe, competência para o exercício de funções que essencialmente são conferidas a outro e diferente órgão"[39].

2.6. A posição do Tribunal Constitucional

Como se referiu supra, já por diversas vezes teve o Tribunal Constitucional oportunidade de se pronunciar relativamente à questão quer da eventual existência de uma reserva geral de administração, quer da existência de um núcleo essencial de cada órgão estadual associado ao princípio da separação e interdependência de poderes. Em todos os acórdãos que versam sobre estas matérias considerou o Tribunal que não é configurável, no nosso ordenamento jurídico-constitucional, a existência de qualquer

---

[39] Parecer nº 16/79 em *Pareceres da Comissão Constitucional*, 8º vol., pág. 207.

reserva material geral de administração imposta ou justificada pela Constituição, defendendo, todavia, que se deverá ter por inerente ao princípio do Estado de direito democrático a reserva de um núcleo essencial da administração ou do executivo (como condição da limitação do exercício dos poderes pelos órgãos de soberania e da própria necessidade de responsabilização do Governo). Note-se, no entanto, que só estaremos perante uma intromissão ilegítima no referido "núcleo essencial" quando a colisão com tal núcleo "implicar uma pura substituição funcional do Executivo, no preciso espaço da sua atividade normal, pelo Parlamento, sem qualquer justificação especial".

Dos diversos acórdãos do Tribunal Constitucional referentes à matéria em causa, cremos que o nº1/97 é aquele que se apresenta como mais relevante e que melhor pode "alumiar", em certa medida, o caminho do presente trabalho, pelo que nos vamos deter mais detalhadamente na análise do mesmo (deixando algumas considerações sobre os restantes apenas para notas de rodapé)[40].

• Acórdão nº 1/97

As questões de constitucionalidade suscitadas no acórdão em análise radicaram no entendimento de que os artigos 1º e 2º do Decreto nº 58/VII não são nem uma alteração legislativa do regime material de acesso ao ensino superior (uma vez que o Decreto-Lei nº 28-B/96, de 4 de Abril, não terá sido revogado, no todo ou em parte) nem uma alteração das competências administrativas (atribuídas ao Governo por aquele diploma legal). As normas sindicadas consubstanciariam antes uma alteração excecional e retroativa da regulamentação do concurso nacional de acesso ao ensino superior para o ano lectivo de 1996/97, fixada pela Portaria nº 254/96, de 13 de Julho.

Efetivamente, tais normas determinam que os exames da segunda fase deem acesso a quaisquer cursos e estabelecimentos de ensino, desde que os candidatos tenham obtido notas superiores à do último candidato neles colocado na 1ª fase, e promovem, por conseguinte, uma alteração do

---

[40] Note-se ainda que todos os acórdãos analisados o serão apenas na parte que importa para este trabalho e na medida em que as considerações neles tecidas permitam ajudar a densificar a teoria do núcleo essencial e esclarecer a questão da existência ou não de uma reserva constitucional de administração.

OS NOVOS ATORES DA JUSTIÇA PENAL

número de vagas definido por aquela portaria. As normas em crise implicariam, assim, a criação, pela Assembleia da República, de vagas determinadas, individualizáveis, visto que todas as alterações foram aprovadas já após a apresentação das candidaturas à segunda fase. Posto isto, o Presidente da República indicou como primeiro fundamento do seu pedido a violação do princípio da separação e interdependência de poderes pelas normas do decreto, com base em vários argumentos alternativos, que se podem sintetizar do seguinte modo:

a) Em primeiro lugar, poderá configurar-se uma decisão tomada no âmbito da função administrativa, embora sob a forma de lei, por o conteúdo das normas previstas nos artigos 1º e 2º do Decreto nº 58/VII constituir, alegadamente, regulamentação e execução de actos legislativos e satisfação pontual de necessidades coletivas. Haveria, pois, uma **intrusão no que pode ser designado como núcleo essencial da função administrativa.** Em reforço de tal argumento, foi invocada a circunstância de aquelas normas se referirem a um domínio que está remetido, organicamente, para as competências administrativas do Governo e em que este já havia exercido as suas competências através de atos típicos do exercício da função administrativa – as portarias. Esclarece-se ainda que este primeiro argumento é enunciado partindo do pressuposto de que "alguma doutrina e jurisprudência constitucionais" entendem que a Constituição portuguesa "atribui ao Governo, relativamente à Assembleia da República, **uma reserva de administração**".

b) De acordo com o segundo argumento- e já independentemente do pressuposto da "reserva geral de administração" – a Assembleia da República teria **invadido uma área de competências administrativas especificamente atribuídas ao Governo, nos termos do artigo 202º[41] (atual 199º), alíneas *c), d)* e *g)*, da Constituição.** Tratar-se-ia da competência para a feitura dos regulamentos necessários à boa execução das leis [alínea *c)*], da competência para superintender na administração indireta e exercer tutela sobre a administração autónoma [alínea *d)*] e da competência para a prática de todos os atos e providências necessários à satisfação das neces-

[41] Note-se que à data deste acórdão não tinha ainda ocorrido a alteração constitucional de 1997, pelo que os artigos constantes do acórdão não correspondem à numeração atual.

sidades coletivas [alínea *g)*]. Considerou o Presidente da República que se poderia verificar uma invasão dos domínios administrativos especificamente reservados ao Governo e a ultrapassagem consequente dos limites funcionais da Assembleia da República, que, "em última análise, poriam em causa a racionalidade dos próprios mecanismos políticos de controlo da actividade do Governo por parte do Parlamento e, consequentemente, a actual configuração constitucional da separação e interdependência entre os órgãos de soberania"[42]. Concluindo que, se o Governo for impedido de aplicar a lei de acordo com uma avaliação de prognose própria e responsável, então não será possível ao Parlamento pedir-lhe contas pela execução da sua política (no caso, da sua política educativa). Carateriza-se então a inconstitucionalidade, de acordo com este segundo argumento, como uma violação do princípio da separação e interdependência dos poderes, enquanto este exprime, simultaneamente, uma **garantia constitucional de reservas específicas de administração e a imposição de limites funcionais ao legislador parlamentar decorrentes daquelas reservas.**

c) Como terceiro argumento, igualmente autónomo, refere-se que a Assembleia poderá ter violado o princípio da divisão e interdependência de poderes, na medida em que, "sem fundamento legal bastante e sem prévia habilitação legal, terá posto em crise a função constitucional do Governo como órgão superior da administração pública", nos termos do artigo 185º (atual 182º) da Constituição. De facto, a Assembleia da República teria vindo introduzir, retroativamente, um critério excecional no concurso de acesso ao ensino superior, revogando decisões administrativas que o Governo tomara, legitimamente, ao abrigo da lei em vigor. Nesta perspetiva, a Assembleia da República, ao praticar atos da função administrativa sob a forma de lei, obrigaria o Governo, no caso de pretender alterá-los, a atuar sob a forma de decreto-lei. Ora, desse modo, por força do instituto da ratificação dos decretos-leis, a decisão final caberia sempre e exclusivamente à Assembleia da República, violando-se, assim, a posição do Governo como "órgão superior da administração pública".

---

[42] Vide Acórdão do TC nº 1/97 disponível em http://www.tribunalconstitucional.pt/tc/acordaos/19970001.html.

Perante os argumentos expostos considerou o Tribunal que "a primeira objeção à constitucionalidade das normas do Decreto nº 58/VII assinala que elas constituem uma decisão tomada no **âmbito do núcleo essencial da função administrativa, violando uma reserva geral de administração decorrente do artigo 114º nº 1 [atual 111º/1] da Constituição.** Tal objeção, porém, não é válida nem no plano da pura conexão entre as ideias de Estado de direito democrático e de separação e interdependência de poderes nem no âmbito da estrita interpretação do artigo 114º nº 1 da Constituição. Com efeito, no que se refere ao primeiro plano, apesar de o princípio da separação de poderes ter tido formulações históricas nem sempre associadas à ideia de Estado de direito democrático, aquele princípio veio a adquirir, em conexão com esta ideia, a natureza de um instrumento garantístico da esfera jurídico-subjectiva e, em última análise, de controlo democrático do poder (...). Por isso, logo naquele plano, a **reserva geral de administração surge como inadequada** à função actual do princípio, na medida em que diminuiria possibilidades de efectivação do controlo democrático do Executivo, limitando as áreas de intervenção legislativa do Parlamento e excluindo-o da directa decisão política. Por outro lado, não decorre seguramente do artigo 114º nº 1 [atual 111º] da Constituição, em conjugação com o próprio artigo 2º que consagra o princípio do Estado de direito democrático, uma reserva geral de administração. A separação e interdependência dos órgãos de soberania aí prevista exprime um esquema relacional de competências, funções, tarefas e responsabilidades dos órgãos do Estado, destinado a assegurar, simultaneamente, a referida medida jurídica do poder e um princípio de responsabilidade dos órgãos de soberania. Não se consubstancia, no texto constitucional, qualquer estrita correspondência entre separação de órgãos e separação de funções, de modo a que a separação de órgãos tenha o sentido de implicar uma rígida divisão de funções do Estado entre eles. A interdependência dos órgãos do Estado a que o artigo 114º nº 1 [actual 111º] se refere exprime até uma lógica de colaboração e articulação funcional. A própria atribuição de competência legislativa ao Governo (artigo 201º [atual 198º]) e de outras competências, para além da legislativa, à Assembleia da República (artigos 164º, 165º e 166º [atual 161º, 162º e 163º]) demonstra que a Constituição portuguesa não adotou um modelo de rígida sobreposição de órgãos a funções, em que se viesse a enquadrar uma reserva geral de administração. Finalmente, e de modo decisivo, mesmo **sendo constitucionalmente**

atribuído ao Governo o núcleo essencial da função administrativa, enquanto órgão superior da administração pública e com competência correspondente ao núcleo essencial da função administrativa (artigos 185º e 202º [atual 182º e 199º]), isso não significa que matéria susceptível de ser objecto de actividade administrativa, como a regulamentação de leis, não possa, igualmente, ser objecto de lei da Assembleia da República. Na realidade, de outro modo, a competência administrativa do Governo significaria, necessariamente, um limite de competência legislativa da Assembleia da República quanto a certas matérias[43], limite que a Constituição não permite deduzir, em face do artigo 164º alínea *d)* [atual 161º] que expressamente se refere à competência da Assembleia da República para fazer leis sobre todas as matérias, salvo as reservadas ao Governo (respeitantes à sua própria organização e funcionamento, nos termos do nº 2 do artigo 201º [atual 198/2º])"[44].

Neste mesmo sentido, o Tribunal Constitucional havia entendido anteriormente, no Acórdão nº 461/87[45], de 16 de Novembro, que **não é confi-**

---

[43] Neste sentido também JORGE REIS NOVAIS, *Separação de poderes...*, pág.39 ao afirmar que "quando nos interrogamos (...) sobre a existência de uma área indisponível constitucionalmente reservada ao Executivo relativamente à Assembleia da República, estamos inevitavelmente no domínio dos limites à competência legislativa do Parlamento, pois a forma do acto através do qual a Assembleia da República poderia invadir, com carácter juridicamente vinculante, essa área reservada é, necessariamente, a forma de lei".

[44] Vide acórdão nº1/97 disponível emhttp://www.tribunalconstitucional.pt/tc/acordaos/19970001.html, consultado a 15 de Janeiro de 2015. Em sentido distinto veja-se JORGE REIS NOVAIS, *Separação de poderes...*, pág.27. Defende o autor que na consideração deste argumento pelo Tribunal há "uma clara não consideração da distinção entre competência formal para a prática de um acto e limites funcionais que o conteúdo do acto tem necessariamente de observar num Estado de Direito com separação e organização racional de poderes". Acrescenta ainda o autor que o que importa não é saber se a Assembleia pode legislar sobre qualquer matéria- porque indiscutivelmente pode (salva a exceção do artigo 198º/2) – mas sim se o pode fazer com um qualquer conteúdo. De facto não há, à exceção da própria organização e funcionamento do Governo, nenhuma outra matéria que a CRP exclua da competência legislativa da Assembleia da República, podendo o parlamento, graças à sua competência legislativa genérica (artigo 161º al. *d)*), legislar sobre qualquer matéria. Mas o que importa é questionar se, podendo embora legislar sobre qualquer matéria, o pode fazer com um conteúdo tal que invada ou afete aquele núcleo essencial da administração.

[45] Pode ler-se no referido acórdão que "(...) o legislador dispõe de uma omnímoda faculdade – constitucionalmente reconhecida – de programar, planificar e racionalizar a actividade administrativa, pré-conformando-a no seu desenvolvimento, e definindo o espaço que ficará à liberdade de critério e à autonomia dos respectivos órgãos e agentes, ou antes pré-ocupando-o

OS NOVOS ATORES DA JUSTIÇA PENAL

gurável, no ordenamento jurídico-constitucional português, qualquer reserva material de administração, que inclua, nomeadamente, uma reserva de regulamento ou impeça a Assembleia da República de tornar objeto de lei matéria disciplinável administrativamente. No entanto, acrescentou o Tribunal no acórdão nº 1/97 que, mesmo que se reconheça que **será sempre inerente ao princípio do Estado de direito democrático a reserva de um núcleo essencial da administração ou do executivo –** como condição da limitação do exercício dos poderes pelos órgãos de soberania e da própria necessidade de responsabilização do Governo- ,ainda assim, **"a colisão com tal núcleo haveria de implicar uma pura substituição funcional do Executivo, no preciso espaço da sua actividade normal, pelo Parlamento, sem qualquer justificação especial"**[46].

A alegação de que as normas em crise, referindo-se aos critérios segundo os quais deveriam ser colocados nos cursos e estabelecimentos da sua opção os candidatos ao concurso da segunda fase para o ingresso no ensino superior, mediante a criação de vagas adicionais, constituem uma invasão, pela Assembleia da República, do âmago da função administrativa, ofendendo uma reserva geral de administração, foi considerada pelo Tribunal como não procedente por uma dupla razão: **"tal reserva não é configurada na Constituição"**; e "as normas sindicadas, pela sua natureza, nem sequer são susceptíveis de invadir o **núcleo essencial da função administrativa"**.

Quanto à alegação de que as normas em análise violam **reservas funcionais específicas**, decorrentes do artigo 202º (atual 198º), alíneas c), d) e g), da Constituição, as quais se imporiam independentemente de um imperativo de reserva geral de administração- ínsito no princípio do Estado de direito democrático –, considerou o Tribunal que "na verdade, tal argumento reduz a um plano meramente positivo a tese do núcleo essencial, lendo a atribuição pelo legislador constitucional de competência administrativa ao Governo como reserva efectiva. Contudo, é muito discutível que a delimitação da competência do Governo prevista no artigo 202º [atual 199º] corresponda, no sistema lógico-sistemático da Constituição por-

---

(preferência de lei)." Acórdão nº461/87 disponível em http://www.tribunalconstitucional. pt/tc/acordaos/19870461.html, consultado a 15 de Janeiro de 2015.

[46] Cfr. Acórdão nº1/97, disponível emhttp://www.tribunalconstitucional.pt/tc/acordaos/19970001.html. Sobre a referida doutrina do "núcleo essencial", cfr. Parecer nº 16/79 em *Pareceres da Comissão Constitucional*, 8º vol., pág. 205 e ss., e ainda Parecer nº 26/79 em *Pareceres da Comissão Constitucional*, 9º vol., pág. 131 e ss.

tuguesa, a qualquer reserva material de competência do Governo com a mesma natureza da reserva de lei (...). Na verdade, a necessidade de atribuir ao Executivo um domínio de actuação específico, como corolário da divisão e interdependência dos órgãos de soberania, não implicará uma reserva originária e absoluta relativamente a determinadas matérias, mas, tão-só, a competência para escolher entre alternativas de decisão, no espaço não delimitado previamente pela lei parlamentar. E isto há-de significar apenas a reserva de um poder formal de regulamentação, de poderes formais para praticar actos de organização da administração e de poderes políticos gerais, nos termos do artigo 202º [199º], alíneas c), d) e g), respectivamente. (...). Faltará, por tudo isto, a premissa fundamental de que decorreria uma violação, pelas normas em análise, das reservas funcionais contempladas no artigo 202º da Constituição: a própria natureza originária, absoluta e material das mesmas reservas"[47].

Em suma, no acórdão em apreço o Tribunal Constitucional considerou que o decreto da Assembleia da República em análise não era inconstitucional por violação do princípio de separação de poderes, nem podia violar uma alegada reserva geral de administração decorrente- segundo certas orientações- do artigo 114º/ 1, da versão então em vigor da Constituição[48],

---

[47] A outra objeção constante do pedido aponta para a violação pelas normas em causa da posição constitucional do Governo, enquanto órgão de condução da política geral do país e órgão superior da administração pública. A Assembleia da República, depois de aceitar a remissão legal de competências para o Governo, teria vindo introduzir novos critérios, revogando decisões administrativas que o Governo já havia tomado ao abrigo da legislação em vigor. Argumentou o Tribunal que "o papel do Governo como órgão de condução da política e órgão superior da administração pública postula actuações legalmente fundamentadas e o exercício de uma discricionariedade dentro do espaço legalmente consentido – o que terá de depender dos necessários apoios parlamentares e não de qualquer reserva de executivo. Por outro lado, não será uma esporádica e excepcional limitação do espaço de manobra do Governo, sem qualquer deliberada e reiterada substituição funcional pela Assembleia da República, que poderá violar o artigo 185º [atual 182º] da Constituição". AC TC nº 1/97.
[48] Como já se referiu supra, depois da data de assinatura desse acórdão ocorreu um aditamento ao texto constitucional que é pertinente à matéria e que importa por isso destacar. Na verdade, a Lei Constitucional nº 1/97, de 20 de Setembro, veio acrescentar à redação constante do artigo 2º da Constituição, a referência à "separação e interdependência de poderes". Assim, este princípio, que aparecia apenas formulado a propósito da organização do poder político (artigo 114º/1, a que corresponde o artigo 111º/1 da atual versão) adquiriu um reforçado reconhecimento, ao ser explicitado inequívoca e claramente, na sua dupla vertente, como um dos essentialia do Estado de direito democrático. Tal introdução visou, por um lado, a integração da ideia de separação de poderes, como sub-princípio, no princípio do Estado

OS NOVOS ATORES DA JUSTIÇA PENAL

uma vez que não decorria seguramente desse preceito constitucional, em conjugação com o artigo 2º da mesma versão, tal reserva geral de administração, pois a "separação e interdependência dos órgãos de soberania aí previstos exprime um esquema relacional de competências, funções, tarefas e responsabilidades dos órgãos do Estado, destinado a assegurar, simultaneamente, a referida medida jurídica do poder e um princípio de responsabilidade dos órgãos de soberania (...).". De igual modo, não se retira do conjunto das objeções aduzidas qualquer argumento decisivo a favor da inconstitucionalidade das normas em crise, pelo que foi entendimento do Tribunal que elas não contrariam o princípio da separação e interdependência de poderes[49].

de direito, (quando, na anterior versão da Constituição, este princípio aparecia apenas a propósito da organização do poder político e acentuava o aspeto da interdependência dos órgãos de soberania previstos na Constituição) e, por outro lado, pretendeu acolher a tese de que tem de existir uma verdadeira separação de poderes, no sentido de correlação de funções e de órgãos, e não uma mera necessidade dos órgãos de soberania deverem "observar a separação e a interdependência estabelecidas na Constituição" (cfr. artigo 111º/1, e ainda o artigo 288º alínea j) da CRP). É atualmente, e pelas razões expostas, ainda mais incontroverso que o princípio da divisão dos poderes, na sua dupla e clássica vertente da "separação" e da "interdependência" dos poderes, se consubstancia como um princípio básico estrutural do nosso Estado de Direito.

[49] Apesar da decisão não ter sido consensual, o que importa no presente trabalho é perceber qual a posição do Tribunal a propósito da configuração da questão da reserva de administração e da existência de um núcleo essencial da função administrativa decorrente do princípio da separação e interdependência de poderes. Ainda a este propósito veja-se a Declaração de Voto de Fernando Alves Correia: "(...) Tendo como ponto de referência o sentido e alcance do princípio da separação de poderes e tendo em conta a natureza das normas dos artigos 1º e 2º do Decreto nº 58/VII da Assembleia da República, sou de opinião que elas implicam uma invasão por parte deste órgão de soberania do **núcleo essencial da competência administrativa do Governo,** o qual abrange, seguramente, a competência exclusiva para modificar, total ou parcialmente, o conteúdo de actos administrativos por si praticados ou por órgãos administrativos dele hierarquicamente dependentes. Uma tal violação do núcleo essencial da competência administrativa do Governo resulta, fundamentalmente, do momento e do modo de actuação da Assembleia da República **e não de uma invasão por parte deste órgão de soberania de uma pretensa zona ou área reservada da Administração Pública, que, no caso, não existe** (...)". E ainda a Declaração de Voto de José Manuel Cardoso da Costa: "(...) Se – tal como se sustenta no precedente Acórdão – **considero que não pode falar-se, no nosso quadro constitucional, de uma qualquer "reserva geral" da Administração, de contornos "materiais",** é, todavia, meu entendimento (como resulta da posição que assumi no Acórdão nº 461/87, de que fui relator, e, em particular, da declaração de voto que juntei a esse aresto) **que o legislador, no uso dos seus amplos "poderes de conformação" (ou**

Apesar de no concreto caso *sub judice* o Tribunal se ter pronunciado pela não violação do princípio da separação de poderes por ter entendido que não houve uma pura substituição funcional do Executivo, no preciso espaço da sua atividade normal, pelo Parlamento, sem qualquer justificação especial, a verdade é que o Tribunal reconheceu categoricamente a existência de um núcleo essencial da administração/executivo como condição da limitação do exercício dos poderes pelos outros órgãos de soberania e da própria necessidade de responsabilização do Governo.

Todavia a densificação e delimitação desse núcleo permanece em aberto. Ainda assim, não é pelas dificuldades em apurar o seu conteúdo nem pela impossibilidade de delimitar uma reserva material de administração (daí a sua rejeição), que deve ignorar-se a relevância jurídica da existência de um núcleo essencial de cada função e poder estaduais.

Na tentativa de encontrar critérios que permitam recortar este âmbito nuclear da função administrativa, sublinha, desde logo, Jorge Novais que "não se trata de um núcleo constituído por uma área materialmente delimitável, no sentido que é geralmente atribuído ao conceito de reserva geral de administração"[50]. Para além de não ser materialmente delimitável, considera o autor que também não pode ser delimitada em abstrato. Assim, não podendo a determinação do que seja o conteúdo do núcleo essencial ter uma solução unívoca e linearmente apurada em abstrato- sem ter presente a multiplicidade de fatores imprevisíveis suscitados em cada caso concreto- a sua eventual violação só pode ser definitivamente determinada perante as circunstâncias de cada caso concreto em apreço[51].

---

da sua "liberdade constitutiva"), **não pode ir ao ponto de pôr em causa aquele mínimo de "autonomia" que há-de ser reconhecido ao Governo no exercício da função administrativa** que tipicamente lhe cabe (enquanto "órgão superior da administração pública": artigo 185º da Constituição). Há-de haver aí, na verdade, algum limite "funcional", o qual decorrerá do princípio da "separação e interdependência dos órgãos de soberania" (...)". Com interesse também para o tema em análise veja-se ainda a Declaração de Voto de Bravo Serra.

[50] Ou seja, enquanto núcleo de matérias em que a atividade administrativa está livre de pré-determinação legislativa. JORGE REIS NOVAIS, *Separação de poderes...*, pág.59.

[51] "Trata-se, em nosso entender, de uma garantia do conteúdo essencial das competências constitucionais do Governo que vem implicada no princípio constitucional da divisão de poderes, e cuja delimitação, não sendo abstractamente pré-determinável a partir do texto da Constituição, só pode ser apurada pontualmente em função de o estatuto constitucional do Governo resultar ou não afectado, no caso concreto, por determinada imposição da Assembleia da República". JORGE REIS NOVAIS, última obra citada, pág.60.

OS NOVOS ATORES DA JUSTIÇA PENAL

Sendo, no entanto, necessário encontrar critérios que permitam decidir quando é que, em cada caso concreto, o núcleo essencial da administração, está ou não a ser afetado, o autor propõe a seguinte regra orientadora: "há violação daquele conteúdo essencial quando, por força de determinação parlamentar, o Governo é pontualmente degradado ao nível de um órgão subordinado que recebe ordens ou instruções vinculativas da Assembleia da República- de forma não consentânea com o seu estatuto constitucional de órgão de soberania, de órgão encarregado da condução da vida política ou de órgão supremo da Administração Pública- ou quando vê frustrada, por força das mesmas imposições, a possibilidade de determinar auto-responsavelmente, na medida que lhe esteja constitucionalmente atribuída, o sentido e o conteúdo das suas competências"[52/53].

[52] JORGE REIS NOVAIS, última obra citada, pág.61. Uma vez que a garantia do conteúdo essencial só faz sentido no contexto concreto de relacionamento entre as duas instituições (Assembleia/Governo), então só caso a caso, "em função do circunstancialismo concreto dos impulsos e orientações que cada uma delas pretende imprimir ao exercício das suas competências", é possível apurar se há ou não violação daquele âmbito nuclear (e, consequentemente, inconstitucionalidade). Acrescenta ainda o autor a seguinte ideia: ainda que a eventual violação do âmbito nuclear do poder executivo só possa ser definitivamente apurada tendo em conta o caso concreto, há certos domínios em que se pode partir de uma presunção em favor de uma reserva de executivo. Estes domínios reservados situam-se tanto no âmbito da função governativa (exercício das competências decorrentes do artigo 182º e das expressamente discriminadas no artigo 197º) como no âmbito da função administrativa (exercício das competências decorrentes do artigo 182º e das discriminadas no artigo 199º, designadamente as reservas de direção, superintendência e tutela da administração e as reservas de execução e de caso concreto- traduzindo assim aquilo que vários autores denominam por "reservas específicas de administração").

[53] No acórdão nº24/98 o Tribunal reiterou as afirmações de princípio e a abordagem que fez relativamente às suas anteriores decisões (nomeadamente, acórdão nº461/87 e nº1/97), do alcance e das implicações do princípio da separação e da interdependência dos poderes, no que tange às relações entre o poder legislativo e o poder executivo. Neste sentido, afirmou o Tribunal que "mesmo havendo sempre que considerar constitucionalmente um espaço próprio e típico de actuação do Governo, como "órgão superior da administração pública" (artigo 182º; e cfr. artigo 199º), tal não significa que o legislador parlamentar não possa pré-ocupar esse espaço no uso dos seus amplos "poderes de conformação". Ponto é que se contenha no limite "funcional" que representa a proibição de uma pura substituição funcional do Executivo, no preciso espaço da sua actividade normal". Acrescentando ainda que "também para quem entenda que, podendo haver, em determinadas situações, "reservas específicas de regulamentação" detidas pelo Governo, porém, ainda nelas não é totalmente vedada uma actuação legislativa por parte da Assembleia da República, contanto que o Parlamento, ao efectuá-la, revogue, derrogue ou abrogue, directa ou implicitamente, a competência de regulamentação

Ora, adotando o entendimento que propugna não existir uma reserva de administração, no sentido de uma reserva material geral que reserve à Administração Pública (Governo) a exclusividade da função administrativa, deve perguntar-se que consequências poderá isso ter? Ou dito por outras palavras, se não existe uma estrita regra de reserva do exercício de tarefas administrativas para a Administração do Estado, então coloca-se a questão de saber quem pode exercer a função administrativa? Poderá qualquer uma das demais entidades públicas? E quanto aos particulares? Poderão as entidades privadas exercer funções administrativas? Serão todas as tarefas administrativas delegáveis a privados?

3. A Administração e as entidades privadas: novas formas de colaboração e de participação privadas na prossecução de interesses públicos

É notório o grau e a qualidade da intervenção que os atores privados têm, nas últimas décadas, vindo a assumir na prossecução dos interesses públicos e dos fins institucionais do Estado. São cada vez mais aqueles que creem que a falência da administração em determinadas áreas pode e deve ser colmatada através da contribuição de entidades privadas. Assim, tanto as leis, como a doutrina e a jurisprudência de vários países admitem que, além dos entes públicos, também as entidades particulares podem ter a seu cargo o desempenho de tarefas administrativas. Note-se, todavia, que apesar da ênfase atualmente dispensada ao papel dos atores privados, estes não possuem uma tradição institucional de servir o interesse público, e não se deve menosprezar o risco que existe das novas formas de colaboração e de participação privadas na prossecução de interesses públicos comprometerem alguns dos mais tradicionais e fundamentais "valores de direito público" exportando-os para o mundo jurídico-privado[54].

O fenómeno que se traduz na delegação de funções e poderes públicos em atores privados, isto é, em entidades privadas que participam no desempenho da função administrativa, embora tenha proliferado nas últi-

---

que, nessas situações, se encontrava deferida ao Governo (...)". Acórdão nº24/98 disponível em http://www.tribunalconstitucional.pt/tc/acordaos/19980024.html, consultado a 16 de Janeiro de 2015. Em sentido idêntico também o Acórdão nº214/2011 disponível em http://www.tribunalconstitucional.pt/tc/acordaos/20110214.html, consultado a 17 de Janeiro de 2015.

[54] PEDRO GONÇALVES, *Entidades Privadas com Poderes Públicos: o exercício de poderes públicos de autoridade por entidades privadas com funções administrativas*, Almedina, 2008, pág.23.

OS NOVOS ATORES DA JUSTIÇA PENAL

mas décadas, não é exclusivo do nosso tempo nem do nosso direito[55]. Antes do aparecimento do Estado moderno (enquanto Estado administrativo), a administração pública cabia também às entidades privadas, às quais eram outorgados ou concedidos poderes de autoridade. Com o advento do Estado Liberal, e com os postulados entre Estado e Sociedade e entre esfera pública e esfera privada, assistiu-se a uma afirmação do princípio do monopólio estadual da administração, fazendo com que o fenómeno do exercício privado de poderes públicos passasse a ser tratado com hostilidade e desconfiança. Ora, este ambiente adverso de desvalorização e desconfiança em redor do exercício privado de funções públicas fez com que a figura fosse considerada como uma realidade jurídica do passado, vista como uma mera possibilidade teórica desvalorizada por muitos e rejeitada por outros[56]. Sendo mesmo defendido por uma larga parte da doutrina que a delegação de poderes públicos a entidades privadas abria a porta à intrusão de "corpos estranhos" no seio da organização pública. E, este "estado de coisas", assim se manteve até não há muito tempo atrás. Não foi, no entanto, esse o rumo que a história seguiu, tendo-se verificado uma profunda alteração na projeção do tema nas últimas décadas.

A verdade é que, quando o Estado Liberal passou a assumir a responsabilidade pela implantação de infra-estruturas e pela prestação de serviços públicos essenciais, sem querer porém assumir a gestão dos mesmos, a figura do exercício privado de tarefas administrativas ressurgiu. Ainda assim, e durante grande parte do século XX, a tendência para conferir a generalidade das tarefas públicas à administração do Estado não deixou grande margem para a ampliação da esfera da administração por particulares. Contudo, a pressão exercida nas últimas décadas do século passado para o recuo do Estado na prestação de serviços públicos e na regulação económica e social, permitiu um alargamento significativo das manifestações de exercício particular de tarefas administrativas em variados setores[57].

---

[55] A figura é há muito conhecida não só no direito europeu mas sobretudo também nos Estados Unidos. Nos Estados Unidos são aliás confiadas a entidades particulares funções públicas tão relevantes como a elaboração de regras aplicáveis ao exercício de atividades económicas, a certificação de instituições como escolas e hospitais, a gestão global de prisões, entre outras. Para maiores considerações acerca da projeção do tema no estrangeiro vide PEDRO GONÇALVES, última obra citada, pág.46-81.

[56] PEDRO GONÇALVES, *Entidades Privadas com Poderes Públicos...*, pág.24.

[57] Cfr. VITAL MOREIRA, *Administração Autónoma e Associações Públicas*, Coimbra Editora, 1997, pág.541 e ss.

A ideia do exercício privado de poderes públicos é, hoje em dia, um dos temas centrais do direito administrativo, caminhando cada vez mais depressa no sentido de uma generalizada aceitação[58]. Prova disso é, aliás, o artigo 267º/6 da Constituição da República Portuguesa referente à estrutura da Administração Pública que prevê que *"as entidades privadas que exerçam poderes públicos* podem ser sujeitas, nos termos da lei, a fiscalização administrativa"[59]. Contudo, não é pacífica a questão da legitimidade constitucional do exercício particular de tarefas administrativas, especialmente quando elas envolvam a investidura de entidades privadas no exercício de poderes públicos de autoridade[60].

Ora, esta agitação relativamente ao tema deve-se, sobretudo, à circunstância dos textos constitucionais serem, em geral, omissos face a esta problemática[61]. Assim, o facto da Constituição Portuguesa ter aceitado expressamente a figura, e a "ausência de uma estrita regra de reserva do exercício de tarefas administrativas para a Administração do Estado e

---

[58] Note-se que isto não significa que a figura tenha deixado de ser problemática. Problemática no sentido de representar uma situação "anómala" e até "paradoxal" uma vez que a situação "normal" consiste na execução de funções públicas por entidades públicas. A este respeito vide PEDRO GONÇALVES, última obra citada, pág.26 e 27. Para além do mais, dificuldades apresentam-se também, desde logo, porque a figura da administração confiada a particulares não dispõe de uma designação unívoca nos diversos países. Normalmente os autores referem-se à figura utilizando conceitos como administração "delegada" ou "concessionada".

[59] Veja-se ainda o artigo 267º/1 da CRP que ao consagrar que "a administração pública será estruturada de modo a evitar a burocratização, a aproximar os serviços das populações e a assegurar a participação dos interessados na sua gestão efetiva, designadamente por intermédio de associações públicas, organizações de moradores e outras formas de representação democrática" parece abrir espaço para o exercício de funções administrativas por outar formas de representação democrática, caso, por exemplo, das formas privadas.

[60] Por "poderes públicos de autoridade" consideram-se, além dos casos em que uma entidade privada aparece investida de poderes de comando ou proibição, todos os casos em que uma entidade privada aparece investida de um poder concedido por normas de direito público que a habilitam a praticar atos que provocam efeitos na esfera jurídica de terceiros. Só pode falar-se de exercício privado de poderes públicos quando uma entidade privada surja efetivamente investida de poderes dessa natureza, não bastando portanto que, em colaboração com a Administração, ela execute uma tarefa geral ou em regra associada ao exercício de poderes públicos. Assim PEDRO GONÇALVES, *Entidades Privadas com Poderes Públicos...*, pág.30.

[61] Veja-se, por exemplo, o caso da Alemanha onde os argumentos sobre a admissibilidade da administração delegada giram à volta da interpretação da sua Constituição que não prevê a atribuição de funções administrativas a entidades privadas (embora o artigo 33º da *Grundgesetz* se limite a reservar as funções soberanas "em regra" para os serviços públicos). Cfr. VITAL MOREIRA, *Administração Autónoma...*, pág.545.

OS NOVOS ATORES DA JUSTIÇA PENAL

demais entidades públicas"[62], leva a generalidade da doutrina a não questionar a sua legitimidade enquanto faculdade do legislador[63].

Todavia, alerta a este respeito Vital Moreira, que, mesmo sendo a "administração concessionada" constitucionalmente lícita no ordenamento português, isso não significa que se trate de uma faculdade livre do legislador. "Se não existe uma reserva constitucional de administração para as entidades públicas, o princípio geral é o de que só as pessoas colectivas públicas podem ser titulares de poderes administrativos. A administração Pública em sentido objectivo, cabe em princípio à Administração pública em sentido subjectivo". Por isso, a investidura de particulares no exercício de tarefas administrativas envolvendo poderes de autoridade, embora possa ser admitida, tem de ter necessariamente dois limites: "primeiro, ela não pode ter por objecto matérias que de forma explícita ou implícita estejam constitucionalmente reservadas para a Administração pública; segundo, ela deve ser uma situação excepcional ou pelo menos quantitativamente menor no contexto global da Administração pública"[64].

Parece pois lógico que, ainda que não se aceite a existência de uma reserva material geral de administração, a função administrativa deva caber primordialmente ao poder público – nomeadamente ao Governo enquanto órgão superior da Administração –, logo, e de acordo com os princípios do Estado de Direito, a delegação de poderes administrativos a entidades privadas deve ter-se sempre como uma exceção. Naturalmente, a concessão de

[62] VITAL MOREIRA, última obra e página citadas.

[63] Embora, como se disse, a problemática constitucional referente a este assunto se deva, sobretudo, ao silêncio da generalidade dos textos constitucionais sobre a possibilidade ou impossibilidade de participação de particulares na execução de funções públicas; o centro atual do debate sobre o tema da admissibilidade constitucional da delegação de poderes públicos em particulares reside, já não tanto na questão de saber se essa delegação é constitucionalmente possível, mas sim em lograr definir o âmbito, os limites e as condições constitucionais da mesma. Existe uma certa resistência cultural e um certo ceticismo relativamente à delegação em particulares de determinadas funções e poderes públicos essenciais, havendo por isso autores que defendem uma proibição total baseada numa impossibilidade constitucional da delegação, e outros que a aceitam mas dentro de certos limites. Como refere Pedro Gonçalves, no direito português, a delegação de poderes públicos em entidades particulares não se assume como uma verdadeira "transferência" (dado que a mesma não envolve a perda da titularidade dos poderes ou direitos públicos), mas sim como uma "transferência de exercício" na qual o poder continua a pertencer ao Estado ou à entidade pública que ocupa a posição de delegante. PEDRO GONÇALVES, *Entidades Privadas com Poderes Públicos...*, pág.30 e ss.

[64] VITAL MOREIRA, *Administração Autónoma...*, pág.546.

tarefas administrativas só pode ocorrer por efeito da lei, por regulamento ou por ato administrativo com base na lei, não podendo a Administração por ela própria delegar as suas tarefas em particulares[65].

Outro ponto importante é o facto da administração por particulares envolver a tutela estadual sobre eles. Isto porque, se os organismos administrativos públicos estão sujeitos a tutela (artigo 267º/2/6 da CRP), então, por maioria de razão, também o devem estar os privados quando exercem funções administrativas. A Administração, mesmo quando confia tarefas públicas a particulares, continua a ser responsável pelo respeito dos princípios jurídico-administrativos.

Como refere Pedro Gonçalves, a delegação de funções e de poderes públicos em particulares ou em atores privados é, nitidamente, um afloramento da tendência dos sistemas administrativos para o incremento da participação desses atores na prossecução dos interesses públicos e para a partilha de responsabilidade entre o Estado e a Sociedade. A satisfação dos interesses coletivos tem, aliás, aparecido na atual literatura de direito público como uma "empresa mista e partilhada, que envolve a interacção e interdependência entre actores públicos e actores privados"[66].

A hodierna transformação e reconfiguração do papel e da posição do Estado e da Administração Pública está assim intimamente relacionada com o aumento do protagonismo dos particulares na prossecução do interesse público[67]. Note-se, contudo, que isto não significa que se tenham

---

[65] De acordo com o entendimento de Vital Moreira, o objeto do exercício privado pode ser qualquer uma das funções administrativas que não estejam constitucionalmente reservadas às entidades públicas. VITAL MOREIRA, última obra citada, pág.547.

[66] PEDRO GONÇALVES, *Entidades Privadas com Poderes Públicos...*, pág.139.

[67] De acordo com Pedro Gonçalves, o interesse público não existe apenas nas tarefas públicas confiadas à Administração Pública. "Entende-se por interesse público (num sentido material) os interesses de uma pluralidade de pessoas em relação a bens susceptíveis de satisfazer as necessidades comuns a todas elas". PEDRO GONÇALVES, última obra citada, pág.144. Ora, os atores privados desenvolvem ações marcadas pelo objetivo primordial ou até exclusivo da satisfação de interesses dessa natureza, e, tais ações, embora privadas, têm a nota da "publicidade" e apresentam-se, também elas, como ações de interesse público (contrapondo-se assim às ações de interesse privado que são levadas a cabo pelos privados, no exercício dos seus direitos e liberdades, e têm como objetivo a satisfação das necessidades próprias e específicas daqueles, sem considerar as necessidades coletivas). "Não constituindo o interesse público um monopólio da Administração Pública, não pode pois excluir-se a possibilidade dos interesses privados aparecerem entrelaçados e misturados com interesses públicos". Ainda de acordo com Pedro Gonçalves, nas tarefas de interesse público incluem-se, desde

OS NOVOS ATORES DA JUSTIÇA PENAL

esbatido por completo as fronteiras entre o Estado e a Sociedade, confundindo-se o que é público e o que é privado. A tradicional dicotomia entre público e privado continua a existir, sendo apoiada não só pela concreta realidade do nosso ordenamento jurídico (basta atentar na forma como a própria Constituição organiza o poder político e o Estado de Direito), mas também por uma generalizada intuição social/popular.

3.1. O que pode ser delegado a privados e o que deve permanecer no domínio da Administração Pública

A referida dicotomia entre público e privado pressupõe a distinção entre uma esfera pública- a das responsabilidades e competências públicas- e uma esfera privada- a das atividades privadas, dos direitos dos cidadãos e dos poderes privados. Esta distinção entre Estado (e tarefas públicas) e Sociedade (e tarefas privadas) está presente e pressuposta em todo o processo de reconfiguração do Estado e em particular nas discussões sobre o que o Estado deve fazer e o que deve ser deixado na esfera dos privados.

De acordo com Pedro Gonçalves, desta distinção resulta, pois, imediatamente, a exigência de uma salvaguarda e de respeito por uma esfera de privacidade (traduzida nos direitos e liberdades dos indivíduos), mas também o imperativo de delimitar uma esfera de estadualidade que reclama a presença do Estado e da Administração Pública em vários setores da vida social[68]. Há tarefas que deve ser o Estado a assumir porque são inerentes à sua própria razão de ser e daí serem essencialmente públicas. Apresenta-se, por isso, como ponto fundamental, a definição e delimitação de um conjunto de missões que o Estado deve desempenhar, isto é, um espaço

---

logo, as que são assumidas pelos partidos políticos, pela imprensa, pelos grupos e associações religiosas bem como pelos sindicatos. Exercendo atividades da mais alta relevância pública, com indiscutíveis notas de publicidade, estas não deixam contudo de ser atividades privadas que pertencem ao domínio privado e não à esfera do Estado. Todavia, também estas entidades podem ver-se investidas de verdadeiras funções públicas, como é o caso, por exemplo, nos Estados Unidos em que a *gestão global de inúmeras prisões* está confiada a associações e grupos religiosos. Último autor e obra citados, pág.145 e 146.

[68] O autor refere-se a este último ponto como "teoria das responsabilidades públicas". Acrescenta ainda o autor que "no momento em que vivemos (...) uma "teoria das responsabilidades públicas" deve ser concebida, fundamentalmente, para definir o que o Estado deve fazer, que missões e tarefas tem ele de assumir (...). PEDRO GONÇALVES, *Entidades Privadas com Poderes Públicos...*, pág.238 e ss.

que só a ele deve pertencer ("um núcleo necessário e obrigatório de atribuições do Estado"[69]).

A questão de saber que incumbências deve o Estado assumir é, pela sua natureza, complexa e está longe de ter uma resposta concreta e unívoca. A este respeito, a Resolução do Conselho de Ministros nº95/2003 relativa à aprovação das Linhas de Orientação para a Reforma da Administração Pública faz, ainda que de forma indireta, referência à temática em análise, podendo ler-se que: "Tradicionalmente assente numa estrutura burocrática e de pendor centralista, a Administração Pública Portuguesa não tem conseguido fazer face, de uma forma adequada e eficaz, às necessidades dos cidadãos e das empresas. (...). Uma administração pública com qualidade e em condições de gerar competitividade deve orientar-se pelo primado da cidadania, servindo o cidadão, apresentando resultados e mobilizando energias e capacidades e deve aprofundar uma cultura de ética e de serviço público, apostando no mérito e na responsabilidade na prossecução dos objectivos. Assim: Nos termos das alíneas *e)* e *g)* do artigo 199º da Constituição, o Conselho de Ministros resolve: (...) *b)* **Delimitar as funções que o Estado deve assumir directamente daquelas que, com vantagem para o cidadão, melhor podem ser prosseguidas de forma diferente**; (...). 3 No quadro da organização do Estado, serão avaliadas as funções do Estado de modo a **identificar o seu núcleo essencial de atribuições, tendo como referência a missão e funções que justificam a sua intervenção**, bem como as aptidões e recursos de que carece para as prosseguir, de acordo com as seguintes linhas de actuação: *a)* **Deverão distinguir-se as funções essenciais, que só ao Estado compete desenvolver e assegurar, das funções acessórias, que podem ser prestadas por outras entidades, e ainda as funções que deixaram de ter sentido útil**; *b)* A avaliação deverá ter presente a importância das funções de regulação e que a descentralização, a desconcentração e a colaboração da sociedade civil, nomeadamente **através de parcerias ou contratos de gestão privada, são cada vez mais um fator de progresso e de melhoria de qualidade dos serviços**"[70].

Ora, da leitura dos preceitos contidos na referida Resolução é visível o desejável "recuo" da atividade do Estado para o desempenho do seu núcleo

---

[69] PEDRO GONÇALVES, última obra citada, pág.241.
[70] *Vide* Resolução do Conselho de Ministros nº95/2003, disponível em http://www.iapmei.pt/iapmei-leg-03.php?lei=1954.

OS NOVOS ATORES DA JUSTIÇA PENAL

essencial de atribuições, abandonando assim todas as funções acessórias que possam ser prestadas por outras entidades, bem como aquelas outras que deixaram de ter sentido útil. A delimitação do núcleo de funções que o Estado deve assumir diretamente – por se considerarem essenciais –, é considerada premente uma vez que abre espaço para a consideração de funções que, ao serem prosseguidas de forma diferente – através por exemplo da transferência para entidades privadas–, constituem um fator de progresso e de melhoria da qualidade dos serviços.

Na tentativa de encontrar este "núcleo essencial" de atribuições do Estado é necessário, desde logo, averiguar se existem núcleos obrigatórios. Por núcleo "obrigatório" ou "necessário" entende-se, na esteira de Pedro Gonçalves, o conjunto de tarefas de interesse público que "o Estado tem de assumir directamente, não bastando a mera garantia da execução delas com certos resultados"[71]. Referimo-nos, portanto, "a incumbências inseridas no âmbito de uma obrigatória responsabilidade pública de execução"[72], constituindo tais tarefas missões obrigatórias, necessárias ou irrenunciáveis que, por isso mesmo, não podem ser deslocadas, pelo menos integralmente, para a esfera privada.

Num Estado de Direito, em que o Estado aparece como garantidor assumindo a responsabilidade primordial de garantia, a privatização de certas tarefas públicas e a ativação de determinadas responsabilidades parecia mostrar-se, à partida, compatível com os princípios garantísticos desde que o Estado continuasse a assumir uma posição de garante. Contudo, é preciso não olvidar que o Estado tem sempre de pautar a sua ação e fazer as suas opções dentro do quadro previsto na Constituição. Assim a referência à ideia de obrigatoriedade remete para aquilo que o Estado deve fazer, não apenas por ser Estado, mas por se mover num plano normativo pré-estabelecido.

Como tal, assumem-se desde logo como obrigatórias ou necessárias todas aquelas tarefas que a Constituição estabelece que tem de ser o Estado a executar (tarefas públicas constitucionalmente obrigatórias ou impostas por determinação constitucional). A Constituição Portuguesa, apesar de não apresentar um catálogo fechado de missões que o Estado deve assumir, contém várias indicações em âmbitos como: a segurança pública,

---

[71] PEDRO GONÇALVES, *Entidades Privadas com Poderes Públicos...*, pág.241.
[72] PEDRO GONÇALVES, última obra citada, pág.242.

segurança social, saúde, ensino, desporto, etc. Estes são alguns dos setores em que a CRP exige uma intervenção pública direta e, como tal, a assunção de uma responsabilidade pública de execução. Note-se, contudo, que o facto de tais tarefas serem necessárias ou obrigatórias não significa que as mesmas sejam exclusivas do monopólio estadual.

Na ótica de Pedro Gonçalves, trata-se, com grande frequência, de tarefas concorrentes com atividades do setor privado nas quais a intervenção pública, embora necessária, convive ou concorre, com um espaço de privaticidade e de livre iniciativa dos cidadãos. Áreas como a saúde ou o ensino são paradigmáticas dessa concorrência, porém cada vez mais se assiste à solicitação dos particulares para a assunção de responsabilidades próprias de acordo com uma lógica de "partilha de responsabilidades" com o Estado em áreas "tão públicas" como a segurança e a defesa de direitos fundamentais. Assim, "nestes termos e a menos que a Constituição consagre expressamente o exclusivo da intervenção pública, o facto de uma tarefa se revelar como de execução obrigatória pelo Estado não exclui estratégias de activação das capacidades privadas e mesmo de certas formas de privatização. Essencial naturalmente, é que, por via de uma privatização completa ou integral, o Estado não renuncie a cumprir as injunções que lhe são dirigidas"[73].

Podemos por isso considerar que, apesar de se demonstrar que os atores privados atuam – no seu espaço (privado) –, em domínios coincidentes com uma intervenção pública necessária; as tarefas necessárias ou obrigatórias devem ter-se por insuscetíveis de uma privatização integral, ou seja, de uma completa deslocação para o espaço próprio da sociedade. O mesmo se aplica a outras tarefas que, não sendo constitucionalmente impostas, decorrem ainda assim da mais profunda razão de ser do Estado

---

[73] PEDRO GONÇALVES, *Entidades Privadas com Poderes Públicos...*, pág.245. O Estado continua a manter uma extensa responsabilidade de execução na esfera das tarefas públicas de natureza administrativa que lhe pertencem (exclusivamente ou em concorrência com o setor privado) e cujos sistemas de execução são por ele organizados. O sector das responsabilidades públicas de execução corresponde à "intervenção direta, executiva e operacional" do Estado na realização do interesse público. "A lei confia ao Estado e, em geral, à Administração Pública a cura direta e imediata do interesse público". Mas, de acordo com Pedro Gonçalves, isso não significa a exclusão da contribuição dos particulares, continuando a existir um "espaço generoso" para diversas formas de cooperação e de parceria entre público e privado. PEDRO GONÇALVES, *Entidades Privadas com Poderes Públicos...*, pág.165.

OS NOVOS ATORES DA JUSTIÇA PENAL

não podendo por isso conceber-se a existência de um Estado que não as assegure[74].

Para Pedro Gonçalves entre as tarefas públicas necessárias há assim um número limitado delas que são naturais (no sentido de genuínas, essenciais) do Estado[75]. Dentro desse núcleo de tarefas impostas por "normas e princípios não escritos, mas constitutivos do Estado" englobam-se: as funções típicas de soberania como a defesa nacional, a feitura de leis e a justiça; e as missões que implicam o emprego da força como a repressão criminal, a execução de decisões judiciais, a manutenção da ordem e segurança e a gestão global de prisões. Acrescenta ainda o autor que "se pode aceitar-se que a defesa das pessoas e dos seus bens não constitui uma tarefa pública exclusiva, parece já inquestionável que a responsabilidade de executar uma tal missão tem de ser assumida directamente pelo Estado sempre que envolva ou reclame o emprego da força física"[76].

Já as tarefas públicas não necessárias, mesmo que situadas no âmbito do "dever estadual de garantia", podem ser privatizadas e deixadas ao cuidado de entidades privadas, bastando que o Estado assuma uma posição de garante (assumindo as inerentes responsabilidades públicas de garantia). Quer isto significar que o processo de privatização não pode pois acarretar a abolição dos compromissos essenciais do Estado[77]. A transferência de tarefas para os sujeitos privados não significa um abandono da responsabilidade estadual perante os compromissos com o interesse público, o

---

[74] Nestes termos há autores que se referem a estas tarefas como tendo uma natureza pré-constitucional. *Apud* PEDRO GONÇALVES, *Entidades Privadas com Poderes Públicos...*, pág.242.
[75] Neste sentido também VITAL MOREIRA, *Administração autónoma...*, pág.89. Defende o autor que existem tarefas essenciais, necessárias, originárias, correspondentes a interesses públicos absolutos e tarefas eventuais correspondentes a interesses públicos relativos, sendo que só a realização das primeiras (onde se englobam a defesa externa, segurança pública, justiça,...) tem de ser necessariamente assegurada pelo Estado.
[76] PEDRO GONÇALVES, última obra citada, pág.243. Na área das tarefas públicas necessárias- quer tenham de ser assumidas em exclusivo, quer possam ser executadas em colaboração com particulares- chama-se a atenção para o conceito de "privatização no âmbito da execução de tarefas públicas", considerado pelo autor como uma "estratégia de privatização" em que "é o próprio Estado que tem de responder perante o povo pelo modo como desempenha ou como organiza o modo de execução da tarefa que assumiu (responsabilidade última pela execução da tarefa)". Para considerações mais aprofundadas sobre o tema vide PEDRO GONÇALVES, última obra citada, Parte I, Capítulo III (pág.321 e ss).
[77] Fala-se neste sentido de uma "responsabilidade pública de garantia". Para mais considerações acerca deste ponto vide PEDRO GONÇALVES, última obra citada, pág.166-170.

dever estadual de garantia reclama sempre o envolvimento do Estado na fase pós-privatização[78].

Na esteira de Pedro Gonçalves, e adotando uma posição de aceitação, ainda que de forma mitigada[79], relativamente à admissibilidade da delegação de poderes públicos em particulares, cremos que essa admissibilidade não traduz, como notou Vital Moreira, uma "faculdade livre do legislador"[80], devendo estar, como tal, sujeita a determinados limites e condições. A sujeição da figura a certos limites traduz, desde logo, a circunstância de existirem determinados poderes públicos de autoridade que, de uma perspetiva jurídico-constitucional, devem ter-se por indelegáveis, isto é, não podem pura e simplesmente ser totalmente delegados em particulares independentemente das circunstâncias de cada caso concreto.

4. A Administração e o Sistema Prisional

Ora, é sobretudo para o âmbito do direito penitenciário que nos importa exortar a temática da "reserva de administração", equacionando, no seio da administração prisional, o que pode (e eventualmente deve) ser entregue a atores privados e o que tem (ou, pelo menos, deve) permanecer função exclusiva da Administração pública.

4.1. A problemática da "privatização das prisões"

Foi por volta de 1985 que os Estados Unidos começaram a ensaiar as primeiras iniciativas com prisões privadas[81]. Partindo da prática das chama-

---

[78] "No cumprimento do dever de garantia, o Estado pode ter a oportunidade de optar por atribuir na integra certas tarefas de realização de fins de interesse público a privados, mas também pode decidir executá-las por si mesmo: nesta eventualidade ele assume então uma responsabilidade pública de execução. De resto, em certos casos, o estado não dispõe sequer desse poder de escolha, estando, portanto, obrigado a assumir diretamente a execução de certas missões: é assim com as tarefas públicas necessárias". PEDRO GONÇALVES, última obra citada, pág.165.

[79] Relativamente a esta posição intermédia em Portugal e na doutrina estrangeira vide PEDRO GONÇALVES, *Entidades Privadas...*, pág.937 e ss.

[80] VITAL MOREIRA, *Administração autónoma...*, pág.545.

[81] Como nota JODY FREEMAN, "The private role in public governance", in *New York University Law Review*, Junho, 2000, pág.34, nos Estados Unidos da América mesmo as prisões públicas nunca o foram verdadeira e exclusivamente. Desde o aparecimento do sistema penitenciário Americano no final do século XVIII, que os reclusos têm prestado trabalho para empresas privadas. Nos anos mais recentes constatou-se também que provisões básicas como a comida, as camas, as roupas, os medicamentos, a reabilitação e os serviços de transporte têm sido

OS NOVOS ATORES DA JUSTIÇA PENAL

das "prisões de xerifes" que existiam nos condados norte-americanos para acolher jovens presos provisoriamente pela polícia, os Governos locais de alguns Estados norte-americanos resolveram implementar um modelo de administração dos estabelecimentos prisionais baseado na iniciativa privada. Dava-se, assim, início ao chamado fenómeno de privatização das prisões.

Em vez de assegurar por si o funcionamento das prisões, a Administração passou a estabelecer regras contratuais através das quais empresas particulares são autorizadas a administrar os estabelecimentos prisionais. Este modelo de privatização foi adotado em diversos Estados dos EUA como, por exemplo, o Texas, Arizona, Califórnia, Colorado, Ohio, Nova Iorque e Flórida. No modelo norte-americano as entidades privadas contratantes tornam-se parte integrante e envolvente de todos os aspetos relacionados com os serviços prisionais, havendo, uma completa delegação das atividades administrativas aos particulares. Assim quer a direção/administração da prisão quer as tarefas de provisão de alimentos, educação, saúde, trabalho e formação profissional, quer a própria segurança a ele inerentes são transferidas para as entidades privadas contratantes, cabendo a estas atingir os resultados pré-estabelecidos no documento contratual. Trata-se, por isso, de um modelo de privatização global, em que o Governo e a Justiça aparecem apenas como "supervisores"[82].

Ao lado deste modelo de privatização total adotado em mais de trinta Estados norte-americanos, existe um outro mais moderado que vem sendo implementado sobretudo em estabelecimentos prisionais franceses[83]. Em França, ao contrário do que se verifica naquele modelo de privatização

fornecidos por entidades privadas. Também na construção e na manutenção das infraestruturas prisionais têm sido feitas contratações com o setor privado.

[82] Para maiores considerações acerca do sistema prisional norte-americano *vide*, entre outros, MICK RYAN, *Privatization and the penal system: the American experience and the debate in Britain*, 1989; JOHN DIIULIO, "What's wrong with private prisons"; SHARON DOLOVICH, "State punishment and private prisons", in *Duke Law Journal*, vol.55, nº3, Dezembro 2005, pág.437-520; JODY FREEMAN, "The private role in public governance", in *New York University Law Review*, Junho, 2000.

[83] A privatização das prisões em França começou a ser discutida em 1985, mas só em 1987 foi aprovada a Lei nº87.432, de 22 de Junho, que consagrou a participação de entidades privadas no setor penitenciário francês. Pouco depois, em 1988, foi aprovado o intitulado "Programme 13.000" que previa a construção pelo Governo de 13000 celas, distribuídas por várias regiões de França, com recurso a capital de empresas privadas.

total, a iniciativa privada não assume a responsabilidade completa da administração de todas as tarefas relacionadas com o estabelecimento prisional e com os reclusos, embora assuma o controlo de algumas delas. Trata-se, na verdade, de um modelo de privatização mitigado. Isto é, de um modelo assente numa dupla responsabilidade: embora continue a caber ao Estado a administração do estabelecimento prisional, essa administração é feita em conjunto com a entidade privada. Os privados são escolhidos através de concurso público e compartilham com o Governo o compromisso da administração dos estabelecimentos vinculados. Todas as regras que orientam este sistema de dupla responsabilidade são expressamente estipuladas entre o privado e o Estado, ressaltando que: ao Estado continua a competir a direção do estabelecimento, as relações com a Justiça e a responsabilidade pela segurança externa e interna da prisão; enquanto à empresa privada incumbe a prossecução de tarefas como o trabalho, a educação, a alimentação, o transporte, a saúde, o lazer e a assistência social, jurídica e espiritual aos reclusos.

Estas "experiências" envolvendo a iniciativa privada na administração dos estabelecimentos prisionais já se estenderam para além dos Estados Unidos e de França, tendo sido postas em prática também em Inglaterra, na Austrália e no Brasil, e sendo alvo de análise e discussão em países como Espanha, Itália, Canadá e México[84]. Em Portugal, no entanto, não se prevê qualquer forma de verdadeira "privatização" apoiada pelas leis relativas ao sistema prisional, sendo também a discussão doutrinária sobre o tema a nível nacional relativamente escassa.

4.1.1. Privatização das Prisões: Prós e Contras

É certo que a privatização dos estabelecimentos prisionais (quer o sistema total, quer o mitigado) parece ter, pelo menos em abstrato, diversas vantagens. Entre elas ressalta, desde logo, a possibilidade de fazer face à escassa e insuficiente atenção que tem sido prestada pelo Estado aos sistemas prisionais.

A realidade é que as instituições estatais estão submersas numa morosa burocracia que prejudica em muito a resposta a certas exigências que, na

---

[84] Os modelos de privatização não têm sido adotados pelos diversos países de igual modo. Os sistemas originais sofreram modificações de forma a poder adaptar-se às peculiaridades internas, às conveniências administrativas e às disponibilidades financeiras de cada país.

OS NOVOS ATORES DA JUSTIÇA PENAL

maior parte das vezes, se necessita célere e eficiente sob pena de não surtir depois qualquer efeito útil. Por isso, defendem os partidários da privatização que a gestão das prisões através do recurso a empresas privadas permite uma melhoria significativa da qualidade dos serviços, refletindo-se isso num aumento da qualidade de vida dos próprios reclusos. As empresas privadas dispõem de uma maior agilidade conseguindo, com resposta mais acurada à procura e oferta, pela aplicação das leis do sistema concorrencial de mercado, a prestação de inúmeros serviços a preços mais reduzidos do que aqueles garantidos pelo Estado. Para além disso, sustentam ainda os defensores da privatização que as entidades particulares têm um elevado interesse em otimizar os serviços e cumprir de forma eficiente os objetivos que lhe são impostos pelo contrato de modo a que possam manter a sua posição. Nesta ótica, a empresa seria a primeira a querer assegurar as melhores condições possíveis no estabelecimento prisional a seu cargo, uma vez que, ao mostrar zelo e eficiência, ela poderia não só garantir a manutenção do seu contrato mas também merecer a credibilidade pública.

Contudo, e embora todos os argumentos aduzidos pareçam fazer bastante sentido em abstrato, cremos que as coisas não funcionam de modo tão simples e cristalino na realidade, tendo aliás, a experiencia prática (sobretudo nos EUA) encarregado-se de o demonstrar.

Quer se queira quer não, num contexto capitalista e concorrencial, a preocupação maior das entidades privadas, seja em que setor for, será sempre a obtenção de lucro. Transferir os encargos da administração prisional para o particular, ficando entretanto o Estado com o ónus de pagar às empresas (sendo normalmente esse pagamento feito por preso e por dia), em nada irá aliviar o peso que o sistema prisional representa hoje em dia para os cofres públicos. Para além do mais, ao ser feito o pagamento desta forma não se antevê, para as empresas, nenhum interesse em diminuir a superlotação carcerária, uma vez que os reclusos são, no fundo, a sua base de lucro. Assim, nenhuma vantagem resultará para os privados da contratação de pessoal qualificado e bem treinado, e da prestação de serviços de qualidade, uma vez que quanto menos despesas tiver, mais conseguirá "amealhar"[85].

---

[85] Sobre este assunto, há um importante estudo feito pelo americano Eric Lotke no qual o autor pretende mostrar o absurdo a que se chegou com a privatização das prisões nos Estados Unidos. "As companhias de prisões privadas constituem hoje um novo ingrediente na

IMPLICAÇÕES CONSTITUCIONAIS, PENAIS E PROCESSUAIS PENAIS DA INTERVENÇÃO...

Torna-se, por isso, claro para muitos autores que passar a execução penal para o controlo dos mutáveis interesses privados de empresas concessionárias, traduz não só o risco de fazer do sistema prisional um rentável negócio (à custa dos próprios reclusos), como atenta contra diversos deveres do Estado como é o caso da exclusiva finalidade de prevenção das penas privativas da liberdade, nomeadamente na sua vertente de prevenção especial positiva ou de socialização[86].

De acordo com o artigo 2º/1 do Código de execução das penas e medidas privativas da liberdade, a execução da pena de prisão "visa a reinserção do agente na sociedade, preparando-o para conduzir a sua vida de modo socialmente responsável, sem cometer crimes, a protecção de bens jurídicos e a defesa da sociedade"[87]. Acrescenta ainda o artigo 3º que a execução, na medida do possível, evita as consequências nocivas da privação da liberdade e aproxima-se das condições benéficas da vida em comunidade, promovendo o sentido de responsabilidade do recluso e estimulando-o a participar no planeamento e na execução do seu tratamento prisional[88].

---

economia dos EUA. Oito companhias administram atualmente mais de 100 prisões em 19 Estados. É uma indústria que cresceu vertiginosos 34 pontos percentuais nos últimos cinco anos. Existem hoje aproximadamente 70.000 presos em prisões privadas. Em 1984 o número era de 2.500. Os investidores perceberam isso. Uma pesquisa realizada em Março de 1996 pela empresa Equitable Securities em Nashville descreve a indústria de prisões como 'extremamente atraente' e aconselha-a com muita ênfase aos investidores. A indústria líder no mercado, a Corrections Corporation of America, a primeira companhia privada a comercializar as suas ações, foi aclamada em 1993 (pelos analistas financeiros) como o grande investimento dos anos 90. (...) O grande atrativo da administração privada das prisões e das companhias de serviços é simples: eles podem realizar nas prisões o mesmo trabalho feito pelo governo a um custo mais baixo, normalmente de 5% a 15% abaixo dos custos do setor público." E, pergunta-se, como é isto possível? "Em detrimento dos salários dos empregados e no não investimento em serviços que poderiam transformar os presos em membros produtivos da sociedade quando libertados (...)". Em jeito de conclusão afirma ainda o autor: "As indústrias madeireiras precisam de árvores; as siderúrgicas precisam de ferro; as companhias de prisões usam pessoas como matéria prima. As indústrias enriquecem na medida em que conseguem apanhar mais pessoas." Vide ERIC LOTKE, "A indústria das prisões", *Revista Brasileira de Ciências Criminais*, São Paulo, vol.5, nº.18, Abril/Junho, 1997, pág. 27 e ss.

[86] Quanto ao assunto dos fins das penas vide, entre outros, JORGE DE FIGUEIREDO DIAS, *Direito Penal: Parte Geral*, Tomo I, 2ª edição, Coimbra Editora, 2007, pág.79 e ss; e ANABELA RODRIGUES, *Novo olhar sobre a questão penitenciária*, Coimbra Editora, 2000.

[87] Veja-se também os artigos 40º/1 e 42º/1 do Código Penal.

[88] Nomeadamente através de ensino, formação, trabalho e programas, devendo a execução realizar-se, na medida do possível, em cooperação com a comunidade. Ver artigo 3º nº5, 6 e 7.

OS NOVOS ATORES DA JUSTIÇA PENAL

A pena caracteriza-se assim por ter uma finalidade pública de sociali-zação do recluso. Ora, esta finalidade está intrinsecamente dependente do tratamento prisional e das condições inerentes aos estabelecimentos prisionais- necessárias à preparação de cada individuo para uma vida em sociedade "livre de crimes". A ressocialização e a reintegração social de cada recluso só podem ser alcançadas através do desenvolvimento das suas responsabilidades individuais e da aquisição de competências que lhe permitam optar por um modo de vida socialmente responsável, o que por sua vez só pode ser conseguido através da prestação de serviços com garantida qualidade[89]. Os interesses privados na maximização do lucro e o consequente incentivo para cortar nos custos- contratando pessoal sem qualificação nem experiência, e prestando serviços de edução e formação profissional deficitários- pode vir a acentuar, de forma ainda mais dramá-tica, o caráter dessocializador da prisão, redundando numa impossibili-dade de cumprir as finalidades da pena legalmente impostas.

Para além do mais, a imposição ao condenado do cumprimento da sanção penal estipulada pelo juiz na sentença condenatória compete ao Estado[90]. É a ele, em exclusivo, que compete o poder-dever de exercer o *ius puniendi,* ressaltando desde logo o facto de existirem determinados domí-nios que não podem ser subtraídos do âmbito estadual e entregues na sua globalidade nas mãos de privados.

---

[89] Como refere o (na altura) Provedor de Justiça José Menéres Pimentel no seu Relatório sobre as prisões II de 1998: "Em toda essa minha actuação, tive sempre presente a preocupação em verificar o modo como a administração cumpria a Constituição e a Lei, não apenas num sentido negativo, de abstenção da legalidade, mas principalmente numa vertente de cumprimento positivo e prospectivo dos fins constitucionais e legais da execução das penas, ou seja, da reinserção social das pessoas sujeitas a medidas privativas de liberdade. (...) resulta do nosso ordenamento jurídico que a privação da liberdade não deve consistir no simples pagamento de uma dívida do delinquente para com a sociedade. Antes, a prisão deve procurar alcançar os objectivos de uma assistência prisional e pós-prisional com vista a auxiliar os presos a prosseguir, uma vez recuperada a liberdade, uma vida de acordo com os princípios de uma sã convivência social dentro dos parâmetros da Constituição."

[90] Note-se que não estão sequer em causa os atos de natureza jurisdicional, com conteúdo decisório determinados pelo juiz de execução penal nem aqueles referentes às normas de Direito Penal e Processual Penal, utilizadas para a solução de conflitos de interesse entre o condenado e o Estado durante o curso da execução penal. Esses consideram-se subtraídos da análise uma vez que é indiscutível a sua natureza pública. Não é a "privatização da justiça" que está em causa.

Somos desta opinião, note-se, não relativamente a toda e qualquer forma de privatização do sistema prisional, mas sim em relação àquela que propugna uma privatização total, ou, pelo menos, uma privatização da própria administração. Não achamos que caiba no nosso ordenamento jurídico um verdadeiro "modelo de privatização das prisões" (nem que tal possa trazer sequer verdadeiras vantagens), mas aceitamos abertamente a colaboração de entidades privadas na realização de determinadas tarefas inerentes ao setor prisional. Pois temos também para nós, tal como sublinhou José Pimentel, que "eliminando do rol das suas preocupações algumas ou a maior parte das questões do dia-a-dia de um estabelecimento, a administração penitenciária poderá concentrar-se melhor naquela área em que é imprescindível, ou seja, a de executar o *jus puniendi* do Estado, na vertente eminentemente ressocializadora que os princípios constitucionais impõem"[91].

Ainda a propósito da discussão sobre o sistema norte-americano de prisões privadas e as suas consequências práticas reais, o autor americano Loïc Wacquant, numa entrevista dada ao Jornal "Público", sustenta que a privatização dos estabelecimentos prisionais não se conjuga com o respeito pelos reclusos[92]. Para Loïc Wacquant, "se o Estado é que decide o castigo, então deve administrá-lo". Pegando no exemplo americano, defende o autor que: "a privatização prisional é um desastre. O país que privatizou mais foi os Estados Unidos, que tem operadores privados a conceber, a construir, a gerir prisões [inclusive o serviço de vigilância]. A população reclusa não pára de crescer [em 2003, a taxa de encarceramento era de 686 por cada cem mil habitantes]. Estas empresas têm interesse em ter mais e mais presos. Fazem dinheiro com cada novo preso que têm. Reduzem serviços de saúde, de apoio social, cortam programas de educação, de trabalho. As pessoas morrem porque não recebem cuidados médicos. O crescimento do sector foi muito rápido, as cadeias de gestão privada foram de zero, em 1987, aos 140 mil presos em 1998. Depois, até havia especulação na bolsa. As prisões eram um dos três investimentos mais recomendados. Com o colapso da bolsa [1999 e 2000], também houve um colapso da especula-

---

[91] Vide José Meneres Pimentel, "As Nossas Prisões II: Relatório especial do Provedor de Justiça à Assembleia da República- 1998", Lisboa, 1999.

[92] Entrevista intitulada "A privatização prisional é um desastre" dada ao Jornal "Público" a 7 de Fevereiro de 2005. Disponível em http://www.publico.pt/sociedade/jornal/a-privatizacao-prisional-e-um-desastre-4700

OS NOVOS ATORES DA JUSTIÇA PENAL

ção das prisões. Houve uma série de escândalos [como o da Wackenhut Corrections, acusada de tratar os reclusos de Jena, na Louisiana, "como animais de quatro patas, que andavam descalços, com a roupa suja e, com frequência, tinham de lutar pela comida"]. As prisões constituem um mercado atraente para os grupos privados. Mas é uma questão de filosofia política: deve-se privatizar o castigo? O castigo é dado pelo Estado em nome da coletividade. Se o Estado é que decide o castigo, acho que então deve administrá-lo. Porque também é uma questão de responsabilidade legal. No papel, todos prometem melhores prisões do que no setor público. E, às vezes, no início, é verdade. As prisões são novas, têm a última tecnologia, mais espaço, mais sol e, tipicamente, ficam com os reclusos mais fáceis. O problema é que, com o passar dos anos, as condições das prisões tornam-se más. Para fazer dinheiro, os privados também desinvestem nos guardas. São mal recrutados, mal treinados, mal pagos, não querem saber do seu trabalho. Nos Estados Unidos, 15 anos depois, podemos ver que as condições de detenção são piores ou iguais às do setor público. E, no fim, o Estado não poupa dinheiro, porque tem mais processos [judiciais] por maus tratos e mais violência"[93].

4.2. Caracterização do sistema prisional português

Após o trânsito em julgado da sentença penal condenatória, inicia-se uma nova fase do processo penal- a execução. Nesta fase o Estado exerce concretamente o *ius puniendi*, ou seja, o poder de punir aquele que foi condenado ao cumprimento de uma sanção penal por ordem do Tribunal (nomeadamente, no caso que nos interessa, a pena de prisão).

O sistema prisional português é, atualmente, composto por 49 estabelecimentos prisionais[94] com um número de lotação total de 12.167 e onde

---

[93] Quando questionado sobre o tipo de solução (modelo de gestão partilhada) ensaiado em Portugal na prisão de Santa Cruz do Bispo, em Matosinhos, Loïc Wacquant disse ver isso de uma maneira completamente diferente da privatização das cadeias: "acho que se isso levar à prisão mais programas é bom, desde que se mantenha a prisão dentro da autoridade do Estado". Sobre isso veja-se infra o ponto 4.3.

[94] Os estabelecimentos prisionais são criados por portaria dos membros do Governo responsáveis pelas áreas das finanças, da administração pública e da justiça, e têm por missão a garantia da execução das penas e medidas privativas da liberdade, contribuindo para a manutenção da ordem e paz social e a criação de condições de reinserção social dos reclusos. A sua estrutura orgânica, o regime de funcionamento e as competências dos seus órgãos e serviços são definidos pelo Decreto-Lei nº 51/2011 de 11 de Abril.

se encontram ao todo 14.284 reclusos detidos[95]. A execução das penas e medidas privativas da liberdade cabe aos serviços prisionais, designadamente à Direção-Geral de Reinserção e Serviços Prisionais, a qual integra o Ministério da Justiça pertencendo por isso à administração direta do Estado. A estrutura, gestão e funcionamento dos serviços prisionais, bem como o estatuto do respetivo pessoal, são objeto da lei orgânica da Direcção-Geral de Reinserção e Serviços Prisionais[96]. Em virtude da especificidade da missão de que estão incumbidos e da singularidade dos meios operativos, humanos e materiais ao seu serviço, os serviços prisionais constituem um corpo especial da Administração Pública. A organização interna dos serviços obedece a um modelo estrutural misto: sendo um modelo de estrutura hierarquizada nas áreas de atividade de gestão e administração, bem como de execução de penas e medidas na área penal e tutelar educativa, de estudos, organização e planeamento, formação e de segurança; e um modelo de estrutura matricial nas áreas do tratamento prisional, nomeadamente coordenação técnica da avaliação do recluso e programação do tratamento prisional, promoção e gestão de atividades e programas de reinserção social, nas áreas de ensino e formação profissional, trabalho e atividades ocupacionais, programas específicos de reabilitação, atividades socioculturais e desportivas, prestação de cuidados de saúde, e ainda promoção, dinamização e modernização das atividades económicas dos estabelecimentos prisionais.

A prisão nem sempre existiu, todavia, tal e qual como nós a conhecemos hoje. As estruturas sociais têm consequências na forma de ativar as instituições prisionais e na própria organização da vida nas prisões. A instituição prisional prossegue certos objetivos gerais, certas tendências de transformação caraterísticas de cada época histórica. A prisão, enquanto instituição que conhecemos hoje, teve a sua génese na ideia apresentada

---

[95] Dados referentes a 31 de Dezembro de 2013 retirados das estatísticas oficiais da Direção-Geral de Reinserção e Serviços Prisionais (Direção de Serviços de Organização, Planeamento e Relações Externas) disponíveis em http://www.dgsp.mj.pt/, acedido a 24 de Fevereiro de 2015.

[96] Decreto-Lei nº 215/2012, de 28 de Setembro, disponível em https://dre.pt. A Direção- Geral de Reinserção e Serviços Prisionais carateriza-se por ser um serviço central da administração direta do Estado, dotado de autonomia administrativa. E tem por missão "o desenvolvimento das políticas de prevenção criminal, de execução das penas e medidas e de reinserção social e a gestão articulada e complementar dos sistemas tutelar educativo e prisional, assegurando condições compatíveis com a dignidade humana e contribuindo para a defesa da ordem e da paz social".

OS NOVOS ATORES DA JUSTIÇA PENAL

por Jeremy Bentham através do seu modelo panóptico. A partir desta ideia prática abstrata, foi preciso encontrar condições concretas de implementação não só em cada lugar, mas em cada época, condicionadas pelas contingências particulares das conjunturas políticas, patrimoniais e económicas, mas também condicionadas à iniciativa do legislador e à respetiva interpretação da vocação prioritária do sistema prisional- mais punitiva e securitária, ou mais ressocializadora e reintegradora.

Em mais de cem anos de história legislativa em Portugal, várias foram as leis que reformaram o sistema prisional, espelhando ideias progressistas e revelando boas técnicas legislativas. Contudo, e apesar de muitas das ideias ser merecedoras de aplausos, elas não têm passado do papel, tornando-se letra morta e continuando a assistir-se, na prática, a uma degradação contínua da realidade prisional. O sistema prisional é um elemento essencial para se alcançarem os objetivos da política criminal consubstanciada, fundamentalmente, nos princípios e normas constitucionais e de direito penal e processual penal em vigor. A execução das penas não pode, por isso, ser vista desligada das condições concretas de funcionamento do sistema prisional. Assim, para que se possa estabelecer um programa de ação coerente com as exigências legais e com a realidade do sistema prisional, é necessário analisar e discutir o sistema prisional em termos que possibilitem a definição do modelo adequado da sua organização e gestão, assente no mais amplo consenso possível.

A temática da chamada "privatização das prisões" integra em si mesma um vasto leque de realidades, daí que quando a abordamos não possamos simplesmente aceitá-la ou rejeitá-la em bloco. É necessário analisar os vários segmentos que constituem o sistema global de administração das prisões, pois, só a análise de cada setor individualmente nos permite perceber se existe espaço para a transferência de, pelo menos, certas tarefas para as "mãos" de atores privados. O sistema global de administração penitenciária não consubstancia um bloco unitário, mas sim um conjunto de setores interligados e interdependentes que envolvem a execução de variadas tarefas.

Assim, parece-nos, à partida, que dentro desse sistema existe espaço para a delegação de determinadas tarefas em entidades privadas sem que isso fira de modo algum o Estado de direito democrático em que vivemos. Mas, para tal, é necessário distinguir desde logo as tarefas meramente acessórias ou secundárias daquelas que constituem o âmbito nuclear da administração prisional. Assim cremos que a privatização é possível desde que a mesma se consubstancie como uma privatização funcional que não atinja a substância daquele núcleo[97]. Ou seja, pode haver uma privatização de alguns segmentos do sistema prisional desde que o núcleo da administração que contende com as decisões que afetam de forma mais significativa a vida dos reclusos permaneçam na esfera da Administração Pública[98].

A administração penitenciária é um campo onde todas as tarefas com conteúdo decisório se revestem de alargada discricionariedade. Privatizar o sistema prisional no seu todo, transferindo todas as tarefas e responsabilidades a ele inerentes, e, consequentemente, passando essa discricionariedade para as mãos de entidades privadas parece-nos não só excessivo como incompatível com os princípios que regem o nosso ordenamento jurídico. O caráter altamente genérico e abrangente dos poderes das entidades encarregadas da gestão das prisões, a discricionariedade do seu conteúdo decisório, mas, sobretudo, a relevância de tais poderes e decisões para a situação concreta em que se encontram os reclusos exigem que o Estado, através de funcionários públicos, permaneça como "guardião", assegurando quer o respeito pelos direitos dos reclusos, quer o cumprimento dos fins da pena.

Por outro lado, transferir para privados, desde que com limites muito precisos, tarefas que não condicionam a vida da pessoa, nem contendem com os seus direitos, liberdades ou garantias[99], nem com a sua condição enquanto recluso- ainda que a execução dessas tarefas possa implicar um contato próximo entre os agentes privados e os reclusos- não nos suscita grandes reservas[100].

---

[97] Radicado, nomeadamente, no poder decisório discricionário e no poder de coação.

[98] A este respeito é pertinente convocar o conceito existente na doutrina americana de funções inerentemente governamentais (Inherently Governmental Functions). De acordo com a doutrina americana existem funções insuscetíveis de delegação em privados uma vez que, por serem inerentemente governamentais, ou seja, por estarem tão intimamente ligadas a interesses públicos, a sua prossecução só pode caber ao Estado através dos seus agentes públicos. As funções inerentemente governamentais envolvem, entre outras coisas, a execução de tarefas que afetem significativamente a vida, a liberdade e propriedade dos particulares.

[99] Note-se que tais direitos, liberdades e garantias já estão *de per si* limitados pelo facto da pessoa se encontrar a cumprir uma pena privativa da liberdade.

[100] Esta diferenciação entre as várias tarefas apresenta-se também importante para que se possam distinguir os casos que configuram meras prestações ou concessão de serviços por entidades privadas, daqueles em que existe uma verdadeira delegação de poderes públicos

OS NOVOS ATORES DA JUSTIÇA PENAL

4.2.1. Alimentação, Saúde e Educação

Como notou o Provedor de Justiça José Pimentel no Relatório que elaborou sobre as prisões portuguesas[101], desde há muito se vem verificando uma espécie de "privatização" do setor alimentar[102]. Foi com frequência que o Provedor registou a transferência da gestão do setor alimentar para as mãos de entidades estranhas aos estabelecimentos, designadamente empresas privadas de restauração, sendo muito expressivo o número de estabelecimentos que aderiu a este modelo[103]. Para José Pimentel era possível enunciar como princípio "que a privatização do sector alimentar tem originado a diminuição das queixas dos reclusos sobre a alimentação se comparada com o anterior sistema de administração directa pelos estabelecimentos. No entanto, tal como se concluí em 1996, os resultados da privatização não são uniformes, tendo sido dado novamente a observar que as queixas dos reclusos sobre a alimentação subsistem, ou aumentaram mesmo, em estabelecimentos em que o sector foi privatizado (...). Resulta, pois, que a adjudicação do sector alimentar a empresas privadas não traduz, por si só,

em particulares. Sabemos que no âmbito da execução de penas todas os poderes exercidos e a tarefas executadas se revestem de caráter público. Contudo, só pode falar-se de exercício privado de poderes públicos quando "uma entidade privada surja efetivamente investida de poderes dessa natureza, não bastando portanto que, em colaboração com a Administração, ela execute uma tarefa geral ou em regra associada ao exercício de poderes públicos". Assim, por exemplo, o facto de uma entidade privada colaborar em determinado setor da gestão de uma prisão, como por exemplo o setor alimentar, não significa que o faça investida de poderes públicos.

[101] Vide José Meneres Pimentel, "As Nossas Prisões II: Relatório especial do Provedor de Justiça à Assembleia da República- 1998", Lisboa, 1999.

[102] Quando falamos de privatização (de gestão) de tarefas como a alimentação, os serviços de limpeza, ou até mesmo a prestação de cuidados de saúde, podemos estar perante duas realidades distintas. Por um lado a privatização pode traduzir-se numa concessão de serviços, na qual é transferido para a entidade privada adjudicatária a totalidade da responsabilidade inerente ao serviço concessionado (assim é o privado quem trata da gestão completa do serviço, sendo por isso ele que responde perante os beneficiários); ou, numa mera prestação de serviços na qual a entidade privada auxilia o Estado na execução da tarefa. Neste caso não há uma transferência da responsabilidade do Estado para o privado. Embora seja este a gerir o serviço, é o Estado quem responde perante os beneficiários. A entidade privada aparece como mero auxiliar.

[103] Na altura, em 1998, eram quarenta e dois os estabelecimentos prisionais que não tinham a seu cargo o setor alimentar, sendo que trinta e quatro deles tinham confiado a alimentação a empresas privadas, em sete outros a alimentação era fornecida pela Manutenção Militar, e noutro havia-se recorrido aos serviços de uma Misericórdia local.

uma efectiva melhoria da alimentação prisional. Contudo, a privatização do sector trouxe incontestáveis benefícios na renovação de estruturas da área alimentar, como a realização de obras nalgumas cozinhas e nos seus anexos (...), bem como permitiu a realização de acções de informação e de formação profissional para os reclusos". Uma das principais vantagens da gestão privada relativamente à administração feita diretamente pelo Estado (através do Diretor de cada estabelecimento) referenciadas durante a visita do Provedor foi a qualidade da alimentação fornecida pelas empresas, justificada pelos maiores e melhores meios que estas têm ao seu dispor, bem como um maior rigor na elaboração das dietas alimentares. No mesmo sentido foi ainda invocada a falta de vocação e de capacidade dos estabelecimentos para a gestão deste setor, sublinhando que a transferência destas funções para as empresas permite uma maior concentração de esforços da administração prisional para a prossecução das suas atribuições.

Embora, a maioria dos estabelecimentos se tenha abstido de enunciar desvantagens à privatização, foi referida a necessidade de permanente controlo do trabalho das empresas. Era, aliás, neste controlo e na sua eficácia que o Provedor acreditava estar boa parte do sucesso ou insucesso da privatização deste setor. De tudo o que ficou exposto no referido Relatório resultou, em suma, a convicção de que as mais-valias reconhecidas à gestão privada do setor alimentar dos estabelecimentos prisionais decorrem, não só da eventual qualidade das empresas adjudicatárias, mas muito também do nível de fiscalização que os estabelecimentos exercem sobre a atividade privada desenvolvida.

Quanto ao campo da prestação de cuidados médicos, pode dizer-se que a saúde é um dos setores mais preocupantes do sistema prisional. Os reclusos têm um peso de doença superior à generalidade da sociedade. As suas doenças são determinadas tanto pelo ambiente de onde provêm, como pelo meio prisional, criando-se uma situação tão específica que justifica serviços especializados, nomeadamente médicos[104]. Anda assim o pro-

---

[104] Os comportamentos de risco de saúde elevado, o abuso e a dependência de substâncias tóxicas (incluindo o álcool e o tabaco), os traumatismos, a violência, as doenças mentais, a epilepsia, manifestações de stresse, o suicídio, doenças transmissíveis como a tuberculose, doenças de transmissão sexual como a SIDA e as hepatites B e C têm uma prevalência muito alta nas populações prisionais. Várias medidas têm sido tomadas a nível legal nomeadamente no combate às doenças infetocontagiosas em meio prisional (Lei nº170/99, de 18 de Setembro) e à toxicodependência, havendo diversos protocolos preveem a colaboração dos estabeleci-

OS NOVOS ATORES DA JUSTIÇA PENAL

blema da sobrelotação não permite que as condições asseguradas sejam, pelo menos, as desejáveis. Como notou José Pimentel apesar de muito já ter sido feito, muito continua também por fazer e "o Ministério da Saúde não deve nem pode eximir-se de responsabilidades no domínio prisional". Entendeu o Provedor que "a concepção e a efectivação de um sistema integrado de saúde prisional, que não seja potenciador da desigualdade de tratamento dos reclusos, decorrente da concretização ou não, pelos estabelecimentos prisionais, das oportunidades que poderão ou não surgir, passará necessariamente, pela negociação, a nível nacional e em áreas cruciais, do acesso pelos reclusos aos cuidados médicos do Serviço Nacional de Saúde". Contudo, nota José Pimentel que "a alternativa possível é uma progressiva privatização do sector da saúde nas prisões", coisa que já se vem verificando em alguns dos nossos estabelecimentos prisionais. Também aqui nos parece haver "espaço legal" para que tal aconteça. Desde que todos os reclusos tenham acesso à saúde e ao tratamento de igual forma, e desde que, logicamente, se mostre ser a privatização nesta área não só necessária em concreto como efetivamente mais eficiente – quer em termos de custos para o sistema, quer em termos de resultados para os pacientes –, não nos parece ser de afastar a possibilidade de estabelecer linhas de orientação relativamente a parcerias entre o sistema público e os privados na área da saúde em meio prisional.

Note-se que, para além destas, existem ainda, na nossa opinião, outras áreas perfeitamente viáveis para a intervenção do setor privado, por exemplo, no domínio do tratamento da roupa, nos serviços de limpeza e na eliminação de resíduos. Também o setor da construção, manutenção e conservação das instalações e respetivos equipamentos pode ser alargado à intervenção de atores privados através de parcerias público-privadas, ainda que ai se pudesse adotar uma espécie de "princípio do financiamento público" reservando, em primeira linha, o financiamento da construção e manutenção dos estabelecimentos prisionais ao Estado, mas permitindo que, em caso de justificada necessidade, fosse lícito o recurso a entidades privadas.

---

mentos prisionais, através da Direcção-Geral de Reinserção e Serviços Prisionais, com as ARS, as Sub-regiões de Saúde ou centros de saúde.

4.2.2. Trabalho e atividades ocupacionais

A questão da prestação de trabalho em meio prisional, apesar de nunca se ter mostrado ser do domínio exclusivo da administração penitenciária, nem por isso se revelou ser pacífica, tendo pendido em sentidos diversos ao longo do tempo. Exemplos disso são o facto de no I congresso das Nações Unidas de 1955 se ter manifestado uma clara preferência pela administração direta do trabalho pelos serviços prisionais, recomendando, todavia, que em caso de contratação com empregadores particulares os reclusos deveriam encontrar-se sempre sob supervisão do pessoal prisional; mas, por outro lado, a Resolução (73)5 do Comité de Ministros do Conselho da Europa ter colocado lado a lado os dois sistemas de administração do trabalho prisional.

Atualmente, no nosso ordenamento jurídico, o trabalho é o único setor da organização prisional onde a lei admite, de forma expressa, a possibilidade de colaboração com entidades privadas[105]. Pode ler-se no artigo 42º do Código de execução das penas que "o trabalho é realizado no interior ou no exterior dos estabelecimentos prisionais e pode também ser promovido com a colaboração de entidades públicas ou privadas, sob supervisão e coordenação dos serviços prisionais(...)".

4.2.3. Serviço de Transportes

Outro setor onde a intervenção privada não nos choca é o serviço de transportes. Apesar do artigo 27º do Regulamento Geral dos Estabelecimentos Prisionais estabelecer que "o transporte do recluso compete aos serviços prisionais e é efectuado em veículo celular, excepto quando as deslocações não se efectuem por via terrestre e nos casos previstos no nº5 de recluso em estado de fragilidade de saúde", não parece haver razões de força maior que obstem a que as deslocações dos reclusos por via terrestre sejam feitas com recurso a empresas de transporte privadas.

Desde que os veículos assegurem as condições exigidas por lei, e o recluso seja acompanhado durante todo o processo por guardas prisionais (funcionários da administração pública), nada parece impedir que os veículos bem como os motoristas possam pertencer ao setor privado[106].

---

[105] Para além do domínio das atividades sócio-culturais e desportivas e do apoio social e económico. Cfr. artigos 93º/4, 94º/5, 95º/5 e 99º do RGEP.

[106] Sublinhamos mais uma vez que a privatização da gestão de tarefas em meio prisional deve caraterizar-se como uma via de recursos, isto é, como uma forma de auxiliar o Estado

OS NOVOS ATORES DA JUSTIÇA PENAL

4.2.4. Segurança e Manutenção da ordem: o monopólio do uso da força

Quando analisamos o tópico da segurança e manutenção da ordem nas prisões referimo-nos, logicamente, ao importante papel desempenhado pelos guardas prisionais (dentro e fora dos estabelecimentos prisionais). Não podemos por isso deixar de iniciar por esta via a nossa análise.

O Corpo da Guarda Prisional é a força de segurança que tem a importante missão de garantir a segurança e serenidade da comunidade prisional, protegendo a vida e a integridade dos reclusos no cumprimento das penas e medidas de segurança privativas da liberdade, bem como dos demais funcionários e utentes prisionais. A sua ação tem de ser sempre baseada no respeito pelo cumprimento da Lei e pelas decisões judiciais, bem como pela garantia dos direitos e liberdades fundamentais daqueles cidadãos[107]. O pessoal integrado na carreia de guarda prisional encontra-se sujeito ao regime jurídico do funcionários públicos[108] e às particularidades constantes do Estatuto do Corpo da Guarda Prisional[109]. Compete aos guardas prisionais, no âmbito do referido estatuto, garantir a segurança e a ordem dos estabelecimentos prisionais, zelar pela observância da lei e dos regulamentos penitenciários, exercer a custódia sobre os reclusos fora das instalações penitenciárias e participar nos planos de ressocialização dos mesmos. O Estatuto do Corpo da Guarda Prisional veio ainda realçar a importância da formação, quer nas modalidades de formação inicial, quer contínua e de especialização, reconhecendo assim aos guardas um cada

e a Administração penitenciária na redução de custos por um lado, e na manutenção de melhores condições de vida dos reclusos por outro. Assim, ainda que consideremos ser lícita a intervenção de privados em tarefas não nucleares da administração penitenciária (no sentido de que não contenderem com poderes decisórios ou coercivos), defendemos que essa intervenção só deve ser realizada se, em concreto, estiverem reunidas condições que efetivamente a justifiquem.

[107] Note-se que o pessoal que integra o corpo da guarda prisional é equiparado aos agentes da autoridade quando no exercício das suas funções (artigo 3º/2 do Estatuto do Corpo da Guarda Prisional). O CGP é constituído pelos trabalhadores da DGRSP com funções de segurança pública em meio institucional, armados e uniformizados, integrados nas carreiras especiais de chefe da guarda prisional e de guarda prisional. A 31 de Dezembro de 2013 existiam em Portugal um total de 3740 Guardas prisionais masculinos e 563 guardas prisionais femininos (dados retirados das estatísticas oficiais da Direção-Geral de Reinserção e Serviços Prisionais disponíveis em http://www.dgsp.mj.pt/, acedido a 24 de Fevereiro de 2015).

[108] Lei nº 35/2014, de 20 de Junho.

[109] Cfr. Estatuto do Corpo da Guarda Prisional disponível em http://www.pgdlisboa.pt/leis/lei_mostra_articulado.php?nid=2059&tabela=leis, acedido a 19 de Fevereiro de 2015.

vez maior número de competências, e exigindo que quer as funções securitárias, quer as funções no âmbito da ressocialização, sejam exercidas com elevados padrões de tecnicidade. Esta exigência decorre, aliás, da prioridade conferida pelo Código da Execução das Penas e Medidas Privativas da Liberdade à reinserção social do cidadão recluso. Para lograr cumprir com eficácia essa finalidade é imprescindível que se exija, cada vez mais, ao Corpo da Guarda Prisional especiais competências e conhecimentos especializados não só na área securitária, mas também nesta área essencial à prossecução das atribuições do sistema prisional. Ora, este poderia valer, desde logo, como um argumento contrário à possibilidade de transferência de tarefas para o domínio privado neste setor. A questão é, contudo, mais complexa do que isso.

Pela sua própria natureza, o ambiente da prisão revela-se particularmente perigoso para os direitos dos reclusos enquanto cidadãos. A extrema vulnerabilidade em que os reclusos se encontram e a fraca visibilidade pública daquilo que acontece dentro dos estabelecimentos prisionais, faz com que haja uma situação de verdadeira dependência dos reclusos em relação ao pessoal de guarda nas prisões. Esta dependência é evidente não apenas em todos os momentos do seu dia (visto os reclusos estarem sob observação 24 sob 24 horas não podendo sair daquele meio prisional), mas também em todos os aspetos da sua vida (desde os aspetos mais básicos como a alimentação e higiene, até ao controlo das próprias visitas, transporte, registo de infrações e informações sobre o seu comportamento). O controlo dos reclusos, para além de ser constante, é realizado por pessoas (gestores e guardas prisionais) que detêm enormes e alargados poderes coercivos[110]. A influência direta de tais poderes sobre os reclusos exige, quanto a nós, que a tarefa de manutenção da ordem e da segurança nos estabelecimentos prisionais continue a ser levada a cabo através de funcionários públicos adstritos à prossecução exclusiva do interesse público[111].

---

[110] Embora os poderes coercivos em meio prisional sejam vastos eles não são, contudo, livres nem arbitrários. Veja-se o Regulamento de Utilização de Meios Coercivos nos Serviços Prisionais, disponível em http://www.cpt.coe.int/documents/prt/2011-01-inf-eng-appendices.pdf, acedido a 19 de Fevereiro de 2015.

[111] É, aliás, a própria lei que estipula que a manutenção da ordem e da segurança no estabelecimento prisional compete aos serviços prisionais, nomeadamente através do corpo da guarda prisional, e realça o *caráter excecional* do recurso à intervenção de outras forças e serviços de segurança. Artigo 87º do código de execução das penas.

OS NOVOS ATORES DA JUSTIÇA PENAL

Como já se viu supra no ponto 3, não é estranha à doutrina a posição segundo a qual as tarefas de segurança e de manutenção da ordem, embora representando um dos domínios clássicos da intervenção do Estado, não integram o catálogo de tarefas sujeitas a monopólio público[112]. Nesta ótica, a questão que deve ser discutida não se prende por isso com a possibilidade de participação de particulares na execução de tarefas de segurança (pois isso sabe-se que é possível[113]). Prende-se sim com a (in)viabilidade de delegação do exercício de poderes públicos que envolvam o uso da força (poderes públicos de coação física). Neste sentido, é praticamente unânime a orientação de que o monopólio estadual do emprego da força (*Gewaltmonopol*) representa um elemento essencial do Estado de Direito[114].

O setor da segurança pública e das atividades policiais constitui, por excelência, o campo em que existe o emprego da força pública sobre os cidadãos por parte do Estado. Mas este não é, claramente, o único setor que pressupõe um contato "físico" entre o aparelho de coerção do Estado e os cidadãos. Também o cumprimento da pena de prisão se apresenta como um campo exemplar da ação coerciva direta do Estado sobre os reclusos. Uma vez que o emprego da força representa a forma mais intensa de agressão aos direitos e liberdades fundamentais dos cidadãos (nomeadamente dos reclusos em meio prisional que já têm *de per si* a sua liberdade extremamente condicionada), parece-nos bastante questionável que esse uso de poderes coercivos possa ser levado a cabo por agentes privados.

Tudo isto nos conduz por isso a considerar que, em geral, "o emprego da força como meio de prossecução de fins públicos integra o núcleo duro, intangível, da regra do exercício de poderes públicos por entidades colocadas exclusivamente ao serviço do interesse público, as quais, neste caso, devem aparecer dotadas do nível mais elevado de legitimidade democrática (correspondente à maior intensidade da agressão)"[115]. Assim, e por tudo o

---

[112] Vide supra a questão das tarefas necessárias ou obrigatórias do Estado não terem necessariamente de se apresentar como exclusivas, podendo mesmo ser alvo de certas formas de privatização ou colaboração por entidades particulares. Ponto 3.1.

[113] Veja-se o caso das empresas de segurança privada. Para maiores considerações acerca do tema vide PEDRO GONÇALVES, *Entidades Privadas...*, pág.372-390 e pág.792-794.

[114] Contrariamente, o sistema norte-americano não consagra um monopólio estadual do uso da força, mostrando-se por isso consideravelmente mais liberal quer quanto à delegação de funções policiais em entidades privadas, quer quanto à extensão da segurança privada.

[115] PEDRO GONÇALVES, *Entidades Privadas com Poderes Públicos*, pág.962.

exposto, entendemos que a delegação dos poderes públicos de emprego da força em entidades particulares neste âmbito deve ter-se por inconstitucional, uma vez que tal delegação colocaria nas mãos de particulares um poder genérico e indeterminado de emprego da força não compatível com o monopólio do uso da força consagrado na Constituição da República Portuguesa.

4.2.5. Gestão global das prisões: poderes de direção e poder disciplinar
Ora, como já se disse, a colaboração de entidades particulares na execução de certas tarefas públicas relativas à gestão dos estabelecimentos prisionais como a construção dos mesmos e a prestação de serviços como a saúde, o ensino, a limpeza e a alimentação, não nos suscita, pela natureza das referidas tarefas, dificuldades de aceitação. Contudo, o caso torna-se diferente e bastante mais complexo quando estamos perante a hipótese de admissão da delegação em particulares da gestão global dos estabelecimentos prisionais.

No modelo propugnado, sobretudo na América do Norte, de prisões privadas, a entidade particular assume a gestão integral de um estabelecimento prisional e, por conseguinte, a responsabilidade pública de "guardar" o cidadão condenado a uma pena de prisão. Essa responsabilidade está presente durante todo o tempo em que o individuo permanecer no estabelecimento prisional, iniciando-se com a decretação pelo Tribunal da sentença e só terminando no fim da respetiva execução. Ou seja, a partir do momento em que seja decretada a sentença o condenado ficará inteiramente à mercê de entidades privadas.

Embora a gestão global de prisões seja, desde os anos 80 do século XX, uma realidade consolidada nos Estados Unidos, ela representa, a nosso ver, um perigo especial de colisão entre os interesses privados, nomeadamente a maximização do lucro, e o interesse público de ressocialização dos presos. O que se vem verificando na maioria dos estabelecimentos prisionais privados, senão mesmo em todos, é uma tentativa de rentabilizar ao máximo, segundo a lógica do lucro, a sua gestão, cortando-se nos custos através da contratação de pessoal sem experiência, prestando cuidados de saúde e de educação deficitários, e admitindo-se tantos reclusos quanto possível (ou mais ainda). Ora, fácil é de ver que tudo isto pode facilmente redundar, como já se disse, numa impossibilidade de cumprir os fins públicos das penas (nomeadamente a finalidade de prevenção especial positiva).

OS NOVOS ATORES DA JUSTIÇA PENAL

O caráter altamente genérico e abrangente dos poderes das entidades encarregadas da gestão das prisões e a relevância de tais poderes para a situação concreta em que se encontram os reclusos reclamam, na nossa opinião, que o Estado chame para si, em exclusivo, o dever de gerir prisões, assumindo esse poder como inalienável. Exemplo disso é, desde logo, o poder disciplinar que o diretor do estabelecimento prisional tem a seu cargo. Como consagra o artigo 112º do Código de execução das penas, a aplicação de medida disciplinar (bem como de medida cautelar na pendência do processo disciplinar- artigo 111º) compete ao diretor do estabelecimento prisional. Este tem assim um poder-dever de aplicar aos reclusos certas medidas disciplinares (artigo 105º) sempre que se verifique uma situação de infração disciplinar (artigo 102º e ss). Ora, a aplicação de medidas disciplinares (como verdadeiras sanções), apesar de lícita e necessária, colide diretamente com os direitos fundamentais dos reclusos. Para além disso, a aplicação de medidas disciplinares condiciona ainda, directamente, os direitos de progressão de regime e concessão de benefícios legais ao condenado (nomeadamente a concessão de liberdade condicional[116]), o que configura, a nosso ver, mais um argumento no sentido de que apenas (e só) ao Estado pode ser confiada tal atividade[117].

Assim, temos para nós que, a privatização da gestão das prisões representa uma forma de retirada do Estado de um dos setores mais nucleares do poder público, no qual a presença do Estado e o seu "dever de governar" continuam a apresentar um valor indiscutível. A prisão é desde o início dos

---

[116] Estipula o artigo 173º do Código de execução das penas que, para a avaliação da concessão da liberdade condicional, deve o juiz solicitar o relatório dos serviços prisionais contendo a avaliação da evolução da personalidade do recluso durante a execução da pena, das competências adquiridas nesse período, da sua relação com o criem cometido e do seu **comportamento prisional**. Veja-se também o artigo 189º/3 relativo ao instituto da licença de saída jurisdicional.
[117] Pode ainda ler-se no artigo 135º do código de execução das penas que são os serviços prisionais quem garante, nos termos da lei, "a) a execução das penas e medidas privativas da liberdade, de acordo com as respetivas finalidades; e *b)* a ordem, segurança e disciplina nos estabelecimentos prisionais". Também deste artigo parece poder-se retirar pois que o poder de direção nomeadamente na sua vertente disciplinar e de manutenção da ordem e segurança é insuscetível de delegação não podendo ser subtraído do âmbito estadual. A este respeito veja-se também a Recomendação Rec(2006)2 do Comité de Ministros do Conselho da Europa aos Estados Membros sobre as regras penitenciárias europeias que considera no ponto 71 que "a prisão enquanto serviço público, deve estar sob a responsabilidade de autoridades públicas e estar separadas das forças armadas, da policia e dos serviços de investigação penal".

tempos, e continuará a ser, a materialização exemplar do poder de coerção estadual, pelo que, consideramos que a privatização da gestão global de prisões se apresenta como constitucionalmente inviável. Note-se, que com isto não queremos, todavia, como já se referiu, excluir a possibilidade de parcerias entre o Estado e entidades privadas em certos domínios da gestão de prisões. Aquilo que defendemos, e para o qual queremos chamar a atenção, é apenas a impossibilidade de transferir a totalidade da gestão dos estabelecimentos prisionais para particulares, com o inerente abandono da sua natureza pública e a abertura completa à lógica que move o setor dos interesses privados. É essencial, a nosso ver, que o Estado não abandone o sistema prisional desligando-se por completo das suas responsabilidades e das tarefas que, pela sua natureza, exigem uma concreta execução estadual (nomeadamente aquelas que possam, direta ou indiretamente, envolver coerção e limitação de direitos, liberdades e garantias)[118].

4.3. O caso do Estabelecimento Prisional Especial de Santa Cruz do Bispo

O estabelecimento prisional especial de Santa Cruz do Bispo localizado no município de Matosinhos é destinado exclusivamente à população reclusa feminina e consubstancia um "ensaio" pioneiro em Portugal de um modelo de gestão prisional "partilhada" entre a Administração Pública e uma Misericórdia. Sendo o único estabelecimento prisional com esta caraterísticas, foi criado pelo Decreto-Lei nº 145/2004[119] e teve a sua continuidade assegurada graças à autorização dada pela Resolução do Conselho de Ministros de 10 de Março de 2011[120]. Como pode ler-se no Decreto-lei que presidiu à sua criação: "não obstante os esforços que têm vindo a ser desenvolvidos,

---

[118] Neste âmbito podia ainda equacionar-se a questão da "privatização" dos serviços de reinserção social. Temos, no entanto, para nós que também essa questão se encontra fora de discussão, não havendo margem para a transferência da mesma para as mãos de atores privados.

[119] Decreto-Lei nº 145/2004 de 17 de Junho, disponível em https://dre.pt/.

[120] Pode ler-se na referida Resolução: "Esta Resolução autoriza a Direcção-Geral dos Serviços Prisionais a celebrar um Acordo de Cooperação com a Santa Casa da Misericórdia do Porto, para a gestão partilhada do Estabelecimento Prisional Especial de Santa Cruz do Bispo. Os bons níveis de qualidade que são obtidos com o modelo de gestão partilhada no Estabelecimento Prisional Especial de Santa Cruz do Bispo e a mais mais-valia retirada da experiência positiva de co-gestão prisional desenvolvida desde 2005 entre as duas entidades, permite que se assegure, através desta Resolução, a continuidade do seu funcionamento, gestão e organização interna".

OS NOVOS ATORES DA JUSTIÇA PENAL

o aumento da população prisional que tem vindo a registar-se nas últimas décadas torna premente a promoção de acções tendentes a corrigir a situação actual de sobrelotação crescente dos estabelecimentos prisionais. Uma das formas de combater este fenómeno encontra-se no aumento da capacidade de acolhimento do sistema ao nível da lotação através da construção ou remodelação de estabelecimentos prisionais. A fórmula preferencial para atingir com eficácia os objectivos de redução da sobrelotação por esta via consiste na construção de edifícios de raiz, adaptados, desde a sua concepção, às especificidades da vida prisional nas suas várias vertentes. Foram estes os objectivos que presidiram à construção e criação do Estabelecimento Prisional Especial de Santa Cruz do Bispo, localizado no município de Matosinhos".

Considerou o Governo que, salvaguardadas as respetivas funções específicas do Estado no âmbito da segurança, da vigilância, da articulação com os tribunais e do tratamento penitenciário (relacionadas com as atividades de gestão prisional interna), a diversidade e complexidade da gestão dos estabelecimentos prisionais comporta um conjunto de atividades que podem ser melhor desenvolvidas por entidades privadas. Assim a criação do estabelecimento prisional especial de Santa Cruz pretendeu assegurar mecanismos de organização, gestão e funcionamento que permitam a imediata e urgente abertura do estabelecimento, e que possibilitem uma maior eficiência e eficácia na gestão e administração do mesmo, com a desejável redução de custos.

Foi, portanto, neste quadro que se revelou necessária a implementação de um novo modelo de funcionamento e de gestão que passa pela promoção da associação de entidades privadas ao exercício de atividades que, até à data, se encontravam cometidas à Administração, no âmbito do setor, nomeadamente, a prestação de serviços nos domínios da saúde, apoio ao tratamento penitenciário, creche, restauração, cantina, manutenção e conservação de instalações e equipamentos, assistência religiosa e espiritual, ensino e formação profissional (bem como a responsabilidade de assegurar, direta ou indiretamente, as atividades complementares das supra mencionadas)[121]. Como refere o próprio Governo "a adopção de mecanis-

---

[121] A Santa Casa da Misericórdia do Porto (SCMP) ficou ainda responsável pela gestão integral dos resíduos produzidos no Estabelecimento Prisional (desde o fornecimento de contentores adequados à deposição de cada tipo de resíduo até à sua recolha e reciclagem) e pela gestão

mos de gestão partilhada permite tirar partido da comprovada experiência de certas entidades em domínios específicos, bem como das estruturas físicas e humanas que essas entidades possuem para o exercício dessas funções, incrementando-se, assim, a qualidade dos serviços prestados, atenuando-se o isolamento do ambiente prisional"[122]. Assim, com caráter de experiência piloto, e ficando sujeito a avaliação periódica e acompanhamento permanente por parte da Direcção-Geral dos Serviços Prisionais[123], recorreu-se a um modelo de gestão partilhada em cooperação com a Santa Casa da Misericórdia do Porto, que "pela sua vocação, capacidade técnica e equipamentos sociais de que dispõe, designadamente nas áreas da saúde mental e outros cuidados de saúde, e do apoio a grupos sociais com problemáticas específicas", reúne as condições essenciais para que lhe seja cometida a responsabilidade pela prossecução de algumas atividades da gestão prisional externa do Estabelecimento Prisional Especial de Santa Cruz do Bispo[124].

dos recursos energéticos (com o intuito designadamente de diminuir o consumo e consequentemente o valor da fatura energética). "Na vigência do Protocolo transitam para a SCMP os contratos celebrados com os fornecedores de água, eletricidade, gás e outros combustíveis e serviços de comunicações, sendo da responsabilidade da SCMP a totalidade dos respetivos encargos e consumos". Vide Relatório de auditoria nº 11/2010, PROC. Nº 1/2006 – 1ª SECÇÃO, do Tribunal de Contas.

[122] Cfr. Decreto-Lei nº 145/2004 de 17 de Junho. Neste contexto, merece particular referência à ação de entidades privadas sem fins lucrativos, em que se destacou até meados do século XX uma multissecular cooperação entre o Estado e as misericórdias, no apoio aos reclusos e suas famílias. No mesmo sentido se pronunciou, no seu relatório final, a Comissão de Estudo e Debate da Reforma do Sistema Prisional.

[123] O controlo e a avaliação das atividades acordadas, assim como o acompanhamento dos resultados da aplicação deste Protocolo, ficaram a cargo da DGRSP.

[124] Veja-se o artigo 2º/1 e 2 do Decreto-Lei nº145/2004 intitulado "Âmbito e mecanismos de gestão": "1 – As funções específicas do Estado relativas à segurança, coordenação do tratamento penitenciário e articulação com os tribunais e demais órgãos e serviços do Estado são exclusivamente asseguradas pela Direcção-Geral dos Serviços Prisionais. 2 – As actividades de apoio à gestão prisional, relativas à logística e prestação de serviços à população reclusa, tais como as de manutenção e conservação de instalações e equipamentos, lavandaria e engomaria, restauração, cantina, assistência médico-sanitária, apoio ao tratamento penitenciário, creche, assistência religiosa e espiritual, ensino e formação profissional, podem ser confiadas a entidades privadas, nos termos que vierem a ser estabelecidos por via de protocolo, acordo ou outra forma de colaboração, a celebrar pela Direcção-Geral dos Serviços Prisionais e sujeito a homologação pelo Ministro da Justiça".

OS NOVOS ATORES DA JUSTIÇA PENAL

A criação do Estabelecimento Prisional Especial de Santa Cruz do Bispo, veio assim introduzir uma tendência inovadora no âmbito da gestão, funcionamento e organização do sistema prisional, através da sua abertura à colaboração de entidades privadas, salvaguardando- como não poderia deixar de ser a nosso ver- as funções específicas e exclusivas do Estado nas áreas da segurança, da vigilância, da articulação com os tribunais e da coordenação do tratamento prisional.

Contudo, e apesar do seu reconhecido sucesso[125], não se vislumbrou o alargamento deste sistema a nenhum outro estabelecimento prisional em Portugal. É certo que a prática prisional demonstra que são vários, senão mesmo a maioria, os estabelecimentos prisionais portugueses que recorrem à colaboração de entidades privadas, sobretudo na área alimentar, mas isso resulta, não de uma permissão por estipulação legal expressa, mas sim, quanto muito, de uma omissão do direito penitenciário face a essa questão.

5. Considerações finais

Posto todo este excurso à volta do problema que nos ocupa, cumprir-nos-á por fim concluir e densificar algumas das considerações que já foram sendo tecidas e reveladas ao longo da exposição feita. A atribuição a entidades privadas de funções ao nível da execução prisional, convoca, como se tentou demonstrar, sérias interrogações. Na realidade, a intervenção destes "novos atores" privados em domínios tradicionalmente públicos, põe em causa a repartição de papéis que é caraterística da justiça penal de inspiração iluminista, suscitando dificuldades à luz de princípios garantístico do nosso ordenamento jurídico. Contudo, é, sobretudo, no seio do plano constitucional que essas dúvidas se fazem sentir com mais intensidade, nomeadamente pela possível colisão de tal intervenção com a existência de uma eventual reserva de administração constitucionalmente consagrada.

Ora, ainda que se opte, como se demonstrou no trabalho, pela não admissão de uma estrita reserva de administração, a verdade é que não existe uma livre faculdade de delegação de toda e qualquer tarefa que envolva o exercício de poderes públicos em entidades privadas. Esta circunstância faz com que, a nosso ver, a questão da privatização do sistema prisional não possa ser analisada enquanto bloco unitário que se aceita ou rejeita. De facto, apenas a análise individual de cada setor nos permite per-

[125] Veja-se a Resolução do Conselho de Ministros de 10 de Março de 2011.

ceber se existe espaço para a transferência de, pelo menos, certas tarefas para as "mãos" de atores privados.

Sob a designação de privatização do sistema prisional cabe uma vasta variedade de realidades: desde o mero fornecimento de bens ou serviços, passando pela construção e manutenção, até à própria privatização global do sistema de administração das prisões. Na realidade, algumas "parcelas de privatização" das prisões já vão, acontecendo, de forma natural, entre nós. Assim, em termos de alimentação, são, em geral, empresas privadas que fornecem os estabelecimentos prisionais e, em termos de assistência no campo da saúde, já há também alguns acordos com prestadores da área privada. Como já tivemos oportunidade de referir, cremos que não deve ser de excluir, à partida, a possibilidade de parcerias entre o Estado e entidades privadas em certos domínios da gestão de prisões. Parece-nos aliás que, em diversos setores, tais parcerias se podem relevar úteis e eficientes, libertando a administração prisional para as tarefas que se revelam de execução pública imprescindível. Assim, rejeitamos apenas a possibilidade de transferir a totalidade da gestão dos estabelecimentos prisionais para particulares, bem como todas as tarefas inerentes à manutenção da ordem, segurança e poder disciplinar, considerando ser essencial que as mesmas se mantenham exclusivamente adstritas ao domínio público uma vez que, pela sua natureza, exigem uma concreta execução estadual, não bastando a mera observação de um dever estadual de supervisão ou garantia.

Em sentido idêntico ao da opinião por nós advogada foi também o anteprojeto da proposta de Lei-quadro da Reforma do Sistema Prisional elaborado pela Comissão de Estudo e Debate da Reforma do Sistema Prisional em Fevereiro de 2004[126]. Na proposta de Lei apresentada pela Comissão é notória uma nova atitude face ao sistema prisional português, pretendendo assegurar consensualmente a consagração normativa de princípios e de

---

[126] A referida proposta de lei decorreu diretamente do trabalho da Comissão para o Estudo e Debate da Reforma do Sistema Prisional (CEDERSP), criada pela Portaria nº 183/2003, de 21 de Fevereiro, no âmbito do Ministério da Justiça. Foi presidida pelo Professor Doutor Diogo Freitas do Amaral, e contou com a presença de representantes da Direcção-Geral dos Serviços Prisionais, do Instituto de Reinserção Social, do Gabinete de Política Legislativa e Planeamento do Ministério da Justiça e do Observatório Permanente da Justiça Portuguesa. O projeto de lei nº 238 /X- correspondente à proposta da Lei-Quadro nº 153/IX elaborada pela Comissão- foi posteriormente apresentado pelos Deputados do Grupo Parlamentar do Partido Social Democrata em Março de 2006.

OS NOVOS ATORES DA JUSTIÇA PENAL

regras que, uma vez concretizados permitiriam assegurar uma melhoria acentuada da situação das prisões portuguesas e do nível de reinserção social dos reclusos. De facto, entendia a Comissão que relativamente aos serviços prisionais não era possível pretender alterar as atuais condições dos estabelecimentos prisionais, ou acentuar efetivamente a componente de reinserção social do sistema, sem uma mudança mais profunda na própria estrutura dos serviços. Assim, a referida lei funcionaria como um propulsor à alteração da própria orgânica e gestão dos serviços prisionais, aperfeiçoando-a e incentivando a sua racionalidade e eficácia.

Eram, como tal, pontos fundamentais para a reforma quer "a eficiência da gestão e do funcionamento dos serviços, seja ao nível central, seja ao nível dos estabelecimentos prisionais", quer "a efetiva participação dos serviços prisionais na ideia, mais vasta e legitimadora do sistema, de reinserção social da população reclusa", acentuando-se primordialmente dois aspetos: o reforço da intervenção dos tribunais de execução das penas e do Instituto de Reinserção Social, e ainda o estabelecimento de formas de cooperação efetiva entre o sistema prisional e a sociedade em geral[127]. Nesta ótica, uma das finalidades que o sistema prisional deveria procurar prosseguir, de acordo com a Comissão, era "a abertura dos modos de funcionamento dos estabelecimentos prisionais à participação de entidades privadas, sem prejuízo da reserva ao Estado do exercício dos poderes de direção, autoridade e fiscalização". Este foi, aliás, um tema que mereceu destaque na proposta de lei apresentada[128].

---

[127] "Decorre, de facto, de uma ideia do sistema prisional, não como um reduto esquecido e incómodo, oposto à sociedade, mas, pelo contrário, como parte da própria comunidade, devendo como tal ser considerado, quer pelos cidadãos em geral, quer pelos poderes públicos. Assim, incentiva-se a celebração de protocolos de cooperação entre o sistema prisional e outras entidades públicas, bem como com entidades da sociedade civil tendo em vista a melhoria das condições de vida dos reclusos no meio prisional e a potenciação da sua reintegração na vida em liberdade". Cfr. Conclusões da Comissão de Estudo e Debate da Reforma do Sistema Prisional plasmadas no seu relatório final editado pela Almedina em Maio de 2005.

[128] Exemplo disso são os artigos 9º, 30º, 31º, 33º e 34º. Assim, podia ler-se no artigo 9º (sob o título "Missão dos estabelecimentos prisionais") que: "cabe aos estabelecimentos prisionais: d) A gestão corrente dos meios humanos e materiais afectos a cada estabelecimento, bem como das áreas de segurança e de transporte de reclusos, de forma integrada na gestão global do sistema; e) A responsabilidade pelo funcionamento dos serviços e actividades próprios da vida diária em meio prisional, quer por gestão directa, quer por acordos de execução mista". Também no artigo 31º (inserido dentro da secção relativa à "Cooperação entre o sistema prisional e outros serviços públicos, bem como com a sociedade em geral") consagrava o

No artigo 34º, sob o título "Competências exclusivas do Estado", a Comissão estabelecia quais as tarefas insuscetíveis de delegação em entidades privadas, podendo ler-se no número 1 do artigo: "No âmbito do sistema prisional, não poderão ser entregues ao sector privado, por serem da competência exclusiva do Estado: *a)* A direcção dos estabelecimentos prisionais; *b)* A execução das penas e medidas privativas da liberdade, incluindo a elaboração, aplicação e coordenação dos planos individuais de readaptação social; *c)* O exercício das funções de segurança que àquele sistema compete garantir; *d)* A articulação directa com os tribunais, bem como com outras entidades e serviços públicos que devam colaborar na execução das penas e medidas privativas da liberdade; *e)* A fiscalização das actividades privadas desempenhadas nos termos de acordos de execução mista ou de parcerias público-privadas." Acrescentando o número 2 que: "Consideram-se acordos de execução mista todos aqueles que confiem a entidades privadas, sob a fiscalização do Estado, o exercício corrente de atividades dos estabelecimentos prisionais que, não sendo reservadas ao Estado nos termos do número anterior, sejam por ele desempenhadas em cooperação com aquelas entidades"[129].

Com esta reforma proposta pela Comissão abria-se assim caminho para algumas formas limitadas de participação da iniciativa privada na esfera do sistema prisional (entendida essencialmente como o abrir do sistema à própria comunidade), deixando-se fora de qualquer possibilidade de intervenção privada, o domínio da execução da pena de prisão em sentido estrito,

---

projeto-lei que: "1- Os serviços prisionais e de reinserção social podem celebrar protocolos de cooperação, homologados pelo Ministro da Justiça e publicados no Diário da República, com as Misericórdias, com outras instituições particulares de solidariedade social e com quaisquer associações ou fundações de utilidade pública, com vista ao desempenho de tarefas específicas no âmbito de um ou mais estabelecimentos prisionais ou de cooperação com estes. 2- Os contratos de prestação de serviços celebrados com a mesma finalidade com empresas, públicas ou privadas, a título gratuito ou a preço inferior ao fixado na adjudicação, são considerados, na parte correspondente ao desconto, como actividades de mecenato para a reinserção social". Já o artigo 33º consagrava o princípio do financiamento público estatuindo no seu número 1 que o financiamento da construção, manutenção e conservação do equipamento e do funcionamento do sistema prisional deveria competir, em primeira linha, ao Estado; mas acrescentando no seu número 2 que, sem prejuízo do referido, para a satisfação daquelas necessidades podia o Estado recorrer também a parcerias-público privadas.
[129] Tais acordos de execução mista referidos tinham de ser celebrados com a Direcção-Geral dos Serviços Prisionais, aprovados pelo Ministro da Justiça e publicados no Diário da República (artigo 34º/3).

OS NOVOS ATORES DA JUSTIÇA PENAL

bem como todas as questões ligadas à direção efetiva dos estabelecimentos, à segurança que ao sistema prisional compete garantir e à fiscalização das atividades privadas de parceria ou cooperação com o sistema prisional (reafirmando-se assim, nesses domínios, o caráter exclusivamente público do sistema). É também este o nosso entendimento. Sublinha-se assim, mais uma vez, a opinião de que as condições das prisões e dos reclusos em Portugal, bem como na generalidade do resto do Mundo, não atingem, em diversos aspetos, os padrões de qualidade exigíveis a um Estado de Direito baseado na dignidade da pessoa humana. E, apesar dos vários (ainda que pequenos) esforços feitos por parte do poder público, é natural que a situação seja propensa a piorar, já que a população prisional não tende a diminuir e a construção e remodelação de estabelecimentos prisionais não é uma prioridade do Estado. Para dificultar ainda mais o panorama, a verdade é que a gestão e organização do sistema prisional (com exceção dos seus aspetos securitários) não é algo que goze de elevada popularidade junto dos cidadãos, nem algo para o qual as pessoas estejam sensibilizadas. Todavia cremos que a questão das "prisões privadas", ao tocar em aspetos profundos da nossa vida em sociedade, merece ser alvo de atenta consideração, não só pelos interlocutores diretos do sistema, mas por toda a comunidade.

Bibliografia

ALBUQUERQUE, Paulo Pinto de, *Direito prisional português e europeu*, Coimbra Editora, 2006. –"O Futuro dos Estudos Penitenciários", *in Direito e Justiça*, vol.Esp. (2004).

AYALA, Bernardo de, *O (défice de) controlo judicial da margem de livre decisão administrativa*, Lex, Lisboa, 1995.

BELEZA DOS SANTOS, José, *Nova organização prisional portuguesa*, Coimbra Editora, 1947.

CORREIA, A. Malça, *Vigilância e segurança nas prisões*, Lisboa, 1989.

CORREIA, Sérvulo, *Legalidade e Autonomia contratual nos contratos administrativos*, Almedina, 1987.

DIIULIO, John, "What's wrong with private prisons", *National Affairs*, nº92, 1988.

DOLOVICH, Sharon, "State punishment and private prisons", *in Duke Law Journal*, vol.55, nº 3, Dezembro 2005.

DORES, António Pedro, "A modernização das prisões", *Prisões na Europa: um debate que apenas começa*, Celta Editora, 2003.

FREEMAN, Jody, "Private Parties, Public Functions and the New Administrative Law", *ALR*, vol.53, 2000. – "The private role in public governance", *New York University Law Review*, Junho, 2000.

FIGUEIREDO DIAS, Jorge de, *Direito Penal: Parte Geral*, Tomo I, 2ª edição, Coimbra Editora, 2007.

IMPLICAÇÕES CONSTITUCIONAIS, PENAIS E PROCESSUAIS PENAIS DA INTERVENÇÃO...

GOMES CANOTILHO, Jorge, *Direito Constitucional e Teoria da Constituição*, 7ªed.

GONÇALVES, Pedro da Costa, *Entidades Privadas com Poderes Públicos: o exercício de poderes públicos de autoridade por entidades privadas com funções administrativas*, Almedina, 2008.

LOTKE, Eric, "A indústria das prisões", *in Revista Brasileira de Ciências Criminais*, São Paulo, vol.5, nº.18, Abril/Junho, 1997.

MIRANDA, Jorge, *Manual de Direito Constitucional*, Tomo I, 9ª ed., Coimbra Editora, 2011.

NOVAIS, Jorge Reis, *Separação de poderes e limites da competência legislativa da Assembleia da República*, Lisboa, 1997.

OLIVEIRA, Edmundo, *A privatização das prisões*, Belém-Pará, 1992.

OTERO, Paulo, *Legalidade e Administração Pública: o sentido da vinculação administrativa à juridicidade*, Almedina, 2003.

PIÇARRA, Nuno, "A Reserva de Administração", in *O Direito*, ano 122, 2, Abril/Junho 1990.

PIMENTEL, José, "As Nossas Prisões II: Relatório especial do Provedor de Justiça à Assembleia da República- 1998", Lisboa, 1999.

REBELO DE SOUSA, Marcelo, "10 questões sobre a Constituição, o orçamento e o plano", in *Nos dez anos da constituição*, Lisboa, 1986.

Relatório da Comissão de Estudo e Debate da Reforma do Sistema Prisional, presidida por Diogo Freitas do Amaral, Ministério da Justiça, Almedina, 2005.

RODRIGUES, Anabela Miranda, *Novo olhar sobre a questão penitenciária: estatuto jurídico do recluso e socialização. Jurisdicionalização. Consensualismo e prisão*, Coimbra Editora, 2000.

RYAN, Mick, *Privatization and the penal system: the American experience and the debate in Britain*, Milton Keynes, 1989.

VITAL MOREIRA, *Administração Autónoma e Associações Públicas*, Coimbra Editora, 1997.

A Execução Penal e a Atribuição de Funções a Privados

ANA KARINE DE ALBUQUERQUE ALVES BRITO
Mestre em Ordem Jurídica Constitucional pela Universidade Federal do Ceará
Professora da Universidade Federal do Oeste do Pará

1. Estado (Democrático de Direito) e tutela do apenado como sujeito de direitos na execução penal. 2. Os valores caros ao Processo Penal. 3. Processo e democracia: a participação Popular na persecução penal. 4. A sociedade civil e a execução penal: a experiência das APAC's. 4.1 A existência de fato e a constituição formal das unidades APAC. 4.2 Fraternidade Brasileira de Assistência aos Condenados (FBAC) e a "Prison Fellowship International" (PFI). 4.3 A conformação do Método APAC com o Princípio da Laicidade do Estado. 4.4 Método APAC: elementos fundamentais. 4.5 Escala de recuperação do método APAC. 5. Conclusão. Referências.

1. Estado (Democrático de Direito) e tutela do apenado como sujeito de direitos na execução penal

A estrutura do Processo Penal deve refletir as características do Estado no qual a atividade persecutória se houver instaurado[1]. Em razão disso, no Estado que se qualifica pela Constituição Federal como democrático de

---

[1] Dias, Jorge de Figueiredo. *O Processo Penal, Hoje. Problemas Doutrinários Fundamentais.* In Conferência Internacional de Processo Penal. Os Desafios do Século XXI. Centro de Formação Jurídica, 2007, p. 59: "O Processo Penal é e será o espelho do Estado nacional".

OS NOVOS ATORES DA JUSTIÇA PENAL

Direito[2/3], a persecução penal deve ser conduzida em absoluta harmonia com os elementos que compõem a citada fórmula. Vertida tal informação à execução penal, conclui-se pela necessidade de esta ser orientada pela proteção e efetivação dos direitos fundamentais da pessoa humana consagrados na Carta Política, e não atingidos pelo decreto condenatório.

Essa premissa constitucional pode parecer despicienda, entretanto, não o é. Na verdade, embora a passagem do Estado de feição autoritária para formas democráticas de organização tenha gerado a edição de um catálogo vasto de direitos consolidados a partir de uma dramática trajetória histórica[4], a efetivação de tais bens da vida tem sido deficiente e, em alguns casos, inexistente, diante da carência de políticas públicas eficazes[5].

Para além da ênfase constitucional dos problemas da execução penal, com destaque para a efetivação de direitos fundamentais do preso, o desenvolvimento do presente texto exige a consciência acerca da mudança histórica de paradigma pela qual passou a figura do acusado na relação processual penal, o qual deixou de ser considerado como mero objeto de investigação e passou a receber tratamento condizente com a qualidade de sujeito processual[6]. Tal parâmetro interpretativo ocasionou severas modi-

---

[2] Art. 1º, Constituição da República Federativa do Brasil: "A República Federativa do Brasil, formada pela união indissolúvel dos Estados e Municípios e do Distrito Federal, constitui-se em Estado Democrático de Direito".

[3] Art. 2º, Constituição da República Portuguesa: "A República Portuguesa é um Estado de direito democrático".

[4] A Constituição Brasileira de 1988 tem o condão de garantir direitos fundamentais de primeira dimensão (liberdades públicas) de forma substantiva, e não apenas formalmente, como acontecera nas Constituições do Brasil anteriores (tanto no constitucionalismo imperial, quanto do republicano). Cf. Silva, José Afonso. Curso de Direito Constitucional Positivo. 35ª edição. São Paulo: Malheiros, 2012, p. 167.

[5] Santos, Boaventura de Sousa. *Para uma revolução democrática da justiça*. 3ª edição. São Paulo: Cortez, 2011, p. 13: "Somos herdeiros das promessas da modernidade e, muito embora as promessas tenham sido auspiciosas e grandiloquentes (igualdade, liberdade, fraternidade), temos acumulado um espólio e dívidas. Cada vez mais e de forma insidiosa, temos convivido no interior de Estados democráticos clivados por sociedades fascizantes em que os índices de desenvolvimento são acompanhados por indicadores gritantes de desigualdade, exclusão social e degradação ecológica".

[6] Ana Gabriela Mendes Braga ressalta que a concepção contemporânea de reintegração social deve fazer frente às ideologias 'res', que consideram o apenado como objeto de intervenção penal. Ressalta que "ao menos três pressupostos da reintegração social a diferencia das ideologias 'res': I. O preso é visto como um indivíduo normal, que se diferencia dos demais somente pelo fato de estar preso; II. O indivíduo é sujeito da Execução Penal e, portanto,

ficações nos temas do Processo Penal, com marcantes reflexos no procedimento de execução das penas privativas de liberdade[7]. Registre-se que, no Processo Penal brasileiro, a relação jurídica é formada a partir da citação do imputado, e sofre inúmeros desdobramentos ao longo da persecução penal, a exemplo do que se verifica com a interposição dos recursos e com a fase satisfativa da execução penal. A etapa de cumprimento da pena integra, portanto, a noção de persecução penal, e representa, após o trânsito em julgado da decisão condenatória, a última fase do processo penal.

A partir do momento em que se considera o agente como sujeito processual, um extenso rol de direitos passa a ser àquele atribuído, a exigir, por via de consequência, um aparato estadual hábil a concretizá-los e a consolidar a condição do apenado na qualidade de titular de direitos na fase de execução penal[8]. Passou a ser dever do Estado proporcionar ao acusado e, posteriormente, apenado, uma ambiência processual na qual os direitos inerentes à condição de sujeito processual pudessem ser efetivamente realizados[9].

---

deve poder manifestar sua vontade e autonomia nas atividades desenvolvidas em âmbito prisional; III. A sociedade é corresponsável pela reintegração social". *Reintegração social e as funções da pena na contemporaneidade*. In Revista Brasileira de Ciências Criminais, Ano 22, vol. 107, março-abril/2014, p. 350.

[7] Nesse sentido: Goulart, José Eduardo. *Princípios informadores do direito da execução penal.* São Paulo: Revista dos Tribunais, 1994, p. 59: "No Brasil, desde o advento do Código de Processo Penal (Dec.-lei 3.689/41) a execução penal tem caráter marcadamente jurisdicional, assinalando o eminente José Frederico Marques tratar-se da fase derradeira do processo penal".

[8] Grinover, Ada Pellegrini. Natureza jurídica da execução penal. *In Execução Penal.* São Paulo: Max Limond, 1987, p. 12: "*De extrema relevância é o enfoque jurisdicional da execução penal, do ponto de vista das garantias da defesa. O condenado, nessa ótica, passa a ser titular de direitos públicos em relação ao Estado, obrigado a prestar-lhe a tutela jurisdicional. [...] Não mais detentor de obrigações, deveres e ônus, o réu torna-se titular de direitos, faculdades e poderes. E como em todo e qualquer processo, que não seja mera ordenação de atos, mas que seja entendido em sua função garantidora, ficam asseguradas ao condenado as garantias do devido processo legal*".

[9] Dias, Jorge de Figueiredo. Para uma reforma global do processo penal português. Da sua necessidade e de algumas orientações fundamentais. p. 18. Após explicar que o equacionamento que se espera no processo penal de um Estado democrático de Direito deve considerar a tensão entre os interesses do arguido e os da sociedade, o autor ressalta que dois vetores merecem ser ponderados: "o primeiro vector provém diretamente do princípio axiológico que preside a ordem jurídica de um Estado de Direito material: o princípio da dignidade do homem, da sua intocabilidade e da consequente obrigação, para todo o poder oficial, de a respeitar e de a proteger".

OS NOVOS ATORES DA JUSTIÇA PENAL

Destarte, a passagem do *status* de objeto do processo para sujeito de direitos[10] exigiu que a execução penal fosse conduzida não apenas pelas mãos do Poder Executivo (Estado-Administração), mas também, e principalmente, pelo Estado-Juiz, como garantidor de direitos (já consagrados na Constituição e na legislação ordinária) de titularidade do sentenciado[11], os quais não foram atingidos pelo decreto condenatório, o qual, ressalte-se, não importa em espécie de *capitis deminutio*[12].

A posição constitucional de sujeito processual persiste durante a fase de execução penal – que representa, ainda, um desdobramento da relação processual que se instaurou inicialmente com a citação do imputado[13] – impondo ao Estado a obrigação de preservar o rol de garantias constitucionais conferidas ao apenado[14].

[10] Rodrigues, Anabela Miranda. Novo olhar sobre a questão penitenciária. Coimbra: Coimbra Editora, 2002, p. 69: "A afirmação de um Estado de direito que se autolimita face ao cidadão e que transforma as 'relações de poder' em relações jurídicas com recíprocos direitos e deveres é um marco fundamental nas mudanças operadas relativamente à compreensão da posição jurídica do recluso, que deixa de ser objeto para passar a ser 'sujeito da execução'".

[11] O sujeito processual de direito aparece no devir histórico juntamente com o advento do estado moderno. Antes do advento desse modelo de estado, impossível falar em garantias do sujeito em face do soberano. Portanto, como produto das revoluções burguesas, que fortemente influenciaram o Estado Constitucional Brasileiro, é que se vai paulatinamente construindo o rol de liberdades públicas oponíveis em face do Estado, desta feita, também vinculado a um contrato inicial: Carta de Direitos. Estando vinculado à norma fundamental tanto quanto todos os demais sujeitos de direitos, compete ao Estado, em razão desse pacto, a garantia das prédicas axiológicas que informam o contrato inicial.

[12] Conforme prescrito no art. 38 do Código Penal brasileiro, "o preso conserva todos os direitos não atingidos pela perda da liberdade, impondo-se a todas as autoridades o respeito à sua integridade física e moral".

[13] Menezes Vieira, Ana Lúcia. *A execução penal à luz dos Princípios Processuais Constitucionais*. In Justitia, 65 (198), jan./jun., 2008, p. 15: "O direito de executar a reprimenda, assegurado ao Estado – 'jus executionis' – decorre da pretensão punitiva estatal – 'jus punitionis'. A propósito, Francesco Carnelutti (1960, p. 314) anotou que, como no processo civil, no processo penal é possível vislumbrarem-se duas fases, denominando-o processo de cognição e de execução, nesta, aplica-se a punição, momento em que a decisão judicial é realizada [...]. Decorrem dessa obrigação, no entanto, direitos individuais do sentenciado, os quais, muitas vezes, contrapõem-se aos limites do direito de punir do Estado. Daí o surgimento de uma relação jurídica complexa entre os deveres e direitos que o Estado e condenado reconhecem, ou não como tais".

[14] Grinover, Ada Pellegrini. As garantias constitucionais do processo. *In Novas Tendências do Direito Processual*. São Paulo: Forense, 1990, pp. 01/120: "*Detendo a primazia de ter constitucionalmente subjetivado e positivado os direitos do homem, o Brasil tem-se mantido fiel à tradição de*

É nesse sentido que a Lei de Execução Penal, já no Título I, anuncia que ao condenado serão assegurados todos os direitos não atingidos pela sentença ou pela lei (art. 3º, Lei nº 7.210/1984). Posteriormente, dando concreção ao que fora proclamado no início do diploma legal, estabelece ser dever do Estado a assistência ao preso, como forma de prevenir o crime e orientar o retorno à convivência em sociedade, o que se espera obter a partir do momento em que são dispensadas ao apenado assistência material, assistência à saúde, jurídica, educacional, social e religiosa. Por fim, a tutela da integridade física e moral do apenado é mais especificamente resguardada através de Capítulo no qual são detidamente enumerados os direitos do preso (art. 41, Lei nº 7.210/1984), entre os quais figuram a atribuição de trabalho e sua remuneração, o exercício das atividades profissionais, intelectuais, artísticas e desportivas anteriores, desde que compatíveis com a execução da pena, entre outros.

As disposições da Lei de Execução Penal referentes à garantia de direitos ao apenado, embora redigidas pelo legislador em 1984, encontraram posterior referência também na Constituição Federal de 1988, já que a concreção do Poder Punitivo, em um Estado que se denomina como Democrático de Direito, deve estar em consonância com os direitos e garantias individuais cristalizados na Carta Política. Desta maneira, é possível identificar diversos dispositivos pétreos concernentes à figura do encarcerado no Título dos Direitos e Garantias Fundamentais, sendo pontos de partida inarredáveis a individualização da pena (e do procedimento de execução penal) e o respeito à integridade física e moral do preso.

Após a Segunda Guerra Mundial foi inaugurado um novo constitucionalismo, com maior compromisso pelos países signatários da DUDH com a dignidade da pessoa humana: princípio intimamente vinculado às condições que devem ser asseguradas ao condenado na fase de execução. Destarte, não se pode deixar de mencionar, ainda que brevemente, a força normativa que advém também dos Tratados Internacionais de Direitos Humanos ratificados pelo Brasil, os quais veiculam o consenso Univer-

---

reconhecer e garantir as posições processuais das partes, assegurando-lhes as condições necessárias para a instauração e o desenvolvimento de um processo justo. [...] Em matéria penal, substancial ou processual, as Constituições brasileiras têm sido ricas em garantias específicas, vedando penas e protegendo a liberdade física, expedindo normas sobre a prisão legal, erigindo em princípio constitucional a individualização e a incomunicabilidade da pena, assegurando a integridade física e moral do preso e, finalmente, garantindo o contraditório e a ampla defesa".

OS NOVOS ATORES DA JUSTIÇA PENAL

sal (Declaração Universal de Direitos Humanos) e Regional (Convenção Americana de Direitos Humanos) no que tange aos direitos de toda pessoa privada de liberdade, sendo inconteste a imposição ao Estado de tratamento condizente com a "dignidade inerente ao ser humano" (art. 5º, n. 2, CADH), e a adoção de procedimentos que tenham a capacidade de alcançar o objetivo principal de readaptação social dos condenados (art. 5º, n. 6, CADH). Na dicção de Antonio Scarance Fernandes, "importante caminho, na atualidade, é o da internacionalização do direito processual, manifestado por diversos movimentos", entre os quais se encontra exatamente a atribuição de *status* constitucional aos dispositivos dos tratados internacionais que versam sobre direitos humanos, especificamente, ao que interessa neste breve escrito, os que dizem respeito aos direitos das pessoas privadas de sua liberdade[15].

Tudo isso remete a uma execução penal de natureza híbrida[16], tendo em vista que a realização de tais objetivos (de ressocialização[17], principalmente) depende da atuação do Estado-Administração e do Estado-Juiz[18], de forma conjugada. O que se observa, no entanto, é que a atividade dos entes estatais no âmbito do sistema prisional não tem sido hábil a concretizar as propostas de readaptação social que os documentos internacionais e a Constituição bem consagraram em seus textos. Se, segundo Anabela

[15] Fernandes, Antonio Scarance. Processo penal constitucional. 6ª ed. São Paulo: Revista dos Tribunais, 2010, p. 28.

[16] No sentido de que há um contraste entre a atual posição jurídica do recluso e a liberdade de atuação das autoridades penitenciárias na execução das penas, motivo pelo qual, em face do conteúdo inerente à fórmula do Estado de Direito, em vários países já se observa que as liberdades do apenado estão a ser subtraídas do arbítrio administrativo. O recluso, reforça a Autora, torna-se verdadeiro "sujeito de direitos que lhe demarcam a fronteira da humanidade". Rodrigues, Anabela Miranda. *A fase de execução das penas e medidas de segurança no direito português*. Separata do Boletim do Ministério da Justiça nº 380, Lisboa, 1988, p. 15.

[17] Gomes Filho, Antonio Magalhães. A defesa do condenado na execução penal. *In Execução Penal*. São Paulo: Max Limond, 1987, p. 37: "*A grande inovação introduzida em nosso sistema penal pela Lei 7.210, de 11 de julho de 1984, consiste na consagração, a nível legislativo, de uma moderna concepção de execução penal, na qual a recuperação social do condenado deixa de constituir mera justificação retórica do encarceramento para, ao contrário disso, servir de medida da própria pena e das formas de seu cumprimento*".

[18] Veja-se a respeito do "carácter judiciário" das entidades chamadas a decidir no âmbito da execução penal como garantia das liberdades individuais: Santos, José Beleza dos. *Os tribunais de execução das penas em Portugal (razões determinantes da sua criação – estrutura – resultados e sugestões)*. Separata do Boletim da Faculdade de Direito de Coimbra em honra do Prof. Dr. José Alberto dos Reis. Coimbra: Coimbra Editora, 1953, p. 54.

A EXECUÇÃO PENAL E A ATRIBUIÇÃO DE FUNÇÕES A PRIVADOS

Miranda Rodrigues, o Processo Penal que privilegia a eficácia deve ostentar uma execução penal que evite ou atenue a "estigmatização dos reclusos[19]", é induvidoso que o sistema prisional brasileiro carece de tal qualificação.

Surge, então, a necessidade de convidar para o ambiente penitenciário novos sujeitos[20].

A Lei de Execução Penal brasileira anuncia como um dos ditames gerais da fase satisfativa a possibilidade de o Estado recorrer à cooperação da comunidade nas atividades de execução da pena e da medida de segurança (art. 4º)[21][22]. Cuida-se de importante mecanismo de incremento da participação popular nos assuntos do Estado Democrático de Direito, embora seja verdadeiramente tímida, na realidade prisional brasileira, a atuação dos Conselhos da Comunidade e dos Patronatos na vida carcerária. Em outros segmentos, como educação e saúde, o Estado brasileiro já evoluiu no sentido de atribuir funções e serviços essenciais à iniciativa privada, ou à sociedade civil organizada.

---

[19] Rodrigues, Anabela Miranda. Novo olhar sobre a questão penitenciária. Coimbra: Coimbra Editora, 2002, p. 9.

[20] É importante, sobre este tópico, discutir que, nos anos 90, o Brasil sofreu grande evolução no que tange ao modelo econômico e à atuação do Estado na oferta dos serviços públicos. Com o advento das políticas neoliberais, sediadas no contexto do Consenso de Washington, uma das mudanças no paradigma estatal foi nomeadamente quanto à redução do tamanho do Estado, portanto, na busca por outros atores sociais capazes de executar funções até então precipuamente estatais. Esta evolução histórica é importante para melhor informar a compreensão do tema em estudo, a afirmar-se, ainda, que a estrutura administrativa do Estado brasileiro foi redesenhada para atender às mudanças trazidas neste contexto.

[21] O art. 3º, n. 7, do Código da Execução das Penas e Medidas Privativas da liberdade, de Portugal, determina que "a execução realiza-se, na medida do possível, em cooperação com a comunidade".

[22] Enrique Sanz Delgado registra que a participação popular também encontra expressa referência no ordenamento espanhol: "la legislación y normativa penitenciaria articulan las possibilidades prácticas. El próprio Reglamento penitenciário (Real Decreto 190/1996, de 9 de febrero), em desarrollo de la Ley Orgánica 1/79, de 26 de septiembre, General Penitenciaria, alude a la necessária 'apertura de las prisiones a la sociedad', adecuándose com ello a las conclusiones de Naciones Unidas en su reunión de Tokio de diciembre de 1990". *Los límites de la participación privada em el âmbito penitenciário*. Anuario de Derecho Penal y Ciencia Penales, Tomo LII, Madrid, 2002, p. 388. Acrescenta o autor que o ordenamento espanhol permite que associações e fundações não estaduais assumam de forma direta a administração de atividades de ressocialização, de trabalho prisional e de tratamento dos detentos. Há, a exemplo da APAC, previsão normativa no sentido de autorizar a atuação de privados em serviços relacionados à liberdade religiosa e à assistência que dela deriva.

OS NOVOS ATORES DA JUSTIÇA PENAL

Ademais, admite-se a participação da iniciativa privada na execução penal no que concerne ao trabalho prisional, que representa um dos mais importantes instrumentos postos à disposição do Estado para alcançar a finalidade de ressocialização do apenado. O legislador brasileiro optou, no que tange ao sistema de organização do trabalho penitenciário, por um sistema misto ou intermediário, no qual a atividade laboral pode ser gerida tanto pela Administração como por empresas privadas[23]. O art. 34, § 2º, da Lei de Execução Penal (com redação decorrente da Lei 10.792/2003), permite que os governos federal, estadual e municipal (no modelo brasileiro de federalismo cooperativo) celebrem convênios com a iniciativa privada, para implantação de oficinas de trabalho referentes a setores de apoio dos presídios. Além disso, é autorizada a realização de trabalho externo em serviço ou obra pública realizada por entidade privada, desde que colhido previamente o consentimento[24] do apenado (art. 36, Lei 7.210/1984).

O Conselho Nacional de Política Criminal e Penitenciária Brasileiro, órgão ao qual incumbe propor diretrizes para a política criminal quanto à execução das penas (art. 62, Lei nº 7.210/1984), definiu, em seu Plano Nacional, como medidas permanentes a serem adotadas no sistema prisional a celebração de convênios com Patronatos e Conselhos da Comunidade; o envolvimento de universidades no programa assistencial previsto pelo ordenamento para a execução penal, bem como a participação direta de entidades religiosas e de associações profissionais no processo de reinserção social dos condenados. Conforme registrado na citada normativa, é fundamental que os espaços penitenciários "possam ser oxigenados com a presença da sociedade civil, inclusive para que a sociedade se envolva na prevenção da criminalidade e não reforce a ideologia da vingança, criando cada vez mais estereótipos"[25].

[23] Mirabete, Julio Fabbrini. Execução Penal: comentários à Lei nº 7.210/1984. 11ª ed. São Paulo, Atlas, 2004, p. 100.

[24] A execução penal que se conforma ao modelo do Estado de Direito vislumbra o condenado como sujeito ativo, do qual deverá partir o prévio consentimento ao tratamento penitenciário, solução que melhor atende ao propósito de reinserção social, já que o êxito deste está vinculado ao empenho e colaboração do próprio apenado. Dias, Jorge de Figueiredo. *El problema penitenciário en los movimentos científicos internacionales.* VIII Jornadas Penitenciarias Andaluzas, Sevilla, 1993, p. 26.

[25] Plano Nacional de Política Criminal e Penitenciária Brasileiro, Aprovado na 372ª reunião ordinária do Conselho Nacional de Política Criminal e Penitenciária (CNPCP), em 26/04/2011. Disponível em: http: www.justica.gov.br. Acesso em: 23.09.20015.

A EXECUÇÃO PENAL E A ATRIBUIÇÃO DE FUNÇÕES A PRIVADOS

Embora seja possível construir, a partir da Constituição, dos Tratados Internacionais de Proteção aos Direitos Humanos e da própria legislação ordinária, um acervo argumentativo favorável ao envolvimento da comunidade na execução penal, ainda se faz necessário desenvolver métodos idôneos a reverter o prestígio que os "espetáculos da violência" assumem nos meios de comunicação e na cultura popular em geral, o qual impede que a execução penal seja concebida como instrumento de ressocialização do agente e de segurança em prol da sociedade. Na esteira de Anabela Miranda Rodrigues, observa-se que a ótica do particular em relação à execução penal e aos agentes que são submetidos ao tratamento penitenciário é pautada pela necessidade de um arsenal mais efectivo contra o crime e de repressão à violência, com o quase que total abandono do direito penal como garantia de liberdade[26].

2. Os valores caros ao Processo Penal

Antes de buscar elementos que sejam referência teórica da necessidade de abertura do Processo Penal à participação popular, é importante identificar nas finalidades inerentes à persecução penal, na essência pública que a orienta e nos bens jurídicos que são colocados em tensão na demanda penal, elementos que reforcem a responsabilidade da comunidade no desenvolvimento da atividade persecutória do Estado.

O processo penal tem como finalidade proceder à aplicação das leis penais incriminadoras a uma pretensão oriunda de conduta tida como penalmente relevante[27]. Entende-se, portanto, conforme assinalado por

---

[26] Rodrigues, Anabela Miranda. Novo olhar sobre a questão penitenciária. Coimbra: Coimbra Editora, 2002, p. 32: "O delinquente tende a converter-se num inimigo e o direito penal num 'direito penal para inimigos'. O requisitório é naturalmente a favor de um sistema eficaz que alie instrumentos e critérios repressivos a utensilagens e princípios de modernidade, postulando, ao lado de um direito penal social, (de colarinho azul), repressivo da violência, um direito penal tecnocrático (de colarinho branco), orientado pelos fins. Tudo isto à custa de uma perda de memória, em que estavam inscritos princípios e razões que haviam formado o património penal: os da proteção da dignidade da pessoa humana e da subsidiariedade da intervenção penal".

[27] Marques, José Frederico. *Elementos de Direito Processual Penal*. Volume I. Campinas: Bookseller, 1997, p. 69: "O Estado exerce a atividade jurisdicional para aplicar o Direito objetivo a uma situação concreta delimitada e traçada em pretensão regularmente deduzida. Sendo assim, jurisdição e processo se apresentam com funções destinadas, no campo penal, a aplicar, de maneira justa, as normas penais. Donde dizer ERNEST BELLING que objeto do processo é a

OS NOVOS ATORES DA JUSTIÇA PENAL

Jorge de Figueiredo Dias[28], existir uma "relação mútua de complementaridade funcional entre direito penal e direito processual penal", a sugerir que este último representa a "regulamentação jurídica da realização do direito penal substantivo". Prossegue o autor a incluir nas finalidades do Processo Penal um critério de valor – destacado dos aspectos puramente técnicos – relacionado à descoberta da verdade e realização da justiça, numa nítida demonstração da natureza política daquele. A partir de tais objetivos, não se pode deixar de concluir pela imperiosa democratização do espaço destinado à persecução penal, que implica na intervenção de outros atores sociais nessa fase do processo.

A concepção de processo como instrumento ético é salutar para confirmar a necessidade de inserir em seu contexto a participação e a responsabilidade da sociedade como um todo. Cândido Rangel Dinamarco, embora reconheça ser o processo uma técnica instrumentalmente conexa ao direito material, acrescenta a necessidade de a ela agregar conceitos necessários à efetivação do valor do justo. Destarte, além de estar intrinsecamente ligado ao direito substancial, o processo é também comprometido com o objetivo de "pacificar com justiça"[29].

Relevante contributo para a afirmação do interesse social pela persecução penal desde a fase inicial da apuração até o cumprimento da pena imposta pelo Estado-Juiz é dado por Mario Chiavaro, o qual repudia a ideia de processo como um método de se chegar a uma qualquer decisão respeitadora de certas formas, para acrescentar que a legislação processual penal deve ser a base orgânica para a formação de uma decisão judicial justa. A justiça da decisão, segundo o autor, é de interesse de toda a colectividade, a qual espera por uma resposta judicial ao caso concreto

---

tutela da lei penal. O Estado, no processo, torna efetiva, por meio dos poderes jurisdicionais de que estão investidos os órgãos judiciários, a ordem normativa do Direito Penal, com o que assegura a aplicação de suas regras e seus preceitos".

[28] Dias, Jorge de Figueiredo. *Direito Processual Penal*. Coimbra: Coimbra Editora, 2004.

[29] O autor acrescenta que existem outros compromissos do juiz moderno, em razão de sua feição ética: "Ele deve ter consciência das destinações políticas e culturais do sistema que opera, para que o exercício da jurisdição possa dar efetividade a certos valores relevantes para a sociedade como um todo – valores que se expressam nos chamados escopos do processo [...]. Assim ligado aos escopos a realizar e sobremodo ao de praticar a justiça ao pacificar os litigantes, tem-se o conceito de processo justo, hoje corrente na teoria processual". Dinamarco, Cândido Rangel. *Instituições de Direito Processual Civil*, volume I. 6ª edição. São Paulo: Malheiros, 2009, p. 63.

A EXECUÇÃO PENAL E A ATRIBUIÇÃO DE FUNÇÕES A PRIVADOS

desprovida de arbítrios e que represente, inclusive na execução do citado *decisum*, o respeito pela regra do menor sacrifício possível para os direitos fundamentais em tensão no processo[30].

Também é certo que o Processo Penal deve acompanhar a velocidade das relações desenvolvidas no âmbito da sociedade, adequar-se às novas dinâmicas sociais, culturais, bem como àquelas ditadas pelos fenômenos econômicos que modificam os perfis da vida em comunidade. Estas alterações da realidade processual penal devem definir os contornos da estrutura processual penal, a exigir não apenas o surgimento de um processo penal proporcional e suficiente para apuração dos diversos tipos de criminalidade, conforme seu respectivo potencial ofensivo[31], como uma tomada de posição da comunidade, que deve se responsabilizar, juntamente com o Estado, pela tarefa de cumprimento dos objetivos formais e políticos do processo.

A persecução penal se desenvolve pondo em tensão valores que são extremamente caros à sociedade, entre os quais figura o *jus libertatis*. Destarte, Antonio Augusto Junho Anastasia considera que o cárcere deve figurar como mecanismo de proteção da liberdade[32], na medida em que se revele idônea a cumprir sua missão ressocializadora, que assume relevância, para além dos interesses subjetivos do condenado, para toda a comu-

---

[30] Chiavaro, Mario. *Opções valorativas e técnicas legislativas na tutela da liberdade de consciência. Algumas experiências da codificação processual penal de Itália.* In Revista Portuguesa de Ciência Criminal, 7, 1997, p. 102.

[31] Antunes, Maria João. *Direito Processual Penal – "Direito Constitucional Aplicado".* In Que futuro para o direito processual penal? . Coimbra: Coimbra Editora, 2009, p. 753: "Reiteradas as exigências apontadas no já longínquo ano de 1974, emergem agora interrogações sobre as respostas que a lei, a doutrina e a jurisprudência vão dar aos problemas colocados pelo terrorismo e pela criminalidade violenta ou altamente organizada. Saber como é que num sistema de coordenadas definido por um eixo horizontal, que distingue a criminalidade grave da pequena criminalidade, se vai inscrever um universo processual que, actualmente, também reclama um tratamento diferenciado ao nível da criminalidade grave".

[32] ANASTASIA, Antonio Augusto Junho. Prefácio da obra *A execução Penal à luz do método APAC*. Belo Horizonte: Tribunal de Justiça do Estado de Minas Gerais, 2011, p. 11: "Poder-se-ia, em última análise, indagar se, ao tratarmos da execução penal, não estaríamos a incorrer em contradição insolúvel ao dizer de liberdade. Não me parece seja essa a inclinação do Direito. *Ultima ratio* que pretende ser, o Direito Penal tutela valores que nos são mais caros e, dentre eles, no mais alto degrau da pauta axiológica, a liberdade. O cárcere deve ser instrumento de liberdade, ainda que isso se afigure paradoxal. Sua função ressocializadora deve avançar para além dos limites da purgação pura e simples, esposando e assumindo a função pedagógica da pena. O reconduzir o apenado à vida social deve ser, bem assim, um libertar daquilo que coarcta seu discernimento e lhe impinge o delito".

OS NOVOS ATORES DA JUSTIÇA PENAL

nidade, motivo pelo qual se revela imprescindível conceber uma interação mais enfática entre o processo penal e a sociedade civil organizada.

Conforme já evidenciado, no contexto do Estado Democrático de Direito, as normas jurídicas relacionadas à execução penal representam instrumento de efetivação dos direitos fundamentais do condenado que não tenham sido objeto de restrição pela decisão condenatória. Ocorre que, a proteção de tais valores de titularidade do apenado tem íntima relação com a consecução do bem comum, motivo pelo qual justifica-se o reconhecimento do interesse público nos institutos relacionados ao processo penal – nele incluída a execução das penas – e a necessidade de democratização do sistema processual penal[33].

3. Processo e democracia: a participação Popular na persecução penal
A partir da definição dos bens jurídicos envolvidos na persecução penal pretende-se consagrar a possibilidade de nela engajar actores privados, notadamente a sociedade civil, a qual certamente será afetada pelo retorno ao convívio social dos ocupantes do cárcere. O comportamento a ser assumido pelos apenados quando de seu retorno à comunidade deverá refletir o tratamento penitenciário a eles devotado pelo Estado durante a execução da pena que lhes foi imposta. Isto é, inclusive, marco de ruptura da lógica retributiva da pena, a dar lugar ao feitio ressocializador.

Nesse contexto, passa a ser de grande importância contemplar o conceito de democracia – conforme anunciado na Constituição Federal de 1988 – que revela formas de atuação popular para além da sua concepção formal, limitada à participação através do sufrágio. Destarte, à sociedade, com suas múltiplas tradições e valores, merece ser autorizado o exercício de atos de Poder do Estado, o qual representará, ao mesmo tempo, a atribuição de responsabilidades nas diversas esferas de poder[34].

---

[33] GOULART, José Eduardo. *Princípios informadores do direito da execução penal.* São Paulo: Revista dos Tribunais, 1994, p. 83: "Se se pretende possibilitar ao habitante do mundo prisional condições que permitam sua integração na sociedade, claro está que essa integração não poderá ser feita, ou apresentará baixas probabilidades de ser bem sucedida, sem a existência de laços prévios e, de certa forma, duradouros entre o condenado e a comunidade em que vai viver. Por outro lado, o ingresso dessa mesma comunidade no mundo da prisão irá contribuir para que a prisão, enquanto instituição, possa expor-se ao escrutínio da sociedade e mesmo reavaliar seus propósitos".

[34] Pinto, Felipe Martins. Silva, Jane Ribeiro (Org.). *A execução Penal à luz do método APAC.* Belo Horizonte: Tribunal de Justiça do Estado de Minas Gerais, 2011, p. 22: "a cooperação

A EXECUÇÃO PENAL E A ATRIBUIÇÃO DE FUNÇÕES A PRIVADOS

O art. 1º da Constituição de 1988 declara que a República Federativa do Brasil se constitui em Estado Democrático de Direito, expressão na qual o termo "democrático" qualifica o Estado, motivo pelo qual os valores que integram a noção de democracia devem orientar não apenas os elementos constitutivos do Estado como também toda a ordem jurídica. Nesse contexto, José Afonso da Silva ressalta que o Estado Democrático encontra fundamento na soberania popular, com o objetivo de permitir a participação efetiva do povo na gestão da coisa pública, e não apenas quanto à formação das instituições representativas[35].

Para buscar na fórmula do Estado Democrático de Direito o permissivo constitucional para a participação da comunidade nos assuntos relacionados à execução das penas privativas de liberdade impostas pelo Estado-Juiz, é importante tentar uma aproximação ao conceito de democracia.

Diz-se "aproximação" porque o conceito de democracia é histórico[36], no sentido de afinar o vínculo entre povo e poder, e recebe qualificações de acordo com o objeto e o respectivo modo de atuação do poder. O conteúdo do conceito de democracia passa a sofrer modificações e acréscimos em conformidade com os novos carecimentos da sociedade e da multiplicidade de valores que a ela passam a ser agregados[37]. A Constituição Brasileira conjuga elementos de democracia representativa com traços de

---

da comunidade nas atividades de execução penal e de medida de segurança, prevista no artigo 4º da Lei 7.210/84, é uma previsão com forte conteúdo democrático, na medida em que distribui a responsabilidade sobre o sucesso dos objetivos da execução penal aos integrantes da sociedade e lhes confere a autonomia para colaborar para a produção do ato de poder, cujo resultado (retorno à sociedade do condenado) afetará as pessoas em geral".

[35] Afonso da Silva, José. *Curso de Direito Constitucional Positivo*. 35ª edição. São Paulo: Malheiros, 2012, p. 119.

[36] Afonso da Silva, José. *Curso de Direito Constitucional Positivo*. 35ª edição. São Paulo: Malheiros, 2012, p. 129: "Os que reclamam que a democracia nunca fora realizada em sua pureza em lugar algum concebem-na como um conceito estático, absoluto, como algo que há de instaurar-se de uma vez e assim perdurar para sempre. Não percebem que ela é um processo dialético que vai rompendo os contrários, as antíteses, para, a cada etapa da evolução, incorporar conteúdo novo, enriquecido de novos valores. Como tal ela nunca se realiza inteiramente, pois, como qualquer vetor que aponta a valores, a cada nova conquista feita, abrem-se outras perspectivas, descortinam-se novos horizontes ao aperfeiçoamento humano, a serem atingidos".

[37] A Constituição da República Portuguesa (CRP) procede a tal qualificação da democracia quando dispõe que o Estado Português visa a realização da democracia económica, social e cultural, além de expressamente declarar a necessidade de aprofundar a democracia participativa (art. 2º, CRP).

OS NOVOS ATORES DA JUSTIÇA PENAL

democracia participativa, ao dispor que todo o poder emana do povo, que o exerce por meio de representantes eleitos ou diretamente (art. 1º, parágrafo único, CF/1988)[38].

Contributo que não pode deixar de figurar no estudo do componente democrático do Estado é o de Paulo Bonavides, o qual destaca que a legitimidade da democracia e, portanto, do permissivo de participação popular nos assuntos de interesse público conduzidos pelo Estado (como, por exemplo, a execução penal), procede da natureza do gênero humano, bem como do fato de ser a democracia equivalente a um pensamento de justiça[39]. Esses elementos de legitimação da intervenção popular na seara dos poderes públicos encontram ressonância na persecução penal, por ser este instrumento de concreção do direito material do qual, por excelência, não pode se arredar o valor "justiça".

José Joaquim Gomes Canotilho define a democracia como princípio normativo que foi proclamado pela Constituição Portuguesa de 1976 em termos substanciais e termos procedimentais. No que concerne ao aspecto normativo-substancial da democracia – que interessa especialmente para este escrito –, a Constituição submeteu a legitimidade do poder ao cumprimento de metas constitucionais, como a soberania popular, a efetivação dos direitos fundamentais, o pluralismo de expressão e a organização política democrática. Quanto ao elemento normativo-procedimental, a Carta Política atrelou a legitimação do poder ao atendimento de regras e processos específicos[40].

Para além do aspecto substancial referente à necessidade de assegurar a soberania popular e a efetivação de direitos fundamentais, os quais, por si sós, já concorrem para a defesa da participação popular nos assuntos relacionados à execução penal, José Joaquim Gomes Canotilho também con-

---

[38] Afonso da Silva, José. *Curso de Direito Constitucional Positivo*. 35ª edição. São Paulo: Malheiros, 2012, p. 146: "Os constituintes optaram por um modelo de democracia representativa que tem como sujeitos principais os partidos políticos, que vão ser os protagonistas quase exclusivos do jogo político, com temperos de princípios e institutos de participação direta dos cidadãos no processo decisório governamental. Daí decorre que o regime assume uma forma de democracia participativa, no qual encontramos participação por via representativa e participação por via direta do cidadão".

[39] Bonavides, Paulo. *Teoria Constitucional da democracia participativa*. São Paulo: Malheiros, 2001, p. 163.

[40] Canotilho, José Joaquim Gomes. *Direito Constitucional e Teoria da Constituição*. 7ª edição. Coimbra: Almedina, 2003, p. 287.

A EXECUÇÃO PENAL E A ATRIBUIÇÃO DE FUNÇÕES A PRIVADOS

sidera a dimensão participativa[41] na concepção de democracia no sentido de intensificar a "optimização da participação directa e activa de homens e mulheres no processo de decisão" e dar relevância à "participação organizada dos cidadãos na resolução dos problemas nacionais"[42].

Significativo contributo para a configuração do perfil participativo do cidadão na construção de um Estado livre e democrático também é encontrado em Konrad Hesse, o qual discorre a respeito das múltiplas feições a serem assumidas pelos direitos fundamentais e proclama que estes, para além da prevenção de ataques do Estado à esfera do indivíduo, assumem também uma significação positiva, que autoriza o indivíduo a participar na vida política, social, econômica e cultural de forma ativa, tudo a demonstrar que os direitos fundamentais possuem um caráter de direito de participação[43].

Embora o poder punitivo continue sendo prerrogativa do Estado, o art. 4º, da Lei de Execuções Penais brasileira (Lei nº 7.210/1984), autoriza a inserção da sociedade nos assuntos estaduais, ao dispor que o Estado deverá recorrer à cooperação da comunidade nas atividades de execução da pena e da medida de segurança. Na exposição de Motivos à Lei de Execução Penal, já ficou devidamente realçada a relevância do contributo particular à eficácia da execução penal: "Nenhum programa destinado a

---

[41] Canotilho, José Joaquim Gomes. *Direito Constitucional e Teoria da Constituição*. 7ª edição. Coimbra: Almedina, 2003, p. 288: "o princípio democrático implica democracia participativa, isto é, a estruturação de processos que ofereçam aos cidadãos efectivas possibilidades de aprender a democracia, participar nos processos de decisão, exercer controlo crítico na divergência de opiniões, produzir 'inputs' políticos democráticos. É para este sentido participativo que aponta o exercício democrático do poder, a participação democrática dos cidadãos, o reconhecimento constitucional da participação directa e activa dos cidadãos como instrumento fundamental da consolidação do sistema democrático e aprofundamento da democracia participativa".

[42] Canotilho, José Joaquim Gomes. *Direito Constitucional e Teoria da Constituição*. 7ª edição. Coimbra: Almedina, 2003, p. 301.

[43] Hesse, Konrad. *Temas Fundamentais do Direito Constitucional*. Trad. Carlos dos Santos Almeida, Gilmar Ferreira Mendes e Inocêncio Mártires Coelho. São Paulo: Saraiva, 2009, p. 35: "o conteúdo dos direitos fundamentais enquanto direitos subjetivos não se esgota nesse significado comum e geralmente aceito. Ao sentido negativo ou de defesa se acrescenta uma significação positiva não menos importante: trata-se, também, de que a pessoa faça uso dessa liberdade. Só mediante uma tal atualização podem-se tornar realidade a autodeterminação do indivíduo e sua participação responsável na vida política, social, econômica e cultural e pode cobrar vida a ordenação de uma sociedade constituída em liberdade".

OS NOVOS ATORES DA JUSTIÇA PENAL

enfrentar os problemas referentes ao delito, ao delinqüente e à pena se completaria sem o indispensável e contínuo apoio comunitário. Muito além da passividade ou da ausência de reação quanto às vítimas mortas ou traumatizadas, a comunidade participa ativamente do procedimento da execução, quer através de um Conselho, quer através das pessoas jurídicas ou naturais que assistem ou fiscalizam não somente as reações penais em meios fechados (penas privativas de liberdade e medida de segurança detentiva) como também em meio livre (pena de multa e penas restritivas de direitos)"[44].

É imperioso adiantar que a participação popular[45] democrática na fase da execução penal não elide ou desfigura os limites constitucionalmente traçados para a atuação do Estado[46], mais especificamente do Poder Jurisdicional. Mantém-se intacto o direito fundamental à inafastabilidade da jurisdição consagrado no art. 5º, XXXV, Constituição Federal de 1988. A participação de privados na execução penal é realizada de forma a conservar a competência jurisdicional do Estado no que tange, por exemplo, aos institutos característicos desta fase satisfativa. Benefícios como o livramento condicional, a progressão de regimes, as saídas temporárias, entre outros, continuam a ser de exclusivo controle da atividade jurisdicional. Preserva-se, nesse sentido, o monopólio do *jus puniendi* pelo Estado. Ademais, ressalte-se que o Estado, presentado na figura do Juiz, continua

---

[44] Exposição de Motivos à Lei de Execução Penal. Mensagem 242, de 1983 (Do Poder Executivo). Disponível em : <http:www.portalmj.gov.br. Acesso em: 29.11.2014.

[45] Conferir a distinção feita entre "participação privada" e "prisão privada", com o fim de observar que a previsão da Lei de Execuções Penais constante do presente escrito no que concerne à intervenção do particular representa hipótese de participação privada. Delgado, Enrique Sanz. *Los límites de la participación privada em el ámbito penitenciário*. Anuario de Derecho Penal y Ciencia Penales, Tomo LII, Madrid, 2002, p. 385.

[46] À pergunta "Que coisa é o Estado?", José Joaquim Gomes Canotilho apresenta resposta que se harmoniza com a ponderação que ora se faz, no sentido de compatibilizar a atribuição a privados de funções relacionadas à execução penal com a ordem constitucional vigente. É registrado que entre as qualidades da organização jurídica do poder através do Estado está a soberania, a qual, no plano interno, se traduz no "monopólio da coação física legítima para impor a efectividade das suas regulações e dos seus comandos". O exercício de atividades relacionadas à execução penal por particulares não afeta a característica acima considerada, pois mantém-se o monopólio do Estado na imposição das medidas penais de coação, que somente em sua fase satisfativa são compartilhadas com privados. Gomes Canotilho, José Joaquim. *Direito constitucional e teoria da constituição. 7ª edição*. Coimbra: Almedina, 2003, p. 90.

A EXECUÇÃO PENAL E A ATRIBUIÇÃO DE FUNÇÕES A PRIVADOS

legitimado a conhecer, de ofício, quaisquer questões de ordem pública atentatórias contra a delimitação jurisdicional.

Arminda Bergamini Miotto destaca que entre as conquistas da civilização está, sem dúvida, a entrega do direito de punir ao Estado, no entanto, observa que o exercício de tal poder tem sofrido limitações e gerado na humanidade sentimentos de repulsa e abominação à pessoa do condenado, circunstâncias que levantam em prejuízo deste barreiras muitas vezes intransponíveis no delicado momento de retomada de posição no seio da comunidade e até mesmo da família. Em razão disso, sugere que a comunidade assuma participação efetiva em todas as etapas de concreção do *jus puniendi* estadual: no momento legislativo, no momento judiciário e no momento executório[47]. É, portanto, interesse de todos que a execução da pena privativa de liberdade não promova tantos efeitos nocivos à personalidade do condenado.

Sobre esse assunto, merece destaque a contribuição de Silvio Marques Neto, Juiz de Direito da Vara de Execuções Penais quando da criação do Sistema APAC, o qual considera que a participação do particular na execução penal permite suprir uma necessidade do condenado que o Estado não pode atender durante a execução da pena, que é exatamente a capacidade de amar e de transmitir amor[48].

---

[47] MIOTTO, Arminda Bergamini. *Participação da comunidade no tratamento dos condenados*. In Revista de Informação Legislativa, Abril – Junho, 1975, p. 94: "No momento legislativo, a colaboração há de consistir em emitir oportunas opiniões ou sugestões quanto a normas concernentes à referida administração da Justiça Criminal, particularmente com referência ao tratamento dos delinquentes, dos condenados. No momento judiciário, já existindo a participação de membros da sociedade, da comunidade, em tribunais (como é o caso do Tribunal do Júri, dos países ocidentais, e o dos Tribunais de Camaradas, dos países soviéticos), entende-se que ela é, hoje, insuficiente ou inadequada, recomendando-se que os órgãos do Poder Judiciário (os juízes singulares ou os Tribunais colegiados) possam dispor da colaboração de representantes da comunidade, com funções que se diria de informantes ou conselheiros, quanto a realidades e dados de fato. No momento executório, a colaboração há de se realizar pela participação em obras, tarefas, incumbências concernentes ao tratamento dos condenados, inclusive e principalmente, quanto à permanência deles ou à sua reinserção no convívio familiar, comunitário, social".

[48] Marques Neto, Silvio. Silva, Jane Ribeiro (Org.). *A execução Penal à luz do método APAC*. Belo Horizonte: Tribunal de Justiça do Estado de Minas Gerais, 2011, p. 32: "Volto então à palestra do Psiquiatra Odon Ramos Maranhão acima referida. Disse ele que, se a causa da criminalidade é a falta de amor, não é possível corrigir essa falha na *"casa do ódio"*. Além disso, acrescento eu, se o Estado é um ente abstrato, não é portador da capacidade de amar e transmitir amor.

OS NOVOS ATORES DA JUSTIÇA PENAL

De há muito se cogita e se busca incrementar o fenômeno da participação da comunidade no que tange à execução das penas privativas de liberdade, tema que foi objeto de apreciação no V Congresso das Nações Unidas sobre Prevenção do Delito e Tratamento do Delinquente, ocorrido no Canadá em setembro de 1975. Nesta oportunidade, foi elaborado um rol de atividades que revelam as maneiras através das quais o ente privado atua na execução penal, entre elas a visitação, a correspondência, a cooperação com o trabalho externo, agenciamento e fornecimento de atividades laborais para egressos, assistência material, social, moral, religiosa e jurídica ao preso, à família do preso, à vítima e à família da vítima; e colaboração com o poder executivo na solução dos problemas que envolvem a vida no âmbito dos estabelecimentos prisionais[49].

No rol de vantagens inerentes à consolidação da democracia participativa em sede de execução penal encontra-se o caráter pedagógico. O direito de participação dos cidadãos nas decisões do Estado representa a concreção de valores políticos importantes no contexto do Estado Democrático de Direito, mas também doutrina a comunidade sobre a importância de tais valores. Ademais, quando se permite a intervenção popular no processo de execução das atividades estaduais, as escolhas são feitas com base em prévio debate acerca dos valores que interessam no âmbito da comunidade, momento no qual se constatará o surgimento de um verdadeiro "aprendizado colectivo"[50].

Por fim, merece ênfase o ensinamento de Norberto Bobbio, o qual, na elaboração de uma definição mínima de democracia[51], não prescinde do

---

Logo, o Estado não tem poder e capacidade para atender a essas necessidades do internado. A única alternativa é autorizar, convocar e apoiar os voluntários da comunidade que venham com motivação espiritual religiosa. Daí o acerto do art. 4º da Lei da Execução Penal, como acima destacado".

[49] SOUZA, Moacyr Benedicto de. *A participação da comunidade no tratamento do delinquente, APC, uma experiência vitoriosa.* In Revista de Direito Penal e Criminologia, nº 35, janeiro-junho, 1983, p. 111.

[50] Tiveron, Raquel. *A justiça restaurativa e a emergência participativa na dicção do direito: contribuições para a teoria e a prática democrática.* In Revista de Informação Legislativa, Brasília, v. 50, n. 197, jan./mar. 2013, p. 181.

[51] Bobbio, Norberto. *O futuro da democracia.* Tradução Marco Aurélio Nogueira. São Paulo: Paz e Terra, 2011, p. 30: "um conjunto de regras (primárias ou fundamentais) que estabelecem quem está autorizado a tomar as decisões coletivas e com quais procedimentos. Todo grupo social está obrigado a tomar as decisões vinculatórias para todos os seus membros com o

A EXECUÇÃO PENAL E A ATRIBUIÇÃO DE FUNÇÕES A PRIVADOS

apelo a valores, os quais, segundo o autor, são exatamente os ideais que fundamentaram as regras de procedimento que dão essência à democracia. Tais valores são inteiramente aplicáveis à fundamentação da participação da comunidade nos assuntos da execução penal. São eles o "ideal da tolerância", o "ideal da não-violência" e o "ideal da renovação gradual da sociedade através do livre debate das ideias e da mudança das mentalidades e do modo de viver"[52].

4. A sociedade civil e a execução penal: a experiência das APAC's

4.1. A existência de fato e a constituição formal das unidades APAC

Em 1972, um grupo de voluntários cristãos, liderados por Mario Ottoboni (considerado fundador do hoje denominado Método APAC) teve a iniciativa de desenvolver, na Cidade de São José dos Campos – São Paulo, experiência de evangelização e de apoio moral aos presos[53].

É certo que o desenvolvimento de atividades de assistência a presos e seus respectivos familiares, quando realizadas de forma esporádica, sem o planejamento necessário para que se transformem em atividades de caráter permanente, não terá grande significado no processo de ressocialização, além de, em não raras oportunidades, representarem risco à administração e à disciplina carcerárias[54]. Destarte, para que seja capaz de colaborar

---

objetivo de prover a própria sobrevivência, tanto interna como externamente. Mas até mesmo as decisões de grupo são tomadas por indivíduos (o grupo como tal não decide). Por isto, para que uma decisão tomada por indivíduos (um, poucos, muitos, todos) possa ser aceita como decisão coletiva é preciso que seja tomada com base em regras (não importa se escritas ou consuetudinárias) que estabeleçam quais são os indivíduos autorizados a tomar as decisões vinculatórias para todos os membros do grupo, e à base de quais procedimentos".

[52] Bobbio, Norberto. *O futuro da democracia*. Tradução Marco Aurélio Nogueira. São Paulo: Paz e Terra, 2011, p. 51.

[53] Ottoboni, Mario. Ferreira, Valdeci Antonio. Silva, Jane Ribeiro (Org.). *A execução Penal à luz do método APAC*. Belo Horizonte: Tribunal de Justiça do Estado de Minas Gerais, 2011, p. 93: "Em 1972, mais precisamente em 18 de novembro, fizemos uma reunião que contou com a presença de 15 cristãos que haviam participado do Cursilho de Cristandade, movimento da Igreja Católica, surgido em Palma de Mayorca, na Espanha. Fizemos uma explanação de nossa aspiração que, em síntese, seria a de trabalhar com os presidiários e, posteriormente, também com os menores. Propusemos, e foi aceito, o nome do grupo de Amando o Próximo, Amarás a Cristo (APAC); e, depois, Amando o Próximo Amarás a Criança".

[54] Souza, Moacyr Benedicto de. *A participação da comunidade no tratamento do delinquente, APAC, uma experiência vitoriosa*. In Revista de Direito Penal e Criminologia, nº 35, janeiro-junho, 1983, pp. 112.

OS NOVOS ATORES DA JUSTIÇA PENAL

efetivamente com o Estado na recuperação de condenados e no retorno destes ao convívio social de maneira segura para a coletividade, foi imperiosa a formatação de um programa de ação, com princípios, objetivos e práticas possíveis, tudo a reafirmar a importância da interação entre sociedade civil e execução penal.

Diante disso, com o incremento das atividades do citado grupo, então denominado "Amando o Próximo Amarás Cristo – APAC", foi criada, já em 1974, uma entidade jurídica sem fins lucrativos, a qual apresentava como objetivo auxiliar o Poder Judiciário na execução das penas, com o fito de recuperar o preso, socorrer as vítimas e promover a Justiça restaurativa[55]. No mesmo ano, foi sancionada lei do Município de São José dos Campos – São Paulo – local onde foram deflagradas as atividades da APAC – no sentido de declarar de utilidade pública a Associação de Proteção e Assistência Carcerária, entidade de fins filantrópicos[56] com sede naquela cidade[57]. Desde o início, embora a fundação tenha caráter altruístico, é de se relevar a existência de um programa metodologicamente pensado para atingir finalidades delimitadas; ou seja: o programa não é assistemático e amador.

Apesar de as atividades da APAC se apresentarem ainda em estágio embrionário, despertaram a atenção do Ministério da Justiça, por meio do qual foram desenvolvidos estudos sobre o sistema de recuperação do condenado através da participação direta da comunidade. O relatório produ-

---

[55] OTTOBONI, Mário. *Vamos matar o criminoso?: método APAC*. São Paulo: Paulinas, 2001, p. 29: "Num encontro internacional sobre penitenciarismo realizado em Quito, Equador, representantes de vários países, repletos de curiosidade, indagaram acerca da definição da APAC. Na oportunidade, a definimos como uma entidade que dispõe de 'um método de valorização humana, portanto de evangelização, para oferecer ao condenado condições de recuperar-se e com o propósito de proteger a sociedade, socorrer as vítimas e promover a justiça'.

[56] Há construções doutrinárias no Brasil que pregam a existência de políticas públicas neoliberais produtoras da denominada "indústria do controle do delito", segundo as quais a privatização dos estabelecimentos prisionais representa uma forma lucrativa de lidar com sujeitos que, como resultado de severo processo de exclusão social, incorrem em práticas delituosas. Prega-se, pois, uma passagem do estado social para um suposto "estado penal", defensor de um encarceramento em massa dos excluídos por políticas do mesmo Estado. Cf. Guimarães, Cláudio Alberto Gabriel. *O caso Minas Gerais: a atrofia do estado social à maximização do estado penal*. Revista de Ciências Penais, 3, pp. 264-275. Tal ponderação não se pode cogitar com relação a métodos que estimulam a participação popular no processo de execução da pena, os quais têm como traço característico a inexistência de qualquer pretensão de lucro.

[57] Art. 1º, Lei nº 1.712, de 20 de setembro de 1974, Município de São José dos Campos – São Paulo.

zido a partir das visitas e pesquisas às unidades APAC exerceram influência em legislações[58] de modificação ao Código Penal Brasileiro então vigente, o qual previu benefícios intimamente relacionados aos fundamentos da APAC, a exemplo da necessidade de conhecimento da personalidade do recluso, a possibilidade de trabalho prisional, a licença para visita à família em datas ou ocasiões especiais, licenças periódicas para visitar a igreja, participação em atividades que concorram para a emenda e reintegração no convívio social, dentre outros.

Importante observar que na criação da APAC como entidade civil, pessoa jurídica de direito privado, foi inserido dispositivo que atribui àquela a condição de órgão parceiro da Justiça, previsão que contribuiu fortemente para dar respaldo à atuação da Pastoral Penitenciária junto aos condenados e gerar o sentimento de respeito por parte dos órgãos de segurança pública. A APAC juridicamente constituída passou a responder perante o Poder Público pelas atividades desenvolvidas pela Pastoral Penitenciária, numa nítida associação do aspecto jurídico e do aspecto espiritual no qual está envolvida toda a essência do método em apreciação[59]. A sigla acima indicada passou a significar "Associação de Proteção e Assistência aos Condenados".

4.2. Fraternidade Brasileira de Assistência aos Condenados (FBAC) e a "Prison Fellowship International" (PFI)

A multiplicação das unidades prisionais que adotam o método APAC gerou a necessidade de criação, em 09.07.1995, da Fraternidade Brasileira de Assistência aos Condenados (FBAC), entidade jurídica fundada na cidade de São José dos Campos, que tem por finalidade congregar as APACs no Brasil e orientar a instalação de unidades do mesmo modelo no Exterior[60].

---

[58] Lei Federal nº 6.416, de 24 de maio de 1977, a qual alterou, à época, dispositivos do Código Penal, do Código de Processo Penal e da Lei das Contravenções Penais.

[59] OTTOBONI, Mário. *Vamos matar o criminoso?: método APAC*. São Paulo: Paulinas, 2001, p. 33: "A APAC (Associação de Proteção e Assistência aos Condenados), entidade juridicamente constituída, ampara o trabalho da APAC (Amando o Próximo, Amarás a Cristo), Pastoral Penitenciária, e também de outras igrejas cristãs junto aos condenados, respeitando, pois, a crença de cada um, de acordo com as normas nacionais e internacionais de direitos humanos. Uma ampara a outra, apesar de distintas, é a jurídica que garante a espiritual, e a espiritual, a jurídica. Ambas têm a mesma finalidade: ajudar o condenado a se recuperar e se reintegrar no convívio social".

[60] Disponível em <http:www.fbac.org.br>. Acesso em: 30.11.2014.

OS NOVOS ATORES DA JUSTIÇA PENAL

A FBAC tem como principais atribuições prestar assessoria às APAC's, fomentar estudos e pesquisas acerca da execução das penas no Brasil, com o objetivo de fundamentar eventuais modificações legislativas no que concerne à execução penal, organizar seminários e cursos que divulguem a filosofia, os fundamentos e os vetores espirituais do método como um todo.

Constitui visão da FBAC "humanizar o cumprimento das penas privativas de liberdade, oferecendo ao condenado condições de recuperar-se e, ainda, proteger a sociedade, socorrer as vítimas e promover a Justiça restaurativa". Esta proposta de atuação, embora singelamente disposta, veicula objetivos grandiosos, relacionados à conexão anteriormente realizada entre execução penal e proteção dos direitos fundamentais do condenado (humanização das penas), além de evidenciar que a adoção do método APAC é de interesse de toda a comunidade, já que se propõe a restaurar a tranquilidade social e dar suporte às vítimas. Essa é a concepção de coerção pelo direito (através da execução penal) como instrumento para eliminar empecilhos à liberdade, no sentido de que a imposição pelo Estado de uma pena e seu respectivo cumprimento se justifica pela necessidade de sobrestar eventuais turbações no exercício da liberdade do outro[61].

O êxito do método utilizado pelas unidades prisionais administradas pela APAC, o qual apresenta índices de reincidência inferiores a 5%, alcançou reconhecimento do âmbito internacional[62], motivo pelo qual a Fraternidade Brasileira de Assistência aos Condenados filiou-se à "Prison Fellowsip International (PFI)". A PFI constitui organização não gover-

---

[61] Habermas, Jürgen. *Direito e Democracia – entre facticidade e validade*. Volume I, 2ª edição. Tradução: Flávio Beno Siebeneicher. Rio de Janeiro: Tempo Brasileiro, 2012, p. 49: "De si mesmo, o direito está ligado à autorização para o uso da coerção; no entanto esse uso só se justifica quando 'elimina empecilhos à liberdade', portanto, quando se opõe a abusos na liberdade de cada um. Essa 'relação interna entre o poder geral e recíproco de usar a força e a liberdade de cada um' se manifesta na pretensão de validade do direito. Regras do direito estatuem condições do uso da coerção 'sob as quais o arbítrio de uma pessoa pode ser ligado ao arbítrio de outra, segundo uma lei geral da liberdade'.

[62] Ottoboni, Mário. Ferreira, Valdeci Antonio. *Parceiros da Ressureição*. São Paulo, Paulinas, 2004, p. 18: "Hoje, são aproximadamente 100 unidades espalhadas em todo o território nacional. Outras já foram implantadas em vários países, como as APACs de Quito e Guaiaquil (Equador), Córdoba e Entre Rios (Argentina), Arequipa (Peru). Estado de Iowa, Texas, Kansas e Minnesota (EUA), Noruega, Nova Zelândia, Colômbia, Latvia, Alemanha, Bulgária, Inglaterra, Bolívia, Porto Rico, Holanda, Coréia do Sul, Cingapura, País de Gales, Austrália, Escócia, Chile e muitas outras em fase de implantação".

A EXECUÇÃO PENAL E A ATRIBUIÇÃO DE FUNÇÕES A PRIVADOS

namental que, a exemplo das APAC's, tem como suporte espiritual a religião, mais especificamente o poder de redenção e de transformação de Jesus Cristo na vida de todas as pessoas. A missão da PFI está assentada no convite à comunidade cristã a participar das atividades inerentes à justiça penal, com o objetivo de restaurar, pela religião, a vida de todos os envolvidos ou afetados pela prática do crime.

Há menção à APAC como um regime prisional restaurativo, no qual a execução penal é orientada pelos princípios da Justiça Restaurativa, caracterizando o método em comento a partir do trabalho de voluntários, da ajuda mútua, da valorização humana, da disciplina e da atenção religiosa. Com o fim de gerar uma maior aproximação à proposta restaurativa, são desenvolvidos programas que incentivam o diálogo do recuperando com a vítima, para que reflita a respeito da prática delitiva e passe a conceber a vítima envolta em sentimento de compaixão e de amor[63].

4.3. A conformação do método APAC com o Princípio da Laicidade do Estado

Antes de abordar mais amiúde sobre a metodologia e os parâmetros axiológicos da APAC, é preciso aferir a compatibilidade ou não dessa entidade com o caráter laico do Estado Brasileiro. Conforme a Constituição de 1988 e consoante entendimento do Supremo Tribunal Federal, o Estado Brasileiro é laico, sendo vedado a qualquer instituição pública o proselitismo religioso. Dizer que o Estado Brasileiro é laico não implica afastar a possibilidade de manifestação de um credo religioso; ao contrário: é autorizar a qualquer pessoa a manifestação voluntária de seu credo, ou adesão a credo outro. O Estado não proíbe a alusão ou invocação a sentimento religioso; o que se proíbe é o proselitismo e o condicionamento da oferta de determinado serviço do Estado à filiação a um credo religioso determinado. Tal não se verifica no funcionamento das APAC's, visto que a adesão ao método é voluntária e alternativa: é dada ao apenado a opção de ingressar no método APAC ou ter sua pena cumprida em estabelecimento prisional tradicional.

Na Arguição de Descumprimento de Preceito Fundamental nº 54, do Distrito Federal, o Supremo Tribunal Federal decidiu pela inconstitucio-

---

[63] Leal, César Barros. *A justiça restaurativa: uma visão global e sua aplicação nas prisões*. In Revista magister de Direito Penal e Processual Penal, Porto Alegre, v. 7, n. 38, out./nov. 2010, p. 45

OS NOVOS ATORES DA JUSTIÇA PENAL

nalidade da interpretação segundo a qual a interrupção da gravidez de feto anencéfalo representa conduta tipificada nos artigos 124, 126 e 128, incisos I e II, do Código Penal Brasileiro. A citada interpretação, concluiu o STF, violou diversos valores constitucionais, entre eles o que dita ser o Estado Brasileiro laico. No mencionado *decisum*, a Corte enfrentou, de forma detida, o tema da laicidade do Estado, e apresentou contribuições determinantes para afirmar que as atividades das unidades APAC não colidem com a citada cláusula.

Ressaltou o Ministro Marco Aurélio, relator da citada ADPF, que a Constituição do Império de 1824 anunciava o Brasil como um Estado confessional, ao prescrever como religião do Império a Religião Católica Apostólica Romana. Embora houvesse uma proteção formal aos direitos civis e políticos, era vedada qualquer manifestação não católica fora dos limites domésticos ou dos templos. Nessa ambiência constitucional, portanto, jamais seria viável conceder ao condenado oportunidade de abraçar uma religião qualquer e cumprir a pena que lhe fora imposta em estabelecimento religioso, como se verifica atualmente com a APAC.

Somente com a passagem do Império para a República o Decreto nº 119-A, de 7 de janeiro de 1890, declarou a separação do Estado brasileiro da Igreja. Assim, desde a Constituição de 1891 até a presente Carta Política é enfatizada a laicidade do Estado brasileiro. Nesse sentido, tem-se o art. 5º, inciso VI[64], que proclama a liberdade religiosa; e o art. 19, inciso I[65], ambos da CF/1988, o qual registra o caráter laico do Estado.

Por dever de clareza e completude da informação pesquisada, registre--se que, mesmo diante do que foi acima considerado, o Preâmbulo da Constituição Federal de 1988 inaugura a carta política com o vocábulo: "sob a proteção de Deus". A invocação à religião cristã, entretanto, não compromete o caráter laico do Estado. Em decisão proferida na Ação Direta de Inconstitucionalidade 2.076/AC, o Supremo Tribunal Federal já decidira que o Preâmbulo da Constituição não constitui norma central, não possui

---

[64] Art. 5º, VI, CF/1988: "é inviolável a liberdade de consciência e de crença, sendo assegurado o livre exercício dos cultos religiosos e garantida, na forma da lei, a proteção aos locais de culto e a suas liturgias".

[65] Art. 19, I, CF/1988: "é vedado à União, aos Estados, ao Distrito Federal e aos Municípios: estabelecer cultos religiosos ou igrejas, subvencioná-los, embaraçar-lhes o funcionamento ou manter com eles ou seus representantes relações de dependência ou aliança, ressalvada, na forma da lei, a colaboração de interesse público".

força normativa, motivo pelo qual não é de repetição obrigatória nas Constituições dos Estados-Membros. Enfim, para sintetizar esta breve incursão sobre a laicidade do Estado, merece ser reproduzida a dicção do Ministro Marco Aurélio: "Deuses e césares têm espaços apartados. O Estado não é religioso, tampouco é ateu. O Estado é simplesmente neutro"[66].

De primeiro, observe-se que no método APAC há exercício de funções relacionadas à execução penal por privados, situação na qual não se exige que o Estado endosse ou repudie qualquer corrente confessional. Ademais, a associação ostenta a religião como um de seus fundamentos, entretanto, não especifica nem exige que os detentos acolham um credo específico, preservando-se a liberdade religiosa e mantendo-se o Estado em situação de neutralidade quanto às opções religiosas dos condenados.

Ao apreciar a possibilidade de realização de pesquisas científicas com células-tronco embrionárias, o Supremo Tribunal Federal[67] também apresentou contribuição determinante para análise do tema em comento. Em tal decisão, o STF considerou a laicidade do Estado no sentido de impedir que argumentos de uma religião específica – seja ela majoritária ou não – sejam utilizados como fundamento na tomada de uma decisão de cunho estadual. Em nenhum momento se extrai a conclusão de que é vedado proclamar, de forma livre e consciente, uma religião seja por parte de indivíduos singularmente considerados (preso), ou de pessoas jurídicas de direito privado (APAC) envolvidas no exercício de funções relacionadas ao poder público.

Por derradeiro, merece referência decisão da lavra do Superior Tribunal de Justiça, que anulou julgamento perante o júri popular, em razão de ter o Ministério Público, durante o sorteio dos jurados, proclamado, por diversas vezes, a frase "Deus é bom", a cada pessoa do sexo feminino que era escolhida para compor o Conselho de Sentença. A comemoração ministerial decorrera do fato de a vítima do crime *sub judice* ter sido criança do sexo feminino, motivo pelo qual uma composição colegiada majoritariamente feminina geraria maior propensão ao desejado decreto condenatório[68].

---

[66] Supremo Tribunal Federal – ADPF 54/DF – Rel. Min. Marco Aurélio – j. 12.04.2012.
[67] Supremo Tribunal Federal – ADI 3.510/DF – Rel. Min. Marco Aurélio – j. 12.04.2012.
[68] Superior Tribunal de Justiça – HC 222216/RJ – Rel. Min. Jorge Mussi – j. 21.10.2014: "O Estado brasileiro rege-se pela laicidade, vedando-se à União, aos Estados, ao Distrito Federal e aos Municípios, nos termos do artigo 19 da Constituição Federal, "estabelecer cultos religiosos ou igrejas, subvencioná-los, embaraçar-lhes o funcionamento ou manter com eles ou seus

OS NOVOS ATORES DA JUSTIÇA PENAL

No mencionado *decisum* ficou destacado que o Estado brasileiro rege-se pela laicidade, característica que impede que a religião ("Deus é bom") seja fundamento determinante na tomada de decisões do Estado (no caso, o veredicto popular). O que se pretende com a laicidade, portanto, é proibir que questões de ordem pública sejam analisadas e decididas sob o influxo de orientações de caráter religioso. Tal não se observa na atividade de associações – pessoas jurídicas de direito privado – que ostentem a necessidade da religião nas atividades afetas à execução penal como mecanismo de ressocialização do condenado. Não se está a impor ao detento, em razão de qualquer argumentação de cunho religioso, restrição a direito ou gravame que não tenha sido definido no dispositivo da sentença condenatória.

Todas as orientações colhidas da jurisprudência dos Tribunais Superiores brasileiros encontram referência em Daniel Sarmento[69], segundo o qual a laicidade do Estado é um princípio que deve ser contemplado sob dois aspectos: *a)* proteção das diversas confissões religiosas do risco de intervenções indevidas do Estado em seus assuntos internos; *b)* salvaguarda do Estado de interferências da religião, a impedir que esta interfira no poder secular e democrático das autoridades públicas. Acrescenta que a laicidade do Estado constitui um valor diretamente relacionado a dois direitos fundamentais: a liberdade religiosa e a igualdade[70].

representantes relações de dependência ou aliança, ressalvada, na forma da lei, a colaboração de interesse público". Embora o ordenamento jurídico faculte às partes a recusa imotivada de três jurados, não lhes dá autorização para que tal ato sirva como uma oportunidade para se externar quaisquer convicções que possam influenciar o Conselho de Sentença que se encontra em formação, sejam de cunho religioso, filosófico, moral ou até mesmo costumeiro. Na hipótese em apreço, por ocasião do sorteio dos jurados o representante do Ministério Público se manifestou dizendo que recusaria homens para equilibrar os sexos dos componentes do Conselho de Sentença, tendo proferido a frase "Deus é bom" logo após a escolha da última jurada do sexo feminino. Em razão da ausência de motivação do veredicto proferido pelos jurados, não se vislumbra possível aferir, com precisão, se a conduta do representante do parquet influenciou ou não o convencimento dos jurados, mas é possível afirmar, sem qualquer dúvida, que se está diante de uma intervenção que teve potencial para exercer tal influência, mormente em razão das peculiaridades do caso, em que foi atribuído ao paciente a prática do delito de homicídio duplamente contra sua enteada, de apenas 12 (doze) anos de idade".

[69] Sarmento, Daniel. *O Crucifixo nos Tribunais e a laicidade do Estado*. Revista Eletrônica PRPE, Maio 2007.

[70] Sarmento, Daniel. *O Crucifixo nos Tribunais e a laicidade do Estado*. Revista Eletrônica PRPE, Maio 2007: "Trata-se de um princípio diretamente correlacionado aos direitos fundamentais à liberdade religiosa e à igualdade, como já assinalado neste estudo, cujo

A EXECUÇÃO PENAL E A ATRIBUIÇÃO DE FUNÇÕES A PRIVADOS

No que concerne à liberdade religiosa, diz-se que a existência de um Estado confessional é coercitiva, já que exerce sobre o particular uma pressão no sentido de filiação à crença prestigiada pelo poder estadual em detrimento de todas as outras. Nesse tocante, conforme já anteriormente destacado, não há empecilhos à adoção do método APAC, já que não há acolhimento ou imposição de uma religião específica, a permitir que o detento prestigie e pratique a crença que melhor atenda a suas necessidades espirituais.

Observa Daniel Sarmento que a neutralidade do Estado com relação à religião constitui "instrumento a possibilitar o tratamento de todos com o mesmo respeito e consideração"[71]. Nesses termos, independentemente do credo de predileção do sujeito, o Estado dispensará a este as mesmas oportunidades e obrigações, já que no contexto da laicidade o poder estadual mantém-se neutro; preservando-se o princípio da igualdade. Vertendo tal informação para o contexto prisional administrado pela APAC, observa-se que o tratamento dispensado aos detentos é regido pelo arcabouço jurídico nacional e a rotina disciplinar é imposta a todos independentemente da religião professada, motivo pelo qual é mantida a integridade do princípio da laicidade estatal.

Por fim, ressalte-se que o princípio da laicidade do Estado, a exemplo do que se verifica com os princípios constitucionais em geral, não é de interpretação absoluta. Do contrário, a laicidade deve ser aferida de acordo com as circunstâncias presentes no caso concreto, e comporta expansões ou retenções orientadas, de forma legítima, pela proporcionalidade na proteção de outros bens jurídicos também tutelados pela ordem constitucional. Este exercício hermenêutico é, inclusive, autorizado pelo art. 19, I, CF/88, o qual, após anunciar a noção geral de laicidade do Estado, ressalva, na forma da lei, a colaboração de interesse público.

Há, com fulcro na referência acima apontada, autorização constitucional à colaboração de confissões religiosas na consecução de fins de interesse público, a exemplo do que se observa quanto às questões penitenciárias[72].

---

respeito, portanto, deve ser visto não como um entrave à democracia, mas como um mecanismo essencial ao seu funcionamento, numa sociedade marcada pelo pluralismo religioso e mundividencial".

[71] Sarmento, Daniel. *O Crucifixo nos Tribunais e a laicidade do Estado*. Revista Eletrônica PRPE, Maio 2007.

[72] Mendes, Gilmar Ferreira e Branco, Paulo Gustavo Gonet. *Curso de Direito Constitucional*. 8ª edição. São Paulo: Saraiva, 2013, p. 318: "a laicidade do Estado não significa, por certo, inimi-

OS NOVOS ATORES DA JUSTIÇA PENAL

A intervenção de associações que pregam a existência de Deus e procla-mam a sua importância no fenômeno da ressocialização em nada maculam a laicidade anunciada no art. 19, CF/1988, já que não inviabiliza – do con-trário, incentiva – a liberdade de crença e não impede que as mais variadas confissões religiosas sejam difundidas no ambiente prisional.

4.4. Método APAC: elementos fundamentais

A APAC representa um método de recuperação de condenados, que tem como filosofia "matar o criminoso e salvar o homem". Para dar concreção a tal dogma, materializou-se em um método, no qual é aplicada uma série de fundamentos, que serão a seguir considerados. Com isso, importa des-tacar que a APAC não existe enquanto estabelecimento penal geografi-camente determinado, mas como um conjunto de princípios tidos como idôneos a corroborar com a recuperação do preso. Destarte, o método pode ser aplicado em qualquer estabelecimento prisional, seja ele adequado ao cumprimento de pena em regime fechado, semiaberto ou aberto; adminis-trado pelo Estado (com o concurso da Polícia) ou diretamente pela APAC.

Embora possa ser aplicado em qualquer estabelecimento prisional, os fundamentos que orientam a recuperação do apenado de acordo com o método APAC são mais eficazmente aplicados em estabelecimentos descentralizados, ou seja, situados no local de consumação da infração. O método, portanto, se opõe à denominada centralização penitenciária, hipótese na qual os presos são recolhidos em unidades situadas na Capital de cada unidade da Federação ou em centros regionais definidos admi-nistrativamente.

A metodologia de recuperação é, portanto, melhor conduzida em esta-belecimentos penais de pequeno ou de médio porte, situados nos respec-tivos locais da prática delituosa, a permitir que o preso possa conservar os

---

zade com a fé. Não impede a colaboração com confissões religiosas, para o interesse público (CF, art. 19, I). A sistemática constitucional acolhe, mesmo, expressamente, medidas de ação conjunta dos Poderes Públicos com denominações religiosas e reconhece como oficiais certos atos praticados no âmbito de cultos religiosos, como é o caso da extensão de efeitos civis ao casamento religioso [...]. O reconhecimento da liberdade religiosa pela Constituição denota haver o sistema jurídico tomado a religiosidade como um bem em si mesmo, como um valor a ser preservado e fomentado. Afinal, as normas jusfundamentais apontam para valores tidos como capitais para a coletividade, que devem não somente ser conservados e protegidos, como também ser promovidos e estimulados".

A EXECUÇÃO PENAL E A ATRIBUIÇÃO DE FUNÇÕES A PRIVADOS

laços de afetividade com a família, além de tornar possível que cada comunidade possa se envolver na recuperação de seus presos. Conforme já destacado anteriormente, em face dos valores em tensão na persecução penal (principalmente, na execução da pena), é possível justificar, com certa facilidade, a participação popular em determinados momentos da atividade do Estado de ressocialização do apenado, o que representa nítida hipótese de democracia participativa, conforme anteriormente teorizado[73]. Também visualiza-se que é mitigado o caráter retributivo (vingança pública) da aplicação da sanção pelo Estado-Juiz.

No método APAC, a atuação das unidades é orientada por doze fundamentos, que devem ser aplicados simultaneamente para que produzam o resultado desejado. É somente a partir da realização harmoniosa de todos os valores que caracterizam a metodologia apaqueana que o preso terá chances reais de recuperação. É de salientar que a aferição realizada pelas unidades da APAC não interfere no processo jurisdicional de individualização da pena, já que este é um valor muito caro ao processo penal no Brasil e tem jaez constitucional (art. 5º, XLVI, CF/88). Os institutos a serem concedidos ao longo da execução penal continuam condicionados à manifestação jurisdicional, conforme rol exemplificativo constante do art. 66, Lei de Execuções Penais.

Para além da necessidade de execução simultânea de todos os fundamentos do método, é importante destacar que a rotina dos estabelecimentos que adotam a filosofia da APAC deve ter como suporte subjetivo o "amor incondicional" e a "confiança". São vetores ditos "espirituais", que devem nortear a atuação concreta dos voluntários no interior dos estabelecimentos penais.

São fundamentos do método APAC os seguintes: *a)* participação da comunidade; *b)* o recuperando ajudando o recuperando; *c)* trabalho; *d)* a religião e a importância de se fazer a experiência de Deus; *e)* assistência jurídica; *f)* assistência à saúde; *g)* valorização humana; *h)* a família; *i)* o

---

[73] Segundo Mário Ottoboni, são vantagens da descentralização penitenciária as seguintes: "Preservar os elos afetivos[...]. Menor número de recuperandos juntos diminui ou evita: formação de quadrilhas, constituição de pequenos grupos que subjugam os mais fracos, pederastia, entrada de drogas, indisciplina, com a mudança de presos de cela, violência e corrupção [...]. Aumenta a segurança e o controle da população prisional [...]. Melhora as instalações das cadeias públicas, com o emprego das verbas destinadas à construção de penitenciárias [...]". OTTOBONI, Mário. *Vamos matar o criminoso?: método APAC.* São Paulo: Paulinas, 2001, p. 54.

OS NOVOS ATORES DA JUSTIÇA PENAL

voluntário e o curso para sua formação; *j)* Centro de Reintegração Social; *k)* mérito; *l)* jornada de libertação com Cristo.

O método APAC, embora inicialmente implantado no Brasil, país onde as experiências prisionais têm revelado quase que integral disparidade com as previsões ideais do ordenamento jurídico, tem despertado interesse de estudiosos de todos os lugares do mundo em razão, não apenas do diferencial no que concerne aos princípios que orientam sua aplicação, mas também pela considerável redução dos índices de reincidência. Tal desiderato foi alcançado a partir do estabelecimento de uma escala de recuperação – o termo apenado é substituído pela expressão recuperando – que se desenvolve em quatro etapas: duas em regime fechado, uma em regime semiaberto e outra em regime aberto; todas orientadas pelos vetores da filosofia apaqueana que se exprimem, conforme lição de Luiz Flávio Borges D'urso, nos seguintes brocardos: "matar o criminoso para salvar o homem, disciplina com amor, religião como fator básico da emenda, preso ajudando o próprio preso, assistência e orientação concomitantes ao preso e respectiva família e sistema progressivo de cumprimento de pena"[74].

Embora a APAC desenvolva suas atividades fundadas em valores que já são proclamados pelo modelo tradicional de Execução de Penas constante da Lei 7.210/1984, tais como a valorização do ser humano e o trabalho, há aspectos que representam inovações com relação ao formato estadual prisional. É o que se verifica, por exemplo, quanto à religião, a qual é considerada um valor básico e indispensável para recuperação do agente. Apesar de não ser imposta ao recuperando uma determinada crença – isso, de qualquer maneira, não seria autorizado pela ordem constitucional vigente – o preso que voluntariamente optar pelo método APAC é orientado a professar uma qualquer religião. Também é inovador no método em apreço a permissão concedida ao reeducando de cuidar de outros reeducandos, através de atribuições como a escolta de presos para interrogatório em juízo, o desempenho de atividades de rotina no estabelecimento prisional (encaminhamento de correspondências, limpeza, serviços burocráticos), entre outras.

---

[74] D'URSO, LUIZ FLÁVIO BORGES. *Uma nova filosofia para tratamento do preso. APAC – Associação de Assistência e proteção aos condenados. Presídio Humaitá – São José dos Campos.* Themis – Revista da Escola Superior da Magistratura do Estado do Ceará, v. 1, n. 1. Fortaleza: ESMEC, 1997, p. 171.

O principal ponto de revolução do sistema APAC com relação ao perfil tradicional de execução das penas reside na participação da sociedade[75][76] no processo de recuperação do preso. É sabido que o legislador ordinário já havia anunciado que o Estado recorreria à cooperação da comunidade nas atividades de execução da pena e da medida de segurança[77], no entanto, tal concorrência de esforços nunca havia se concretizado de forma tão direta como se observa na proposta do método APAC.

Luiz Flávio Borges D'Urso ressalta que a participação popular na fase de execução da pena apresenta muitas vantagens, entre as quais se pode destacar o desfazimento da desconfiança sedimentada historicamente na relação entre preso e sociedade, bem como o afastamento de preconceitos até então tidos como insuperáveis. Tem-se, na APAC, a atuação do particular na fase de execução da pena como órgão auxiliar da Justiça Penal, a ostentar, segundo o mencionado autor[78], tríplice finalidade: *a)* preparar o preso para voltar ao convívio social, a partir da implementação de uma nova Terapêutica Penal; *b)* proteger a sociedade, na medida em que o preso é devolvido ao seu convívio em condições de respeitá-la; *c)* oferecer assistência à família do recuperando, com o fim de evitar que esta sofra os efeitos danosos da condenação, e ao mesmo tempo permitir que o ambiente familiar influencie positivamente o preso, para que seja atenuada ou eliminada a possibilidade de reiteração delituosa.

---

[75] Ottoboni, Mário. Ferreira, Valdeci Antonio. *Parceiros da Ressureição*. São Paulo, Paulinas, 2004, p. 20: "A APAC somente poderá existir com a participação da comunidade, pois compete a esta a grande tarefa de, organizada, introduzir o método nas prisões. Sem uma equipe preparada por cursos, que devem ser ministrados com antecedência, não podemos pensar em revolucionar o sistema penitenciário na busca de resultados positivos, com alento e esperança a todos nós. Buscar espaços nas igrejas, jornais, emissoras de tevê etc. para difundir o projeto que se pretende instituir na cidade e para romper as barreiras do preconceito é condição indispensável para aglutinar as forças vivas da sociedade".

[76] César Barros Leal reconhece que, pela sua dimensão axiológica, a participação da comunidade merece ser rotulada como relevante princípio que orienta a execução das penas privativas de liberdade, e indica que tal intervenção pode se dar de forma indireta e direta, incluindo no rol desta última a atividade das APAC's. Leal, César Barros. *La participación de la comunidad en la ejecución de la pena: la experiencia brasileña.* Revista do Conselho Nacional de Política Criminal e Penitenciária, Brasília, 1 (20) – janeiro/junho 2007, p. 105.

[77] Art. 4º, Lei 7.210/1984, Lei de Execução Penal Brasileira.

[78] D'urso, Luiz Flávio Borges. *Uma nova filosofia para tratamento do preso. APAC – Associação de Assistência e proteção aos condenados. Presídio Humaitá – São José dos Campos.* Themis – Revista da Escola Superior da Magistratura do Estado do Ceará, v. 1, n. 1. Fortaleza: ESMEC, 1997, p. 173.

OS NOVOS ATORES DA JUSTIÇA PENAL

O compartilhamento da responsabilidade pela execução penal entre o Estado e a sociedade é apontado como um pressuposto para plena realização do objetivo primordial de reintegração social do condenado. Nesse sentido, Ana Gabriela Mendes Braga, na busca por uma síntese para o conceito de reintegração social, a compreende como uma "experiência de inclusão social", que somente pode ser alcançada a partir de vários pressupostos, entre os quais estão inseridos "a realização de um trabalho no cárcere realizado pela sociedade civil com o fim de diminuir as fronteiras entre sociedade e prisão", a "corresponsabilização da sociedade no processo de reintegração social" e, finalmente, a "interação sociedade-cárcere como um fim em si mesmo e não como um meio de readequação ética do indivíduo preso"[79].

Sobre os princípios informadores da metodologia APAC, Sacha Darke, os sistematiza em dois grupos: os relacionados a métodos de reabilitação (trabalho, assistência jurídica, religião, assistência à saúde, valorização humana, mérito, jornada de libertação com Cristo) e aqueles que se referem a veículos através dos quais a reabilitação é concretizada (participação da comunidade, o recuperando ajudando o recuperando, família, educador social e o curso para sua formação e Centro de Reintegração Social).[80]

De grande importância para a apresentação de novas figuras que intervêm diretamente na fase satisfativa da persecução penal é a ênfase dada à participação da comunidade no processo de reabilitação do preso, sendo necessário, para qualificar um estabelecimento genuinamente como "prisão APAC", que tal opere sem a presença de policiais ou agentes penitenciários, mas somente de sujeitos privados da comunidade. A metodologia pressupõe que a reabilitação depende da restauração e do fortalecimento dos vínculos do preso com a comunidade[81], motivo pelo qual, para desen-

---

[79] Braga, Ana Gabriela Mendes. *Reintegração social e as funções da pena na contemporaneidade*. In Revista Brasileira de Ciências Criminal, Ano 22, vol. 107, março-abril/2014, p. 354.

[80] Darke, Sacha. Trad. Karam, Maria Lúcia. *Comunidades Prisionais autoadministradas: o fenômeno APAC*. Revista Brasileira de Ciências Criminais. Ano 22, vol. 107, 2014, p. 367.

[81] OTTOBONI, Mário. *Vamos matar o criminoso?: método APAC*. São Paulo: Paulinas, 2001, p. 65: "Se, de um lado, a Polícia representa a primeira força e, do outro, o preso a segunda força a atuar no presídio, a comunidade no estabelecimento penal, participando do trabalho de recuperação do condenado, representa a terceira força sem nenhum comprometimento ou descrédito. Ela chega ilesa, confiável, para ganhar a confiança dos que estão atrás e fora das grades, para falar em amor, solidariedade humana e esperança".

volver essa comunicação, é imprescindível que as pessoas do local do cárcere integrem o quadro de pessoal do presídio.

Sacha Darke conclui por definir as unidades prisionais que adotam a metodologia APAC como Comunidades Prisionais Autoadministradas, que surgiram e, posteriormente, se consolidaram em razão do abandono estadual das prisões e dos presos, estes últimos rotulados como sujeitos incapazes de se reformar. A filosofia da APAC inverte esta lógica de exclusão conduzida pelo Estado e pressupõe o autogoverno comunitário, a governança não estadual e a reintegração dirigida pela comunidade. Essa proclamada "autoadministração" se concretiza, segundo a citada autora, da seguinte maneira: *a)* as prisões APAC são amplamente administradas por seus internos; *b)* as pessoas que trabalham e as que estão encarceradas nas prisões devem provir da mesma comunidade local. É natural e justificável o envolvimento de pessoas da comunidade local na recuperação de presos com vínculos na mesma localidade, já que constitui interesse daqueles que integram uma determinada comunidade receber os seus ex-presos devidamente recuperados e em condições de conviver em sociedade sem propensão para a reiteração delituosa; *c)* os encarcerados e as pessoas da comunidade se engajam na administração prisional mais para propiciar a reabilitação do que permitir a simples sobrevivência[82].

Diante de tais características, afirma que o método APAC contraria a noção de prisão de Goffman, segundo o qual os estabelecimentos penais prisionais são instituições fechadas e totalizadoras nas quais o "fechamento é simbolizado pela barreira à relação social com o mundo externo e por proibições à saída que, muitas vezes, estão incluídas no esquema físico das mesmas"[83]. As unidades prisionais APAC, pelo contrário, são adeptas incondicionais do intercâmbio de experiências e comunicações entre os recuperandos, a família e a comunidade.

O método APAC, no intuito de demonstrar a vantagem da participação popular na execução penal em detrimento da intervenção tradicional do Estado-Administração, aduz que o policial nutre, com relação ao preso, sentimentos de desconfiança, reservas e medo, pois concebe o estabelecimento prisional como ambiente que acolhe sujeitos irrecuperáveis,

---

[82] Darke, Sacha. Trad. Karam, Maria Lúcia. *Comunidades Prisionais autoadministradas: o fenômeno APAC*. Revista Brasileira de Ciências Criminais. Ano 22, vol. 107, 2014, p. 373.

[83] Nogueira, Cristiane Santos de Souza. . Silva, Jane Ribeiro (Org.). *A execução Penal à luz do método APAC*. Belo Horizonte: Tribunal de Justiça do Estado de Minas Gerais, 2011, p. 67.

OS NOVOS ATORES DA JUSTIÇA PENAL

os quais retornarão ao crime tão logo retomem a vida em sociedade. Por outro lado, o voluntário se apresenta no cenário prisional como portador do sentimento gratuito de solidariedade, de tolerância, convicto da possibilidade de superação pelo preso do estado passageiro de envolvimento com práticas delitivas[84].

Importante feição da participação de particulares na execução penal é o fundamento do método APAC que prevê o "recuperando ajudando o recuperando". No momento em que o método estimula a integração do preso no suprimento das necessidades de outro detento está a permitir, mais uma vez, que os objetivos da pena sejam cumpridos através de agentes não estaduais, a saber: o próprio condenado. A metodologia apaqueana, portanto, permite a intervenção da comunidade prisional no processo de humanização da pena para ressocializar, com o fim de desenvolver sentimento de respeito e valorização do semelhante[85]. O fundamento em comento tem por objetivo primordial ensinar o condenado a viver em comunidade a partir de dois instrumentos: a representação de cela e o Conselho de Sinceridade e Solidariedade (CSS). A definição de um representante de cela contribui com a disciplina e a higiene no interior da cela, desenvolve habilidades de liderança por parte do recuperando, além de romper com a prática nefasta dos "códigos de honra" entre a população prisional, através dos quais os mais fortes subjugam os mais fracos.

---

[84] OTTOBONI, Mário. *Vamos matar o criminoso?: método APAC*. São Paulo: Paulinas, 2001, p. 66: "Para o voluntário, o olhar do condenado tem outra dimensão. Sabe ele que ali está alguém que quer ajudá-lo gratuitamente, por amizade, por sentimento cristão e porque acredita que todo ser humano nasceu para ser feliz, que aquele momento vivido pelo preso é passageiro, transitório, até que ele faça a descoberta de seus próprios valores, do semelhante e de Deus. É absolutamente normal, portanto, que onde exista a APAC não haja rebeliões, atos de inconformismo, violência, fugas em massa etc., porque no ambiente já se estabeleceram laços afetivos, sentimentos de perdão e gratidão e, sobretudo, respeito humano".

[85] A ideia de confrontar o recuperando com as necessidades de seu semelhante, com o fim de doutriná-lo no exercício e na aceitação de restrições e oposições inerentes ao convívio em sociedade encontra referência no conceito de liberdade de Jorge de Figueiredo Dias: "Naturalmente, porém, que esta liberdade positiva não pode ser, no homem, uma liberdade absoluta, na medida em que o homem vive no mundo, confronta-se com outros entes, limita-se por eles, rege-se por leis do mundo e depende delas. E todavia ele tem que existir no mundo, apesar de todas as limitações e condicionamentos, apesar da posse incompleta de si próprio. Por isso a concreta liberdade humana implica sempre condicionamento, obstáculo, resistência e é sempre oposição, processo, luta [...]". Dias, Jorge de Figueiredo. *Liberdade, culpa, direito penal*. Coimbra: Coimbra Editora, 1995, p. 145.

Os Conselhos de Sinceridade e Solidariedade, por sua vez, representam uma via de comunicação entre os recuperandos e a direção da unidade APAC. Através do CSS, composto por membros da comunidade prisional escolhidos pelo seu presidente – que é indicado pela direção da unidade –, são levados ao conhecimento da administração assuntos relacionados à segurança, à realização de reformas, à promoção de festas, à organização de eventos, à fiscalização do trabalho e da educação para fins de remição de pena. Dessa maneira, cria-se um mecanismo de democratização dos procedimentos de administração do estabelecimento prisional, com a abertura para o diálogo direto dos problemas enfrentados ao longo do percurso carcerário pelos próprios destinatários da execução.

Ainda no contexto da proposta deste texto – a atribuição de funções típicas da execução penal a privados – o método APAC prevê a integração da família no processo de recuperação do preso. Constitui consequência da estigmatização pela qual passa o condenado durante o cárcere o distanciamento da família dos assuntos e do ambiente da execução penal, a qual somente se faz presente em datas pontuais e em momentos despersonalizados (dias de visita). Ademais, o sistema tradicional de execução das penas, justamente em razão dos desvirtuamentos que lhe são característicos, irradia efeitos maléficos também sobre a família do condenado.

Para elidir o citado problema, a APAC criou o denominado "casal padrinho"[86], a partir do qual os voluntários, embora não representem um casal fora do ambiente da prisão, são orientados a desenvolver técnicas tendentes a restaurar a imagem distorcida que o preso possa ter em relação às origens familiares, resgatando os papéis das figuras paternas e maternas no convívio em família a partir das projeções que a religião e a experiência com Deus possa proporcionar. Ademais, medidas singelas como o direito de telefonar uma vez por dia para a família, e a participação desta nos eventos festivos dentro da unidade prisional (dia dos pais, dia das mães, Natal, entre outros), também são medidas que confirmam o propósito do método APAC de recuperação com a concorrência da comunidade.

Ficou evidenciado que a metodologia apaqueana empreende esforços no sentido de trazer a família para a ambiência prisional. O caminho inverso, no entanto, também deve ser percorrido. Há, no roteiro de ação da APAC,

---

[86] Ottoboni, Mário. Ferreira, Valdeci Antonio. *Parceiros da Ressureição*. São Paulo, Paulinas, 2004, p. 25.

OS NOVOS ATORES DA JUSTIÇA PENAL

uma série de providências que devem ser tomadas com o objetivo de evitar que o recuperando, ao ser colocado em liberdade, encontre no seio familiar o mesmo cenário de exclusão, de carência afetiva, moral e ética que o impeliu à delinquência. Há, inclusive, nos regulamentos da APAC, recomendação no sentido de acolher como voluntário o familiar do preso que ostente habilidade para exercer tal atividade, tudo com o objetivo de reforçar, o máximo possível, os laços familiares ao longo do cumprimento da pena.

4.5. Escala de recuperação do método APAC

O sistema progressivo de cumprimento da pena privativa de liberdade, adotado pela Lei de Execuções Penais brasileira, como reflexo do princípio constitucional da individualização da pena[87], não deixa de ser observado nas unidades prisionais que adotam o método APAC. Apesar disso, para além do que caracteriza o sistema progressivo[88], considera-se que o regime fechado representa o momento adequado para desenvolver atividades de "recuperação" do condenado, o regime semiaberto é tido como a etapa mais propícia ao envolvimento do preso em ações de "profissionalização" e, por derradeiro, o ingresso no regime aberto permite, como resultado cumulativo das outras ações, uma segura "inserção social" do condenado[89].

Em função dos resultados relacionados à reincidência obtidos com a utilização do método APAC foi definida a trajetória de recuperação no âmbito das unidades prisionais administradas com ou sem a participação direta do Estado através da polícia. Como dito, o método desenvolve suas atividades dentro das etapas de progressão previstas na Lei de Execuções Penais, no entanto, organiza-se de forma diferente: *a)* regime fechado: compreende dois estágios (estágio inicial e primeiro estágio) a serem cumpridos nas penitenciárias ou nos Centros de Recuperação Social administrados pela

---

[87] Ressalte-se que o princípio da individualização da pena repercute não apenas no momento trifásico de definição do *quantum* da reprimenda a ser aplicada como resposta ao injusto penal decorrente da prática do ilícito, mas também na etapa de execução desta sanção, a exigir que o Estado adeque o cumprimento da pena às características do crime e às condições pessoais do apenado, e desenvolva institutos jurídicos que acompanhem a resposta deste ao tratamento penitenciário a ele dispensado, a exemplo da progressão e da regressão.

[88] Múltiplos regimes de cumprimento da pena – fechado, semiaberto e aberto –, com estabelecimentos penais específicos para cada um deles – penitenciárias, colônias e casas de albergado – e regras de disciplinas adequadas a cada etapa do tratamento penitenciário.

[89] Ottoboni, Mário. Ferreira, Valdeci Antonio. *Parceiros da Ressureição*. São Paulo, Paulinas, 2004, p. 21.

APAC; *b)* regime semiaberto: recuperando é acolhido em um Centro de Recuperação Social, anexo ou não ao presídio, sem vigilância policial; *c)* regime aberto: cumprimento da pena em prisão-albergue, que disporá de espaço a ela reservado no Centro de Recuperação Social.

No estágio inicial, desenvolvido no âmbito do regime fechado, após assinar requerimento endereçado à APAC para que esta lhe conceda a assistência inerente a toda a metodologia apaqueana, o recuperando é imerso em inúmeras atividades religiosas, de socialização, de educação[90], de valorização humana, para que se possa, ao final, realizar a denominada "verificação presumida de aceitação", momento no qual conclui-se pela resposta positiva e pela adesão do preso ao trabalho da APAC. Fica claro, portanto, que o engajamento do preso no método de recuperação APAC deve ser consentido[91], até mesmo porque o dissenso geraria uma presunção antecipada de ineficácia do método, diante da repulsa do condenado.

Ainda no regime fechado, mas já devidamente sondado o *animus* do recuperando em relação programa da APAC, será aquele conduzido ao "primeiro estágio". Embora sejam mantidos os mesmos focos de atuação (religião, valorização humana, mérito, trabalho, família, entre outros) observa-se um maior engajamento do condenado, o qual, além de assumir maiores responsabilidades, tem, aos poucos, intensificado o convívio com a família, com os voluntários e com outros recuperandos[92].

Cumpridas as exigências da Lei de Execuções Penais no que concerne ao benefício da progressão de regimes, o recuperando poderá ser con-

---

[90] Recentemente, foi inserido na Lei de Execuções Penais Brasileira o art. 18-A, o qual torna obrigatória a implantação do ensino médio nos presídios, em obediência ao preceito constitucional de sua universalização (Lei nº 13.163, de 9 de setembro de 2015).

[91] Rodrigues, Anabela Miranda. *Temas fundamentais de execução penal.* In Revista Brasileira de Ciências Criminais, Ano 6, n. 24, outubro-dezembro de 1998, p. 20: "Assim, o novo tipo de intervenção funda-se no reconhecimento da necessidade de obter o consentimento esclarecido do seu destinatário, da importância de colocar o recluso em condições de optar pela adesão à intervenção e das vantagens da utilização da noção de contrato quando se quer obter a participação do recluso num programa de tratamento".

[92] São atividades desenvolvidas nesta etapa em acréscimo ao já implementado no momento inicial as seguintes: pesquisa social feita com a família do recuperando, representação de cela (eleição entre os ocupantes da cela), Jornada de Libertação com Cristo, estreitamento da convivência entre a família dos voluntários, padrinhos e recuperandos, Curso de conhecimento e aperfeiçoamento do Método APAC, confiança entre voluntários e recuperandos, entre outros. Ottoboni, Mário. *Vamos matar o criminoso?: método APAC.* São Paulo: Paulinas, 2001, p. 122.

OS NOVOS ATORES DA JUSTIÇA PENAL

duzido ao regime semiaberto. Essa transição, feita de maneira impessoal e automatizada no sistema tradicional de execução das penas, é transformado, pelos voluntários da APAC, em oportunidade de humanizar o tratamento penitenciário, ao desenvolver senso de pertencimento ao condenado, o qual é prestigiado em solenidade que conta com a presença da família, dos voluntários e dos demais recuperandos pelo mérito revelado até então.

Com o incremento do senso de responsabilidade do recuperando, passam a ser possíveis pontos de contato mais intensos (participação efectiva nas palestras com testemunho, por exemplo) e mais duradouros (celebração de cultos com a participação da família, por exemplo) entre o recuperando, a família e a sociedade[93]. A considerar que o condenado, a esta altura do processo de recuperação, já demonstrou grande evolução no que tange ao aspecto espiritual do método APAC, pois submetido, espontaneamente, a diversos eventos de evangelização e a inúmeras experiências de Cristandade[94], acredita-se que não haverá maiores riscos de ser frustrada a proposta ressocializadora.

É nesse contexto de reforço da confiança que são autorizadas saídas do recuperando para procurar trabalho, oportunidade que lhe é concedida quando cumprido parte do requisito temporal necessário para a progressão ao regime aberto. Nessa situação, após decisão judicial que reconhece o mérito do recuperando, este poderá deixar o Centro de Recuperação uma vez por semana, durante quatro semanas, pelo prazo de três horas, para obter atividade laboral lícita.

---

[93] Essa constate preocupação em manter a comunicação do recuperando com o mundo exterior, principalmente com a família, se justifica na necessidade de evitar o efeito dessocializador da prisão. Na verdade, ao invés de reinserir o preso no convívio com a sociedade, seria preferível não subtraí-lo inteiramente de tal contexto. Nesse sentido: "Diz-se, além do mais, quando o contributo empírico põe em destaque os efeitos dessocializadores da prisão, que o seu principal objetivo deve ser, não tanto a socialização, quando evitar a dessocialização dos reclusos". Anabela Miranda. *Temas fundamentais de execução penal.* In Revista Brasileira de Ciências Criminais, Ano 6, n. 24, outubro-dezembro de 1998, p.

[94] Há indicação na doutrina a respeito do método APAC de que não basta promover na prisão assistência religiosa, é imprescindível que o preso seja submetido a experiências de vida em Cristo, já que na primeira, é fácil e frequente atitudes de dissimulação por parte do preso, que usa o suposto envolvimento em atividades religiosas para falsear a personalidade e facilitar a concessão de benesses. OTTOBONI, Mário. FERREIRA, Valdeci Antonio. *Parceiros da Ressureição.* São Paulo, Paulinas, 2004.

A EXECUÇÃO PENAL E A ATRIBUIÇÃO DE FUNÇÕES A PRIVADOS

Por fim, a etapa final de recuperação consiste no ingresso do recuperando em regime aberto. Importa observar que a filosofia da APAC é pessimista quanto à recuperação de condenados que ingressem no método diretamente no regime mais brando. A proposta de atividades para o recuperando no estilo APAC pressupõe que este tenha percorrido as etapas anteriores do método[95] e seja submetido a todas as medidas de resgate espiritual, de restauração dos laços familiares, de recuperação da credibilidade junto à comunidade local, enfim, que tenha evidenciado uma postura positiva em relação a toda a metodologia.

Uma vez no regime aberto, são renovados com relação ao recuperando aspectos que foram verdadeiras constantes ao longo do percurso, como a valorização humana e a religião. Neste momento final, entretanto, há uma semi-liberdade orientada por disciplina e senso de responsabilidade por parte do recuperando, em quem são depositados votos de elevada confiança. Com base em tais premissas, a escala de atividades inerentes ao regime aberto são as seguintes: Cursos de Formação e Valorização Humana; trabalho profissional; celebrações e cultos na comunidade; indenização da vítima; intensificação da concretização do processo de reintegração recuperando-família-sociedade, perfeita identificação com toda a escala de recuperação APAC, perfeita noção de responsabilidade e cooperação para o êxito do trabalho da entidade, por parte do recuperando, que orienta e estimula os colegas para que adotem novo modelo de vida.

De acordo com a metodologia em apreciação, a missão da APAC somente ter-se-á por plenamente realizada quando concedida a "liberdade definitiva" do recuperando, a qual somente será conferida ao condenado após um período de observação deste no âmbito da família e da sociedade, com o fim de constatar se foram mantidos os compromissos e ganhos espirituais adquiridos ao longo da escala de recuperação da APAC.

5. Conclusão

Com a finalidade de apresentar a ideia central do presente escrito, foi ressaltado, inicialmente, o compromisso da atividade persecutória do Estado

---

[95] OTTOBONI, Mário. *Vamos matar o criminoso?: método APAC.* São Paulo: Paulinas, 2001, p. 133: "Ora, fácil é prever que ao condenado que vem desfrutar do regime aberto (prisão-albergue) sem conhecer as agruras do presídio e sem iniciar a subida da escala de recuperação, degrau por degrau, dificilmente se conformará com o Método ou o entenderá, exceto se dispuser de muita boa vontade".

OS NOVOS ATORES DA JUSTIÇA PENAL

com a concepção de Estado Democrático de Direito inserida na Carta Política. Aplicados os elementos materiais que compõem a citada fórmula à execução penal, conclui-se pela necessidade de ser esta orientada pela proteção e efetivação dos direitos fundamentais da pessoa humana, e não atingidas pelo decreto condenatório.

Nesse contexto constitucional de tutela dos direitos fundamentais, merece ser extraída a informação segundo a qual a aplicação de penas privativas de liberdade deve ser considerada a *ultima ratio* como resposta estadual à prática delituosa, tanto no sentido de preferência por sanções restritivas de direito ou meramente pecuniárias, quando se revelarem necessárias e suficientes em razão da potencialidade ofensiva do crime; como também para afirmar que, se imprescindível a reprimenda de restrição do *status libertatis*, que esta não produza efeitos nocivos de dessocialização do apenado.

Também concorre para consolidar a imposição ao Estado de desenvolver nos estabelecimentos penais de execução das reprimendas um ambiente favorável à efetivação dos direitos fundamentais do recluso a condição do apenado de titular de direitos, e não mero objeto sobre o qual recai a mão puramente retributiva do Estado. Essa tomada de posição do condenado conduziu a um caminho evolutivo em direção à jurisdicionalidade dos procedimentos da execução, mesclando a natureza desta de traços não apenas administrativos, mas também jurisdicionais.

Apesar de todas essas premissas, de forte vinculação normativa, o Estado não tem alcançado êxito na tarefa de cumprir a finalidade socializadora da pena de prisão. É exatamente essa "fenda" no aparato do Estado que convida para o cenário da execução penal a participação de outros actores, na tentativa de transformar os parâmetros tradicionais até então aplicados.

Passa-se, então, a justificar constitucionalmente a participação da comunidade na execução penal a partir do elemento democrático do Estado cristalizado nas Constituições Brasileira e Portuguesa. A "dimensão participativa" do conceito de democracia permite, e até mesmo incentiva, a participação directa da comunidade na tomada de decisão do Estado e na resolução dos problemas nacionais. É na tentativa de colocar em prática esse permissivo constitucional que a legislação ordinária registra que o Estado contará com a participação da comunidade em todas as etapas da execução penal.

A EXECUÇÃO PENAL E A ATRIBUIÇÃO DE FUNÇÕES A PRIVADOS

O convite do Estado foi aceito, no Brasil, em 1972 por um grupo de cristãos que se propuseram a realizar, nos estabelecimentos penais, atividades de apoio moral e religioso aos condenados. O sucesso do modesto projeto de evangelização implicou na criação do que hoje se denomina Método APAC (Associação de Proteção e Assistência aos Condenados).

A administração de unidades prisionais pela APAC representa atualmente o sinal mais marcante da participação da comunidade na execução das penas, tendo assumido destacada relevância nacional e internacional.

A importância da APAC e o interesse que o método tem despertado dentro e fora do Brasil se justificam por vários fatores. Desde a comprovada redução dos índices de reincidência, a APAC transformou-se em referência nacional de democratização da execução penal por ter conseguido romper a tradição de preconceito e de indiferença que a sociedade civil, no geral, nutre em relação aos condenados. Também não pode deixar de ser referida a lista de fundamentos que orientam as atividades baseadas na metodologia apaqueana, os quais "encharcam" de valores um processo de execução penal historicamente desprovido de qualquer conotação axiológica.

É nesse conjunto de valores, os quais são diretamente imbricados com a religião, a valorização humana, a participação do próprio condenado no seu processo de recuperação, o mérito, o compromisso da família na restauração dos laços de afetividade, entre outros, que se credita o êxito da APAC, a qual ostenta a audaciosa visão de humanizar o cumprimento das penas privativas de liberdade, oferecendo ao condenado condições de recuperar-se e, ainda, proteger a sociedade, socorrer as vítimas e promover a Justiça restaurativa.

Referências

ANTUNES, Maria João. *Direito Processual Penal – "Direito Constitucional Aplicado"*. In Que futuro para o direito processual penal?. Coimbra: Coimbra Editora, 2009, pp. 745-754.

BOBBIO, Norberto. *O futuro da democracia*. Tradução Marco Aurélio Nogueira. São Paulo: Paz e Terra, 2011.

BONAVIDES, Paulo. *Teoria Constitucional da democracia participativa*. São Paulo: Malheiros, 2001.

BRAGA, Ana Gabriela Mendes. *Reintegração social e as funções da pena na contemporaneidade*. In Revista Brasileira de Ciências Criminal, Ano 22, vol. 107, março-abril/2014, pp. 339-356.

CANOTILHO, José Joaquim Gomes. *Direito Constitucional e Teoria da Constituição*. 7ª edição. Coimbra: Almedina, 2003.

OS NOVOS ATORES DA JUSTIÇA PENAL

CHIAVARO, Mario. *Opções valorativas e técnicas legislativas na tutela da liberdade de consciência. Algumas experiências da codificação processual penal de Itália.* In Revista Portuguesa de Ciência Criminal, 7, 1997, pp. 101-127.

D'URSO, Luiz Flávio Borges. *Uma nova filosofia para tratamento do preso. APAC – Associação de Assistência e proteção aos condenados. Presídio Humaitá – São José dos Campos.* Themis – Revista da Escola Superior da Magistratura do Estado do Ceará, v. 1, n.1. Fortaleza: ESMEC, 1997, pp. 169-176.

DARKE, Sacha. Trad. KARAM, Maria Lúcia. *Comunidades Prisionais autoadministradas: o fenômeno APAC.* Revista Brasileira de Ciências Criminais. Ano 22, vol. 107, 2014, pp. 357-376.

DELGADO, Enrique Sanz. *Los límites de la participación privada em el ámbito penitenciário.* Anuario de Derecho Penal y Ciencia Penales, Tomo LII, Madrid, 2002, pp. 385-401.

DIAS, Jorge de Figueiredo. *El problema penitenciário em los movimentos científicos internacionales.* VIII Jornadas Penitenciarias Andaluzas, Sevilla, 1993, pp. 21/28.

DIAS, Jorge de Figueiredo. *O Processo Penal, Hoje. Problemas Doutrinários Fundamentais.* In Conferência Internacional de Processo Penal. Os Desafios do Século XXI. Centro de Formação Jurídica, 2007.

DIAS, Jorge de Figueiredo. *Liberdade, culpa, direito penal.* Coimbra: Coimbra Editora, 1995.

DINAMARCO, Cândido Rangel. *Instituições de Direito Processual Civil,* volume I. 6ª edição. São Paulo: Malheiros, 2009.

GOULART, José Eduardo. *Princípios informadores do direito da execução penal.* São Paulo: Revista dos Tribunais, 1994.

GUIMARÃES, Cláudio Alberto Gabriel. *O caso Minas Gerais: a atrofia do estado social à maximização do estado penal.* Revista de Ciências Penais, 3, pp. 264-275.

HABERMAS, Jürgen. *Direito e Democracia – entre facticidade e validade.* Volume I, 2ª edição. Tradução: Flávio Beno Siebeneicher. Rio de Janeiro: Tempo Brasileiro, 2012.

HESSE, Konrad. *Temas Fundamentais do Direito Constitucional.* Trad. Carlos dos Santos Almeida, Gilmar Ferreira Mendes e Inocêncio Mártires Coelho. São Paulo: Saraiva, 2009.

LEAL, César Barros. *A justiça restaurativa: uma visão global e sua aplicação nas prisões.* In Revista magister de Direito Penal e Processual Penal, Porto Alegre, v. 7, n. 38, out./nov. 2010, pp. 37-47.

LEAL, César Barros. *La participación de la comunidad em la ejecución de la pena: la experiencia brasileña.* Revista do Conselho Nacional de Política Criminal e Penitenciária, Brasília, 1 (20) – janeiro/junho 2007, pp. 101/132.

MENDES, Gilmar Ferreira e BRANCO, Paulo Gustavo Gonet. *Curso de Direito Constitucional.* 8ª edição. São Paulo: Saraiva, 2013.

MENEZES VIEIRA, Ana Lúcia. *A execução penal à luz dos Princípios Processuais Constitucionais.* In Justitia, 65 (198), jan./jun., 2008, pp. 13-25.

MIOTTO, Arminda Bergamini. *Participação da comunidade no tratamento dos condenados.* In Revista de Informação Legislativa, Abril – Junho, 1975, pp. 93-110.

OTTOBONI, Mário. FERREIRA, Valdeci Antonio. *Parceiros da Ressureição.* São Paulo, Paulinas, 2004.

OTTOBONI, Mário. *Vamos matar o criminoso?: método APAC.* São Paulo: Paulinas, 2001.

A EXECUÇÃO PENAL E A ATRIBUIÇÃO DE FUNÇÕES A PRIVADOS

RODRIGUES, Anabela Miranda. *A fase de execução das penas e medidas de segurança no direito português*. Separata do Boletim do Ministério da Justiça nº 380, Lisboa, 1988, pp. 5/58.

RODRIGUES, Anabela Miranda. *Novo olhar sobre a questão penitenciária*. Coimbra: Coimbra Editora, 2002.

RODRIGUES, Anabela Miranda. *Temas fundamentais de execução penal*. In Revista Brasileira de Ciências Criminais, Ano 6, n. 24, outubro-dezembro de 1998, pp. 11-37.

SANTOS, Boaventura de Sousa. *Para uma revolução democrática da justiça*. 3ª edição. São Paulo: Cortez, 2011.

SANTOS, José Beleza dos. *Os tribunais de execução das penas em Portugal (razões determinantes da sua criação – estrutura – resultados e sugestões)*. Separata do Boletim da Faculdade de Direito de Coimbra em honra do Prof. Dr. José Alberto dos Reis. Coimbra: Coimbra Editora, 1953.

SARMENTO, Daniel. *O Crucifixo nos Tribunais e a laicidade do Estado*. Revista Eletrônica PRPE, Maio 2007.

SILVA, Jane Ribeiro (ORG.). *A execução penal à luz do método APAC*. Belo Horizonte: Tribunal de Justiça do Estado de Minas Gerais, 2011.

SILVA, José Afonso da. *Curso de Direito Constitucional Positivo*. 35ª edição. São Paulo: Malheiros, 2012.

SOUZA, Moacyr Benedicto de. *A participação da comunidade no tratamento do delinquente, APC, uma experiência vitoriosa*. In Revista de Direito Penal e Criminologia, nº 35, janeiro-junho, 1983, pp. 110-120.

TIVERON, Raquel. *A justiça restaurativa e a emergência participativa na dicção do direito: contribuições para a teoria e a prática democrática*. In Revista de Informação Legislativa, Brasília, v. 50, n. 197, jan./mar. 2013, pp. 175-187.

O Código da Execução das Penas e Medidas Privativas da Liberdade, de 2009: "Novos Atores" e Novos Papéis para "Velhos Atores" na Execução da Pena de Prisão

INÊS HORTA PINTO
Mestre em Ciências Jurídico-Criminais pela Faculdade
de Direito da Universidade de Coimbra

I. O Código da Execução das Penas e Medidas Privativas da Liberdade, de 2009. II. "Novos atores" da execução da pena de prisão: *a)* A vítima; *b)* Os mediadores de conflitos; *c)* A comunidade. III. Novos papéis para "velhos atores": *a)* O juiz de execução das penas; *b)* O Ministério Público; *c)* O advogado.

I. O Código da Execução das Penas e Medidas Privativas da Liberdade, de 2009

Em 2009, a Assembleia da República, através da Lei nº 115/2009, de 12 de outubro, aprovou o Código da Execução das Penas e Medidas Privativas da Liberdade (CEP), que entrou em vigor em abril de 2010.

O Código veio substituir o Decreto-Lei nº 265/79, de 1 de agosto, que até então regulava a execução das medidas privativas de liberdade, bem como o Decreto-Lei nº 783/76, de 29 de outubro, que estabelecia a orgânica, competência e processo nos tribunais de execução das penas.

Era há muito reconhecida a necessidade de atualizar a legislação penitenciária, que, datando dos anos 70 do século passado, permanecia praticamente por rever. A necessidade de uma tal revisão não se prendia com qualquer demérito da legislação de 1979: antes decorria de uma necessi-

OS NOVOS ATORES DA JUSTIÇA PENAL

dade da sua atualização perante, nomeadamente, a evolução da realidade social, com novos fenómenos sociais e novos fenómenos criminológicos, a alteração do perfil da população reclusa, a evolução das práticas penitenciárias e exigências do direito constitucional e de instrumentos de direito internacional – tudo a trazer novos desafios ao direito e à intervenção penitenciária.

O Código veio reunir num único diploma legal o direito penitenciário e o direito processual penitenciário, da competência dos tribunais de execução das penas. Num plano simbólico, a transformação em Código contribui para a afirmação da dignidade da matéria – prolongamento lógico do direito penal e do direito processual penal, pois a reação do Estado à prática de um facto criminoso não termina no momento da aplicação da pena. A execução – que se lhe segue – é primordial para a satisfação das finalidades do sistema penal, pelo que a sua juridificação – ou seja, o facto de ser matéria que o direito não deixa de fora – deve ser destacada.

Esta inovação formal permitiu também a aglutinação de normas até então dispersas por vários diplomas legais e passou a oferecer, num único documento, uma perspetiva integrada do quadro normativo vigente em matéria de execução das penas e medidas privativas da liberdade.

A aprovação do Código foi seguida pela aprovação, em 2011, por decreto-lei, de um Regulamento Geral dos Estabelecimentos Prisionais (RGEP) – solução que visou conferir maior flexibilidade na regulamentação de matérias de pormenor do que se essa regulamentação ficasse cristalizada no Código. Ou seja, em relação a numerosos aspetos da vida de um estabelecimento prisional, o Código estabeleceu o enquadramento fundamental, remetendo para o Regulamento Geral a sua regulamentação. O RGEP reuniu num único Regulamento matéria até então tratada por numerosas circulares, regulamentos internos e despachos, contribuindo para a melhor cognoscibilidade das regras vigentes e, sobretudo, para uma maior uniformidade de procedimentos nos vários estabelecimentos prisionais e, consequentemente, mais igualdade no tratamento dos reclusos.

O regime resultante do novo Código mantém-se fiel à ideia de *ressocialização* como finalidade da execução. Como se dizia já no preâmbulo do diploma que o Código veio substituir (o Decreto-Lei nº 265/79), tal é uma "nobre tradição do nosso direito". Manifestações do ideário ressocializador no novo Código são, em particular, o reforço da individualização e do planeamento individual da execução; da participação e co-responsabilização do recluso; e da abertura à sociedade e à cooperação da comunidade.

O Código ocupa-se ainda de numerosos outros aspetos atinentes à execução das penas, introduzindo aperfeiçoamentos e atualizações face a novas exigências: regimes de execução, saúde, higiene, vestuário, alimentação, apoio social, assistência religiosa, ensino, formação, trabalho, frequência de programas e atividades, contactos com o exterior, ordem e segurança, regime disciplinar, salvaguarda de direitos e meios de tutela.

Quanto ao estatuto jurídico do recluso, além da previsão, em artigos próprios, do elenco dos seus direitos e deveres, reforçaram-se as garantias na sua relação com a administração penitenciária. Alguns exemplos desse reforço são: um maior grau de exigência na fundamentação das decisões que o afetam e na notificação de atos que lhe digam respeito, sem prejuízo da salvaguarda da ordem e da segurança; uma redefinição do procedimento disciplinar, tornando-o mais conforme ao ordenamento constitucional, como direito sancionatório que é; uma mais clara distinção entre medidas disciplinares e meios especiais de segurança; e o aprofundamento da jurisdicionalização.

O objetivo do presente trabalho é averiguar em que medida a nova legislação abriu a porta à intervenção de novos atores na execução da pena de prisão, bem como de que modo reconfigurou os papéis de atores já intervenientes.

II. "Novos atores" da execução da pena de prisão
a) A vítima
Pode afirmar-se que um dos aspetos inovadores do Código é a consideração expressa que é dada à vítima.

O direito penitenciário rege uma relação cujos sujeitos são o recluso, por um lado, e o Estado, por outro. As finalidades da execução são, nos termos do artigo 2º do CEP, em primeiro lugar, "a reinserção do agente na sociedade, preparando-o para conduzir a sua vida de modo socialmente responsável, sem cometer crimes", e, ainda, "a proteção de bens jurídicos" e "a defesa da sociedade". Em princípio, não haveria lugar para uma intervenção ou tomada em consideração da vítima do crime.

Porém, o Código optou por fazer referência à vítima em diversos pontos do regime da execução:

OS NOVOS ATORES DA JUSTIÇA PENAL

- Na avaliação inicial do recluso, que tem lugar aquando do seu ingresso no estabelecimento prisional e que servirá de base ao plano individual de readaptação, são tidos em conta os riscos que ele represente para terceiros, para a comunidade e para a vítima (artigo 19º, nº 2).

- As necessidades de proteção da vítima foram expressamente consagradas como fator a ponderar em algumas decisões, tais como as de concessão de licenças de saída ou de regime aberto (artigos 14º, nº 1, b), e 78º, nº 2, b)).

- No âmbito do controlo das comunicações com o exterior, as decisões de leitura de correspondência ou de controlo presencial de contacto telefónico podem ser justificadas por razões de proteção da vítima do crime (artigos 68º, nº 2, e 71º, nº 1). Igualmente, na decisão sobre a autorização de entrevista por órgão de comunicação social, é ponderado o possível impacto negativo sobre a vítima ou seus familiares (artigo 75º, nº 3).

- A remuneração auferida pelo recluso é parcialmente afetada ao cumprimento de obrigações judiciais, incluindo indemnização à vítima ou seus familiares (artigo 46º, nº 1, c))[1].

- A suspensão da execução de medida disciplinar (possibilidade introduzida pelo Código) é subordinada ao cumprimento de deveres razoavelmente exigíveis destinados a reparar as consequências da infração, nomeadamente: dar ao lesado satisfação moral adequada; indemnizar o lesado, no todo ou em parte, dentro de prazo fixado; entregar a instituições de solidariedade social, nomeadamente associações de apoio à vítima e organizações de voluntariado, uma contribuição monetária ou prestação em espécie de valor equivalente (artigo 106º).

- Os relatórios dos serviços de reinserção social destinados a instruir o processo de liberdade condicional devem incluir uma avaliação das necessidades de proteção da vítima, com vista à fixação das condições a que deve ser sujeita a libertação (artigo 173º, nº 1, b)).

---

[1] O Decreto-Lei nº 265/79, de 31 de agosto, já tinha em consideração a obrigação de indemnização ao ofendido na repartição da remuneração pelo trabalho (cf. artigo 72º), tendo esse regime sido mantido, em termos muito semelhantes, no CEP. Tratava-se da única referência ao ofendido na legislação de 1979.

O CÓDIGO DA EXECUÇÃO DAS PENAS E MEDIDAS PRIVATIVAS DA LIBERDADE, DE 2009...

– Prevê-se o desenvolvimento de programas de justiça restaurativa – nomeadamente, mediação entre o recluso e a vítima, com consentimento de ambas as partes –, com vista à consciencialização do mal do crime e à reparação da sua ofensa (artigo 47º, nº 4)[2].

Estas referências, a nosso ver, podem ainda reconduzir-se às finalidades da execução. Por um lado, as normas que preveem a tomada em consideração das necessidades de proteção da vítima em certas decisões[3] concorrem para o cumprimento das finalidades de proteção de bens jurídicos e de defesa da sociedade. Por outro lado, as previsões relacionadas com a indemnização à vítima, com a contribuição para associações de apoio à vítima ou – e principalmente – com os programas de justiça restaurativa consubstanciam um reconhecimento pelo legislador de que uma satisfação dada à vítima ou o restabelecimento dos laços sociais com esta podem contribuir para o processo de ressocialização do agente.

b) Os mediadores de conflitos

Reconhecendo a importância da disponibilização de programas direcionados para a superação de problemáticas específicas, a legislação penitenciária passou a prever um capítulo dedicado aos "Programas", que expressamente integra na execução da pena ou medida "a frequência de programas específicos que permitam a aquisição ou o reforço de competências pessoais e sociais, de modo a promover a convivência ordenada no estabelecimento prisional e a favorecer a adoção de comportamentos socialmente responsáveis" (artigo 47º, nº 1). Os programas devem ser diferenciados consoante o perfil pessoal e as específicas necessidades de reinserção social (artigo 47º, nº 2).

Neste quadro, foram já desenvolvidos numerosos programas pelos serviços prisionais, direcionados, nomeadamente, para o desenvolvimento de competências pessoais e emocionais, para o treino de competências para a empregabilidade, para o controlo da violência, para a criminalidade sexual,

---

[2] Sobre este ponto, v. a secção seguinte, relativa aos mediadores de conflitos.

[3] Naturalmente, já ao abrigo da legislação anterior, as exigências de proteção da vítima podiam ser tidas em conta na tomada de decisões, nomeadamente das que implicassem um maior grau de liberdade do recluso. Porém, a consagração legal expressa torna tal consideração obrigatória, além de, num plano mais simbólico, exprimir uma opção político-legislativa de afirmação de uma preocupação com a vítima.

OS NOVOS ATORES DA JUSTIÇA PENAL

para o alcoolismo e outras dependências ou para os crimes relacionados com a condução de veículos.

O artigo 47º oferece base legal para o desenvolvimento de programas de justiça restaurativa – incluindo de mediação entre o recluso e a vítima, com consentimento de ambas as partes: *"o recluso pode participar, com o seu consentimento, em programas de justiça restaurativa, nomeadamente através de sessões de mediação com o ofendido"* (artigo 47º, nº 4). O "envolvimento dos reclusos em programas de mediação e de justiça restaurativa" visa "a promoção da empatia para com a vítima e a consciencialização do dano provocado" (artigo 91º, nº 1, *d*), do RGEP).

Reconhece-se assim a especial aptidão dos programas restaurativos para contribuir para a consciencialização do mal do crime e para a reparação da ofensa, e, por essa via, para a realização das finalidades da execução.

Tal reconhecimento exprime-se ainda na relevância atribuída à participação em programas na tomada de decisões de flexibilização da execução da pena (artigo 47º, nº 6).

A mediação "penal" teve consagração legal expressa, pela primeira vez, no ordenamento jurídico português, em 1999, no âmbito da "delinquência juvenil", com a previsão, na Lei Tutelar Educativa (artigo 42º), da possibilidade de recurso à mediação, por iniciativa da autoridade judiciária, do menor, dos seus pais ou representantes legais ou do defensor, com cooperação de entidades públicas ou privadas de mediação. Neste quadro, a mediação pode ter em vista a definição de um plano de conduta a apresentar ao Ministério Público, para efeitos de suspensão do processo (artigo 84º, nº 3); ou, numa fase posterior, um consenso sobre a medida tutelar a aplicar (artigo 104º, nº 3, *b*)).

No âmbito da justiça penal propriamente dita, a mediação foi introduzida pela Lei nº 21/2007, de 12 de junho, adotada em cumprimento da Decisão-Quadro do Conselho nº 2001/220/JAI, de 15 de março, relativa ao estatuto da vítima em processo penal, cujo artigo 10º previa a obrigação, para os Estados-Membros da União Europeia, de "promover[em] a mediação nos processos penais relativos a infrações que considere[m] adequadas para este tipo de medida", cabendo a cada Estado "assegura[r] que possam ser tidos em conta quaisquer acordos entre a vítima e o autor da infração, obtidos através da mediação em processos penais". A mediação em processo penal foi concebida como mecanismo de diversão, da iniciativa do Ministério Público, quando este considere que desse modo se pode responder adequadamente às exigências de prevenção que no caso se façam sentir. É aplicável somente a crimes particulares, em sentido amplo, de pequena e média gravidade. Tem lugar na fase de inquérito e a obtenção de um acordo entre arguido e ofendido equivale a desistência da queixa, a homologar pelo Ministério Público.

A mesma Lei determinou e regulou a criação de listas de mediadores penais, a disponibilizar ao Ministério Público, e estabeleceu princípios e regras que regem o exercício da atividade de mediador penal.

Já a possibilidade de mediação após a condenação teve consagração legal mais recente e menos pormenorizadamente regulada.

Foi no quadro da violência doméstica que surgiu primeiramente. A Lei nº 112/2009, de 16 de setembro, que estabeleceu "o regime jurídico aplicável à prevenção da violência doméstica, à proteção e à assistência das suas vítimas", previu a possibilidade de promoção de um "encontro restaurativo" entre a vítima e o agente, seja durante a suspensão provisória do processo, seja durante o cumprimento da pena (artigo 39º). O "encontro", sempre dependente do consentimento expresso do agente e da vítima, tinha em vista "restaurar a paz social, tendo em conta os legítimos interesses da vítima, garantidas que estejam as condições de segurança necessárias e a presença de um mediador penal credenciado para o efeito".

A previsão deste "encontro restaurativo" foi, contudo, recentemente eliminada, através da Lei nº 129/2015, de 3 de setembro, que introduziu alterações à Lei nº 112/2009, revogando o citado artigo 39º [4].

---

[4] Esta revogação foi justificada do seguinte modo na Exposição de Motivos da Proposta de Lei nº 324/XII, do Governo, que deu origem à Lei nº 129/2015: "Aproveita-se a oportunidade para revogar o encontro restaurativo previsto no artigo 39º da lei, de acordo com a interpretação que se considera adequada da Convenção do Conselho da Europa para a Prevenção e o Combate à Violência contra as Mulheres e a Violência Doméstica, quando apela aos Estados para que adotem medidas legislativas no sentido de se proibirem os processos alternativos de resolução de conflitos, concretamente a mediação e a conciliação, nas situações de violência abrangidas pela Convenção". Diga-se que o que esta Convenção prevê, no seu artigo 48º, é que, em relação às formas de violência cobertas pelo seu âmbito de aplicação, os Estados Partes não devem prever processos alternativos de resolução de conflitos, incluindo a mediação e a conciliação, *obrigatórios*. De acordo com o relatório explicativo da Convenção, o que se pretende evitar são os potenciais efeitos negativos para as vítimas que podem advir da previsão de "processos alternativos" que sejam obrigatórios e que substituam o processo judicial. Ora, o "encontro restaurativo" previsto no artigo 39º da Lei nº 112/2009, ora revogado, não só não era obrigatório como não estava configurado como um mecanismo de diversão – ainda menos na modalidade em que o encontro ocorresse já durante o cumprimento da pena.

OS NOVOS ATORES DA JUSTIÇA PENAL

Foi no Código da Execução das Penas e Medidas Privativas da Liberdade, aprovado pela Lei nº 115/2009, de 12 de outubro, que a possibilidade de mediação entre o condenado e a vítima foi prevista em termos mais abrangentes.

Com efeito, o CEP optou – a nosso ver, bem – por não restringir a possibilidade de mediação, nem com base na natureza ou gravidade do crime, nem no bem jurídico atingido, nem mesmo no regime de execução da pena.

Optou também por não a regular pormenorizadamente, deixando aos concretos programas margem de liberdade para densificação dos pressupostos de participação e dos procedimentos a adotar. Em qualquer caso, a previsão legal, ao exigir sempre o consentimento do recluso, assegura o respeito por um princípio fundamental da mediação – o da voluntariedade da participação[5] – bem como pelo princípio de que a ressocialização não pode ser coativa, que deriva da liberdade de consciência constitucionalmente garantida. O recluso deve ser estimulado, mas não pode ser obrigado, a participar no seu processo de ressocialização[6].

O Regulamento Geral estabelece ainda algumas condições a que a participação em (quaisquer) programas deve obedecer: a adesão expressa do recluso (artigo 92º, nº 1); a assunção por este de um compromisso, consubstanciado na assinatura de um "contrato", do qual constam "as regras,

---

[5] Apenas o consentimento do recluso é expressamente referido (o que se compreende pela inserção desta norma num Código penitenciário), mas a necessidade de consentimento da vítima é óbvia – e o concreto procedimento da sua obtenção deve ser regulado nos programas.

[6] Como salienta ANABELA MIRANDA RODRIGUES, *Novo olhar sobre a questão penitenciária: estatuto jurídico do recluso e socialização, jurisdicionalização, consensualismo e prisão*, Coimbra Editora, 2000 (2ª ed., 2002), um modelo de socialização compatível com os direitos, liberdades e garantias deverá fundar-se "no reconhecimento da necessidade de obter o *consentimento* esclarecido do destinatário, da importância de colocar o recluso em condições de optar pela adesão à intervenção (*motivação*) e das vantagens da utilização da noção de «contrato» quando se quiser obter a *participação* do recluso num programa de tratamento" (pp. 43-44). "A voluntariedade da participação subjaz à conceção atual de tratamento"; o princípio do tratamento voluntário "não pode deixar de se fazer valer, dado o perigo que para os direitos fundamentais do recluso representa a imposição de um tratamento coativo. O «tratamento» é sempre um direito do indivíduo e não um dever que lhe possa ser imposto coativamente, caso em que sempre se abriria a via de uma qualquer manipulação sobre a personalidade" (*ibidem*, pp. 58-59). A Autora defende ainda, nesse contexto (*ibidem*, p. 44): "Não devem (...) desprezar-se os modelos de intervenção inspirados em programas de mediação e na preocupação de tomar em conta a relação vítima-delinquente, o que tudo é suscetível de atenuar os riscos de vitimização".

condições e eventuais prémios de participação e as causas de exclusão do programa" (artigo 92º, nº 2); e a execução, "preferencialmente", dentro do estabelecimento prisional (artigo 92º, nº 3) – não sendo excluída, portanto, a realização fora do estabelecimento. Refira-se ainda que, na conceção dos programas, os serviços prisionais podem solicitar a colaboração de universidades ou outras organizações especializadas (artigo 48º do CEP).

Ao contrário da mediação em processo penal, não estão previstas consequências jurídicas imediatas da participação no programa ou da celebração de um acordo com a vítima[7]. Porém, essa participação é, como já foi referido, tida em conta para efeitos de flexibilização da execução da pena (artigo 47º, nº 6) – sendo que, mesmo sem esta previsão expressa, sempre a evolução do recluso durante a execução da pena é considerada no juízo de prognose a fazer aquando da decisão sobre a liberdade condicional, a concessão de licenças de saída e outros mecanismos de flexibilização.

A lei não explicita quem são os mediadores que conduzem a mediação, deixando essa definição para a concreta conceção dos programas. Não sendo de excluir que a mediação possa ser conduzida por técnicos de reinserção social (desde que acautelada a sua neutralidade) ou por especialistas detentores de formação específica, pensamos que se deve preferencialmente recorrer aos mediadores penais da lista criada ao abrigo da Lei nº 21/2007, tendo em conta as habilitações e idoneidade exigidas, a experiência acumulada e os deveres a que estão legalmente vinculados no exercício dessa atividade.

A concretização prática desta previsão legal está a dar os primeiros passos[8]. Tal como, aliás, no contexto europeu, onde a introdução da justiça

---

[7] Não nos parece, sequer, que as sessões de mediação devam necessariamente visar alcançar um acordo restaurativo, sendo de aceitar que o mero diálogo com a vítima e o confronto com o mal causado possam contribuir para a ressocialização do condenado, se a vítima não pretender qualquer espécie de reparação.

[8] A propósito dos procedimentos restaurativos pós-sentenciais (da lei da violência doméstica e do CEP), CLÁUDIA SANTOS, *A Justiça Restaurativa. Um modelo de reação ao crime diferente da Justiça Penal. Porquê, para quê e como?*, Coimbra Editora, 2014, p. 670, afirma: "Estes procedimentos restaurativos estão, porém, ainda muito longe de se tornarem comuns na prática portuguesa de reação aos conflitos criminais, por razões ligadas a algumas insuficiências das previsões legais, mas sobretudo atinentes a lacunas nos sistemas tendentes à sua concretização". Em sentido semelhante, ANDRÉ LAMAS LEITE, «Uma leitura humanista da mediação penal. Em especial, a mediação pós-sentencial», *Revista da Faculdade de Direito da Universidade do Porto* XI, 2014, pp. 9-28.

OS NOVOS ATORES DA JUSTIÇA PENAL

restaurativa na fase de cumprimento da pena não está generalizada, tendo sido sobretudo experimentada através da realização de projetos-piloto, cujas avaliações preliminares têm apontado para um impacto positivo, seja nos condenados, seja nas vítimas, seja no próprio pessoal prisional[9].

A primeira experiência no sistema prisional português de um programa que se aproxima da justiça restaurativa realizou-se ainda antes da aprovação do CEP, no âmbito do projeto "Gerir para Inovar os Serviços Prisionais", da Direção-Geral dos Serviços Prisionais. Tratou-se do *workshop* "Perceber o dano e a reparação", integrado no programa "O Meu Guia para a Liberdade" e voltado para a consciencialização, por parte dos reclusos participantes, do dano causado pelo crime. Assumia como objetivos específicos: "compreender os conceitos de dano e reparação; aprender a assumir a responsabilidade pelos seus atos; aprender a explicar e justificar o seu comportamento; tomar consciência das consequências resultantes do seu comportamento na vítima; reconhecer a oportunidade de reparar a vítima pelos danos causados; aprender a atuar no futuro de acordo com as estratégias aprendidas". O programa foi experimentado, como programa-piloto, mas não chegou a ser disseminado pelo sistema prisional[10].

Desde a entrada em vigor do CEP e com base no disposto no nº 4 do artigo 47º, os serviços prisionais vêm desenvolvendo programas de iniciação às práticas restaurativas no meio prisional, também sob a forma de projeto-piloto.

Concebido em 2009, o Programa de Iniciação às Práticas Restaurativas "Educar para Reparar" visa a promoção da capacidade de assunção dos atos praticados, o reconhecimento da vítima e a capacidade de perceber que os danos causados podem ser reparados, com o objetivo de criar condições para mudanças no comportamento futuro dos participantes.

Não se trata exatamente de um programa de justiça restaurativa, não só por não contemplar sessões de mediação com a vítima, mas também

---

[9] Veja-se a descrição e avaliação de diversos projetos-piloto em RICARDA LUMMER/OTMAR HAGEMANN/SÓNIA REIS (eds.), *Restorative Justice at Post-Sentencing Level in Europe*, 2015, disponível em www.fh-kiel.de/fileadmin/data/sug/pdf-Dokument/Hagemann/Book_Final_without_coverpage.pdf.

[10] Sobre o programa, v. PAULA VICENTE, *Inovação e gestão da mudança em meio prisional. Uma experiência em cinco Estabelecimentos Prisionais portugueses*, Relatório Profissional para obtenção de grau de mestre em Gestão e Políticas Públicas, apresentado ao Instituto Superior de Ciências Sociais e Políticas, 2012, disponível em www.repository.utl.pt/handle/10400.5/5185; e também *Idem* (coord.), *O meu Guia para a Liberdade*, IDBooks, Lisboa, 2009, pp. 70 e ss.

por não visar uma reparação efetiva. Trata-se, antes, de um programa de *victim-empathy training*, que almeja, através da compreensão do mal causado à(s) vítima(s) do crime praticado – e, em geral, do mal que a prática de crimes pode provocar no outro –, criar uma predisposição para a abstenção da prática de crimes no futuro. Intervindo exclusivamente junto dos condenados, é um programa de reabilitação psicoeducativo, inspirado no modelo cognitivo-comportamental, que pretende promover a alteração do comportamento através da reestruturação cognitiva. Caracteriza-se, pois, como um programa "parcialmente restaurativo".

Contudo, foi preciso esperar até 2014 para que este programa recebesse concretização prática, propiciada pela aprovação do "Plano Nacional de Reabilitação e Reinserção 2013-2015"[11], instrumento que, visando aumentar as oportunidades de reinserção social dos condenados, preconizou a adoção de numerosas medidas, em diversas "áreas estratégicas" de intervenção. No âmbito da área estratégica "programas específicos de reabilitação", prevê-se a medida "implementar um programa de iniciação às práticas restaurativas no meio prisional" (medida 38), estabelecendo-se como meta a realização de um projeto-piloto, e também a medida "implementação de um projeto-piloto de mediação de conflitos para reclusos jovens" (medida 39). Em concretização deste Plano Nacional, a Direção-Geral de Reinserção e Serviços Prisionais previu, no seu Plano de Atividades para 2014[12], o objetivo de levar a cabo dois projetos-piloto: um de "iniciação às práticas restaurativas em meio prisional" e outro de "mediação de conflitos para reclusos jovens" – este último para dar cumprimento à previsão da alínea *a)* do nº 2 do artigo 116º do CEP, nos termos da qual o diretor do estabelecimento prisional pode recorrer à mediação para alcançar soluções consensuais para as reclamações, petições, queixas ou exposições que os reclusos lhe apresentem. Assim, o referido projeto "Educar para Reparar" foi implementado em sete estabelecimentos prisionais, tendo a sua avaliação sido positiva[13].

---

[11] Resolução do Conselho de Ministros nº 46/2013, *Diário da República*, 1ª Série, nº 140, de 23 de julho de 2013.

[12] Disponível em www.dgsp.mj.pt//backoffice/Documentos/DocumentosSite/Pl_atividds/Pl_ativ_2014.pdf. Cf. objetivo nº 4, p. 59.

[13] Relatório de avaliação da aplicação-piloto do Programa "Educar para Reparar – Iniciação às Práticas Restaurativas em Meio Prisional", de março de 2015, cuja disponibilização se agradece à Direção-Geral de Reinserção e Serviços Prisionais.

OS NOVOS ATORES DA JUSTIÇA PENAL

O primeiro projeto-piloto a contemplar a mediação com vítimas foi também realizado em 2014, em parceria com o Instituto Superior de Ciências Sociais e Políticas da Universidade de Lisboa. Decorreu em dois estabelecimentos prisionais, um masculino e um feminino, e abrangeu reclusos com características diversificadas, condenados pela prática de crimes de diferente natureza, incluindo homicídio e crimes patrimoniais. Antecedido de formação sobre justiça restaurativa para o pessoal prisional e de sessões de *victim empathy training* e de preparação para o processo restaurativo para os reclusos, após as quais vários reclusos foram selecionados para o processo restaurativo propriamente dito, no qual se previam encontros com as vítimas, diretas ou indiretas, dos crimes por eles praticados, não foi todavia possível obter a participação das vítimas, devido a constrangimentos operacionais e temporais[14].

Presentemente, em 2015, está a decorrer novo programa de mediação com vítimas, em parceria com a associação Confiar, cujos termos e resultados não estão ainda divulgados.

O mediador, ator a quem o Código quis conferir um papel na realização das finalidades da execução, permanece, assim, a aguardar a sua efetiva entrada em cena.

c) A comunidade

Do novo Código extrai-se o propósito de reforçar a participação da comunidade na execução da pena. Um dos princípios orientadores da execução é, com efeito, o de que "a execução realiza-se, na medida do possível, em cooperação com a comunidade" (artigo 3º, nº 7).

O período de reclusão – período, mais ou menos longo, em que um membro da sociedade está de um modo tão forte sob a alçada do Estado – tem, paradoxalmente, de constituir uma oportunidade para trazer a pessoa ao seu lugar na sociedade, para reforçar os seus laços de cidadania, aumentando (e não diminuindo) a sua inclusão na vida comunitária. A prisão há de ser um elo da sociedade, não uma realidade à parte.

Assim, o Código estabelece a inclusão do recluso nas políticas nacionais de saúde, de educação, de formação profissional, de emprego e de apoio social, em condições de igualdade com os restantes cidadãos, convocando a participação das entidades públicas competentes nestas matérias (cf.

---

[14] Cf. o relatório de avaliação do projeto-piloto, incluído na já citada obra *Restorative Justice at Post-Sentencing Level in Europe*, pp. 97 e ss., cuja referência se agradece à DGRSP.

O CÓDIGO DA EXECUÇÃO DAS PENAS E MEDIDAS PRIVATIVAS DA LIBERDADE, DE 2009...

artigos 38º, 40º, 52º e 53º). São de destacar a integração dos reclusos no Sistema Nacional de Saúde (artigos 7º, nº 1, *i*), e 32º) e a consagração legal expressa do direito de voto (artigo 7º, nº 1, *b*)).

Mas também se convoca a comunidade para contribuir para a realização das finalidades da execução das penas: incentiva-se a participação da sociedade civil, nomeadamente de instituições particulares e de organizações de voluntários, no desenvolvimento de atividades ocupacionais e culturais, no apoio social e económico aos reclusos, no apoio a reclusos estrangeiros e na preparação da transição para a vida livre, nomeadamente em matéria de emprego ou alojamento (artigo 55º). Constitui aliás um dever da administração prisional promover a participação de instituições particulares e de voluntários nessas áreas, levando a cabo, com essa finalidade, ações de informação sobre os objetivos e resultados do trabalho desenvolvido (nº 4 do artigo 55º).

Também em relação ao trabalho se prevê que este é criado em cooperação com entidades públicas e privadas, tanto no interior como no exterior do estabelecimento (artigo 42º).

Na conceção, execução e avaliação de programas de ressocialização, prevê-se, como já foi referido, que os serviços prisionais podem obter a colaboração de instituições universitárias e outras entidades especializadas (artigo 48º).

O relacionamento com os órgãos de comunicação social foi uma das matérias em que a evolução da sociedade trouxe necessidade de regulação. A lei de execução das penas de 1979 não tratava a matéria, mas o relevo que ela foi ganhando nos anos recentes foi suscitando questões – relacionadas com os limites que as exigências da execução podem legitimamente impor aos direitos e liberdades fundamentais implicados – que cumpria ao legislador resolver (artigos 74º-75º).

É de frisar que a abertura a uma maior participação de privados não significa uma "privatização da execução".

A participação a que as instituições particulares são chamadas é de apoio em várias vertentes da execução, nunca de substituição à administração prisional na tomada das decisões fundamentais.

Num conjunto de áreas de atuação de caráter mais logístico, como o fornecimento de bens e a prestação de serviços (e.g., alimentação, limpeza, manutenção de equipamentos, obras de conservação) não se suscitam dúvidas quanto à possibilidade de contratação de serviços privados.

OS NOVOS ATORES DA JUSTIÇA PENAL

Quanto às tarefas em que o CEP expressamente determina que seja incentivada a participação de instituições particulares e de organizações de voluntários – atividades culturais, ocupação de tempos livres, apoio social e económico, trabalho e empregabilidade, apoio à transição para a vida em liberdade –, os particulares são chamados a colaborar em atividades específicas e a contribuir para a prossecução das finalidades da execução, mas a responsabilidade pelo cumprimento dessas finalidades não é transferível, cabendo sempre à administração prisional. Assim, mesmo quando se convoque a contribuição de entidades particulares, a definição das diretrizes fundamentais e a fiscalização serão sempre estatais. Isso mesmo é precisado pelo Regulamento Geral, que faz basear a colaboração de instituições particulares e de voluntários na celebração de um acordo com os Serviços Prisionais, no qual se estabelecem os objetivos da intervenção, as ações a realizar, as condições de acesso dos reclusos às atividades, os procedimentos, a avaliação, etc. (artigo 99º do RGEP). Não deixa de se prever, ainda, que o estabelecimento prisional tem de proporcionar a necessária formação, enquadramento e apoio técnico e que é o estabelecimento que coordena, supervisiona e avalia as atividades realizadas (nº 3 do mesmo artigo).

Já quanto ao exercício de poderes de autoridade e quanto ao uso da força, não é admitida a participação de privados. A direção do estabelecimento, a manutenção da ordem, segurança e disciplina (nomeadamente, a utilização de meios de ordem e segurança, o recurso a meios coercivos e o exercício do poder disciplinar) e a tomada de decisões relativas à execução da pena, com implicações na situação individual dos reclusos, estão reservadas à administração prisional[15].

III. Novos papéis para "velhos atores"
a) O tribunal de execução das penas
Um dos propósitos assumidos pela revisão da legislação penitenciária foi o de aprofundar o controlo judiciário da legalidade da execução das penas e medidas privativas da liberdade.

---

[15] Para um tratamento mais desenvolvido deste tema, veja-se o texto de INÊS RODRIGUES DE MAGALHÃES, intitulado «Implicações constitucionais, penais e processuais penais da intervenção de atores privados no âmbito da execução penal: a reserva de administração», na presente publicação; vejam-se ainda os textos aqui publicados relativos ao contexto brasileiro.

Na prossecução desse objetivo, o novo Código reforçou – e, ao mesmo tempo, reconfigurou – o papel dos Tribunais e do Ministério Público na execução das penas.

Parecem-nos ser de destacar as seguintes opções: uma divisão clara entre as competências do tribunal da condenação e as do tribunal de execução das penas; uma separação mais definida entre competências executivas, da Administração Prisional, e competências jurisdicionais, do Tribunal; o alargamento das competências do tribunal de execução das penas; e uma redistribuição de papéis entre Ministério Público e juiz.

Quanto à delimitação de competências entre tribunal da condenação e tribunal de execução das penas (TEP), aquela passou a assentar no seguinte critério: após o trânsito em julgado da sentença que aplicou a medida privativa da liberdade, cessa a intervenção do tribunal da condenação e, daí em diante, a competência para acompanhar e fiscalizar a sua execução é exclusivamente do TEP[16]. As razões para esta opção são explicitadas na Exposição de Motivos da respetiva Proposta de Lei, nos seguintes termos: «Este um critério simples, inequívoco e operativo de delimitação de competências, que põe termo ao panorama, atualmente existente, de incerteza quanto à repartição de funções entre os dois tribunais e, até, de sobreposição prática das mesmas». Além disso, atribui-se expressamente ao Tribunal de Execução das Penas a competência para acompanhar e fiscalizar a execução da prisão preventiva e do internamento preventivo, devendo as respetivas decisões ser comunicadas ao tribunal à ordem do qual se cumpre a medida de coação e, em alguns casos, sujeitando-se algumas das suas decisões à concordância deste tribunal[17]. Ainda de acordo com a Exposição de Motivos, «esta opção escora-se fundamentalmente em três razões. Primeira: o tribunal que ordenou a prisão preventiva não está sensibilizado para questões de regime de execução e de exercício da atividade penitenciária, por isso tende a não acompanhar efetivamente o modo como é executada a medida de coação, o que pode redundar num tratamento mais desfavorável do preso preventivo, absolutamente contrá-

---

[16] Cf. artigo 138º, nº 2, do CEP: «Após o trânsito em julgado da sentença que determinou a aplicação de pena ou medida privativa da liberdade, compete ao tribunal de execução das penas acompanhar e fiscalizar a respetiva execução e decidir da sua modificação, substituição e extinção (...)»; foi correspondentemente alterado o nº 1 do artigo 470º do Código de Processo Penal.

[17] Cf. artigo 138º, nº 3, do CEP.

OS NOVOS ATORES DA JUSTIÇA PENAL

rio à presunção jurídico-constitucional de inocência de que é beneficiário. Com o que se chega à segunda razão da solução proposta: a igualdade de tratamento de todos os indivíduos privados da liberdade por ordem judicial. Terceira: prevendo-se um recurso especial para uniformização da jurisprudência dos Tribunais de Execução das Penas, convém concentrar neste tipo de tribunais tudo quanto respeita à execução de medidas privativas da liberdade».

Depois, procedeu-se também a uma mais clara divisão entre as competências da administração penitenciária e as do TEP. Ao Tribunal cabe uma função jurisdicional, de dirimir conflitos e pronunciar-se sobre a legalidade de certas decisões, mas não se substitui à administração penitenciária como entidade a quem compete a execução das medidas privativas da liberdade.

Posto isto, houve uma ampliação significativa – embora moderada – das competências do TEP, atenta a sua função de controlo da legalidade da execução e de garantia do estatuto jurídico do recluso. Prosseguiu-se, assim, o caminho da intervenção jurisdicional na execução, iniciado no nosso país com a criação dos TEP, em 1944 (embora à época num modelo em que os TEP "não fiscalizam nem, por outra forma, interferem na aplicação do regime penitenciário, nem em matéria disciplinar, nem em conflitos de qualquer espécie entre os reclusos e os funcionários da prisão" e em que se considerava que a "ingerência de um tribunal (...) poderia diminuir a autoridade, o prestígio e a iniciativa da direção do estabelecimento prisional"[18]), e aprofundado em 1976, quando as competências dos TEP foram alargadas e o âmbito da sua intervenção na vida dos estabelecimentos prisionais se expandiu[19].

Assim, em primeiro lugar, o Código de 2009 alargou o leque de decisões da administração prisional que o recluso pode impugnar perante o Tribunal de Execução das Penas. Até então, o único tipo de atos da administração prisional cuja impugnação para o TEP a lei previa era a aplicação da sanção disciplinar mais gravosa – a de internamento em cela disciplinar – e apenas quando fosse aplicada por tempo superior a oito dias.

---

[18] BELEZA DOS SANTOS, «Os tribunais de execução das penas em Portugal (Razões determinantes da sua criação – Estrutura – Resultados e sugestões)», *Boletim da Faculdade de Direito de Coimbra*, supl. XV (*Homenagem ao Prof. Doutor José Alberto dos Reis*), 1961, pp. 287-335.
[19] Sobre a evolução da jurisdicionalização da execução, fundamental a obra de ANABELA MIRANDA RODRIGUES, em especial *Novo olhar sobre a questão penitenciária*, cit., pp. 129 e ss., e «Da afirmação de direitos à proteção de direitos dos reclusos: a jurisdicionalização da execução da pena de prisão», *Direito e Justiça*, nº especial, 2004, pp. 185-195.

O CÓDIGO DA EXECUÇÃO DAS PENAS E MEDIDAS PRIVATIVAS DA LIBERDADE, DE 2009...

Passaram a ser suscetíveis de impugnação, por iniciativa do recluso, decisões de carácter punitivo (as duas sanções disciplinares que implicam confinamento – permanência obrigatória no alojamento e internamento em cela disciplinar –, agora independentemente da sua duração), decisões que afetam o direito do recluso de manter contactos com o exterior e decisões com implicações na contagem do tempo de cumprimento da pena (como é o caso da revogação das licenças de saída por incumprimento das condições)[20].

Em segundo lugar, certas decisões da administração prisional baseadas nas exigências próprias da execução das penas ou medidas, como é o caso das relacionadas com a determinação do regime de execução, passaram a ser obrigatoriamente objeto de controlo da legalidade por parte do Ministério Público, cabendo a este suscitar a sua eventual ilegalidade perante o TEP[21].

O CEP não foi, portanto, ao ponto de estabelecer a impugnabilidade para os tribunais de execução das penas de qualquer ato da administração prisional, tendo optado por um modelo em que: certos atos, expressamente indicados, podem ser impugnados para o TEP, por iniciativa do recluso; outros atos, também expressamente enumerados, são obrigatoriamente comunicados ao Ministério Público junto do TEP, para verificação da legalidade e eventual impugnação; quanto aos demais atos, não se prevê a sua impugnabilidade para o TEP[22].

---

[20] Mais precisamente, as decisões de aplicação das medidas disciplinares de permanência obrigatória no alojamento e de internamento em cela disciplinar (artigo 114º), a não autorização, proibição ou prorrogação da proibição de visitas (artigo 65º, nº 5), a restrição de contactos telefónicos (artigo 70º, nº 5), a não autorização de entrevista a órgão de comunicação social (artigo 75º, nº 4) e a revogação de licença de saída (artigo 85º, nº 2). Cf. ainda, quanto à impugnabilidade das decisões da administração perante o TEP, o artigo 200º.

[21] São impugnáveis pelo Ministério Público, mais precisamente, as decisões dos Serviços Prisionais que lhe são obrigatoriamente comunicadas para verificação da legalidade (artigo 199º, b)), nomeadamente decisões de colocação, manutenção e cessação do regime de segurança (artigo 15º, nº 6), de retenção de correspondência e de não comunicação ao recluso dessa retenção (artigo 69º, nº 2) e de aplicação ou manutenção dos meios especiais de segurança mais gravosos (artigos 92º, nº 6, e 93º, nº 5).

[22] Sobre as questões de tutela jurisdicional efetiva que podem suscitar-se, v. INÊS HORTA PINTO, «Tutela judicial efetiva na execução da pena privativa da liberdade. Impugnabilidade pelo recluso da aplicação do regime de segurança. Anotação ao Acórdão do Tribunal Constitucional nº 20/2012», *Revista Portuguesa de Ciência Criminal* nº 22, 2º fasc., 2012, pp. 321-356.

Refira-se, ainda quanto às competências do TEP, que este Tribunal homologa os planos individuais de readaptação, bem como as suas alterações, homologa a decisão de colocação do recluso em regime aberto no exterior e decide sobre a perda de bens e valores ilicitamente introduzidos pelo recluso no estabelecimento prisional[23].

As inovações descritas situam-se na linha do reconhecimento de que "a tutela efetiva dos direitos dos reclusos supõe que estes possam dirigir-se a órgãos jurisdicionais. (...) A não ser assim, estar-se-á sempre na iminência de que a aplicação prática das leis prisionais acabe por esvaziar de conteúdo princípios garantísticos"[24].

b) O Ministério Público

O Ministério Público é talvez o sujeito processual com o mais significativo aumento da relevância do seu papel.

Com efeito, verifica-se uma genérica revalorização do papel desta magistratura, através do alargamento da sua intervenção no controlo da execução das penas e medidas privativas da liberdade, em concordância com a missão que lhe é constitucionalmente deferida de defesa da legalidade democrática.

Desde logo, procedeu-se a uma mais adequada repartição de competências entre Ministério Público e juiz: a este cabe a função jurisdicional de dirimir conflitos e decidir questões de legalidade; embora se mantenha a tradicional vertente de "vigilância penitenciária", traduzida na competência do TEP para "acompanhar e fiscalizar" a execução, passou a atribuir-se ao Ministério Público a incumbência que, de modo mais direto, se associa à vigilância penitenciária: a de visitar os estabelecimentos prisionais e ouvir os reclusos[25].

Além disso, como já foi mencionado, certas decisões dos serviços prisionais, baseadas nas exigências próprias da execução das penas ou medidas (como é o caso das relativas à colocação do recluso em regime de segurança, à retenção de correspondência e à aplicação das medidas especiais de segurança mais gravosas), passaram a ser obrigatoriamente comunica-

---

[23] Cf. artigos 21º, nº 7, 14º, nº 8, e 138º, nº 4, als. *a*), *d*) e *i*).

[24] ANABELA MIRANDA RODRIGUES, «Da afirmação de direitos à proteção de direitos...», cit., p. 189.

[25] Cf. artigo 141º, al. *a*), do CEP.

das ao Ministério Público, para verificação da legalidade, podendo suscitar a sua eventual ilegalidade junto do TEP, requerendo a sua anulação. Para o efeito, os serviços prisionais comunicam tais decisões ao Ministério Público imediatamente, sem exceder o prazo de 24 horas, acompanhadas dos elementos que lhes tiverem servido de base[26].

Manteve-se a legitimidade do Ministério Público para recorrer das decisões do TEP para os tribunais da Relação, tendo também esta magistratura legitimidade para interpor, em alguns casos obrigatoriamente, o novo recurso especial para uniformização de jurisprudência[27].

Para melhor cumprimento das suas novas atribuições, o Ministério Público passou a poder participar no Conselho Técnico[28].

c) O advogado

O estatuto jurídico do recluso incorpora expressamente o direito "à informação, consulta e aconselhamento jurídico por parte de advogado" (artigo 7º, al. n), do CEP).

Integra ainda outros direitos a informação jurídica, bem como direitos de petição, reclamação e impugnação, em cuja concretização o advogado pode ter um papel relevante: é o caso dos direitos a "ser pessoalmente informado, no momento da entrada no estabelecimento prisional, e esclarecido, sempre que necessário, sobre os seus direitos e deveres e normas em vigor" (al. j) do artigo 7º); a "ter acesso ao seu processo individual e a ser informado sobre a sua situação processual e sobre a evolução e avaliação da execução da pena ou medida privativa da liberdade" (al. l) do artigo 7º); e a ser ouvido, a apresentar pedidos, reclamações, queixas e recursos e a impugnar perante o tribunal de execução das penas a legalidade de decisões dos serviços prisionais (al. m) do artigo 7º). O Código prevê também expressamente o direito do recluso a ser assistido por advogado no procedimento disciplinar (artigo 110º, nº 2).

Seria expectável que, por um lado, a previsão expressa destes direitos de informação jurídica, petição, reclamação, queixa, impugnação e recurso e, por outro lado, o reforço do controlo jurisdicional da execução trouxessem consigo uma intensificação da assistência do recluso por advo-

---

[26] Cf. artigos 141º, al. b), e 197º a 199º do CEP.
[27] Cf. artigos 141º, al. c), 236º, 241º e 242º do CEP.
[28] Cf. artigos 141º, al. d), e 143º do CEP.

OS NOVOS ATORES DA JUSTIÇA PENAL

gado[29], invertendo-se assim a situação anterior, em que, tipicamente, com o termo do processo penal (marcado pelo trânsito em julgado da sentença condenatória e início da execução da pena), cessava também o acompanhamento por advogado.

Na Exposição de Motivos da Proposta de Lei que originou o CEP, afirma-se o desígnio de reforço da participação do advogado enquanto forma de tutela da posição jurídica do recluso: «o alargamento e reforço das competências do Ministério Público, na sua dupla veste de defensor dos direitos do recluso e da legalidade democrática, conjugados com a valorização do papel do advogado, acautelam, equilibrada e suficientemente, a posição jurídica do recluso, inclusive perante o Tribunal de Execução das Penas». Anote-se que os novos poderes de intervenção processual do Ministério Público, nomeadamente em benefício do recluso, não substituem o exercício pelo próprio dos direitos processuais, exercício no qual deve poder ser assistido por advogado.

O que o Código estabelece, como regra geral, quanto à intervenção de advogado nos processos perante os tribunais de execução das penas, é que aquela "é permitida (...) nos termos gerais de direito" (nº 1 do artigo 147º).

Porém, nos termos do nº 2 do artigo 147º, a assistência por advogado nos processos que corram nos tribunais de execução das penas só é obrigatória "nos casos especialmente previstos na lei[30] ou quando estejam em causa questões de direito".

Importante será assegurar que, para lá dos casos de assistência obrigatória especialmente previstos na lei (pois, nestes, é inquestionável que,

---

[29] Neste sentido, ANABELA MIRANDA RODRIGUES, *Novo olhar sobre a questão penitenciária*, cit., p. 55: "a posição do recluso não pode mais estar *a coberto do direito*. Deve ser *coberta pelo direito*, com as consequências constitucionais que daí advêm em matéria de intervenção jurisdicional. O que implicita uma intervenção (mais) ativa do poder jurisdicional na execução da pena de prisão e a reformulação do estatuto e do papel do advogado, em virtude do direito ao patrocínio judiciário consagrado no artigo 20º da CRP".

[30] Os casos expressamente previstos de obrigatoriedade de assistência por advogado são no âmbito da execução da medida de segurança de internamento e do internamento de imputáveis portadores de anomalia psíquica. No processo de internamento, é obrigatória a assistência por defensor (artigo 157º); já no decurso da execução do internamento, o inimputável e o imputável internado em estabelecimento destinado a inimputáveis são assistidos por advogado, constituído ou nomeado, no exercício do direito de impugnação de medidas disciplinares (artigo 132º, nº 2); e o defensor é obrigatoriamente ouvido no processo de incumprimento da liberdade para prova (artigo 163º).

se o recluso ou internado não tiver advogado constituído, terá de lhe ser nomeado um), o direito a ser assistido por advogado não seja esvaziado de sentido por dificuldades de ordem prática, nomeadamente ligadas à insuficiência económica, tanto mais quanto a generalidade das pessoas privadas da liberdade sofre de carências financeiras.

O regime geral de acesso ao direito e aos tribunais parece assegurar o direito à proteção jurídica dos reclusos – seja na modalidade de consulta jurídica, seja na de apoio judiciário – em caso de insuficiência económica. Com efeito, de acordo com o artigo 1º da Lei nº 34/2004, de 29 de julho, na redação dada pela Lei nº 47/2007, de 28 de agosto, "o sistema de acesso ao direito e aos tribunais destina-se a assegurar que a ninguém seja dificultado ou impedido, em razão da sua condição social ou cultural, ou por insuficiência de meios económicos, o conhecimento, o exercício ou a defesa dos seus direitos". Quanto ao âmbito pessoal da proteção jurídica, "têm direito a proteção jurídica, nos termos da presente lei, os cidadãos nacionais e da União Europeia, bem como os estrangeiros e os apátridas com título de residência válido num Estado membro da União Europeia, que demonstrem estar em situação de insuficiência económica" (artigo 7º) e, quanto ao âmbito material, "a proteção jurídica é concedida para questões ou causas judiciais concretas ou suscetíveis de concretização em que o utente tenha um interesse próprio e que versem sobre direitos diretamente lesados ou ameaçados de lesão" (artigo 6º, nº 2). Nos termos do artigo 17º, "o regime de apoio judiciário aplica-se em todos os tribunais, qualquer que seja a forma do processo", e do nº 5 do artigo 18º parece decorrer que o apoio judiciário concedido no processo que conduziu à condenação se mantém para a fase da execução da pena.

Assim, é de concluir que o regime de proteção jurídica se aplica aos processos nos tribunais de execução das penas, permitindo aos reclusos que o pretendam beneficiar de assistência por advogado nestes processos, mesmo que não disponham de recursos económicos para tal.

Contudo, o expectável acréscimo de representação por advogado nos processos de execução das penas não parece estar a verificar-se de forma significativa. Por um lado, apesar do disposto no nº 5 do artigo 18º da lei acabada de citar – "o apoio judiciário mantém-se (...) para as execuções fundadas em sentença proferida em processo em que essa concessão se tenha verificado" –, a jurisprudência parece entender que a nomeação de defensor no processo da condenação não se estende ao processo de exe-

OS NOVOS ATORES DA JUSTIÇA PENAL

cução da pena[31], devendo o recluso solicitar nomeação de advogado autónoma para cada processo a tramitar no TEP. Por outro lado, não serão de ignorar dificuldades de ordem prática, ligadas às limitações criadas pela própria situação de reclusão à instrução de um pedido de apoio judiciário (dificuldade em obter e reunir todos os documentos exigidos, impossibilidade de deslocação aos serviços de segurança social, desconhecimento dos procedimentos, etc.). Também em relação à consulta jurídica se podem antecipar dificuldades práticas: com efeito, a regulamentação prevê que "a consulta jurídica pode ser prestada nos gabinetes de consulta jurídica e nos escritórios dos advogados participantes no sistema de acesso ao direito"[32]; ora, se não forem criados gabinetes de consulta jurídica nos estabelecimentos prisionais (ou de outra forma assegurada a prestação desse serviço nos estabelecimentos), resulta muito dificultado o acesso dos reclusos a esta forma de proteção jurídica.

Afigurar-se-ia, assim, conveniente uma clarificação legal do funcionamento do sistema de acesso ao direito no âmbito específico da execução das penas e medidas privativas da liberdade. Em particular, definindo-se claramente se o defensor nomeado para o processo penal se mantém na fase da execução, cabendo-lhe assegurar o aconselhamento e a assistência profissionais nos vários incidentes que o justifiquem ao longo da execução; ou se a intervenção do defensor cessa com o trânsito em julgado da sentença, carecendo nesse caso de ser definido se é feita uma nomeação *ad hoc* para cada intervenção processual em que se pretenda assistência por advogado ou se se estabelece um sistema que assegure continuidade no acompanhamento jurídico de cada recluso ao longo da execução da pena. Seria, ainda, desejável a adoção de medidas que simplifiquem o processo do pedido de apoio judiciário, evitando que as limitações práticas decorrentes da reclusão constituam um obstáculo à instrução e apresentação

---

[31] Veja-se, nomeadamente, o Acórdão do Tribunal da Relação do Porto de 11 de janeiro de 2012 (disponível em www.dgsi.pt), no qual a Relação afirma que a nomeação de defensor oficioso ao arguido no processo da condenação não se estende ao processo para concessão da liberdade condicional, não fundamentando essa conclusão senão na autonomia entre processo da condenação e processo para a concessão da liberdade condicional, sem confrontar tal entendimento com o disposto no nº 5 do artigo 18º da lei que regula o acesso ao direito e aos tribunais.

[32] Nº 2 do artigo 1º da Portaria nº 10/2008, de 3 de janeiro, que regulamenta a lei de acesso ao direito e aos tribunais, na redação da Portaria nº 319/2011, de 30 de dezembro.

do pedido, bem como de medidas que assegurem a prestação de consultas jurídicas nos estabelecimentos prisionais.

Pelo contributo determinante que pode dar para a efetivação prática dos direitos e garantias das pessoas privadas da liberdade, que o legislador pretendeu reforçar, o advogado é, possivelmente, o sujeito a quem mais urge conceder um papel de "ator principal" na execução das penas e medidas privativas da liberdade.

Parcerias Público-Privadas no Sistema Prisional Brasileiro: o Particular como Novo Ator e as Implicações Desse Modelo

LUCAS CORRÊA ABRANTES PINHEIRO
Coordenador adjunto do Grupo de Estudos Carcerários Aplicados da USP
Defensor Público do Estado de São Paulo

Introdução. Aspectos gerais do regime jurídico das parcerias público-privadas no Brasil. Por que as parcerias público-privadas deveriam ser empregadas no sistema prisional brasileiro? Por que as parcerias público-privadas não deveriam ser empregadas no sistema prisional brasileiro? Conclusões. Referências bibliográficas.

Introdução

O particular já integra o sistema de justiça criminal brasileiro.

Dentre outras unidades prisionais que em maior ou menor grau valem-se da atividade do setor privado com variados modelos de contrato, destaca-se o "Complexo Penitenciário Público-Privado de Ribeirão das Neves", situado na região metropolitana de Belo Horizonte/MG.

Administrado pela sociedade anônima "Gestores Prisionais Associados", o complexo já custodia presos em sistema de parceria público-privada com o Estado de Minas Gerais.

Apesar desse crescente protagonismo do particular numa seara eminentemente pública, essa possibilidade está envolta em debates jurídicos ainda não solucionados satisfatoriamente pela doutrina e pela jurisprudência brasileira.

Pode-se dizer que a participação cada vez mais frequente do particular na prestação de serviços públicos é uma das transformações que o Direito Administrativo vem experimentando nos últimos tempos.

As noções de serviço público, de supremacia do interesse público e a existência de cláusulas exorbitantes nos contratos administrativos, notas marcantes do regime publicístico, têm sido atenuadas e modificadas em face da crescente complexidade dos grandes centros urbanos e das exigências sempre maiores que se fazem ao Estado Social como prestador de serviços à comunidade.

Para fazer jus a demandas cada vez mais complexas e financeiramente mais dispendiosas, criam-se instrumentos jurídicos flexíveis que desnaturam noções clássicas do Direito Administrativo, de modo que hoje se nota certa privatização do direito público, aproximando-o, de certo modo, da liberdade e da igualdade contratual características do direito privado.

Além das concessões típicas de serviços públicos atrelados à esfera econômica e à infraestrutura, nota-se ainda crescente interesse de gestores públicos na transferência de atividades essencialmente públicas, por definição indelegáveis, como é o caso da gestão do sistema prisional.

A existência de presídios superlotados, em condições precárias de salubridade e habitação, incapazes de fornecer as assistências mínimas previstas em lei, a não concretização dos fins da pena e o favorecimento de um ambiente criminógeno são aspectos da realidade que acabam induzindo muitos políticos e juristas a conceber um modelo diferente para fazer frente à questão prisional.

Se o Estado é ineficiente, argumenta-se, a iniciativa privada com seus modelos de gestão empresarial teria muito a ensinar e, se não há ambiente jurídico ou político para a completa privatização do sistema prisional, passa-se a defender um modelo semiprivado em que o particular desempenha atividades reputadas circundantes da realidade penitenciária, como trabalho, saúde, ensino, assistência médica e jurídica, ao passo que o Estado manteria consigo todos os incidentes de natureza jurisdicional, a segurança, a disciplina e a aplicação das regras de administração do presídio.

Sobre essa partilha de atividades e responsabilidades não há consenso sobre o que de fato caberia ao Estado reservar a si e o que poderia ser repassado ao particular, se é que poderia, mas é crescente o número de adeptos de parcerias público-privadas no sistema prisional para responder aos históricos problemas da realidade carcerária nacional.

A questão está longe de ser simples, como pode parecer quando analisada apenas a partir do prisma econômico e contratual.

Para além de flexibilizar normas de Direito Administrativo essa lógica afeta duramente postulados clássicos do Direito Penal, que são reputados como garantias irredutíveis.

Sob este outro enfoque, a pena não pode ser concebida como mera privação de liberdade, pois seu fim não é meramente retributivo, como advoga o discurso em prol das parcerias público-privadas.

A ciência penal e penitenciária, todavia, há muito tempo identifica na pena, afora sua função retributiva, as funções precípuas de reintegração social do condenado e de prevenção geral e especial positiva e negativa.

Ora, se a pena busca o harmônico retorno do condenado ao convívio social, não se pode afirmar que o Estado pode cingir-se a garantir apenas a custódia como retribuição pelo crime cometido. O Estado tem o dever de garantir a reintegração social como meta, que só é atingida na medida em que se proporcione eficazmente saúde, ensino, profissionalização, trabalho etc.

Logo, não é tão simples embasar as parcerias público-privadas a partir de um discurso utilitário no sentido de que o Estado limita-se à aplicação da custódia, nela implicadas todas as regras de comportamento, sanções e regalias, transferindo ao particular outras atividades diferentes da retribuição.

Essas outras atividades, para a ciência penal, são o próprio cerne da pena como projeto de reintegração social e, portanto, atividade indelegável típica do Estado.

Essa é uma questão epistemológica que deve ser solucionada previamente ao debate sobre a conveniência econômica das parcerias público-privadas no sistema prisional.

As mesas de processo penal da Universidade de São Paulo sumularam o entendimento hoje pacífico na doutrina e na jurisprudência de que a execução penal é uma atividade estatal que se desenvolve entrosadamente nos planos jurisdicional e administrativo. Nesse diapasão, não existe execução penal apenas jurisdicional, assim como não existe execução penal apenas administrativa, pois é do desenvolvimento articulado dos dois planos que exsurge a pena como realidade orientada para o fim de promover a reintegração social do indivíduo.

OS NOVOS ATORES DA JUSTIÇA PENAL

De todo modo, sem discutir essa premissa e alinhando-se à lógica de Estado subsidiário que, ao contrário do Estado de bem-estar social, busca apenas gerir, fiscalizar e regular atividades prestadas por particulares, as parcerias público-privadas foram criadas no Brasil pela Lei 11.079/2004, visando a ampliar o leque de possibilidades de concessão de serviços públicos pelo Estado a parceiros privados. Retratam um modelo elaborado e complexo de concessão de serviço público, que transfere maiores parcelas de gestão e responsabilidade ao particular.

Essa lógica de transferência da prestação de atividades marcadamente públicas a particulares, mediante mecanismos jurídicos contratuais complexos, parece representar ademais uma tentativa de contornar o regime público administrativo tradicional, – estratégia já chamada por especialistas de "fuga do direito administrativo" –, que é marcado pela supremacia do interesse público e pela existência de cláusulas exorbitantes, em favor de um modelo semiprivado, mais flexível e condizente com a livre iniciativa.

A tensão entre a possibilidade de prestação do serviço público pelo próprio Estado, que deve por princípio constitucional ser eficiente (art. 37, caput, da CF/88), e a prestação pelo particular polariza um debate jurídico e político no Brasil. Especialmente porque o sistema prisional não é propriamente um setor da atividade econômica, industrial ou comercial, mas uma atividade essencialmente pública.

Não se pode negar que a satisfação do interesse público custa muito dinheiro, nem que o sistema carcerário seja um dos gargalos de desperdício de dinheiro público, seja pelos altos custos, seja pela falta de retorno sério em termos de reintegração social ou ressocialização dos presos.

Muitos são os que a partir dessa premissa passam a defender o modelo público-privado para equacionamento do sistema prisional, que se tornaria mais racional, eficiente e barato, segundo os modelos de administração privada.

Por outro lado, o Brasil é um dos países que mais arrecada impostos no mundo e é também um dos que menos devolve essa arrecadação em serviços públicos qualificados a seus contribuintes. Nessa perspectiva, existe um comando constitucional de eficiência aplicável ao sistema prisional que não é observado, e que demandaria esforço político e boas práticas de gestão administrativa, aproveitando um quadro imenso de servidores públicos já contratados e alocados no sistema prisional.

Tornar eficiente a gestão pública e manter o sistema prisional integral-mente nas mãos do Estado ou transferir a particulares parcelas desse setor em modelo de parceria público-privada é a questão em debate no Brasil.

A concepção dessa modalidade contratual, que envolve longos períodos de duração e o aporte de volumes significativos de dinheiro, parece seguir uma tendência mundial de desestatização dos serviços públicos, atrelado ao neoliberalismo e à ideologia do Estado subsidiário.

Se, por um lado, traz oportunidades indiscutíveis ao setor privado, de outro, também reflete o desmantelamento, a descrença ou a falta de compromisso com o Estado Social.

Aplicadas ao sistema prisional, as parcerias público-privadas surgiram inicialmente na Inglaterra, com a construção dos presídios de Ashfield e Lowdhanm, espalhando-se depois para outros países.

No atual estado da questão, pode-se dizer que existem dois sistemas mundiais de administração privada de unidades prisionais: o modelo americano, – de privatização total dos presídios – e o francês – de compartilhamento público-privado de atividade e responsabilidades. O modelo brasileiro de parceria público-privada estaria ligado, portanto, a esse último.

Embora representem uma tendência, os contratos de parceria público--privada no sistema prisional brasileiro ainda são pouco utilizados. Podem ser apontadas como causas dessa baixa adesão ao modelo, dentre outras: a complexidade jurídica e de execução material do contrato, o volume de recursos necessários à sua celebração, – só podem ser celebradas em negócios que superem a cifra de R$ 20 milhões de reais –, o longo perfil de duração do contrato – prazo não inferior a 5 anos e nem superior a 35 anos, ou ainda as discussões jurídicas que orbitam ao redor de seu eixo, aspecto que as torna juridicamente inseguras para o investidor privado.

Antes, porém, de expor as ideias de partidários e opositores de sua implantação no sistema prisional brasileiro, vejamos a conformação do instituto.

Aspectos gerais do regime jurídico das parcerias público-privadas no Brasil

Sem a pretensão de esgotar o regime jurídico das parcerias público-privadas, cumpre destacar aspectos fundamentais para a compreensão do tema.

A Lei federal 11.079/2004, nos termos do art. 22, XXVII, da Constituição Federal, disciplina o instituto e estabelece normas gerais que funcio-

OS NOVOS ATORES DA JUSTIÇA PENAL

nam como patamar mínimo regulatório de observância obrigatória pela União, Estados, Distrito Federal e Municípios e entidades da administração indireta.

Muitos opositores dessas parcerias no sistema prisional invocam o artigo 4º da Lei 11.079. Com efeito, referido dispositivo estabelece como diretriz que na contratação de parceria público-privada será observada a *"indelegabilidade das funções de regulação, jurisdicional, do exercício do poder de polícia e de outras atividades exclusivas do Estado."* (art. 4º, inciso III).

Contudo, a própria existência de parcerias público-privadas no sistema prisional demonstra, ao menos até este momento, que referida proibição não serviu de entrave à pactuação e execução dessas concessões.

A Lei não emprega um conceito, mas define duas modalidades de parcerias público-privadas: concessão patrocinada e concessão administrativa.

Entende-se por concessão patrocinada a concessão de serviços públicos ou de obras públicas de que trata a Lei no 8.987, de 13 de fevereiro de 1995, quando envolver, adicionalmente à tarifa cobrada dos usuários contraprestação pecuniária do parceiro público ao parceiro privado (art.2º,§1º).

Lado outro, entende-se por concessão administrativa o contrato de prestação de serviços de que a Administração Pública seja a usuária direta ou indireta, ainda que envolva execução de obra ou fornecimento e instalação de bens. (art. 2º,§2º).

Para o sistema prisional, admitindo-se em princípio a possibilidade jurídica de parcerias público-privadas, seria adequada a modalidade concessão administrativa definida no artigo 2º, §2º, da Lei 11.079/2004 como "contrato de prestação de serviços de que a Administração Pública seja a usuária direta ou indireta, ainda que envolva execução de obra ou fornecimento e instalação de bens."

Isso porque as concessões patrocinadas permitem a cobrança de tarifa do usuário. Servem, em regra, como modelo para a prestação de serviços públicos que não podem ser mantidos com recursos advindos exclusivamente dessas tarifas, reclamando aporte suplementar de recursos públicos para viabilizar o empreendimento.

No sistema prisional seria inconcebível a cobrança de tarifas dos presos, que não fruem o serviço por necessidade ou comodidade, mas que estão ali custodiados em relação especial de sujeição para com a Administração Pública.

A concessão administrativa implica o custeio integral do serviço pela Administração Pública, sendo o modelo de parceria público-privada, em tese, viável para o sistema prisional.

Segundo José dos Santos Carvalho Filho:

> Embora haja entendimentos que contestem esse tipo de remuneração exclusiva do Poder Público ao concessionário (tarifa zero), domina o pensamento de que, tratando-se de modalidade especial de concessão, inexiste vedação constitucional para sua instituição, o que realmente nos parece acertado. (2012, p.425).

É nota essencial da parceria público-privada a contraprestação pecuniária do parceiro público ao parceiro privado.

Além disso, devem ser ressaltadas três características fundamentais dessas parcerias: o financiamento do setor privado, o compartilhamento de riscos e a pluralidade compensatória (2012, p.428).

Destaca-se a necessidade de que a concessão, segundo o conceito legal, tenha por objeto a prestação de serviços, sendo essa uma característica fundamental da concessão administrativa, não podendo ser pactuada por essa via a mera construção de um presídio.

Todavia, no regime jurídico brasileiro, a concessão administrativa não se confunde com o contrato simples de serviços, disciplinado pela lei geral das licitações. Neste, o particular apenas presta o serviço, naquele, mais complexo, o particular, além de prestar o serviço, deve investir na atividade. (2012, p.427).

Por que as parcerias público-privadas deveriam ser empregadas no sistema prisional brasileiro?

Embora sem enfrentar especificamente as parcerias no sistema prisional, a doutrina administrativista noticia que as parcerias público-privadas têm sido adotadas com sucesso em diversos países, dentre eles, Portugal, Espanha, Inglaterra e Irlanda, sendo esse um aspecto positivo para sua implantação no Brasil.

José dos Santos Carvalho Filho aduz, nesse sentido, que elas:

> [...] apresentam como justificativa dois pontos fundamentais, sobretudo em relação aos países em desenvolvimento: a falta de disponibilidade de recursos financeiros e a eficiência da gestão do setor privado. Por outro lado, são ins-

OS NOVOS ATORES DA JUSTIÇA PENAL

trumentos adequados para investimentos no setor privado, além de servirem para importantes ações de infraestrutura. (2012, p.423)

Os defensores das parcerias público-privadas para o setor prisional destacam aspectos evidentemente defeituosos do sistema público penitenciário brasileiro, marcado pela crônica e histórica falta de investimentos e pela superpopulação dos presídios.

Em contrapartida a essa realidade, oferecem a possibilidade de garantir serviços bem estruturados, de fornecer as assistências mínimas previstas em lei, garantindo a presença nos presídios de médicos, psicólogos, dentistas e até mesmo de advogados contratados pelo parceiro privado, além de oferecer trabalho e estudo aos detentos e boas condições das instalações prediais.

David Pyle, professor da Universidade de Leicester e autor da obra *"Cortando os custos do crime: a economia do crime e da justiça criminal"* faz considerações importantes à luz da realidade inglesa, dando suporte à perspectiva privatizadora. Segundo ele:

> Em princípio, não há nada de errado com a administração privada das prisões, desde que elas sejam inspecionadas adequadamente por autoridades independentes que se reportarão à autoridade reguladora independente. Afinal de contas, as condições degradantes, insalubres e antiquadas em que o atual sistema gerido pelo Estado parece funcionar sempre causaram grandes preocupações. Se aceitarmos que em princípio, ao menos, não há nada errado com as prisões administradas pela iniciativa privada, então a questão passa a ser como organizar um sistema regulador que assegure que não teremos novamente um sistema de prisões semelhantes ao que operou na Inglaterra dos tempos medievais até o final do século XVIII, ou nos estados do sul dos EUA até inícios deste século (Borna, 1986). Essa tarefa não deveria ser impossível para a humanidade. Infelizmente, nessa área a discussão tende a ser mais emotiva do que informativa. (2000, p.66).

Destaca-se também a maior celeridade na obtenção de recursos e execução de obras ou serviços, já que o parceiro privado não se vê engessado pela necessidade de licitar compras, por exemplo.

Além disso, defendem com muita propriedade as formas de controle previstas pela lei para essa espécie de concessão, aptas a resguardar o interesse público.

Em primeiro lugar, dizem, o Estado só paga pela unidade de serviço efetivamente prestado pelo parceiro privado, evitando o contingenciamento ou mesmo a liberação antecipada e desnecessária de recursos públicos, como ocorreria na gestão estatal do serviço. A liberação do dinheiro público só se dará, portanto, na medida em que o serviço for efetivamente prestado.

Em acréscimo, o pagamento ficará condicionado à demonstração efetiva de determinados níveis objetivos de desempenho pelo parceiro privado (art.5º, VII); se o serviço for insatisfatório, pode haver redução do valor a ser pago ou mesmo o não pagamento (art.6º§1º), aspecto nitidamente diverso do setor público onde a ineficiência consome recursos não recuperáveis.

A população, por outro lado, pode intervir na nota do concessionário para influir no *quantum* a que ele tem direito.

O serviço e a eventual construção de obra pública ficam a cargo do parceiro privado, evitando que o Estado tenha que dispender recursos públicos imediatamente. Para fazer jus ao recebimento, numa parceria público-privada, a obra deve estar pronta.

Existe, por outro lado, previsão legal de realização de vistoria dos bens reversíveis, podendo o parceiro público reter os pagamentos ao parceiro privado, no valor necessário para reparar as irregularidades eventualmente detectadas (art.5º, X).

À luz de todos esses aspectos, fica nítido que os defensores do modelo trabalham com a metodologia de análise econômica do Direito e a partir da perspectiva do Estado subsidiário, que se autolimita a regular e fiscalizar a atividade que transfere ao parceiro privado.

Para Maria Sylvia Zanella Di Pietro, professora titular de Direito Administrativo da Universidade de São Paulo, o Estado Subsidiário, sucessor do Estado Social e Democrático de Direito é:

> [...] baseado no princípio da subsidiariedade, formulado pela doutrina social da Igreja a partir de fins do século XIX, e que agora assume papel fundamental na definição do papel do Estado. De acordo com esse princípio, duas ideias são fundamentais: de um lado, a de que o Estado deve respeitar os direitos individuais, pelo reconhecimento de que a iniciativa privada, seja através dos indivíduos, seja através das associações, tem primazia sobre a iniciativa estatal; em consonância com essa ideia, o Estado deve abster-se de exercer atividades que o particular tem condições de exercer por sua própria iniciativa e com seus próprios recursos; em consequência, o princípio

OS NOVOS ATORES DA JUSTIÇA PENAL

implica uma limitação à intervenção estatal. De outro lado, a ideia de que o Estado deve fomentar, coordenar, fiscalizar a iniciativa privada, de tal modo a permitir aos particulares, sempre que possível, o sucesso na condução de seus empreendimentos. Em consonância com esse princípio, várias medidas vêm sendo adotadas, como a privatização de empresas estatais, a volta ao instituto da concessão de serviço público para delegar a execução de serviços públicos comerciais e industriais do Estado a particulares; a ampliação da atividade de fomento a entidades particulares que desempenhem atividades de interesse público; a desregulamentação, pela qual se busca estabelecer novo equilíbrio entre liberdade e autoridade; a diminuição do aparelhamento administrativo, mediante a extinção de entidades da administração indireta e de órgãos públicos, bem como a diminuição do quadro de servidores públicos. (DI PIETRO, 2002).

Noutra obra, a mesma professora afirma, amparada agora em lições de Lucien Rapp, que a diminuição do tamanho do Estado pelo instrumento fundamental da privatização, ocorrida especialmente a partir da década de 80, é movida por fatores de ordem financeira, jurídica e política:

> Financeira, pelo intuito de diminuir os gastos públicos com empresas estatais deficitárias, de cujos riscos financeiros o Estado participa; jurídica, pela necessidade de retornar a formas de gestão privada de serviços públicos, sem os controles excessivos e os formalismos próprios da Administração centralizada, que tanto emperram a atividade de empresas estatais; e política, pela presença de inspiração neoliberal, que aconselha a substituição do Estado pela iniciativa privada, por ser ela a mais apta a gerir atividades comerciais e industriais. E mesmo em países de inspiração socialista, a mesma tendência se verificou, por razões de pragmatismo político. (DI PIETRO, 2009, p. 17-18).

Existe, portanto, uma marcante lógica econômica na defesa das parcerias público-privadas, associada a uma perspectiva política neoliberal e de Estado subsidiário.

Por que as parcerias público-privadas não deveriam ser empregadas no sistema prisional brasileiro?

O volume e o peso das críticas têm deste outro lado bastante vigor.
Apesar de todos os aspectos pragmáticos sustentados pelos defensores do modelo público-privado, indicativos de maior eficiência na prestação do

serviço público, não há consenso sobre a viabilidade jurídica do emprego dessa fórmula desestatizante ou privatizadora no sistema prisional; afinal, os apontados efeitos benéficos poderiam ser igualmente alcançados com a observância pela Administração Pública de regras mínimas gerenciais, destacando-se que o princípio da eficiência está alocado dentre os princípios constitucionais basilares que regem a Administração Pública (at. 37, caput, da Constituição Federal de 1988).

Alexis Couto de Brito lembra a propósito que:

> As vozes brasileiras sempre foram contrárias à privatização, em sua maioria. João Marcello de Araújo Júnior entende que "a privatização, além de violar os modernos princípios de política criminal humanista, é imoral, ilegal e engorda os cofres já abarrotados de certas empresas" (*Privatização das prisões.* p.19), Nesta mesma obra coordenada pelo autor, a indelegabilidade da jurisdição da execução penal é outro motivo recorrente que impossibilitaria sua privatização. Em outro texto, Marcos Rolim também se opõe, alegando que a privatização contraria os pretendidos ou possíveis objetivos públicos da reclusão (Prisão e ideologia: limites e possibilidades para a reforma prisional do Brasil. *Crítica à execução penal.p.106). (2011, p.226).*

Até o presente momento, costuma-se tratar os benefícios do modelo privado no setor prisional apenas no plano especulativo, pois seus resultados ainda dependem da existência de dados compilados e submetidos a metodologia de análise e da própria maturação e desenvolvimento dos contratos em curso.

As privatizações são fenômenos que, para os estudiosos do Direito Administrativo, implicam a diminuição da intervenção do Estado no domínio econômico por intermédio de técnicas como a desregulação, a desmonopolização, a venda de ações de empresas estatais ao setor privado e a concessão de serviços públicos. (Di Pietro, 2009).

Destaca-se nesse pensamento, a afirmação de que as privatizações são modos de intervenção no domínio econômico.

Para Francisco José Villar Rojas as privatizações conduzem à *"redução da atividade pública na produção e distribuição de bens e serviços, mediante a passagem (por vezes, a devolução) dessa função para a iniciativa privada" (1993, p.100-101).*

As parcerias público-privadas têm no Brasil o regime jurídico de contratos administrativos de concessão, pois a Lei Federal 11.079/2004 as define como concessões administrativas ou como concessões patrocinadas (art.

OS NOVOS ATORES DA JUSTIÇA PENAL

2º), logo, estão associadas à lógica das privatizações como mecanismo de diminuição da intervenção do Estado no domínio econômico.

A administração penitenciária, porém, não parece integrar o domínio econômico, tendo a mesma natureza de outras atividades que compõem a própria razão de ser do Estado.

Pondera-se então, em sentido oposto aos entusiastas das parcerias público-privadas no sistema prisional, que o sistema carcerário, do ponto de vista jurídico, não é um setor do domínio econômico, ligado à livre iniciativa, mas um setor relacionado às funções mínimas, exclusivas e, portanto, indelegáveis do Poder Público, atrelado ao exercício da administração da Justiça, ao poder de polícia e ao poder administrativo que se desenvolve em harmonia com os comandos judiciais da sentença penal condenatória, ou seja, uma atividade essencial ao Estado.

Note-se, assim, estabelecendo diálogo com o conceito de Francisco José Villar Rojas acima apresentado, que a administração do sistema prisional não estaria sendo devolvida à iniciativa privada mediante parceria público--privada e tão pouco se enquadraria como bem ou serviço que demande redução ou transferência da atividade pública.

Nesse diapasão, do ponto de vista jurídico, a administração do sistema carcerário não poderia ser totalmente privatizada, como ocorre no modelo norte-americano, ou mesmo concedida sob um regime menos drástico de transferência de parcelas de responsabilidades públicas, como ocorre nas parcerias público-privadas, modelo de nítida inspiração francesa, porque seria, na essência, um segmento nitidamente público, subtraído da arena econômica, que não diz respeito à circulação capitalista de bens e serviços norteada pela livre iniciativa e pela concorrência entre atores de mercado – todos esses pressupostos das privatizações –, mas, ao contrário, de um setor político estratégico, relacionado com o poder de império e com o exercício legítimo da força, com o exercício do poder de polícia e com a própria administração da Justiça.

Segundo esse prisma, soaria evidente o predomínio de interesses puramente econômicos nas parcerias público-privadas, denunciando-se o emprego meramente retórico da justificativa das violações sistemáticas de direitos humanos no sistema prisional como causa de seu manejo.

Ora, essas violações de direitos humanos, que não seriam obviamente a preocupação primordial dos investidores, seriam, na verdade, fruto da falta histórica, crônica e quem sabe programada de investimentos do Estado brasileiro no setor, que continua a ser o detentor, desde 1984, do dever legal de aportar recursos na estruturação do sistema prisional.

Deveras, parece evidente aos opositores que se ano a ano tivesse havido investimento como dita a lei de execução penal, hoje o custo da administração e da reforma do sistema prisional não seria vultoso e não reclamaria medidas privatizadoras.

Confira-se, a propósito, a título meramente informativo, o que pretendia ver cumprido o legislador em 1984 ao editar a Lei de Execução Penal brasileira:

> Art. 203. No prazo de 6 (seis) meses, a contar da publicação desta Lei, serão editadas as normas complementares ou regulamentares, necessárias à eficácia dos dispositivos não auto-aplicáveis.
>
> § 1º Dentro do mesmo prazo deverão as Unidades Federativas, em convênio com o Ministério da Justiça, projetar a adaptação, construção e equipamento de estabelecimentos e serviços penais previstos nesta Lei.
>
> § 2º Também, no mesmo prazo, deverá ser providenciada a aquisição ou desapropriação de prédios para instalação de casas de albergados.
>
> § 3º O prazo a que se refere o caput deste artigo poderá ser ampliado, por ato do Conselho Nacional de Política Criminal e Penitenciária, mediante justificada solicitação, instruída com os projetos de reforma ou de construção de estabelecimentos.
>
> § 4º O descumprimento injustificado dos deveres estabelecidos para as Unidades Federativas implicará na suspensão de qualquer ajuda financeira a elas destinada pela União, para atender às despesas de execução das penas e medidas de segurança.

Cumprido o preceito, não seria necessário dizer que as casas de albergado, destinadas ao cumprimento de penas em regime aberto, jamais foram construídas, nem que a mora de mais de 30 anos nunca teve prazos ampliados pelo Conselho Nacional de Política Criminal e Penitenciária como giza a lei.

Da mesma forma, não há registro de que em algum tempo tenha sido posta em prática a suspensão de ajuda financeira da União por descumprimento de prazos, isso sem contar a existência de dinheiro parado no Fundo Penitenciário Nacional à espera de aplicação.

Tudo isso ajuda a compreender que, para além dos sentidos jurídico e econômico das discussões que orbitam as parcerias público-privadas no

OS NOVOS ATORES DA JUSTIÇA PENAL

sistema prisional, existe uma questão política a dividir defensores e opositores da medida.

Celso Antônio Bandeira de Mello, antes de definir os contornos das parcerias público-privadas, reflete que:

> Trata-se de instituto controvertido, forjado na Inglaterra, ao tempo da sra. Tatcher, e acolhido entusiasticamente pelo Banco Mundial e pelo Fundo Monetário Nacional no cardápio de recomendações aos subdesenvolvidos. A "parceria público privada" que foi jucundamente auspiciada pelo partido governista –outrora comprometido com os interesses da classe trabalhadora, e hoje ponta-de-lança das aspirações dos banqueiros –, constitui-se na crème de la crème do neoliberalismo, pelo seu apaixonado desvelo na proteção do grande capital e das empresas financeiras. (2009, p.767).

Cientistas sociais e juristas no mundo todo debruçam-se sobre os fundamentos ético-políticos ou sobre a falta deles na mercantilização do sistema prisional.

Iñaki Rivera Beiras (2006), por exemplo, debate a questão sob a denominação de *"business penitenciário"* e lembra que Zygmunt Bauman em *"Modernidad y holocausto"* já em 1989 discutia esse fenômeno como fruto do modo de gestão da miséria nos Estados Unidos da América.

Noutro trecho, o mesmo autor argentino cita o sociólogo Loic Wacquant e destaca que as principais empresas que exploram a privatização do sistema penitenciário nos Estados Unidos figuram como meninas dos olhos de *Wall Street.*

Nesse mesmo diapasão, Laurindo Dias Minhoto reflete e assevera que:

> Em termos políticos, a privatização de prisões coincide, não por acaso, com a emergência do fenômeno do *encarceramento em massa*, uma espécie de rebarba keynesiana na ponta punitiva do Estado que sobrevive ao fordismo. Configurando-se em ritmo acelerado como a meca do *Gulag* global, a democracia norte-americana encabeça o *ranking* do encarceramento, com mais de dois milhões de detentos e uma acachapante taxa de mais de 700 presos por 100 mil habitantes, desbancando afiados contendores da "corrida carcerária", como a Federação Russa (635), as Ilhas Cayman (600) e a África do Sul pós-*apartheid* (405).
>
> Os principais efeitos do encarceramento em massa nos EUA são: o agravamento do déficit público (248% de aumento em prisões na primeira década

de experimento privado); a realocação do fundo público da área social para o sistema de justiça criminal; a colonização da cultura comunitária pela cultura da prisão; o aumento relativo do crime, tendo em vista as altas taxas de reincidência; a destituição do direito de voto de parcela significativa da população; o aprofundamento das divisões sociais (dada a tremenda disparidade no encarceramento de negros e latinos em relação a brancos, já há quem veja na política penal norte-americana uma autêntica "ação afirmativa carcerária").

A experiência norte-americana concreta no campo dos novos negócios correcionais tem se revelado bastante desigual e seletiva: (a) a face mais ousada do processo, o *nec plus ultra* da administração privada total de estabelecimentos penitenciários, tem sido bem menos utilizada que outras modalidades de privatização; (b) ela vem se concentrando na "ponta leve" do sistema, sobretudo nos setores de imigrantes e de jovens criminosos, em que a parafernália securitária habitual pode ser dispensada; (c) no que diz respeito ao alojamento de adultos, ela privilegia o chamado "setor secundário" (*halfway houses* etc.) por oposição ao "primário" (prisões propriamente ditas); (d) a privatização tende a prevalecer nos Estados do Sul, tradicionalmente mais conservadores e com movimento sindical menos organizado do que os Estados do Norte; (e) as prisões privadas são mais comuns na esfera local do que na esfera estadual, entre outras razões, porque as autoridades locais são mais permeáveis à pressão política.

Os defensores da privatização têm frequentemente manifestado o *wishful thinking* de que uma "fertilização cruzada" entre os setores público e privado poderia propiciar uma sinergia ótima capaz de fazer que uma esfera aprendesse e se beneficiasse com a incorporação dos métodos e técnicas de gestão da outra. O que se observa na prática, porém, à medida que gradualmente a privatização se aproxima do "núcleo duro" do sistema prisional – o encarceramento de adultos –, é uma espécie de "fertilização cruzada" às avessas, em que mais e mais as prisões privadas se veem às voltas com os mesmos problemas dos estabelecimentos públicos, notadamente a superpopulação, um regime disciplinar desumano e um contexto avesso às estratégias de reabilitação dos condenados, minando assim a promessa privatizante nos exatos termos em que vem sendo advogada. (2009).

Pode-se dizer que os mesmos problemas enfrentados nos EUA e noutros países que apostaram no modelo privado começam a se reproduzir no Brasil.

OS NOVOS ATORES DA JUSTIÇA PENAL

Deveras, uma breve e sumária consulta na internet sobre o Complexo Penitenciário Público-Privado de Ribeirão das Neves retrata inúmeras denúncias, rebeliões e fugas, desmistificando as promessas de eficiência gerencial do modelo privado. Na verdade, parecem apontar os mesmo problemas enfrentados pela gestão pública dos presídios.

Bem por isso, Alexis de Couto Brito aponta para problemas que não podem ser desprezados:

> Certas administrações têm "privatizado" o gerenciamento do estabelecimento penal, transferindo apenas o controle da unidade em uma espécie de contratação de serviço, pois o ressarcimento dos administradores particulares é promovido pelo Estado, que remunera o particular por cada preso recolhido ao sistema prisional. Esta política não nos parece acertada porquanto existirá um interesse sempre crescente de que a população carcerária permaneça alta, visto que a remuneração oriunda dos cofres públicos será cada vez maior. Parece-nos que a aplicação desta política atenta contra as finalidades da pena de controle da reincidência e "ressocialização" do condenado, com a passagem a regimes mais brandos e que permitam o controle extra muros, ou até o conveniente esquecimento ou desatenção à quantidade de pena já cumprida, para evitar que em desfavor destes pagamentos o condenado seja liberado. (2011, p.225).

Por fim, deve-se assinalar que a compreensão da pena não pode ser reduzida ao sentido de mero encarceramento, já que isso esvazia seu sentido deontológico.

Para além do que a pena privativa de liberdade realmente tem sido, mero encarceramento, salvo raras exceções, idealmente todas as atividades que favorecem a reintegração social do condenado fazem parte de sua essência e são dela indissociáveis. A cisão pretendida pelo discurso do *business penitenciário* desnatura o sentido humanista da pena, que num Estado de Direito não é e não pode ser mera aflição.

Se a pena não cumpre suas funções jurídicas por conta da precariedade do sistema prisional, o que é um dado empírico, no campo do dever ser restam incólumes as funções retributiva, preventiva e de (re)integração social.

Logo, o sentido prático apontado pelo enfoque econômico das privatizações não pode sobrepor-se ao sentido político-garantista da pena. Ao contrário, deve harmonizar-se com ele e produzir apenas os efeitos que se mostrem possíveis a partir dessa dupla consideração.

Por sentido político-garantista da pena deve-se entender aqui, superando a mera retribuição, o projeto rígido de não-dessocialização e o projeto flexível de reintegração social, conforme as aptidões do preso.

Qualquer projeto que tente declarar que cabe ao Estado apenas o exercício das funções diretamente ligadas à custódia despreza que a pena tem como conteúdo mínimo a garantia de não-dessocialização e como etapas do projeto final de reintegração social a garantia de saúde, educação, trabalho, lazer etc.

Essa questão parece ser o ponto de partida da discussão aceitável a respeito da possibilidade jurídica de parcerias público-privadas no sistema prisional e não de um dado contingente passível de manipulação.

Em que aspectos há consenso sobre as parcerias público-privadas no sistema prisional?

Sopesados os argumentos favoráveis e contrários às parcerias público-privadas no sistema prisional e partindo agora da premissa de que elas são viáveis, desde que com ressalvas, cabe destacar quais aspectos têm sido admitidos como passíveis de transferência ao particular e quais devem ficar a cargo do parceiro público.

Segundo Alexis de Couto Brito:

> A nosso ver, pugnar pela privatização do sistema penitenciário somente pode significar entregar a segurança, gestão do trabalho, ensino e atividades de lazer a uma entidade privada. Mais do que isto, seria atribuir ao ente privado a gestão da pena, o que se torna impossível pela natureza pública da execução penal. Como atividade privativa do Estado e necessariamente exercida e controlada pelo Judiciário, não seria possível que as finalidades legais fossem atingidas sem a constante e imediata participação judicial. Portanto, partindo-se de um plano sério e antecipadamente previsto em lei, de forma bem estipulada e detalhada, com a entrega por meio de concessão e fiscalização por agências públicas, talvez fosse interessante que algumas experiências bem sucedidas em alguns países fossem adotadas pelo sistema nacional, mas sempre mantendo-se a condução do processo de condução penal nas mãos do Judiciário (2011, p.226).

As unidades prisionais construídas e geridas sob o regime de parceria público-privada parecem seguir em linhas gerais essa orientação.

OS NOVOS ATORES DA JUSTIÇA PENAL

Em regra, os contratos conhecidos e analisados, a exemplo do contrato do complexo de Ribeirão das Neves/MG, mantém com o Estado funções diretamente ligadas à custódia, segurança, disciplina e incidentes jurisdicionais, transferindo ao parceiro privado atividades reputadas circundantes, tais como, alimentação, vestuário, saúde, trabalho, assistência jurídica – apesar da existência da Defensoria Pública como modelo constitucional de assistência jurídica integral e gratuita aos comprovadamente carentes de recursos e em que pese estar referida instituição elencada na Lei de Execução Penal brasileira como órgão da execução penal –, lazer etc.

Conclusões

1. A empresa privada é um novo ator no sistema de justiça criminal brasileiro e dele participa por intermédio de diversos contratos administrativos;

2. A modalidade mais moderna e complexa de participação do particular no sistema prisional se dá atualmente pela celebração de parcerias público-privadas, disciplinadas no Brasil pela Lei 11.079/2004;

3. Esse protagonismo está inserido na lógica neoliberal de Estado subsidiário, que transfere responsabilidades ao setor privado e limita-se a funções meramente regulatórias e fiscalizatórias;

4. Essa mudança de perfil do Estado põe em marcha grandes transformações que afetam o Direito Administrativo contemporâneo. Postulados clássicos, outrora imutáveis, a exemplo da supremacia do interesse público, a existência de cláusulas exorbitantes nos contratos administrativos e o regime jurídico publicístico passam a ser questionados e flexibilizados como exigências de uma sociedade cada vez mais complexa e dispendiosa;

5. No contexto dessa nova ideologia, que advoga o compartilhamento das vantagens da gestão pública e da gestão privada-empresarial e a redução de desvantagens recíprocas, não apenas atividades de cunho empresarial, econômico, industrial ou comercial passam do público para o particular. Nota-se o crescente interesse de transferência de atividade essencialmente públicas e indelegáveis, a exemplo do sistema prisional, aspecto que Ināki Rivera Beiras chamou de "business penitenciário" (2006);

6. As crônicas deficiências do sistema prisional, destacadamente as sistemáticas violações de direitos humanos praticadas nos cárceres

brasileiros por ação ou omissão do Estado e da sociedade são realidades de que o capital se apropria com promessas de um futuro melhor e mais humano para o setor;

7. Nem todos se rendem, porém, a essa lógica e a essas promessas. Existe hoje uma celeuma instalada no Brasil acerca da viabilidade política e jurídica de emprego de parcerias público-privadas no sistema prisional, conquanto elas já sejam uma realidade em Minas Gerais e noutros Estados;

8. Os opositores da lógica de mercado veem limitações constitucionais incontornáveis ao modelo e outras de natureza político-criminal e dogmática que, uma vez aplicadas, desnaturariam a pena como projeto de reinserção social do condenado, limitando-a como mera retribuição, o que seria um retrocesso;

9. Analisados os argumentos centrais de defensores e opositores da participação do particular no sistema prisional, conclui-se que no Brasil caminha-se para a adoção do modelo francês de compartilhamento público-privado de responsabilidades, não existindo a defesa do modelo norte-americano de completa privatização;

10. Admitida a parceria público-privada no setor prisional, afigura-se como espaço de relativo consenso, apesar das críticas destacadas no texto, a possibilidade de transferir ao particular tudo que não esteja ligado diretamente à custódia, à disciplina e aos incidentes de natureza jurisdicional.

Referências bibliográficas

BEIRAS, Iñaki Rivera. **La cuestión carcelaria**: Historia, epistemologia, derecho y política penitenciaria. Buenos Aires: Del Puerto, 2006.

BRITO, Alexis Couto de. Execução penal. 2.ed. São Paulo: Revista dos Tribunais, 2011.

CARVALHO FILHO, José dos Santos. **Manual de direito administrativo.**25.ed. São Paulo: Atlas, 2012.

DI PIETRO, Maria Sylvia Zanella. **500 Anos de direito administrativo brasileiro**. Revista Diálogo Jurídico, Salvador, CAJ – Centro de Atualização Jurídica, nº. 10, janeiro, 2002. Disponível na Internet: <http://www.direitopublico.com.br>. Acesso em: 25 de fevereiro de 2015.

_____. Direito administrativo. 18.ed. São Paulo: Atlas, 2005.

_____. **Parcerias na Administração Pública**: concessão, permissão, franquia, terceirização, parceria público-privada e outras formas. 7.ed. São Paulo: Atlas, 2007.

MEIRELLES, Hely Lopes. **Direito administrativo brasileiro**. 36.ed. São Paulo: Malheiros, 2010.

OS NOVOS ATORES DA JUSTIÇA PENAL

MELLO. Celso Antônio Bandeira de. **Curso de direito administrativo**. 26.ed. São Paulo: Malheiros, 2009.

MINHOTO, Laurindo Dias. **Regressão nova, velha barbárie**. Boletim IBCCRIM, nº 202, 2009.

PYLE, D. J. **Cortando os Custos do Crime**: a Economia do crime e da justiça Criminal. Rio de Janeiro: Instituto Liberal, 2000.

RODRIGUES, Anabela Miranda. **Novo olhar sobre a questão penitenciária**. 2. ed. Portugal: Coimbra Editora, 2002. p. 46

SILVA. José Afonso da. **Comentário contextual à constituição**. 6.ed. São Paulo: Malheiros, 2009.

ÍNDICE

Apresentação
Maria João Antunes/ Cláudia Cruz Santos/ Cláudio do Prado Amaral   5

Introdução
Os Novos Atores da Justiça Penal
("O futuro é uma astronave que tentamos pilotar")
Cláudia Cruz Santos   7

PARTE I
O MEDIADOR PENAL

Limites legais da mediação penal "de adultos" em Portugal
Pedro Sá Machado   23

A Justiça Restaurativa e o sistema jurídico-penal brasileiro – Breve análise
sobre os antecedentes normativos, as experiências práticas e os procedimentos
adotados no Brasil
Conrado Ferraz   39

O Princípio da Reserva de Juiz no âmbito da Mediação Penal em Portugal
– Breve esboço acerca das implicações jurídico-constitucionais do regime
introduzido pela Lei no21/2007
Inês Filipa Rodrigues de Magalhães   73

A mediação penal no Brasil e o princípio da reserva de jurisdição
Hélio Pinheiro Pinto   101

OS NOVOS ATORES DA JUSTIÇA PENAL

A mediação penal-restaurativa e o processo penal-consensual: uma discussão
acerca da verdade a partir da Lei n.º21/2007, de 12 de Junho
Pedro Sá Machado   163

Mediação Penal
Eduardo Arantes Burihan   193

PARTE II
O DEFENSOR PÚBLICO

Uma história da Defensoria Pública
Rodrigo Azambuja Martins   221

O histórico do arcabouço normativo da defensoria: da assistência judiciária
à assistência defensorial internacional
Jorge Bheron Rocha   265

Implicações penais e processuais penais da Defensoria Pública
Karla Padilha Rebelo Marques   317

Defensoria Pública em Portugal: Uma solução possível e desejável? Análise
comparada entre os modelos português e brasileiro
Marta Madalena Botelho   351

PARTE III
O PRIVADO COM INTERVENÇÃO NA EXECUÇÃO PENAL

A intervenção da APAC na execução da pena privativa de liberdade
Cláudio do Prado Amaral   409

Os particulares na execução penal: a privatização de estabelecimentos prisionais
no Brasil sob uma perspectiva jurídico-constitucional
Anderson Santos dos Passos   435

Implicações constitucionais, penais e processuais penais da intervenção de atores
privados no âmbito da execução penal: A Reserva de Administração
Inês Filipa Rodrigues de Magalhães   467

A execução penal e a atribuição de funções a privados
Ana Karine de Albuquerque Alves Brito   533

O Código da Execução das Penas e Medidas Privativas da Liberdade, de 2009: "novos atores" e novos papéis para "velhos atores" na execução da pena de prisão
Inês Horta Pinto   577

Parcerias público-privadas no sistema prisional brasileiro: o particular como novo ator e as implicações desse modelo
Lucas Corrêa Abrantes Pinheiro   601